十三經注疏

論語

注 何晏　疏 邢昺
譯註 鄭太鉉

譯註 論語注疏 3

논어주소　附 索引

전통문화연구회

東洋古典現代化와 十三經注疏 譯註

본회가 東洋古典의 飜譯과 敎育, 情報化 등 古典現代化 사업을 시작한 지 어느덧 25년이 되었다. 그간 우리나라의 고전국역 상황을 보면, 東洋古典에 대한 번역문제는 1960년 중반에 한국고전번역을 정부에서 추진하면서 우선 四書五經 등 기본고전을 모범 번역하자는 논의가 있었지만 우리 고전이 아니라고 무산되었다.

1980년대에 韓國學 연구와 한국고전번역의 先決課題는 물론, 國際政治 관계나 經濟상의 이유로도 필요하다는 논의가 제기되었다. 그 후 1988년 본회가 발족하면서 東洋古典 번역을 착수하여, 1990년대 말경 본회에서 소위 '新注'의 四書三經을 註까지 懸吐完譯함으로써 東洋學과 韓國學徒들의 袖珍本이 되고 敎育界와 文化界까지 파급되었다.

그 후 본회 창립 20주년이 되면서 다시 동양고전현대화의 과제와 목표를 논의하면서, 단순한 韓國學의 선결과제를 넘어 東洋文化에 대한 源泉的이며 體系的인 檢討의 필요성이 대두되었으니, 이제 우리는 東洋文化의 先導的 역할을 담당할 준비를 갖추고 21세기에 先進文化强國 건설로 새 歷史를 이루자는 것이었다.

일반적으로 十三經은 核心的 儒家經典의 總稱이지만, 이는 東洋文化의 뿌리라 하겠다. 우리 역사상으로 十三經은 저 멀리 삼국시대에 이미 高句麗의 太學에서 기본 교과로 채택하였고, 百濟에서는 五經博士 制度를 두었고, 新羅 薛聰은 九經을 方言으로 읽었고, 高麗에서는 國子監이나 九齋學堂에서 교육하였으며, 朝鮮朝 成均館과 鄕校, 書堂과 書院에서는 四書五經 등을 교육하여 人材 등용과 국가정책에 절대적 영향을 끼쳤다.

이 十三經의 代表的 註釋書는 漢 · 唐 시기의 '古注'라 일컬어지는 十三經注疏와, 그 후 宋代의 朱子的 世界觀이 반영된 '集註'와 '集傳' 등의 '新注'가 두 개의 軸이라 할 수 있다.

그런데 우리는 조선조에서부터 朱子學 일변도의 學風으로 경도되어, 그 偏向性이 오늘에까지 이르렀음은 심히 不幸이라 하겠다. 中國에서는 明 · 淸 시기에 訓詁學, 考證學이라는 學風이 일어 十三經注疏가 經學硏究의 標準이 되었고, 日本에서는 反朱子的 見解와 陽明學의 영향을 받아 明治維新 때 이미 漢文大系 등의 古典整理 사업으로 '古注' 연구가 一般化된 사실을 간과해서는 안 되겠다.

이에 東洋文化의 核心이라 할 수 있는 十三經注疏를 譯註하고, 이를 통해 우리 文化의 傳統에 대해 體系的으로 이해하고 復元함으로써, 그간 편협했던 학술 風土를 넘어 多樣性과 客觀性을 모색하고, 아울러 古典現代化의 水準을 높이고 融合的이고 自生的인 韓國學을 진작시켜야 할 것이다.

오늘날 중국과 일본에서 번역하지 못한 십삼경주소를 본회에서 130여 책으로 10년 안에 完譯하고, 이와 이울러 韓中日 三國의 東洋古典語彙 情報網을 구축함으로써, 우리의 東洋學과 韓國學 연구에 礎石과 架橋가 되어 우리나라가 先進文化强國으로 昇華되고 世界文化 발전에까지 기여하기를 기대한다.

이 十三經注疏의 번역은 三經과 三禮와 春秋三傳과 ≪論語≫, ≪孟子≫, ≪孝經≫, ≪爾雅≫ 등의 十三經을 經은 물론이요 注와 疏까지 譯註하는 것으로, 原典의 傳統性과 번역의 現代性을 기본으로 하여 漢學元老와 新進學者의 協同硏究飜譯으로 추진하고자 한다.

또한 註釋은 宋代의 소위 '新注'와 비교하고, 明淸代의 注와 韓國 先賢의 注와 見解, 그리고 日本의 注를 가급적 반영하며, 深度 있는 硏究解題를 하기로 하였다. 한편 古典의 우리식 讀解文法인 懸吐를 經과 注에 달고 방대한 疏에는 편의상 構文을 이해할 수 있는 標點을 달며, 經·注·疏 전체에 대한 內容索引을 할 계획이다.

끝으로 오랫동안 飜譯과 校閱에 종사하여 오신 元老漢學者와 10여 년 이상 漢學을 연수한 新進學者로서, 이 십삼경주소의 연구번역에 참여하여 難解한 注疏의 譯註에 헌신하시는 모든 분들께 무한한 감사를 드린다.

또한 고전현대화에 대한 政府의 지대한 關心과 支援에 감사를 드리며, 그간 직간접으로 지도편달하여 주신 학계와 교육계 및 문화계 인사 여러분께 심심한 謝意를 표하며, 앞으로도 따뜻한 관심과 엄정한 叱正을 부탁드리며 내내 평강과 행복을 기원한다.

社團法人 傳統文化硏究會 會長 李啓晃

凡 例

1. 본서는 十三經注疏 중 ≪譯註 論語注疏≫의 제3책이다.
2. 본서는 원전의 傳統性과 번역의 現代性을 구현하기 위해 노력하였다.
3. 본서의 底本은 阮元 校刻本 ≪論語注疏≫(清 嘉慶 21년(1816) 阮元 校刻 十三經注疏, 中華書局, 2009, 이하 '阮刻本'으로 약칭)로 하되, 北京大 整理本 ≪論語注疏≫(十三經注疏整理委員會 整理, 北京大學出版社, 2000, 이하 '北京大本'으로 약칭)를 참고하였다.
4. 原文의 經과 注는 우리나라 전통 방식으로 懸吐하였다. 전통적으로는 교육적 차원에서 성독을 위해 經에만 懸吐하고 小註나 疏에는 懸吐하지 않았으며, 疏는 經에 대한 字句 해석이 중심이므로, 본서에서도 재래적인 방식의 간략한 標點만 하였다.
5. 原文은 저본의 體制에 따라 經, 注, 疏를 구분하고, 注에는 【注】 표시를, 疏에는 【疏】 표시를 하여 經과 구분하였다.
6. 原文의 分節은, 經과 注는 저본의 분절을 따르고, 疏는 단락이 길 경우 의미 단락에 따라 역자 재량으로 분절하였다.
7. 글자에 대한 저본의 反切 注는 생략하되, 문맥을 이해하기 위해 필요한 경우는 살리고, 讀音이 특수하거나 僻字인 경우는 원문의 해당 글자 뒤의 ( ) 속에 한글로 音을 달아주었다.
8. 疏에서 설명 대상으로 인용한 經과 注의 단어나 구절은 번역하지 않고 원문 그대로 〔 〕 속에 넣어주었다.

   예 〔主忠信〕 主는 親과 같으니, 가까이하는 사람은 모두 반드시 忠信이 있는 사람이어야 한다는 말이다.

9. 飜譯은 原義에 충실하게 하되, 이해가 어려운 부분은 意譯 또는 補充譯을 하였다.
10. 飜譯文은 한글과 漢字를 混用하였으며, 맞춤법과 띄어쓰기는 한글 맞춤법과 표준어 규정을 따르는 것을 원칙으로 하였다.
11. 譯註는 校勘, 人物, 制度, 官職, 역사적 사건, 인용문의 出典, 異說, 故事, 전문용어, 難解語 등에 관한 사항을 밝혔다.

12. 校勘은 원문의 誤字, 脫字, 衍字, 倒文 등을 대상으로 하였다.
13. 校勘은 저본인 阮刻本의 校勘記에서 꼭 필요한 경우에만 선택적으로 譯註에 반영하였다. 그 외에도 北京大本 校勘記를 비롯한 여러 原典 자료를 참조하였으며, 참조한 자료는 校勘註에 밝혔다.
14. 阮刻本에서 校勘에 참고한 書目의 略稱은 다음과 같으며, 본서의 校勘註에도 이 약칭으로 표기하였다.
    - 高麗本 : 淸나라 陳鱣(1753~1817)의 ≪論語古訓≫에서 인용
    - 唐石經 : 唐나라 開成(836~840) 연간의 石刻本
    - 毛本 : 明나라 崇禎(1628~1644) 연간의 毛晉의 汲古閣 校刊本
    - 閩本 : 明나라 嘉靖(1522~1566) 연간의 閩中禦史 李元陽의 校刊本
    - 北監本 : 明나라 神宗(1563~1620) 시기 北國子監 刊行本
    - 宋石經 : 南宋 紹興(1131~1162) 연간의 石刻本
    - 十行本 : 南宋(1127~1279) 시기 刊行本
    - 足利本 : 日本 足利學校 所藏本
    - 浦鏜 : 淸나라 때의 학자 浦鏜(?~1762)의 ≪十三經注疏正字≫
    - 漢石經 : 宋나라 洪適(1117~1184)의 ≪隷釋≫에서 인용
    - 皇本 : 南朝 梁나라의 皇侃(488~545)이 지은 ≪論語義疏≫를 말하며, 日本 寬延 3년(1750) 根伯脩遜志 校正本에서 인용
15. 본서의 校勘에 사용된 符號는 다음과 같다.
    ( )〔 〕: (저본의 誤字)〔교감한 正字〕
    〔 〕: 저본의 脫字 補充
    ( ) : 저본의 衍字
16. 본서에 사용된 주요 符號는 다음과 같다.
    " " : 對話, 각종 引用
    ' ' : " " 안에서 再引用, 强調
    「 」: ' ' 안에서 再引用, 强調
    ( ) : 원문에서는 讀音이 특수한 글자나 僻字의 音
    번역문에서는 간단한 譯註
    〔 〕: 번역문과 뜻은 같으나 音이 다른 漢字나 句節, 譯註에서 인용한 原文
    疏에서 설명 대상으로 제시한 經이나 注의 단어나 구절

≪ ≫ : 書名이나 典據

〈 〉 : 篇章名, 作品名, 補充譯

【 】 : 注와 疏의 구분 표시

○ : 저본에 사용된 단락 구분 표시 遵用

17. 본서의 疏에 사용한 標點은, 中國의 출판본에 이미 상세 표점이 되어있으므로, 한국에서 재래로 사용해오던 표점방식을 보완하여, 文理의 이해를 돕는 정도로 간략히 하였다. 본서에 사용된 標點은 다음과 같다.

. : 문장의 종결

, : 한 문장 안에서 句나 節의 구분이 필요한 곳

· : 대등한 명사나 구절의 병렬

" " : 1차 인용, 대화

' ' : 2차 인용, 대화, 강조

「 」 : 3차 인용, 2차 인용 안에서 대화·강조

: : 疏 내용을 포괄하는 '正義曰' 뒤에 사용

18. 본서의 注疏에 인용된 諸家는 다음과 같다.

- 包咸 : B.C. 6~A.D. 65. 後漢 사람으로, 자는 子良이다.
- 周氏 : 이름이 전해지지 않는다.
- 孔安國 : ?~? 前漢 사람으로, 자는 子國이다.
- 馬融 : 79~166. 後漢 사람으로, 자는 季長이다.
- 鄭玄 : 127~200. 後漢 사람으로, 자는 康成이다.
- 陳群 : ?~237. 삼국시대 魏나라 사람으로, 자는 長文이다.
- 王肅 : 195~256. 삼국시대 魏나라 사람으로, 자는 子雍이다.
- 周生烈 : ?~? 삼국시대 魏나라 사람으로, 周生은 姓이고, 烈이 이름이며, 자는 文逸이다.

19. 索引은 ≪論語注疏≫ 전체를 포괄하는 〈綜合索引〉을 비롯하여, 주제별 색인인 〈論語經文索引〉, 〈注疏語句索引〉, 〈人名索引〉으로 구분하여 작성하였다.

參考文獻

◇ 底本 및 주요 참고도서

- ≪論語注疏≫, 阮元(淸) 校刻, 十三經注疏(淸 嘉慶刊本), 中華書局, 2009.
- ≪論語注疏≫, 十三經注疏整理委員會 整理, 北京大學出版社, 2000.

◇ 十三經注疏

- ≪孟子注疏≫, 阮元(淸) 校刻, 十三經注疏(淸 嘉慶刊本), 中華書局, 2009.
- ≪毛詩正義≫, 阮元(淸) 校刻, 十三經注疏(淸 嘉慶刊本), 中華書局, 2009.
- ≪尙書正義≫, 阮元(淸) 校刻, 十三經注疏(淸 嘉慶刊本), 中華書局, 2009.
- ≪禮記正義≫, 阮元(淸) 校刻, 十三經注疏(淸 嘉慶刊本), 中華書局, 2009.
- ≪儀禮注疏≫, 阮元(淸) 校刻, 十三經注疏(淸 嘉慶刊本), 中華書局, 2009.
- ≪爾雅注疏≫, 阮元(淸) 校刻, 十三經注疏(淸 嘉慶刊本), 中華書局, 2009.
- ≪周禮注疏≫, 阮元(淸) 校刻, 十三經注疏(淸 嘉慶刊本), 中華書局, 2009.
- ≪周易正義≫, 阮元(淸) 校刻, 十三經注疏(淸 嘉慶刊本), 中華書局, 2009.
- ≪春秋穀梁傳注疏≫, 阮元(淸) 校刻, 十三經注疏(淸 嘉慶刊本), 中華書局, 2009.
- ≪春秋公羊傳注疏≫, 阮元(淸) 校刻, 十三經注疏(淸 嘉慶刊本), 中華書局, 2009.
- ≪春秋左傳正義≫, 阮元(淸) 校刻, 十三經注疏(淸 嘉慶刊本), 中華書局, 2009.
- ≪孝經注疏≫, 阮元(淸) 校刻, 十三經注疏(淸 嘉慶刊本), 中華書局, 2009.

◇ 기타 원전자료

- ≪經典釋文≫, 陸德明(唐) 撰, 上海古籍出版社, 1985.
- ≪經傳釋詞≫, 王引之(淸) 撰, 臺灣商務印書館, 1968.
- ≪孔子家語≫, 王肅(魏) 編, 學民文化社.
- ≪果堂集≫, 沈彤(淸) 撰, 文淵閣四庫全書, 臺灣商務印書館.
- ≪管子校正≫, 尹知章(唐) 注, 戴望(淸) 撰, 世界書局, 1990.

- ≪國語≫, 左丘明(周) 撰, 學民文化社.
- ≪群經評議≫, 兪樾(淸) 撰, 續修四庫全書, 上海古籍出版社, 1995.
- ≪論語稽求篇≫, 毛奇齡(淸) 撰, 中華書局, 1985.
- ≪論語古今注≫, 丁若鏞(朝鮮) 撰, 與猶堂全書, 韓國文集叢刊, 民族文化推進會, 2002.
- ≪論語譯注≫, 楊伯峻 譯注, 中華書局, 1980.
- ≪論語正義≫, 劉寶楠(淸) 撰, 中華書局, 1990.
- ≪論語集註大全≫ : 朱憙(宋) 集註, 胡廣(明) 等編, 成均館大 大東文化研究院.
- ≪論語集註詳說≫, 朴文鎬(朝鮮) 撰, 楓林精舍, 1921.
- ≪論語集解義疏≫, 何晏(魏) 集解, 皇侃(梁) 義疏, 中華書局, 1985.
- ≪道德經≫, 王弼(魏) 注, 文淵閣四庫全書, 臺灣商務印書館.
- ≪圖書編≫, 章潢(明) 撰, 文淵閣四庫全書, 臺灣商務印書館.
- ≪孟子集註大全≫, 朱憙(宋) 集註, 胡廣(明) 等編, 成均館大 大東文化研究院.
- ≪白虎通義≫, 班固(漢) 撰, 臺灣商務印書館, 1968.
- ≪史記≫, 司馬遷(漢) 撰, 裴駰(南朝 宋) 集解, 司馬貞(唐) 索隱, 張守節(唐) 正義, 中華書局, 1997.
- ≪司馬法譯注≫, 李零 譯注, 河北人民出版社, 1992.
- ≪尙書大傳≫, 伏勝(漢) 撰, 文淵閣四庫全書, 臺灣商務印書館.
- ≪書傳大全≫ : 蔡沈(宋) 集傳, 胡廣(明) 等編, 조선 內閣本, 學民文化社.
- ≪說文解字注≫, 許愼(漢) 撰, 段玉裁(淸) 注, 上海古籍出版社, 1981.
- ≪水經注≫, 酈道元(北魏) 撰, 文淵閣四庫全書, 臺灣商務印書館.
- ≪詩傳大全≫, 朱憙(宋) 集傳, 胡廣(明) 等編, 學民文化社.
- ≪新序≫, 劉向(漢) 撰, 臺灣商務印書館, 1968.
- ≪十三經注疏正字≫, 沈廷芳(淸) 撰, 文淵閣四庫全書, 臺灣商務印書館.
- ≪禮記集說大全≫, 陳澔(元) 集說, 胡廣(明) 等編, 學民文化社.
- ≪五經異義疏證≫, 陳壽祺(淸) 撰, 續修四庫全書, 上海古籍出版社, 1995.
- ≪禹貢指南≫, 毛晃(宋) 撰, 文淵閣四庫全書, 臺灣商務印書館.
- ≪爾雅≫, 郭璞(晉) 注, 中華書局, 1985.
- ≪莊子集釋≫ : 莊周(周) 撰, 郭象(西晉) 注, 陸德明(唐) 釋文, 成玄英(唐) 疏, 郭慶藩(淸) 輯, 王孝魚 點校, 中華書局, 1961.
- ≪周易傳義大全≫, 程頤(宋) 傳, 朱憙(宋) 本義, 胡廣(明) 等編, 學民文化社.

• ≪竹書統箋≫, 徐文靖(淸) 撰, 文淵閣四庫全書, 臺灣商務印書館.
• ≪中庸章句大全≫ : 朱熹(宋) 章句, 胡廣(明) 等編, 成均館大 大東文化硏究院.
• ≪晉書≫, 房玄齡(唐) 等撰, 中華書局, 1997.
• ≪春秋經筌≫, 趙鵬飛(宋) 撰, 文淵閣四庫全書, 臺灣商務印書館.
• ≪春秋經傳集解≫, 左丘明(周) 撰, 杜預(晉) 註, 保景文化社.
• ≪春秋考徵≫, 丁若鏞(朝鮮) 撰, 與猶堂全書, 韓國文集叢刊, 民族文化推進會, 2002.
• ≪春秋釋例≫, 杜預(晉) 撰, 文淵閣四庫全書, 臺灣商務印書館,
• ≪太平御覽≫, 李昉(宋) 等撰, 中華書局, 1960.
• ≪漢書≫, 班固(漢) 撰, 顔師古(唐) 注, 北京 : 中華書局, 1997.
• ≪後漢書≫, 范曄(南朝 宋) 撰, 李賢(唐) 等注, 中華書局, 1997.

◇ 電子文獻 및 Web DB

• 동양고전종합DB (http://db.cyberseodang.or.kr)
• 한국고전종합DB (http://db.itkc.or.kr)
• 상우천고 (http://www.s-sangwoo.kr)
• 電子版 文淵閣四庫全書, 上海古籍出版社

目 次

東洋古典現代化와 十三經注疏 譯註
凡 例
參考文獻

衛靈公 第十五 / 13

季氏 第十六 / 60

陽貨 第十七 / 101

微子 第十八 / 151

子張 第十九 / 181

堯曰 第二十 / 210

索引
索引凡例 / 229
綜合索引 / 233
論語經文索引 / 387
注疏語句索引 / 426
人名索引 / 452

論語注疏解經 卷第十五

衛靈公 第十五

【疏】 正義曰：此章記孔子先禮後兵，去亂就治，幷明忠信仁知勸學，爲邦無所毁譽，必察好惡，志士君子之道，事君相師之儀，皆有恥且格[1)]之事，故次前篇也.

1) 有恥且格：〈爲政〉篇에 보인다. 그 疏에 "백성들이 부끄럼을 가져 禮를 범하지 않고, 또 자신을 닦아 바름으로 돌아옴이다."라고 하였다.

正義曰：이 章은 孔子께서 禮를 우선으로 여기고 兵를 뒤로 여기신 일과, 어지러운 나라를 떠나 다스려진 나라로 가신 일과, 忠·信·仁·知를 밝히고 배우기를 권면하신 일과, 나라를 다스림에 있어 헐뜯거나 기리는 바가 없이 반드시 好惡를 살피신 일과, 志士와 君子의 道와 임금을 섬기고 盲人을 돕는 禮儀를 기록한 것이니, 모두 有恥且格의 일이다. 그러므로 前篇의 뒤에 編次한 것이다.

1. 衛靈公問陳於孔子한대

衛나라 靈公이 孔子께 군대의 行伍를 陳列하는 방법을 묻자,

【注】 孔曰 軍陳行列之法이라

孔曰：軍陣에 行伍를 진열하는 방법이다.

孔子對曰 俎豆[1)]之事는 則嘗聞之矣어니와

1) 俎豆：俎는 祭祀나 燕享에 牲體를 올려놓는 도마이고, 豆는 汁이 있는 食物을 담는 그릇이다. 이에 대한 疏의 梡(완)俎·嶡(궐)俎·椇(구)俎·房俎와 楬(갈)豆·玉豆·獻豆는 그릇의 생김새와 장식에 따라 이름을 달리한 것인 듯한데, 이에 대해서는 ≪禮記≫의 疏를 단 孔穎達도 "옛 제도는 알기 어려우니, 자세히 알 수 없다.〔古制難識 不可悉知〕"라고 하였으니, 闕疑하는 것이 옳을 것 같아, 譯註를 붙이지 않는다.

孔子께서 대답하셨다. "俎豆의 일(俎豆를 陳設하는 일)이라면 들은 적이 있지만,

【注】 孔曰 俎豆는 禮器라

孔曰 : 俎豆는 禮器이다.

軍旅之事는 未之學也라하시고

軍旅의 일은 배운 적이 없습니다."

【注】 鄭曰 萬二千五百人爲軍이요 五百人爲旅라 軍旅는 末事니 本未立이면 不可教以末事라

鄭曰 : 12,500人이 軍이고, 500人이 旅이다. 軍旅는 말단의 일이니, 근본이 確立되지 않았으면 말단의 일을 가르쳐서는 안 된다.

【疏】 '衛靈' 至 '學也' ○ 正義曰 : 此章記孔子先禮後兵之事也. '衛靈公問陳於孔子'者, 問軍陳行列之法於孔子也. '孔子對曰 俎豆之事 則嘗聞之矣 軍旅之事 未之學也'者, 俎豆, 禮器. 萬二千五百人爲軍, 五百人爲旅. 孔子之意, 治國以禮義爲本, 軍旅爲末, 本未立, 則不可教以末事. 今靈公但問軍陳, 故對曰 "俎豆行禮之事, 則嘗聞之. 軍旅用兵之事, 未之學也." 左傳哀十一年, "孔文子之將攻大叔也, 訪於仲尼. 仲尼曰 '胡簋之事, 則嘗學之矣. 甲兵之事, 未之聞也.'" 其意亦與此同. 軍旅甲兵亦治國之具也. 彼以文子非禮, 欲國內用兵, 此以靈公空問軍陳, 故竝不答, 非輕甲兵也.

經의 〔衛靈〕에서 〔學也〕까지

○ 正義曰 : 이 章은 孔子께서 禮를 우선으로 여기고 兵을 뒤로 여기신 일을 기록한 것이다.

〔衛靈公問陳於孔子〕 孔子께 軍陣에 行伍를 陳列하는 방법을 물은 것이다.

〔孔子對曰 俎豆之事 則嘗聞之矣 軍旅之事 未之學也〕 俎豆는 禮器이다. 12,500人이 軍이고, 500人이 旅이다. 孔子께서는 나라를 다스림에는 禮義를 근본으로 삼고 軍旅를 末로 삼아야 하니, 근본이 확립되지 않았으면 末端의 일을 가르쳐서는 안 된다고 여기셨다. 그런데 지금 靈公이 軍陣만을 물었기 때문에 "俎豆를 사용해 禮를 행하는 일이라면 들은 적이 있지만, 軍旅를 사용해 戰爭하는 일은 배운 적이 없다."라고 대답하신 것이다. ≪春秋左氏傳≫ 哀公 11년에 "孔文子가 太叔疾을 공격하려고 〈그 방법을〉 仲尼에게 문

자, 仲尼께서 "胡簋(祭祀)의 일이라면 배운 적이 있지만 甲兵(軍旅)의 일은 들은 적이 없습니다."라고 대답하신 일이 있는데, 그 뜻 또한 이와 같다. 軍旅와 甲兵 또한 나라를 다스리는 도구이다. 저 ≪春秋左氏傳≫에는 孔文子가 禮를 어기고서 國內에서 군대를 움직이고자 하였고, 여기에는 靈公이 공연히 軍陣을 물었다. 그러므로 모두 대답하지 않으신 것이지, 甲兵을 가벼이 여기신 것이 아니다.

○注'俎豆 禮器' ○正義曰：案明堂位云"俎, 有虞氏以梡, 夏后氏以嶡, 殷以椇, 周以房俎." 鄭注云"梡, 斷木爲四足而已. 嶡之言蹷也, 謂中足爲橫距之象, 周禮謂之距. 椇之言枳椇也, 謂曲橈之也. 房謂足下跗也, 上下兩間, 有似於堂房." 魯頌曰"籩豆大房." 又曰"夏后氏以楬豆, 殷玉豆, 周獻豆." 鄭注云"楬, 無異物之飾也. 獻, 疏刻之. 齊人謂無髮爲禿楬." 其委曲制度備在禮圖.

○注의〔俎豆 禮器〕

○正義曰：고찰하건대, ≪禮記≫〈明堂位〉에 "俎는, 有虞氏는 梡俎를 사용하고, 夏后氏는 嶡俎를 사용하고, 殷나라는 椇俎를 사용하고, 周나라는 房俎를 사용하였다."라고 하였는데, 鄭玄의 注에 "梡은 나무를 잘라 네 개의 다리만을 만들었을 뿐이다. 嶡의 뜻은 蹷(기울어짐)이니, 가운데 다리를 가로 붙은 며느리발톱 모양으로 만든 것을 이르는데, ≪周禮≫에 이것을 '距'라 하였다. 椇의 뜻은 枳椇이니, 구부정하게 휜 것을 이른다. 房은 다리 밑의 받침대를 이르는데 위와 아래의 두 사이가 堂과 房 비슷하다."라고 하였다. ≪詩經≫〈魯頌〉에 "籩豆와 大房이다."라고 하였고, 또 ≪禮記≫〈明堂位〉에 "夏后氏는 楬豆를 사용하고, 殷나라는 玉豆를 사용하고, 周나라는 獻豆를 사용하였다."라고 하였는데, 鄭玄의 注에 "楬은 다른 물건으로 장식하지 않은 것이다. 獻은 거칠게 구름 모양을 조각한 것이다. 齊나라 사람들은 대머리를 禿楬이라 한다."라고 하였다. 그 자세한 制度는 ≪三禮圖≫에 자세히 실려 있다.

○注'鄭曰 萬二千五百人爲軍 五百人爲旅' ○正義曰：皆司馬序官[1]文也.

1) 序官：≪周禮≫의〈天官〉·〈地官〉·〈春官〉·〈夏官〉·〈秋官〉및〈考工記〉등 6篇의 篇首에 六官이 통솔하는 官屬의 職掌과 人員數를 대략 列記한 부분을 이른다.

○注의〔鄭曰 萬二千五百人爲軍 五百人爲旅〕

○正義曰：〈이는〉모두 ≪周禮≫〈夏官 司馬 序官〉의 글이다.

明日遂行하시다 **在陳絶糧**하야 **從者病**하야 **莫能興**하다

다음날 드디어 〈衛나라를〉 떠나셨다. 陳나라에 계실 때에 糧食이 떨어져서 따르던 제자들이 虛飢에 지쳐 일어나지 못하였다.

【注】 孔曰 從者는 弟子라 興은 起也라 孔子去衛如曹나 曹不容하니 又之宋하시다 宋遭匡人之難하야 又之陳하시다 會吳伐陳하야 陳亂이라 故乏食하니라

孔曰 : 從者는 弟子이다. 興은 일어남이다. 孔子께서 衛나라를 떠나 曹나라로 가셨으나, 曹나라가 공자를 收容하지 않으니, 또 宋나라로 가셨다. 宋나라에서 匡人의 난리를 만나 또 陳나라로 가셨다. 이때 마침 吳나라가 陳나라를 侵伐하여 陳나라가 어지러웠다. 그러므로 糧食이 떨어진 것이다.

子路慍見曰 君子亦有窮乎잇가 **子曰 君子固窮**이어니와 **小人窮斯濫矣**니라

子路가 화난 기색으로 와서 孔子를 뵙고 말하였다. "君子도 窮할 때가 있습니까?" 子께서 말씀하셨다. "君子는 본래 窮할 때가 있으나, 小人은 窮하면 〈분수를〉 넘는다."

【注】 濫은 溢也라 君子固亦有窮時나 但不如小人窮則濫溢爲非라

濫은 溢(넘침)이다. 君子도 본래 窮할 때가 있으나, 小人이 窮하면 〈분수를〉 넘어 잘못을 저지르는 것과 같지 않을 뿐이다.

【疏】 '明日'至'濫矣' ○ 正義曰 : 此章記孔子阨於陳也. '明日遂行'者, 旣答靈公之明日也, 遂去衛國而之於他邦也. '在陳絶糧 從者病 莫能興'者, 從者, 弟子也. 興, 起也. 孔子適在陳, 會吳伐陳, 陳亂, 故乏絶糧食, 弟子從者困病, 莫能興起也. '子路慍見曰 君子亦有窮乎'者, 慍, 怒也. 子路以爲, 君子學則祿在其中, 不當有窮困. 今乃窮困, 故慍怒而見, 問於夫子曰 : "君子豈亦如常人有窮困邪." '子曰 君子固窮 小人窮斯濫矣'者, 濫, 溢也. 言君子固亦有窮困時, 但不如小人窮則濫溢爲非.

經의 〔明日〕에서 〔濫矣〕까지

○ 正義曰 : 이 章은 孔子께서 陳나라에서 困厄을 당한 일을 기록한 것이다.

〔明日遂行〕 靈公에게 대답하신 다음날에 드디어 衛나라를 떠나 다른 나라로 가신 것이다.

〔在陳絶糧 從者病 莫能興〕 從者는 弟子이다. 興은 일어남이다. 孔子께서 陳나라에 계실 때에 마침 吳나라가 陳나라를 侵伐하여 陳나라가 어지러웠다. 그러므로 糧食이 떨어져 따르는 弟子들이 虛飢에 지쳐 일어나지 못한 것이다.

〔子路慍見曰 君子亦有窮乎〕 慍은 怒함이다. 子路는 君子가 學問을 하면 爵祿이 그 속에 있으니 窮困함이 있어서는 不當하다고 여겼다. 그런데 지금 窮困하기 때문에 怒한 기색으로 와서 夫子를 뵙고 "君子도 그래 일반인들처럼 窮困할 때가 있단 말입니까?"라고 물은 것이다.

〔子曰 君子固窮 小人窮斯濫矣〕 濫은 넘침이다. 君子도 본래 窮困할 때가 있으나, 小人이 窮困하면 〈분수를 넘어〉 잘못을 저지르는 것과 같지 않을 뿐이라는 말이다.

○注'孔曰'至'乏食' ○正義曰：云'孔子去衛如曹 曹不容 又之宋 宋遭匡人之難 又之陳 會吳伐陳'者, 皆以孔子世家文而知也. 如·之, 皆訓往.

○注의 〔孔曰〕에서 〔乏食〕까지

○正義曰：〔孔子去衛如曹 曹不容 又之宋 宋遭匡人之難 又之陳 會吳伐陳〕 이것은 모두 ≪史記≫ 〈孔子世家〉의 글에 의거해 안 것이다. 如와 之는 모두 訓이 往(감)이다.

2. 子曰 賜也아 女以予爲多學而識(지)之者與아 對曰 然하이다

子께서 말씀하셨다. "賜야! 너는 나를 많이 배워서 그것을 기억한 자로 여기느냐?" 〈子貢이〉 대답하였다. "그렇습니다.

【注】 孔曰 然은 謂多學而識(지)之라

孔曰：然은 많이 배워서 그것을 기억하는 것을 이른다.

非與잇가

아닙니까?"

【注】 孔曰 問今不然이라

孔曰 : 지금은 그렇지 않으냐고 물은 것이다.

曰 非也라 予一以貫之니라

子께서 말씀하셨다. "아니다. 나는 하나의 이치로 모든 것을 꿰뚫는다."

【注】 善有元하고 事有會[1)]하니 天下殊塗而同歸하고 百慮而一致라 知其元則衆善擧矣라 故不待多學而一知之니라

1) 善有元 事有會 : 邢昺의 疏에는 이에 대한 解釋이 없고, 皇侃의 ≪論語集解義疏≫에 "元은 始와 같고, 會는 終과 같다. 元은 善의 長(으뜸)이기 때문에 '善에는 元이 있다.'라고 한 것이고, 일에는 각각 끝남이 있기 때문에 '일에는 會가 있다.'라고 한 것이다.〔元 猶始也 會 猶終也 元者 善之長 故云善有元也 事各有所終 故曰事有會也〕"라고 하였다.

善에는 元(衆善의 으뜸)이 있고, 일에는 會(모임)가 있으니, 天下의 일이 길은 다르지만 돌아가는 곳은 같고, 생각은 백 가지이나 그 이치는 하나이다. 그 元을 알면 모든 善을 알 수 있다. 그러므로 많이 배우기를 기다리지 않고도 하나의 이치를 미루어 모든 것을 알 수 있다.

【疏】 '子曰'至'貫之' ○ 正義曰 : 此章言善道有統也. '子曰 賜也 女以予爲多學而識之者與'者, 孔子問子貢, 女意以我爲多其學問記識之者與. 與, 語辭. '對曰 然'者, 子貢意以爲然, 是夫子多學而識之也. '非與'者, 子貢又言, 今乃非多學而識之者與. '曰 非也 予一以貫之'者, 孔子答言, 己之善道, 非多學而識之也, 我但用一理以通貫之. 以其善有元, 事有會, 知其元則衆善擧矣, 故不待多學, 一以知之.

經의 〔子曰〕에서 〔貫之〕까지

○ 正義曰 : 이 章은 善道에는 統(근본)이 있음을 말한 것이다.

〔子曰 賜也 女以子爲多學而識之者與〕 孔子께서 子貢에게 "너의 생각에는 나를 學問하여 記識(기억)한 것이 많은 자로 여기느냐?"라고 물으신 것이다. 與는 語辭이다.

〔對曰 然〕 子貢의 생각은 夫子께서 많이 배워서 그것을 기억하신 것으로 여겼기 때문에 그렇다고 한 것이다.

〔非與〕 子貢이 또 지금은 많이 배워서 그것을 기억하신 것이 아니냐고 말한 것이다.

〔曰 非也 予一以貫之〕 孔子께서 '나의 善道는 많이 배워서 그것을 기억한 것이 아니

라, 나는 단지 한 이치로써 모든 것을 관통한다. 善에는 元이 있고 일에는 會가 있기 때문에 그 元을 알면 모든 선을 다 알게 된다. 그러므로 많이 배우기를 기다리지 않고도 하나의 이치를 미루어 모든 것을 알 수 있다.'라고 대답하신 것이다.

○ 注 '天下殊塗而同歸 百慮而一致' ○ 正義曰：周易下繫辭文也.

○ 注의 〔天下殊塗而同歸 百慮而一致〕

○ 正義曰：≪周易≫ 〈繫辭傳 下〉의 글이다.

3. 子曰 由는 知德者鮮矣로다

子께서 말씀하셨다. "由는 德을 아는 것이 부족하구나."

【注】 王曰 君子固窮이어늘 而子路慍見이라 故謂之少於知德이라

王曰：君子도 본래 窮할 때가 있는데, 子路가 怒한 기색으로 와서 〈孔子를〉 뵈었다. 그러므로 子路는 德을 아는 것이 부족하다고 평하신 것이다.

【疏】 '子曰 由 知德者鮮矣' ○ 正義曰：此一章言子路鮮於知德. 鮮, 少也. 由, 子路名. 言君子固窮, 而子路慍見, 故謂之少於知德也.[1)]

1) 此一章……故謂之少於知德也：≪四書辨疑≫에 '衛靈公問陳'과 '子路慍見'을 연결하여 한 章으로 만든 注疏의 해석을 다음과 같이 반박하였다.

"제1章의 '衛靈公問陳' 한 단락은 孔子께서 衛나라에 계실 때의 일이고, '子路慍見' 한 단락은 孔子께서 陳나라에 계실 때의 일이다. 衛나라와 陳나라는 서로 떨어진 거리가 수백 里이니, 두 단락이 同時의 일이 아님이 매우 분명하다. 제2장과 이 제3장의 일은 언제 있었던 일인지 상고할 수 있는 문헌이 없는데, 지금 이를 모두 동시의 말씀이라고 하였으니 감히 믿을 수 없다. 王滹南(王若虛)의 ≪論語辨惑≫에 '중간에 子貢에게 일러주신 「多學一貫」 한 章이 있어서 이미 중간이 단절되었는데, 어찌 모두 동시의 일이 될 수 있겠는가? ≪史記≫ 〈孔子世家〉에 이 글을 기재하면서 「一貫」을 언급한 대목 앞에 「子貢作色(자공이 얼굴빛을 바꾸자)」이라는 네 글자를 추가하였으니, 이것이 學者들이 의심을 일으킨 까닭이다. 아! 經을 해석하면서 本文을 지키지 않고, 근거 없는 傳記(인물의 사적을 기록한 문장)의 말을 믿었으니, 또한 異說을 좋아하고 穿鑿하기를 즐겼음을 볼 수 있다.'라고 하였다.〔第一章衛靈公問陳一節 孔子在衛 子路慍見一節 孔子在陳 衛與陳相去數百里 兩節非一時甚明 第二與此第三章果在何時 無文可考 今乃通指爲一時之言 未敢信也 王滹南曰 中間

有告子貢多學一貫之一章 旣已閒斷 安得通爲一時之事哉 蓋孔子世家載此而一貫語上加子貢作色四字 所以生學者之疑 嗚呼 解經不守本文而信傳記不根之說 亦見其好異而喜鑿矣〕"

經의〔子曰 由 知德者鮮矣〕

○ 正義曰 : 이 한 章은 子路가 德을 아는 것이 부족함을 말씀하신 것이다.

鮮은 적음(부족함)이다. 由는 子路의 이름이다. 君子도 본래 窮할 때가 있는 것인데, 子路가 노한 기색으로 와서 뵈었다. 그러므로 子路는 德을 아는 것이 부족하다고 평하신 것이다.

4. 子曰 無爲而治者는 其舜也與ㄴ저 夫何爲哉시리오 恭己正南面而已矣시니라

子께서 말씀하셨다. "作爲함이 없는데도 〈천하가〉 다스려진 분은 아마 舜임금일 것이다. 무엇을 하셨겠는가? 몸을 공손히 가지고서 王座〔南面〕에 端正히 앉으셨을 뿐이다."

【注】 言任官得其人이라 故無爲而治라

適任者를 얻어서 官職에 任用하였기 때문에 作爲함이 없는데도 〈천하가〉 다스려졌음을 말한 것이다.

【疏】 '子曰 無爲而治者 其舜也與 夫何爲哉 恭己正南面而已矣' ○ 正義曰 : 此一章美帝舜也. 帝王之道, 貴在無爲淸靜而民化之[1]. 然後之王者, 以罕能及. 故孔子曰 "無爲而天下治者, 其舜也與." 所以無爲者, 以其任官得人. 夫舜何必有爲哉, 但恭敬己身, 正南面嚮明而已.

1) 無爲淸靜而民化之 : 본서 〈爲政〉편 "爲政以德"장의 譯註 참조. ≪老子≫에 "내가 作爲함이 없이 모든 것을 自然에 順應하면 백성들이 저절로 感化되고, 내가 마음을 淸靜하게 가지기를 좋아하면 백성들이 저절로 바르게 된다.〔我無爲而民自化 我好靜而民自正〕"라는 말이 보인다.

經의〔子曰 無爲而治者 其舜也與 夫何爲哉 恭己正南面而已矣〕

○ 正義曰 : 이 한 章은 帝舜을 찬미한 것이다.

帝王의 道는 貴重함이 無爲淸靜하여 백성이 感化되는 데 있다. 그러나 後代의 王者 중에는 미칠 수 있는 이가 드물었다. 그러므로 孔子께서 "作爲함이 없는데도 天下가 다

스려진 분은 아마 舜임금일 것이다."라고 하신 것이다. 作爲함이 없으신 까닭은 적임자를 얻어서 官職에 임용하였기 때문이니, 舜임금이 무엇 때문에 굳이 作爲하였겠는가? 단지 자기 몸을 공경히 가지고서 단정하게 밝은 쪽을 향해 南面해 앉으셨을 뿐이다.

○注'言任官得其人 故無爲而治' ○正義曰：案舜典命禹宅百揆, 棄后稷, 契作司徒, 皐陶作士, 垂共工, 益作朕虞, 伯夷作秩宗, 夔典樂教胄子, 龍作納言, 并四岳十二牧, 凡二十二人, 皆得其人, 故舜無爲而治也.

○注의〔言任官得其人 故無爲而治〕

○正義曰：≪書經≫〈舜典〉을 고찰하건대, 禹를 任命하여 百揆(總理)에 앉히고, 棄를 后稷(農事를 맡은 官職)으로, 契을 司徒(教育을 맡은 관직)로, 皐陶를 士(法을 맡은 관직)로, 垂를 共工(土木의 工役을 맡은 관직)으로, 益을 虞(山澤禽獸를 관장하는 官職)로, 伯夷를 秩宗(宗廟의 祭祀를 맡은 官職)으로 삼고, 夔를 典樂으로 삼아 胄子(貴族子弟)를 교육하게 하고, 龍을 納言(王命을 出納하는 관직)으로 삼았으니, 四岳(사방의 諸侯를 관리하는 관직)·十二牧(12州의 牧使)과 아울러 총 22人을 모두 적임자로 얻었기 때문에 舜이 작위함이 없는데도 천하가 다스려진 것이다.

5. 子張問行한대 子曰 言忠信하고 行篤敬이면 雖蠻貊之邦이라도 行矣어니와 言不忠信하고 行不篤敬이면 雖州里나 行乎哉아

子張이 行(자기의 道를 행함)에 대해 묻자, 子께서 말씀하셨다. "말이 忠信하고 행실이 篤敬하면 비록 南蠻이나 北貊에 가더라도 행할 수 있지만, 말이 忠信하지 않고 행실이 篤敬하지 않으면 비록 州里(故鄕)라 하더라도 행할 수 있겠는가?

【注】 鄭曰 萬二千五百家爲州요 五家爲隣이요 五隣爲里라 行乎哉는 言不可行이라

鄭曰：12,500家가 州이고, 5家가 隣이고 5隣이 里이다. 行乎哉는 행할 수 없다는 말이다.

立則見其參於前也하며 在輿則見其倚於衡也니 夫然後行이니라

서 있을 때에는 그것(忠信·篤敬)이 앞에 나란히 벌여 있음을 보아야 하고, 수레에 있을 때에는 그것이 衡(멍에)에 기대어 있음을 보아야 하니, 그런 뒤에야 행할 수

있다.”

【注】 包曰 衡은 軛也라 言思念忠信하야 立則常想見參然在目前하고 在輿則若倚車軛이라

包曰 : 衡은 軛(멍에)이다. 忠信을 생각하여, 서 있을 때에는 항상 눈앞에 그것이 나란히 벌여 있어 보이는 것처럼 상상하고, 수레에 있을 때에는 그것이 車軛(멍에)에 기대어 있어 보이는 것처럼 〈상상함이다.〉

子張書諸紳하다

子張이 이 말씀을 紳(큰 띠)에 기록하였다.

【注】 孔曰 紳은 大帶라

孔曰 : 紳은 큰 띠이다.

【疏】 '子張'至'諸紳' ○ 正義曰 : 此一章言可常行之行也. '子張問行'者, 問於夫子, 何如則可常行. '子曰 言忠信 行篤敬 雖蠻貊之邦行矣 言不忠信 行不篤敬 雖州里行乎哉'者, 孔子答, 言必當言盡忠誠, 不欺於物, 行唯敦厚而常謹敬, 則雖蠻貊遠國, 其道行矣. 反此, 雖州里近處而行乎哉. 言不可行也. '立則見其參於前也 在輿則見其倚於衡也 夫然後行'者, 輿, 是車輿也. 衡, 軛也. 言常思念忠信篤敬, 立則想見參然在目前, 在輿則若倚車軛. 夫能如是, 而後可行. '子張書諸紳'者, 紳, 大帶也. 子張以孔子之言書之紳帶, 意其佩服無忽忘也.

經의 〔子張〕에서 〔諸紳〕까지

○ 正義曰 : 이 한 章은 항상 행할 수 있는 행실을 말한 것이다.

〔子張問行〕 夫子께 어떻게 하면 항상 행할 수 있느냐고 물은 것이다.

〔子曰 言忠信 行篤敬 雖蠻貊之邦行矣 言不忠信 行不篤敬 雖州里行乎哉〕 孔子께서 “말은 반드시 말할 때 충성을 다하여 남을 속이지 않고, 행실은 오직 敦厚하여 항상 삼가고 공경해야 하니, 그리하면 비록 먼 南蠻이나 北貊의 나라에 가더라도 나의 道를 행할 수 있지만 이와 반대로 하면 비록 가까운 州里에서인들 행할 수 있겠느냐?”고 대답하신 것이니, 행할 수 없음을 말한 것이다.

〔立則見其參於前也 在輿則見其倚於衡也 夫然後行〕 輿는 바로 수레이고, 衡은 軛이

다. 항상 忠信과 篤敬을 생각하여, 서 있을 때에는 눈앞에 그것이 벌여 있어 보이는 것처럼 상상하고, 수레에 있을 때에는 그것이 車軛(멍에)에 기대어 있어 보이는 것처럼 상상함이니, 이와 같이 할 수 있은 뒤에야 행할 수 있다는 말이다.

〔子張書諸紳〕 紳은 大帶이다. 子張이 孔子의 말씀을 띠에 기록한 것은 그 말씀을 마음에 깊이 새겨 잊지 않기로 생각한 것이다.

○注'鄭曰'至'爲里' ○正義曰：周禮大司徒職云"五家爲比, 五比爲閭, 四閭爲族, 五族爲黨, 五黨爲州." 是二千五百家爲州也. 今云萬二千五百家爲州, 誤也. 云'五家爲隣五隣爲里', 遂人職文也.

○ 注의 〔鄭曰〕에서 〔爲里〕까지

○ 正義曰：≪周禮≫ 〈大司徒〉에 "5家가 比이고, 5比가 閭이며, 4閭가 族이고, 5族이 黨이며 5黨이 州이다."라고 하였으니, 이에 의거하면 2,500家가 州이다. 지금 "12,500家가 州이다."라고 한 것은 誤謬이다.

〔五家爲隣 五隣爲里〕 ≪周禮≫ 〈地官 遂人〉의 글이다.

○注'紳 大帶' ○正義曰：以帶束腰, 垂其餘以爲飾, 謂之紳. 玉藻說帶云"大夫大帶." 是一名大帶也. 玉藻稱"天子素帶, 朱裏, 終辟[1]. 諸侯素帶, 不朱裏而終辟. 大夫素帶, 辟垂[2]. 士練帶, 率, 下辟[3]. 居士錦帶. 弟子縞帶. 幷(紉)〔紐〕約用組[4]. 三寸, 長齊於帶. 紳長制, 士三尺, 有司二尺有五寸. 子游曰"參分帶下, 紳居二焉[5]. 紳·韠·結三齊. 大夫大帶四寸, 雜帶[6], 君朱綠, 大夫玄華, 士緇辟. 二寸, 再繚四寸. 凡帶有率, 無箴功[7]." 此紳帶(乏)〔之〕[8]制也.

1) 終辟：띠의 윗부분부터 끝부분까지 채색 비단으로 가선을 둘러 장식함이다.
2) 辟垂：허리에 매고 남은 부분을 아래로 늘어뜨린 부분에 가선을 둘러 장식함이다.
3) 率 下辟：率은 繂과 同意이니, 곧 띠의 두 측면은 꿰매고 늘어뜨린 부분에만 가선을 두름이다.
4) (紉)〔紐〕約用組：紉은 ≪禮記正義≫에 의거하여 紐로 바로잡았다. 紐約은 묶음이니, 곧 띠를 매는 곳을 실로 짬〔組〕이다.
5) 參分帶下 紳居二焉：띠의 아랫부분을 3등분하면 紳이 3분의 2를 차지한다는 말이다.
6) 雜帶：가선을 둘러 띠를 장식함이다.
7) 帶有率 無箴功：箴功은 정세하게 바느질한 것이니, 곧 띠에는 굵은 실로 꿰맨 곳만 있고, 가는 실로 정세하게 바느질한 흔적이 없다는 말이다.

8) (乏)〔之〕: 저본에는 '乏'으로 되어있으나, 四庫全書本에 의거하여 '之'로 바로잡았다.

○ 注의 〔紳 大帶〕

○ 正義曰 : 띠를 허리에 매고 남은 부분을 아래로 늘어뜨려 장식으로 삼는 것을 紳이라 한다. ≪禮記≫ 〈玉藻〉에 띠〔帶〕를 설명하기를 "大夫는 大帶를 띤다."라고 하였는데, 이것(紳)의 一名이 大帶이다.

〈玉藻〉에 "天子는 흰 띠를 띠는데, 붉은 천으로 안을 대고, 띠의 윗부분부터 끝부분까지 무늬가 있는 비단으로 가선을 두르며, 諸侯는 흰 띠를 띠는데, 붉은 천으로 안을 대지 않고 〈흰 천으로 안을 대며,〉 띠의 윗부분부터 끝부분까지 무늬가 있는 비단으로 가선을 두르며, 大夫는 흰 띠를 띠는데, 늘어뜨린 부분에만 비단으로 가선을 두르며, 士는 익힌 白絹으로 만든 띠를 띠는데, 두 側面을 꿰매고 늘어진 부분에만 비단으로 가선을 두르며, 居士는 錦帶를 띠고, 弟子(學生)는 縞帶를 띤다. 〈天子의 띠로부터 弟子의 띠까지〉 모두 띠를 매는 곳은 모두 실로 짜는데〔組〕, 그 너비가 3치이고, 띠를 맨 뒤에 아래로 늘어뜨리는 〈組의〉 길이는 帶(紳)의 길이와 같다. 紳의 길이의 제도는 士는 3尺, 有司는 2尺 5寸이다. 子游가 말하기를 "띠의 아랫부분을 3등분하면 紳의 길이가 3분의 2를 차지한다."라고 하였으니, 紳과 韠(蔽膝)과 結(組) 등 세 가지의 길이가 같은 것이다. 大夫의 大帶는 너비가 4치이다. 띠의 장식〔雜帶〕은 君王은 朱色과 綠色을 사용(帶에는 朱色으로 가선을 두르고, 紳에는 綠色으로 가선을 두름)하고, 大夫는 玄色과 華色(黃色)을 사용한다. 士는 검은 천으로 가선을 두르고, 띠의 너비가 2치인데, 허리에 두 번 돌리면 4치가 된다. 모든 띠에는 굵은 실로 거칠게 꿰맨 흔적만 있고, 가는 실로 정교하게 바느질한 흔적은 없다."라고 하였으니, 이것이 紳帶의 제도이다.

6. 子曰 直哉라 史魚[1)]여

1) 直哉 史魚 : ≪孔子家語≫ 〈困誓〉편에 다음과 같은 기록이 보인다.

"衛나라 蘧伯玉은 賢能한데도 靈公이 등용하지 않고, 彌子瑕는 不肖한데도 도리어 그를 任用하였다. 史魚가 자주 간하였으나 靈公은 따르지 않았다. 史魚가 병이 들어 죽으려 할 때에 그 아들에게 命하기를 '내가 衛나라 朝廷에 있으면서 蘧伯玉을 進出시키지도 彌子瑕를 물리치지도 못하였으니, 이는 내가 신하가 되어 임금을 바르게 輔弼하지 못한 것이다. 살아서 임금을 바르게 보필하지 못하였으면 죽어서 禮節을 갖출 수 없으니, 내가 죽거든 너는 나의 주검을 바라지 밑에 두어라. 나에게는 〈이것으로〉 충분〔畢〕하다.(≪漢文大系≫에 실린 ≪孔子家語≫ 補注에 '畢은 足이다.'라고 하였다.)'라고 하였다.

그 아들이 아버지의 명을 따라 〈그대로 하였다.〉 靈公이 弔問을 와서 〈그 광경을 보고서〉 괴이하게 여겨 그 까닭을 물으니, 史魚의 아들이 〈아버지의 遺言을〉 고하였다. 그러자 靈公은 깜짝 놀라 얼굴빛이 변하며, '이는 寡人의 過誤이다.'라고 하고서, 즉시 그 아들에게 명하여 客位(西階上)에 殯하게 하고서, 蘧伯玉을 나오게 하여 등용하고 彌子瑕를 물리쳐 멀리하였다.

孔子께서 이 사실을 들으시고서 '옛날의 諫者들은 죽으면 〈諫言을〉 그쳤으니, 史魚처럼 죽어서 주검으로 간하여 충성으로 그 임금을 감동시킨 이는 없었다. 어찌 史魚를 곧다고 하지 않을 수 있겠는가?'라고 하셨다.〔衛蘧伯玉賢而靈公不用 彌子瑕不肖而反任之 史魚驟諫而不從 史魚病將卒 命其子曰 吾在衛朝 不能進蘧伯玉 退彌子瑕 是吾爲臣不能正君也 生而不能正君 則死無以成禮 我死 汝置尸牖下 於我畢矣 其子從之 靈公弔 怪而問焉 其子以告 公愕然失容曰 是寡人之過也 於是命之殯於客位 進蘧伯玉而用之 退彌子瑕而遠之 孔子聞之 曰 古之諫者 死則已矣 未有若史魚死而尸諫 忠感其君者也 可不謂直乎〕"

子께서 말씀하셨다. "곧도다. 史官인 子魚여!

【注】 孔曰 衛大夫史鰌라

孔曰 : 衛나라 大夫 史鰌이다.

邦有道에 如矢하며 邦無道에 如矢로다

나라에 道가 있을 때에도 〈행실이〉 화살(대쪽) 같았고, 나라에 道가 없을 때에도 〈행실이〉 화살 같았다.

【注】 孔曰 有道無道에 行直如矢는 言不曲이라

孔曰 : 道가 있을 때나 道가 없을 때나 행실이 화살처럼 곧았다는 것은 邪曲하지 않았다는 말이다.

君子哉라 蘧伯玉이여 邦有道면 則仕하고 邦無道면 則可卷而懷之니라

君子로다, 蘧伯玉이여, 나라에 道가 있으면 出仕하고, 나라에 道가 없으면 〈재능을〉 거두어 간직하였다."

【注】 包曰 卷而懷는 謂不與時政하고 柔順不忤於人이라

包曰 : 卷而懷는 時政에 간여하지 않고, 柔順하여 남을 거스르지 않음을 이른다.

【疏】'子曰'至'懷之' ○ 正義曰 : 此章美衛大夫史鰌·蘧瑗之行也. '直哉 史魚'者, 美史魚之行正直也. '邦有道如矢 邦無道如矢'者, 此其直之行也. 矢, 箭也. 史鰌之德, 其性惟直, 國之有道無道, 行直如箭, 言不隨世變曲[1)]也. '君子哉 蘧伯玉'者, 美伯玉有君子之德也. '邦有道則仕 邦無道則可卷而懷之'者, 此其君子之行也. 國若有道, 則肆其聰明而在仕也, 國若無道, 則韜光晦知, 不與時政, 亦常柔順不忤逆校人[2)]. 是以謂之君子也.

1) 變曲 : 曲調를 바꿈이니, 곧 평소의 소신을 바꿈을 비유한다.
2) 校人 : 校는 計較이니, 곧 남과 시비를 다툼이다.

經의 〔子曰〕에서 〔懷之〕까지

○ 正義曰 : 이 章은 衛나라 大夫 史鰌와 蘧瑗(蘧伯玉)의 행실을 讚美한 것이다.

〔直哉 史魚〕 史魚의 행실이 正直했음을 찬미한 것이다.

〔邦有道如矢 邦無道如矢〕 이것이 史鰌의 곧은 행실이다. 矢는 箭(화살)이다. 史鰌의 德은 그 性情이 곧아서 나라에 道가 있을 때나 道가 없을 때나 행실이 화살처럼 곧았다는 것인데, 이는 세속을 따라 소신을 바꾸지〔變曲〕 않았다는 말이다.

〔君子哉 蘧伯玉〕 蘧伯玉이 君子의 德을 지녔음을 찬미한 것이다.

〔邦有道則仕 邦無道則可卷而懷之〕 이것이 蘧伯玉의 君子다운 행실이다. 나라에 道가 있으면 出仕하여 자기의 聰明(才能)을 다하고, 나라에 道가 없으면 재능을 숨겨 時政에 간여하지 않고 또 항상 유순하여 남을 거스르거나 다투지 않은 것이다. 그러므로 君子라고 이르신 것이다.

7. 子曰 可與言而不與言이면 失人[1)]이요 不可與言而與之言이면 失言[2)]이니 知者는 不失人하며 亦不失言이니라

1) 失人 : 사람을 잃음이다.
2) 失言 : 말을 낭비함이다.

子께서 말씀하셨다. "더불어 말할 만한데도 더불어 말하지 않으면 사람을 잃고, 더불어 말할 만하지 못한데도 더불어 말하면 말을 잃는다. 지혜로운 자는 사람을 잃지도 않고 말을 잃지도 않는다."

【疏】'子曰 可與言而不與言 失人 不可與言而與之言 失言 知者 不失人 亦不失言' ○正義曰 : 此章戒其知人也. 若中人以上, 可以語上, 是可與言, 而不與言, 是失於彼人也. 若中人以下, 不可以語上, 而己與之言, 則失於己言也. 惟知者明於事, 二者俱不失.

經의〔子曰 可與言而不與言 失人 不可與言而與之言 失言 知者 不失人 亦不失言〕

○正義曰 : 이 章은 사람을 알아보도록 경계한 것이다.

이를테면 中等 이상의 사람에게는 上(高深한 學問)을 말해줄 수 있으니, 이런 사람과는 더불어 말을 할 만한데도 더불어 말을 하지 않으면 이는 저 사람을 잃는 것이고, 중등 이하의 사람에게는 上을 말해줄 수 없는데도 내가 그와 더불어 말을 한다면 이는 나의 말을 잃는(낭비함) 것이다. 오직 지혜로운 자만이 事理에 밝아 두 가지를 모두 잃지 않는다.

8. 子曰 志士仁人은 無求生以害仁이요 有殺身以成仁이니라

子께서 말씀하셨다. "志士와 仁人은 살기를 구(탐함)하여 仁을 해침은 없고, 자신을 희생해 仁을 이룸은 있다."

【注】孔曰 無求生以害仁하고 死而後成仁이면 則志士仁人不愛其身也라

孔曰 : 살기를 탐해 仁을 해침이 없고, 죽은(자신을 희생함) 뒤에야 仁을 이룰 수 있으면 志士와 仁人은 제 몸을 아끼지 않는다.

【疏】'子曰 志士仁人 無求生以害仁 有殺身以成仁' ○正義曰 : 此章言志善之士, 仁愛之人, 無求生而害仁. 若身死而後成仁, 則志士仁人不愛其身, 有殺其身以成其仁者也. 若伯夷·叔齊及比干是也.

經의〔子曰 志士仁人 無求生以害仁 有殺身以成仁〕

○正義曰 : 이 章은 善行에 뜻을 둔 선비와 仁愛로운 사람은 살기를 탐해 仁을 해침이 없음을 말한 것이다. 만약 자신이 죽은(희생한) 뒤에야 仁을 이룰 수 있다면 志士와 仁人은 제 몸을 아끼지 않는다. 〈그러므로〉 자신을 희생해 자신의 仁을 이룬 자가 있으니, 이를테면 伯夷·叔齊 및 比干이 이들이다.

9. 子貢問爲仁한대 子曰 工欲善其事ㄴ댄 必先利其器니 居是邦也하야 事其大夫之賢者하며 友其士[1)]之仁者니라

1) 士 : 楊伯峻의 ≪論語譯註≫에 "≪論語≫ 가운데 말한 '士'는 때로 일정한 修養이 있는 사람을 가리키기도 하였으니, 이를테면 '士志於道'의 '士'이고, 때로 일정한 社會的 지위가 있는 사람을 가리키기도 하였으니, 이를테면 '使於四方 不辱君命 可謂士矣'의 '士'이다. 이곳에서는 '士'를 大夫와 함께 말하였으니, 이는 '士・大夫'의 '士'로 이미 벼슬아치가 되었으나 지위가 대부보다 낮은 사람이다.〔論語中的士 有時指有一定修養的人 如士志於道的士 有時指有一定社會地位的人 如使於四方不辱君命可謂士矣的士 此處和大夫竝言 可能是士大夫之士 即已做官而位置下於大夫的人〕"라고 하였다.

子貢이 仁을 하는 방법을 묻자, 子께서 말씀하셨다. "工人이 자신의 일을 잘하려면 반드시 먼저 그 器具(연모)부터 예리하게 수리하니, 이 나라에 살면서 大夫 중에 어진 이를 섬기고 士(말단 벼슬아치) 중에 仁한 이를 벗해야 한다."

【注】 孔曰 言工以利器爲用하고 人以賢友爲助라

孔曰 : 工人은 예리한 器具를 用具로 삼고, 사람은 賢能한 벗을 補助로 삼는다는 말이다.

【疏】 '子貢'至'仁者' ○正義曰 : 此章明爲仁之法也. '子貢問爲仁'者, 子貢欲爲仁, 未知其法, 故問之. '子曰 工欲善其事 必先利其器'者, 將答(爲)〔問〕[1]仁, 先爲設譬也. 若百工欲善其所爲之事, 當先脩利所用之器, '居是邦也 事其大夫之賢者 友其士之仁者', 此答譬也. 言工以利器爲用, 人以賢友爲助. 大夫尊, 故言事, 士卑, 故言友. 大夫言賢, 士言仁, 互文[2]也.

1) (爲)〔問〕 : 저본에는 '爲'로 되어있으나, "본래는 '問'인데 '爲'로 잘못되었다."라고 한 阮元의 校勘記에 의거하여 '問'으로 바로잡았다.
2) 互文 : 上下句에 同意詞를 엇바꾸어 써서 글자의 重複을 피하는 修辭法이다. 여기서는 同意詞인 '賢者'와 '仁者'를 '大夫'와 '士'에 나누어 써서 중복을 피한 것을 이른다.

經의 〔子貢〕에서 〔仁者〕까지

○正義曰 : 이 章은 仁을 하는 방법을 밝힌 것이다.

〔子貢問爲仁〕 子貢이 仁을 하고자 하였으나 그 방법을 몰랐다. 그러므로 물은 것이다.

〔子曰 工欲善其事 必先利其器〕 仁에 대한 물음에 대답해주시려고 먼저 譬喩를 든 것이다. 가령 百工이 자기가 하는 일을 잘하려면 반드시〔當〕 먼저 사용할 기구부터 예리하게 수리한다는 말이다.

〔居是邦也 事其大夫之賢者 友其士之仁者〕 이것은 앞에 든 비유를 풀이한 것이니, 工人이 예리한 기구를 用具로 삼듯이 사람은 賢能한 벗을 補助로 삼는다는 말이다. 大夫는 〈신분이〉 높기 때문에 '섬긴다'라고 말하였고, 士는 낮기 때문에 '벗한다'라고 말하였다. 大夫에 '賢'을 말하고, 士에 '仁'을 말한 것은 互文이다.

10. 顔淵問爲邦한대 子曰 行夏之時하며

顔淵이 나라 다스리는 방법을 묻자, 子께서 말씀하셨다. "夏나라의 曆法을 시행할 것이며,

【注】 據見萬物之生하고 以爲四時之始하니 取其易知니라

萬物(植物의 싹)이 地上으로 나오는 것을 보고 이에 의거해 〈寅月을〉 四時의 시작으로 삼은 것이니, 알기 쉬움을 취하신 것이다.

乘殷之輅하며

殷나라의 수레를 탈 것이며,

【注】 馬曰 殷車曰大輅라 左傳曰 大輅越席은 昭其儉也라하니라

馬曰 : 殷나라 수레를 大輅라 한다. ≪春秋左氏傳≫ 桓公 2년에 "大輅에 越席(부들을 엮어 만든 자리)을 까는 것은 검소함을 드러냄이다."라고 하였다.

服周之冕하며

周나라의 冕冠을 쓸 것이며,

【注】 包曰 冕은 禮冠이라 周之禮는 文而備하니 取其黈纊塞耳하야 不任視聽[1]이라

1) 黈纊塞耳 不任視聽 : 冕冠에는 함부로 보지 않는다는 뜻에서 珠玉을 꿴 끈을 늘어뜨려 눈을 가리는 旒가 있고, 함부로 듣지 않는다는 뜻에서 둥글게 뭉친 노란 솜을 늘어뜨려 귀를 막는 黈纊이 있다.

包曰 : 冕은 禮冠(禮를 거행할 때 쓰는 모자)이다. 周나라의 禮는 문채가 나고 갖추어졌으니, 〈冕冠에 旒가 있어 눈을 가리고〉 黈纊이 있어 귀를 막아, 함부로 보고 들을 수 없게

한 점을 취하신 것이다.

樂則韶舞요

음악은 韶舞를 취하고,

【注】 韶는 舜樂也니 盡善盡美라 故取之니라

韶는 舜의 음악이니, 더할 수 없이 좋고 더할 수 없이 아름답다. 그러므로 취하신 것이다.

放鄭聲하며 **遠佞人**이니 **鄭聲淫**하고 **佞人殆**니라

鄭나라의 음악을 물리치고 말 잘하는 사람을 멀리할 것이니, 鄭나라의 음악은 淫亂하고 말 잘하는 사람은 위태롭다."

【注】 孔曰 鄭聲佞人도 亦俱能惑人之心이 與雅樂賢人同하야 而使人淫亂危殆라 故當放遠之니라

孔曰:鄭聲과 佞人 또한 모두 사람들의 마음을 미혹시킬 수 있는 것이, 雅樂과 賢人이 〈사람들을 감화시킬 수 있는 것과〉 같아서 사람들을 음란하고 위태롭게 할 수 있다. 그러므로 물리치고 멀리해야 한다.

【疏】 '顔淵'至'人殆' ○正義曰:此章言治國之法也. '顔淵問爲邦'者, 爲, 猶之治, 問治國之禮法於孔子也. '子曰 行夏之時'者, 此下孔子答以爲邦所行用之禮樂車服也. 夏之時, 謂以建寅之月爲正也. 據見萬物之生, 以爲四時之始, 取其易知, 故使行之. '乘殷之輅'者, 殷車曰大輅, 謂木輅也. 取其儉素, 故使乘之. '服周之冕'者, 冕, 禮冠也. 周之禮, 文而備. 取其黈纊塞耳, 不任視聽, 故使服之. '樂則韶舞'者, 韶, 舜樂名也. 以其盡善盡美, 故使取之. '放鄭聲 遠佞人 鄭聲淫 佞人殆'者, 又當放棄鄭·衛之聲, 遠離辨佞之人. 以鄭聲·佞人亦俱能惑人心, 與雅樂·賢人同然, 而使人淫亂危殆, 故使放遠之.

經의 〔顔淵〕에서 〔人殆〕까지

○正義曰:이 章은 나라 다스리는 법을 말한 것이다.

〔顔淵問爲邦〕 爲는 治와 같으니, 孔子께 나라를 다스리는 禮法을 물은 것이다.

〔子曰 行夏之時〕이 이하는 孔子께서 나라를 다스릴 때 행해야 할 禮樂과 車服으로써 답하신 것이다. 夏時는 建寅月(음력 正月)을 正月로 삼은 역법을 이른다. 萬物(植物)이 地上으로 나오는 것을 보고서 이에 의거해 〈寅月을〉 四時의 시작으로 삼은 것이니, 그 알기 쉬움을 취하셨다. 그러므로 夏나라의 曆法을 시행하게 하신 것이다.

〔乘殷之輅〕殷나라 수레를 大輅라 하니 木輅를 이른다. 그 검소함을 취하셨으므로 殷나라의 수레를 타게 하신 것이다.

〔服周之冕〕冕은 禮冠이다. 周나라 禮는 문채가 나고 갖추어졌으니, 〈冕冠에 旒가 있어 눈을 가리고〉 黈纊이 있어 귀를 막아, 함부로 보고 들을 수 없게 한 점을 취하셨다. 그러므로 周나라의 冕冠을 쓰게 하신 것이다.

〔樂則韶舞〕韶는 舜임금의 樂名이다. 그 음악이 더없이 좋고 더없이 아름답기 때문에 韶舞를 취하게 하신 것이다.

〔放鄭聲 遠佞人 鄭聲淫 佞人殆〕또 鄭나라와 衛나라의 음악을 버리고 말 잘하는 사람을 멀리해야 하니, 鄭나라 음악과 말 잘하는 사람 또한 모두 사람들의 마음을 미혹시킬 수 있는 것이, 雅樂과 賢人이 〈사람들을 감화시킬 수 있는 것과〉 같아서 사람들을 음란하고 위태롭게 할 수 있기 때문에 물리치고 멀리하게 하신 것이다.

○注'馬曰'至'儉也' ○正義曰：云'殷車曰大輅'者, 明堂位曰 "大輅, 殷輅也." 鄭注云 "大路, 木路也. 漢祭天乘殷之路, 今謂之桑根車"者, 是也. 路訓大也. 君之所在, 以大爲號, 門曰路門, 寢曰路寢, 車曰路車, 故人君之車, 通以路爲名. 周禮巾車 "掌王之(曰)〔五〕[1]路." 鄭玄云 "王在焉曰路." 彼解天子之車, 故云王在耳. 其實諸侯之車亦稱爲路. 云'左傳曰 大輅越席 昭其儉也'者, 桓二年文也. 越席, 結蒲爲席, 置於路中以茵藉, 示其儉也. 服虔云 "大路, 木路." 引之者, 以證殷路一名大路也. 杜元凱以大路爲玉路, 今所不取.

1) (曰)〔五〕: 저본에는 '曰'로 되어있으나, ≪周禮≫ 〈春官 巾車〉에 의거하여 '五'로 바로잡았다.

○ 注의 〔馬曰〕에서 〔儉也〕까지

○ 正義曰 : 〔殷車曰大輅〕 ≪禮記≫ 〈明堂位〉에 "大輅는 殷輅이다."라고 한 곳의 鄭玄의 注에 "大路는 木路이다. 漢나라 때에 天祭를 지낼 때는 殷路를 탔는데, 지금은 桑根車라고 한다."라고 한 것이 이것이다. 路의 訓은 大이다. 君王이 있는 곳은 '大'로 호칭하

여, 門을 路門, 寢을 路寢, 수레를 路車라 한다. 그러므로 임금의 수레를 통틀어 '路'라고 명명한 것이다. ≪周禮≫ 〈春官 巾車〉에 "王의 5路를 관리한다."라고 한 곳의 鄭玄 注에 "王이 있는 곳을 路라 한다."라고 하였으니, 저 巾車는 天子의 수레를 해석하였기 때문에 王이 있는 곳이라고 한 것이다. 그러나 사실은 諸侯의 수레도 '路'로 칭한다.

〔左傳曰 大輅越席 昭其儉也〕 이는 ≪春秋左氏傳≫ 桓公 2년의 글이다. 越席은 부들을 엮어 자리를 만들어서 수레 가운데 깔개로 깐 것으로, 검소함을 드러낸 것이다. 服虔은 "大路는 木路이다."라고 하였다. 이 말을 인용한 것은 殷路의 일명이 大路임을 증명하기 위함이니, 大路를 玉路라고 한 杜元凱(杜預)의 설을 나는 취하지 않는다.

○注'包曰'至'視聽' ○正義曰：云'冕 禮冠 周之禮 文而備'者, 冠者, 首服之大名, 冕者, 冠中之別號, 故云"冕, 禮冠也." 世本云"黃帝作冕." 宋仲子云"冕, 冠之有旒者, 禮文殘缺, 形制難詳." 周禮弁師"掌王之五冕, 皆玄冕朱裏." 止言玄朱而已, 不言所用之物. 子罕篇云"麻冕, 禮也." 蓋以木爲幹, 而用布衣之. 上玄下朱, 取天地之色. 其長短廣狹, 則經傳無文. 阮諶三禮圖漢禮器制度云"冕制皆長尺六寸, 廣八寸, 天子以下皆同." 沈引董巴輿服志云"廣七寸, 長尺二寸." 應劭漢官儀云"廣七寸, 長八寸." 沈又云"廣八寸, 長尺六寸者, 天子之冕. 廣七寸, 長尺二寸者, 諸侯之冕. 廣七寸, 長八寸者, 大夫之冕." 但古禮殘缺, 未知孰是, 故備載焉. 司馬彪漢書輿服志云"孝明帝永平二年, 初詔有司采周官·禮記·尙書之文制冕, 皆前圓後方, 朱裏玄上, 前垂四寸, 後垂三寸, 天子白玉珠十二旒, 三公諸侯青玉珠七旒, 卿大夫黑玉珠五旒. 皆有前無後." 此則漢法耳. 其古禮, 鄭玄注弁師云"天子衮冕, 以五采繅, 前後十二斿, 斿有五采玉十有二. 鷩冕, 前後九斿. 毳冕, 前後七斿. 希冕, 前後五斿. 玄冕, 前後三斿. 斿皆五采玉十有二. 上公衮冕, 三采繅, 前後九斿, 斿有三采玉九. 侯伯鷩冕, 三采繅, 前後七斿, 斿有三采玉七. 子男毳冕, 三采繅, 前後五斿, 斿有三采玉五. 孤卿以下, 皆二采繅, 二采玉焉. 蓋以繅采玉其斿. 又玉名, 依命數耳. 謂之冕者, 冕, 俛也, 以其後高前下, 有俛俯之形, 故因名焉. 蓋以在上位者, (先)〔失〕[1)]於驕矜, 欲令位彌高而志彌下, 故制此服, 令貴者下賤也."[2)] 云'取其黈纊塞耳 不任視聽'者, 黈纊, 黃綿也. 案(令)〔今〕[3)]禮圖, 衮冕以下, 皆有充耳. 天子以黈纊, 諸侯以青纊, 以其冕旒垂目, 黈纊塞耳, 欲使無爲淸靜, 以化其民, 故不任視聽也.

1) (先)〔失〕: 저본에는 '先'으로 되어있으나, "北監本과 毛本에는 '先'이 '失'로 되어있다."라

고 한 阮元의 校勘記에 의거하여 '失'로 바로잡았다.

2) 天子袞冕……令貴者下賤也 : 이 내용이 ≪春秋左傳正義≫ 桓公 2년 疏에도 ≪周禮≫ 〈夏官 弁師〉에 대한 鄭玄의 注로 인용되어 있다. 그러나 현전하는 ≪周禮注疏≫에는 이 말이 보이지 않는다.

3) (令)〔今〕 : 저본에는 '令'으로 되어있으나, "본디 今인데 令으로 잘못되어 있다."라고 한 阮元의 校勘記에 의거하여 '今'으로 바로잡았다.

○ 注의 〔包曰〕에서 〔視聽〕까지

○ 正義曰 : 〔冕 禮冠 周之禮 文而備〕 冠은 首服(모자)의 總稱이고, 冕은 冠의 다른 이름이다. 그러므로 "冕은 禮冠이다."라고 한 것이다. ≪世本≫에 "黃帝가 冕冠을 만들었다."라고 하였는데, 宋仲子는 "冕은 冠 중에 旒(珠玉을 꿰어 늘어뜨린 끈)가 있는 것인데, 禮文이 殘缺되어 그 형상과 제도를 자세히 알기 어렵다."라고 하였다.

≪周禮≫ 〈夏官 弁師〉에 "弁師는 王의 다섯 종류의 冕冠을 관장하는데, 다섯 종류의 면관은 모두 덮개〔綖〕의 겉은 검은색이고 안은 붉은색이다."라고 하였다. 단지 검고 붉음만을 말하였을 뿐, 사용하는 물건은 말하지 않았다. 그러나 〈子罕〉편에 "麻冕이 禮이다."라고 하였으니, 나무로 골격을 만들고서 天地의 색을 취하여 위는 검은 麻布를 입히고 아래는 붉은 麻布를 입힌 듯하다.

그 冠의 길이와 너비에 대해서는 經과 傳에 상고할 만한 문헌이 없다. 阮諶의 ≪三禮圖≫ 〈漢禮器制度〉에 "冕冠의 제도는 모두 길이가 1자 6치이고 너비가 8치인데, 天子로부터 이하로 大夫의 冕冠까지 길이와 너비가 모두 같다."라고 하였다. 沈約의 ≪宋書≫에 董巴가 ≪大漢輿服志≫에서 "너비가 7치이고 길이가 1자 2치이다."라고 한 말을 인용하였고, 應劭의 ≪漢官儀≫에 "너비가 7치이고 길이가 8치이다."라고 하였다. 沈約은 또 "너비가 8치이고 길이가 1자 6치인 것은 天子의 冕冠이고, 너비가 7치이고 길이가 1자 2치인 것은 諸侯의 冕冠이며, 너비가 7치이고 길이가 8치인 것은 大夫의 冕冠이다."라고 하였다. 그러나 古禮가 殘缺되어 누구의 말이 옳은지 모르겠으므로 모두 자세히 기재하였다.

司馬彪의 ≪後漢書≫ 〈輿服志〉에 "孝明帝 永平 2년(59)에 처음으로 有司에게 명하여, ≪周禮≫·≪禮記≫·≪尙書≫ 등의 글에서 採取하여 冕冠을 만들었는데, 모두 앞은 圓形이고 뒤는 方形이며, 안은 붉은 베를 입히고 겉은 검은 베를 입혔으며, 앞쪽에 늘어뜨린 줄은 길이가 4치이고 뒤쪽에 늘어뜨린 줄은 길이가 3치이다. 天子는 白玉珠를 꿴 끈〔旒〕 열 두 가닥을 달고, 三公과 諸侯는 靑玉珠를 꿴 끈 일곱 가닥을 달며, 卿과 大夫는

黑玉珠를 꿴 끈 다섯 가닥을 다는데, 모두 앞에만 구슬이 있고 뒤에는 없다."라고 하였으니, 이것은 漢나라의 法일 뿐이다.

冠冕의 古禮는 ≪周禮≫ 〈夏官 弁師〉의 鄭玄 注에 "天子의 袞冕(袞衣를 입을 때 쓰는 冕旒冠)에는 다섯 색깔의 실을 합쳐 꼬아 〈구슬을 꿰어〉 앞과 뒤에 늘어뜨리는 열두 줄씩의 끈〔斿(旒)〕을 다는데, 끈마다 다섯 색깔의 玉 열두 개씩을 꿴다. 鷩冕에는 앞과 뒤에 늘어뜨리는 끈이 각각 아홉 줄씩이며, 毳冕에는 앞과 뒤에 늘어뜨리는 끈이 각각 일곱 줄씩이며, 希冕에는 앞과 뒤에 늘어뜨리는 끈이 각각 다섯 줄씩이며, 玄冕에는 앞과 뒤에 늘어뜨리는 끈이 각각 세 줄씩인데, 끈마다 모두 다섯 색깔의 玉 열두 개씩을 꿴다. 上公의 袞冕에는 세 색깔의 실을 합쳐 꼬아 〈구슬을 꿰어〉 앞과 뒤에 늘어뜨리는 끈 아홉 줄씩을 다는데, 끈마다 세 색깔의 玉 아홉 개씩을 꿴다. 侯伯의 鷩冕에는 세 색깔의 실을 합쳐 꼬아 〈구슬을 꿰어〉 앞과 뒤에 늘어뜨리는 끈이 각각 일곱 줄씩인데, 끈마다 세 색깔의 玉 일곱 개씩을 꿴다. 子男의 毳冕에는 세 색깔의 실을 합쳐 꼬아 〈구슬을 꿰어〉 앞과 뒤에 늘어뜨리는 끈이 각각 다섯 줄씩인데, 끈마다 세 색깔의 玉 다섯 개씩을 꿴다. 孤卿 이하는 모두 두 색깔의 실을 합쳐 꼬아 두 색깔의 玉을 꿰니, 대체로 색실을 합쳐 꼬은 끈에 채색 玉을 꿴 것이 斿(旒)이다. 또 사용하는 玉名(五采玉·三采玉·二采玉)을 말한 것은 命數를 따른 것뿐이다. 이 冠을 '冕'이라 이른 것은, 冕의 뜻은 굽힘이니, 그 冠이 뒤는 높고 앞은 낮아, 구부린 형상이 있기 때문에 그 형상에 따라 이름을 붙인 것이다. 대체로 높은 자리에 있는 자는 교만에 빠질 우려가 있기 때문에 地位가 더욱 높을수록 뜻을 더욱 겸손하게 가지게 하기 위해서 이 首服을 만들어 尊貴한 자들로 하여금 卑賤한 사람에게 자기를 낮추게 한 것이다."라고 하였다.

〔取其黈纊塞耳 不任視聽〕 黈纊은 누런 솜〔黃綿〕이다. 지금의 ≪三禮圖≫를 고찰하건대, 袞冕 이하의 冕冠에는 모두 充耳(귀막이)가 있는데, 天子는 黈纊으로 만들고, 諸侯는 青纊으로 만든다. 冕冠의 끈〔旒〕을 눈앞에 드리우고 黈纊으로 귀를 막은 것은 〈君王으로〉 하여금 無爲淸靜하여 그 백성을 교화하게 하고자 한 것이다. 그러므로 함부로 보고 들을 수 없게 한 것이다.

11. 子曰 人無遠慮면 必有近憂니라

子께서 말씀하셨다. "사람이 長遠한 計慮가 없으면 반드시 눈앞의 근심이 있다."

【注】 王曰 君子當思患而預防之라

王曰 : 君子는 患亂을 생각하여 미리 防備하여야 한다.

【疏】'子曰 人無遠慮 必有近憂' ○ 正義曰 : 此章戒人備豫不虞也.

經의〔子曰 人無遠慮 必有近憂〕

○ 正義曰 : 이 章은 사람들에게 뜻밖의 일을 미리 대비하도록 경계한 것이다.

○ 注'王曰 君子當思患而預防之' ○ 正義曰 : 此周易旣濟象辭也. 王弼云 "存不忘亡, 旣濟不忘未濟也."

○ 注의〔王曰 君子當思患而預防之〕

○ 正義曰 : 이것은 ≪周易≫ 旣濟卦의 象辭이다. 王弼은 "보존되었을 때에는 멸망될 것을 잊지 않고, 일을 이룬 뒤에는 이루지 못했을 때를 잊지 않음이다."라고 하였다.

12. 子曰 已矣乎라 吾未見好德如好色者也케라

子께서 말씀하셨다. "그만두어야겠다. 나는 德을 좋아하기를 女色을 좋아하듯이 하는 자를 보지 못하였다."

【疏】'子曰 已矣乎 吾未見好德如好色者也' ○ 正義曰 : 此章疾時人好色而不好德也.

經의〔子曰 已矣乎 吾未見好德如好色者也〕

○ 正義曰 : 이 章은 당시 사람들이 女色만을 좋아하고 德을 좋아하지 않는 것을 미워한 것이다.

13. 子曰 臧文仲其竊位[1]者與ㄴ저 知柳下惠之賢而不與立也로다

1) 竊位 : ≪論語集註≫에 "竊位는 才德이 그 職位에 맞지 않아 마음에 부끄러움이 있는 것이, 마치 남의 것을 훔쳐서 몰래 차지하고 있는 것과 같다는 말이다.〔言不稱其位 而有愧於心 如盜得而陰據之〕"라고 하였다.

子께서 말씀하셨다. "臧文仲은 아마도 官位를 竊取한 자인 듯하다. 柳下惠의 어짊을 알고도 〈그를 천거해〉 함께 〈朝廷에〉 서지 않았다."

【注】 孔曰 柳下惠는 展禽也라 知賢而不擧하니 是爲竊位라

孔曰 : 柳下惠는 展禽이다. 어짊을 알면서도 薦擧하지 않았으니, 이것이 官位를 竊取한 것이다.

【疏】'子曰 臧文仲其竊位者與 知柳下惠之賢而不與立也' ○ 正義曰 : 此章勉人擧賢也. 竊, 盜也. 魯大夫臧文仲知賢不擧, 偸安於位, 故曰竊位. 以其知柳下惠之賢, 不稱擧與立於朝廷也.

經의 〔子曰 臧文仲其竊位者與 知柳下惠之賢而不與立也〕

○ 正義曰 : 이 章은 사람들에게 賢者를 薦擧하도록 권면한 것이다.

竊은 훔침이다. 魯나라 大夫 臧文仲은 〈柳下惠의〉 어짊을 알면서도 천거하지 않고 大夫의 자리에 앉아서 눈앞의 안일만을 탐하였기 때문에 竊位라고 한 것이니, 이는 그가 柳下惠의 어짊을 알면서도 그를 칭찬해 천거하여 그와 함께 조정에 서지 않았기 때문이다.

○ 注'柳下惠 展禽也' ○ 正義曰 : 案魯語 "展禽對臧文仲云 獲聞之." 是其人氏展, 名獲, 字禽. 柳下(惠)[1]是其所食之邑名, 諡曰惠. 列女傳 "柳下惠死, 門人將諡之. 妻曰 '夫子之諡, 宜爲惠乎.' 門人從, 以爲諡." 莊子云"柳下季"者, 季是五十字, 禽是二十字.

1) (惠) : 저본에는 있으나, "浦鏜이 '惠자는 衍字이다.'라고 했다."라고 한 阮元의 校勘記에 의거하여 衍文으로 처리하였다.

○ 注의 〔柳下惠 展禽也〕

○ 正義曰 : 고찰하건대 ≪國語≫ 〈魯語〉에 "展禽이 臧文仲에게 대답하기를 獲이 들으니."라고 하였으니, 이에 의거하면 그 사람의 氏는 展, 이름은 獲, 字는 禽이고, 柳下는 그가 받은 食邑의 이름이고, 諡가 惠이다. ≪列女傳≫에 "柳下惠가 죽어, 그 門人들이 諡號를 擬定할 때에 그 아내가 '夫子의 諡는 惠로 정하는 것이 마땅하다.'라고 하니, 門人들이 그 말에 따라 惠를 諡로 정하였다."라고 하였다. ≪莊子≫ 〈盜跖〉에는 "柳下季"라고 하였으니, 季는 50세 때의 字이고, 禽은 20세 때의 字이다.

14. 子曰 躬自厚而薄責於人이면 則遠怨矣리라

子께서 말씀하셨다. "자신을 많이 책망하고 남을 적게 책망하면 원망이 멀어질 것이다."

【注】 孔曰 責己厚하고 責人薄이 所以遠怨咎니라

孔曰 : 자신을 책망하기를 많이 하고, 남을 책망하기를 적게 하는 것이 원망을 멀리하는 방법이다.

【疏】 '子曰 躬自厚而薄責於人 則遠怨矣' ○ 正義曰 : 此章戒人責己也. 躬, 身也. 言凡事自責厚, 薄責於人, 則所以遠怨咎也.

經의 〔子曰 躬自厚而薄責於人 則遠怨矣〕

○ 正義曰 : 이 章은 사람들에게 자신을 책망하도록 경계한 것이다.

躬은 身이다. 모든 일에 자신을 많이 책망하고, 남을 적게 책망하는 것이 원망을 멀리하는 방법이라는 말이다.

15. 子曰 不曰如之何하라

子께서 말씀하셨다. "'이 일을 어찌할까.'라고 하지 말라.

【注】 孔曰 不曰如之何者는 猶言不曰柰是何라

孔曰 : '不曰如之何'는 '不曰柰是何'와 같은 말이다.

如之何者는 吾末如之何也已矣니라

'이 일을 어찌할까.'라고 하는 경우는 〈禍難이 이미 이루어져서〉 나도 어찌할 수 없다."

【注】 孔曰 如之何者는 言禍難已成하야 吾亦無如之何라

孔曰 : '이 일을 어찌할까.'라고 하는 경우는 禍難이 이미 이루어져서 나도 어찌할 수 없다는 말이다.

【疏】 '子曰 不曰如之何 如之何者 吾末如之何也已矣' ○ 正義曰 : 此章戒人豫防禍難也. 如, 柰也. "不曰如之何" 猶言"不曰柰是何." 末, 無也. 若曰柰是何者, 則是禍難已成, 不可救藥, 吾亦無柰之何.

經의 〔子曰 不曰如之何 如之何者 吾末如之何也已矣〕

○ 正義曰 : 이 章은 사람들에게 禍難을 豫防하도록 경계한 것이다.

如는 柰(어찌)이다. '不曰如之何'는 '不曰柰是何'와 같은 말이다. 末은 無이다. 만약 '이 일을 어찌할까.'라고 말하는 경우는 禍難이 이미 이루어져서 구제할 수 없게 된 것이므로, 나도 어찌할 수 없다고 하신 것이다.

16. 子曰 群居終日에 言不及義하고 好行小慧면 難矣哉ㄴ저

子께서 말씀하셨다. "여럿이 모여 지내며 종일 동안 하는 말이 의로운 일에 미치지 않고 잔꾀나 부리기 좋아한다면 〈이루는 바가 있기〉 어려울 것이다."

【注】 鄭曰 小慧는 謂小小之才知라 難矣哉는 言終無成이라

鄭曰 : 小慧는 대수롭지 않은 才智를 이른다. 難矣哉는 끝내 이룰 수 없다는 말이다.

【疏】 '子曰 群居終日 言不及義 好行小慧 難矣哉' ○ 正義曰 : 此章貴義. 小慧, 謂小小才知. 言人群朋共居, 終竟一日, 所言不及義事, 但好行小小才知, 以陵誇於人, 難有所成矣哉. 言終無成也.

經의 〔子曰 群居終日 言不及義 好行小慧 難矣哉〕

○ 正義曰 : 이 章은 道義를 귀하게 여긴 것이다.

小慧는 대수롭지 않은 才智를 이른다. 사람이 벗과 모여 지내며 종일 동안 하는 말이 의로운 일에 미치지 않고, 단지 대수롭지 않은 才智를 부려 남에게 과시하기만을 좋아한다면 이루는 바가 있기 어렵다고 했으니, 끝내 이룰 수 없다는 말이다.

17. 子曰 (君子)[1]義以爲質하고 禮以行之하며 孫以出之하며 信以成之면 君子哉ㄴ저

1) (君子) : 阮元의 校勘記에 다음과 같이 말하였다. "≪經典釋文≫에 나오는 '爲質'條에, '一本에는 君子義以爲質로 되어있는데, 鄭玄本도 대략 이와 같다.'라고 하였다. 그러나 文義로 보면 君子란 글자가 있어서는 안 된다. ≪孝經≫ 〈三才章〉 疏에 인용한 글에도 君子란 글자가 없고, ≪經義雜記≫에 '君子란 글자가 있는 것은 바로 衍文이다. 먼저 「義以爲質」 등 네 句를 말한 뒤에 「君子哉」라고 말하였으니, 먼저 「君子」를 말하지 않았을 것이 분명하다.'라고 하였다.〔釋文出爲質云 一本作君子義以爲質 鄭本略同 案文義 君子字不當有 孝經三才章疏引 亦無君子字 經義雜記云 有者係衍文 蓋先說義以爲質四句 然後言君子哉 明不當先言君子也〕" 이에

의거하여 '君子'를 衍文으로 처리하였다.

子께서 말씀하셨다. "義를 바탕으로 삼고 禮로써 그것(義)을 행하며, 겸손으로 그것을 表出(표현)하며, 信(誠實함)으로써 그것을 完成하면 君子이다."

【注】 鄭曰 義以爲質은 謂操行이요 孫以出之는 謂言語라

鄭曰 : 義를 바탕으로 삼는 것은 操行을 이르고, 겸손으로 表出하는 것은 言語를 이른다.

【疏】 '子曰 君子義以爲質 禮以行之 孫以出之 信以成之 君子哉' ○ 正義曰 : 此章論君子之行也. 義以爲質, 謂操執以行者, 當以義爲體質. 文之以禮, 然後行之. 孫順其言語以出之. 守信以成之. 能此四者, 可謂君子哉.

經의 〔子曰 君子義以爲質 禮以行之 孫以出之 信以成之 君子哉〕

○ 正義曰 : 이 章은 君子의 행실을 논한 것이다.

義를 바탕으로 삼는 것은 일을 맡아〔操執〕 행하는 자는 義를 體質로 삼아야 한다는 말이다. 禮로써 文飾한 뒤에 그것(義)을 행하고, 말을 공손히 하여 그것을 表出하고, 성실함을 지켜 그것을 完成해야 함을 이른 것이다. 이 네 가지를 잘할 수 있으면 君子라고 할 수 있다.

18. 子曰 君子病無能焉이요 不病人之不己知也니라

子께서 말씀하셨다. "君子는 자신의 無能함을 걱정하고, 남이 자기를 알아주지 않는 것을 걱정하지 않는다."

【注】 包曰 君子之人은 但病無聖人之道요 不病人之不己知니라

包曰 : 君子는 〈자기에게〉 聖人의 道가 없는 것만을 걱정하고, 남이 자기를 알아주지 않는 것을 걱정하지 않는다.

【疏】 '子曰 君子病無能焉 不病人之不己知也' ○ 正義曰 : 此章戒人脩己也. 病, 猶患也. 言君子之人, 但患己無聖人之道, 不患人之不知己也.

經의 〔子曰 君子病無能焉 不病人之不己知也〕

○ 正義曰 : 이 章은 사람들에게 자신을 수양하도록 경계한 것이다.

病은 患(걱정)과 같다. 君子는 자기에게 聖人의 道가 없는 것만을 걱정하고, 남이 자기를 알아주지 않는 것을 걱정하지 않는다는 말이다.

19. 子曰 君子疾沒世而名不稱焉이니라

子께서 말씀하셨다. "君子는 일생을 마치도록 名聲이 稱頌되지 않는 것을 恥辱으로 여긴다."

【注】 疾은 猶病也라

疾은 病(恥辱)과 같다.

【疏】'子曰 君子疾沒世而名不稱焉' ○ 正義曰 : 此章勸人脩德也. 疾, 猶病也. 言君子病其終世而善名不稱也.

經의 〔子曰 君子疾沒世而名不稱焉〕

○ 正義曰 : 이 章은 사람들에게 德을 수양하도록 권면한 것이다.

疾은 病과 같다. 君子는 일생을 마치도록 좋은 名聲이 稱頌되지 않는 것을 치욕으로 여긴다는 말이다.

20. 子曰 君子求諸己하고 小人求諸人이니라

子께서 말씀하셨다. "君子는 자기에게서 찾고, 小人은 남에게서 찾는다."

【注】 君子責己하고 小人責人이라

君子는 자신에게서 찾고, 小人은 남에게서 찾는다.

【疏】'子曰 君子求諸己 小人求諸人' ○ 正義曰 : 此章言君子責於己, 小人責於人也. 求, 責也. 諸, 於也.

經의 〔子曰 君子求諸己 小人求諸人〕

○ 正義曰 : 이 章은 君子는 자기에게서 찾고, 小人은 남에게서 찾음을 말한 것이다.

求는 責(찾음)함이고, 諸는 於(에)이다.

21. 子曰 君子矜而不爭하며

子께서 말씀하셨다. "君子는 엄격하되 다투지 않고,

【注】 包曰 矜은 矜莊也라

包曰 : 矜은 엄격하고 嚴肅함이다.

群而不黨이니라

많은 사람과 어울리되 偏黨을 짓지 않는다."

【注】 孔曰 黨은 助也라 君子雖衆이나 不相私助하고 義之與比니라

孔曰 : 黨은 助(도움)이다. 君子는 〈어울리는 사람이〉 아무리 많아도 사사로이 서로 돕지 않고, 〈오직〉 道義가 있는 사람만을 가까이한다.

【疏】 '子曰 君子矜而不爭 群而不黨' ○ 正義曰 : 此章言君子貌雖矜莊, 而不爭鬪. 君子雖衆, 而不私相黨助, 義之與比也.

經의 〔子曰 君子矜而不爭 群而不黨〕

○ 正義曰 : 이 章은, 君子는 모습이 비록 엄격하되 爭鬪하지 않고, 君子는 비록 어울리는 사람이 많되 사사로이 黨을 지어 돕지 않으며, 〈오직〉 道義가 있는 사람만을 가까이함을 말한 것이다.

22. 子曰 君子不以言擧人하며

子께서 말씀하셨다. "君子는 말이 〈훌륭하다 하여 그〉 사람을 擧用(登用)하지 않으며,

【注】 包曰 有言者不必有德이라 故不可以言擧人이라

包曰 : 훌륭한 말을 하는 자가 반드시 德이 있는 것은 아니다. 그러므로 말이 훌륭하다 하여 그 사람을 擧用해서는 안 된다.

不以人廢言이니라

사람이 〈시원찮다 하여 그 훌륭한〉 말을 버리지 않는다."

【注】 王曰 不可以無德而廢善言이라

王曰 : 德이 없다 하여 善한 말을 버려서는 안 된다.

【疏】'子曰 君子不以言擧人 不以人廢言' ○正義曰 : 此章言君子用人·取其善節也. 有言者不必有德, 故不可以言擧人, 當察言觀行, 然後擧之. 夫婦之愚, 可以與知[1), 故不可以無德而廢善言也.

1) 夫婦之愚 可以與知 : ≪禮記≫ 〈中庸〉에 "君子의 道는 廣大〔費〕하고도 隱微〔隱〕하다. 그리하여 夫婦의 어리석음으로도 〈道를〉 알 수 있으나, 그 지극함에 미쳐서는 비록 聖人이라 하더라도 알 수 없는 것이 있다.〔君子之道 費而隱 夫婦之愚 可以與知焉 及其至也 雖聖人 亦有所不知焉〕"는 말이 보인다. 邢昺은 군자의 도는 어리석은 부부도 알 수 있으므로, 덕이 없는 사람이라도 훌륭한 말을 할 수 있다. 그러므로 덕이 없는 사람이라 하여 그 말을 버려서는 안 된다는 것을 설명하기 위해 이 말을 인용한 것이다.

經의 〔子曰 君子不以言擧人 不以人廢言〕

○正義曰 : 이 章은 君子가 사람을 등용하는 節度와 사람의 훌륭한 점을 취하는 節度를 말한 것이다.

훌륭한 말을 하는 자가 반드시 德이 있는 것은 아니다. 그러므로 말이 〈훌륭하다 하여 그 사람을〉 등용해서는 안 되고, 그 사람의 말과 행실을 관찰한 뒤에 등용해야 한다. 夫婦의 어리석음으로도 〈道를〉 알 수 있기 때문에 德이 없다고 해서 그 훌륭한 말을 버려서는 안 된다.

23. 子貢問曰 有一言[1)而可以終身行之者乎잇가 子曰 其恕乎ㄴ저 己所不欲을 勿施於人이니라

1) 一言 : 一字이다. ≪論語集釋≫ 按說에 "옛날에는 一字를 一言이라 하였으니, 詩의 '五言'·'七言'이 그 例이다. 옛사람들이 著書를 '數萬言', '數十萬言'으로 칭하기도 하니, 이는 모두 一字를 一言이라 한 것이다.〔古謂一字爲一言 詩之五言七言 其例也 古人所著書 若數萬言數十萬言 竝以一字爲一言〕"라고 하였다. 劉寶楠의 ≪論語正義≫에도 "一言은 一字를 이른다."라고 하였다.

子貢이 물었다. "한 글자로서 終身토록 행할 만한 것이 있습니까?"

子께서 말씀하셨다. "아마 恕일 것이다. 〈恕는〉 자기가 원하지 않는 것을 남에게 강요〔施〕하지 말라는 것이다."

【注】 言己之所惡를 勿加施[1)]於人이라

1) 加施 : 〈公冶長〉篇 12章에는 "我不欲人之加諸我也 吾亦欲無加諸人"이라 하고, 〈顔淵〉篇 2章과 이곳에는 "己所不欲 勿施於人"이라 하였으니, 施와 加는 同義辭이다.

자기가 싫어하는 것을 남에게 강요하지 말라는 말이다.

【疏】 '子貢'至'於人' ○ 正義曰 : 此章言人當恕己不及物也. '子貢問曰 有一言〈而〉[1)]可以終身行之者乎'者, 問於孔子, 求脩身之要道也. '子曰 其恕乎 己所不欲 勿施於人'者, 孔子答言, 唯仁恕之一言, 可終身行之也. 己之所惡, 勿欲施於人, 卽恕也.

1) 〈而〉 : 저본에는 '而'가 없으나, 經文에 의거하여 보충하였다.

經의 〔子貢〕에서 〔於人〕까지

○ 正義曰 : 이 章은, 사람은 마땅히 자기 마음으로 남의 마음을 헤아려 〈자기가 싫어하는 것은〉 남에게 미치게 하지 않아야 함을 말한 것이다.

〔子貢問曰 有一言而可以終身行之者乎〕 脩身의 要道를 찾기 위해 孔子께 물은 것이다.

〔子曰 其恕乎 己所不欲 勿施於人〕 孔子께서 仁恕라는 한마디 말만이 終身토록 행할 만하다고 대답해주신 것이다. 자기가 싫어하는 것을 남에게 강요하지 말라는 것이 바로 恕이다.

24. 子曰 吾之於人也에 誰毁誰譽리오 如有所譽者ㄴ댄 其[1)]有所試矣니라

1) 其 : ≪論孟虛字集釋≫에 이곳의 '其'字는 '必'과 같다고 하였다.

子께서 말씀하셨다. "내가 사람들에 대해서 누구를 헐뜯고 누구를 칭찬하겠는가? 만약 칭찬한 사람이 있다면 반드시〔其〕 시험한 바가 있어서이다.

【注】 包曰 所譽者는 輒試以事요 不虛譽而已라

包曰 : 칭찬한 것은 매양 일로써 시험해보아서이고, 근거 없이 칭찬한 것이 아니다.

斯民也는 三代之所以直道而行也[1)]니라

1) 斯民也 三代之所以直道而行也 : 邢昺의 疏에는 "이와 같이 백성을 다스려 치우치는 바가 없었던 것은 夏·殷·周 三代의 賢明한 王들이 정직한 道를 들어 行하였기 때문임을 말한 것이다.〔言如此用民 無所阿私 夏殷周三代之令王 所以得稱直道而行也〕"라고 하였고, 皇侃의 ≪論語集解義疏≫에는 "이와 같이 백성을 길러 사사로이 헐뜯거나 칭찬한 자가 없었던 것은 바로 三代의 聖王이 天下를 다스려 정직한 道로써 행하던 시대였음을 말한 것이다.〔言若此養民 無私毁譽者 是三代聖王治天下用直道而行之時也〕"라고 하였고, 劉寶楠의 ≪論語正義≫에는 "斯民은 바로 三代의 백성이다. 三代 때에는 이 백성들을 정직한 道를 행하도록 다스렸다.〔斯民卽三代之民 三代用此民 直道而行〕"라고 하였으니, 세 사람은 모두 '直道而行'을 君王이 행하여 백성들에게 모범을 보인 뜻으로 푼 것이다.

그러나 '백성은 古今의 다름이 없어서, 인도하기에 따라 善해지기도 하고 惡해지기도 하니, 백성이 선하지 못한 것은 통치자의 책임이다. 오늘의 백성이 바로 三代 때에 정직한 도의를 행하던 백성이니, 선으로 인도하면 모두 선한 백성이 될 것이다. 그런데 어찌 함부로 헐뜯고 칭찬하겠느냐.'는 뜻으로 해석한 ≪論語集註≫의 說이 비교적 簡明하다.

이 백성은 바로 三代 때 정직한 도의를 행하던 백성이기 때문이다."

【注】 馬曰 三代는 夏殷周라 用民如此하야 無所阿私라 所以云直道而行이라

馬曰 : 三代는 夏·殷·周이다. 〈三代 때에는〉 백성들을 이와 같이 다스려 치우치는 바가 없었다. 그러므로 '정직한 道로써 행하였다.'라고 한 것이다.

【疏】 '子曰'至'行也' ○ 正義曰 : 此章論正直之道也. '子曰 吾之於人也 誰毁誰譽'者, 毁, 謂譖害. 譽, 謂稱揚. 言我之於人, 於誰毁, 於誰譽. 無私毁譽也. '如有所譽者, 其有所試矣'者, 言所稱譽者, 輒試以事, 不虛譽而已也. '斯民也 三代之所以直道而行也'者, 斯, 此也. 三代, 夏殷周也. 言如此用民, 無所阿私, 夏殷周三代之令王, 所以得稱直道而行也.

經의 〔子曰〕에서 〔行也〕까지

○ 正義曰 : 이 章은 正直한 道를 논한 것이다.

〔子曰 吾之於人也 誰毁誰譽〕 毁는 譖言으로 해침을 이르고, 譽는 칭찬해 찬양함을 이른다. 내가 사람들에 대해서 누구를 헐뜯고 누구를 칭찬하겠는가? 사사로이 헐뜯거나 칭찬함이 없었다는 말이다.

〔如有所譽者 其有所試矣〕 칭찬한 자는 매양 일로써 시험해보아서이고, 근거 없이 칭찬한 것이 아니라는 말이다.

〔斯民也 三代之所以直道而行也〕 斯는 此이다. 三代는 夏·殷·周이다. 이와 같이 백성들을 다스려〔用〕 私情에 치우치는 바가 없었던 것은 夏·殷·周 三代의 賢明한 王들이 정직한 道를 들어 行하였기 때문임을 말한 것이다.

25. 子曰 吾猶及史之闕文也와

子께서 말씀하셨다. "나도 오히려 史官이 글을 빼놓는 것과

【注】 包曰 古之良史는 於書字有疑則闕之하야 以待知者하니라

包曰 : 옛날의 훌륭한 史官은 文字에 의심스러운 것이 있으면 〈기록하지 않고〉 空欄으로 두고서, 아는 자를 기다렸다.

有馬者借人乘之러니 今亡(무)矣夫ㄴ저

말을 가진 자가 남에게 빌려주어 타게 하는 것을 보았는데, 지금은 〈그런 것마저〉 없구나."

【注】 包曰 有馬不能調良이면 則借人乘習之라 孔子自謂及見其人如此러니 至今無有矣라 言此者는 以俗多穿鑿이라

包曰 : 말을 가진 자가 길들일 수 없으면 남에게 빌려주어 타고서 훈련을 익히게 한다. 孔子께서 스스로 '이와 같이하는 사람을 볼 수 있었는데, 지금은 없다.'라고 말씀하신 것이다. 이렇게 말씀하신 것은 세속에 穿鑿(牽强附會)함이 많았기 때문이다.

【疏】 '子曰' 至 '矣夫' ○ 正義曰 : 此章疾時人多穿鑿也. '子曰 吾猶及史之闕文也'者, 史, 是掌書之官也. 文, 字也. 古之良史, 於書字有疑則闕之, 以待能者, 不敢穿鑿. 孔子言我尙及見此古史闕疑之文. '有馬者借人乘之'者, 此擧喩也. 喩已有馬不能調良, 當借人乘習之也. '今亡矣夫'者, 亡, 無也. 孔子自謂及見其人如此闕疑, 至今則無有矣. 言此者, 以俗多穿鑿.

經의 〔子曰〕에서 〔矣夫〕까지

○ 正義曰 : 이 章은 당시 사람들이 穿鑿함이 많은 것을 미워하신 것이다.

〔子曰 吾猶及史之闕文也〕 史는 기록을 맡은 官員이다. 文은 글자이다. 옛날의 훌륭한

史官은 文字에 의심스러운 것이 있으면 〈기록하지 않고〉 空欄으로 두고서, 有能한 자를 기다렸고 감히 穿鑿하지 않았다. 孔子께서 나도 오히려 옛 史官이 의심스러운 글자를 〈기록하지 않고〉 空欄으로 둔 글을 볼 수 있었다고 말씀하신 것이다.

〔有馬者借人乘之〕 이것은 비유를 든 것이니, 자기가 말을 가졌으나 길들일 수 없으면 남에게 빌려주어 타고서 훈련을 익히게 해야 한다고 비유한 것이다.

〔今亡矣夫〕 亡는 無이다. 孔子께서 스스로 '그 사람들이 이와 같이 의심스러운 글자를 〈기록하지 않고〉 공란으로 남겨두는 것을 볼 수 있었는데, 지금은 없다.'라고 말씀하신 것이다. 이렇게 말씀하신 것은 세속에 穿鑿함이 많았기 때문이다.

26. 子曰 巧言亂德하고 小不忍이면 則亂大謀니라

子께서 말씀하셨다. "공교로운 말은 德을 어지럽히고(무너뜨리고), 작은 일을 참지 못하면 큰 계획을 어지럽힌다(망친다)."

【注】 孔曰 巧言利口則亂德義요 小不忍則亂大謀니라

孔曰 : 공교로운 말재간은 德義를 어지럽히고, 작은 일을 참지 못하면 큰 계획을 어지럽힌다.

【疏】 '子曰 巧言亂德 小不忍則亂大謀' ○ 正義曰 : 此章戒人愼口忍事也. 有言者不必有德, 故巧言利口則亂德義. 山藪藏疾, 國君含垢[1], 故小事不忍, 則亂大謀.

1) 山藪藏疾 國君含垢 : ≪春秋左氏傳≫ 宣公 15년에 보인다.

經의 〔子曰 巧言亂德 小不忍則亂大謀〕

○ 正義曰 : 이 章은 사람들에게 말을 삼가고 작은 것을 참도록 경계하신 것이다.

말재간이 있는 자가 반드시 德이 있지는 않으므로 공교로운 말재간은 德義를 어지럽힌다. 산과 늪이 毒蟲을 숨겨주듯이 임금은 치욕을 참아야 한다. 그러므로 작은 일을 참지 못하면 큰 계획을 어지럽힌다.

27. 子曰 衆惡之라도 必察焉하며 衆好之라도 必察焉이니라

子께서 말씀하셨다. "多衆이 그를 미워하더라도 반드시 그를 살펴야 하며, 多衆이 그를 좋아하더라도 반드시 그를 살펴야 한다."

【注】 王曰 或衆阿黨比周하고 或其人特立不群이라 故好惡不可不察也니라

王曰 : 혹은 多衆이 아첨해 한 패가 되어 親密하게 지내는 자가 있기도 하고, 혹은 그 사람의 志行이 뛰어나게 高潔하여 남과 어울리지 않는 자가 있기도 하다. 그러므로 〈多衆이〉 좋아하거나 미워하는 사람을 〈직접〉 살피지 않아서는 안 된다.

【疏】 '子曰 衆惡之 必察焉 衆好之 必察焉' ○ 正義曰 : 此章論知人之事也. 夫知人未易, 設有一人, 爲衆所惡, 不可卽從雷同而惡之, 或其人特立不群, 故必察焉. 又設有一人, 爲衆所好, 亦不可卽從衆而好之, 或此人行惡, 衆乃阿黨比周, 故不可不察.

經의 〔子曰 衆惡之 必察焉 衆好之 必察焉〕

○ 正義曰 : 이 章은 사람을 알아보는 일을 논한 것이다.

사람을 알아보기가 쉽지 않다. 가령 어떤 한 사람이 多衆의 미움을 받는다 하더라도 즉시 무턱대고 多衆을 따라 그를 미워해서는 안 된다. 〈그 이유는〉 혹 그 사람의 志行이 뛰어나게 高潔하여 남과 어울리지 않는 사람일 수도 있기 때문이다. 그러므로 반드시 그를 살펴야 한다. 또 가령 어떤 한 사람이 다중의 愛好를 받는다 하더라도 즉시 다중을 따라 그를 좋아해서도 안 된다. 〈그 이유는〉 혹 그 사람의 행실이 나쁜데도 다중이 아첨해 한 패가 되어 親密하게 대하는 사람일 수도 있기 때문이다. 그러므로 살피지 않아서는 안 된다.

○ 注 '王曰 衆或阿黨比周' ○ 正義曰 : 此解衆好之也, 謂衆多惡人, 私相阿曲朋黨, 比近周密也. 文十八年左傳言渾敦之惡云 "頑嚚不友, 是與比周." 杜注云 "比, 近也. 周, 密也." 言比是相近也, 周是親密也. 唯是親愛之義, 非爲善惡之名. 爲政篇 "子曰 '君子周而不比, 小人比而不周.'" 孔曰 "忠信爲周, 阿黨爲比." 以君子小人相對, 故觀文爲說也.

○ 注의 〔王曰 衆或阿黨比周〕

○ 正義曰 : 이것은 다중이 좋아함을 해석한 것이니, 많은 惡人들이 서로 아첨하고 순종하며 붕당을 지어 친밀하게 지냄을 이른다.

≪春秋左氏傳≫ 文公 18년에 渾敦의 惡行을 말하기를 "마음으로 德義를 본받지 않고〔頑〕, 입으로 忠信을 말하지 않으며〔嚚〕, 형제간에 우애하지 않는 자들을 친밀하게 대한다."라고 하였는데, 杜預의 注에 "比는 가까이함이고, 周는 親密함이다."라고 하였으니, 比는 서로 가까이함이고, 周는 親密함이라는 말이다. 〈比와 周는〉 親愛의 뜻일 뿐, 善惡

의 名稱이 아니다. 〈爲政〉篇에 "子께서 君子는 忠信〔周〕을 행하고 阿黨하지 않으며, 小人은 阿黨하고 忠信을 행하지 않는다."라고 하셨는데, 孔氏의 注에 "忠信이 周이고, 阿黨이 比이다."라고 한 것은 〈經에〉 君子와 小人을 對로 들었기 때문에 經文을 보고서 解說한 것이다.

28. 子曰 人能弘道요 非道弘人이니라

子께서 말씀하셨다. "사람이 道를 크게 할 수 있고, 道가 사람을 크게 할 수 없다."

【注】 王曰 才大者道隨大하고 才小者道隨小라 故不能弘人이라

王曰 : 재주가 큰 자는 道도 따라서 커지고, 재주가 작은 자는 道도 따라서 작아지기 때문에 〈道가〉 사람을 크게 할 수 없는 것이다.

【疏】 '子曰 人能弘道 非道弘人' ○ 正義曰 : 此章論道也. 弘, 大也. 道者, 通物之名[1], 虛無妙用, 不可須臾離. 但仁者見之謂之仁, 知者見之謂之知, 是人才大者, 道隨之大也, 故曰人能弘道. 百姓則日用而不知, 是人才小者, 道亦隨小, 而道不能大其人也, 故曰非道弘人.[2]

1) 通物之名 : ≪禮記≫ 〈中庸〉 首章의 孔穎達 疏에 보인다. 物이 무엇인지를 摘示하지 않았으니 분명히 알 수는 없으나, 혹 모든 사물에 通用되는 名稱이라는 말이 아닌지 모르겠다.

2) 正義曰……故曰非道弘人 : 茶山은 ≪論語古今註≫에서 邢昺의 이 疏에 대해, 道가 무엇인지도 알지 못하고서 한 말이라고 반박하였다.

經의 〔子曰 人能弘道 非道弘人〕

○ 正義曰 : 이 章은 道를 논한 것이다.

弘은 大(키움)이다. 道는 通物의 名稱으로 〈本體가〉 虛無(虛無하기 때문에 모든 것을 포용할 수 있음)하고 作用이 神妙하니, 잠시도 떠날 수 없는 것이다. 그러나 仁者는 이를 보고서 仁이라 하고, 知者는 이를 보고서 知라 하니, 이것이 바로 재주가 큰 사람은 道도 따라서 커지는 것이다. 그러므로 '사람이 道를 크게 할 수 있다.'라고 한 것이다. 백성은 날마다 〈道를〉 쓰면서도 알지 못하니, 이것이 바로 재주가 작은 사람은 道도 따라서 작아져서 道가 그 사람을 크게 할 수 없는 것이다. 그러므로 '道가 사람을 크게 하는 것이 아니다.'라고 한 것이다.

29. 子曰 過而不改를 是謂過矣니라

子께서 말씀하셨다. "허물을 짓고도 고치지 않는 것을 허물이라 한다."

【疏】'子曰 過而不改 是謂過矣' ○正義曰：此章戒人改過也. 人誰無過, 過而能改, 善莫大焉. 過而不改, 是謂過矣.

經의〔子曰 過而不改 是謂過矣〕

○正義曰：이 章은 사람들에게 허물을 고치도록 경계한 것이다.

허물이 없는 사람이 어디 있겠는가? 허물을 고친다면 이보다 큰 善이 없다.〈그러므로〉 허물을 짓고도 고치지 않는 것을 허물이라 한다.

30. 子曰 吾嘗終日不食하며 終夜不寢하야 以思하니 無益이라 不如學也로다

子께서 말씀하셨다. "내 일찍이 종일토록 먹지도 않고 밤새도록 눕지도 않고서 생각해보니, 有益함이 없었다. 배우는 것만 못하였다."

【疏】'子曰 吾嘗終日不食 終夜不寢 以思 無益 不如學也' ○正義曰：此章勸人學也.

經의〔子曰 吾嘗終日不食 終夜不寢 以思 無益 不如學也〕

○正義曰：이 章은 사람들에게 學問에 힘쓰도록 勸勉한 것이다.

31. 子曰 君子謀道不謀食이라 耕也나 餒在其中矣요 學也면 祿在其中矣니 君子憂道不憂貧이니라

子께서 말씀하셨다. "君子는 道를 꾀하고 衣食을 꾀하지 않는다. 耕作하더라도〈학문을 하지 않으면〉 굶주림이 그 가운데 있고, 학문을 하면 祿이 그 가운데 있으니,〈경작하지 않더라도 굶주리지 않는다.〉 君子는 道를 근심하고 가난을 근심하지 않는다."

【注】鄭曰 餒는 餓也라 言人雖念耕而不學이라 故飢餓하고 學則得祿이니 雖不耕而不餒라 此勸人學이라

鄭曰：餒는 굶주림이다. 사람들은 비록 耕作하기를 생각하나 學問을 하지 않기 때문

에 굶주리고, 학문을 하면 爵祿을 얻게 되니, 비록 경작하지 않아도 굶주리지 않는다는 말이다. 이것은 사람들에게 學問에 힘쓰도록 권면한 것이다.

【疏】'子曰 君子謀道不謀食 耕也 餒在其中矣 學也 祿在其中矣 君子憂道不憂貧' ○ 正義曰：此章亦勸人學也. 人非道不立, 故必先謀於道, 道高則祿來, 故不假謀於食. 餒, 餓也. 言人雖念耕而不學則無知, 歲有凶荒, 故飢餓. 學則得祿, 雖不耕而不餒. 是以君子但憂道德不成, 不憂貧乏也. 然耕也未必皆餓, 學也未必皆得祿, 大判而言, 故云耳.

經의〔子曰 君子謀道不謀食 耕也 餒在其中矣 學也 祿在其中矣 君子憂道不憂貧〕

○ 正義曰：이 章 또한 사람들에게 학문에 힘쓰도록 권면한 것이다.

사람은 道가 아니면 自立할 수 없기 때문에 반드시 먼저 道를 꾀해야 한다. 道가 높아지면 爵祿이 이르기 때문에 衣食을 꾀할 필요가 없다. 餒는 굶주림이다. '사람들은 비록 경작하기를 생각하나 학문을 하지 않으면 無知해지고 농사에는 흉년이 있기 때문에 굶주림이 온다. 학문을 하면 爵祿을 얻을 수 있으니 비록 경작하지 않아도 굶주리지 않는다. 그러므로 군자는 오직 道德이 이루어지지 않는 것을 근심하고 빈궁을 근심하지 않는다.'는 말이다. 그러나 경작을 한다 해서 꼭 다 굶주리는 것은 아니고, 학문을 한다 해서 꼭 다 爵祿을 얻는 것은 아니다. 대강을 들어 말하였기 때문에 이렇게 말한 것이다.

32. 子曰 知及之오도 仁不能守之면 雖得之라도 必失之니라

子께서 말씀하셨다. "지혜가 그 職位에 미칠 수 있어도 仁이 그 직위를 지킬 수 없으면 비록 직위를 얻더라도 반드시 잃는다.

【注】包曰 知能及治其官이라도 而仁不能守면 雖得之라도 必失之니라

包曰：지혜가 그 官職을 다스림에 미칠 수 있어도 仁이 그 官職을 지킬 수 없으면 비록 관직을 얻더라도 반드시 잃는다.

知及之하며 仁能守之오도 不莊以莅之면 則民不敬이니라

지혜가 직위에 미칠 수 있고 仁이 직위를 지킬 수 있어도 莊嚴함으로 백성을 다스리지 않으면 백성이 공경하지 않는다.

【注】 包曰 不嚴以臨之면 則民不敬從其上이니라

包曰 : 莊嚴함으로 백성을 다스리지 않으면 백성들이 그 윗사람을 존경해 따르지 않는다.

知及之하며 仁能守之하며 莊以莅之오도 動之不以禮면 未善也니라

지혜가 직위에 미칠 수 있고, 仁이 직위를 지킬 수 있고, 莊嚴함으로 백성을 다스릴 수 있어도 백성을 禮(정해진 制度)로써 動員하지 않으면 善하지 못하다."

【注】 王曰 動必以禮然後善이라

王曰 : 반드시 백성을 禮로써 동원한 뒤에야 善하다.

【疏】 '子曰' 至 '善也' ○ 正義曰 : 此章論居官臨民之法也. '子曰 知及之 仁不能守之 雖得之 必失之'者, 得位由知, 守位在仁. 若人知能及治其官, 而仁不能守, 雖得祿位, 必將失之. '知及之 仁能守之 不莊以莅之 則民不敬'者, 莊, 嚴也. 莅, 臨也. 言雖知及其官, 仁能守位, 不嚴以臨之, 則民不敬從其上. '知及之 仁能守之 莊以莅之 動之不以禮 未善也'者, 言動必以禮然後善. 李充云 "夫知及以得, 其失也蕩, 仁守以靜, 其失也寬, 莊莅以威, 其失也猛, 故必須禮然後和之. 以禮制知, 則精而不蕩[1], 以禮輔仁, 則溫而不寬, 以禮御莊, 則威而不猛, 故安上治民, 莫善於禮." 顔特進云 "知以通其變, 仁以安其性, 莊以安其慢, 禮以安其情, 化民之善, 必備此四者."

1) 精而不蕩 : 무슨 뜻인지 모르겠으나, 혹 아는 것이 精密하되 방탕으로 흐르지 않는다는 뜻이 아닌지 모르겠다.

經의 〔子曰〕에서 〔善也〕까지

○ 正義曰 : 이 章은 官職에 있으면서 백성을 다스리는 법을 논한 것이다.

〔子曰 知及之 仁不能守之 雖得之 必失之〕 地位를 얻는 것은 지혜에 달렸고, 지위를 지키는 것은 仁에 달렸다. 만약 어떤 사람의 지혜가 그 관직을 다스림에 미칠 수 있어도 仁이 그 관직을 지킬 수 없으면 비록 祿位를 얻어도 반드시 장차 그 祿位를 잃을 것이다.

〔知及之 仁能守之 不莊以莅之 則民不敬〕 莊은 嚴이다. 莅는 臨(다스림)이다. 비록 지혜가 그 관직을 다스림에 미칠 수 있고, 仁이 그 지위를 지킬 수 있어도 장엄함으로써 백성을 다스리지 않으면 백성들이 그 윗사람을 존경해 따르지 않는다는 말이다.

〔知及之 仁能守之 莊以莅之 動之不以禮 未善也〕 반드시 백성을 禮로써 동원한 뒤에

야 善하다는 말이다. 李充은 "지혜가 미쳐서 職位를 얻는 사람은 자칫 잘못하면 방탕해지고, 仁으로 지켜 安靜하는 사람은 자칫 잘못하면 寬容으로 흐르고, 莊嚴함으로 다스려 위엄이 있는 사람은 자칫 잘못하면 사납게 된다. 그러므로 반드시 禮로써 한 뒤에야 調和가 된다. 禮로써 지혜를 節制하면 精하되 蕩하지 않고, 禮로써 仁을 도우면 溫和하되 寬容으로 흐르지 않고, 禮로써 莊嚴을 制御하면 威嚴이 있으되 사납지 않다. 그러므로 윗사람을 편안하게 하고 백성을 다스림에는 禮보다 좋은 것이 없다."라고 하였다. 顔特進(顔延之)은 "지혜로써 백성의 變化를 通達하고, 仁으로써 백성의 性을 안정시키고, 장엄으로써 백성의 태만을 안정시키고, 禮로써 백성의 情을 안정시켜야 한다. 백성을 교화하여 善해지게 하려면 반드시 이 네 가지를 갖추어야 한다."라고 하였다.

33. 子曰 君子不可小知나 而可大受也며 小人不可大受나 而可小知也[1)]니라

1) 子曰……而可小知也 : 이 章은 3종의 說이 있다. 注疏 및 ≪栗谷諺解≫, 劉寶楠의 ≪論語正義≫와 楊伯峻의 ≪論語譯註≫의 說을 따르면 "군자는 작은 일을 가지고 〈그를〉 알아볼 수 없으나 큰 직임을 받을 수 있고, 소인은 큰 직임을 받을 수 없으나 작은 일로 〈그를〉 알아볼 수 있다."로 해석되고, ≪論語集註≫의 說을 따르면 "군자는 작은 일은 알 수 없으나, 큰 직임은 받을 수 있고, 小人은 큰 직임은 받을 수 없으나 작은 일은 알 수 있다."로 해석되고, 茶山의 ≪論語古今註≫의 설을 따르면 "군자는 작은 일은 맡을 수 없으나 큰 직임은 받을 수 있고, 소인은 큰 직임은 받을 수 없으나 작은 일은 맡을 수 있다."로 해석된다. 茶山의 說이 비교적 妥當한 것으로 생각된다.

子께서 말씀하셨다. "君子는 작은 일로써 〈그를〉 알 수 없으나 큰 職任을 받을 수 있으며, 小人은 큰 직임을 받을 수 없으나 작은 일로써 〈그를〉 알 수 있다."

【注】 王曰 君子之道深遠하야 不可小了知나 而可大受요 小人之道淺近하야 可小了知나 而不可大受也니라

王曰 : 君子의 道는 深遠하여 작은 일로써 〈그를〉 분명히 알 수 없으나 큰 직임은 받을 수 있으며, 小人의 道는 淺近하여 작은 일로써 〈그를〉 분명히 알 수 있으나 큰 직임은 받을 수 없다.

【疏】 '子曰 君子不可小知 而可大受也 小人不可大受 而可小知也' ○ 正義曰 : 此章言君子小人道德深淺不同之事也. 言君子之道深遠, 仰之彌高, 鑽之彌堅, 故不可小了知也,

使人饜飫而已[1], 是可大受也. 小人之道淺近, 易爲窮竭, 故不可大受, 而可小了知也.

1) 君子之道深遠……使人饜飫而已 : 茶山은 이에 대해 ≪論語古今註≫에서 "무슨 말인지 모르겠다.〔不知何說〕"라고 하였다. 譯者도 茶山의 說에 同意한다.

經의 〔子曰 君子不可小知 而可大受也 小人不可大受 而可小知也〕

○ 正義曰 : 이 章은 君子와 小人의 道德의 深淺이 같지 않은 일을 말한 것이다. '君子의 道는 深遠하여, 우러러볼수록 더욱 높아지고 뚫을수록 더욱 단단해지기 때문에 작은 일은 밝게 알 수 없고, 사람들에게 넉넉히 혜택을 끼칠 뿐이니, 이것이 큰 직임을 받을 수 있는 것이다. 小人의 道는 淺近하여 다하기가 쉽기 때문에 큰 직임은 받을 수 없고 작은 일은 밝게 알 수 있다.'라는 말이다.

34. 子曰 民之於仁也에 甚於水火하니

子께서 말씀하셨다. "백성이 仁에 있어 〈그 必要度가〉 水火보다 重要〔甚〕하다.

【注】 馬曰 水火及仁은 故民所仰而生者로되 仁最爲甚이라

馬曰 : 水火와 仁은 본래 백성들이 의지해〔仰〕 生活하는 것이지만 〈그중에〉 仁이 가장 重要하다.

水火는 吾見蹈而死者矣어니와 未見蹈仁而死者也케라

물과 불은 내가 밟고서 죽는 자를 보았으나, 仁을 행하다가 죽는 자는 보지 못하였다."

【注】 馬曰 蹈水火或時殺人이어니와 蹈仁未嘗殺人이라

馬曰 : 물과 불을 밟으면 혹 때로 〈물과 불이〉 사람을 죽이기도 하지만 仁을 밟으면(행하면) 〈仁이〉 사람을 죽인 적이 없다.

【疏】 '子曰'至'者也' ○ 正義曰 : 此章勸人行仁道也. '子曰 民之於仁也 甚於水火'者, 言水火飮食所由, 仁者善行之長, 皆民所仰而生者也. 若較其三者所用, 則仁最爲甚也. '水火 吾見蹈而死者矣 未見蹈仁而死者也'者, 此明仁甚於水火之事也. 蹈, 猶履也. 水火雖所以養人, 若履蹈之, 或時殺人. 若履行仁道, 未嘗殺人也. 王弼云 "民之遠於仁,

甚於水火, 見有蹈水火者, 未嘗見蹈仁者也.” 雖與馬意不同, 亦得爲一義.

經의 〔子曰〕에서 〔者也〕까지

○ 正義曰 : 이 章은 사람들에게 仁道를 행하도록 권면한 것이다.

〔子曰 民之於仁也 甚於水火〕 물과 불은 飮食의 所由(말미암아 나옴)이고, 仁은 善行의 으뜸이니, 모두 백성들이 의지해 생활하는 것이다. 그러나 이 세 가지의 쓰임새를 비교해 보면 仁이 가장 중요하다는 말이다.

〔水火 吾見蹈而死者矣 未見蹈仁而死者也〕 이것은 仁이 水火보다 중요한 일임을 밝힌 것이다. 蹈는 履(밟음)와 같다. 水火가 비록 사람을 기르는 것이지만 만약 그것을 밟으면 혹 때로 〈그것이〉 사람을 죽이기도 한다. 그러나 仁道를 履行하면 〈그것이〉 사람을 죽인 적이 없다. 王弼은 “백성들이 仁을 멀리하는 것이 水火보다 심하다. 水火를 밟는 자는 보았지만 仁을 밟는 자는 일찍이 보지 못하였다.”라고 하였다. 비록 馬融의 注와 뜻이 같지 않으나 이 또한 一說이 될 만하다.

35. 子曰 當仁하얀 不讓於師니라

子께서 말씀하셨다. “仁을 행할 때를 당해서는 스승에게도 사양하지 않는다.”

【注】 孔曰 當行仁之事하얀 不復讓於師니 言行仁急이라

孔曰 : 仁을 행하는 일을 당해서는 다시 스승에게도 사양하지 않는다는 것이니, 仁을 급히 행해야 함을 말한 것이다.

【疏】 ‘子曰 當仁 不讓於師’ ○ 正義曰 : 此章言行仁之急也. 弟子之法, 爲事雖當讓於師, 若當行仁之事, 不復讓於師也.

經의 〔子曰 當仁 不讓於師〕

○ 正義曰 : 이 章은 仁을 급히 행해야 함을 말한 것이다.

弟子의 법도는 일을 할 때에 스승에게 사양함이 마땅하지만, 만약 仁을 행하는 일을 당하였다면 다시 스승에게 사양하지 않는다.

36. 子曰 君子貞而不諒이니라

子께서 말씀하셨다. “君子는 道를 바르게 행하고, 信을 고집하지 않는다.”

【注】孔曰 貞은 正이요 諒은 信也라 君子之人은 正其道耳요 言不必小信[1)]이라

1) 言不必小信 : 말한 것이 작은 신의에 해당한 것이라면 굳이 지키기를 기필하지 않는다는 뜻이다. 이 말은 ≪孟子≫ 〈離婁 下〉에 보이는 "言不必信"에 '小'字 하나를 끼워 넣은 것이다. 〈離婁 下〉에 "大人은 말을 信(실천)하기를 기필하지 않으며, 行을 果(과감히 결행함)하기를 기필하지 않고, 오직 義가 있는 바에 따를 뿐이다.〔大人者 言不必信 行必不果 惟義所在〕"라고 하였다.

孔曰 : 貞은 正이고, 諒은 信이다. 君子는 그 道를 바르게 행할 뿐이고, 말에 작은 信義를 기필하지 않는다.

【疏】'子曰 君子貞而不諒' ○ 正義曰 : 此章貴正道而輕小信也. 貞, 正也, 諒, 信也. 君子之人, 正其道耳, 言不必小信. 案昭七年左傳云 "子產爲豐施歸州田於韓宣子, 曰 '日君以夫公孫段爲能任其事, 而賜之州田, 今無祿早世, 不獲久享君德. 其子弗敢有, 不敢以聞於君, 私致諸子.' 宣子辭. 子產曰 '古人有言曰「其父析薪, 其子弗克負荷.」施將懼不能任其先人之祿, 其況能任大國之賜. 縱吾子爲政而可, 後之人若屬有疆埸之言, 敝邑獲戾, 而豐氏受其大討. 吾子取州, 是免敝邑於戾, 而建置豐氏也. 敢以爲請.'" 杜注云 "傳言子產貞而不諒." 言段受晉邑, 卒而歸之, 是正也. 知宣子欲之, 而言畏懼後禍, 是不信, 故杜氏引此文爲注也.

經의〔子曰 君子貞而不諒〕

○ 正義曰 : 이 章은 바른 도리를 귀하게 여기고 작은 신의를 가벼이 여김을 〈말한 것이다.〉

貞은 正이고, 諒은 信이다. 君子는 그 도를 바르게 〈행할〉 뿐이고, 작은 신의를 기필하지 않는다.

고찰하건대, ≪春秋左氏傳≫ 昭公 7년에 "子產이 豐施를 위해 〈그를 대신해〉 州田(州縣의 土地)을 韓宣子에게 돌려주며 말하기를 '前日에 晉君께서 公孫段이 그 일을 능히 堪當〔任〕했다 하여 그에게 州田을 下賜하셨는데, 지금 不幸〔無祿〕하게 일찍 죽어 임금님의 恩德을 오래 누리지 못하였습니다. 그 아들은 감히 州田을 所有할 수 없으나 감히 이 일을 晉君께 아뢸 수 없어서, 사사로이 그대에게 바칩니다.'라고 하였다. 宣子가 사양하자, 子產이 말하기를 '옛사람의 말에 「그 아비가 나무를 베어 팬 장작을 그 아들이 집으로 져 나르지 못한다.」라고 하였으니, 豐施는 장차 先人의 祿位를 〈繼承하는 일도〉 감당할 수 없을까 두려운데 하물며 大國의 下賜한 땅을 감당할 수 있겠습니까? 비록 그대가 執政

으로 있는 동안은 罪를 免할 수 있겠지만 그대의 뒤를 이어 執政이 된 사람이 만약 그때〔屬〕 疆域에 대해 말한다면(領土로 問題를 提起한다면) 우리나라는 罪를 받고 豐氏는 엄한 懲罰을 받을 것입니다. 그대가 州田을 取하는 것은 바로 우리나라를 罪에서 벗어나게 하고 豐氏를 도와 存立시키는 것이므로 감히 請하는 것입니다.'라고 하였다."라고 하였다.

杜預의 注에 "傳에 '子産은 貞하고 諒하지 않았다.〔子産貞而不諒〕'라고 하였다."라고 하였으니, 이는 公孫段이 晉나라의 邑을 받았으나 끝내 돌려준 것이 正(貞)임을 말한 것이고, 宣子가 그 邑을 원한다는 것을 알아서 後禍가 두렵다고 〈둘러대어〉 말한 것이 不信(不諒)임을 말한 것이다. 그러므로 杜氏가 이 글을 인용해 注를 단 것이다.

37. 子曰 事君호되 敬其事而後其食이니라

子께서 말씀하셨다. "임금을 섬기되 공손히 그 職事를 처리한 뒤에 祿을 먹어야 한다."

【注】 孔曰 先盡力而後食祿이라

孔曰 : 먼저 힘을 다한 뒤에 祿을 먹음이다.

【疏】 '子曰 事君 敬其事而後其食' ○ 正義曰 : 此章言其爲臣事君之法也. 言當先盡力, 敬其職事, 必有勳績, 而後食祿也.

經의 〔子曰 事君 敬其事而後其食〕

○ 正義曰 : 이 章은 신하가 되어 임금 섬기는 법을 말한 것이다.

먼저 힘을 다해 그 職事를 공손히 처리하여 반드시 功績이 있은 뒤에 祿을 먹어야 한다는 말이다.

38. 子曰 有敎無類니라

子께서 말씀하셨다. "누구나 가르쳤고, 種類를 구별함이 없었다."

【注】 馬曰 言人所在見敎요 無有種類라

馬曰 : 사람이 있는 곳마다 가르침을 베풀었고, 種類를 구별함이 없으셨다는 말이다.

【疏】'子曰 有教無類' ○正義曰：此章言教人之法也. 類, 謂種類. 言人所在見教, 無有貴賤種類也.

經의〔子曰 有教無類〕

○正義曰：이 章은 사람을 가르치는 법을 말한 것이다.

類는 種類를 이른다. 사람들이 있는 곳마다 가르침을 베풀었고 貴賤의 種類를 구별함이 없었다는 말이다.

39. 子曰 道不同이면 不相爲謀니라

子께서 말씀하셨다. "道가 같지 않으면 서로 謀議할 수 없다."

【疏】'子曰 道不同 不相爲謀' ○正義曰：此章言人之爲事, 必須先謀. 若道同者共謀, 則情審不誤. 若道不同而相爲謀, 則事不成也.

經의〔子曰 道不同 不相爲謀〕

○正義曰：이 章은 사람이 일을 하려면 반드시 먼저 〈다른 이와〉 謀議하는데, 만약 道가 같은 사람과 함께 모의하면 사정을 자세히 알아서 잘못되지 않지만, 만약 道가 같지 않은데도 서로 모의하면 일이 이루어지지 않는다는 것을 말한 것이다.

40. 子曰 辭達而已矣니라

子께서 말씀하셨다. "말은 〈意思를〉 傳達할 뿐이다."

【注】孔曰 凡事莫過於實이라 辭達則足矣니 不煩文豔之辭라

孔曰：무릇 일에는 誠實함보다 더한 것이 없다. 말은 의사를 전달하면 그것으로 충분하니, 말을 화려하게 하기 위해 번거롭게 수고할 필요가 없다.

【疏】'子曰 辭達而已矣' ○正義曰：此章明言語之法也. 凡事莫過於實, 辭達則足矣, 不煩文豔也.

經의〔子曰 辭達而已矣〕

○正義曰：이 章은 言語의 법도를 밝힌 것이다.

무릇 일에는 誠實함보다 더한 것이 없다. 말은 의사를 전달하면 그것으로 충분하니,

말을 화려하게 하기 위해 번거롭게 수고할 필요가 없다.

41. 師冕見(현)이어늘

樂師 冕이 〈孔子를〉 뵈러 〈왔다.〉

【注】 孔曰 師는 樂人盲者니 名冕이라

孔曰：師는 樂人으로 눈이 궂은 자이니, 이름이 冕이다.

及階에 **子曰 階也**라하시고 **及席**에 **子曰 席也**라하시고 **皆坐**에 **子告之曰 某在斯**하고 **某在斯**라하시다

섬돌에 미치자, 子께서 "섬돌입니다."라고 하시고, 자리에 미치자, 子께서 "자리입니다."라고 하시고, 모두 〈자리에〉 앉자, 子께서 그에게 "아무개는 여기에 있고, 아무개는 여기에 있습니다."라고 일러주셨다.

【注】 孔曰 歷告以坐中人姓字와 所在處라

孔曰：座中 사람들의 姓名과 앉은 곳을 일일이 일러주신 것이다.

師冕出이어늘 **子張問曰 與師言之道與**잇가 **子曰 然**하다 **固相師之道也**니라

樂師 冕이 나가자, 子張이 물었다. "〈이렇게 하는 것이〉 師(盲人)와 더불어 말하는 道(禮)입니까?"

子께서 말씀하셨다. "그렇다. 본래 師를 인도하는 禮이다."

【注】 馬曰 相은 導也라

馬曰：相은 인도함이다.

【疏】 '師冕見' 至 '道也' ○ 正義曰：此章論相師之禮也. '師冕見'者, 師, 樂人, 盲者, 名冕. 見, 謂來見孔子也. '及階 子曰 階也 及席 子曰 席也'者, 師冕及階及席, 孔子竝告之, 使師冕知而升階登席也. '皆坐 子告之曰 某在斯 某在斯'者, 孔子見瞽者必起, 弟子

亦起. 冕旣登席而坐, 孔子及弟子亦皆坐. 孔子歷以坐中人姓字·所在處告師冕, 使知也. '師冕出 子張問曰 與師言之道與'者, 道, 謂禮也. 子張見孔子歷告之, 未嘗知此禮. 旣師冕出去, 而問孔子曰 "此是與師言之禮與." '子曰 然 固相師之道也'者, 相, 猶導也. 孔子然答子張, 言此固是相導樂師之禮也.

經의 〔師冕見〕에서 〔道也〕까지

○ 正義曰 : 이 章은 師(盲人)를 인도하는 禮를 논한 것이다.

〔師冕見〕 師는 樂人으로 눈이 궂은 자이니, 이름이 冕이다. 見은 그가 와서 공자를 뵌 것을 이른다.

〔及階 子曰 階也 及席 子曰 席也〕 樂師 冕이 섬돌에 미쳤을 때와 자리에 미쳤을 때에 孔子께서 모두 일러주시어 樂師 冕으로 하여금 알고서 섬돌에 오르고 자리에 오르게 하신 것이다.

〔皆坐 子告之曰 某在斯 某在斯〕 孔子께서는 盲人을 보시면 반드시 일어나셨으니, 제자들도 일어났다. 冕이 자리로 올라와 앉자, 孔子와 제자들도 모두 앉았다. 孔子께서 座中 사람들의 姓名과 앉아 있는 곳을 樂師 冕에게 일일이 일러주시어 알게 하신 것이다.

〔師冕出 子張問曰 與師言之道與〕 道는 禮를 이른다. 子張이 孔子께서 樂師 冕에게 일일이 일러주시는 것을 보았으나, 일찍이 이렇게 하는 禮를 알지 못하였다. 〈그러므로〉 樂師 冕이 나간 뒤에 孔子께 "이렇게 하는 것이 師와 더불어 말하는 禮입니까?"라고 물은 것이다.

〔子曰 然 固相師之道也〕 相은 導(인도)와 같다. 孔子께서 그렇다고 子張에게 대답하시고서 "이렇게 하는 것이 본래 樂師를 인도하는 禮이다."라고 말씀하신 것이다.

季氏 第十六

【疏】 正義曰：此篇論天下無道，政在大夫. 故孔子陳其正道，揚其衰失，稱損益以教人，擧詩禮以訓子，明君子之行，正夫人之名. 以前篇首章記衛君靈公失禮，此篇首章言魯臣季氏專恣，故以次之也.

正義曰：이 篇은 天下에 道가 없어서 政權이 大夫에게 있음을 논한 것이다. 그러므로 孔子께서 正道를 진술하시고, 세상이 衰하여 정치가 잘못된 것을 드러내셨으며, 유익한 것과 손해되는 것을 말씀하시어 사람들을 가르치시고, ≪詩≫와 ≪書≫를 들어 아들을 教訓하셨으며, 君子의 행실을 밝히고 夫人의 名稱을 바로잡으셨다. 前篇의 首章에는 衛나라 임금 靈公의 失禮를 말하였고, 이 篇의 首章에는 魯나라 신하 季氏의 專恣(정권을 독점해 제멋대로 함)를 말하였다. 그러므로 이 篇을 前篇의 뒤에 編次한 것이다.

1. 季氏將伐顓臾러니 冉有季路見(현)於孔子曰 季氏將有事於顓臾로소이다

季氏가 顓臾를 정벌하려 하자, 冉有와 季路가 孔子를 뵙고 말하였다. "季氏가 顓臾와 전쟁을 하려 합니다."

【注】 孔曰 顓臾는 伏羲之後니 風姓之國이라 本魯之附庸이러니 當時臣屬魯하니라 季氏貪其土地하야 欲滅而取之하다 冉有與季路爲季氏臣하야 來告孔子하니라

孔曰：顓臾는 伏羲의 後孫이니 風姓의 나라이다. 본래는 魯나라의 附庸國이었으나, 이때에는 魯나라에 臣屬하였다. 季氏가 그 土地를 탐하여 顓臾國을 擊滅하고서 그 土地를 취하고자 하였다. 季氏의 家臣으로 있는 冉有와 季路가 와서 孔子께 고한 것이다.

孔子曰 求아 無乃爾是過與아

孔子께서 말씀하셨다. "冉求야! 너의 잘못이 아니냐?

【注】 孔曰 冉求爲季氏宰하야 相其室하야 爲之聚斂이라 故孔子獨疑求하사 敎之시니라

孔曰 : 冉求가 季氏의 宰(家臣의 長)가 되어 그 집을 도와, 季氏를 위해 賦稅를 가혹하게 징수하였다. 그러므로 孔子께서 유독 염구가 季氏에게 그렇게 하도록 가르쳤다고 의심하신 것이다.

夫顓臾는 昔者先王以爲東蒙主하시고

저 顓臾는 옛날에 先王께서 東蒙山의 祭主로 삼으셨고,

【注】 孔曰 使主祭蒙山이라

孔曰 : 蒙山의 祭祀를 주관하게 한 것이다.

且在邦域之中矣니

또 우리나라 疆域 안에 있으니

【注】 孔曰 魯七百里之封에 顓臾爲附庸하야 在其域中이라

孔曰 : 魯나라 700리의 封疆에 附庸國인 顓臾도 그 疆域 안에 포함되어 있다.

是社稷之臣也라 何以伐爲리오

이는 社稷의 신하이다. 칠 필요가 뭐 있는가?"

【注】 孔曰 已屬魯하야 爲社稷之臣하니 何用滅之爲아

孔曰 : 이미 魯나라에 소속되어 社稷의 신하가 되었으니 擊滅할 필요가 뭐 있는가?

冉有曰 夫子欲之나 吾二臣者皆不欲也로이다

冉有가 말하였다. "夫子(季氏)는 치고자 하지만 저희 두 신하는 모두 원하지 않습니다."

【注】 孔曰 歸咎於季氏라

孔曰 : 季氏에게 허물을 돌린 것이다.

孔子曰 求아 周任有言曰 陳力就列하야 不能者止라하니

孔子께서 말씀하셨다. "求야! 周任이 말하기를 '능력을 펼쳐 관직에 나아가서〔陳力就列〕 그 직무를 수행할 수 없는 자는 그만두라.'고 하였으니,

【注】 馬曰 周任은 古之良史라 言當陳其才力하고 度(탁)己所任하야 以就其位로되 不能則當止라

馬曰 : 周任은 옛날의 훌륭한 史官이다. 자기의 才力을 펼쳐 자기가 맡을 職任을 헤아려 그 자리에 나아가되 그 직무를 수행할 수 없으면 그만두어야 한다는 말이다.

危而不持하며 顚而不扶면 則將焉用彼相矣리오

위태로운데도 잡아주지 못하고 넘어지는데도 부축하지 못한다면 장차 그런 相(도우미)을 어디에 쓰겠느냐?

【注】 包曰 言輔相人者는 當能持危扶顚이라 若不能이면 何用相爲리오

包曰 : 남을 도와주는 일을 맡은 자는 위태로우면 잡아주고 넘어지면 부축해야 한다. 만약 그렇게 할 수 없다면 〈그런〉 相을 어디에 쓰겠는가?

且爾言過矣로다 虎兕出於柙하며 龜玉毁於櫝中이 是誰之過與아

또 너의 말은 틀렸다. 범과 외뿔소가 우리에서 뛰쳐나오고 龜甲과 玉이 궤 속에서 망가지는 것이 누구의 잘못이냐?"

【注】 馬曰 柙은 檻也요 櫝은 匱也라 失虎毁玉이 豈非典守之過邪아

馬曰 : 柙은 우리〔檻〕이고, 櫝은 匱이다. 범을 잃고 옥을 망가뜨린 것이 어찌 맡아 지키는 사람의 잘못이 아니겠는가.

冉有曰 今夫顓臾가 固而近於費하니

冉有가 말하였다. "지금 저 顓臾가 城郭이 견고하고 費邑과 가까우니,

【注】 馬曰 固는 謂城郭完堅하고 兵甲利也라 費는 季氏邑이라

馬曰 : 固는 城郭이 완전하고 견고하며 兵甲(병기와 갑옷)이 예리함을 이른다. 費는 季氏의 邑이다.

今不取면 後世必爲子孫憂하리이다

지금 취하지 않으면 후세에 반드시 자손의 근심거리가 될 것입니다."

孔子曰 求아 君子疾夫

孔子께서 말씀하셨다. "求야! 君子는 너처럼,

【注】 孔曰 疾如女之言이라

孔曰 : 너처럼 말하는 것을 미워한다.

舍曰欲之요 而必爲之辭니라

원한다고 말하지 않고, 굳이 말을 지어 변명하는 것을 미워한다.

【注】 孔曰 舍其貪利之說하고 而更作他辭가 是所疾也라

孔曰 : 이익을 탐한다고 말하지 않고 바꾸어 다른 말을 만들어 변명하는 것이 바로 〈孔子께서〉 미워하신 바이다.

丘也聞有國有家者는 不患寡而患不均하며

내가 듣건대, '나라를 가진 자와 집을 가진 자는 〈土地와 人民이〉 적은 것을 걱정하지 않고 〈정치가〉 均平(정치가 공평하여 혜택이 고루 미침)하지 못함을 걱정하며,

【注】 孔曰 國은 諸侯요 家는 卿大夫라 不患土地人民之寡少요 患政理之不均平이라

孔曰 : 나라를 가진 자는 諸侯이고, 집을 가진 자는 卿大夫이다. 土地와 人民이 적은

것을 걱정하지 않고, 정치가 均平하지 못함을 걱정한다.

不患貧而患不安[1)]이라하니

1) 不患寡而患不均 不患貧而患不安 : 이에 대해, 兪樾은 ≪群經評議≫에서 다음과 같이 말하였다. "寡와 貧 두 글자는 傳寫하는 과정에서 〈위치가〉 서로 뒤바뀌었다. 이 말은 본래 '不患貧而患不均, 不患寡而患不安'으로 되어있었다. 貧은 財物을 가지고 말한 것이고, 不均도 財物을 가지고 말한 것이다. 財物은 당연히 均平해야 하니, 均平하지 않으면 재물이 없는 것만 못하기 때문에 '不患貧而患不均'이라 한 것이다. 寡는 사람을 가지고 말한 것이고, 不安도 사람을 가지고 말한 것이다. 사람은 당연히 편안해야 하니, 편안하지 않으면 사람이 없는 것만 못하기 때문에 '不患寡而患不安'이라 한 것이다. 下文의 '均無貧'은 上句(不患貧而患不均)를 이어 말한 것이고, 또 下文의 '和無寡'와 '安無傾'은 下句(不患寡而患不安)를 이어 말한 것이다. '均無貧'이란 한마디 말로 보면 이 글이 〈위치가〉 뒤바뀌어 잘못되었음을 알 수 있다. ≪春秋繁露≫ 〈度制〉篇에 '孔子曰 不患貧而患不均'이라고 인용한 것에 의거해 訂正해야 한다.〔寡貧二字 傳寫互易 此本作不患貧而患不均 不患寡而患不安 貧以財言 不均亦以財言 財宜乎均 不均則不如無財矣 故不患貧而患不均也 寡以人言 不安亦以人言 人宜乎安 不安則不如無人矣 故不患寡而患不安也 下文云均無貧 此承上句言 又云和無寡 安無傾 此承下句言 觀均無貧之一語 可知此文之誤易矣 春秋繁露度制篇引孔子曰 不患貧而患不均 可據以訂正〕" 兪氏의 說이 매우 妥當한 것으로 생각된다.

가난함을 걱정하지 않고 〈백성이〉 편안하지 못함을 걱정한다.'라고 하였다.

【注】 孔曰 憂不能安民耳라 民安則國富라

孔曰 : 백성을 편안하게 할 수 없는 것만을 걱정할 뿐이다. 백성이 편안하면 나라가 富强해진다.

蓋均이면 無貧이요 和면 無寡요 安이면 無傾이니라

대체로 均平하면 가난함이 없고, 和合하면 적음이 없고, 편안하면 기울어짐이 없다.

【注】 包曰 政教均平이면 則不〔患〕[1)]貧矣요 上下和同이면 不患寡矣요 大小安寧이면 不傾危矣리라

1) 〔患〕 : 저본에는 없으나, "皇本에는 '不' 아래에 '患'자가 있다."라고 한 阮元의 校勘記에

근거하여 보충하였다.

包曰 : 정치와 교화가 均平하면 가난을 걱정할 것이 없고, 上下가 和同(화목)하면 적음을 걱정할 것이 없고, 大小가 안녕하면 〈나라나 집이〉 기울어 위태로워짐이 없을 것이다.

夫如是라 **故遠人不服**이면 **則脩文德以來之**하고 **旣來之**면 **則安之**니라 **今由與求也**는 **相夫子**호되 **遠人不服**이로되 **而不能來也**하며 **邦分崩離析**이로되 **而不能守也**하고

〈정치는〉 이와 같아야 한다. 그러므로 먼 데 사람이 복종하지 않으면 文德을 닦아 오게 하고, 이미 저들을 오게 하였으면 안정시켜야 한다. 〈그런데〉 지금 由와 求는 夫子를 돕되 먼 데 사람이 복종하지 않는데도 능히 오게 하지 못하고, 나라가 四分五裂하는데도 능히 지키지 못하고서

【注】 孔曰 民有(畏)〔異〕[1]心曰分이요 欲去曰崩이며 不可會聚曰離析이라

1) (畏)〔異〕 : 저본에는 '畏'로 되어있으나, 皇侃의 ≪論語集解義疏≫와 뒤의 疏에 모두 '異'로 되어있는 것에 근거하여 바로잡았다.

孔曰 : 백성들이 딴마음을 품은 것을 '分'이라 하고, 떠나고자 하는 것을 '崩'이라 하고, 會聚(團結시킴)할 수 없는 것을 '離析'이라 한다.

而謀動干戈於邦內하니

나라 안에서 전쟁 일으키기를 꾀하니,

【注】 孔曰 干은 楯也요 戈는 戟也라

孔曰 : 干은 방패이고, 戈는 창이다.

吾恐季孫之憂不在顓臾하고 **而在蕭牆之內也**하노라

나는 季孫의 근심이 顓臾에 있지 않고 蕭牆 안에 있을까 두렵다."

【注】 鄭曰 蕭之言은 肅也요 牆은 謂屛也라 君臣相見之禮는 至屛而加肅敬焉이라 是以謂

之蕭牆이라 後季氏家臣陽虎가 果囚季桓子하니라

鄭曰 : 蕭의 뜻은 肅(엄숙)이고, 牆은 墻屛(가림벽)을 이른다. 君臣이 서로 만날 때의 禮는 墻屛에 이르러 더욱 엄숙히 공경한다. 그러므로 이를 '蕭牆'이라 한다. 뒤에 季氏의 家臣 陽虎가 과연 季桓子를 잡아 가두었다.

【疏】'季氏'至'內也' ○正義曰 : 此章論魯卿季氏專恣征伐之事也. '季氏將伐顓臾'者, 顓臾, 伏羲之後, 風姓之國. 本魯之附庸, 當時臣屬於魯. 而季氏貪其土地, 欲滅而取之也. '冉有季氏見於孔子曰 季氏將有事於顓臾'者, 冉有季路爲季氏臣, 來告孔子, 言季氏將有征伐之事於顓臾也. '孔子曰 求 無乃爾是過與'者, 無乃, 乃也. 爾, 女也. 雖二子同來告, 以冉求爲季氏宰, 相其室, 爲之聚斂, 故孔子獨疑求教之, 言將伐顓臾, 乃女是罪過與. 與, 疑辭也. '夫顓臾 昔者先王以爲東蒙主'者, 言昔者先王始封顓臾爲附庸之君, 使主祭蒙山. 蒙山在東, 故曰東蒙. '且在邦域之中矣'者, 魯之封域方七百里, 顓臾爲附庸, 在其域中也. '是社稷之臣也 何以伐爲'者, 言顓臾已屬魯, 爲社稷之臣, 何用伐滅之爲. '冉有曰 夫子欲之 吾二臣者皆不欲也'者, 夫子, 謂季氏也. 冉有歸其咎惡於季氏也, 故言季氏欲伐, 我二人皆不欲也. '孔子曰 求 周任有言曰 陳力就列 不能者止'者, 周任, 古之良史也. 夫子見冉有歸咎於季氏, 故呼其名, 引周任之言以責之. 言爲(大)〔人〕[1]臣者, 當陳其才力, 度己所任, 以就其列位, 不能則當自止退也. '危而不持 顚而不扶 則將焉用彼相矣'者, 相, 謂輔相. 焉, 何也. 言輔相人者, 當持其主之傾危, 扶其主之顚躓, 若其不能, 何用彼相爲. '且爾言過矣'者, 爾, 汝也. 汝爲季氏輔相, 而歸咎於季氏, 自是汝之言罪過矣. '虎兕出於柙 龜玉毁於櫝中 是誰之過與'者, 此又爲輔相之人作譬也. 柙, 檻也. 櫝, 匱也. 虎兕, 皆猛獸, 故設檻以制之. 龜玉, 皆大寶, 故設匱以藏之. 若虎兕失出於檻, 龜玉損毁於匱中, 是誰之過與. 言是典守者之過也. 以喩主君有闕, 是輔相者之過也. '冉有曰 今夫顓臾固而近於費 今不取 後世必爲子孫憂'者, 此冉有乃自言欲伐顓臾之意也. 固, 謂城郭完堅, 兵甲利也. 費, 季氏邑. 言今夫顓臾城郭甲兵堅固, 而又近於費邑, 若今不伐而取之, 後世必爲季氏子孫之憂也. '孔子曰 求 君子疾夫舍曰欲之 而必爲之辭'者, 孔子見冉有言將伐顓臾之意, 故又呼冉有名而責之, 如汝之言, 君子所憎疾. 夫以舍其(探)〔貪〕[2]利之說, 而更作他辭, 是所疾也. '丘也聞有國有家者 不患寡而患不均'者, 此下孔子又爲言其正治之法, 以示非臆說, 故云丘也聞. 國, 謂諸侯, 家, 謂卿大夫. 言爲諸侯卿大夫者, 不患土地人民之寡少, 但患政理之不均平也.

'不患貧而患不安'者, 言不憂國家貧, 但憂不能安民耳. 民安則國富也. '蓋均無貧 和無寡 安無傾'者, 孔子既陳其所聞, 更爲言其理. 蓋言政教均平, 則不〔患〕[3]貧矣. 上下和同, 不患寡矣. 小大安寧, 不傾危矣. 如上所聞, 此應云"均無寡, 安無貧", 而此乃云"均無貧, 和無寡, 安無傾"者, 欲見政教均平, 又須上下和睦, 然後國富民多, 而社稷不傾危也, 故衍其文耳. '夫如是 故遠人不服 則脩文德以來之 既來之 則安之'者, 言夫政教能均平和安如此, 故遠方之人有不服者, 則當脩文德, 使遠人慕其德化而來. 遠人既來, 當以恩惠安存之. '今由與求也 相夫子'者, 謂冉有季路輔相季氏也. '遠人不服而不能來也'者, 謂不脩文德也. '邦分崩離析而不能守也'者, 民有異心曰分, 欲去曰崩, 不可會聚曰離析. 言國內之民, 又不能以恩惠安撫, 致有異心, 不可會聚, 莫能固守也. '而謀動干戈於邦內'者, 謂將伐顓臾也. '吾恐季孫之憂 不在顓臾 而在蕭牆之內也'〔者〕[4], 蕭牆, 謂屛也. 蕭之言肅也, 君臣相見之禮, 至屛而加肅敬焉, 是以謂之蕭牆. 孔子, 聖人, 有先見之明. 見季氏家臣擅命, 必知將爲季氏之禍. 因冉有言顓臾後世必爲子孫憂, 故言吾恐季孫之憂不遠在顓臾, 而近在蕭牆之內. 後季氏家臣陽虎果囚季桓子.

1) (大)〔人〕: 저본에는 '大'로 되어있으나, 四庫全書本에 의거하여 '人'으로 바로잡았다.
2) (探)〔貪〕: 저본에는 '探'으로 되어있으나, "北監本과 毛本에는 '探'이 '貪'으로 되어있다."라고 한 阮元의 校勘記에 의거하여 '貪'으로 바로잡았다.
3) 〔患〕: 저본에는 없으나, 64쪽 注의 동일 내용에 대해 교감한 것에 의거하여 보충하였다.
4) 〔者〕: 저본에는 없으나, "浦鏜이 '也 아래에 者자가 빠졌다.'라고 했다."라고 한 阮元의 校勘記에 의거하여 보충하였다.

經의 〔季氏〕에서 〔內也〕까지

○ 正義曰 : 이 章은 魯나라 卿 季氏가 정권을 독점해 제멋대로 征伐한 일을 논한 것이다.

〔季氏將伐顓臾〕 顓臾는 伏羲의 후손으로 風姓의 나라이다. 본래는 魯나라의 附庸國이었으나, 이때는 魯나라의 臣屬(신하)이 되었다. 季氏가 그 土地를 탐하여 顓臾國을 擊滅하고서 그 土地를 취하고자 한 것이다.

〔冉有季氏見於孔子曰 季氏將有事於顓臾〕 季氏의 家臣으로 있는 冉有와 季路가 와서 孔子께 "季氏가 顓臾를 정벌하는 전쟁을 벌이려 합니다."라고 告한 것이다.

〔孔子曰 求 無乃爾是過與〕 無乃는 乃(곧)이다. 爾는 女(너)이다. 비록 두 사람이 함께 와서 고하였으나, 冉求가 季氏의 宰(家臣의 長)가 되어 그 집을 도와 賦稅를 가혹하게 징

수하였다. 그러므로 孔子께서 유독 염구가 季氏에게 그렇게 하도록 가르쳤다고 의심하시어, "顓臾를 치려 하는 것이 바로 너의 罪過가 아니냐?"라고 말씀하신 것이다. 與는 疑辭이다.

〔夫顓臾 昔者先王以爲東蒙主〕 옛날에 先王께서 顓臾를 封해 附庸國의 임금으로 삼아 蒙山의 제사를 주관하게 하셨다는 말이다. 蒙山이 〈魯城〉 동쪽에 있기 때문에 東蒙이라 한 것이다.

〔且在邦域之中矣〕 魯나라의 封域이 사방 700리인데, 附庸國인 顓臾도 封域 안에 있다.

〔是社稷之臣也 何以伐爲〕 顓臾가 이미 魯나라에 屬하여 社稷의 신하가 되었으니, 쳐서 멸망시킬 필요가 뭐 있느냐는 말이다.

〔冉有曰 夫子欲之 吾二臣者皆不欲也〕 夫子는 季氏를 이른다. 冉有가 罪惡을 季氏에게 돌린 것이다. 그러므로 季氏는 치고자 하지만 우리 두 사람은 모두 원하지 않는다고 말한 것이다.

〔孔子曰 求 周任有言曰 陳力就列 不能者止〕 周任은 옛날의 훌륭한 사관이다. 夫子께서 冉有가 허물을 季氏에게 돌리는 것을 보셨기 때문에 그의 이름을 부르시어 "남의 신하가 된 자는 자기의 才力을 펼치고 자기가 맡을 職任을 헤아려 그 자리에 나아가되 그 직무를 수행할 수 없으면 스스로 그만두고 물러나야 한다."고 한 周任의 말을 이끌어 꾸짖으신 것이다.

〔危而不持 顚而不扶 則將焉用彼相矣〕 相은 輔相을 이른다. 焉은 何(어찌)이다. 남을 돕는 자는 마땅히 그 主人이 기울어 위태로워지려 하면 잡아줘야 하고, 그 主人이 엎어지거나 넘어지려 하면 부축해야 한다. 만약 그렇게 할 수 없다면 그런 相(도우미)을 어디에 쓰겠느냐는 말이다.

〔且爾言過矣〕 爾는 汝(너)이다. 네가 季氏의 輔相이 되어 허물을 季氏에게 돌리니, 본디 너의 말이 罪過(잘못)이다.

〔虎兕出於柙 龜玉毁於櫝中 是誰之過與〕 이것은 또 輔相하는 사람을 위해 비유를 든 것이다. 柙은 檻(우리)이고, 櫝은 匱이다. 虎와 兕는 다 猛獸이다. 그러므로 우리를 만들어 가둔다. 龜와 玉은 다 큰 보물이다. 그러므로 궤를 만들어 간직한다. 만약 虎와 兕가 우리에서 뛰쳐나오고 龜와 玉이 궤 속에서 훼손된다면 이것이 누구의 허물이겠는가? 이는 맡아 지키는 자의 허물이란 말이다. 君主에게 잘못이 있으면 바로 輔相하는 자의 허물이라는 것을 비유한 것이다.

〔冉有曰 今夫顓臾固而近於費 今不取 後世必爲子孫憂〕 이것은 冉有가 顓臾를 치고자

한 뜻을 스스로 말한 것이다. 固는 城郭이 완전하고 견고하며 兵甲이 예리함을 이른다. 費는 季氏의 邑이다. 지금 저 顓臾의 城郭과 甲兵이 견고하고 또 費邑과 가까우니, 만약 지금 쳐서 취하지 않으면 후세에 반드시 季氏 子孫의 근심거리가 될 것이라고 말한 것이다.

〔孔子曰 求 君子疾夫舍曰欲之 而必爲之辭〕 孔子께서 冉有가 顓臾를 치려는 뜻을 말하는 것을 보셨다. 그러므로 또 冉有의 이름을 부르시어 "너처럼 말하는 것을 군자가 미워한다."고 꾸짖으신 것이다. 그 이익을 탐한다고 말하지 않고 바꾸어 다른 말을 만들어 변명한 것이 바로 〈孔子께서〉 미워하신 바이다.

〔丘也聞有國有家者 不患寡而患不均〕 이 이하는 孔子께서 또 정치하는 법을 말씀하려 하면서 臆說이 아님을 보이기 위해 "丘也聞"이라고 하신 것이다. 國을 가진 자는 諸侯를 이르고, 家를 가진 자는 卿大夫를 이른다. 諸侯나 卿大夫가 된 자는 土地와 人民이 적은 것을 걱정하지 말고, 다만 정치가 均平하지 못한 것만을 걱정해야 한다는 말이다.

〔不患貧而患不安〕 國家가 가난한 것을 걱정하지 말고, 다만 백성을 편안하게 할 수 없는 것만을 걱정해야 한다는 말이다. 백성이 편안하면 나라가 富强해진다.

〔蓋均無貧 和無寡 安無傾〕 孔子께서 이미 들으신 말을 진술하시고서 다시 그 이치를 말씀하신 것이다. 정치와 교화가 均平하면 가난을 걱정할 것이 없고, 上下가 和同(화목)하면 적음을 걱정할 것이 없고, 大小가 안녕하면 〈나라나 집이〉 기울어 위태로워짐이 없다는 말이다. 위에서 들은 바와 같이 〈글을 만든다면〉 이곳에 응당 "均無寡 安無貧"이라 해야 하는데, "均無貧 和無寡 安無傾"이라 한 것은, 정치와 교화가 균평하고 또 반드시 상하가 서로 화목한 뒤에야 나라가 부강해지고 백성이 많아져서 社稷이 기울어 위태로워짐이 없게 됨을 보이고자 한 것이다. 그러므로 그 文句(和無寡)를 끼워 넣은 것〔衍〕뿐이다.

〔夫如是 故遠人不服 則脩文德以來之 旣來之 則安之〕 '정치와 교화가 均平하고 和安함이 이와 같아야 한다. 그러므로 먼 데 사람이 복종하지 않으면 文德을 닦아서 먼 데 사람들이 그 德化를 사모해 오게 해야 하고, 먼 데 사람이 이미 왔으면 은혜를 베풀어 그들을 편안히 살게 해야 한다.'라는 말이다.

〔今由與求也 相夫子〕 冉有와 季路가 季氏를 輔相함을 이른다.

〔遠人不服而不能來也〕 文德을 닦지 않음을 이른다.

〔邦分崩離析而不能守也〕 백성들이 딴마음을 품는 것을 '分'이라 하고, 떠나고자 하는 것을 '崩'이라 하고, 會聚(團結시킴)할 수 없는 것을 '離析'이라 한다. 國內의 백성을 은혜

로써 安撫하지 못해, 딴마음을 품어 서로 단결할 수 없게 하면 나라를 굳게 지킬 수 없다는 말이다.

〔而謀動干戈於邦內〕 顓臾를 치려 함을 이른다.

〔吾恐季孫之憂 不在顓臾 而在蕭牆之內也〕 蕭牆은 墻屛(가림벽)을 이른다. 蕭의 뜻은 肅(엄숙)이니, 君臣이 서로 만날 때의 禮는 墻屛에 이르러 더욱 엄숙히 공경한다. 그러므로 이를 '蕭牆'이라 한다. 孔子는 聖人이시어 사태를 미리 보는 슬기가 있으셨으므로 季氏의 家臣이 제 마음대로 명하는 것을 보고서 반드시 장차 季氏의 禍가 될 것을 아셨다. 冉有가 "顓臾가 後世에 반드시 子孫의 근심거리가 될 것이다."라고 하기 때문에 "나는 季孫의 근심이 멀리 顓臾에 있지 않고 가까이 蕭牆 안에 있을까 두렵다."라고 하신 것이다. 뒤에 季氏의 家臣 陽虎가 과연 季桓子를 잡아 가두었다.

○注'孔曰'至'孔子' ○正義曰 云'顓臾伏羲之後 風姓之國'者, 僖二十一年左傳云 "任·宿·須句·顓臾, 風姓也, 實司太皞與有濟之祀." 杜注云 "太皞, 伏羲. 四國, 伏羲之後, 故主其祀. 顓臾, 在泰山南武陽縣東北." 是也. 云 '本魯之附庸 當時臣屬魯'者, 王制云 "公侯田方百里, 伯七十里, 子男五十里. 不能五十里者, 不合於天子, 附於諸侯, 曰附庸." 鄭注云 "不合, 謂不朝會也. 小城曰附庸. 附庸者, 以國事附於大國, 未能以其名通也." 言此顓臾始封爲附庸之君, 以國事附於魯耳, 猶不爲魯臣, 故曰魯之附庸. 春秋之世, 强陵弱, 衆暴寡, 故當此季氏之時, 而顓臾已屬魯爲臣, 故曰當時臣屬魯也.

○ 注의 〔孔曰〕에서 〔孔子〕까지

○ 正義曰 : 〔顓臾伏羲之後 風姓之國〕 ≪春秋左氏傳≫ 僖公 21년에 "任・宿・須句・顓臾는 風姓이다. 실로 太皞와 有濟의 제사를 맡았다."라고 하였는데, 杜預의 注에 "太皞는 伏羲이다. 네 나라는 伏羲의 후손이기 때문에 그 제사를 주관한 것이다. 顓臾는 泰山 남쪽의 武陽縣 동북에 있다."라고 한 것이 이것이다.

〔本魯之附庸 當時臣屬魯〕 ≪禮記≫ 〈王制〉에 "公・侯의 田(國土)은 사방 100리, 伯은 70리, 子・男은 50리이다. 50리가 되지 않는 나라는 天子의 조회에 참가하지 못하고 諸侯에게 附屬하니 이를 '附庸'이라 한다."라고 하였는데, 鄭玄의 注에 "不合은 朝會하지 않음이다. 작은 城을 '附庸'이라 하니, 附庸은 國事를 大國에 附屬(歸屬)시키고, 그 나라 이름으로 交通하지 못한다."라고 하였다. 이 顓臾가 처음 봉해져서 附庸의 임금이 되었을 때에 國事를 魯나라에 귀속시켰으나, 魯나라의 신하가 되지는 않았다. 그러므로 魯나라의 附庸이라 한 것이다. 春秋時代에는 强者가 弱者를 능멸하고 백성을 많이 가진 자가

적게 가진 자를 侵暴하였다. 그러므로 이 季氏 때에 顓臾가 이미 魯나라에 소속하여 신하가 되었다. 그러므로 "이때 魯나라의 신하가 되었다."라고 한 것이다.

○注'使主祭蒙山' ○正義曰：禹貢徐州云"蒙羽其蓺." 地理志云泰山蒙陰縣"蒙山在西南, 有祠. 顓臾國在蒙山下."

○ 注의 〔使主祭蒙山〕

○ 正義曰：≪書經≫ 〈禹貢〉 徐州에 "蒙山과 羽山 일대가 耕種하게 되었다."라고 하였는데, ≪漢書≫ 〈地理志〉의 泰山郡 蒙陰縣 조에 "蒙山은 〈蒙陰縣〉 서남쪽에 있는데, 祠宇가 있고, 顓臾國이 蒙山 아래에 있다."라고 하였다.

○注曰'魯七百里之封 顓臾爲附庸 在其域中' ○正義曰：明堂位曰"成王以周公爲有勳勞於天下, 是以封周公於曲阜, 地方七百里, 革車千乘." 鄭注云"曲阜, 魯地, 上公之封, 地方五百里, 加魯以四等之附庸, 方百里者二十四[1)], (井)〔幷〕[2)]五五二十五, 積四十九, 開方之, 得七百里[3)]." 言其顓臾爲附庸, 在此七百里封域之中也.

1) 四等之附庸 方百里者二十四：네 등급의 부용국이란 侯에게 붙여주는 9同의 부용국, 伯에게 붙여주는 7同의 부용국, 子에게 붙여주는 5同의 부용국, 男에게 붙여주는 3同의 부용국을 말한다. 네 등급의 부용국을 모두 합하면 24同이 되는데, 同은 사방 100里의 면적 단위이므로 이와 같이 표현한 것이다. ≪周禮 大司徒 鄭玄注≫

2) (井)〔幷〕：저본에는 '井'으로 되어있으나, ≪禮記≫ 〈明堂位〉의 鄭玄 주에 근거하여 '幷'으로 바로잡았다. 井은 중국 고대의 토지 면적 단위 중 하나로, '1里×1里＝1里^2'에 해당한다. ≪漢書≫ 〈刑法志〉에 "사방 1里의 땅이 井이고, 10井이 通이고, 10通이 成이니, 成은 사방 10里이다. 10成이 終이고, 10終이 同이니, 同은 사방 100里이다."라고 하였다. 아래 주석에서 보듯이 네 등급의 부용국의 면적을 모두 합하면 사방 100里의 땅 24개이므로 24同이라고 할 수는 있어도 24井이라고 할 수는 없다.

3) (井)〔幷〕五五二十五……得七百里：上公의 봉지는 면적이 500里×500里＝250,000里^2＝10,000里^2×25이므로 네 등급의 부용국 면적과 합하면 노나라의 총 면적은 다음과 같이 계산된다.

	上公의 봉지 :	500里×500里＝250,000里^2	＝10,000里^2×25
+)	네 등급의 부용국 면적 :	100里×100里×24	＝10,000里^2×24
	魯나라 전체 면적		＝10,000里^2×49

開方은 어떤 수의 제곱근을 구하는 산법으로, 기하학적으로는 어떤 면적을 지닌 정사

각형의 한 변의 길이를 구하는 셈이 된다. 노나라의 면적 10,000里^2×49는 (100里×7)^{2}과 같으므로 '사방 700리'로 표현된다.

○ 注의 〔魯七百里之封 顓臾爲附庸 在其域中〕

○ 正義曰 : ≪禮記≫ 〈明堂位〉에 "成王은 周公이 천하에 勳勞가 있다고 여겼다. 그러므로 周公을 曲阜에 封하여, 地域 사방 700리와 革車 1천 乘을 가지게 하였다."라고 하였는데, 鄭玄의 注에 "曲阜는 魯나라 땅이다. 上公의 封地는 사방 500里인데, 魯나라에는 사방 100里가 24개인 네 등급의 附庸國을 더해주었다. 여기에 '5×5=25'를 더하면 〈魯나라의〉 면적은 사방 100里가 49개가 되는데, 이를 開方하면 사방 700里가 된다."라고 하였으니, 顓臾가 附庸國이 되어, 이 700리의 封域 중에 들어 있음을 말한 것이다.

○ 注'周任 古之良史' ○ 正義曰 : 周大夫也, 與史佚·臧文仲, 竝古人立言之賢者也.

○ 注의 〔周任 古之良史〕

○ 正義曰 : 周任은 周나라 大夫인데, 史佚・臧文仲 등과 함께 모두 古人 중에 立言한 賢者이다.

○ 〔注〕[1] '馬曰'至'過邪' ○ 正義曰 : 云'柙 檻也'者, 說文云 "柙, 檻也. 檻, 櫳也. 一曰圈, 以藏虎兕."[2] 爾雅云 "兕, (野)〔似〕[3]牛." 郭璞云 "一角, 靑色, 重千斤." 說文云 "兕如野牛, 靑毛, 其皮堅厚, 可制鎧." 交州記曰 "兕出九德, 有一角, 角長三尺餘, 形如馬鞭柄." 是也. 云'櫝 匱也'者, 亦說文云也.

1) 〔注〕: 저본에는 '注'자가 없으나, 邢昺 疏의 체제에 의거하여 보충하였다.
2) 說文云……以藏虎兕 : ≪說文解字≫에는 "柙 檻也 以藏虎兕"와 "檻 櫳也 一曰圈"으로 되어있으므로 이에 따라 번역하였다.
3) (野)〔似〕: 저본에는 '野'로 되어있으나, "≪爾雅≫를 살펴보면 野는 似가 되어야 한다."라고 한 阮元의 校勘記에 의거하여 '似'로 바로잡았다.

○ 注의 〔馬曰〕에서 〔過邪〕까지

○ 正義曰 : 〔柙 檻也〕 ≪說文解字≫에 "柙은 檻(우리)이니, 호랑이나 들소를 가두어 기르는 것이다." "檻은 櫳(우리)이다. 圈이라고도 한다."라고 하였다. ≪爾雅≫에 "兕는 소와 유사한 것이다."라고 한 注에, 郭璞이 "외뿔이고 색깔이 푸르며 무게가 천 근이다."라고 한 것과, ≪說文解字≫에 "兕는 들소와 같은데, 털빛이 푸르고 그 가죽이 단단하고 두꺼워서 갑옷을 만들 만하다."라고 한 것과, ≪交州記≫에 "兕는 九德(地名)에서 생산된

다. 뿔이 하나인데, 뿔의 길이가 세 자 남짓하고 모양이 말채찍의 자루와 같다."라고 한 것이 모두 兕를 말한 것이다.

〔櫝 匱也〕 이것도 ≪說文解字≫의 말이다.

○注'孔曰 干 楯也 戈 戟也' ○正義曰 : 干, 一名楯, 今謂之旁牌. 方言云 "楯自關而東, 或謂之楯, 或謂之干. 關西謂之楯. 是干·楯爲一也. 施紛以持之." 孔注尙書費誓云 "施乃楯紛." 紛, 如綬而小, 繫於楯以持之, 且以爲飾也. 干, 扞也, 竝之以扞敵, 故牧誓云 "比爾干也." 戈者, 考工記云 "戈, (祕)〔柲〕[1]六尺有六寸. 其刃廣二寸. 內倍之, 胡三之, 援四之." 鄭玄注云 "戈, 今句(矛)〔孑〕[2]戟也, 或謂之雞鳴, 或謂之擁頸. 內謂胡以內接(祕)〔柲〕者也, 長四寸, 胡六寸, 援八寸." 鄭司農云 "援, 直刃也, 胡, 其(子)〔孑〕[3]."

1) (祕)〔柲〕: 저본에는 '祕'로 되어있으나, "監本과 毛本에는 '祕'가 '柲'로 되어있다."라고 한 阮元의 校勘記에 의거하여 '柲'로 바로잡았다.

2) (矛)〔孑〕: 저본에는 '矛'로 되어있으나, "浦鏜이 '孑이 矛로 잘못되었다.'라고 한 말이 옳다."라고 한 阮元의 校勘記에 의거하여 '孑'로 바로잡았다.

3) (子)〔孑〕: 저본에는 '子'로 되어있으나, "子는 孑이 되어야 한다."라고 한 阮元의 校勘記에 의거하여 '孑'로 바로잡았다.

○注의 〔孔曰 干 楯也 戈 戟也〕

○正義曰 : 干의 딴 이름은 楯인데, 지금은 旁牌라 한다. ≪方言≫에 "楯을 關東 지방에서는 楯이라 하기도 하고 干이라 하기도 하며, 關西 지방에서는 楯이라 하니, 干과 楯은 동일한 물건인데, 손으로 잡을 수 있는 끈〔紛〕을 단다."라고 하였다. ≪尙書≫ 〈費誓〉 孔注에 "너의 楯에 끈을 단다.〔施乃楯紛〕"라고 하였는데, 그 疏에 "紛은 작은 끈인데, 방패에 매어 손잡이로 삼고, 또 방패의 장식으로 삼는다."라고 하였다. 干은 막음이니, 나란히 붙여 敵을 막는다. 그러므로 ≪尙書≫ 〈牧誓〉에 "너의 방패를 나란히 붙이라."고 한 것이다.

戈는 ≪周禮≫ 〈考工記〉에 "戈는 자루가 여섯 자 여섯 치이고, 그 날의 너비가 두 치이며, 內(창날이 아래로 자루에 박힌 부분)의 길이는 날의 너비의 두 배인 네 치이고, 胡(창날이 丁字 모양으로 굽어 아래로 숙인 부분)의 길이는 날의 너비의 세 배인 여섯 치이며, 援(가로로 뻗은 창날)의 길이는 날의 너비의 네 배인 여덟 치이다."라고 하였고, 鄭玄의 注에 "戈는 지금의 句孑戟인데, 雞鳴이라 하기도 하고, 擁頸이라 하기도 한다. 內는 胡가 아래로 자루에 박힌 부분까지인데 길이가 네 치이고, 胡는 여섯 치이고, 援은 여덟 치이다."라고

하였다. 鄭司農(鄭衆)은 "援은 날이 곧은 창이고, 胡는 孑(날이 없고 갈고리로 된 창)이다."라고 하였다.

2. 孔子曰 天下有道면 則禮樂征伐이 自天子出하고 天下無道면 則禮樂征伐이 自諸侯出하나니 自諸侯出이면 蓋十世希不失矣요

孔子께서 말씀하셨다. "천하에 도가 있으면 禮樂과 征伐이 천자로부터 나오고, 천하에 도가 없으면 禮樂과 征伐이 제후로부터 나온다. 제후로부터 나오면 대개 10世면 잃지 않는 자가 드물고,

【注】 孔曰 希는 少也라 周幽王爲犬戎所殺하야 平王東遷하니 周始微弱이라 諸侯自作禮樂하고 專行征伐이 始於隱公이러니 至昭公十世失政하야 死於乾侯矣니라

孔曰 : 希는 적음이다. 周나라 幽王이 犬戎에게 살해되어 平王이 東遷하면서부터 周나라가 微弱해지기 시작하였다. 諸侯가 스스로 禮樂을 제작하고 제멋대로 征伐을 감행한 것이 〈魯나라〉 隱公 때부터 시작되었는데 10世가 되는 昭公에 이르러 정권을 상실하고서 乾侯에서 죽었다.

自大夫出이면 五世希不失矣요

大夫로부터 나오면 5세면 잃지 않는 자가 드물고,

【注】 孔曰 季文子初得政으로 至桓子五世하야 爲家臣陽虎所囚하니라

孔曰 : 季文子가 처음 정권을 잡았는데 그로부터 5세가 되는 季桓子에 이르러 家臣 陽虎에게 囚禁되었다.

陪臣執國命이면 三世希不失矣니라

陪臣(대부의 가신)이 國家의 政權을 잡으면 3世면 잃지 않는 자가 드물다.

【注】 馬曰 陪는 重也니 謂家臣陽(虎)〔氏〕[1]爲季氏家臣하야 至虎三世而出奔齊하니라

1) (虎)〔氏〕 : 저본에는 '虎'로 되어있으나, 皇侃의 ≪論語集解義疏≫에 의거하여 '氏'로 바로잡았다.

馬曰：陪는 重(거듭)이니 家臣 陽氏가 季氏의 家臣이 되어, 3세가 되는 陽虎에 이르러 齊나라로 도망간 일을 이른다.

天下有道면 則政不在大夫하고

천하에 도가 있으면 정권이 大夫에게 있지 않고,

【注】 孔曰 制之由君이라

孔曰：政務를 처리함이 임금으로부터 나오기 때문이다.

天下有道면 則庶人不議니라

천하에 도가 있으면 庶人이 非議(비난)하지 않는다."

【注】 孔曰 無所非議라

孔曰：非議하는 바가 없음이다.

【疏】'孔曰'至'不議' ○正義曰：此一章論天下有道·無道禮樂征伐所出不同, 及言衰失之世數也. '孔子曰 天下有道 則禮樂征伐自天子出'者, 王者功成制禮, 治定作樂, 立司馬之官, 掌九伐之法[1], 諸侯不得制作禮樂, 賜弓矢然後專征伐. 是天下有道之時, 禮樂征伐自天子出也. '天下無道 則禮樂征伐自諸侯出'者, 謂天子微弱, 諸侯上僭, 自作禮樂, 專行征伐也. '自諸侯出 蓋十世希不失矣'者, 希, 少也. 言政出諸侯, 不過十世, 必失其位, 不失者少也. 若魯昭公出奔齊是也. '自大夫出 五世希不失矣'者, 言政在大夫, 不過五世, 必失其位, 不失者少矣. 若魯大夫季桓子爲陽虎所囚是也. '陪臣執國命 三世希不失矣'者, 陪, 重也, 謂家臣也. 大夫已爲臣, 故謂家臣爲陪臣. 言陪臣擅權, 執國之政命, 不過三世, 必失其位, 不失者少矣. 若陽虎三世而出奔齊是也. '天下有道 則政不在大夫'者, 元爲政命, 制之由君也. '天下有道 則庶人不議'者, 議, 謂謗訕. 言天下有道, 則上酌民言, 以爲政教, 所行皆是, 則庶人無有非毁謗議也.

1) 九伐之法：옛날에 아홉 가지 罪惡을 토벌하던 법이다. ≪周禮≫〈夏官 大司馬〉에 의하면, 諸侯 중에 小國을 어루만지지 않고 侵侮하는 자가 있으면 四面의 封地를 깎고, 賢良을 해치거나 백성을 해치는 자가 있으면 토벌하고, 안으로 백성을 포학하게 대하고

밖으로 이웃나라를 능멸하는 자가 있으면 내치고서 다른 사람을 임금으로 세우고, 田野를 황폐하게 하여 인민을 離散하게 하는 자가 있으면 封地를 깎고, 險固함을 믿고서 복종하지 않는 자가 있으면 侵攻하고, 그 친족을 죽이는 자가 있으면 잡아다가 罪를 다스리고, 그 임금을 추방하거나 弑害하는 자가 있으면 죽이고, 王命을 어기고 政法을 輕視하는 자가 있으면 이웃나라와의 교통을 막고, 인륜을 거슬려 금수처럼 행동하는 자가 있으면 誅滅하는 것이다.

經의 〔孔曰〕에서 〔不議〕까지

○ 正義曰 : 이 한 章은 天下에 道가 있고 없음에 따라 禮樂과 征伐이 나오는 곳이 같지 않음을 논하고, 쇠퇴해 정권을 잃는 代數까지 말한 것이다.

〔孔子曰 天下有道 則禮樂征伐自天子出〕 王者가 功業이 이루어지면 禮를 제정하고, 정치가 안정되면 음악을 제작하며, 司馬의 官府를 세워 九伐의 법을 맡기니, 諸侯는 禮樂을 제작할 수 없고, 〈天子로부터〉 弓矢를 下賜받은 뒤에야 마음대로 征伐할 수 있다. 이것이 天下에 도가 있을 때에는 禮樂과 征伐이 天子로부터 나오는 것이다.

〔天下無道 則禮樂征伐自諸侯出〕 天子가 微弱하고 諸侯가 上僭(아랫사람이 분수에 넘치는 짓을 함)하여, 스스로 禮樂을 제작하고 제멋대로 征伐을 자행함을 이른다.

〔自諸侯出 蓋十世希不失矣〕 希는 적음이다. 政令이 諸侯로부터 나오면 10대가 지나지 않아 반드시 그 지위를 잃으므로, 잃지 않는 자가 적다는 말이다. 이를테면 魯나라 昭公이 齊나라로 도망간 것이 이에 해당한다.

〔自大夫出 五世希不失矣〕 정권이 大夫에게 있으면 5대가 지나지 않아 반드시 그 지위를 잃으므로, 잃지 않는 자가 적다는 말이다. 이를테면 魯나라 대부 季桓子가 陽虎에게 囚禁된 것이 이에 해당한다.

〔陪臣執國命 三世希不失矣〕 陪는 重(거듭)이니 家臣을 이른다. 大夫가 이미 신하이기 때문에 〈大夫의 신하인〉 家臣을 일러 陪臣이라 한다. 陪臣이 정권을 독점해 국가의 政令(政策과 法令)을 집행하면 3대가 지나지 않아 반드시 그 지위를 잃으므로, 잃지 않는 자가 적다는 말이다. 이를테면 陽虎가 3대 만에 齊나라로 도망간 것이 이에 해당한다.

〔天下有道 則政不在大夫〕 천자〔元〕가 政令을 만들고, 政事를 처리〔制〕하는 것이 임금으로부터 나오기 때문이다.

〔天下有道 則庶人不議〕 議는 헐뜯어 비방함을 이른다. 천하에 도가 있으면 君上이 백성들의 말을 참작해 정치와 교화에 반영한다. 그리하여 시행하는 것이 모두 옳으면 庶人들이 헐뜯어 비방함이 없다는 말이다.

○ 注'孔曰'至'乾侯' ○ 正義曰：云'周幽王爲犬戎所殺 平王東遷'者，案周本紀云 "幽王三年，嬖褒姒，生伯服，幽王欲廢太子．太子母，申侯女，而爲后．幽王得褒姒愛之，(使)〔欲〕[1]廢申后，幷去太子，用褒姒爲后，以其子伯服爲太子．幽王之廢〔申〕[2]后，去太子也，申侯怒，乃與繒·西夷犬戎共攻幽王．幽王擧烽火徵兵，兵莫至，遂殺幽王麗山下，虜褒姒，盡取周賂而去." 隱六年左傳稱 "周桓公言於王曰 '我周之東遷，晉鄭焉依.'" 周本紀又云 "於是諸侯乃卽申侯，而共立故幽王太子宜臼，是爲平王也." 云'周始微弱'者，地理志云 "幽王淫褒姒，滅宗周，子平王東居洛邑." 於是王室之尊，與諸侯無異，其詩不能復雅，故其詩謂之王國風[3]，是周始微弱也．云'諸侯自作禮樂'者，謂僭爲天子之禮樂，若魯昭公之比也．案昭二十五年公羊傳云 "子家駒曰 '諸侯僭於天子，大夫僭於諸侯，久矣.' 昭公曰 '吾何僭矣哉.' 子家駒曰 '設兩觀·乘大輅·朱干玉戚以舞大夏·八佾以舞大武.'" 是也．云'專〔行〕[4]征伐'者，謂不由王命，專擅行其征伐．春秋之時，諸侯皆是也．云'始於隱公 至昭公十世失政 死於乾侯'者，隱公名息姑，伯禽七世孫，惠公弗皇子，聲子所生，平王四十九年卽位．是王室微弱，政在諸侯，始於隱公．隱公卒，弟桓公允立，卒，子莊公同立，卒，子閔公開立，卒，兄僖公申立，卒，子文公興立，卒，子宣公倭立，卒，子成公黑肱立，卒，子襄公午立，卒，子昭公裯立，是爲十世也．春秋昭公二十五年，公孫於齊，三十二年，卒於乾侯．是也．

1) (使)〔欲〕: 저본에는 '使'로 되어있으나, ≪史記≫ 〈周本紀〉에 의거하여 '欲'으로 바로잡았다.
2) 〔申〕: 저본에는 '申'이 없으나, "지금 ≪史記≫ 〈周本紀〉에는 '后' 앞에 '申'자가 있다."라고 한 阮元의 校勘記에 의거하여 보충하였다.
3) 其詩不能復雅 故其詩謂之王國風 : 平王이 東遷한 뒤로 王室이 衰微하여 諸侯를 통제할 힘을 잃어, 그 지위가 列國과 다름이 없었다. 그러므로 그 지역에서 생산된 詩를 '雅'로 칭하지 않고 '風'으로 칭한 것을 이른다. '그 詩'란 ≪詩經≫ 〈國風 王風〉에 실린 〈黍離〉 이하 10篇을 이른다.
4) 〔行〕: 저본에는 '行'字가 없으나, "浦鏜이 '專 아래에 行자가 빠졌다.'라고 하였다." 한 阮元의 校勘記에 의거하여 보충하였다.

○ 注의 〔孔曰〕에서 〔乾侯〕까지

○ 正義曰：〔周幽王爲犬戎所殺 平王東遷〕 고찰하건대, ≪史記≫ 〈周本紀〉에 "幽王 3년에 〈幽王의〉 寵妃 褒姒가 伯服을 낳으니, 幽王이 太子를 폐하고자 하였다. 太子의 母后는 申侯의 딸로 王后가 되었는데, 幽王이 褒姒를 얻고는 그녀를 사랑하여 申后를 폐하고

太子까지 아울러 버리고서 褒姒를 王后로 삼고 그녀의 아들 伯服을 太子로 삼고자 하였다. 幽王이 申后를 폐하고 太子를 버리자 申侯가 노하여 繒나라 및 西夷犬戎과 함께 幽王을 공격하였다. 幽王이 烽火를 들어 군대를 불렀으나 군대가 오지 않으니, 〈犬戎이〉 드디어 麗山 아래에서 幽王을 죽이고, 褒姒를 사로잡고, 周나라 재물을 다 취해 돌아갔다."라고 하였다. ≪春秋左氏傳≫ 隱公 6년에 "周 桓公이 桓王에게 '우리 周나라가 동쪽으로 옮겨올 때에 晉나라와 鄭나라에 의지하였습니다.'라고 하였다." 하였고, ≪史記≫ 〈周本紀〉에 또 "이때에 諸侯들이 도리어 申侯에게 붙어 幽王의 옛 太子 宜臼를 세웠으니, 이가 平王이다."라고 하였다.

〔周始微弱〕 ≪漢書≫ 〈地理志〉에 "幽王이 褒姒에 빠져 宗周를 망치니, 그 아들 平王이 동쪽으로 옮겨 洛邑에 거주하였다."라고 하였다. 이때 王室의 尊嚴이 諸侯와 다름이 없어서, 그 詩가 더는 雅가 되지 못하였다. 그러므로 그 詩를 王國風이라 하였다. 이때부터 周나라가 微弱해졌다.

〔諸侯自作禮樂〕 참람하게 天子의 禮樂을 사용한 것이니, 이를테면 魯나라 昭公 같은 무리이다. 고찰하건대, ≪春秋公羊傳≫ 昭公 25년에 "子家駒가 '諸侯가 천자의 제도를 僭用하고 大夫가 諸侯의 제도를 참용한 지가 오래입니다.'라고 하니, 昭公이 '내가 무엇을 참용하였다는 말이냐?'라고 하였다. 子家駒가 〈宮門 앞에〉 '兩觀(양편에 세운 望樓)을 설치하고, 大輅를 타고, 붉은 방패〔朱干〕와 옥도끼〔玉戚〕를 들고서 大夏를 춤추고, 八佾로 大武를 춤추는 것입니다.'라고 하였다." 한 것이 이것이다.

〔專行征伐〕 王命을 따르지 않고 제멋대로 征伐을 자행함이다. 春秋時代의 諸侯들은 모두 이러하였다.

〔始於隱公 至昭公十世失政 死於乾侯〕 隱公의 이름은 息姑이다. 伯禽의 7대孫이고, 惠公 弗皇의 아들인데, 聲子의 所生이다. 周 平王 49년에 卽位하였으니, 이것이 王室이 微弱하고 政權이 諸侯에 있는 것이 隱公 때부터 시작되었다는 것이다. 隱公이 卒하자, 아우 桓公 允이 즉위하였고, 환공이 졸하자, 이들 莊公 周가 즉위하였고, 장공이 졸하자, 아들 閔公 開가 즉위하였고, 민공이 졸하자 그 형 僖公 申이 즉위하였고, 희공이 졸하자 아들 文公 興이 즉위하였고, 문공이 졸하자 아들 宣公 倭가 즉위하였고, 선공이 졸하자 아들 成公 黑肱이 즉위하였고, 성공이 졸하자 아들 襄公 午가 즉위하였고, 양공이 졸하자 아들 昭公 裯가 즉위하였으니, 이때까지 10世이다. ≪春秋≫ 昭公 25년에 昭公이 齊나라로 도망갔고〔孫〕, 32년에 乾侯에서 죽은 것이 이것이다.

○注‘孔曰’至‘所囚’ ○正義曰：‘季文子初得政 至桓子五世’者，謂文子·武子·悼子·平子·桓子爲五世也．云‘爲家臣陽虎所囚’者，定五年左傳云“九月乙亥，陽虎囚季桓子及公父文伯．”是也．

○注의〔孔曰〕에서〔所囚〕까지

○正義曰：〔季文子初得政 至桓子五世〕季文子·季武子·季悼子·季平子·季桓子까지 5世임을 이른다.

〔爲家臣陽虎所囚〕≪春秋左氏傳≫ 定公 5년에 “9月 乙亥日에 陽虎가 季桓子와 公父文伯을 잡아 가두었다.”라고 한 것이 이것이다.

○注‘陽虎’至‘奔齊’ ○正義曰：魯伐陽虎，陽虎出奔齊，在定九年．

○注의〔陽虎〕에서〔奔齊〕까지

○正義曰：魯나라가 陽虎를 토벌하자, 陽虎가 齊나라로 도망간 일은 定公 9년에 있었다.

3. 孔子曰 祿之去公室五世矣요

孔子께서 말씀하셨다. “祿(政權)이 公室에서 떠난 지가 5世이고,

【注】 鄭曰 言此之時는 魯定公之初라 魯自東門襄仲殺文公之子赤而立宣公으로 於是政在大夫하야 爵祿不從君出하니라 至定公爲五世矣라

鄭曰：이 말씀을 하신 때는 魯나라 定公 初期이다. 魯나라는 東門襄仲이 文公의 世子 赤을 죽이고 宣公을 세우면서부터 정권이 大夫의 수중으로 들어가서, 爵祿이 임금으로부터 나오지 않았다. 〈선공으로부터〉 定公까지가 5世이다.

政逮於大夫四世矣라

政權이 大夫에게 미친 지가 4世이다.

【注】 孔曰 文子·武子·悼子·平子라

孔曰：4世는 文子·武子·悼子·平子이다.

故夫三桓之子孫微矣니라

그러므로 저 三桓의 子孫이 衰微해진 것이다.”

【注】 孔曰 三桓은 謂仲孫叔孫季孫이라 三卿皆出桓公이라 故曰三桓也라 仲孫氏改其氏稱孟氏라 至哀公皆衰하니라

孔曰：三桓은 仲孫・叔孫・季孫을 이른다. 세 卿이 모두 桓公으로부터 나왔기 때문에 '三桓'이라 한 것이다. 仲孫氏는 그 氏를 고쳐 孟氏로 칭하였다. 哀公 때에 이르러 모두 衰微해졌다.

【疏】 '孔子' 至 '微矣' ○ 正義曰：此章言魯公室微弱, 政在大夫也. '孔子曰 祿之去公室五世矣'者, 謂政在大夫, 爵祿不從君出, 始於宣公. 言此之時, 在魯定公之初, 故爲五世矣. '政逮於大夫四世矣'者, 逮, 及也. 言君之政令及於大夫, 至今四世矣. 謂季文子·武子·悼子·平子也. '故夫三桓之子孫微矣'者, 三桓, 謂仲孫·叔孫·季孫. 三卿皆出桓公, 故曰三桓也. 仲孫氏改其氏稱孟氏. 以禮樂征伐自大夫出, 五世希不失, 故夫三桓子孫至哀公時皆衰微也.

經의 〔孔子〕에서 〔微矣〕까지

○ 正義曰：이 章은 魯나라 公室이 微弱하여, 정권이 大夫에게 있었음을 말한 것이다.

〔孔子曰 祿之去公室五世矣〕 정권이 大夫에게 있어 爵祿이 魯君으로부터 나오지 않은 것이 宣公 때부터 시작되었음을 이른다. 이 말씀을 하신 때는 魯나라 定公 初期였으므로 5世가 된다.

〔政逮於大夫四世矣〕 逮는 미침이다. 魯君의 政令이 大夫의 수중으로 들어간 지가 지금 4世임을 말한 것이니, 季文子・武子・悼子・平子를 이른다.

〔故夫三桓之子孫微矣〕 三桓은 仲孫・叔孫・季孫을 이른다. 세 卿이 모두 桓公으로부터 나왔기 때문에 '三桓'이라 한 것이다. 仲孫氏는 그 氏를 고쳐 孟氏로 칭하였다. 禮樂과 征伐이 大夫로부터 나오면 5世면 잃지 않는 자가 드물기 때문에 三桓의 자손이 哀公 때에 이르러 모두 衰微해진 것이다.

○ 注 '鄭曰' 至 '世矣' ○ 正義曰：'魯自東門襄仲殺文公之子赤而立宣公'者, 文十八年左傳云 "文公(子)〔二〕[1]妃, 敬嬴生宣公. 敬嬴嬖, 而私事襄仲. 宣公長, 而屬諸襄仲. 〔襄

仲]2)欲立之, 叔仲不可, 仲見于齊侯而請之. 齊侯新立, 而欲親魯, 許之. 冬十月, 仲殺惡及視, 而立宣公." 是也. 公羊傳作子赤. 襄仲居東門, 故曰東門襄仲. 云'至定公爲五世矣'者, 謂宣公·成公·襄公·昭公·定公也.

1) (子)〔二〕: 저본에는 '子'로 되어있으나, "≪春秋左氏傳≫ 文公 18년에는 '子'가 '二'로 되어있다."라고 한 阮元의 校勘記에 의거하여 '二'로 바로잡았다.
2) 〔襄仲〕: 저본에는 '襄仲' 2字가 없으나, "≪春秋左氏傳≫ 文公 18년에는 '欲' 위에 '襄仲' 2자가 두 번 있다."라고 한 阮元의 校勘記에 의거하여 보충하였다.

○ 注의 〔鄭曰〕에서 〔世矣〕까지

○ 正義曰 : 〔魯自東門襄仲殺文公之子赤而立宣公〕 ≪春秋左氏傳≫ 文公 18년에 "文公의 二妃 敬嬴이 宣公을 낳았다. 敬嬴은 〈文公의〉 총애를 받으면서도 사사로이 襄仲을 섬겼다. 宣公이 장성하자 〈敬嬴은〉 선공을 襄仲에게 부탁하였다. 〈文公이 죽은 뒤에〉 襄仲이 선공을 임금으로 세우려 하니 叔仲이 반대하였다. 〈그러자〉 襄仲은 齊侯를 謁見하고서 선공을 魯君으로 세워주기를 청하였다. 〈그때〉 齊侯는 새로 즉위하였으므로 魯나라와 親善하고자 하여 〈양중의 청을〉 허락하였다. 겨울 10월에 襄仲이 惡(赤)과 視(赤의 아우)를 죽이고서 宣公을 임금으로 세웠다."라고 한 것이 이것이다. ≪春秋公羊傳≫에는 〈惡이〉 '子赤'으로 되어있다. 襄仲이 東門에 살았기 때문에 東門襄仲이라 한 것이다. 〔至定公爲五世矣〕 5世는 宣公·成公·襄公·昭公·定公을 이른다.

○ 注'孔曰 文子武子悼子平子' ○ 正義曰 : 此據左傳及世家文也.

○ 注의 〔孔曰 文子武子悼子平子〕

○ 正義曰 : 이는 ≪春秋左氏傳≫ 및 ≪史記≫ 〈魯周公世家〉의 글에 의거한 것이다.

4. 孔子曰 益者三友요 損者三友니 友直하며 友諒하며 友多聞이면 益矣요 友便辟(피)하며

孔子께서 말씀하셨다. "유익한 벗이 세 종류이고, 해로운 벗이 세 종류이니, 정직한 사람을 벗하며, 성실한 사람을 벗하며, 見聞이 많은 사람을 벗하면 유익하고, 남이 꺼리는 바를 교묘히 피하여 잘 보이기를 구하는〔便辟〕 사람을 벗하며,

【注】 馬曰 便辟(피)는 巧辟(피)人之所忌하야 以求容媚라

馬曰：便辟는 남이 꺼리는 바를 교묘하게 피하여 잘 보이기를 구함이다.

友善柔하며

얼굴빛을 和悅하게 꾸며 남을 유혹하는〔善柔〕 사람을 벗하며,

【注】 馬曰 面柔也라

馬曰：얼굴빛을 和悅하게 꾸며 남을 유혹함이다.

友便佞이면 損矣니라

아첨하는 말을 잘하는〔便佞〕 사람을 벗하면 有害하다."

【注】 鄭曰 便은 辯也니 謂佞而(辨)〔辯〕[1)]이라

1) (辨)〔辯〕：저본에는 '辨'으로 되어있으나, 앞 구의 '辯'을 이어받아 쓴 글자이므로 '辯'으로 바로잡았다. 아래도 같다.

鄭曰：便은 말을 잘함이니, 아첨하는 말을 잘함이다.

【疏】 '孔子'至'損矣' ○正義曰：此章戒人擇友也. '益者三友 損者三友'者, 以人爲友, 損益於己, 其類各三也. '友直 友諒 友多聞 益矣'者, 直, 謂正直. 諒, 謂誠信. 多聞, 謂博學. 以此三種之人爲友, 則有益於己也. '友便辟 友善柔 友便佞 損矣'者, 便辟, 巧辟人之所忌, 以求容媚者也. 善柔, 謂面柔, 和顔悅色, 以誘人者也. 便, (辨)〔辯〕也, 謂佞而復(辨)〔辯〕. 以此三種之人爲友, 則有損於己也.

經의 〔孔子〕에서 〔損矣〕까지

○正義曰：이 章은 사람들에게 벗을 잘 선택하도록 경계하신 것이다.

〔益者三友 損者三友〕 남을 벗으로 삼으면 나에게 有害하거나 有益한 벗의 종류가 각각 셋씩이다.

〔友直 友諒 友多聞 益矣〕 直은 正直을 이르고, 諒은 誠信을 이르고, 多聞은 博學을 이른다. 이 세 종류의 사람을 벗으로 삼으면 나에게 유익하다.

〔友便辟 友善柔 友便佞 損矣〕 便辟는 남이 꺼리는 바를 교묘히 피하여 잘 보이기를 구하는 자이다. 善柔는 面柔를 이르니, 안색을 화열하게 꾸며 남을 유혹하는 자이다. 便

은 말을 잘함이니 아첨하고 또 말을 잘함을 이른다. 이 세 종류의 사람을 벗으로 삼으면 나에게 유해하다.

5. 孔子曰 益者三樂이요 損者三樂이니 樂節禮樂(악)하며

孔子께서 말씀하셨다. "유익한 즐김이 세 가지이고, 유해한 즐김이 세 가지이니, 禮樂으로 절제하기를 즐기며,

【注】 動得禮樂之節이라

모든 動作이 禮樂의 節度에 맞음이다.

樂道人之善하며 樂多賢友면 益矣요 樂驕樂하며

남의 좋은 점을 말하기를 즐기며, 어진 벗이 많음을 즐기면 유익하고, 尊貴함을 믿고서 방자히 굴기를 즐기며,

【注】 孔曰 恃尊貴以自恣라

孔曰 : 尊貴함을 믿고서 방자하게 굶이다.

樂佚遊하며

절도 없이 출입하기를 즐기며,

【注】 王曰 佚遊는 出入不節이라

王曰 : 佚遊는 出入에 節度가 없음이다.

樂宴樂이면 損矣니라

酒色에 빠져 일을 팽개치고 안락을 즐기면 유해하다."

【注】 孔曰 宴樂은 沈荒淫瀆이라 三者는 自損之道라

孔曰 : 宴樂은 주색에 빠져 일을 팽개치고, 술을 즐김이 지나쳐 예절 없음이다. 이 세

가지는 자신을 해치는 행위이다.

【疏】'孔子'至'損矣' ○正義曰：此章言人心樂好損益之事, 各有三種也. '樂節禮樂'者, 謂凡所動作, 皆得禮樂之節也. '樂道人之善'者, 謂好稱人之美也. '樂多賢友'者, 謂好多得賢人以爲朋友也. 言好此三者, 於身有益也. '樂驕樂'者, 謂恃尊貴以自恣也. '樂佚遊'者, 謂好出入不節也. '樂宴樂'者, 謂好沈荒淫(溢)〔瀆〕[1]也. 言好此三者, 自損之道也.

1) (溢)〔瀆〕: 저본에는 '溢'로 되어있으나, "浦鏜이 '瀆이 溢로 잘못되었다.'라고 하였다."라고 한 阮元의 校勘記에 의거하여 '瀆'으로 바로잡았다.

經의 〔孔子〕에서 〔損矣〕까지

○ 正義曰 : 이 章은 人心의 樂好에 따른 損益의 일이 각각 세 가지가 있음을 말한 것이다.

〔樂節禮樂〕 모든 動作이 다 禮樂의 절도에 맞음을 이른다.

〔樂道人之善〕 남의 美行을 칭찬하기를 좋아함을 이른다.

〔樂多賢友〕 어진 사람을 많이 얻어서 벗으로 삼는 것을 좋아함을 이른다. 이 세 가지를 좋아하면 자신에게 유익하다는 말이다.

〔樂驕樂〕 尊貴함을 믿고서 방자하게 굶을 이른다.

〔樂佚遊〕 出入하기를 좋아하여 節度가 없음을 이른다.

〔樂宴樂〕 주색에 빠져 일을 팽개치고, 술을 즐김이 지나쳐서 예절이 없음을 이른다. 이 세 가지를 좋아하면 자신을 해치는 행위라는 말이다.

○注'沈荒淫瀆' ○正義曰：云'沈'者, 書微子云"沈酗於酒", 言人以酒亂, 若沈沒於水, 故以耽酒爲沈也. '荒'者, 廢也, 謂有所好樂而廢所掌之職事也. 書云"酒荒於厥邑", "內作色荒, 外作禽荒." 皆是. '淫', 訓過也. 言耽酒爲過差也. '瀆'者, (媟)〔媟〕[1]慢也. 言無復禮節也.

1) (媟)〔媟〕: 저본에는 '媟'로 되어있으나, "媟은 媟의 오자이다."라고 한 阮元의 校勘記에 의거하여 '媟'로 바로잡았다.

○ 注의 〔沈荒淫瀆〕

○ 正義曰 : 〔沈〕 ≪尙書≫ 〈商書 微子〉에 말한 "沈酗於酒(술에 빠져 주정함)"니, 사람이

술로 迷亂한 것이 마치 물에 빠진 것과 같기 때문에 술에 빠지는 것을 '沈'이라 한다.

〔荒〕 廢棄함이니, 좋아하는 것이 있어서 맡은 職務를 폐기함을 이른다. ≪尙書≫ 〈夏書 胤征〉에 말한 "〈羲氏와 和氏가〉 자기들이 거주하는 邑에서 술에 빠져 職務를 폐기하였다.〔酒荒於厥邑〕"는 것과, 〈五子之歌〉에 말한 "안으로 여색에 빠지거나 밖으로 사냥에 빠진다.〔內作色荒 外作禽荒〕"는 것이 모두 이것이다.

〔淫〕 訓은 過(지나침)이다. 술을 즐김이 과도함을 말한다.

〔瀆〕 媟慢(버릇없이 굶)함이니 다시 禮節이 없음을 말한다.

6. 孔子曰 侍於君子有三愆하니

孔子께서 말씀하셨다. "君子를 모실 때에 〈범하기 쉬운〉 허물이 세 가지 있으니,

【注】 孔曰 愆은 過也라

孔曰 : 愆은 허물이다.

言未及之而言을 謂之躁요

말할 차례가 오지 않았는데도 말하는 것을 躁(조급함)라 하고,

【注】 鄭曰 躁는 不安靜이라

鄭曰 : 躁는 安靜하지 못함이다.

言及之而不言을 謂之隱이요

말할 차례가 되었는데도 말하지 않는 것을 隱(숨김)이라 하고,

【注】 孔曰 隱匿不盡情實이라

孔曰 : 숨기고서 진심을 다 말하지 않음이다.

未見顔色而言을 謂之瞽니라

〈군자의〉 안색을 살피지 않고 말하는 것을 瞽(눈치가 없음)라 한다."

【注】周曰 未見君子顔色所趣嚮하고 而便逆先意語者는 猶瞽也라

周曰 : 군자의 안색이 趣嚮하는 바를 보지 않고, 지레 군자의 생각을 헤아려 말하는 것은 소경과 같다.

【疏】'孔子'至'之瞽' ○ 正義曰 : 此章戒卑侍於尊, 審愼言語之法也. '侍於君子有三愆'者, 愆, 過也. 言卑侍於尊, 有三種過失之事. '言未及之而言 謂之躁'者, 謂君子言事, 未及於己而輒先言, 是謂躁動不安靜也. '言及之而不言 謂之隱'者, 謂君子言論及己, 己應言而不言, 是謂隱匿不盡情實也. '未見顔色而言 謂之瞽'者, 瞽, 謂無目之人也. 言未見君子顔色所趣嚮, 而便逆先意語者, 猶若無目人也.

經의 〔孔子〕에서 〔之瞽〕까지

○ 正義曰 : 이 章은 비천한 자가 존귀한 분을 모실 때에 言語를 삼가는 법을 〈지키도록〉 경계한 것이다.

〔侍於君子有三愆〕 愆은 허물이다. 비천한 자가 존귀한 분을 모실 때에 범하기 쉬운 세 가지 과실이 있다는 말이다.

〔言未及之而言 謂之躁〕 君子가 일을 말할 때에 〈말할 차례가〉 자기에게 미치지 않았는데도 대뜸 먼저 말하는 것을 '조급히 움직여 안정되지 않음이라 한다.'는 말이다.

〔言及之而不言 謂之隱〕 君子가 言論할 때에 〈그 차례가〉 자기에게 미쳐서 자기가 응당 말을 해야 하는데도 말하지 않는 것을 '숨기고서 진심을 다 말하지 않음이라 한다.'는 말이다.

〔未見顔色而言 謂之瞽〕 瞽는 시력이 없는 사람을 이른다. 군자의 안색이 趣嚮하는 바를 보지 않고, 지레 군자의 생각을 헤아려 말하는 것은 소경과 같다는 말이다.

7. 孔子曰 君子有三戒하니 少之時엔 血氣未定이라 戒之在色하고 及其壯也하얀 血氣方剛이라 戒之在鬪하고 及其老也하얀 血氣旣衰라 戒之在得이니라

孔子께서 말씀하셨다. "君子가 세 가지 경계할 것이 있으니, 少年時期에는 血氣가 안정되지 않았으므로 경계할 것이 女色에 있고, 장년기에 미쳐서는 혈기가 한창 강성하므로 경계할 것이 爭鬪에 있고, 老年期에 미쳐서는 혈기가 이미 쇠하였으므로 경계할 것이 貪得(貪慾)에 있다."

【注】 孔曰 得은 貪得이라

孔曰 : 得은 利得을 탐함이다.

【疏】 '孔子' 至 '在得' ○ 正義曰 : 此章言君子之人, 自少及老, 有三種戒愼之事也. '少之時 血氣未定 戒之在色'者, 少, 謂人年二十九以下. 血氣猶弱, 筋骨未定, 貪色則自損, 故戒之. '及其壯也 血氣方剛 戒之在鬪'者, 壯, 謂氣力方當剛强. 喜於爭鬪, 故戒之. '及其老也 血氣旣衰 戒之在得'者, 老, 謂五十以上. 得, 謂貪得. 血氣旣衰, 多好聚斂, 故戒之.

經의 〔孔子〕에서 〔在得〕까지

○ 正義曰 : 이 章은 君子는 少年期로부터 老年期에 미치기까지 세 가지 警戒하고 謹愼할 일이 있음을 말한 것이다.

〔少之時 血氣未定 戒之在色〕 少는 사람의 나이 29세 이하를 이른다. 혈기가 아직 약하여 筋骨이 아직 정해지지 않았으니, 女色을 탐하면 자신을 해친다. 그러므로 女色을 경계해야 한다.

〔及其壯也 血氣方剛 戒之在鬪〕 壯은 氣力이 한창 剛强하여 爭鬪하기를 좋아한다. 그러므로 爭鬪를 경계해야 한다.

〔及其老也 血氣旣衰 戒之在得〕 老는 50세 이상을 이른다. 得은 이익을 탐함을 이른다. 血氣가 이미 쇠하여 財物 모으기를 많이 좋아한다. 그러므로 탐득을 경계해야 한다.

8. 孔子曰 君子有三畏하니 畏天命하며

孔子께서 말씀하셨다. "君子는 세 가지 두려워함이 있으니, 天命을 두려워하며,

【注】 順吉逆凶이 天之命也라

〈天道를〉 순종하면 吉하고 거스르면 凶한 것이 하늘의 命이다.

畏大人하며

大人을 두려워하며,

【注】 大人은 卽聖人이니 與天地合其德이라

大人은 바로 聖人이니 그 德이 天地와 符合한다.

畏聖人之言[1)]이니라

1) 聖人之言 : 五經 등 典籍에 실린 聖人의 遺文을 이른다. 그 이치가 심원하기 때문에 군자가 敬畏한다. ≪論語集解義疏 李氏≫

聖人의 말씀을 두려워한다.

【注】 深遠不可易知測은 聖人之言也라

深遠하여 쉽게 알 수도 헤아릴 수도 없는 것이 聖人의 말씀이다.

小人은 不知天命而不畏也라

小人은 天命을 알지 못하여 두려워하지 않는다.

【注】 恢疏라 故不知畏[1)]니라

1) 恢疏 故不知畏 : 하늘의 그물이 광활하고 遙遠하다고 여겨 두려워하지 않는다는 말이다. 하늘의 그물은 福善禍淫의 天道를 비유한 것이다.

〈天道가〉 廣闊하고 遙遠하기 때문에 두려워할 줄을 모른다.

狎大人하며

大人을 가벼이 여기며,

【注】 直而不肆라 故狎之니라

〈대인은〉 정직하고 방자하지 않기 때문에 대인을 가벼이 여긴다.

侮聖人之言이니라

聖人의 말씀을 업신여긴다."

【注】 不可小知[1)]라 故侮之니라

1) 不可小知 : 皇侃의 ≪論語集解義疏≫에 "經籍에 실린 글의 뜻이 深妙(深奧)하여 小人이 알 수 있는 바가 아니기 때문에 '不可小知'라 한 것이다.〔經籍深妙 非小人所知 故云不可小知也〕"라고 하였다. 譯者는 皇侃의 說에 따라 '小'를 '小人'으로 번역하였다.

小人이 알 수 있는 것이 아니기 때문에 성인의 말씀을 업신여긴다.

【疏】'孔子'至'之言' ○正義曰 : 此章言君子小人敬慢不同也. '君子有三畏'者, 心服曰畏. 言君子心所畏服, 有三種之事也. '畏天命'者, 謂作善, 降之百祥, 作不善, 降之百殃. 順吉逆凶, 天之命也, 故君子畏之. '畏大人'者, 大人, 卽聖人也, 與天地合其德, 故君子畏之. '畏聖人之言'者, 聖人之言, 深遠不可易知測, 故君子畏之也. '小人不知天命而不畏也'者, 言小人與君子相反, 天道恢疏, 故小人不知畏也. '狎大人'者, 狎, 謂慣忽. 聖人直而不肆, 故小人忽之. '侮聖人之言'者, 侮, 謂輕慢. 聖人之言, 不可小知, 故小人輕慢之而不行也.

經의 〔孔子〕에서 〔之言〕까지

○ 正義曰 : 이 章은 君子와 小人의 敬畏와 輕慢이 같지 않음을 말한 것이다.

〔君子有三畏〕 진심으로 복종하는 것을 '畏'라 한다. 君子는 마음에 畏服하는 바가 세 가지가 있다는 말이다.

〔畏天命〕 착한 일을 하면 온갖 상서를 내리고, 착하지 않은 일을 하면 온갖 재앙을 내림을 이른다. 〈天道를〉 순종하면 吉하고 거스르면 凶한 것이 하늘의 命이기 때문에 군자가 두려워한다.

〔畏大人〕 大人은 바로 聖人이니, 그 德이 천지와 부합한다. 그러므로 군자가 두려워한다.

〔畏聖人之言〕 聖人의 말씀은 심원하여 쉽게 알 수도 헤아릴 수도 없기 때문에 군자가 두려워한다.

〔小人不知天命而不畏也〕 小人은 君子와 반대이다. 天道(天網)가 廣闊하고 遙遠하기 때문에 小人은 두려워할 줄을 모른다.

〔狎大人〕 狎은 慣忽(親熟하여 존경하지 않고 輕忽히 대함)을 이른다. 성인은 정직하고 방자하지 않기 때문에 〈소인이〉 輕忽히 여긴다.

〔侮聖人之言〕 侮는 輕慢(무시함)을 이른다. 聖人의 말씀은 小人이 알 수 있는 것이 아니기 때문에 소인은 가벼이 여겨 무시하고 행하지 않는다.

○ 注'順吉逆凶 天之命也' ○ 正義曰：虞書大禹謨云 "惠迪吉, 從逆凶, 惟影響." 孔安國云 "順道吉, 從逆凶, 吉凶之報, 若影之隨形, 嚮之應聲, 言不虛." 道, 卽天命也, 天命無不報, 故可畏之.

○ 注의 〔順吉逆凶 天之命也〕

○ 正義曰：≪書經≫ 〈虞書 大禹謨〉에 "善道〔迪〕를 따르면〔惠〕 吉하고 惡道〔逆〕를 따르면 凶한 것이 메아리나 그림자와 같다."라고 하였는데, 孔安國 注에 "善道를 순종하면 吉하고, 惡道를 따르면 凶하니, 吉凶의 應報가 마치 그림자가 형체를 따르고 메아리가 소리에 응답하듯이 틀림이 없다는 말이다."라고 하였다. 道는 바로 天命이다. 천명은 보답하지 않음이 없기 때문에 두려워해야 한다.

○ 注'大人卽聖人 與天地合其德' ○ 正義曰：易云 "利見大人." 卽聖人也. 乾卦文言云 "夫大人者, 與天地合其德." 莊氏云 "謂覆載也. 與日月合其明, 謂照臨也. 與四時合其序, 若賞以春夏, 刑以秋冬之類也. 與鬼神合其吉凶, 若福善禍淫也." 此獨擧天地合其德者, 擧一隅[1]也.

1) 擧一隅：하나를 들어 말해주어 나머지를 類推하게 함이다. 본서 〈述而〉篇에 "한 모퉁이를 들어 일러주었을 때 나머지 세 모퉁이를 유추하지 못하면 다시 일러주지 않는다.〔擧一隅 不以三隅反 不復也〕"란 말이 보인다.

○ 注의 〔大人卽聖人 與天地合其德〕

○ 正義曰：≪周易≫에 "大人를 만나봄이 이롭다."라고 하였으니, 〈大人은〉 바로 聖人이다. ≪周易≫ 乾卦 〈文言傳〉에 "저 大人은 그 德이 천지와 부합한다."라고 하였는데, 莊氏는 "〈與天地合其德은〉 天覆地載를 이르고, 與日月合其明은 照臨을 이르고, 與四時合其序는 賞은 春・夏에 주고, 刑은 秋・冬에 실시하는 것 같은 것이고, 與鬼神合其吉凶은 善人에게 福을 내리고 惡人에게 禍를 내리는 것 같은 것이다."라고 하였다. 이곳에 단지 '天地合其德'만을 들어 말한 것은 一隅를 든 것이다.

○ 注'恢疏 故不知畏' ○ 正義曰：案老子德經云 "天網恢恢, 疎而不失." 言天之網羅, 恢恢疎遠, 刑淫賞善, 不失毫分也.

○ 注의 〔恢疏 故不知畏〕

○ 正義曰：고찰하건대, 老子의 ≪道德經≫에 "하늘의 그물이 廣闊하고 疏遠(遙遠)하

되 실수가 없다."고 하였으니, 이는 하늘의 그물이 廣闊하고 疏遠하지만, 惡者에게 刑〔禍〕을 내리고 善者에게 賞〔福〕을 내리는 일에 조금의 실수도 없다는 말이다.

○ 注'直而不肆 故狎之' ○ 正義曰：肆, 謂放肆. 言大人質直而不放肆, 故小人輕狎之也.

○ 注의 〔直而不肆 故狎之〕

○ 正義曰：肆는 放肆를 이른다. 大人은 자질이 정직하여 방자하지 않기 때문에 소인이 輕視해 업신여긴다는 말이다.

9. 孔子曰 生而知之者가 上也요 學而知之者가 次也요 困而學之가 又其次也요

孔子께서 말씀하셨다. "나면서부터 아는 자가 上等이고, 배워서 아는 자가 그 다음이고, 困難하여 배우는 자가 또 그 다음이고,

【注】 孔曰 困은 謂有所不通이라

孔曰：困은 통하지 못하는 바가 있음을 이른다.

困而不學이 民斯爲下矣니라

困難한데도 배우지 않는 자는 下愚의 백성이다."

【疏】 '孔子' 至 '下矣' ○ 正義曰：此章勸人學也. '生而知之者 上也'者, 謂聖人也. '學而知之者 次也'者, 言由學而知道, 次於聖人, 謂賢人也. '困而學之 又其次也'者, 人本不好學, 因其行事有所困, 禮不通, 發憤而學之者, 復次於賢人也. '困而不學 民斯爲下矣'者, 謂知困而不能學, 此爲下愚之民也.

經의 〔孔子〕에서 〔下矣〕까지

○ 正義曰：이 章은 사람들에게 배우기를 권면한 것이다.

〔生而知之者 上也〕 〈나면서부터 아는 자는〉 聖人을 이른다.

〔學而知之者 次也〕 배움을 말미암아 道를 아는 자는 성인의 다음이라는 말이니, 賢人을 이른다.

〔困而學之 又其次也〕 본시 배우기를 좋아하지 않는 사람이나, 行事에 困難한 바가 있고 禮가 통하지 않음으로 인해 분발해 배우는 자가 다시 賢人의 다음이라는 말이다.

〔困而不學 民斯爲下矣〕 困難을 느끼면서도 배우지 않는 이런 자가 下愚의 백성이 된다는 말이다.

○ 注'孔曰 困 謂有所不通' ○ 正義曰：言爲事不能通達者也. 左傳昭七年, "公如楚, 孟僖子爲介, 不能相儀. 及楚不能答郊勞[1]. 九月, 公至自楚, 孟僖子病不能相禮, 乃講學之." 是其困而學之者也.

1) 郊勞：外國의 임금이나 使臣의 行次가 近郊에 당도하면 主國의 임금이 卿이나 大夫를 郊外로 보내어 위로하는 것이다.

○ 注의 〔孔曰 困 謂有所不通〕

○ 正義曰：일을 하는 데 통달하지 못하는 자를 말한다. ≪春秋左氏傳≫ 昭公 7년에 "昭公이 楚나라에 갈 때에 〈鄭伯이 師之梁에서 昭公을 慰勞하였다. 이때〉 孟僖子가 使介(副使)였는데, 儀典을 잘 輔佐하지 못하였고, 楚나라에 이른 뒤에 楚나라의 郊勞에 答禮도 제대로 하지 못하였다. 9월에 昭公이 楚나라에서 돌아왔다. 孟僖子는 禮를 잘 輔佐하지 못한 것을 羞恥〔病〕로 여겨 禮를 學習하였다."라고 하였다. 이것이 바로 '困而學之' 한 것이다.

10. 孔子曰 君子有九思하니 視思明하며 聽思聰하며 色思溫하며 貌思恭하며 言思忠하며 事思敬하며 疑思問하며 忿思難하며 見得思義니라

孔子께서 말씀하셨다. "君子는 아홉 가지 생각하는 것이 있으니, 볼 때에는 밝게 보기를 생각하며, 들을 때에는 밝게 듣기를 생각하며, 얼굴빛은 온화하기를 생각하며, 용모는 공손하기를 생각하며, 말은 忠實하기를 생각하며, 일에는 愼重〔敬〕하기를 생각하며, 의심이 있으면 묻기를 생각하며, 화가 나면 患難을 생각하며, 이득을 보면 義를 생각한다."

【疏】 '孔子' 至 '思(夫)〔義〕[1]' ○ 正義曰：此章言君子有九種之事, 當用心思慮, 使合禮義也. '視思明'者, 目覩爲視, 見微爲明, 言君子覩視當思見微, 若離婁也. '聽思聰'者, 耳聞爲聽, 聽遠爲聰, 言君子耳聽當思聞遠, 若師曠也. '色思溫'者, 言顔色不可嚴猛, 當思溫也. '貌思恭'者, 體貌接物, 不可驕亢, 當思恭遜也. '言思忠'者, 凡所言論, 不可隱欺, 當思盡其忠心也. '事思敬'者, 凡人執事多惰(窳)〔怠〕[2], 君子(常)〔當〕[3]思謹敬也. '疑

思問'者, 己有疑事, 不使在躬[4], 當思問以辨之也. '忿思難'者, 謂人以非理忤己, 己必忿怒, 心雖忿怒, 不可輕易, 當思其後得無患難乎[5]. 若一朝之忿, 忘其身以及其親, 是不思難者也. '見得思義'者, 言若有所得, 當思義然後取, 不可苟也.

1) (夫)〔義〕: 저본에는 '夫'로 되어있으나, "본래는 '義'인데 '夫'로 잘못되었다."라고 한 阮元의 校勘記에 의거하여 '義'로 바로잡았다.
2) (瓜)〔怠〕: 저본에는 '瓜'로 되어있으나, "閩本, 北監本, 毛本에는 '怠'로 되어있다."라고 한 阮元의 校勘記에 의거하여 '怠'로 바로잡았다.
3) (常)〔當〕: 저본에는 '常'으로 되어있으나, 四庫全書本에 의거하여 '當'으로 바로잡았다.
4) 不使在躬 : 글자대로 해석하면 "그 의심으로 하여금 내 몸에 있게 하지 않는다."는 말이 된다. 그러나 그 뜻은 "의심을 마음에 담아두지 말라."는 말이므로 아래와 같이 번역하였다.
5) 當思其後得無患難乎 : 글자대로 해석하면 "마땅히 '그 뒤(화풀이를 한 뒤)에 患難이 없을 수 있겠느냐?'고 생각해야 한다."는 말이 된다. 이렇게 번역할 경우, 말이 난삽해지므로 아래와 같이 意譯하였다.

經의 〔孔子〕에서 〔思義〕까지

○ 正義曰 : 이 章은 君子가 마음을 써서 사색하고 고려하여 禮義에 맞게 해야 할 일이 아홉 가지가 있음을 말한 것이다.

〔視思明〕 눈으로 보는 것이 視이고, 미세한 것을 보는 것이 明이다. 君子는 볼 때에 離婁처럼 미세한 것을 보기를 생각해야 한다는 말이다.

〔聽思聰〕 귀로 듣는 것이 聽이고, 먼 데 소리를 듣는 것이 聰이다. 君子는 귀로 들을 때에 師曠처럼 먼 데 소리를 듣기를 생각해야 한다는 말이다.

〔色思溫〕 얼굴빛은 사나워서는 안 되니, 온화하기를 생각해야 한다는 말이다.

〔貌思恭〕 남을 대하는 태도는 교만해서는 안 되니, 공손하기를 생각해야 한다.

〔言思忠〕 무릇 말을 하거나 토론을 할 때에는 숨기거나 속여서는 안 되니, 忠心을 다하기를 생각해야 한다.

〔事思敬〕 무릇 사람들은 일을 할 때에 태만한 경우가 많으니, 君子는 삼가고 공경하기를 생각해야 한다.

〔疑思問〕 나에게 의심되는 일이 있으면 그 의심을 마음속에 담아두지 말고 물어서 그 의심을 辨別하기를 생각해야 한다.

〔忿思難〕 남이 도리에 어긋나는 행위로 나를 침범하면 나는 반드시 화가 난다. 마음은 비록 화가 나더라도 가벼이 화를 내지 말고, 뒤에 닥칠 患難을 생각해야 한다. 만약 하루

아침의 忿怒로 몸도 잊고서 〈화풀이를 함으로써 羞辱이〉 그 어버이에게 미치게 한다면 이는 환난을 생각지 않는 자이다.

〔見得思義〕 만약 얻는 것이 있으면 義에 〈부합하는지를〉 생각한 뒤에 취해야 하고, 구차히 취해서는 안 된다는 말이다.

11. 孔子曰 見善如不及하고 見不善如探湯을 吾見其人矣며 吾聞其語矣로라

孔子께서 말씀하셨다. "善을 보면 미치지 못할 듯이 〈힘써〉 하고, 不善을 보면 끓는 물에 손이 닿은 듯이 〈급히 피〉하는 것을, 나는 그런 사람도 보았고, 나는 그런 말도 들었다.

【注】 孔曰 探湯은 喩去惡疾[1]이라

1) 去惡疾 : 皇侃의 ≪論語集解義疏≫에 "去는 避와 같고, 疾은 速이니, 惡을 避하기를 속히 함이다."라고 하였다.

孔曰 : 끓는 물에 손이 닿은 듯이 함은 惡을 신속히 피함을 비유한 것이다.

隱居以求其志하며 行義以達其道[1]를 吾聞其語矣나 未見其人也로라

1) 行義以達其道 : ≪論語集註≫에는 "行其所求之志也"라고 하여, 達을 行의 뜻으로 풀었다. 근래의 中國 譯書들에는 達을 貫徹로 풀어 "도의를 행하여 자기의 주장을 관철한다."로 번역하였다. 達에는 通의 訓이 있으니, 貫徹로 푼 것을 그르다고 할 수 없다.

숨어 살면서 자기의 뜻을 追求하고, 義를 행하여 자기의 道를 실행〔達〕하는 것을, 나는 그런 말을 들었으나, 그런 사람은 보지 못하였다."

【疏】 '孔曰'至'人也' ○正義曰 : 此章言善人難得也. '見善如不及'者, 言爲善常汲汲也. '見不善如探湯'者, 人之探試[1]熱湯, 其去之必速, 以喩見惡事去之疾也. '吾見其人矣 吾聞其語矣'者, 言今人與古人皆有能若此者也. '隱居以求其志'者, 謂隱遯幽居, 以求遂其己志也. '行義以達其道'者, 謂好行義事, 以達其仁道也. '吾聞其語矣 未見其人也'者, 言但聞其語, 說古有此行之人也, 今則無有, 故未見其人也.

1) 探試 : 試探과 같은 말로, 시험하기 위해 손을 대어봄이다.

經의 〔孔曰〕에서 〔人也〕까지

○ 正義曰 : 이 章은 善人을 얻기 어려움을 말한 것이다.

〔見善如不及〕 善을 행하는 일에 항상 汲汲(골똘함)함을 말한다.

〔見不善如探湯〕 사람이 물이 끓는지를 시험하기 위해 손을 담갔다가 물이 뜨거우면 반드시 속히 피〔去〕하니, 악한 일을 보고 속히 피함을 비유한다.

〔吾見其人矣 吾聞其語矣〕 지금 사람과 옛사람 중에 모두 이런 사람이 있었다는 말이다.

〔隱居以求其志〕 隱遯해 묻혀 살면서 자기의 뜻을 이루기를 구함을 이른다.

〔行義以達其道〕 義로운 일을 행하기 좋아하여 자기의 仁道를 실행함을 이른다.

〔吾聞其語矣 未見其人也〕 단지 그런 말만을 들었을 뿐이라는 말이니, 옛날에는 이렇게 행한 사람이 있었으나, 지금은 없기 때문에 그런 사람을 보지 못한 것이다.

12. 齊景公有馬千駟호되 死之日에 民無德而稱焉하고

齊나라 景公은 말 4천 匹을 소유하였으나, 죽는 날에 백성들이 德이 있었다고 칭송하는 자가 없었고,

【注】 孔曰 千駟는 四千匹이라

孔曰 : 千駟는 4천 匹이다.

伯夷叔齊는 餓于首陽之下호되

伯夷와 叔齊는 首陽山 아래에서 굶어 죽었으되

【注】 馬曰 首陽山은 在河東蒲坂縣華山之北河曲之中이라

馬曰 : 首陽山은 河東 蒲坂縣 華山의 북쪽, 河曲의 중간에 있다.

民到于今稱之하니 其斯之謂與ㄴ저

백성들이 지금까지 그들을 칭송하니, 아마도 이를 이름인 듯하다.

【注】 王曰 此所謂以德爲稱이라

王曰 : 이것이 이른바 "德을 稱頌한다."는 것이다.

【疏】'齊景公'至'謂與' ○正義曰：此章貴德也. '齊景公有馬千駟 死之日 民無德而稱焉'者, 景公, 齊君, 景, 諡也. 馬四匹爲駟, 千駟, 四千匹也. 言齊君景公雖富有千駟, 及其死也, 無德可稱. '伯夷叔齊餓于首陽之下 民到于今稱之 其斯之謂與'者, 夷·齊, 孤竹君之二子, 讓位適周. 遇武王伐紂, 諫之, 不入. 及武王旣誅紂, 義不食周粟, 故于河東郡蒲坂縣首陽山下采薇而食, 終餓死, 雖然窮餓, 民到于今稱之, 以爲古之賢人. 其此所謂以德爲稱者與.

經의 〔齊景公〕에서 〔謂與〕까지

○ 正義曰：이 章은 德을 귀하게 여긴 것이다.

〔齊景公有馬千駟 死之日 民無德而稱焉〕 景公은 齊나라 임금이다. 景은 시호이다. 말 네 필이 駟이니, 千駟는 4천 匹이다. 齊나라 임금 景公이 비록 부유하여 千駟를 소유하였으나, 죽을 때 칭송할 만한 德이 없었음을 말한다.

〔伯夷叔齊餓于首陽之下 民到于今稱之 其斯之謂與〕 伯夷와 叔齊는 孤竹君의 두 아들로, 君位를 사양하고서 周나라로 갔다. 伯夷와 叔齊는 紂를 치러 가는 武王을 만나 諫하였으나 받아들여지지 않았다. 武王이 紂를 誅殺한 뒤에 〈伯夷와 叔齊는〉 의리를 지켜 周나라의 곡식을 먹지 않았다. 그러므로 河東郡 蒲坂縣에 있는 首陽山 아래에서 고사리를 캐어 먹다가 끝내 굶어죽었다. 〈그들은〉 비록 곤궁하게 살다가 굶어죽었으나, 백성들이 지금까지 '옛날의 賢人이었다.'고 칭송하니, 아마도 이것이 이른바 '덕으로 칭송한다.'는 것인 듯하다.

13. 陳亢問於伯魚曰 子亦有異聞乎[1]아

1) 子亦有異聞乎：亦은 反詰詞이니, 白話의 '難道'와 같다. "그대는 선생님의 자제이니 어찌 특별히 들은 것이 있지 않겠는가?"라는 말이다. ≪論孟虛字集釋≫

陳亢이 伯魚에게 물었다. "그대는 어찌 특별히 들은 것이 있지 않겠는가?"

【注】馬曰 以爲伯魚는 孔子之子니 所聞當有異라

馬曰：伯魚는 孔子의 아들이니 들은 바에 당연히 특별한 것이 있을 것으로 여긴 것이다.

對曰 未也라 嘗獨立에

〈伯魚가〉 대답하였다. "없었다. 일찍이 홀로 서 계실 때에

【注】 孔曰 獨立은 謂孔子라

孔曰 : 혼자 서 계신 것은 孔子를 이른다.

鯉趨而過庭이라니 **曰 學詩乎**아 **對曰 未也**로이다 **不學詩**면 **無以言**이라하야시늘 **鯉退而學詩**호라 **他日**에 **又獨立**이어시늘 **鯉趨而過庭**이라니 **曰 學禮乎**아 **對曰 未也**로이다 **不學禮**면 **無以立**이라하야시늘 **鯉退而學禮**호라 **聞斯二者**호라 **陳亢退而喜曰 問一得三**하니 **聞詩聞禮**하고 **又聞君子之遠其子也**와라

내가 종종걸음으로 뜰을 지나는데, '詩를 배웠느냐?'고 물으시기에, 내가 '아직 배우지 못하였습니다.'라고 대답하였더니, '詩를 배우지 않으면 말을 할 수 없느니라.'라고 하시기에 내가 물러나와 詩를 배웠다. 다른 날 또 홀로 서 계실 때에 내가 종종걸음으로 뜰을 지나는데, '禮를 배웠느냐?'고 물으시기에 '아직 배우지 못하였습니다.'라고 대답하였더니, '禮를 배우지 않으면 立身할 수 없느니라.'라고 하시기에 내가 물러나와 禮를 배웠다. 이 두 가지를 들었을 뿐이다."

陳亢이 물러나와 기뻐하며 말하였다. "하나를 물어 셋을 얻었으니, 詩를 듣고(앎) 禮를 듣고, 또 君子가 그 아들을 멀리함을 들었다."

【疏】 '陳亢'至'子也' ○正義曰 : 此章勉人爲詩爲禮也. '陳亢問於伯魚曰 子亦有異聞乎'者, 伯魚, 孔子之子鯉也. 弟子陳亢以爲伯魚是孔子之子, 所聞當有異於餘人, 故問之. '對曰未也'者, 答言未有異聞也. '嘗獨立 鯉趨而過庭 曰 學詩乎 對曰 未也 不學詩無以言 鯉退而學詩'者, 伯魚對陳亢言, "雖未有異聞, 有時夫子曾獨立於堂, 鯉疾趨而過其中庭, 夫子謂己曰 '學詩乎.' 己卽對曰 '未也.' 夫子又言 '不學詩, 無以言.' 以古者會同, 皆賦詩見意, 若不學之, 何以爲言也. 鯉於是退而遂學通於詩也." '他日 又獨立 鯉趨而過庭 曰 學禮乎 對曰 未也 不學禮 無以立 鯉退而學禮'者, 謂異日夫子又嘗獨立, 而伯魚趨過. 夫子訓之曰 "學禮乎." 答言 "未也." 夫子又言 "若不學禮, 無以立身." 以禮者, 恭儉莊敬, 人有禮則安, 無禮則危, 故不學之, 則無以立其身也. 鯉於是退而學通於禮. '聞斯二者' (矣)〔者〕[1], 言別無異聞, 但聞此詩禮二者也. '陳亢退而喜'者, 旣問

伯魚, 退而喜悅也. '曰 問一得三 聞詩聞禮 又聞君子之遠其子也'者, 亢言, 始但問異聞, 是問一也. 今乃聞詩可以言, 禮可以立, 且鯉也過庭, 方始受訓, 則知不常嘻嘻褻慢, 是又聞君子之疎遠其子也, 故爲得三, 所以喜也.

1) (矣)〔者〕: 저본에는 '矣'로 되어있으나, 四庫全書本에 의거하여 '者'로 바로잡았다.

經의 〔陳亢〕에서 〔子也〕까지

○ 正義曰 : 이 章은 사람들에게 詩를 배우고 禮를 배우도록 권면한 것이다.

〔陳亢問於伯魚曰 子亦有異聞乎〕 伯魚는 孔子의 아들 鯉이다. 弟子 陳亢은 伯魚가 바로 孔子의 아들이니, 들은 것이 응당 다른 사람들보다 특별한 것이 있을 것으로 여겼다. 그러므로 물은 것이다.

〔對曰未也〕 특별히 들은 것이 없다고 대답한 말이다.

〔嘗獨立 鯉趨而過庭 曰 學詩乎 對曰 未也 不學詩 無以言 鯉退而學詩〕 伯魚가 陳亢에게 대답해 말하였다. "비록 특별히 들은 것은 없으나, 夫子께서 일찍이 홀로 堂에 서 계실 때에 내가 빠른 종종걸음으로 中庭을 지나는데, 夫子께서 나에게 '詩를 배웠느냐?'고 물으시기에 내가 즉시 '아직 배우지 못하였습니다.'라고 대답하였더니, 夫子께서 또 '詩를 배우지 않으면 말을 할 수 없느니라.'라고 말씀하셨다. 옛날의 會同에는 모두 詩를 읊어 意思를 나타냈으니, 만약 詩를 배우지 않는다면 어찌 말을 할 수 있겠는가? 나는 그래서 물러나와 마침내 詩를 배워서 통달하였다."

〔他日 又獨立 鯉趨而過庭 曰 學禮乎 對曰 未也 不學禮 無以立 鯉退而學禮〕 〈또 伯魚가 陳亢에게 대답해 말하였다.〉 "다른 날 夫子께서 또 홀로 서 계실 적에 내가 종종걸음으로 〈뜰을〉 지나는데, 夫子께서 훈계해 말씀하시기를 '禮를 배웠느냐?'고 하시기에, '아직 배우지 못하였습니다.'고 대답하였더니, 夫子께서 또 '만약 禮를 배우지 않는다면 立身할 수 없느니라.'라고 하셨다. 禮란, 공손 · 겸소 · 장엄 · 敬謹이니, 예가 있는 사람은 편안하고 예가 없는 사람은 위태롭기 때문에 예를 배우지 않으면 立身할 수가 없다. 나는 그래서 물러나와 예를 배워서 통달하였다."

〔聞斯二者〕 특별히 달리 들은 것은 없고, 단지 이 詩와 禮 두 가지만을 들었을 뿐이라는 말이다.

〔陳亢退而喜〕 伯魚에게 물은 뒤에 물러나와 기뻐한 것이다.

〔曰 問一得三 聞詩聞禮 又聞君子之遠其子也〕 陳亢의 말은, 처음에 단지 특별히 들은 것이 있느냐고 물었을 뿐이니, 이것이 하나를 물은 것이다. 그런데 지금 도리어 詩를 배

워야 말을 할 수 있고, 禮를 배워야 立身할 수 있음을 들었고, 또 鯉가 뜰을 지날 때에 비로소 교훈을 받았으니, 그렇다면 항상 히히거리며 무람없지 않았음을 알았다. 이는 또 君子가 그 아들을 멀리함을 들은 것이다. 그러므로 셋을 얻었다고 여겨 기뻐한 것이다.

14. 邦君之妻를 君稱之曰夫人이요 夫人自稱曰小童이요 邦人稱之曰君夫人이요 稱諸異邦曰寡小君이요 異邦人稱之亦曰君夫人이라하나니라

國君의 아내를 國君이 稱할 때에 夫人이라 하고, 夫人이 스스로 칭할 때에 小童이라 하고, 國人이 그를 칭할 때에 君夫人이라 하고, 他國에 칭할 때에 寡小君이라 하고, 他國人이 그를 칭할 때에 역시 君夫人이라 한다.

【注】 孔曰 小君은 君夫人之稱이라 對異邦所謙이라 故曰寡小君이라 當此之時에 諸侯嫡妾不正하야 稱號不審이라 故孔子正言其禮也시니라

孔曰 : 小君은 君夫人의 稱號이다. 外國에 대해서는 겸양하기 때문에 寡小君이라 한다. 이 당시에 諸侯의 正室과 妾室의 〈位階가〉 바르지 못하여 稱號가 분명치 않았다. 그러므로 孔子께서 그 禮를 바르게 말씀하신 것이다.

【疏】 '邦君'至'夫人' ○正義曰 : 此章正夫人之名稱也. '邦君之妻'者, 諸侯之夫人也. 妻者, 齊也, 言與夫齊(禮)〔體〕[1), 上下之通稱, 故曰邦君之妻也. '君稱之曰夫人'者, (夫人之言也)〔夫之言扶也〕[2), 能扶成人君之德也. 邦君自稱其妻則曰夫人也. '夫人自稱曰小童'者, 自稱謙言己小弱之童稚也. '邦人稱之曰君夫人'者, 謂國中之臣民言則繫君而稱之, 言是君之夫人, 故曰君夫人也. '稱諸異邦曰寡小君'者, 諸, 於也. 謂己國臣民稱己君之夫人於他國之人, 則曰寡小君, 對異邦謙也. 以對異邦稱君曰寡君, 謙言寡德之君, 夫人對君爲小, 故曰寡小君也. '異邦人稱之亦曰君夫人'者, 謂稱他國君妻亦曰君夫人也. 以當此之時, 諸侯嫡妾不正, 稱號不審, 故孔子正言其禮也.

1) (禮)〔體〕: 저본에는 '禮'로 되어있으나, 四庫全書本에 의거하여 '體'로 바로잡았다.
2) (夫人之言也)〔夫之言扶也〕: 저본에는 '夫人之言也'로 되어있으나, 四庫全書本에 의거하여 '夫之言扶也'로 바로잡았다.

經의 〔邦君〕에서 〔夫人〕까지

○正義曰 : 이 章은 夫人의 名稱을 바로잡은 것이다.

〔邦君之妻〕 諸侯의 夫人이다. 妻는 齊(대등)이니, 남편과 齊體(一體)임을 말한다. 上下가 공통적으로 쓰는 명칭이기 때문에 '邦君의 妻'라 한 것이다.

〔君稱之曰夫人〕 '夫'의 뜻〔言〕은 돕는 것이니, 임금이 德을 이루도록 도울 수 있다는 것이다. 邦君이 스스로 그 아내를 칭할 경우에는 '夫人'이라 한다.

〔夫人自稱曰小童〕 남에게 스스로 자기를 칭할 경우에는 겸양하여 자기는 '弱小한 童稚(어린아이)'라고 말한다.

〔邦人稱之曰君夫人〕 나라 안의 臣民이 말할 때에는 임금에 매어 칭하여, 이분이 임금의 夫人이라고 말하므로 '君夫人'이라 한다는 말이다.

〔稱諸異邦曰寡小君〕 諸는 於이다. 자기 나라 臣民이 자기 임금의 夫人을 他國人에게 칭할 때에는 '寡小君'이라 하니, 異邦에 대한 謙讓이다. 異邦에 대해 자기 나라 임금을 칭할 때에 '寡君'이라 하니, 德이 부족한 임금이라고 겸양해 말함이다. 夫人은 임금에 비해〔對〕 작음이 되기 때문에 '寡小君'이라 한다.

〔異邦人稱之亦曰君夫人〕 다른 나라 임금의 아내를 칭할 때에도 '君夫人'이라 한다는 말이다. 이 당시에 諸侯의 嫡室과 妾室의 〈位階가〉 바르지 못해 稱號가 분명하지 않았다. 그러므로 孔子께서 그 禮를 바르게 말씀하신 것이다.

論語注疏解經 卷第十七

陽貨 第十七

【疏】正義曰：此篇論陪臣專恣, 因明性習知愚, 禮樂本末, 六蔽之惡, 二南之美, 君子小人爲行各異, 今之與古, 其疾不同. 以前篇首章言大夫之惡, 此篇首章記家臣之亂, 尊卑之差, 故以相次也.

正義曰：이 篇은 陪臣의 專恣(정권을 독점해 제멋대로 함)를 논하고, 이어 性習과 知愚, 禮樂의 本末, 六蔽의 害惡, 二南의 美德, 君子와 小人의 行爲가 각각 다름, 지금 사람과 옛사람의 병통이 같지 않음을 밝혔다. 前篇의 首章에는 大夫의 惡行을 말하고, 이 篇의 首章에는 家臣의 悖亂을 기록하였으니, 尊卑의 차등이 있다. 그러므로 前篇 뒤에 編次한 것이다.

1. 陽貨欲見孔子나 孔子不見하시니

陽貨가 孔子를 만나고자 하였으나, 孔子께서 만나주지 않으시니,

【注】孔曰 陽貨는 陽虎也라 季氏家臣으로 而專魯國之政하니라 欲見孔子는 使仕니라

孔曰：陽貨는 陽虎이다. 季氏의 家臣으로 魯나라의 政權을 독점하였다. 孔子를 만나고자 한 것은 〈공자로 하여금〉 벼슬하게 하기 위함이었다.

歸孔子豚하다

孔子께 삶은 돼지를 보내었다.

【注】孔曰 欲使往謝라 故遺孔子豚이라

孔曰：공자로 하여금 〈陽貨의 집으로〉 가서 謝禮하게 하고자 하였다. 그러므로 孔子에게 돼지를 禮物로 보낸 것이다.

孔子時其亡(무)也하사 **而往拜之**라가 **遇諸塗**하시다

孔子께서 그가 없는 때를 엿보아 가서 拜謝하고 〈돌아오시다가〉 길에서 그를 만나셨다.

【注】 孔曰 塗는 道也니 於道路與相逢이라

孔曰 : 塗는 道(길)이니, 道路에서 그와 서로 만난 것이다.

謂孔子曰 來하라 **予與爾言**호리라 **曰 懷其寶而迷其邦**이 **可謂仁乎**아 **曰 不可**하다

〈陽貨가〉 孔子께 말하였다. "오시오. 내 그대와 더불어 말하겠소."

〈공자께서 다가가시자, 陽貨가〉 말하였다. "보배를 품고서 국가의 迷亂을 버려두는 것이 仁이라 할 수 있소?"

〈공자께서〉 대답하셨다. "할 수 없지요."

【注】 馬曰 言孔子不仕가 是懷寶也요 知國不治而不爲政이 是迷邦也라

馬曰 : 孔子가 出仕하지 않는 것이 바로 懷寶이고, 나라가 다스려지지 않는 줄을 알면서 정치를 하지 않는 것이 바로 迷邦이라는 말이다.

好從事而亟(기)失時가 **可謂知乎**아 **曰 不可**하다

〈陽貨가 말하였다.〉 "從事(벼슬)하기를 좋아하면서 자주 때를 놓치는 것이 知(지혜)라 할 수 있소?"

〈공자께서〉 대답하셨다. "할 수 없지요."

【注】 孔曰 言孔子栖栖好從事호되 而數(삭)不遇失時하니 不得爲有知라

孔曰 : 孔子는 허둥지둥 사방으로 바쁘게 돌아다니며〔栖栖〕 從事하기를 좋아하면서 자주 不遇하여 때를 놓쳤으니, 지혜가 있는 사람이 될 수 없다는 말이다.

日月逝矣니 **歲不我與**니라

〈陽貨가 말하였다.〉 "날과 달은 가는 것이니, 세월은 우리를 기다려주지〔與〕 않소."

【注】 馬曰 年老하야 歲月已往하니 當急仕라

馬曰 : 나이가 늙어 세월이 이미 흘러갔으니, 급히 出仕해야 한다.

孔子曰 諾다 吾將仕矣로리라

孔子께서 말씀하셨다. "그렇소. 내 장차 벼슬하겠소."

【注】 孔曰 以順辭免〔害也〕[1]시니라

1) 〔害也〕 : 저본에는 없으나, "皇侃의 ≪論語集解義疏≫에는 '免'字 아래에 '害也' 2字가 있다."라고 한 阮元의 校勘記에 의거하여 '害也' 2자를 보충하였다.

孔曰 : 遜順한 말로 害를 면하신 것이다.

【疏】 '陽貨' 至 '仕矣' ○ 正義曰 : 此章論家臣專恣, 孔子遜辭遠害之事也. '陽貨欲見孔子'者, 陽貨, 陽虎也. 蓋名虎, 字貨. 爲季氏家臣, 而專魯國之政, 欲見孔子, 將使之仕也. '孔子不見'者, 疾其家臣專政, 故不與相見. '歸孔子豚'者, 歸, 遺也. 豚, 豕之小者. 陽貨欲使孔子往謝, 因得從容見之, 故遺孔子豚也. '孔子時其亡 而往拜之'者, 謂伺虎不在家時, 而往謝之也. '遇諸塗'者, 塗, 道也. 孔子旣至貨家而反, 於道路與相逢也. '謂孔子曰 來 (子)〔予〕[1]與爾言'者, 貨呼孔子, 使來就已, 言我與汝有所言也. '曰 懷其寶而迷其邦 可謂仁乎'者, 此陽貨謂孔子之言也. 寶以喩道德, 言孔子不仕, 是懷藏其道德也. 知國不治, 而不爲政, 是使迷亂其國也. 仁者當拯(弱)〔溺〕[2]興衰, 使功被當世, 今爾乃懷寶迷邦, 可以謂之仁乎. '曰 不可'者, 此孔子遜辭, 言如此者, 不可謂之仁也. '好從事而亟失時 可謂知乎'者, 此亦陽貨謂孔子辭. 亟, 數(삭)也. 言孔子棲棲好從事, 而數不遇失時, 可謂有知者乎. 不得爲有知也. '曰 不可'者, 此亦孔子遜辭, 言如此者, 不可謂之知也. '日月逝矣 歲不我與'者, 此陽貨勸孔子求仕之辭. 逝, 往也. 言孔子年(者)〔老〕[3], 歲月已往, 不復留待我也, 當急求仕. '孔子曰 諾 吾將仕矣'者, 諾, 應辭也. 孔子知其勸仕, 故應答之, 言我將求仕, 以順辭免去[4]也.

1) (子)〔予〕 : 저본에는 '子'으로 되어있으나, "본래는 '予'인데 '子'로 잘못되었다."라고 한 阮元의 校勘記에 의거하여 '予'로 바로잡았다.

2) (弱)〔溺〕 : 저본에는 '弱'으로 되어있으나, "北監本과 毛本에는 '弱'이 '溺'으로 되어있다."

라고 한 阮元의 校勘記에 의거하여 '溺'으로 바로잡았다.

3) (者)〔老〕: 저본에는 '者'로 되어있으나, "본래는 '老'인데 '者'로 잘못되었다."라고 한 阮元의 校勘記에 의거하여 '老'로 바로잡았다.

4) 免去 : 官職을 辭免하고 떠남인데, 여기서는 禍를 면하는 뜻으로 쓰였다.

經의 〔陽貨〕에서 〔仕矣〕까지

○ 正義曰 : 이 章은 家臣의 專恣와 孔子께서 遜順한 말로 害를 멀리한 일을 논한 것이다.

〔陽貨欲見孔子〕 陽貨는 陽虎이다. 아마 이름이 虎이고, 字가 貨인 듯하다. 季氏의 家臣이 되어, 魯나라의 정권을 독점하였다. 孔子를 만나고자 한 것은 장차 〈공자로 하여금〉 벼슬하게 하기 위함이었다.

〔孔子不見〕 家臣으로서 정권을 독점한 것을 미워하셨다. 그러므로 만나주지 않으신 것이다.

〔歸孔子豚〕 歸는 遺(禮物을 보내줌)이다. 豚은 작은 돼지이다. 陽貨는 孔子로 하여금 와서 謝禮하게 하고서, 그 기회를 이용〔因〕해 조용히 만나고자 하였다. 그러므로 孔子에게 돼지를 禮物로 보낸 것이다.

〔孔子時其亡 而往拜之〕 陽虎가 집에 없을 때를 엿보아 가서 謝禮하신 것을 이른다.

〔遇諸塗〕 塗는 길이다. 孔子께서 陽貨의 집에 가셨다가 돌아오실 때에 길에서 그를 만나신 것이다.

〔謂孔子曰 來 予與爾言〕 陽貨가 孔子를 불러 자기 가까이 오게 하고서, "내가 그대와 더불어 할 말이 있다."고 말한 것이다.

〔曰 懷其寶而迷其邦 可謂仁乎〕 이것은 陽貨가 孔子에게 한 말이다. 寶는 道德을 비유한 것이니, 孔子가 出仕하지 않는 것은 바로 그 道德을 품속에 숨긴 것이고, 나라가 다스려지지 않는 줄을 알면서 정치를 하지 않는 것은 나라를 迷亂시키는 것이라는 말이다. 仁者는 危亂을 구제하고 쇠퇴를 復興시켜 功이 당세에 미치게 해야 마땅한데, 지금 그대는 도리어 보배(道德)를 품고서 나라의 迷亂을 버려두니, 이를 仁이라 할 수 있는가?

〔曰 不可〕 이것은 孔子의 겸손한 말씀으로, 이와 같은 것은 仁이라 할 수 없다고 대답하신 것이다.

〔好從事而亟失時 可謂知乎〕 이 또한 陽貨가 孔子에게 한 말이다. 亟는 數(자주)이다. 孔子가 허둥지둥 사방으로 바쁘게 돌아다니며〔棲棲〕 從事(벼슬함)하기를 좋아하였으나, 자주 不遇하여 때를 놓쳤으니, 지혜가 있는 사람이라 할 수 있느냐는 말이니, 지혜가 있

는 사람이 될 수 없다는 말이다.

〔曰 不可〕 이 또한 孔子의 겸손한 말씀으로, 이와 같은 것은 知라 할 수 없다고 말씀하신 것이다.

〔日月逝矣 歲不我與〕 이것은 陽貨가 孔子에게 벼슬을 구하도록 권한 말이다. 逝는 감이다. 孔子의 나이가 늙어 세월이 이미 가서 다시 머물러 우리를 기다려주지 않으니, 급히 벼슬을 구해야 한다고 말한 것이다.

〔孔子曰 諾 吾將仕矣〕 諾은 대답한 말이다. 孔子는 그가 出仕하기를 권한다는 것을 아셨기 때문에 대답하시고서 내 장차 벼슬하겠다고 말씀하시어 遜順한 말로 禍를 면하신 것이다.

2. 子曰 性相近也나 習相遠也니라

子께서 말씀하셨다. "사람의 성품은 서로 가깝지만, 습관에 따라 서로 멀어진다."

【注】 孔曰 君子愼所習이라

孔曰 : 君子는 익히는 바를 삼가야 한다.

子曰 唯上知與下愚는 不移니라

子께서 말씀하셨다. "오직 上智와 下愚는 변화하지 못한다."

【注】 孔曰 上知不可使爲惡하고 下愚不可使强賢이라

孔曰 : 上智는 惡을 하게 할 수 없고, 下愚는 억지로 어질게 할 수 없다.

【疏】 '子曰 性相近也 習相遠也 子曰 唯上知與下愚不移' ○ 正義曰 : 此章言君子當愼其所習也. 性, 謂人所稟受, 以生而靜者也[1], 未爲外物所感, 則人皆相似, 是近也. 旣爲外物所感, 則習以性成. 若習於善則爲君子, 若習於惡則爲小人, 是相遠也, 故君子愼所習. 然此乃是中人耳, 其性可上可下, 故遇善則升, 逢惡則墜也. 孔子又嘗曰 "唯上知聖人, 不可移之使爲惡, 下愚之人, 不可移之使强賢." 此則非如中人性習相近遠也.

1) 性 謂人所稟受 以生而靜者也 : 사람이 天賦의 性을 받고 처음 태어났을 때는 감정이나 욕심이 생기기 전이어서 전혀 동요가 없기 때문에 고요하다는 뜻이다. ≪禮記≫ 〈樂記〉

에 "사람이 처음 태어나서 고요한 것(감정과 욕망이 없음)은 天賦의 性이고, 외물에 자극을 받아〔感〕 움직이는 것(감정과 욕망이 생김)은 性의 욕망이다.〔人生而靜 天之性也 感於物而動 性之慾也〕"라는 말이 보인다.

經의 〔子曰 性相近也 習相遠也 子曰 唯上知與下愚不移〕

○ 正義曰 : 이 章은 君子는 익히는 바를 삼가야 함을 말한 것이다.

性은 사람이 하늘로부터 賦與받은 것으로 태어나서 〈아직 사물과 접촉하지 않아 감정과 욕심이 생기기 이전의〉 고요한 것을 이른다. 外物의 자극을 받기 전에는 사람들의 性이 모두 서로 비슷하니, 이것이 '서로 가까움'이고, 외물의 자극을 받은 뒤에는 습관이 〈제2의〉 천성이 되므로 善에 습관이 되면 君子가 되고 惡에 습관이 되면 小人이 되니, 이것이 '서로 멀어짐'이다. 그러므로 군자는 익히는 바를 삼간다.

그러나 이것은 中人일 뿐이니, 그 性이 上智가 될 수도 있고 下愚가 될 수도 있다. 그러므로 善을 만나 〈익히면 上智로〉 올라가고, 악을 만나 〈익히면 下愚로〉 추락한다. 孔子께서 또 일찍이 "오직 上智의 聖人은 변화하여 惡을 하게 할 수 없고, 下愚의 사람은 변화하여 억지로 어질게 할 수 없다."고 하셨으니, 이런 부류(변화할 수 없는 上智와 下愚)는 性은 서로 가깝지만 습관으로 인해 서로 멀어지는 中人과 같은 〈부류가〉 아니다.

3. 子之武城하사 聞弦歌[1]之聲하시고

1) 弦歌 : 琴瑟 가락에 맞추어 노래함인데, 禮樂으로 백성을 敎化하는 뜻으로 쓰인다.

子께서 武城에 가시어 弦歌 소리를 들으시고서

【注】 孔曰 子游爲武城宰라

孔曰 : 子游가 武城의 邑宰가 되었다.

夫子莞爾而笑曰

夫子께서 빙그레 웃으시며 말씀하셨다.

【注】 莞爾는 小笑貌라

莞爾는 微笑 짓는 모양이다.

割鷄焉用牛刀리오

"닭을 잡는 데에 어찌 소 잡는 칼을 사용하느냐?"

【注】 孔曰 言治小에 何須用大道오

孔曰 : 작은 고을을 다스리면서 구태여 大道를 사용할 게 뭐 있느냐는 말이다.

子游對曰 昔者에 **偃也聞諸夫子**하니 **曰 君子學道則愛人**하고 **小人學道則易使也**라호이다

子游가 대답하였다. "전에 제가 夫子께 들으니, '君子가 道를 배우면 사람을 사랑하고, 小人이 道를 배우면 부리기가 쉽다.'고 하셨습니다."

【注】 孔曰 道는 謂禮樂也라 樂以和人하니 人和則易使라

孔曰 : 道는 禮樂을 이른다. 音樂으로써 사람들을 和合시키니, 사람들이 화합하면 부리기가 쉽다.

子曰 二三子아

子께서 말씀하셨다. "제자들아!

【注】 孔曰 從行者라

孔曰 : 〈二三子는〉 隨行한 자들이다.

偃之言是也니 **前言戲之耳**니라

偃의 말이 옳으니, 조금 전에 한 말은 희롱이었다."

【注】 孔曰 戲以治小而用大道라

孔曰 : 작은 고을을 다스리면서 大道를 쓸 게 뭐 있느냐는 말로 희롱하신 것이다.

【疏】 '子之'至'之耳' ○正義曰 : 此章論治民之道也. '子之武城 聞弦歌之聲'者, 之, 適

也. 武城, 魯邑名. 時子游爲武城宰, 意欲以禮樂化導於民, 故弦歌. 孔子因適武城, 而聞其聲也. '夫子莞爾而笑曰 割鷄焉用牛刀'者, 莞爾, 小笑貌. 言鷄乃小(往)〔牲〕[1], 割之當用小刀, 何用解牛之大刀, 以喩治小何須用大道. 今子游治小用大, 故笑之. '子游對曰 昔者 偃也聞諸夫子曰 君子學道則愛人 小人學道則易使也'者, 子游見孔子笑其治小用大, 故稱名而引昔聞夫子之言以對之. 道, 謂禮樂也. 禮節人心, 樂和人聲[2], 言若在位君子學禮樂, 則愛養下人也, 若在下小人學禮樂, 則人和而易使也. '子曰 二三子'者, 呼其弟子從行者也. '偃之言是也 前言戲之耳'者, 孔子語其從者, 言子游之說是, 我前言戲之以治小而用大道, 其實用大是也.

1) (往)〔牲〕: 저본에는 '往'으로 되어있으나, "본래는 '牲'인데 '往'으로 잘못되었다."라고 한 阮元의 校勘記에 의거하여 '牲'으로 바로잡았다.
2) 禮節人心 樂和人聲 : ≪禮記≫ 〈樂記〉의 말이다.

經의 〔子之〕에서 〔之耳〕까지

○ 正義曰 : 이 章은 백성을 다스리는 道를 논한 것이다.

〔子之武城 聞弦歌之聲〕 之는 適(감)이다. 武城은 魯나라의 邑名이다. 이때 子游가 武城의 邑宰가 되어, 禮樂으로써 백성을 교화하고 인도하려고 생각하였다. 그러므로 弦歌한 것이다. 孔子께서 마침 武城에 가신 기회에 그 소리를 들으신 것이다.

〔夫子莞爾而笑曰 割鷄焉用牛刀〕 莞爾는 미소 짓는 모양이다. 닭은 작은 짐승이니, 닭을 잡는 데에는 작은 칼을 사용함이 마땅한데, 어찌 소를 잡는 큰 칼을 사용하느냐고 말씀하시어, 작은 고을을 다스리면서 구태여 大道를 사용할 게 뭐 있느냐는 것을 비유한 것이다. 지금 子游가 小邑을 다스리면서 大道를 사용하기 때문에 웃으신 것이다.

〔子游對曰 昔者 偃也聞諸夫子曰 君子學道則愛人 小人學道則易使也〕 子游는 孔子께서 小邑을 다스리면서 大道를 사용한다고 웃으시는 것을 보았기 때문에 자기의 이름을 稱하고서 전에 들었던 夫子의 말씀을 이끌어 대답한 것이다. 道는 禮樂을 이르니, 禮로써 人心을 節制하고 樂으로써 사람의 聲音을 調和시킨다. 만약 上位에 있는 君子가 禮樂을 배운다면 아랫사람들을 사랑해 養育하고, 만약 아래에 있는 小人들이 禮樂을 배운다면 사람들이 화합하여 부리기가 쉽다는 말이다.

〔子曰 二三子〕 隨行한 제자들을 부르신 것이다.

〔偃之言是也 前言戲之耳〕 孔子께서 그 從者들에게, '子游의 말이 옳다. 내가 조금 전에 한 말은 小邑을 다스리면서 大道를 사용한다고 희롱한 것이다. 사실은 大道를 사용하

는 것이 옳다.'고 말씀하신 것이다.

4. 公山弗擾以費畔하야 召어늘 子欲往하시다

公山弗擾가 費邑을 占據〔以〕해 반란을 일으키고서 〈孔子를〉 부르니, 子께서 가려 하셨다.

【注】 孔曰 弗擾爲季氏宰하야 與陽虎共執季桓子하고 而召孔子하니라

孔曰 : 公山弗擾가 季氏의 邑宰가 되어, 陽虎와 함께 季桓子를 잡아 가두고서 孔子를 불렀다.

子路不說(열)曰 末之也已니 何必公山氏之之也리잇고

子路가 좋아하지 않으며 말하였다. "갈 곳이 없으면 말 것이지, 무엇 때문에 굳이 公山氏에게 가려 하십니까?"

【注】 孔曰 之는 適也라 無可之則止니 何必公山氏之適이리잇가

孔曰 : 之는 適(감)이다. 갈 만한 곳이 없으면 그만두실 것이지, 무엇 때문에 굳이 公山氏에게 가려 하십니까?

子曰 夫召我者가 而豈徒哉리오 如有用我者면 吾其爲東周乎ㄴ저

子께서 말씀하셨다. "저 나를 부르는 자가 어찌 공연히 부르겠는가? 만약 나를 등용하는 자가 있다면 나는 장차〔其〕 東方에 周나라를 復興시키겠다."

【注】 興周道於東方이라 故曰東周라하시니라

周나라의 道를 東方에 復興시킴이다. 그러므로 '東周'라 한 것이다.

【疏】 '公山'至'周乎' ○ 正義曰 : 此章論孔子欲不避亂而興周道也. '公山弗擾以費畔召 子欲往'者, 弗擾, 卽左傳公山不狃也, 字,子洩, 爲季氏費邑宰, 與陽虎共執季桓子, 據邑以畔, 來召孔子, 孔子欲往從之也. '子路不說曰 末之也已 何必公山氏之之也'者, 上下二之俱訓爲適. 末, 無也. 已, 止也. 子路以爲, 君子當去亂就治, 今孔子乃欲就亂,

故不喜說, 且曰 "無可適也則止之, 何必公山氏之適也." '子曰 夫召我者而豈徒哉 如有用我者 吾其爲東周乎'者, 孔子答其欲往之意也. 徒, 空也. 言夫人召我者, 豈空然哉, 必將用我道也. 如有用我道者, 我則興周道於東方,其使魯爲周乎. 吾是以不擇地而欲往也.

經의 〔公山〕에서 〔周乎〕까지

○ 正義曰 : 이 章은 孔子께서 亂賊을 피하지 않으시고서 周나라의 道를 復興시키고자 하심을 논한 것이다.

〔公山弗擾以費畔 召 子欲往〕 公山弗擾는 바로 《春秋左氏傳》에 말한 公山不狃로 字가 子洩이다. 公山弗擾가 季氏의 費邑宰가 되어 陽虎와 함께 季桓子를 잡아 가두고서 費邑을 占據해 반란을 일으키고서 〈사람을 보내〉와서 孔子를 부르니, 孔子께서는 가서 그를 따르고자 하신 것이다.

〔子路不說曰 末之也已 何必公山氏之之也〕 위아래의 두 '之'字는 모두 訓이 適(감)이다. 末은 無이고, 已는 멈춤이다. 子路는, '君子는 어지러운 곳을 피해 다스려진 곳으로 가야 하는데, 지금 孔子께서는 도리어 어지러운 곳으로 가려 하신다.'고 여겼다. 그러므로 좋아하지 않으면서 "가실 만한 곳이 없으면 그만두실 것이지, 무엇 때문에 굳이 公山氏에게 가려 하십니까?"라고 한 것이다.

〔子曰 夫召我者而豈徒哉 如有用我者 吾其爲東周乎〕 孔子께서 子路에게 가고 싶어 하시는 뜻으로 대답하셨다. 徒는 空(공연히)이다. '저 사람이 나를 부르는 것이 어찌 공연히 부르는 것이겠는가? 반드시 장차 나의 道를 쓰려 해서일 것이다. 만약 나의 도를 쓰는 자가 있다면 나는 周나라의 道를 東方에 復興시켜 장차〔其〕 魯나라를 周나라가 되게 할 것이다. 나는 이 때문에 자리를 가리지 않고 가고자 한다.'고 말씀한 것이다.

○ 注 '弗擾爲季氏宰 與陽虎共執季桓子' ○ 正義曰 : 案定五年左傳曰 "六月, 季平子行東野. 還, 未至, 丙申, 卒于房. 陽虎將以璵璠斂, 仲梁懷弗與曰 '改步改玉[1].' 陽虎欲逐之, 告公山不狃, 不狃曰 '彼爲君也, 子何怨焉.' 既葬, 桓子行東野, 及費. 子洩爲費宰, 逆勞於郊, 桓子敬之, 勞仲梁懷, 仲梁懷弗敬. 子洩怒, 謂陽虎 '子行之乎.'" "九月乙亥, 陽虎囚季桓子." 是其事也. 至八年, 又與陽虎謀殺桓子, 陽虎敗而出. 至十二年, 季氏將墮(휴)費, 公山不狃·叔孫輒率費人以襲魯, 國人敗諸姑蔑, 二子奔齊.

1) 改步改玉 : 步幅을 바꾸었으니 佩玉도 바꾸어야 한다는 말로 임금의 일을 代行하는 자

리에서 물러나 신하의 지위로 돌아왔으니 임금의 佩玉을 사용해서는 안 된다는 뜻이다. ≪禮記≫ 〈玉藻〉에 "임금이 尸와 함께 걸을 때에 임금은 接武(尸가 디딘 발자국의 반을 밟고 감)하고, 大夫는 繼武(尸가 디딘 발자국의 끝을 밟고 감)하고, 士는 中武(尸가 디딘 발자국에서 발 하나의 간격을 두고 따라감)한다."고 하였으니, 각각 步幅의 廣狹이 다르다. 보폭의 廣狹을 바꾸었으면 당연히 佩玉의 등급도 바꾸어야 한다는 말이다.

○ 注의 〔弗擾爲季氏宰 與陽虎共執季桓子〕

○ 正義曰 : 고찰하건대, ≪春秋左氏傳≫ 定公 5년에 "6월에 季平子가 東野를 巡行하고 돌아오다가 國都에 이르지 못하고 丙申日에 房(地名)에서 卒하였다. 陽虎가 璵璠(寶玉)을 棺에 넣으려 하니, 仲梁懷가 同意〔與〕하지 않으며 말하기를 '步幅을 바꾸었으니 佩玉도 바꾸어야 한다.'고 하였다. 陽虎가 그를 逐出하고자 하여 公山不狃에게 告하니, 公山不狃가 말하기를 '저 사람이 主君(季平子)을 위해 그러는 것이니, 그대가 원망할 게 뭐 있는가?'라고 하였다. 葬事를 지낸 뒤에 季桓子가 東野를 巡行하여 費邑에 이르렀다. 子洩(不狃)이 費의 邑宰로 郊外까지 나와 맞이해 위로하니, 季桓子는 그에게 敬意를 표하였다. 仲梁懷를 위로하니 仲梁懷는 敬意를 표하지 않았다. 子洩이 노하여 陽虎에게 '그대는 仲梁懷를 逐出하십시오.'라고 하였다."라고 하고, "9월 乙亥日에 陽虎가 季桓子를 잡아 가두었다."라고 한 것이 바로 이 일을 말한 것이다.

8년에 이르러 또 陽虎와 더불어 季桓子를 殺害하려고 모의하였다가 陽虎가 패배해 出奔하였고, 12년에 이르러 季氏가 費邑의 城을 허물려 하자, 公山不狃와 叔孫輒이 費人을 거느리고 와서 魯나라를 襲擊하였다. 國人이 公山不狃의 군대를 姑蔑에서 패배시키니, 公山不狃와 叔孫輒이 齊나라로 달아났다.[1)]

1) 이 章에 대해 崔述은 ≪洙泗考信錄≫에서 後人의 僞撰이라고 하면서 많은 典據와 情況을 들어 辨論하였다. 그 대략은 다음과 같다.

≪春秋左氏傳≫을 고찰하면 "季氏가 費邑의 城을 허물려 하자 公山弗擾가 費人을 거느리고 魯나라 國都를 襲擊하였다. 費人이 定公의 곁에까지 쳐들어오자, 仲尼가 申句須와 樂頎에게 명하여 내려가서 討伐하게 하니, 費人이 敗北하였다."고 하였다. 그렇다면 公山弗擾의 반란을 孔子께서 토벌한 것이니, 애당초 공자를 부르거나 공자가 가려 한 일이 없었다.

그리고 또 孟子가 "孔子께서 ≪春秋≫를 지으시자 亂臣賊子가 두려워하였다."고 하였다. 公山弗擾가 이미 費人을 거느리고 반란을 일으켰다면 바로 亂臣賊子인데 공자께서 그를 도우려 하였겠는가?

그리고 또 孔子께서는 "苟有用我者 期月而已可也 三年有成"이라고 하셨다. 聖人께서

'可'라 하고 '成'이라고 하시어 이처럼 謙讓하셨는데, 周禮가 아직 바뀌지 않은 이때에 공자께서 공공연히 東周를 만들고자 한다고 말씀하였겠는가?

또 ≪春秋左氏傳≫을 고찰하면 費人의 叛亂이 定公 12년 여름에 있었으니, 이때는 공자께서 魯나라 司寇로서 國政에 참여하고 계셨는데, 季氏의 家臣에 불과한 公山弗擾가 어찌 감히 와서 공자를 부를 수 있었겠는가? 공자께서는 바야흐로 定公을 도와 周公의 道를 행하고 계시는 때였는데, 임금을 버리고 叛人을 도우려 하였겠는가?

또 ≪春秋公羊傳≫을 고찰하면 費城을 헐기를 주장한 분이 바로 공자였다. 公山弗擾는 費城을 헐지 않으려고 費人을 거느리고서 魯나라를 습격하기까지 하였으니, 孔子를 깊은 원수로 여겼을 것이다. 그런데 어찌 도리어 공자를 부를 리가 있었겠는가. 여러 가지를 종합해보면 반드시 없었던 일이다.

5. 子張問仁於孔子한대 孔子曰 能行五者於天下면 爲仁矣니라 請問之한대 曰 恭寬信敏惠니 恭則不侮하고

子張이 孔子께 仁을 묻자, 孔子께서 말씀하셨다. "다섯 가지를 天下에 행할 수 있으면 仁이라 할 수 있다."

子張이 〈다섯 가지가 무엇이냐고〉 묻자, 〈子께서〉 말씀하셨다. "恭遜, 寬大, 信實, 勤敏, 恩惠이니, 恭遜하면 남에게 업신여김을 당하지 않고,

【注】 孔曰 不見侮慢이라

孔曰 : 侮慢(업신여겨 오만하게 대함)을 당하지 않음이다.

寬則得衆하고 信則人任焉하고 敏則有功하고

寬大하면 대중을 얻고, 信實하면 사람들이 信任하고, 勤敏하면 成功이 있고,

【注】 孔曰 應事疾則多成功이라

孔曰 : 일처리를 민첩히 하면 많은 功을 이룬다.

惠則足以使人이니라

恩惠로우면 사람을 부릴 수 있다."

【疏】'子張'至'使人' ○正義曰：此章明仁也. '子張問仁於孔子'者, 問何如斯可謂之仁也. '孔子曰 能行五者於天下 爲仁矣'者, 言爲仁之道有五也. '請問之'者, 子張復請問五者之目也. '曰 恭寬信敏惠'者, 此孔子略言爲仁五者之名也. '恭則不侮'者, 此下孔子又歷說五者之事也. 言己若恭以接人, 人亦恭以待己, 故不見侮慢. '寬則得衆'者, 言行能寬簡, 則爲衆所歸也. '信則人任焉'者, 言而有信, 則人所委任也. '敏則有功'者, 敏, 疾也. 應事敏疾, 則多成功也. '惠則足以使人'者, 有恩惠則人忘其勞也.

經의 〔子張〕에서 〔使人〕까지

○正義曰：이 章은 仁을 밝힌 것이다.

〔子張問仁於孔子〕 어떻게 하여야 仁이라 할 수 있느냐고 물은 것이다.

〔孔子曰 能行五者於天下 爲仁矣〕 仁을 하는 도가 다섯 가지가 있다는 말이다.

〔請問之〕 子張이 다시 다섯 가지의 條目을 물은 것이다.

〔曰 恭寬信敏惠〕 이것은 孔子께서 仁을 하는 다섯 가지의 명칭을 간략하게 말씀해주신 것이다.

〔恭則不侮〕 이 이하는 孔子께서 또 다섯 가지의 일을 일일이 들어 말씀하신 것이다. '내가 만약 공손으로 남을 대한다면 남도 공손으로 나를 대한다. 그러므로 남에게 侮慢을 당하지 않는다.'는 말이다.

〔寬則得衆〕 行爲가 너그럽고 대범하면 대중이 귀의한다는 말이다.

〔信則人任焉〕 말을 하고서 신의가 있으면 사람들이 신임한다.

〔敏則有功〕 敏은 빠름이니, 일처리를 빠르게 하면 많은 공을 이룬다.

〔惠則足以使人〕 恩惠로우면 사람들은 자신의 勞苦를 잊는다.

6. 佛肸(필힐)召어늘 子欲往하시다

佛肸이 부르니 子께서 가고자 하셨다.

【注】孔曰 晉大夫趙簡子之邑宰라

孔曰：〈佛肸은〉 晉나라 大夫 趙簡子의 邑宰이다.

子路曰 昔者에 由也聞諸夫子하니 曰 親於其身爲不善者는 君子不入也라하니이다

子路가 말하였다. "전에 제가 夫子께 들으니, '직접 자신이 不善을 한 자〈의 나

라〉에는 君子가 들어가지 않는다.'고 하셨습니다.

【注】 孔曰 不入其國이라

孔曰 : 그 나라에 들어가지 않음이다.

佛肸以中牟畔이어늘 **子之往也**면 **如之何**잇고 **子曰 然**하다 **有是言也**니라 **不曰堅乎**아 **磨而不磷**하며 **不曰白乎**아 **涅而不緇**니라

佛肸이 中牟를 占據해 반란을 일으켰는데, 子께서 가신다면 〈전에 하신 말씀을〉 어찌 〈설명〉하시겠습니까?"

子께서 말씀하셨다. "그렇다. 내가 그런 말을 한 적이 있다. 〈그러나 사람들이〉 말하지 않더냐? '〈지극히〉 견고한 것은 갈아도 얇아지지 않으며, 〈지극히〉 흰 것은 물들여도 검어지지 않는다.'고,

【注】 孔曰 磷은 薄也라 涅은 可以染皁라 言至堅者는 磨之而不薄하고 至白者는 染之於涅而不黑이니 喩君子雖在濁亂이라도 濁亂不能汚라

孔曰 : 磷은 薄(얇음)이다. 涅(검은 흙)은 검은 물을 들일 수 있다. 지극히 견고한 것은 갈아도 얇아지지 않고, 지극히 흰 것은 涅로 물들여도 검어지지 않는다고 말했으니, 君子는 비록 濁亂한 곳에 있어도 濁亂이 더럽힐 수 없음을 비유한 것이다.

吾豈匏瓜也哉아 **焉能繫而不食**이리오

내 어찌 뒤웅박이냐? 어찌 한곳에 매달려 먹지 않을 수 있겠느냐?"

【注】 匏는 瓠也라 言瓠瓜得繫一處者는 不食故也라 吾自食物이니 當東西南北이요 不得如不食之物繫滯一處[1]라

1) 吾自食物……不得如不食之物繫滯一處 : 이에 대해, 兪樾의 ≪群經評議≫에 아래와 같이 辨駁하였다.

"草木의 종류 중에 먹고 마시는 초목이 어디 있기에 유독 匏瓜만이 먹지 않는 물건이라 하여 비유를 취하였겠는가. 食은 訓이 用이 되어야 한다. ≪周易≫ 井卦의 '初六 井泥不食'에 대해 李鼎祚의 ≪集解≫에 '食은 用이다.'라고 한 虞翻의 注를 인용하였고,

또 ≪戰國策≫ 〈衛策〉의 '高麗(人名)를 쓰다.〔食高麗〕'라고 한 것과, ≪老子≫의 '母(道)를 食하는 것을 귀하게 여긴다.〔而貴食母〕'라고 한 것에 대해, 高誘와 河上公의 注에 모두 '食은 用이다.'라고 하였으니, 食의 訓이 用인 것은 바로 古義(古代의 字意)이다. ≪國語≫ 〈魯語〉에 '맛이 쓴 박은 사람들에게 떼이지 않는다.〔夫苦匏不材於人〕'라고 하였으니, 그렇다면 匏瓜는 바로 사람에게 쓸모없는 물건이다. 그러므로 孔子께서 '나는 匏瓜가 아니니 어찌 한곳에 매달려 있기만 하고 세상의 쓰임이 되지 않을 수 있겠느냐?'고 하신 것이다.〔草木之類 孰是能食者 何獨匏瓜爲不食之物而以取喩耶 食 當訓爲用 易 井初六 井泥不食 李鼎祚集解引虞注曰 食 用也 又國策 衛策 食高麗也 老子 而貴食母 高誘河上公注 竝曰 食 用也 是食之訓用 乃古義也 國語 魯語曰 夫苦匏不材於人 然則匏瓜乃無用於人之物 故孔子言 吾非匏瓜 安能繫於一處 而不爲世用乎〕"

匏는 瓠(뒤웅박)이다. '뒤웅박이 한곳에 매달려 있는 것은 〈음식을〉 먹지 않는 〈植物이기〉 때문이다. 그러나 나는 본래 〈음식을〉 먹어야 하는 〈動物〉이니, 동서남북을 〈돌아다니며 먹이를 구해야 하고 음식을〉 먹지 않는 植物처럼 한곳에 매어 있을 수 없다.'는 말이다.

【疏】 '佛肸' 至 '不食' ○正義曰：此章亦言孔子欲不擇地而治也. '佛肸召 子欲往'者, 佛肸爲晉大夫趙簡子之中牟邑宰, 以中牟畔, 來召孔子, 孔子欲往從之也. '子路曰 昔者 由也聞諸夫子曰 親於其身爲不善者 君子不入也'者, 言君子不入不善之國也. '佛肸以中牟畔 子之往也 如之何'者, 言今佛肸以中牟畔, 則是身爲不善, 而子欲往, 如前言何? '子曰 然 有是言也'者, 孔子答云, 雖有此不入不善之言也. '不曰堅乎 磨而不磷 不曰白乎 涅而不緇'者, 孔子之意, 雖言不入不善, 緣君子見幾而作, 亦有可入之理, 故(謂)〔爲〕[1]之作譬. 磷, 薄也. 涅, 水中黑土, 可以染皁. 緇, 黑色也. 人豈不曰 "至堅者, 磨之而不薄, 至白者, 染之於涅而不黑." 以喩君子雖居濁亂, 濁亂不能汚也. '吾豈匏瓜也哉 焉能繫而不食'者, 孔子又爲言其欲往之意也. 匏, 瓠也. 瓠瓜得繫一處者, 不食故也. 吾自食物, 當東西南北, 不得如不食之物, 繫滯一處. 江熙云 "夫子豈實之公山·佛肸乎. 欲往之意, 以示無係, 以觀門人之意. 如欲居九夷, 乘桴浮于海耳. 子路見形而不及道, 故聞乘桴而喜, 聞之公山而不說, 升堂而未入室, 安得聖人之趣."

1) (謂)〔爲〕: 저본에는 '謂'로 되어있으나, "浦鏜이 '爲가 謂로 잘못되었다.'라고 했다."라고 한 阮元의 校勘記에 의거하여 '爲'로 바로잡았다.

經의 〔佛肸〕에서 〔不食〕까지

○正義曰：이 章 또한 孔子께서 地方을 가리지 않고 정치를 펴고자 하심을 말한 것이다.

〔佛肸召 子欲往〕 佛肸이 晉나라 大夫 趙簡子의 中牟邑宰가 되어, 中牟를 점거해 반란을 일으키고서 〈사람을 보내〉와서 孔子를 부르니, 孔子께서 가서 그를 따르고자 하신 것이다.

〔子路曰 昔者 由也聞諸夫子曰 親於其身爲不善者 君子不入也〕 君子는 不善한 나라에 들어가지 않는다는 말이다.

〔佛肸以中牟畔 子之往也 如之何〕 지금 佛肸이 中牟를 점거해 반란을 일으켰으니, 이는 자신이 不善을 한 것인데, 子께서 가려 하신다면 전에 하신 말씀을 어찌 〈설명〉하겠느냐는 말이다.

〔子曰 然 有是言也〕 孔子께서 비록 '不善한 나라에 들어가지 않는다.'고 말한 적이 있기는 하다고 대답하신 것이다.

〔不曰堅乎 磨而不磷 不曰白乎 涅而不緇〕 孔子는 비록 '不善한 나라에 들어가지 않는다.'고 말하였으나, 君子는 기미를 보면 일어나기 때문에 〈불선한 나라라 하더라도〉 들어가야 하는 이치가 있다고 생각하셨다. 그러므로 비유를 드신 것이다. 磷은 薄(얇아짐)이다. 涅은 水中의 黑土인데 검은 물을 들일 수 있다. 緇는 黑色이다. 사람들이 어찌 말하지 않았더냐? "지극히 견고한 것은 갈아도 얇아지지 않고, 지극히 흰 것은 涅에 물들여도 검어지지 않는다."라고. 〈이 말로〉 君子는 비록 濁亂한 곳에 있어도 濁亂이 더럽힐 수 없음을 비유하셨다.

〔吾豈匏瓜也哉 焉能繫而不食〕 孔子께서 또 가고자 하는 뜻을 말씀하셨다. 匏는 瓠(뒤웅박)이다. 뒤웅박이 한곳에 매달려 있는 것은 〈음식을〉 먹지 않는 〈植物〉이기 때문이다. 그러나 나는 본래 〈음식을〉 먹어야 하는 〈動物〉이니, 동서남북을 〈돌아다니며 먹이를 구해야 하고 음식을〉 먹지 않는 植物처럼 한곳에 매어 있을 수 없다.

江熙는 이렇게 말하였다. "夫子께서 어찌 진실로 公山弗擾와 佛肸에게 가고자 했겠는가? 가고자 하는 뜻으로 매임이 없음을 보이시어 門人들의 뜻을 보고자 하신 것이니, 예컨대 '欲居九夷'와 '乘桴浮于海' 같은 것이다. 子路는 형상만을 보았을 뿐, 道에 미치지 못하였기 때문에 '乘桴'를 듣고는 기뻐하고, 公山弗擾에게 가시려는 것을 듣고는 좋아하지 않았다. 堂에만 올랐을 뿐, 室內에 들지 못했으니, 어찌 聖人의 志趣를 알 수 있었겠는가?"

7. 子曰 由也아 女聞六言六蔽[1)]矣乎아

1) 六言六蔽 : 六言은 仁·知·信·直·勇·剛 등 여섯 가지를 이르고, 六蔽는 학문을 하지 않음으로 인해 생기는 愚·蕩·賊·絞·亂·狂 등 여섯 가지 病弊를 이른다. 蔽는 ≪荀子≫〈解蔽〉에 "무릇 사람의 걱정거리는 一面의 소견에 가리어 大理(大體)에 어두움이다.〔凡人之患 蔽于一曲 而暗于大理〕"란 말이 보이는데, 그 注에 "蔽는 두루 통달하지 못하고 一面의 소견에 집착하는 것이 마치 물건에 가림을 당한 것과 같음을 말한다.〔蔽言不能通明 滯於一隅 如有物壅蔽之也〕"라고 하였으니, 蔽는 일면의 소견에 가림을 이른다.

子께서 말씀하셨다. "由야, 너는 六言과 六蔽를 들었느냐?"

【注】 六言六蔽者는 謂下六事仁知信直勇剛也라

六言과 六蔽는 아래에 말한 仁·知·信·直·勇·剛을 이른다.

對曰 未也로이다 居하라 吾語女호리라

〈자로가〉 대답하였다. "아직 듣지 못하였습니다." 〈子께서〉 말씀하셨다. "앉아라. 내 너에게 말해주겠다.

【注】 孔曰 子路起對라 故使還坐시니라

孔曰 : 子路가 일어나서 대답하였기 때문에 도로 앉게 하신 것이다.

好仁不好學이면 其蔽也愚하고

仁을 좋아하고 배움을 좋아하지 않으면 그것(仁)에 가리어 어리석게 되고,

【注】 孔曰 仁者愛物이요 不知所以裁之면 則愚라

孔曰 : 仁者가 남을 사랑하기만 하고, 裁度(재탁)할 줄을 모르면 어리석게 된다.

好知不好學이면 其蔽也蕩하고

知(지혜)를 좋아하고 배움을 좋아하지 않으면 그것(知)에 가리어 방탕해지고,

【注】 孔曰 蕩은 無所適守라

孔曰 : 蕩은 주장해 지키는 바가 없음이다.

好信不好學이면 其蔽也賊하고

信을 좋아하고 배움을 좋아하지 않으면 그것(信)에 가리어 남을 해치게 되고,

【注】 孔曰 父子不知相爲隱之輩라

孔曰 : 父子가 서로를 위하여 숨겨줄 줄을 모르는 무리가 된다.

好直不好學이면 其蔽也絞하고 好勇不好學이면 其蔽也亂하고 好剛不好學이면 其蔽也狂이니라

直(남의 잘못을 바로잡음)하기를 좋아하고 배움을 좋아하지 않으면 그것(直)에 가리어 刻薄해지고, 勇敢을 좋아하고 배움을 좋아하지 않으면 그것(勇)에 가리어 禍亂을 일으키게 되고, 剛을 좋아하고 배움을 좋아하지 않으면 그것(剛)에 가리어 狂(함부로 남을 침범함)하게 된다."

【注】 孔曰 狂은 妄抵觸人이라

孔曰 : 狂은 함부로 남을 침범함이다.

【疏】 '子曰'至'也狂' ○正義曰 : 此章勸學也. '子曰 由也 女聞六言六蔽矣乎'者, 蔽, 謂蔽塞不自見其過也. 孔子呼子路而問之曰 "汝嘗聞六言不學而皆蔽塞者乎." '對曰 未也'者, 子路對言, 未曾聞也. '居 吾語女'者, 居, (由)〔猶〕[1]坐也. 禮 "君子問更(경)端, 則起." 子路起對, 故使還坐. 吾將語女也. '好仁不好學 其蔽也愚'者, 此下歷說六言六蔽之事也. 學者, 覺也, 所以覺寤未知也. 仁之爲行, 學則不固, 是以愛物好與曰仁. 若但好仁, 不知所以裁之, 所施不當, 則如愚人也. '好知不好學 其蔽也蕩'者, 明照於事曰知, 若不學以裁之, 則其蔽在於蕩逸無所適守也. '好信不好學 其蔽也賊'者, 人言不欺爲信, 則當信義. 若但好信, 而不學以裁之, 其蔽在於賊害, 父子不知相爲隱之輩也. '好直不好學 其蔽也絞'者, 絞, 切也. 正人之曲曰直, 若好直不好學, 則失於譏刺太切. '好勇不好學 其蔽也亂'者, 勇, 謂果敢, 當學以知義. 若好勇而不好學, 則是有勇而無

義, 則爲賊亂. '好剛不好學 其蔽也狂'者, 狂, 猶妄也. 剛者無欲, 不爲曲求. 若好恃其剛, 不學以制之, 則其蔽也妄抵觸人.

1) (由)〔猶〕: 저본에는 '由'로 되어있으나, "毛本에는 由가 猶로 되어있다."라고 한 阮元의 校勘記에 의거하여 '猶'로 바로잡았다.

經의 〔子曰〕에서 〔也狂〕까지

○ 正義曰 : 이 章은 배우기를 권면한 것이다.

〔子曰 由也 女聞六言六蔽矣乎〕 蔽는 가리고 막혀서 스스로 자기의 過失을 보지 못함을 이른다. 孔子께서 子路를 부르시어, "너는 六言이 배우지 않음으로 인해 모두 가리고 막히는 것을 들었느냐?"고 물으신 것이다.

〔對曰 未也〕 子路가 아직 들은 적이 없다고 대답한 것이다.

〔居 吾語女〕 居는 坐와 같다. ≪禮記≫ 〈曲禮〉에 "君子가 話題를 바꾸어 물으시면 일어나서 대답한다."라고 하였다. 子路가 일어나서 대답하였기 때문에 도로 앉게 하시며, "내 장차 너에게 말해주겠다."라고 하신 것이다.

〔好仁不好學 其蔽也愚〕 이 이하는 六言과 六蔽의 일을 차례로 말씀하신 것이다. 배움이란 깨달음이니, 알지 못하는 것을 깨달음이다. 仁을 行함에 있어 학문을 하면 固蔽(막혀서 사리를 모름)하지 않는다. 그러므로 만물을 사랑하고 施與하기를 좋아하는 것을 仁이라 한다. 그러나 만약 仁을 좋아하기만 하고, 裁度할 줄을 몰라 施與하는 바에 합당함을 잃으면 어리석은 사람과 같이 된다.

〔好知不好學 其蔽也蕩〕 사물을 밝게 비추는 것을 知(智)라 한다. 그러나 만약 학문을 하여 裁度하지 않는다면 〈知에〉 가리어 방탕해져서 주장해 지키는 바가 없게 된다.

〔好信不好學 其蔽也賊〕 사람이 말을 속이지 않는 것을 信이라 하니, 信義에 부합함이다. 만약 信을 좋아하기만 하고 학문을 하여 재탁하지 않는다면 〈信에〉 가리어 남을 해치게 되어, 父子가 서로를 위해 〈잘못을〉 숨겨줄 줄을 모르는 무리가 된다.

〔好直不好學 其蔽也絞〕 絞는 切(박절함)이다. 남의 잘못을 바로잡는 것을 直이라 한다. 만약 남의 잘못을 바로잡아주기만을 좋아하고 배움을 좋아하지 않는다면 남을 너무 매몰차게 비난하는 잘못을 범하게 된다.

〔好勇不好學 其蔽也亂〕 勇은 果敢을 이른다. 마땅히 배워서 의리를 알아야 하는데, 만약 용감을 좋아하기만 하고 배움을 좋아하지 않으면 이는 용감함만 있고 도의가 없어서 亂臣賊子가 될 것이다.

〔好剛不好學 其蔽也狂〕 狂은 妄(망령됨)과 같다. 剛者는 욕심이 없어서, 〈무엇이든〉 不正하게 구하지 않는다. 만약 剛(無欲)을 믿기만을 좋아하고 학문을 하여 제재하지 않으면 그것(剛)에 가리어 함부로 남을 침범하게 된다.

8. 子曰 小子아 何莫學夫詩오

子께서 말씀하셨다. "小子들아! 어찌하여 ≪詩≫를 배우지 않느냐?

【注】 包曰 小子는 門人也라

包曰 : 小子는 門人이다.

詩可以興이며

≪詩≫는 비유할 수 있으며,

【注】 孔曰 興[1]은 引譬連類라

1) 興 : 現今의 〈美政을〉 讚美하면 아첨의 혐의가 있으므로 좋은 일을 취해 비유하여 권면함이다. ≪周禮≫ 〈春官 樂師〉에 "教六詩, 曰風, 曰賦, 曰比, 曰興, 曰雅, 曰頌."이라고 한 注에 "風은 聖賢이 끼친 治道의 教化를 말한 것이다. 賦의 뜻은 鋪(펼)이니, 지금 政教의 善惡을 바르게 鋪陳(진술)함이다. 比는 見今의 失政을 감히 지적해 말하지 않고 比類(비교가 될 만한 것)를 취해 말함이다. 興은 見今의 〈美政을〉 讚美하면 아첨의 혐의가 있으므로 좋은 일을 취해 비유하여 권면함이다. 雅는 正이니, 오늘날의 바른 것을 말하여 후세의 법이 되게 함이다. 頌의 뜻은 誦(욈)이고 容(형용함)이니, 지금 〈君上의〉 德의 〈형용〉을 稱誦하여 널리 전파해 찬미함이다.〔風, 言聖賢治道之遺化也. 賦之言鋪, 直鋪陳今之政教善惡. 比, 見今之失, 不敢斥言, 取比類以言之. 興, 見今之美, 嫌于媚諛, 取善事以喩勸之. 雅, 正也, 言今之正者, 以爲後世法. 頌之言誦也, 容也, 誦今之德, 廣以美之.〕"라고 하였다.

孔曰 : 興은 〈事物을〉 이끌어 비유하면서 同類의 〈事物을〉 連綴(죽 이어 말함)함이다.

可以觀이며

볼 수 있으며,

【注】 鄭曰 觀風俗之盛衰라

鄭曰 : 風俗의 盛衰를 볼 수 있음이다.

可以群이며

많은 사람들과 어울릴 수 있으며,

【注】 孔曰 群居相切(瑳)〔磋〕[1)]라

1) (瑳)〔磋〕: 저본에는 '瑳'로 되어있으나, "毛本에는 '瑳'가 '磋'로 되어있다."라고 한 阮元의 校勘記에 의거하여 '磋'로 바로잡았다.

孔曰 : 여럿이 함께 어울려 지내며 서로 切磋함이다.

可以怨이며

원망할 수 있으며,

【注】 孔曰 怨刺上政이라

孔曰 : 君上의 정치를 원망하여 풍자함이다.

邇之事父며 遠之事君이요

가까이로는 부모를 섬길 수 있으며, 멀리로는 임금을 섬길 수 있고,

【注】 孔曰 邇는 近也라

孔曰 : 邇는 가까움이다.

多識於鳥獸草木之名이니라

鳥獸와 草木의 이름을 많이 알 수 있다."

子謂伯魚曰 女爲周南召南矣乎아 人而不爲周南召南이면 其猶正牆面而立也與ㄴ저

子께서 伯魚에게 이르셨다. "너는 〈周南〉과 〈召南〉을 배웠느냐? 사람으로서 〈周

南〉과 〈召南〉을 배우지 않으면 바로 얼굴을 담으로 향하고 선 것과 같을 것이다.”

【注】 馬曰 周南召南은 國風之始라 樂得淑女하야 以配君子하니 三綱之首요 王敎之端이라 故人而不爲면 如向牆而立이라

馬曰 : 〈周南〉과 〈召南〉은 ≪詩經≫ 〈國風〉의 開始이다. 淑女를 얻어서 君子의 配匹로 삼은 것을 즐거워했으니, 三綱의 머리이고 王敎(王者의 敎化)의 發端이다. 그러므로 사람으로서 배우지 않으면 담을 향하고 선 것과 같다.

【疏】 '子曰'至'也與' ○ 正義曰 : 此章勸人學詩也. '子曰 小子何莫學夫詩'者, 小子, 門人也. 莫, 不也. 孔子呼門人曰 "何不學夫詩也." '詩可以興'者, 又爲說其學詩有益之理也. 若能學詩, 詩可以令人能引譬連類以爲比興也. '可以觀'者, 詩有諸國之風俗盛衰, 可以觀覽知之也. '可以群'者, 詩有如切如磋[1], 可以群居相切磋也. '可以怨'者, 詩有君政不善則風刺之, 言之者無罪, 聞之者足以戒, 故可以怨刺上政. '邇之事父 遠之事君'者, 邇, 近也. 詩有凱風[2]·白華[3], 相戒以養, 是有近之事父之道也. 又有雅·頌君臣之法, 是有遠之事君之道也. 言事父與君, 皆有其道也. '多識於鳥獸草木之名'者, 言詩人多記鳥獸草木之名以爲比興, 則因又多識於此鳥獸草木之名也. '子謂伯魚曰 女爲周南·召南矣乎'者, 爲, 猶學也. 孔子謂其子伯魚曰 "女學周南·召南之詩矣乎." '人而不爲周南·召南 其猶正牆面而立也與'者, 又爲說宜學周南·召南之意也. 牆面, 面向牆也. 周南·召南, 國風之始, 三綱之首, 王敎之端, 故人若學之, 則可以觀興, 人而不爲, 則如面正向牆而立, 無所觀見也.

1) 如切如磋 : 서로 도와 鍊磨함을 비유한다. ≪詩經≫ 〈衛風 淇奧(욱)〉篇에 "如切如磋, 如琢如磨"란 말이 보인다.
2) 凱風 : ≪毛詩≫ 〈凱風序〉에 "凱風은 孝子를 찬미한 詩이다. 衛나라에 淫風이 流行하여 비록 일곱 아들을 둔 어머니도 오히려 그 집을 편안히 여기지 않고 〈改嫁하려 하였다.〉 그러므로 일곱 아들이 그 효도를 다하여 그 어미의 마음을 위로하고, 〈이 詩를 지어 자책하는〉 뜻을 이룬 것을 찬미한 것이다.〔凱風 美孝子也 衛之淫風流行 雖有七子之母 不能安其室 故七子能盡其孝道 以慰其母心 而成其志爾〕"라고 하였다.
3) 白華 : 현재 篇名만 남아 있고 詩는 없어졌다. ≪毛詩≫ 〈白華序〉에 "白華는 孝子의 潔白함이다."라고 하였다.

經의 〔子曰〕에서 〔也與〕까지

○ 正義曰 : 이 章은 사람들에게 ≪詩≫를 배우도록 권면한 것이다.

〔子曰 小子何莫學夫詩〕 小子는 門人이다. 莫은 不이다. 孔子께서 門人들을 부르시어 "어찌하여 ≪詩≫를 배우지 않느냐?"고 말씀하신 것이다.

〔詩可以興〕 또 문인들에게 ≪詩≫를 배우면 유익한 이유를 설명한 것이다. 만약 ≪詩≫를 잘 배운다면 ≪詩≫가 사람들로 하여금 〈사물을〉 이끌어 비유하면서 동류의 사물을 죽 이어 말하여, 比(比類를 취함)하고 興(사물을 이끌어 비유함)하게 할 수 있다.

〔可以觀〕 ≪詩≫에는 여러 나라의 風俗의 盛衰가 실려 있으니, 〈≪詩≫를〉 보고서 〈그 나라의 政治의 得失을〉 알 수 있다.

〔可以群〕 ≪詩≫에는 如切如磋가 있으니, 여럿이 함께 지내며 切磋琢磨할 수 있다.

〔可以怨〕 ≪詩≫에는 不善한 君上의 정치를 風刺한 것이 있다. 그러나 풍자하는 말을 한 자는 죄를 받지 않았고, 풍자를 들은 자는 경계로 삼기에 충분하였다. 그러므로 君上의 정치를 원망하여 풍자할 수 있다.

〔邇之事父 遠之事君〕 邇는 近이다. ≪詩≫에는 〈어버이를 효성으로〉 봉양하도록 서로 경계한 〈凱風〉과 〈白華〉가 있으니, 이것이 가까이로는 부모를 섬기는 道가 있는 것이고, 또 君臣의 法이 실린 雅와 頌이 있으니, 이것이 멀리로는 임금을 섬기는 도가 있는 것이다. 부모를 섬기고 임금을 섬김에 모두 그 道가 있음을 말한 것이다.

〔多識於鳥獸草木之名〕 詩人이 鳥獸와 草木의 이름을 많이 기록하여 比와 興으로 삼았으니, 그렇다면 이로 인해 또 鳥獸와 草木의 이름을 많이 알 수 있다는 말이다.

〔子謂伯魚曰 女爲周南召南矣乎〕 爲는 學과 같다. 孔子께서 그 아들 伯魚에게 "너는 〈周南〉詩와 〈召南〉詩를 배웠느냐?"고 말씀하신 것이다.

〔人而不爲周南召南 其猶正牆面而立也與〕 또 〈周南〉과 〈召南〉을 배워야 하는 뜻을 설명한 것이다. 牆面은 얼굴이 담을 향함이다. 〈周南〉·〈召南〉은 〈國風〉의 開始이며, 三綱의 머리이며, 王敎의 發端이다. 그러므로 사람이 이것을 배운다면 觀하고 興할 수 있지만, 사람으로서 배우지 않는다면 마치 얼굴을 바로 담으로 향하고 선 것과 같아서, 볼 수 있는 것이 없다.

○注'周南'至'而立' ○正義曰 : 云'周南召南 國風之始'者, 詩序云 "然則關雎·麟趾之化, 王者之風, 故繫之周公, 南, 言化自北而南也. 鵲巢·騶虞之德, 諸侯之風也, 先王之所以敎, 故繫之召公. 周南·召南, 正始之道, 王化之基." 是以周南·召南二十五篇, 謂之正國風, 爲十五國風之始也. 云'樂得淑女 以配君子'者, 亦詩關雎序文也. 言二南皆是

正始之道, 先美家內之化, 是以關雎之篇, 說后妃心之所樂, 樂得此賢善之女, 以配己之君子也. 云'三綱之首 王化之端'者, 白虎通云 "三綱者何謂. 謂君臣·父子·夫婦也. 君爲臣綱, 父爲子綱, 夫爲妻綱." 有夫婦然後有父子, 有父子然後有君臣. 二南之詩, 首論夫婦. 文王刑于寡妻, 至于兄弟, 以御于家邦, 是故二國之詩以后妃夫人之德爲首, 終以麟趾·騶虞, 言后妃夫人有斯德, 興助[1]其君子, 皆可以成功, 至于致嘉瑞, 故爲三綱之首, 王教之端也.

1) 興助 : '興'은 '與'의 誤字인 듯하여, '與助(도움)'의 뜻으로 번역하였다.

○ 注의 〔周南〕에서 〔而立〕까지

○ 正義曰 : 〔周南召南 國風之始〕 ≪毛詩≫ 〈關雎序〉에 "그렇다면 〈關雎〉와 〈麟趾〉의 교화는 王者의 風이다. 그러므로 周公에 매어 〈周南이라 한 것이다.〉 南은 교화가 북으로부터 남으로 온 것을 말한다. 〈鵲巢〉와 〈騶虞〉의 德은 諸侯의 風이니, 先王(太王과 王季)이 〈백성을〉 교화하던 방법이다. 그러므로 召公에 매어 〈召南이라 한 것이다.〉 〈周南〉과 〈召南〉은 正始(시작을 바르게 함)의 道이고 王化의 기초이다."라고 하였다. 그러므로 〈周南〉과 〈召南〉에 실린 25篇의 詩를 正國風이라 하고서 15國風의 시작으로 삼은 것이다.

〔樂得淑女 以配君子〕 이 또한 ≪毛詩≫ 〈關雎序〉의 글이다. 二南(周南 · 召南)은 모두 正始의 道로 먼저 家內의 교화를 아름답게 함을 말한 것이다. 그러므로 〈關雎〉篇은 后妃(文王의 妃)가 진심으로 즐긴 바는 어질고 착한 여자를 얻어서 자기 君子(남편)의 짝으로 삼아주기를 즐긴 것임을 말했다.

〔三綱之首 王化之端〕 ≪白虎通≫에 "三綱은 무엇을 이르는가? 君臣 · 父子 · 夫婦를 이르니, 君은 臣의 綱(벼리)이 되고, 父는 子의 綱이 되고, 夫는 妻의 綱이 된다."라고 하였다. 夫婦가 있은 뒤에 父子가 있고, 父子가 있은 뒤에 君臣이 있다. 二南의 詩는 첫머리에 夫婦를 논하였다. 文王은 寡妻(適妻)에게 본보기가 되어, 兄弟(宗族)에 이르고, 이로써 또 집안과 나라에 정치를 하였다. 그러므로 二國(周 · 召)의 詩는 后妃인 夫人의 德을 첫머리로 삼고, 〈麟趾〉와 〈騶虞〉로 끝맺은 것이니, '后妃인 夫人에게 이러한 德이 있어 그 君子를 돕는다면 모두 공적을 이루어 아름다운 상서를 부르는 데 이를 수 있다. 그러므로 三綱의 머리이고 王教의 발단이 된다.'고 말한 것이다.

9. 子曰 禮云禮云이 玉帛云乎哉아

子께서 말씀하셨다. "禮를 말하고 禮를 말하는 것이 玉·帛을 말하는 것이겠는가?

【注】 鄭曰 玉은 圭璋之屬이요 帛은 束帛之屬[1]이라 言禮非但崇此玉帛而已요 所貴者는 乃貴其安上治民[2]이라

1) 玉……束帛之屬 : 圭璋과 束帛에 대해서는 본서 〈鄕黨〉篇 "享禮 有容色"節의 疏 참조.
2) 安上治民 : ≪孝經≫ 〈廣要道〉章에 "君上의 지위를 안정시키고 백성을 다스림에는 禮보다 좋은 것이 없다.〔安上治民 莫善于禮〕"라는 말이 보인다.

鄭曰 : 玉은 圭璋 따위이고, 帛은 束帛 따위이다. 禮는 단지 이 玉·帛만을 숭상할 뿐만이 아니고, 귀하게 여기는 바는 바로 그 禮가 君上의 지위를 안정시키고 백성을 다스릴 수 있게 하기 때문에 귀하게 여긴다는 말이다.

樂云樂云이 鍾鼓云乎哉아

樂을 말하고 樂을 말하는 것이 鍾鼓를 말하는 것이겠는가?"

【注】 馬曰 樂之所貴者는 移風易俗[1]이요 非謂鍾鼓而已라

1) 移風易俗 : ≪孝經≫ 〈廣要道〉章에 "기풍을 변화시키고 습속을 바꿈에는 樂보다 좋은 것이 없다.〔移風易俗 莫善于樂〕"는 말이 보인다.

馬曰 : 樂을 귀하게 여기는 바는 풍속을 變易할 수 있기 때문이고, 鍾鼓만을 이르는 것이 아니다.

【疏】 '子曰'至'乎哉' ○正義曰 : 此章辨禮樂之本也. '子曰 禮云禮云 玉帛云乎哉'者, 玉, 圭璋之屬, 帛, 束帛之屬, 皆行禮之物也. 言禮之所云, 豈在此玉帛云乎者哉. 言非但崇此玉帛而已, 所貴者, 在於安上治民. '樂云樂云 鍾鼓云乎哉'者, 鍾鼓, 樂之器也. 樂之所貴者, 貴其移風易俗, 非謂貴此鍾鼓鏗鏘而已, 故孔子歎之. 重言之者, 深明〔禮〕[1]樂之本, 不在玉帛鍾鼓也.

1) 〔禮〕 : 저본에는 '禮'字가 없으나, "北監本과 毛本에는 '樂' 위에 '禮'자가 있는데, 여기는 잘못 빠졌다."라고 한 阮元의 校勘記에 의거하여 보충하였다.

經의 〔子曰〕에서 〔乎哉〕까지

○正義曰 : 이 章은 禮樂의 근본을 분변한 것이다.

〔子曰 禮云禮云 玉帛云乎哉〕 玉은 圭璋 따위이고, 帛은 束帛 따위이니, 모두 禮를 행할 때에 쓰는 물건이다. 禮를 말하는 것이 어찌 이 玉帛을 말하는 데에 있겠느냐는 말이다. 이 玉帛만을 숭상할 뿐이 아니고, 귀하게 여기는 바가 君上의 지위를 안정시키고 백성을 다스리는 점에 있다는 말이다.

〔樂云樂云 鍾鼓云乎哉〕 鍾鼓는 樂器이다. 樂을 귀하게 여기는 것은 그 樂이 풍속을 변역시킬 수 있는 것을 귀하게 여기는 것이지, 鍾鼓가 아름다운 소리를 내는 것을 귀하게 여기는 것만이 아니다. 그러므로 孔子께서 탄식하신 것이다. 거듭 말씀하신 것은 禮樂의 근본이 玉帛과 鍾鼓에 있지 않다는 것을 깊이 밝히기 위함이다.

10. 子曰 色厲而內荏을

子께서 말씀하셨다. "얼굴빛은 엄숙하되 內心이 柔弱한 것을

【注】 孔曰 荏은 柔也라 (爲)〔謂〕[1]外自矜厲而內柔佞이라

1) (爲)〔謂〕: 底本에는 '爲'로 되어있으나, 四庫全書本에 의거하여 '謂'로 바로잡았다.

孔曰 : 荏은 柔弱함이다. 外面은 비록〔自〕 矜厲(장중하고 엄숙함)하지만 內面이 柔弱해 남에게 아첨함을 이른다.

譬諸小人컨대 其[1]猶穿窬之盜也與ㄴ저

1) 其 : ≪論孟虛字集釋≫ '其' 조에 "其는 則(이면, 그렇다면)과 同義로 推說(추측하는 말)을 표현하는 關係詞이다."라고 하였다.

小人에 비유하면 穿窬의 도둑과 같다."

【注】 孔曰 爲人如此면 猶小人之有盜心이라 穿은 穿壁이요 窬는 窬牆이라

孔曰 : 사람됨이 이와 같다면 小人이 盜心을 가진 것과 같다. 穿은 벽을 뚫음이고, 窬는 담을 넘음이다.

【疏】 '子曰 色厲而內荏 譬諸小人 其猶穿窬之盜也與' ○ 正義曰 : 此章疾時人體與情反也. 厲, 矜莊也. 荏, 柔佞也. 穿, 穿壁, 窬, 窬牆也. 言外自矜厲, 而內柔佞. 爲人如此, 譬之猶小人外雖持正, 內常有穿壁窬牆竊盜之心也與.

經의 〔子曰 色厲而內荏 譬諸小人 其猶穿窬之盜也與〕

○ 正義曰 : 이 章은 당시 사람들의 몸과 마음이 相反됨을 미워한 것이다.

厲는 장중하고 엄숙함이고, 荏은 유약하여 아첨함이다. 穿은 벽을 뚫고 〈들어가 도둑질함이고,〉 窬는 담을 넘어 〈들어가 도둑질함이다.〉 外面은 비록〔自〕 장중하고 엄숙하지만 內面이 柔弱해 남에게 아첨함을 말한다. 사람됨이 이와 같다면 비유하건대 小人이 겉으로는 비록 정도를 지키지만 속으로는 항상 벽을 뚫거나 담을 넘어 〈들어가서〉 도둑질하려는 마음이 있는 것과 같다.

11. 子曰 鄕原은 德之賊也니라

子께서 말씀하셨다. "鄕原은 德의 賊이다."

【注】 周曰 所至之鄕에 輒原其人情하야 而爲〔己〕[1]意以待之니 是賊亂德也라 一曰 鄕은 向也니 古字同이라 謂人不能剛毅하고 而見人輒原其趣嚮하야 容媚而合之니 言此所以賊德[2]이라

1) 〔己〕 : 저본에는 '己'字가 없으나, "皇本에는 '意' 위에 '己'자가 있다."라고 한 阮元의 校勘記에 의거하여 보충하였다.

2) 周曰……言此所以賊德 : 이 注說에 대해, 兪樾은 牽强附會라고 辨駁하였다.

"周生烈의 注는 당치도 않은 말을 끌어다가 그럴듯하게 만든 것〔迂曲〕이니, 결코 經의 뜻이 아니고, 何晏의 說도 ≪孟子≫의 '한 고장 사람들이 모두 原人이라 칭한다.'고 한 說과 맞지 않으니 그 뜻이 더욱 옳지 않다. '原'은 '傆'이 되어야 한다. ≪說文解字≫ 〈人部〉에 '傆은 黠(교활함)이다.'라고 하였으니, 鄕傆은 한 고장 안의 傆黠(교활함)한 사람이다. ≪孟子≫에 鄕原을 설명하기를 '비난하려 해도 擧論할 것이 없고, 꼬집으려 해도 꼬집을 것이 없으며, 유행하는 세속에 동조하고 더러운 세태에 영합하여, 處身이 忠厚하고 信實한 것 같으며 행실이 청렴하고 高潔한 것 같다.'고 하였으니, 그 사람이 巧黠함을 알 수 있다. 孔子께서 鄕原이 德을 어지럽힐까 두려워하신 것은 대개 '교묘한 말이 덕을 어지럽힘(巧言亂德)'을 〈미워하신〉 뜻인 듯하다.〔周注迂曲 必非經旨 如何晏說 則與孟子一鄕皆稱原人之說不合 其義更非矣 原 當爲傆 說文人部 傆 黠也 鄕傆者 一鄕中傆黠之人也 孟子說鄕原曰 非之無擧也 刺之無刺也 同乎流俗 合乎汚世 居之似忠信 行之似廉絜 則其人之巧黠可知 孔子恐其亂德 蓋卽巧言亂德之意〕"

周曰 : 〈鄕原은〉 이르는 고장마다 그곳 사람들의 생각을 탐지해, 자기의 생각으로 삼아 그곳 사람들을 대하니, 이는 德을 해치고 어지럽힘이다.

〈何曰 : 〉一說에 鄕은 向함이라고 하였으니, 〈鄕과 向이〉 古字에는 같았다. 사람이 剛直하지도 의지가 굳세지도 못하고 사람을 만나면 번번이 그 사람의 趣向을 탐지해 아첨해 迎合함을 이르니, 이것이 德을 해치는 것이라는 말이다.

【疏】 '子曰 鄕原 德之賊也' ○正義曰 : 此章疾時人之詭隨也. 舊解有二, 周曰 "所至之鄕, 輒原其人情, 而爲意以待之, 是賊亂德也." 何晏云 "一曰 鄕, 向也, 古字同. 謂人不能剛毅, 而見人輒原其趣嚮, 容媚而合之, 言此所以賊德也."

經의 〔子曰 鄕原 德之賊也〕

○ 正義曰 : 이 章은 당시 사람들이 시비를 따지지 않고 무턱대고 남의 생각을 따르는 것〔詭隨〕을 미워한 것이다.

옛 해석에 두 가지 說이 있는데, 周生烈은 "이르는 고장마다 그곳 사람들의 생각을 탐지해, 자기도 그런 생각을 〈가진 것처럼 가장하여〉 그곳 사람들을 대하니, 이는 德을 해치고 어지럽힘이다."라고 하고, 何晏은 "一說에 鄕은 向함이라고 하였으니, 〈鄕과 向이〉 古字에는 같았다. 사람이 剛直하지도 의지가 굳세지도 못하여 사람을 만나면 번번이 그 사람의 趣向을 탐지해 아첨해 迎合함을 이르니, 이것이 德을 해치는 것이라는 말이다."라고 하였다.

12. 子曰 道聽而塗說이면 德之棄也니라

子께서 말씀하셨다. "길에서 듣고서 길에서 말하면 德이 있는 자에게 버림을 받는다."

【注】 馬曰 聞之於道路를 則傳而說之라

馬曰 : 도로에서 들은 것을 즉시 남에게 전해 말함이다.

【疏】 '子曰 道聽而塗說 德之棄也' ○正義曰 : 此章疾時人不習而傳之也. 塗, 亦道也. 言聞之於道路, 則於道路傳而說之, 必多謬妄, 爲有德者所棄也.

經의 〔子曰 道聽而塗說 德之棄也〕

○ 正義曰 : 이 章은 당시 사람들이 익히지 않고서 전하는 것을 미워한 것이다.

塗도 길이다. 도로에서 들은 것을 즉시 도로에서 전하여 말하면 반드시 황당하고 도리

에 어긋나는 것이 많아서, 有德者에게 버림을 받는다는 말이다.

13. 子曰 鄙夫可與事君也與哉아

子께서 말씀하셨다. "비루한 사람과는 함께 임금을 섬길 수 있겠는가?

【注】 孔曰 言不可與事君이라

孔曰 : 함께 임금을 섬길 수 없다는 말이다.

其未得之也엔 患得之하고

〈祿位를〉 얻기 전에는 얻지 〈못할까〉 걱정하고,

【注】 患得之者는 患不能得之라 楚俗言이라

患得之는 얻지 못할까 걱정함이다. 이는 楚나라의 俗言이다.

旣得之하얀 患失之하나니 苟患失之면 無所不至矣리라

얻은 뒤에는 잃을까를 걱정한다. 진실로 잃을까를 걱정한다면 하지 못하는 짓이 없을 것이다."

【注】 鄭曰 無所不至者는 言其邪媚無所不爲라

鄭曰 : 無所不至는 간사하게 아첨하는 짓을 하지 못하는 것이 없다는 말이다.

【疏】 '子曰 鄙夫' 至 '至矣' ○正義曰 : 此章論鄙夫之行也. '子曰 鄙夫可與事君也與哉'者, 言凡鄙之人, 不可與之事君也. '其未得之也 患得之'者, 此下明鄙夫不可與事君之由也. '患得之'者, 患不能得也. 言其初未得事君也, 時常患己不能得事君也. '旣得之 患失之'者, 言不能任直守道, 常憂患失其祿位也. '苟患失之 無所不至矣'者, 苟, 誠也. 若誠憂失之, 則用心顧惜, 竊位偸安[1]. 言其邪媚無所不爲也, 以此故不可與事君也.

1) 竊位偸安 : 竊位는 능력이 없는 자가 벼슬자리를 차지함을 이르고, 偸安은 苟安과 같은 말로 目前의 안일만을 탐함을 이르니, 곧 능력도 없는 자가 자리를 차지하고 앉아서 하는 일 없이 목전의 안일만을 탐한다는 뜻이다.

經의 〔子曰 鄙夫〕에서 〔至矣〕까지

○ 正義曰 : 이 章은 鄙夫의 행실을 논한 것이다.

〔子曰 鄙夫可與事君也與哉〕 평범하고 비루한 사람과는 함께 임금을 섬길 수 없다는 말이다.

〔其未得之也 患得之〕 이 이하는 鄙夫와 함께 임금을 섬길 수 없는 이유를 밝힌 것이다.

〔患得之〕 얻지 못할까 걱정함이다. 처음에 임금을 섬길 수 있는 〈관직을〉 얻지 못했을 때는 항상 자기가 임금을 섬길 수 있는 〈관직을〉 얻지 못할까를 걱정한다는 말이다.

〔旣得之 患失之〕 直道를 임무로 삼아 道義를 지키지 못하고 항상 그 祿位를 잃을까만을 근심하고 걱정한다는 말이다.

〔苟患失之 無所不至矣〕 苟는 誠(진실로)이다. 만약 진실로 잃을까를 근심하고 걱정한다면 〈관직을〉 돌아보고 아까워하는 데에만 마음을 쓰고, 능력도 없으면서 그 자리를 차지하고 앉아서 목전의 안일만을 탐할 것이다. 그런 사람은 간사하게 아첨하는 짓을 하지 못하는 것이 없으니, 이 때문에 함께 임금을 섬길 수 없다고 말한 것이다.

14. 子曰 古者民有三疾이러니 今也或是之亡(무)也로다

子께서 말씀하셨다. "옛날에는 백성들에게 세 가지 병통(결점)이 있었는데, 지금은 이마저도 없다.

【注】 包曰 言古者民疾與今時異라

包曰 : 옛날 백성들의 병통은 지금 시대의 〈백성들의 병통과〉 다름을 말한 것이다.

古之狂[1)]也肆러니

1) 狂 : 뜻이 크고 이상이 높아 進取에 용감한 사람을 이른다.

옛날의 狂者들은 과감히 말을 하였는데〔肆〕,

【注】 包曰 肆는 極意敢言이라

包曰 : 肆는 마음을 다해 과감히 말함이다.

今之狂也蕩하고

지금의 狂者들은 방탕하고,

【注】 孔曰 蕩은 無所據[1]라

1) 據 : 劉寶楠의 ≪論語正義≫에 "據於德(德에 의거함)의 據이니, 의거하는 바가 없으면 스스로 禮法 밖에서 放縱한다."라고 하였다.

孔曰 : 蕩은 의거하는 바가 없음이다.

古之矜也廉이러니

옛날의 矜者(몸가짐이 엄격한 자)들은 모〔廉〕가 났는데,

【注】 馬曰 有廉隅[1]라

1) 廉隅 : 물건의 모서리를 이르는데, 행실이 바르고, 節操가 굳음을 뜻한다.

馬曰 : 廉隅가 있음이다.

今之矜也忿戾[1]하고

1) 忿戾 : 忿은 忿怒이고, 戾는 사리에 어긋남이니, 곧 사리를 따지지 않고 함부로 분노함을 뜻한다.

지금의 矜者들은 함부로 忿怒하고

【注】 孔曰 惡理多怒[1]라

1) 惡理多怒 : 劉寶楠의 ≪論語正義≫에 "惡理로써 戾를 訓釋하고 多怒로써 忿을 訓釋하였다. ≪字林≫에 '戾는 乖戾이다.'라고 하였다. 乖戾하면 도리를 어김이 많기 때문에 注에 '惡理'라고 한 것이다.〔以惡理訓戾 多怒訓忿 字林 戾乖戾也 乖戾則多違理 故注云惡理〕"라고 하였다.

孔曰 : 惡理(惡의 이치)에는 忿怒가 많다.

古之愚也直이러니 今之愚也詐而已矣로다

옛날의 愚者들은 正直하였는데, 지금의 愚者들은 남을 속일 뿐이다."

【疏】'子曰'至'已矣' ○ 正義曰 : 此章論今人澆薄, 不如古人也. '子曰 古者民有三疾 今也或是之亡也'者, 亡, 無也. 言古者淳朴之時, 民之行有三疾, 今也澆薄, 或是亦無也. 言古者民疾與今時異. '古之狂也肆'者, 此下歷言三疾也. 肆, 謂極意敢言, 多抵觸人也. '今之狂也蕩'者, 〔謂無所依據, 太放浪也. '古之矜也廉'者, 謂有廉隅自檢束也. '今之矜也忿戾'者〕[1], 謂忿怒而多咈戾, 惡理多怒. '古之愚也直'者, 謂心直而無邪曲. '今之愚也詐而已矣'者, 謂多行欺詐自利也.

1) 〔謂無所依據……今之矜也忿戾者〕 : 저본에는 '謂無所依據'로부터 '今之矜也忿戾者'까지 30字가 없으나, 四庫全書本에 의거하여 보충하였다.

經의 〔子曰〕에서 〔已矣〕까지

○ 正義曰 : 이 章은 지금 사람들은 야박하여 古人들만 못함을 논한 것이다.

〔子曰 古者民有三疾 今也或是之亡也〕 亡는 無이다. 옛날 淳朴한 시대에는 백성들의 행실에 세 가지 병통이 있었는데, 지금 시대는 야박해져서 이마저도 없다는 말이다. 옛날 백성들의 병통이 지금 시대의 〈병통과〉 다름을 말한 것이다.

〔古之狂也肆〕 이 이하는 세 가지 병통을 일일이 말한 것이다. 肆는 마음을 다해 과감하게 말하여 남을 침범함이 많음을 이른다.

〔今之狂也蕩〕 依據하는 바가 없어, 너무 放浪(행위가 방자해 예의에 구속을 받지 않음)함을 이른다.

〔古之矜也廉〕 廉隅가 있어서 자신을 檢束함을 이른다.

〔今之矜也忿戾〕 忿怒하여 사리를 거스름이 많음을 이른다. 惡理에는 분노가 많다.

〔古之愚也直〕 마음이 정직하여 邪曲(不正)함이 없음을 이른다.

〔今之愚也詐而已矣〕 남을 속이는 짓을 많이 하여 자신을 이롭게 함을 이른다.

15. 子曰 巧言令色은 鮮矣仁이니라

子께서 말씀하셨다. "말을 듣기 좋게 하고 얼굴빛을 보기 좋게 꾸미는 사람은 仁이 적다."

【注】 王曰 巧言無實이요 令色無質이라

王曰 : 巧言은 진실함이 없고, 令色은 성실함이 없다.

【疏】‘子曰 巧言令色 鮮矣仁’ ○ 正義曰：此章與學而篇同. 弟子各記所聞, 故重出之.

經의〔子曰 巧言令色 鮮矣仁〕

○ 正義曰：이 章은 〈學而〉篇에 나온 것과 같다. 제자들이 각각 들은 것을 기록하였기 때문에 거듭 나온 것이다.

16. 子曰 惡紫之奪朱也하며

子께서 말씀하셨다. “紫色이 朱色을 빼앗는 것을 미워하며,

【注】孔曰 朱는 正色이요 紫는 間色之好者라 惡其邪好而奪正色이라

孔曰：朱는 正色이고, 紫는 間色의 아름다운 것이다. 그 邪(不正한 間色)가 아름다워 正色을 빼앗는 것을 미워한다.

惡鄭聲之亂雅樂也하며

鄭聲(鄭나라 音樂의 聲調)이 雅樂(正樂)을 어지럽히는 것을 미워하며,

【注】包曰 鄭聲은 淫聲之哀者니 惡其亂雅樂이라

包曰：鄭聲은 음탕한 聲調가 애절한 것이니, 그것이 雅樂을 어지럽히는 것을 미워한다.

惡利口之覆邦家者하노라

口辯이 국가를 顚覆시키는 것을 미워한다.”

【注】孔曰 利口之人은 多言少實하니 苟能悅媚時君이면 傾覆國家라

孔曰：구변이 좋은 사람은 말이 많고 진실함이 적으니, 만약 당시 君主에게 아첨해 환심을 산다면 國家를 傾覆시킬 수 있다.

【疏】‘子曰’至‘家者’ ○ 正義曰：此章記孔子惡邪奪正也. ‘惡紫之奪朱也’者, 朱, 正色. 紫, 間色之好者. 惡其邪好而奪正色也. ‘惡鄭聲之亂雅樂也’者, 鄭聲, 淫聲之哀者, 惡其淫聲亂正樂也. ‘惡利口之覆邦家’者, 利口之人, 多言少實, 苟能悅媚時君, 傾覆國家也.

經의 〔子曰〕에서 〔家者〕까지

○ 正義曰：이 章은 孔子께서 邪(不正)가 正을 빼앗는 것을 미워하셨음을 기록한 것이다.

〔惡紫之奪朱也〕 朱는 正色이고, 紫는 間色의 아름다운 것이니, 그 邪(不正한 間色)가 아름다워 正色을 빼앗음을 미워한 것이다.

〔惡鄭聲之亂雅樂也〕 鄭聲은 음탕한 성조가 애절한 것이니, 그 음탕한 성조가 正樂을 어지럽힘을 미워한 것이다.

〔惡利口之覆邦家〕 구변이 좋은 사람은 말이 많고 진실함이 적으니, 만약 당시 君主에게 아첨해 환심을 산다면 國家를 傾覆시킬 수 있다.

○ 注'孔曰'至'正色' ○ 正義曰：云'朱 正色 紫 間色'者, 皇氏云"〔正〕[1], 謂青·赤·(田)〔黃〕[2]·白·黑五方正色. 不正, 謂五方間色, 綠·紅·碧·紫·駵黃(色)[3]是也. 青是東方正, 綠是東方間. 東爲木, 木色青. 木(剋)〔克〕[4]土, 土色黃, 竝以所(剋)〔克〕爲間, 故綠色青黃也. 朱是南方正, 紅是南方間. 南爲火, 火色赤, 火(剋)〔克〕金, 金色白, 故紅色赤白也. 白是西方正, 碧是西方間. 西爲金, 金色白. 金(剋)〔克〕木, 〔木色青〕[5], 故碧色青白也. 黑是北方正, 紫是北方間. 北方水, 水色黑. 水(剋)〔克〕火, 火色赤, 故紫色赤黑也. 黃是中央正, 駵黃是中央間. 中央土, 土色黃. 土(剋)〔克〕水, 水色黑, 故駵黃色黃黑也."

1) 〔正〕：저본에는 '正'字가 없으나, "浦鏜이 '謂 위에 正자가 빠졌다.'라고 하였다."라고 한 阮元의 校勘記에 의거하여 보충하였다.

2) (田)〔黃〕：저본에는 '田'으로 되어있으나, "北監本과 毛本에는 '田'이 '黃'으로 되어있다."라고 한 阮元의 校勘記에 의거하여 '黃'으로 바로잡았다.

3) (色)：저본에는 '色'字가 있으나, "浦鏜이 '色자는 衍文이다.'라고 하였다."라고 한 阮元의 校勘記에 의거하여 衍文으로 처리하였다.

4) (剋)〔克〕：저본에는 '剋'으로 되어있으나, "剋은 克이 되어야 한다. 아래도 모두 같다."라고 한 阮元의 校勘記에 의거하여 '克'으로 바로잡았다. 이하 다섯 개의 '剋'도 모두 '克'으로 바로잡았다.

5) 〔木色青〕：저본에는 이 세 글자가 없으나, 皇侃의 ≪論語集解義疏≫에 의거해 보충하였다.

○ 注의 〔孔曰〕에서 〔正色〕까지

○ 正義曰：〔朱 正色 紫 間色〕 皇氏(皇侃)의 ≪論語集解義疏≫ 〈鄕黨〉篇 '紅紫不爲褻服'節에 다음과 같이 말하였다.

"正은 青·赤·黃·白·黑 등 五方의 正色을 이르고, 不正은 五方의 間色을 이르니, 綠·紅·碧·紫·騮黃이 이것이다. 青은 東方의 正色이고 綠은 東方의 間色이다. 東은 木이 되고 木의 色은 푸르다〔青〕. 木이 土를 이기고 土의 色은 黃이니, 모두 이긴 색깔을 間色으로 삼는다. 그러므로 綠色은 青色에 黃色을 더한 것이다. 朱는 南方의 正色이고 紅은 南方의 間色이다. 南은 火가 되고 火의 色은 붉다〔赤〕. 火가 金을 이기고 金의 色은 희다〔白〕. 그러므로 紅色은 赤色에 白色을 더한 것이다. 白은 西方의 正色이고, 碧은 西方의 間色이다. 西는 金이 되고 金의 色은 희다〔白〕. 金이 木을 이기고 木의 色은 푸르다〔青〕. 그러므로 碧色은 青色에 白色을 더한 것이다. 黑은 北方의 正色이고, 紫는 北方의 間色이다. 北方은 水가 되고, 水의 色은 검다〔黑〕. 水가 火를 이기고 火의 色은 붉다〔赤〕. 그러므로 紫色은 赤色에 黑色을 더한 것이다. 黃은 中央의 正色이고, 騮黃은 中央의 間色이다. 中央은 土가 되고 土의 色은 누렇다〔黃〕. 土가 水를 이기고, 水의 色은 검다〔黑〕. 그러므로 騮黃色은 黃色에 黑色을 더한 것이다."

17. 子曰 予欲無言하노라 子貢曰 子如不言이시면 則小子何述焉이리잇고

子께서 말씀하셨다. "나는 말이 없고자 하노라."

子貢이 말하였다. "子께서 말씀을 안 하시면 저희 小子들이 어떻게 傳述하겠습니까?"

【注】 言之爲益少라 故欲無言이라

말하는 것이 이익이 됨이 적기 때문에 말이 없고자 하신 것이다.

子曰 天何言哉아 四時行焉하며 百物生焉이니라 天何言哉아

子께서 말씀하셨다. "하늘이 무슨 말을 하더냐? 〈말을 하지 않아도〉 四時가 運行되고 百物이 生長한다. 하늘이 무슨 말을 하더냐?"

【疏】 '子曰'至'言哉' ○正義曰：此章戒人愼言也. '子曰 予欲無言'者, 君子訥於言而敏於行, 以言之爲益少, 故欲無言. '子貢曰 子如不言 則小子何述焉'者, 小子, 弟子也. 子貢聞孔子不欲言, 故告曰"夫子若不言, 則弟子等何所傳述." '子曰 天何言哉 四時行焉 百物生焉 天何言哉'者, 此孔子擧天亦不言而令行以爲譬也. 天何嘗有言語哉. 而四

時之令遞行焉, 百物皆依時而生焉, 天何嘗有言語教命哉. 以喩人若無言, 但有其行, 不亦可乎.

經의 〔子曰〕에서 〔言哉〕까지

○ 正義曰 : 이 章은 사람들에게 말을 삼가도록 경계하신 것이다.

〔子曰 予欲無言〕 君子는 말에는 굼뜨고 행동에는 재빠르고자 한다. 말을 하는 것이 이익이 됨이 적기 때문에 말이 없고자 하신 것이다.

〔子貢曰 子如不言 則小子何述焉〕 小子는 弟子이다. 子貢이 '말이 없고자 한다.'는 孔子의 말씀을 들었기 때문에 "夫子께서 말씀을 안 하신다면 제자들이 어떻게 전술하겠습니까?"라고 말한 것이다.

〔子曰 天何言哉 四時行焉 百物生焉 天何言哉〕 이것은 孔子께서 하늘이 말을 하지 않아도 四時〔令〕가 운행된다는 것을 들어서 비유하신 것이다. "하늘이 무슨 말을 한 적이 있었더냐? 〈그런데도〉 四時의 令(節氣)이 번갈아 갈마들고 온갖 물건이 모두 철 따라 生長한다. 하늘이 무슨 말이나 教命을 내린 적이 있었더냐?"는 말씀으로써, 사람도 말이 없고 단지 행동만 있는 것이 좋지 않겠느냐는 것을 비유한 것이다.

18. 孺悲欲見孔子어늘 孔子辭以疾하시고 將命者出戶어늘 取瑟而歌하사 使之聞之하시다

孺悲가 孔子를 뵙고자 하자, 孔子께서는 병을 핑계로 사절하시고, 將命者가 방문을 나가자, 거문고를 가져다 노래하시어 그로 하여금 듣게 하셨다.

【注】 孺悲는 魯人也라 孔子不欲見이라 故辭之以疾하시니라 爲其將命者不〔知〕已[1]라 故歌하사 令將命者悟니 所以令孺悲思之니라

1) 將命者不〔知〕已 : 저본에는 '知'가 없으나, 阮元의 校勘記에 "皇本에는 '已' 위에 '知'字가 있다."라고 하였고, 劉寶楠의 ≪論語正義≫에는 "邢本에 '知'字가 빠졌고 '已'字도 '已'로 잘못되었으므로 皇本에 따라 보충하고 바로잡았다. 將命者가 孔子께서 병이 아닌 줄을 깨달아 안다면 반드시 孺悲에게 알려주어, 孺悲로 하여금 스스로 자기의 失禮를 생각하여 고치게 할 수 있다.〔邢本脫知字 已誤已 從皇本補正 將命者悟知其非疾 必亦告之孺悲 令孺悲自思其失禮而改之也〕"라고 하였다. 이에 의거하여 '知'를 보충하였다.

孺悲는 魯나라 사람이다. 孔子께서는 만나고자 하지 않으셨다. 그러므로 병을 핑계로

사절하신 것이다. 그 將命者가 당신의 뜻을 알지 못하기 때문에 노래하시어 將命者로 하여금 깨닫게 하신 것이니, 이는 孺悲로 하여금 〈자기의 실례를〉 생각하여 〈잘못을 고치게〉 하고자 하신 것이다.

【疏】 '孺悲' 至 '聞之' ○ 正義曰 : 此章蓋言孔子疾惡也. '孺悲欲見孔子 孔子辭以疾'者, 孺悲, 魯人也. 來欲見孔子, 孔子不欲見, 故辭之以疾也. '將命者出戶 取瑟而歌 使之聞之'者, 將, 猶奉也. 奉命者, 主人傳辭出入人也[1]. 初, 將命者來, 入戶言孺悲求見, 夫子辭之以疾. 又爲將命者不〔知〕已, 故取瑟而歌, 令將命者聞之而悟, 已無疾, 但不欲見之, 所以令孺悲思之.

1) 主人傳辭出入人也 : 劉寶楠의 ≪論語正義≫에 "鄭玄의 注에 '將命은 말을 전하는 자이다.'라고 하였으니, 이는 主人의 介(傳命者)로 주인의 말은 전하는 자를 가리킨다.〔鄭注云 將命 傳辭者 此指主人之介 傳主人之辭者也〕"라고 하였으니, '主人傳辭出入人也'는 '傳主人辭出入人也'가 되어야 합당할 듯하므로 이에 따라 번역하였다.

經의 〔孺悲〕에서 〔聞之〕까지

○ 正義曰 : 이 章은 孔子께서 미워하신 것을 말한 것이다.

〔孺悲欲見孔子 孔子辭以疾〕 孺悲는 魯나라 사람이다. 와서 孔子를 뵙고자 하였으나, 孔子가 만나고자 하지 않으셨다. 그러므로 병을 핑계로 사절하신 것이다.

〔將命者出戶 取瑟而歌 使之聞之〕 將은 奉과 같다. 奉命者는 主人의 말을 전하기 위해 出入하는 사람이다. 처음 將命者가 와서 방문 안으로 들어와서 "孺悲가 뵙기를 청합니다."라고 하였을 때에 夫子께서 병을 핑계로 사절하셨는데 또 將命者가 공자의 뜻을 알지 못하였기 때문에 거문고를 가져다 노래하시어, 將命者로 하여금 듣고서 당신이 병이 아니고 그를 보고자 하지 않아서일 뿐임을 알게 하신 것이니, 이는 孺悲로 하여금 〈스스로 자기의 失禮를〉 생각하여 〈고치게 하고자 하신 것이다.〉

19. 宰我問 三年之喪은 期已久矣로소이다 君子三年不爲禮면 禮必壞하고 三年不爲樂이면 樂必崩하리이다 舊穀既沒하고 新穀既升하며 鑽燧[1]改火하나니 期可已矣로소이다

1) 鑽燧 : 原始時代에 불을 취하던 방법이다. 鑽은 송곳처럼 끝을 뾰족하게 만든 나무꼬챙이이고, 燧는 불을 취하는 나무이다. 鑽으로 燧에 구멍을 뚫어 鑽을 구멍에 넣고서 마찰시켜

불을 일으킨다.

宰我가 물었다. "3년을 服喪하는 것은 期間이 너무 깁니다. 君子가 3년 동안 禮를 익히지 않으면 禮가 반드시 무너지고, 3년 동안 樂을 익히지 않으면 樂이 반드시 무너질 것입니다. 묵은 곡식이 이미 없어지고 햇곡식이 이미 익으며, 나무를 뚫어 불씨를 바꾸니, 〈服喪도〉 1년이면 그쳐야 합니다."

【注】 馬曰 周書[1]月令에 有更(경)火之文하니 春取楡柳之火하고 夏取棗杏之火하고 季夏取桑柘之火하고 秋取柞楢之火하고 冬取槐檀之火니라 一年之中에 鑽火各異木이라 故曰改火也라하니라

1) 周書 : ≪逸周書≫인 듯하다.

馬曰 : ≪周書≫ 〈月令〉에 〈철 따라〉 불을 바꾼다는 글이 있으니, 봄에는 느릅나무와 버드나무의 불을 취하고, 여름에는 대추나무와 살구나무의 불을 취하고, 季夏(6월 12일~6월 30일)에는 뽕나무와 산뽕나무의 불을 취하고, 가을에는 떡갈나무와 참나무의 불을 취하고, 겨울에는 느티나무와 박달나무의 불을 취한다. 1년 중에 〈철 따라〉 각각 다른 나무를 사용해 구멍을 뚫어 불을 취하기 때문에 '불을 바꾼다.'고 한 것이다.

子曰 食夫稻하며 衣夫錦이 於女安乎아 曰 安하니이다 〔曰〕[1]女安則爲之하라 夫君子之居喪에 食旨不甘하며 聞樂(악)不樂(락)하며 居處不安이라 故不爲也하나니 今女安則爲之하라

1) 〔曰〕 : 저본에는 '曰'字가 없으나, "皇本에는 '女' 위에 '曰'자가 있다."라고 한 阮元의 校勘記에 의거하여 보충하였다.

子께서 말씀하셨다. "쌀밥을 먹고 비단옷을 입는 것이 네 마음에 편안하냐?"

宰我가 대답하였다. "편안합니다."

〈子께서 말씀하셨다.〉 "네가 편안하다면 그리하라. 君子가 喪中에 있을 때에 맛난 것을 먹어도 달지 않으며, 음악을 들어도 즐겁지 않으며, 방 안에 거처해도 편안하지 않다. 그러므로 그리하지 않는다. 〈그런데〉 지금 네가 편안하면 그리하라."

【注】 孔曰 旨는 美也라 責其無仁恩於親이라 故再言女安則爲之시니라

孔曰 : 旨는 아름다운 〈음식〉이다. 宰我가 어버이에 대한 仁愛와 恩情이 없음을 꾸짖으셨다. 그러므로 '네가 편안하다면 그리하라.'고 두 번 말씀하신 것이다.

宰我出커늘 **子曰 予之不仁也**여 **子生三年然後**에 **免於父母之懷**하나니

宰我가 나가자, 子께서 말씀하셨다. "宰予의 不仁함이여! 자식이 태어나서 3년이 지난 뒤에야 부모의 품에서 벗어나니,

【注】 馬曰 子生(於二)〔未三〕[1]歲에 爲父母所懷抱라

1) (於二)〔未三〕: 저본에는 '於二'로 되어있으나, "'二'는 '三'이 되어야 한다. 皇本에는 '於'가 '未'로 되어있다."라고 한 阮元의 校勘記에 의거하여 '未三'으로 바로잡았다.

馬曰 : 자식이 태어나서 세 살이 되기 전에는 부모의 품안에서 지낸다.

夫三年之喪은 **天下之通喪也**니

〈부모를 위해〉 3년을 服喪하는 것은 天下 사람이 通用하는 喪制이다.

【注】 孔曰 自天子達於庶人이라

孔曰 : 天子로부터 庶人에 이르기까지 通用한다.

予也有三年之愛於其父母乎[1]아

1) 予也有三年之愛於其父母乎 : 朱彬의 ≪經傳攷證≫에 다음과 같이 말하였다. "有의 뜻은 無이다. 3년의 服喪은 모든 사람이 通行하는 喪禮인데, 어찌 宰予만이 홀로 3년의 恩愛가 없겠느냐는 말이다.〔有之爲言 無也 言三年之喪 謂通喪 豈予也獨無三年之恩愛乎〕"

宰予는 그 부모에게 3년의 사랑이 있었더냐?"

【注】 孔曰 言子之於父母에 欲報之(恩)〔德〕[1]인댄 昊天罔極이어늘 而予也有三年之愛乎아

1) (恩)〔德〕: 저본에는 '恩'으로 되어있으나, ≪詩經≫ 〈蓼莪〉에 "欲報之德 昊天罔極"으로 되어있는 것에 의거하여 '德'으로 바로잡았다.

孔曰 : 자식이 부모에게 은덕을 갚고자 하면 하늘처럼 끝이 없어 갚을 길이 없는데, 宰予는 그 부모에게 3년의 사랑이 있기나 한 것이냐는 말이다.

【疏】'宰我'至'母乎' ○ 正義曰：此章論三年喪禮也. '宰我問三年之喪 期已久矣'者, 禮喪服爲至親者三年. 宰我嫌其(期月)〔三年〕[1]大遠, 故問於夫子曰 "三年之喪, 期已久矣乎." '君子三年不爲禮 禮必壞 三年不爲樂 樂必崩'者, 此宰我又說喪不可三年之義也. 言禮檢人迹, 樂和人心, 君子不可斯須去身. (推)〔惟〕[2]在喪則皆不爲也. 不爲旣久, 故禮壞而樂崩也. '舊穀旣沒 新穀旣升 鑽燧改火 期可已矣'者, 宰我又言三年之喪, 一期爲足之意也. 夫人之變遷, 本依天道, 一期之(問)〔間〕[3], 則舊穀已沒, 新穀已成. 鑽木出火謂之燧. 言鑽燧者又已改變出火之木. 天道萬物旣已改新, 則人情亦宜從舊, 故喪禮但一期而除, 亦可已矣. '子曰 食夫稻 衣夫錦 於女安乎'者, 孔子見宰我言至親之喪, 欲以期斷, 故問之. 言禮爲父母之喪, 旣殯, 食粥, 居倚廬, 斬衰三年. 期而小祥, 食菜果, 居堊室, 練冠縓緣, 要絰不除. 今女旣期之後, 食稻衣錦, 於女之心, 得安否乎. '曰 安'者, 宰我言, 旣期除喪, 卽食稻衣錦, 其心安也. '女安則爲之'者, 孔子言, 女心安, 則自爲之. '夫君子之居喪 食旨不甘 聞樂不樂 居處不安 故不爲也 今女安則爲之'者, 孔子又爲說不可安之禮. 旨, 美也. 言君子之居喪也, 疾卽飮酒食肉, 雖食美味, 不以爲甘, 雖聞樂聲, 不以爲樂, 寢苫枕塊, 居處不求安也, 故不爲食稻衣錦之事. 今女旣心安, 則任自爲之. 責其無仁恩於親, 故再言 "女安則爲之." '宰我出 子曰 予之不仁也 子生三年然後 免於父母之懷'者, 予, 宰我名. 宰我方當愚執, 夫子不欲面斥其過, 故宰我旣問而出去, 孔子對二三子言曰 "夫宰予不仁於父母也. 凡人子生未三歲, 常爲父母所懷抱, 旣三年然後免離父母之懷. 是以聖人制喪禮, 爲父母三年." '夫三年之喪 天下之通喪也'者, 通, 達也, 謂上自天子下達庶人, 皆爲父母三年, 故曰通喪也. '予也有三年之愛於其父母乎'者, 爲父母愛己, 故喪三年. 今予也不欲行三年之服, 是有三年之恩愛於父母乎.

1) (期月)〔三年〕: 저본에는 '期月'로 되어있으나, "北監本과 毛本에는 '期月'이 '三年'으로 되어있다."라고 한 阮元의 校勘記에 의거하여 '三年'으로 바로잡았다.
2) (推)〔惟〕: 저본에는 '推'로 되어있으나, "推는 惟의 잘못이다."라고 한 阮元의 校勘記에 의거하여 '惟'로 바로잡았다.
3) (問)〔間〕: 저본에는 '問'으로 되어있으나, "본래 間인데 問으로 잘못되었다."라고 한 阮元의 校勘記에 의거하여 '間'으로 바로잡았다.

經의 〔宰我〕에서 〔母乎〕까지

○ 正義曰 : 이 章은 3년의 喪禮를 논한 것이다.

〔宰我問三年之喪 期已久矣〕 ≪儀禮≫ 〈喪服〉에 의하면 至親을 위해 服을 입는 자는 3년을 입는다. 宰我는 3년이 너무 길다고 의심하였기 때문에 夫子께 "부모의 喪에 3년을 服喪하는 것은 期間이 너무 길지 〈않습니까?"〉라고 물은 것이다.

〔君子三年不爲禮 禮必壞 三年不爲樂 樂必崩〕 이것은 宰我가 또 3년을 服喪해서는 안 되는 뜻을 말한 것이다. 禮는 사람의 행동〔迹〕을 檢束하고 樂은 사람의 마음을 和平하게 하니, 君子가 잠시도 몸에서 버려서는 안 된다. 그러나 오직 喪中에 있을 때만은 〈禮와 樂을〉 모두 익히지 않는다. 익히지 않는 기간이 너무 오래기 때문에 禮와 樂이 무너진다는 말이다.

〔舊穀旣沒 新穀旣升 鑽燧改火 期可已矣〕 宰我가 또 〈부모를 위해〉 3년을 服喪하는 것은 1년이면 충분하다는 뜻을 말한 것이다. 사람의 변천은 본래 天道를 따라야 한다. 1년의 사이에는 묵은 곡식이 이미 다하고 햇곡식이 이미 익는다. 나무를 뚫어 불을 내는 것을 燧라 하니, 나무를 뚫어 마찰시켜 불을 얻을 때 또 〈그 季節이 지나면〉 불을 취하는 나무를 바꿈을 말한다. 天道는 萬物이 이미 〈수명이〉 다하여 새 것으로 바뀌었으니, 人情도 옛날(喪을 당하기 이전의 日常)을 따르는 것〔從舊〕이 마땅하다. 그러므로 喪禮도 1期(1년)만 服喪하고 除服(脫喪)하여도 가하다는 것이다.

〔子曰 食夫稻 衣夫錦 於女安乎〕 孔子께서, 至親의 喪期를 期年으로 자르고자 하는 宰我의 말을 들었기 때문에 이렇게 물으신 것이다. 父母를 위한 服喪에는 草殯한 뒤에야 죽을 먹으며, 倚廬(중문 밖에 세운 廬幕)에 거처하며, 3년 동안 斬衰服을 입으며, 1년이 되어 小祥祭를 지내고서야 채소와 과일을 먹으며, 堊室(白土로 네 벽을 바른 방)에 거처하며, 練冠을 쓰고 붉은색으로 가선을 두른 옷을 입으며, 要絰은 벗지 않는 것이 禮인데, 지금 너는 1년이 지난 뒤에 쌀밥을 먹고 비단옷을 입는 것이 네 마음에 편안하냐고 말씀하신 것이다.

〔曰 安〕 宰我가, 1년이 되면 脫喪하고서 즉시 쌀밥을 먹고 비단옷을 입는 것이 마음에 편안하다고 말한 것이다.

〔女安則爲之〕 孔子께서 네 마음이 편안하다면 그렇게 하라고 말씀하신 것이다.

〔夫君子之居喪 食旨不甘 聞樂不樂 居處不安 故不爲也 今女安則爲之〕 孔子께서 또 재아를 위해 편안히 여겨서는 안 되는 禮를 말씀해주신 것이다. 旨는 아름다운 음식이다. 君子가 居喪 중에 병이 생기면 술을 마시고 고기를 먹는다. 〈그러나 평상시에는〉 맛난 음식을 먹어도 달지 않고 음악소리를 들어도 즐겁지 않으며, 거적자리 위에 자고, 흙덩이를 베고 지내며 거처가 편안하기를 구하지 않는다. 그러므로 쌀밥을 먹고 비단옷을

입는 일을 하지 않는 것인데, 지금 네가 마음이 편안하다면 뜻대로 하라고 말씀하신 것이다. 宰我가 어버이에 대한 仁愛와 恩情이 없는 것을 꾸짖으셨기 때문에 '네가 편안하다면 그리 하라.'고 두 번 말씀하신 것이다.

〔宰我出 子曰 予之不仁也 子生三年然後 免於父母之懷〕 予는 宰我의 이름이다. 宰我가 어리석은 소견을 고집할 때에 夫子께서 面前에서 그의 잘못을 질책하려 하지 않으셨다. 그러므로 宰我가 이미 묻고서 나간 뒤에 孔子께서 門人들〔二三子〕에게 "宰予가 父母에 대해 仁愛하는 마음이 없음이여! 무릇 사람의 자식이 태어나서 세 살이 되기 전에는 항상 부모의 품안에서 지내고, 세 살이 지난 뒤에야 父母의 품에서 벗어난다. 그러므로 聖人이 父母를 위해 3년을 服喪하도록 喪禮를 제정한 것이다."라고 말씀하셨다.

〔夫三年之喪 天下之通喪也〕 通은 達(到達)이니, 위로 天子로부터 아래로 庶人에 이르기까지 모두 父母를 위해 3년을 服喪한다. 그러므로 '通喪'이라 한 것이다.

〔予也有三年之愛於其父母乎〕 父母가 나를 사랑하셨기 때문에 3년을 服喪하는 것인데, 지금 宰予는 3년 동안 服喪하는 〈禮를〉 행하려 하지 않으니, 이것이 부모에게 3년의 恩愛가 있는 것이냐?

○ 注'馬曰'至'火也' ○ 正義曰：云'周(禮)〔書〕[1]月令 有更火之文'者, 周書, 孔子所刪尚書百篇之餘也. 晉(成)〔太〕[2]康中得之汲冢, 有月令篇, 其辭(令)〔今〕[3]亡. 案周禮 "司爟掌行火之政令, 四時變國火, 以救時疾." 鄭玄注云 "行, 猶用也. 變, 猶易也." 鄭司農說以鄹子曰 "春取楡柳之火, 夏取棗杏之火, 季夏取桑柘之火, 秋取柞楢之火, 冬取槐檀之火." 其文與此正同. 釋者云 "楡柳青故春用之, 棗杏赤故夏用之, 桑柘黃故季夏用之, 柞楢白故秋用之, 槐檀黑故冬用之.

1) (禮)〔書〕: 저본에는 '禮'로 되어있으나, 이는 앞의 馬融의 注 첫머리를 그대로 따온 문구이므로 '書'로 바로잡았다.
2) (成)〔太〕: 저본에는 '成'으로 되어있으나, 四庫全書本에 의거하여 '太'로 바로잡았다.
3) (令)〔今〕: 저본에는 '令'으로 되어있으나, "본래는 '今'인데 '令'으로 잘못되었다."라고 한 阮元의 校勘記에 의거하여 바로잡았다.

○ 注의 〔馬曰〕에서 〔火也〕까지

○ 正義曰：〔周書月令 有更火之文〕 ≪周書≫는 孔子께서 刪定하신 ≪尚書≫ 百篇의 餘文(遺文)이다. 晉나라 太康(280~289) 연간에 汲冢에서 얻은 〈古書 중에〉 〈月令〉篇이 있었는데, 지금은 그 글이 없어졌다. 고찰하건대, ≪周禮≫에 "司爟이 火(불)를 사용하는

政令을 관장하여, 네 계절마다 國中에서 사용하는 取火木을 바꾸어 時疾(철 따라 유행하는 병)을 救濟한다."라고 하였는데, 鄭玄의 注에 "行은 用과 같고, 變은 易과 같다." 하였고, 鄭司農(鄭衆)은 鄹子의 說을 인용해 "봄에는 느릅나무와 버드나무의 불을 취하고, 여름에는 대추나무와 살구나무의 불을 취하고, 季夏에는 뽕나무와 산뽕나무의 불을 취하고, 가을에는 떡갈나무와 참나무의 불을 취하고, 겨울에는 느티나무와 박달나무의 불을 취한다."고 하였으니, 그 글이 馬融의 注에 인용한 ≪周書≫ 〈月令〉의 내용과 똑같다. 注釋한 者가 "느릅나무와 버드나무는 푸르기 때문에 봄에 사용하고, 대추나무와 살구나무는 붉기 때문에 여름에 사용하고, 뽕나무와 산뽕나무는 누렇기 때문에 季夏에 사용하고, 떡갈나무와 참나무는 희기 때문에 가을에 사용하고, 느티나무와 박달나무는 검기 때문에 겨울에 사용한다."라고 하였다.

○ 注'孔曰 自天子達於庶人' ○ 正義曰：禮記三年問云"夫三年之喪, 天下之(通)〔達〕[1]喪也." 鄭玄云"達, 謂自天子至於庶人." 喪服四制曰"此喪之所以三年, 賢者不得過, 不肖者不得不及." 檀弓曰 "先王〔之〕[2]制禮也, 過之者俯而就之, 不至〔焉〕[3]者跂而及之也." 聖人雖以三年爲文, 其實二十五月而畢. 若駟之過隙然而遂之, 則是無窮也, 故先王爲之立中制節, 壹使足以成文理則釋之矣. 喪服四制曰"始死, 三日不怠, 三月不解, 期悲哀, 三年憂, 恩之殺也." 故孔子云"子生三年然後, 免於父母之懷, 夫三年之喪, 天下之達喪也." 所以喪必三年爲制也.

1) (通)〔達〕: 저본에는 '通'으로 되어있으나, 阮元의 校勘記에 "≪禮記≫ 〈三年問〉에 '達'로 되어있다."라고 하였고, 이 문구에 대한 鄭玄의 注에서 '達'로 풀이했으므로, '達'로 바로잡았다.
2) 〔之〕: 저본에는 '之'字가 없으나, "지금 ≪禮記≫ 〈檀弓〉에는 '王' 아래에 '之'자가 있다."라고 한 阮元의 校勘記에 의거하여 보충하였다.
3) 〔焉〕: 저본에는 '焉'字가 없으나, "지금 ≪禮記≫ 〈檀弓〉에는 '至' 아래에 '焉'자가 있다."라고 한 阮元의 校勘記에 의거하여 보충하였다.

○ 注의 〔孔曰 自天子達於庶人〕

○ 正義曰：≪禮記≫ 〈三年問〉에 "무릇 3년을 服喪하는 것은 천하가 공통으로 행하는 喪禮이다."라고 하였는데, 鄭玄은 "達은 天子로부터 庶人에 이르기까지를 이른다."라고 하였다. ≪禮記≫ 〈喪服四制〉에 "이것이 3년을 服喪하도록 〈규정한〉 이유이니, 賢者는 〈3년을〉 초과하지 못하게 하고, 不肖者는 〈3년에〉 미치지 않을 수 없게 하기 위해서이

다. 〈이것이 喪服의 中庸이다.〉”라고 하였고, ≪禮記≫ 〈檀弓〉에 “先王이 喪禮를 제정하여, 지나친 자(賢者)는 〈뜻을〉 굽혀 〈3년의 禮制〉를 따르게 하고, 이르지 못한 자(不肖者)는 발돋움하여 〈3년의 禮制에〉 미치게 하였다.”라고 하였다.

聖人이 비록 3년을 〈服喪하는 것으로〉 禮文을 만들었으나, 사실은 25개월로 〈喪期를〉 마친다. 駟馬가 문틈을 지나는 것처럼 〈그 기간이 너무 빠르다 하여,〉 자기의 뜻대로 계속 복을 입는다면〔遂之〕 복을 마칠 날이 없을 것이다. 그러므로 先王이 中道에 맞는 禮制를 세워서 모든 사람으로 하여금 文理(禮儀)를 충분히 이루었으면 釋服(喪服을 벗음)하게 한 것이다.

〈喪服四制〉에 “어버이가 처음 사망하셨을 때에는 3일 동안 哭하기를 게을리하지 않으며, 석 달 동안 옷을 벗고 눕지 않으며, 1년 동안 슬퍼하며, 3년 동안 근심하니, 이는 恩惠에 대한 감정이 점점 줄어들기 때문이다.”라고 하였다. 그러므로 孔子께서 “자식이 태어나서 3년이 지난 뒤에야 부모의 품에서 벗어나니, 〈부모를 위해〉 3년을 服喪하는 것은 天下 사람이 공통으로 행하는 喪制이다.”라고 하신 것이다. 그러므로 〈부모의〉 喪은 반드시 3년을 〈服喪〉하는 것을 禮制로 삼는다.

○ 注‘孔曰’至‘愛乎’ ○ 正義曰 : 云‘欲報之德 昊天罔極’者, 小雅蓼莪文. 鄭箋云 “之, 猶是也. 我欲報父母是德, 昊天乎, 我心無極.” 云‘予也有三年之愛〔於其父母〕[1]乎’者, 言宰予不欲服喪三年, 是無三年之愛也. 繆協云 “爾時禮壞樂崩, 三年不行. 宰我大懼其往, 以爲聖人無微旨以戒將來, 故假時人之謂, 啓憤於夫子, 義在屈己以明道也.”

1) 〔於其父母〕 : 저본에는 없으나, “浦鏜이 ‘愛 아래에 於其父母 4자가 빠졌다.’라고 하였다.”라고 한 阮元의 校勘記에 의거하여 ‘於其父母’ 4자를 보충하였다.

○ 注의 〔孔曰〕에서 〔愛乎〕까지

○ 正義曰 : 〔欲報之德 昊天罔極〕 ≪詩經≫ 〈小雅 蓼莪〉의 글이다. 鄭玄의 箋에 “之는 是와 같으니, 내가 부모의 이 德을 갚고 싶지만 하늘과 같으시어 내 마음 끝이 없네.”라고 하였다.

〔予也有三年之愛於其父母乎〕 宰予가 3년을 服喪하고자 하지 않으니, 이는 그 부모에게 3년의 恩愛가 없는 것이다. 繆協이 말하기를 “이때에 禮樂이 붕괴되어, 三年喪을 행하지 않으니, 宰我는 將來〔往〕가 크게 두려운데도 聖人께서 심오한 뜻으로 장래를 경계하심이 없다고 여겼다. 그러므로 당시 사람들의 말에 가탁하여 夫子께 분한 마음을 아뢴 것이니, 그 뜻이 자기를 굽혀 道를 밝히는 데에 있는 것이다.”라고 하였다.

20. 子曰 飽食終日하야 無所用心이면 難矣哉라 不有博(奕)〔弈〕[1]者乎아 爲之猶賢乎已니라

1) (奕)〔弈〕: 저본에는 '奕'으로 되어있으나, "北監本과 毛本에는 '弈'으로 되어있고, 閩本의 疏에도 '弈'으로 되어있으며, 이 本의 疏에서는 '說文' 아래에만 '弈'으로 되어있다. '弈'이 되어야 한다."라고 한 阮元의 校勘記에 의거하여 '弈'으로 바로잡았다.

子께서 말씀하셨다. "배불리 먹고 종일토록 마음을 쓰는 곳이 없으면 〈淫欲이 생기지 않기〉 어려울 것이다. 六博과 바둑이란 놀이가 있지 않으냐? 그것을 하는 것이 오히려 하지 않는 것보다 나을 것이다."

【注】 馬曰 爲其無所據樂善하야 生淫欲이라

馬曰 : 그런 사람은 의거하여 善을 즐길 곳이 없어서 음탕한 욕심이 생긴다.

【疏】 '子曰'至'乎已' ○正義曰 : 此章疾人之不學也[1]. '子曰 飽食終日 無所用心 難矣哉'者, 言人飽食終日, 於善道無所用心, 則難以爲處矣哉. '不有博(奕)〔弈〕者乎 爲之猶賢乎已'者, 賢, 勝也. 已, 止也. 博, 說文作簙, 局戲也, 六箸十二棊也[2]. 古者(烏曾)〔烏曹〕[3]作簙, 圍棊謂之(奕)〔弈〕. 說文弈從廾, 言竦兩手而執之. 棊者所執之子, 以子圍而相殺, 故謂之圍棊. 圍棊稱弈者, 又取其落弈之義也. 夫子爲其飽食(之之)〔終日〕[4], 無所據樂善, 生淫欲, 故敎之曰 "不有博弈之戲者乎. 若其爲之, 猶勝乎止也." 欲令據此爲樂, 則不生淫欲也.

1) 此章疾人之不學也 : 이 章은 無所用心을 미워한 것이지, 不學을 미워한 것이 아니다. 邢氏의 說은 옳지 않다.
2) 六箸十二棊也 : 六箸는 여섯 개의 주사위를 이르고, 十二棊는 盤上에 길을 따라 움직이는 열두 개의 말〔棊〕을 이른다. 白棊가 여섯이고 黑棊가 여섯이다. 六箸를 던져 그 箸에 새겨진 숫자에 따라 말을 움직이는 놀이인데, 그 방법은 未詳이다.
3) (烏曾)〔烏曹〕: 저본에는 '烏曾'으로 되어있으나, "北監本과 毛本에는 '曾'이 '曹'로 고쳐졌으니, 옳다. ≪廣韻≫ 권19, ≪藝文類聚≫ 권74 등에 ≪世本≫을 인용하면서 모두 '烏曹'라고 하였다."라고 한 阮元의 校勘記에 의거하여 '烏曹'로 바로잡았다.
4) (之之)〔終日〕: 저본에는 '之之'로 되어있으나, "之之는 終日의 오류이다."라고 한 阮元의 校勘記에 의거하여 '終日'로 바로잡았다.

經의 〔子曰〕에서 〔乎已〕까지

○ 正義曰 : 이 章은 사람들이 배우지 않는 것을 미워한 것이다.

〔子曰 飽食終日 無所用心 難矣哉〕 사람이 배불리 먹고 종일토록 善道에 마음을 쓰는 것이 없으면 處世하기 어려울 것이라는 말이다.

〔不有博弈者乎 爲之猶賢乎已〕 賢은 勝(나음)이고, 已는 止이다. '博'이 ≪說文解字≫에는 '簙'으로 되어있으니, 局戲로 六箸와 十二棊이다. 옛날에 烏曹가 簙을 만들었다고 한다. 圍棊를 弈이라 한다. ≪說文解字≫에 弈은 廾를 딸렸으니, 두 손을 높이 들어 잡음을 말한다. 바둑을 두는 자가 잡은 바둑알을 〈판에 놓아〉 바둑알로 포위해 서로 죽이기 때문에 圍棊라 한다. 圍棊를 '弈'으로 칭하는 것은 또 바둑알을 〈판에〉 놓는 뜻을 취한 것이다. 夫子께서는 〈사람들이〉 배불리 먹고 하루를 마치며 의거해 善을 즐길 것이 없으면 음탕한 욕망이 생긴다고 여기셨다. 그러므로 "六博과 바둑이라는 놀이가 있지 않으냐? 만약 그것이라도 한다면 오히려 하지 않는 것보다는 나을 것이다."라고 가르치시어, 〈사람들로〉 하여금 이것에 의거해 즐거움으로 삼아 음탕한 욕망이 생기지 않게 하고자 하신 것이다.

21. 子路曰 君子尙勇乎잇가 子曰 君子義以爲上이니 君子有勇而無義면 爲亂하고 小人有勇而無義면 爲盜니라

子路가 물었다. "君子도 용맹을 숭상합니까?"

子께서 말씀하셨다. "君子는 義를 숭상한다. 君子가 용맹만 있고 義가 없으면 亂逆이 되고, 小人이 용맹만 있고 義가 없으면 盜賊이 된다."

【疏】 '子路'至'爲盜' ○ 正義曰 : 此章抑子路也. '子路曰 君子尙勇乎'者, 子路有勇, 意謂勇可崇尙, 故問於夫子曰 "君子當尙勇乎." '子曰 君子義以爲上'者, 言君子不尙勇而上義也. 上, 卽尙也. '君子有勇而無義 爲亂 小人有勇而無義 爲盜'者, 君子指在位者, 合宜爲義. 言在位之人, 有勇而無義, 則爲亂逆. 在下小人, 有勇而無義, 則爲盜賊.

經의 〔子路〕에서 〔爲盜〕까지

○ 正義曰 : 이 章은 子路를 억제한 것이다.

〔子路曰 君子尙勇乎〕 子路는 용맹이 있으니, 용맹을 숭상할 만한 것으로 생각하였다. 그러므로 夫子께 "군자도 용맹을 숭상해야 합니까?"라고 물은 것이다.

〔子曰 君子義以爲上〕 君子는 용맹을 숭상하지 않고 義를 숭상한다는 말이다. 上은 바로 尙이다.

〔君子有勇而無義 爲亂 小人有勇而無義 爲盜〕 君子는 높은 지위에 있는 사람을 가리킨다. 事宜에 부합하는 것이 義이다. 높은 지위에 있는 사람이 용맹만 있고 義가 없으면 亂逆(반란을 일으키는 역적)이 되고, 아래에 있는 小人이 용맹만 있고 義가 없으면 盜賊이 된다.

22. 子貢曰 君子亦有惡(오)乎잇가 子曰 有惡하니 惡稱人之惡(악)者하며

子貢이 말하였다. "君子도 미워함이 있습니까?"

子께서 말씀하셨다. "미워함이 있다. 남의 惡(결점)을 말하는 자를 미워하며,

【注】 包曰 好稱說人之惡이라 所以爲惡니라

包曰 : 남의 惡을 말하기 좋아하기 때문에 미워한다.

惡居下流而訕上者하며

아랫자리에 있으면서 윗사람을 비방하는 자를 미워하며,

【注】 孔曰 訕은 謗毁라

孔曰 : 訕은 비방함이다.

惡勇而無禮者하며 惡果敢而窒者니라

용감하고 禮가 없는 자를 미워하며, 果敢하고 〈남의 善行을〉 막는 자를 미워한다."

【注】 馬曰 窒은 窒塞也라

馬曰 : 窒은 窒塞(막음)이다.

曰 賜也亦有惡乎인저 惡徼以爲知者하며

子貢이 말하였다. "저도 미워함이 있습니다. 남의 것을 가로채어 저의 지식으로 삼는 자를 미워하며,

【注】 孔曰 微는 抄也니 〔惡〕[1]抄人之意하야 以爲己有라

1) 〔惡〕 : 저본에는 '惡'字가 없으나, "皇本에는 '抄' 위에 '惡'자가 있다."라고 한 阮元의 校勘記에 의거하여 보충하였다.

孔曰 : 微는 抄(掠奪)이니, 남의 생각을 가로채어 저의 것으로 만듦이다.

惡不孫以爲勇者하며 惡訐以爲直者하노이다

공손하지 않은 것을 勇敢으로 여기는 자를 미워하며, 남의 비밀을 들추어내는 것을 곧음으로 여기는 자를 미워합니다."

【注】 包曰 訐은 謂攻發人之陰私라

包曰 : 訐은 남의 陰私(남에게 말할 수 없는 비밀)를 들추어냄을 이른다.

【疏】 '子貢'至'直者' ○ 正義曰 : 此章論人有惡行可憎惡也. '子貢曰 君子亦有惡乎'者, 君子, 謂夫子也. 子貢問 "夫子之意亦有憎惡者乎." '子曰 有惡'者, 答言有所憎惡也. '惡稱人之惡'者, 謂好稱說人之惡, 所以惡之. '惡居下流而訕上'者, 訕, 謗毁也. 謂人居下位而謗毁在上, 所以惡之也. '惡勇而無禮'者, 勇而無禮義爲亂, 所以惡之也. '惡果敢而窒'者, 窒, 謂窒塞. 謂好爲果敢, 窒塞人之善道, 所以惡之也. '曰 賜也亦有惡乎'者, 子貢言 "賜也亦有所憎惡也." '惡徼以爲知'者, 徼, 抄也, 禮"毋(抄)〔勦〕[1]說." 若抄人之意, 以爲己有, 所以惡之. '惡不孫以爲勇'者, 孫, 順也. 君子義以爲勇. 若以不順爲勇者, 亦可惡也. '惡訐以爲直'者, 訐, 謂攻發人之陰私也. 人之爲直, 當自直己. 若攻發他人陰私之事, 以成己之直者, 亦可惡也.

1) (抄)〔勦〕 : 저본에는 '抄'로 되어있으나, "'抄'는 '勦'가 되어야 한다."라고 한 阮元의 校勘記에 의거하여 '勦'로 바로잡았다.

經의 〔子貢〕에서 〔直者〕까지

○ 正義曰 : 이 章은 사람에게 憎惡할 만한 惡行이 있음을 논한 것이다.

〔子貢曰 君子亦有惡乎〕 君子는 夫子를 이른다. 子貢이 "夫子의 마음에도 憎惡란 것이 있습니까?"라고 물은 것이다.

〔子曰 有惡〕 憎惡하는 바가 있다고 대답하신 것이다.

〔惡稱人之惡〕 남의 惡을 말하기 좋아하기 때문에 미워한다는 말이다.

〔惡居下流而訕上〕 訕은 비방함이다. 下位에 있는 사람이 上位에 있는 사람을 비방하기 때문에 미워한다는 말이다.

〔惡勇而無禮〕 용감하면서 예의가 없으면 亂을 일으키기 때문에 미워한다는 말이다.

〔惡果敢而窒〕 窒은 막음을 이른다. 果敢하기를 좋아하고 남의 善道를 막기 때문에 미워한다는 말이다.

〔曰 賜也亦有惡乎〕 子貢이 "저도 憎惡하는 바가 있습니다."라고 말한 것이다.

〔惡徼以爲知〕 徼는 抄이니, ≪禮記≫ 〈曲禮〉에 "남의 말을 가로채지 말라.〔毋勦說〕"고 하였다. 만약 남의 생각을 가로챈다면 그것을 제 것으로 만드는 것이다. 그러므로 미워한다.

〔惡不孫以爲勇〕 孫은 順함이다. 君子는 義를 〈행하는 것을〉 勇敢으로 삼아야 한다. 만약 遜順하지 않음을 용감으로 삼는다면 이 또한 미워할 만하다.

〔惡訐以爲直〕 訐은 남의 陰私를 들추어냄을 이른다. 남을 곧게 하려면 자신부터 곧아야 한다. 만약 다른 사람의 陰私한 일을 들추어냄으로써 자기의 곧음을 이루려는 자라면 이 또한 미워할 만하다.

23. 子曰 唯女子與小人爲難養也니 近之則不孫하고 遠之則怨이니라

子께서 말씀하셨다. "오직 女子와 小人은 기르기 어렵다. 가까이하면 공손하지 못하고(버릇이 없음), 멀리하면 원망한다."

【疏】'子曰 唯女子與小人爲難養也 近之則不孫 遠之則怨' ○ 正義曰 : 此章言女子與小人皆無正性, 難畜(휵)養. 所以難養者, 以其親近之則多不孫順, 疏遠之則好生怨恨. 此言女子, 擧其大率耳. 若其稟性賢明, 若文母之類, 則非所論也.

經의 〔子曰 唯女子與小人爲難養也 近之則不孫 遠之則怨〕

○ 正義曰 : 이 章은 女子와 小人은 모두 正性(바른 性情)이 없어서 기르기 어려움을 말한 것이다.

기르기 어려운 까닭은 親近히 대하면 遜順하지 못한 경우가 많고, 疏遠히 대하면 원한을 내기 좋아하기 때문이다. 여기에 말한 女子는 대체를 들어 말한 것뿐이다. 稟性이 賢明한 文母(文王의 后妃 太姒) 같은 분은 여기에서 논한 대상이 아니다.

24. 子曰 年四十而見惡(오)焉이면 其終也已니라

子께서 말씀하셨다. “나이가 40이 되어서도 남의 미움을 받는다면 그는 그대로 끝날 뿐이다.”

【注】 鄭曰 年在不惑而爲人所惡면 終無善行이라

鄭曰 : 不惑의 나이에도 남의 미움을 받는다면 끝내 善行이 없을 것이다.

【疏】 '子曰 年四十而見惡焉 其終也已' ○ 正義曰 : 此章言人年四十猶爲惡行, 而見憎惡於人者, 則是其終無善行也已. 以其年在不惑, 而猶爲人所惡, 必不能追改故也.

經의 〔子曰 年四十而見惡焉 其終也已〕

○ 正義曰 : 이 章은 사람이 나이가 40이 되어서도 오히려 악행을 하여, 사람들에게 미움을 받는다면 이 자는 끝내 선행이 없을 것임을 말한 것이다.

그 나이가 不惑(40세) 중에 들어서도 오히려 사람들에게 미움을 받는다면 반드시 지난날의 잘못을 고칠 수 없을 것이기 때문이다.

論語注疏解經 卷第十八

微子 第十八

【疏】 正義曰：此篇論天下無道, 禮壞樂崩, 君子仁人或去或死, 否則隱淪巖野, 周流四方, 因記周公戒魯公之語, 四乳生八士之名. 以前篇言群小在位, 則必致仁人失所, 故以此篇次之.

正義曰：이 篇은 天下에 道가 없고 禮樂이 붕괴되어, 君子와 仁人이 더러는 떠나고 더러는 죽었거나, 그렇지 않으면 초야에 은둔하거나 사방을 떠도는 것을 논하고서, 이어서 周公이 魯公을 경계한 말과, 네 번의 雙胎로 出生한 八士의 이름을 기록하였다. 前篇에 小人들이 官位에 있으면 반드시 仁人이 處所를 잃게 됨을 말하였기 때문에 이 篇을 前篇의 뒤에 編次한 것이다.

1. 微子去之하고 箕子爲之奴하고 比干諫而死하니라

微子는 〈紂를〉 떠났고, 箕子는 〈紂의〉 종이 되었고, 比干은 諫하다가 죽었다.

【注】 馬曰 微箕는 二國名이요 子는 爵也라 微子는 紂之庶兄이요 箕子比干은 紂之諸父라 微子見紂無道하고 早去之하고 箕子佯狂爲奴하고 比干以諫見殺하니라

馬曰：微와 箕는 두 나라의 이름이고, 子는 爵位이다. 微子는 紂의 庶兄이고, 箕子와 比干은 紂의 諸父(아버지뻘 되는 堂內의 至親)이다. 微子는 紂의 無道함을 보고서 일찍이 紂를 떠나갔고, 箕子는 미친 체하여 종이 되었고, 比干은 諫하다가 殺害당하였다.

孔子曰 殷有三仁焉하니라

孔子께서 말씀하셨다. "殷나라에 세 분의 仁人이 계셨다."

【注】 仁者愛人이라 三人行異而同稱仁은 以其俱在憂亂寧民일새니라

仁者는 사람을 사랑한다. 세 사람이 행한 일이 달랐는데도 똑같이 '仁'이라 칭한 것은 그분들의 〈뜻이〉 모두 國亂을 근심하고 백성을 안정시키는 데에 있었기 때문이다.

【疏】 '微子' 至 '仁焉' ○ 正義曰：此章論殷有三仁, 志同行異也. '微子去之 箕子爲之奴 比干諫而死'者, 微子, 紂之庶兄. 箕子·比干, 紂之諸父. 見紂無道, 微子去之. 箕子佯狂爲奴. 比干以諫見殺. '孔子曰 殷有三仁焉'者, 愛人謂之仁, 三人所行異而同稱仁, 以其俱在憂亂寧民也.

經의 〔微子〕에서 〔仁焉〕까지

○ 正義曰：이 章은 殷나라에 계셨던 세 仁人이 뜻은 같았으나 행위가 달랐던 일을 논한 것이다.

〔微子去之 箕子爲之奴 比干諫而死〕 微子는 紂의 庶兄이고, 箕子와 比干은 紂의 諸父이다. 紂의 無道함을 보고서 微子는 떠나갔고, 箕子는 미친 체하여 종이 되었고, 比干은 諫하다가 殺害당하였다.

〔孔子曰 殷有三仁焉〕 사람을 사랑하는 것을 仁이라 한다. 세 사람이 행한 일이 다른데도 똑같이 '仁'이라 칭한 것은 그분들의 〈뜻이〉 모두 國亂을 근심하고 백성을 안정시키는 데에 있었기 때문이다.

○ 注 '馬曰' 至 '見殺' ○ 正義曰：云'微箕 二國名 子 爵也'者, 孔安國云 "微, 圻內國名, 子, 爵, 爲紂卿士, 去無道." 鄭玄以爲 "微與箕俱在圻內, 孔雖不言箕, 亦當在圻內." 王肅云 "微, 國名, 子, 爵, 入爲王卿士." 肅意蓋以微爲圻外, 故言入也. 微子名啓, 世家作開, 辟(피)漢景帝名也. '微子 紂之庶兄 箕子比干 紂之諸父'者, 啓與其弟仲衍 皆紂之同母庶兄也. 呂氏春秋仲冬紀云 "紂之母生微子啓與仲衍, 其時(尤)〔猶〕[1]尙爲妾. (改而爲妻後生紂)〔已而爲妻而生紂〕[2]. 紂之父欲立微子啓爲太子, 太史據法而爭曰 '有妻之子, 不可立妾之子.' 故立紂爲後." 徧檢書傳, 不見箕子之名. 惟司馬彪注莊子云 "箕子名胥餘." 不知出何書也. 家語曰 "比干(是)〔於〕紂, (之)親[3]則諸父." 知比干是紂之諸父耳. 箕子則無文. 宋世家云 "箕子者, 紂之親戚也." 言親戚, 不知爲父爲兄也. 鄭玄·王肅皆以箕子爲紂之諸父, 服虔·杜預以爲紂之庶兄, 旣無正文, 各以意言之耳. 云'微子見紂無道 早去之 箕子佯狂爲奴 比干以諫見殺'者, 尙書微子篇 備有去殷之事. 本紀云 "西伯旣卒, 周武王之東伐, 至盟津. 諸侯叛殷, 會周者八百. 諸侯皆曰 '紂可伐矣.' 武王曰 '爾

未知天命.' 乃復歸. 紂愈淫亂不止. 微子數(삭)諫不聽, 乃與太師謀, 遂去. 比干曰 '爲人臣者, 不得不以死爭.' 迺强諫紂. 紂怒曰 '吾聞聖人心有七竅.' 剖比干, 觀其心. 箕子懼, 乃佯狂爲奴, 紂又囚之." 是也.

1) (尤)〔猶〕: 저본에는 '尤'로 되어있으나, "北監本과 毛本에는 '尤'가 '猶'로 되어있으니, 옳다."라고 한 阮元의 校勘記에 의거하여 '猶'로 바로잡았다.
2) (改而爲妻後生紂)〔已而爲妻而生紂〕: 저본에는 '改而爲妻後生紂'로 되어있으나, "≪呂氏春秋≫ 〈呂覽〉에는 '改'가 '已'로 되어있고 '後'가 '而'로 되어있으니, 옳다."라고 한 阮元의 校勘記에 의거하여 바로잡았다.
3) 比干(是)〔於〕紂 (之)親 : 저본에는 '比干是紂之親'으로 되어있으나, "지금 ≪孔子家語≫에는 '比干於紂 親'으로 되어있다."라고 한 阮元의 校勘記에 의거하여 바로잡았다.

○ 注의 〔馬曰〕에서 〔見殺〕까지

○ 正義曰 : 〔微箕 二國名 子 爵也〕 孔安國은 "微는 圻內에 있는 國名이고, 子는 爵位이다. 紂의 卿士가 되었다가 無道함을 보고 떠난 것이다."라고 하였고, 鄭玄은 "微와 箕는 모두 圻內에 있는 〈나라이니,〉 孔安國이 비록 箕를 말하지 않았으나, 箕 또한 응당 圻內에 있었을 것이다."라고 하였고, 王肅은 "微는 國名이고, 子는 爵位이다. 들어와서 紂王의 卿士가 된 것이다."라고 하였다. 王肅은 微가 圻外에 있는 것으로 생각했기 때문에 '入'이라 말한 듯하다. 微子는 이름이 啓인데, ≪史記≫ 〈宋微子世家〉에는 '開'로 되어있다. 이는 漢나라 景帝의 이름을 피해 '開'로 바꾼 것이다.

〔微子 紂之庶兄 箕子比干 紂之諸父〕 啓는 그 아우 仲衍과 함께 모두 紂의 同腹 庶兄이다. ≪呂氏春秋≫ 〈仲冬紀〉에 "紂의 母親이 微子啓와 仲衍을 낳았는데, 그때는 〈그 신분이〉 아직 妾이었다. 얼마 뒤에 妻가 되어 紂를 낳았다. 紂의 父親이 微子啓를 세워 太子로 삼고자 하니, 太史가 法에 의거해 '妻의 아들이 있으니 妾의 아들을 세워서는 안 된다.'라고 諫爭하였다. 그러므로 紂를 세워 後嗣로 삼은 것이다."라고 하였다. 書傳(典籍)을 두루 檢索해보았으나, 箕子의 이름이 보이지 않았다. 오직 司馬彪의 ≪莊子≫ 注에만 "箕子는 이름이 胥餘이다."라고 하였으니, 어느 書籍에서 나온 것인지 모르겠다. ≪孔子家語≫에 "比干은 紂와의 親屬 〈관계가〉 諸父이다."라고 하였으니, 比干이 紂의 諸父임을 알 수 있을 뿐이고, 〈이 밖에〉 箕子에 대한 글은 없다. ≪史記≫ 〈宋微子世家〉에 "箕子는 紂의 親戚이다."라고 하였다. '親戚'이라 하였으니, 아버지뻘이 되는지 형뻘이 되는지 알 수 없다. 鄭玄과 王肅은 모두 箕子를 紂의 諸父라 하였고, 服虔과 杜預는 紂의 庶兄이라 하였다. 이미 〈信憑할 만한〉 正文(經文)이 없으니, 각각 자기들의 意思에 따라 말한

것뿐이다.

〔微子見紂無道 早去之 箕子佯狂爲奴 比干以諫見殺〕≪尙書≫ 〈微子〉篇에 殷나라를 떠난 일이 자세히 실려 있다. ≪史記≫ 〈殷本紀〉에 "西伯이 죽은 뒤에 周나라 武王이 東征軍을 거느리고서 盟津에 이르니, 諸侯들이 殷나라를 배반하고서 周나라 陣營으로 모인 자가 800이었다. 諸侯들이 모두 '紂를 討伐해야 한다.'라고 하였으나, 武王은 '너희들은 天命을 알지 못한다.'라고 하고서 回軍하여 돌아갔다. 〈그러자〉 紂는 더욱 淫亂한 짓을 멈추지 않았다. 微子가 자주 諫하였으나 듣지 않으니, 이에 〈微子는〉 太師와 謀議하고서 마침내 〈殷나라를〉 떠났다. 比干이 말하기를 '남의 신하가 된 자는 죽음으로 諫爭하지 않아서는 안 된다.'라고 하고서, 紂에게 강력히 諫하니, 紂가 노하여 '내 들으니, 聖人의 心腸에는 일곱 개의 구멍이 있다고 한다.'라고 하고서, 比干의 배를 갈라 그 心腸을 꺼내보았다. 箕子가 〈이것을 보고〉 두려워하여 곧 거짓으로 미친 체하니, 紂가 또 그를 囚禁(拘禁)하였다."라고 한 것이 이 일을 말한 것이다.

2. 柳下惠爲士師하야

柳下惠가 士師가 되어

【注】 孔曰 士師는 典獄之官이라

孔曰 : 士師는 刑獄을 맡은 官職이다.

三黜하니 人曰 子未可以去乎아 曰 直道而事人이면 焉往而不三黜이며

세 번 내쫓기니, 어떤 이가 말하였다. "그대는 〈魯나라를〉 떠나야 하지 않겠는가?" 柳下惠가 말하였다. "道를 곧게 〈행하여〉 사람(임금)을 섬긴다면 어디를 간들 세 번 내쫓기지 않겠으며,

【注】 孔曰 苟直道以事人이면 所至之國에 俱當復三黜이라

孔曰 : 만약 道를 곧게 〈행하여〉 사람을 섬긴다면 이르는 나라마다 모두 응당 다시 세 번 내쫓길 것이다.

枉道而事人이면 何必去父母之邦이리오

道를 굽혀 사람을 섬길 것이라면 굳이 父母의 나라를 떠날 게 뭐 있겠는가?"

【疏】'柳下'至'之邦' ○正義曰: 此一章論柳下惠之行也. '柳下惠爲士師'者, 士師, 典獄之官也. 三黜者, 時柳下惠爲魯典獄之官, 任其直道, 群邪醜直, 故三被黜退. '人曰 子未可以去乎'者, 或人謂柳下惠曰"吾子數(삭)被黜辱, 未可以去離魯乎." '曰 直道而事人 焉往而不三黜 枉道而事人 何必去父母之邦'者, 答或人不去之意也. 焉, 何也. 枉, 曲也. 時世皆邪, 己用直道以事於人, 則何往而不三黜乎. 言苟直道以事人, 所至之國, 俱當復三黜. 若舍其直道, 而曲以事人, 則在魯亦不見黜, 何必去父母所居之國也.

經의 〔柳下〕에서 〔之邦〕까지

○ 正義曰 : 이 한 章은 柳下惠의 행실을 논한 것이다.

〔柳下惠爲士師〕 士師는 刑獄을 맡은 官職이다. 세 번 내쫓긴 것은 이때 柳下惠가 魯나라의 刑獄을 맡은 관원이 되어, 道를 곧게 행하는 것을 임무로 삼으니, 뭇 小人들이 그의 곧음을 미워〔醜〕하였다. 그러므로 세 번 내쫓김을 당한 것이다.

〔人曰 子未可以去乎〕 어떤 사람이 柳下惠에게 "그대가 자주 내쫓기는 모욕을 당하였으니, 魯나라를 떠나야 하지 않겠는가?"라고 말한 것이다.

〔曰 直道而事人 焉往而不三黜 枉道而事人 何必去父母之邦〕 或人에게 떠나지 않겠다는 뜻으로 대답한 것이다. 焉은 何(어찌)이다. 枉은 曲(굽음)이다. 이때 세상이 모두 邪惡하니, 나만이 곧은 道로써 사람을 섬긴다면 어디를 간들 세 번 내쫓기지 않겠는가? 〈이는〉 만약 도를 곧게 〈행하여〉 사람을 섬긴다면 가는 나라마다 모두 응당 다시 세 번 내쫓길 것이고, 만약 곧은 道를 버리고 道를 굽혀 사람을 섬긴다면 魯나라에 있어도 내쫓기지 않을 것이니, 父母가 사시는 나라를 떠날 필요가 뭐 있겠느냐는 말이다.

○注'士師 典獄之官' ○正義曰 : 士師, 卽周禮司寇之屬, 有士師·(卿)〔鄕〕[1]士, 皆以士爲官名. 鄭玄云"士, 察也, 主察獄訟之事." 是士師爲典獄之官也.

1) (卿)〔鄕〕: 저본에는 '卿'으로 되어있으나, ≪周禮≫에 의거하여 '鄕'으로 바로잡았다.

○ 注의 〔士師 典獄之官〕

○ 正義曰 : 士師는 바로 ≪周禮≫ 〈秋官〉 司寇의 屬官이다. 〈司寇의 屬官에〉 士師와 鄕士가 있는데, 모두 '士'로 官名을 삼았다. 鄭玄은 "士는 察(살핌)이니, 獄訟의 일을 살피는 것을 주관한다."라고 하였다. 이에 의거해 士師를 刑獄을 맡은 官職이라고 한 것이다.

3. 齊景公待孔子曰 若季氏則吾不能이어니와 以季孟之間待之하리라하고

齊나라 景公이 孔子를 대우하며 말하기를 "〈魯君이〉 季氏를 대우하듯이 내 그대를 대우할 수 없으나, 季氏와 孟氏의 중간으로 대우하겠소."라고 하고서,

【注】 孔曰 魯三卿이라 季氏爲上卿하야 最貴하고 孟氏爲下卿하야 不用事라 言待之以二者之間이라

孔曰 : 魯나라는 卿이 셋이다. 季氏가 上卿이어서 가장 尊貴하고, 孟氏는 下卿이어서 用事(권력을 잡음)하지 못하였다. 두 사람의 중간으로 대우하겠다는 말이다.

曰 吾老矣라 不能用也라한대 孔子行하시다

또 말하기를 "내 늙어서 등용할 수 없소."라고 하니, 孔子께서 〈齊나라를〉 떠나셨다.

【注】 以聖道難成이라 故云吾老不能用이라하니라

聖人의 道를 이루기 어렵기 때문에 '내가 늙어서 등용할 수 없다.'라고 한 것이다.

【疏】 '齊景'至'子行' ○正義曰 : 此章言孔子失所也. '齊景公待孔子'者, 待, 遇也. 謂以祿位接遇孔子也. '曰若季氏則吾不能 以季孟之間待之'者, 魯三卿. 季氏爲上卿, 最貴, 孟氏爲下卿, 不用事. 景公言 "我待孔子以上卿之位, 若魯季氏, 則不能." 以其有田氏專政故也. 又不可使其位卑, 若魯孟氏. 故欲待之以季·孟二者之間. '曰 吾老矣 不能用也'者, 時景公爲臣下所制, 雖說(열)孔子之道, 而終不能用, 故託云聖道難成, 吾老不能用也. '孔子行'者, 去齊而歸魯也.

經의 〔齊景〕에서 〔子行〕까지

○ 正義曰 : 이 章은 孔子께서 處所를 잃은 일을 말한 것이다.

〔齊景公待孔子〕 待는 遇(대우)이니, 俸祿과 爵位로써 孔子를 대우함을 이른다.

〔曰若季氏則吾不能 以季孟之間待之〕 魯나라는 卿이 셋이다. 季氏가 上卿이어서 가장 존귀하고, 孟氏는 下卿이어서 권력을 잡지 못하였다. 景公이 "내가 孔子를 上卿의 지위로 대우하여, 魯君이 季氏를 대우하는 것처럼 대우할 수 없다."고 말한 것은 齊나라에 田氏가 政權을 독점하고 있었기 때문이고, 또 孔子의 地位를 낮추어 魯君이 孟氏를 대우

하는 것처럼 대우할 수도 없었다. 그러므로 季氏와 孟氏 두 사람의 중간으로 대우하고자 한 것이다.

〔曰 吾老矣 不能用也〕 이때 景公이 신하에게 壓制받고 있었으므로 비록 孔子의 道를 좋아하였으나, 끝내 孔子를 등용할 수 없었다. 그러므로 聖人의 道는 이루기 어려우니, 내가 늙어서 등용할 수 없다는 말로 핑계 댄 것이다.

〔孔子行〕 齊나라를 떠나 魯나라로 돌아오신 것이다.

○ 注'以聖道難成 故云吾老不能用' ○ 正義曰：案世家云"魯昭公奔齊. 頃之, 魯亂. 孔子適齊, 景公數(삭)問政. 景公說(열), 將以尼谿田封孔子, 晏嬰諫而止之. 異日, 景公止孔子曰'奉子以季氏, 吾不能. 以季孟之間待之.' 齊大夫欲害孔子, 孔子(歸)〔聞〕[1]之. 景公曰'吾老矣, 弗能用也.' 孔子遂行, 反乎魯." 是其事也.

1) (歸)〔聞〕: 저본에는 '歸'로 되어있으나, ≪史記≫에 의거하여 '聞'으로 바로잡았다.

○ 注의 〔以聖道難成 故云吾老不能用〕

○ 正義曰：고찰하건대, ≪史記≫ 〈孔子世家〉에 "魯나라 昭公이 齊나라로 出奔하니, 오래지 않아 魯나라가 混亂하였다. 孔子께서 齊나라로 가시니, 景公이 자주 政治를 물었다. 景公이 기뻐하여 尼谿의 땅에 孔子를 封하려 하자, 晏嬰이 諫하여 저지하였다. 後日에 景公이 孔子를 挽留하며 말하기를 '〈魯君이〉 季氏를 대우하듯이 내 그대를 대우할 수는 없으나, 季氏와 孟氏의 중간으로 대우하겠소.'라고 하였다. 齊나라 大夫가 孔子를 해치고자 하니, 孔子께서 이 소문을 들으셨다. 景公이 '내가 늙어서 등용할 수 없소.'라고 하니, 孔子가 드디어 齊나라를 떠나 魯나라로 돌아오셨다."라고 한 것이 바로 이 일을 말한 것이다.

4. 齊人歸女樂하니 季桓子受之하고 三日不朝어늘 孔子行하시다

齊人(齊君)이 女樂을 보내니, 季桓子가 이를 받고, 3일 동안 朝會하지 않자, 孔子께서 〈魯나라를〉 떠나셨다.

【注】 孔曰 桓子는 季孫斯也라 使定公受齊之女樂하고 君臣相與觀之하야 廢朝禮三日하니라

孔曰：桓子는 季孫斯이다. 定公으로 하여금 齊나라의 女樂을 받아들이게 하고서 君臣이 함께 구경하면서 3일 동안 朝禮를 停廢하였다.

【疏】'齊人歸女樂 季桓子受之 三日不朝 孔子行' ○ 正義曰：此章言孔子去無道也. 桓子, 季孫斯也. 使定公受齊之女樂, 君臣相與觀之, 廢朝禮三日, 孔子遂行也. 案世家"定公十四年, 孔子年五十(八)〔六〕[1], 由大司寇行攝相事. 於是誅魯大夫亂政者少正卯, 與聞國政三月, 粥羔豚者弗飾賈, 男女行者別於塗, 塗不拾遺, 四方之客至乎邑者不求有司, 皆予之以歸. 齊人聞之而懼曰 '孔子爲政必(稱)〔霸〕[2], 霸則吾地近焉, 我之爲先并矣. 盍致地.' 犁鉏〔曰〕[3] '請先嘗沮之, 沮之而不可則致地, 庸遲乎.' 於是選齊國中女子好者八十人, 皆衣文衣而舞康樂, 文馬三十駟, 遺魯君. 陳女樂(焉)〔文馬〕[4]於魯城南高門外. 季桓子微服往觀再三, 將受, 乃語魯君爲周道(所)〔游〕[5], 往觀終日, 怠於政事. 子路曰 '夫子可以行矣.' 孔子曰 '魯今且郊, 如致膰乎大夫, 則吾(尤)〔猶〕[6]可以止.' 桓子卒受齊女樂, 三日不聽政, 郊又不致膰俎於大夫. 孔子遂行, 宿乎屯. 而師己送曰 '夫子則非罪.' 孔子曰 '吾歌可夫.' 歌曰 '彼婦(人)[7]之口, 可以出走, 彼婦(人)之(謂)〔謁〕[8], 可以死敗. 蓋優哉游哉, 維以卒歲.' 師己反, 桓子曰 '孔子亦何言.' 師己以實告, 桓子喟然歎曰 '夫子罪我以群婢故也.' 孔子遂適衛矣."

1) (八)〔六〕: 저본에는 '八'로 되어있으나, ≪史記≫에 의거하여 '六'으로 바로잡았다.
2) (稱)〔霸〕: 저본에는 '稱'으로 되어있으나, ≪史記≫에 의거하여 '霸'로 바로잡았다.
3) 〔曰〕: 저본에는 '曰'字가 없으나, ≪史記≫에 의거하여 보충하였다.
4) (焉)〔文馬〕: 저본에는 '焉'으로 되어있으나, ≪史記≫에 의거하여 '馬'로 바로잡고, 그 앞에 '文'字를 보충하였다.
5) (所)〔游〕: 저본에는 '所'로 되어있으나, ≪史記≫에 의거하여 '游'로 바로잡았다.
6) (尤)〔猶〕: 저본에는 '尤'로 되어있으나, ≪史記≫에 의거하여 '猶'로 바로잡았다.
7) (人): 저본에는 '人'字가 있으나, ≪史記≫에 의거하여 衍文으로 처리하였다. 아래도 같다.
8) (謂)〔謁〕: 저본에는 '謂'로 되어있으나, ≪史記≫에 의거하여 '謁'로 바로잡았다.

經의 〔齊人歸女樂 季桓子受之 三日不朝 孔子行〕

○ 正義曰：이 章은 孔子께서 無道한 나라를 떠난 일을 말한 것이다.

桓子는 季孫斯이다. 〈季孫斯가〉 定公으로 하여금 齊나라의 女樂을 받아들이게 하고서 君臣이 함께 구경하면서 3일 동안 朝禮를 停廢하니, 孔子께서 드디어 떠나셨다.

고찰하건대, ≪史記≫ 〈孔子世家〉에 "定公 14년에 孔子의 나이 56세였다. 大司寇로서 丞相의 일을 대행하였다. 이때 魯나라의 政事를 어지럽히는 大夫 少正卯를 誅殺하고서 國政에 참여하시니, 3개월 만에 양과 돼지를 파는 장사치가 물건 값을 속여서 비싸게

부르지 않으며, 길을 가는 男女가 길을 달리하며, 길에 흘린 물건을 줍지 않으며, 邑(魯나라의 邑)에 온 사방의 旅客이 有司(官吏)에게 請求하지 않아도 모두 〈필요한 물자를〉 주어 돌려보냈다.

齊人(齊君)이 〈魯나라의 상황을〉 듣고 두려워하여 말하기를 '孔子가 정치를 하면 반드시 霸者가 될 것이고, 霸者가 된다면 우리나라가 가장 가까우니, 우리나라를 먼저 倂呑할 것이다. 그러니 어찌 〈먼저〉 土地를 바쳐야 하지 않겠는가?'라고 하니, 犁鉏가 말하기를 '먼저 시험 삼아 〈魯國의 善政을〉 沮止해보고, 저지할 수 없으면 〈그때 가서〉 土地를 바쳐도 늦지 않습니다.'라고 하였다. 이에 齊나라 안의 美女 80인을 선발하여, 모두에게 文衣(화려한 옷)를 입히고 康樂舞를 〈教習시켜,〉 文馬(몸에 아름다운 무늬가 있는 말) 120匹〔三十駟〕과 〈함께〉 魯君에게 보냈다. 女樂과 文馬를 魯나라 城南의 高門 밖에 陳列하니, 季桓子가 微服 차림으로 두세 차례 가서 구경하고는 받아들이고자 하여, 魯君에게 도로(各地)를 두루 돌아다니며 遊覽하자고 말하고서 〈魯君과 함께〉 가서 종일토록 구경하고 政事에 태만하였다.

子路가 '夫子께서는 〈이 나라를〉 떠나셔야 합니다.'라고 하니, 孔子께서 '魯나라가 이제 곧 郊祭를 지낼 것이니, 大夫들에게 膰俎를 보내면 내가 오히려 머물러야 한다.'라고 하였다. 季桓子가 마침내 齊나라의 女樂을 받아들이고서 3일 동안 政務를 살피지 않았으며, 또 郊祭를 지내고서 大夫들에게 膰俎를 보내지도 않으니, 孔子가 드디어 〈魯나라를〉 떠나 屯에서 하룻밤을 묵으셨다. 樂師 己가 와서 전송하며 말하기를 '夫子(季氏)는 죄가 없습니다.'라고 하니, 孔子께서 '내가 노래로 〈내 생각을 전해도〉 좋겠는가?'라고 하고서, '저 婦人의 입이 〈사람을〉 出走(出奔)시킬 수 있고, 저 婦人의 請謁(請託)이 〈사람을〉 敗亡시킬 수 있지, 한가로이 지내며 일생을 마쳐야지.'라고 노래하셨다. 樂師 己가 돌아가니, 季桓子가 '孔子가 무슨 말을 하더냐?'고 물었다. 樂師 己가 사실대로 아뢰니, 季桓子가 탄식하며 '夫子는 群婢(女樂)의 일로 나를 罪責하는 것이다.'라고 하였다. 孔子는 드디어 衛나라로 가셨다."라고 했다.

5. 楚狂接輿歌而過孔子曰

楚나라의 狂人 接輿가 孔子의 〈수레 앞을〉 지나며 노래하였다.

【注】 孔曰 接輿는 楚人이라 佯狂而來歌하야 欲以感切孔子라

孔曰 : 接輿는 楚나라 사람이다. 거짓 미친 체하며 와서 노래하여 孔子를 깊이 감동〔感

切]시키고자 한 것이다.

鳳兮鳳兮여 何德之衰오

"鳳凰이여! 鳳凰이여! 어찌 德이 쇠하였는가?

【注】孔曰 比孔子於鳳鳥라 鳳鳥는 待聖君乃見(현)이니 非孔子周行求合이라 故曰衰라하니라

孔曰：孔子를 鳳鳥에 비유한 것이다. 鳳鳥는 聖君을 기다려 나타난다. 그런데 孔子는 두루 돌아다니며 뜻이 같고 道가 부합하는 사람을 구하였기 때문에 〈德이〉 衰하였다고 비난한 것이다.

往者不可諫이어니와

지난 일은 諫할 수 없으나,

【注】孔曰 已往所行은 不可復諫止라

孔曰：이왕에 행한 일은 다시 간하여 저지할 수 없다는 말이다.

來者猶可追니

앞으로 올 일은 오히려 〈나를〉 따를 수 있으니,

【注】孔曰 自今已來로 可追自止하야 辟(피)亂隱居라

孔曰：오늘로부터 이후로는 〈나를〉 따라 스스로 멈추고서 혼란한 세상을 피해 隱居할 수 있다.

已而已而니 今之從政者殆而니라

〈세상의 어지러움이〉 너무 심하고 너무 심하니, 오늘날 정치에 종사하는 이들은 위태롭소."

【注】孔曰 已而已而者는 言世亂已甚하야 不可復治也라 再言之者는 傷之深也라

孔曰：已而已而는 세상의 혼란이 너무 심하여 다시 다스릴 수 없음을 말한 것이다. 두

번 말한 것은 傷心함이 깊어서이다.

孔子下하사 **欲與之言**이나 **趨而辟**(피)**之**ㄹ새 **不得與之言**하시다

孔子께서 수레에서 내려 그와 더불어 말씀하고자 하셨으나, 〈그가〉 빠른 걸음으로 피해 가므로 그와 더불어 말씀을 나누지 못하셨다.

【注】 包曰 下는 下車라

包曰：下는 수레에서 내림이다.

【疏】 '楚狂' 至 '之言' ○ 正義曰：此章記接輿佯狂感切孔子也. '楚狂接輿歌而過孔子'者, 接輿, 楚人, 姓陸名通, 字接輿也. 昭王時, 政令無常, 乃被髮佯狂, 不仕, 時人謂之楚狂也. 時孔子適楚, 與接輿相遇, 而接輿行歌從孔子邊過, 欲感切孔子也. '曰鳳兮鳳兮 何德之衰 往者不可諫 來者(尤)〔猶〕[1]可追 已而已而 今之從政者殆而'者, 此其歌辭也. 知孔子有聖德, 故比孔子於鳳. 但鳳鳥待聖君乃見(현), 今孔子周行求合諸國, 而每不合, 是鳳德之衰也. 諫, 止也. 言已往所行者, 不可復諫止也. 自今已來, (尤)〔猶〕可追而自止. 欲勸孔子辟(피)亂隱居也. '已而已而'者, 言世亂已甚, 不可復治也. 再言之者, 傷之深也. 殆, 危也. 言今之從政者皆無德, 自將危亡無日, 故曰殆而. 而, 皆語辭也. '孔子下 欲與之言'者, 下, 謂下車. 孔子感其言, 故下車, 欲與語. '趨而辟之 不得與之言'者, 趨, 謂疾行也. 疾行以辟孔子, 故孔子不得與之言也.

1) (尤)〔猶〕：저본에는 '尤'로 되어있으나, "본래는 '猶'인데 '尤'로 잘못되어 있다."라고 한 阮元의 校勘記에 의거하여 '猶'로 바로잡았다. 아래도 같다.

經의 〔楚狂〕에서 〔之言〕까지

○ 正義曰：이 章은 接輿가 미친 체하며 孔子를 깊이 감동시킨 일을 기록한 것이다.

〔楚狂接輿歌而過孔子〕 接輿는 楚나라 사람으로 姓은 陸이고 이름은 通이며, 字는 接輿이다. 楚나라 昭王 때에 政令이 無常하니, 머리를 풀어 헤치고 거짓 미친 체하여 벼슬하지 않으니, 당시 사람들이 그를 '楚狂'이라 하였다. 이때 孔子께서 楚나라에 가시어 〈우연히〉 接輿와 만나시니, 接輿가 孔子의 곁을 따라 걸으면서 노래하여 孔子를 깊이 감동시키고자 하였다.

〔曰鳳兮鳳兮 何德之衰 往者不可諫 來者猶可追 已而已而 今之從政者殆而〕 이것은 그

가 부른 노래의 歌辭이다. 孔子에게 聖人의 德이 있는 줄을 알았기 때문에 孔子를 鳳鳥에 비유한 것이다. 鳳鳥는 聖君을 기다려 나타나는데, 지금 孔子는 여러 나라를 두루 돌아다니며 〈뜻이 맞는 君主를〉 구하였으나 매양 〈뜻이〉 맞지 않았으니, 이것이 鳳의 德이 衰한 것이다. 諫은 沮止함이다. 이왕에 행한 일은 다시 간하여 저지할 수 없으나, 오늘 이후로는 오히려 〈나를〉 따라 스스로 멈출 수 있다고 말하여, 孔子에게 혼란한 세상을 피해 隱居하도록 권하고자 한 것이다.

〔已而已而〕 세상의 혼란이 너무 심하여 다시 다스릴 수 없음을 말한 것이다. 두 번 말한 것은 傷心함이 깊어서이다. 殆는 危이다. 오늘날 정치에 참여하는 자들은 모두 德이 없으니, 장차 危亡이 닥칠 날이 머지않았음을 말한 것이다. 그러므로 '殆而'라 한 것이다. '而'字는 모두 語辭이다.

〔孔子下 欲與之言〕 下는 수레에서 내림을 이른다. 孔子께서 그의 말에 감동하셨다. 그러므로 수레에서 내려 그와 이야기하고자 하신 것이다.

〔趨而辟之 不得與之言〕 趨는 빨리 걸어감을 이른다. 빨리 걸어가 孔子를 피하였기 때문에 孔子께서 그와 더불어 말할 수 없으셨다.

6. 長沮桀溺耦而耕이어늘 孔子過之하실새 使子路問津焉하신대

長沮와 桀溺이 함께 밭을 갈고 있었다. 孔子께서 그곳을 지나실 적에 子路를 시켜 그들에게 나루를 묻게 하셨다.

【注】 鄭曰 長沮桀溺은 隱者也라 耜廣五寸이니 二耜爲耦라 津은 濟渡處라

鄭曰 : 長沮와 桀溺은 隱者이다. 耜(보습)는 너비가 다섯 치이니, 두 사람이 각기 보습을 가지고 서로 도와 밭을 가는 것이 耦이다. 津(나루)은 물을 건너는 곳이다.

長沮曰 夫執輿者爲誰오 子路曰 爲孔丘시니라 曰 是魯孔丘與아 曰 是也라 曰 是知津矣리라

長沮가 말하였다. "저 고삐를 잡고 있는 이는 누구요?"

子路가 말하였다. "孔丘시오."

長沮가 말하였다. "바로 魯나라의 孔丘인가요?"

子路가 말하였다. "그렇소."

長沮가 말하였다. "그라면 나루를 알 것이오."

【注】 馬曰 言數(삭)周流하니 自知津處라

馬曰 : 자주 사방을 두루 돌아다니니, 스스로 나루터를 알 것이라는 말이다.

問於桀溺한대 桀溺曰 子爲誰오 曰 爲仲由로라 曰 是魯孔丘之徒與아 對曰 然하다 曰 滔滔者天下皆是[1)]也니 而誰以易之[2)]리오

1) 滔滔者天下皆是 : 天下가 모두 똑같이 다 昏亂하다는 말이다. 滔滔는 물이 성대하게 흐르는 모양이니, 곧 세상의 혼란을 비유한 것이다.
2) 而誰以易之 : 이 句의 해석에 4종의 說이 있다. 孔安國의 說은 "누가 道로써 세상을 바꾸겠느냐?"는 것이고, 皇侃의 說은 "孔子는 어찌하여 이리 周流하는가? 오늘날 천하가 〈가는 곳마다〉 治亂이 같으니, 이곳을 버리고 저곳에 간들 누가 세상을 바꿀 수 있겠느냐?"는 것이고, 邢昺의 說은 "오늘날 天下가 〈가는 곳마다〉 治亂이 같아서 모두 無道한데, 공연히 이곳을 버리고 저곳으로 간들 누가 道로써 〈세상을〉 바꾸어 有道한 세상으로 만들 수 있겠느냐?"는 것이고, 朱子의 說은 "그대〔而〕가 누구와 더불어 세상을 변역시키겠느냐?"는 것이다.

桀溺에게 묻자, 桀溺이 말하였다. "그대는 누구요?"

子路가 대답했다. "仲由라 하오."

桀溺이 물었다. "바로 魯나라 孔丘의 門徒인가요?"

子路가 대답하였다. "그렇소."

桀溺이 말했다. "滔滔한 것이 天下가 모두 그러하니, 누가 이것(道)으로써 저것(혼란한 세상)을 바꾸겠소.

【注】 孔曰 滔滔는 周流之貌니 言當今天下治亂同이어늘 空舍此適彼라 故曰誰以易之라

孔曰 : 滔滔는 물이 두루 흐르는 모양이다. "오늘날 天下는 〈가는 곳마다〉 治亂이 같은데, 공연히 이곳을 버리고 저곳으로 간다. 그러므로 '누가 이것(道)으로써 저것(혼란한 세상)을 바꾸겠느냐?'"고 말한 것이다.

且而與其從辟(피)人之士也론 豈若從辟世之士哉[1)]리오하고

1) 且而與其從辟(피)人之士也 豈若從辟世之士哉 : 이 節을 注疏에 따라 해석하면 "그것(周流와 隱避)을 비교〔與〕하면 사람을 피하는 법을 따르는 선비가 어찌 세상을 피하는 법을 따르는 선비만 하겠느냐?"는 뜻이 되며, 두 '從'字도 子路가 따르는 것이 아니라 孔子와 長沮·桀溺이 따르는 것이 되니, 經旨에 부합하지 않는다. 따라서 ≪論語集註≫의 說을 따라 번역하였다. 皇侃의 ≪論語集解義疏≫와 朱熹의 ≪論語集註≫ 및 劉寶楠의 ≪論語正義≫에는 모두 두 '從'字를 子路가 따르는 것으로 해석하였다. 邢昺의 疏에 "且而는 語辭이고, 與는 等(비교)이다."라고 하였고, ≪論語集註≫에는 '而'를 '汝(너. 子路를 이름)'로, '以'를 '與(더불어)'로 풀었다. 劉寶楠은 朱子의 說을 취하였다. ≪論語集註≫의 說이 매우 타당하니, 다시 바꿀 수 없는 定論이라 하겠다.

또 그대가 사람을 피하는 선비를 따르는 것이 어찌 세상을 피하는 선비를 따르는 것만 하겠소."

【注】 士有辟人之法하고 有辟世之法이라 長沮桀溺謂孔子爲士는 從辟人之法이요 己之爲士는 則從辟世之法이라

士는 사람을 피하는 법이 있고 세상을 피하는 법이 있는데, 長沮와 桀溺이, 孔子라는 士는 사람을 피하는 법을 따르고, 자기들 같은 士는 세상을 피하는 법을 따른다고 한 것이다.

耰而不輟하더라

씨앗 덮는 일을 멈추지 않았다.

【注】 鄭曰 耰는 覆種也라 輟은 止也라 覆種不止하고 不以津告하니라

鄭曰 : 耰는 씨앗을 덮음이다. 輟은 멈춤이다. 씨앗 덮는 일을 멈추지 않으며 나루를 일러주지 않은 것이다.

子路行以告한대 夫子憮然이라가

子路가 돌아와 〈夫子께〉 告하니, 夫子께서 넋이 나간 듯이 멍하니 계시다가

【注】 爲其不達己意하고 而便非己也라

저들이 孔子의 뜻을 알지도 못하면서 공자를 비난하였기 때문이다.

曰 鳥獸不可與同群이니

말씀하셨다. "鳥獸와는 함께 무리 지어 살 수 없으니,

【注】 孔曰 隱於山林이 是同群이라

孔曰 : 山林에 隱居하는 것이 바로 〈鳥獸와 함께〉 무리 지어 삶이다.

吾非斯人之徒與[1]而誰與리오

1) 與 : 서로 친하게 지냄이다.

내가 이 사람들의 무리와 친하게 지내지 않고 누구와 친하게 지내겠는가?

【注】 孔曰 吾自當與此天下人同群이니 安能去人從鳥獸居乎아

孔曰 : 나는 본래 이 천하 사람들과 함께 무리 지어 살아야 하니, 어찌 사람들을 버리고 鳥獸와 어울려〔從〕 살 수 있겠는가?

天下有道라도 丘不與易也리라

天下에 道가 있다 하여도 나는 〈나의 道를 저들의 道와〉 바꾸지 않을 것이다."

【注】 言凡天下有道者라도 丘皆不與易也[1]니 己大而人小故也라

1) 凡天下有道者 丘不與易也 : 注疏를 따르면 "道가 있는 세상이 된다 하더라도 나는 治民의 大道를 저들의 隱避의 小道와 바꾸지 않겠다."는 것이니, 곧 세상에 道가 있다 하여도 나는 周流하는 것을 버리고 隱避하지 않겠다는 뜻이고, ≪論語集註≫를 따르면 "천하에 도가 있다면 나는 저들(沮·溺)과 더불어 세상을 바꾸려 하지 않을 것이다."라는 뜻이다. 劉寶楠은 이 注說이 매우 歪曲되었으므로 따를 수 없다고 하였다.

天下에 道가 있더라도 나는 모두 〈나의 道를 저들의 道와〉 바꾸지 않을 것이니, 〈이는〉 나의 道는 크고 저들의 道는 작기 때문이라는 말이다.

【疏】 '長沮'至'易也' ○正義曰 : 此章記孔子周流, 爲隱者所譏也. '長沮·桀溺耦而耕 孔子過之 使子路問津焉'者, 長沮桀溺, 隱者也. 耜, 耕器也. 二耜爲耦. 津, 濟渡之處也. 長沮·桀溺竝二耜而耕, 孔子道行, 於旁過之, 使子路往問濟渡之處也. '長沮曰 夫執

輿者爲誰'者, 執輿, 謂執轡在車也. 時子路爲御, 旣使問津, 孔子代之而執轡, 故長沮見而問子路曰 "夫執轡者爲誰人." '子路曰 爲孔丘'者, 子路以其師名聞於天下, 故擧師之姓名以答長沮也. '曰 是魯孔丘與'者, 長沮舊聞夫子之名, 見子路之答, 又恐非是, 故復問之曰 "是魯國之孔丘與." 與, 是疑而未定之辭. '曰 是也'者, 子路言 "是魯孔丘也." '曰 是知津矣'者, 長沮言 "旣是魯孔丘, 是人數(삭)周流天下, 自知津處." 故乃不告. '問於桀溺'者, 長沮不告津處, 故子路復問桀溺. '桀溺曰 子爲誰'者, 不識子路, 故問之. '曰 爲仲由'者, 子路稱姓名以答也. '曰 是魯孔丘之徒與'者, 桀溺舊聞魯孔丘之門徒有仲由, 有恐非是, 故復問之曰 "是〔魯國孔丘之徒〕與[1]." '曰 然'者, 然, 尤是也. 子路言己是魯孔丘之徒也. '曰 滔滔者天下皆是也 而誰以易之'者, 此譏孔子周流天下也. 滔滔, 周流之貌. 言孔子何事滔滔然周流者乎. 當今天下治亂同, 皆是無道也, 空舍此適彼, 誰以易之爲有道者也. '且而與其從辟人之士也 豈若從辟世之士哉'者, 士有辟人·辟世之法, 謂孔子從辟人之法, 長沮·桀溺自謂從辟世之法. 且而, 皆語辭. 與, 猶等也. 旣言天下皆亂, 無以易之, 則賢者皆合隱辟. 且等其隱辟, 從辟人之法, 則有周流之勞, 從辟世之法, 則有安逸之樂, 意令孔子如己也. '耰而不輟'者, 耰, 覆種也. 輟, 止也. 覆種不止, 不以津告. '子路行以告'者, 子路以長沮·桀溺之言告夫子. '夫子憮然'者, 憮, 失意貌, 謂不達己意而便非己也. '曰 鳥獸不可與同群'者, 孔子言其不可隱居避世之意也. 山林多鳥獸, 不可與同群. 若隱於山林, 是同群也. '吾非斯人之徒與而誰與'者, 與, 謂相親與. 我非天下人之徒衆相親與而更誰親與. 言吾自當與此天下人同群, 安能去人從鳥獸居乎. '天下有道 丘不與易也'者, 言凡天下有道者, 我皆不與易也, 爲其己大而人小故也.

1) 是〔魯國孔丘之徒〕與 : 저본에는 '是與'로 되어있으나, "浦鏜이 '是魯國孔丘之徒與 8자가 되어야 한다.'라고 하였다."라고 한 阮元의 校勘記에 의거하여 '魯國孔丘之徒' 6자를 보충하였다.

經의 〔長沮〕에서 〔易也〕까지

○ 正義曰 : 이 章은 孔子께서 사방을 두루 돌아다니심으로 〈인해〉 隱者들의 비난을 받으신 일을 기록한 것이다.

〔長沮桀溺耦而耕 孔子過之 使子路問津焉〕 長沮와 桀溺은 隱者이다. 耜(보습)는 밭을 가는 기구인데, 두 사람이 각각 보습을 가지고 서로 도와 밭을 가는 것을 耦라 한다. 津은 물을 건너는 곳이다. 長沮와 桀溺이 두 보습을 나란히 붙여 밭을 간 것이다. 孔子께서 길을 가실 때에 그 옆을 지나시다가 子路를 시켜 가서 나루를 묻게 하신 것이다.

〔長沮曰 夫執輿者爲誰〕 執輿는 고삐를 잡고 수레에 있는 것을 이른다. 이때 子路가 수레를 몰았으나, 이미 가서 나루를 묻게 하였으므로 孔子께서 대신 고삐를 잡고 계셨다. 그러므로 長沮가 보고서 子路에게 "저 고삐를 잡고 있는 자가 누구냐?"고 물은 것이다.

〔子路曰 爲孔丘〕 子路는 자기 스승의 이름이 천하에 알려졌다고 생각했기 때문에 스승의 姓名을 들어 長沮에게 대답한 것이다.

〔曰 是魯孔丘與〕 長沮는 이전에 夫子의 名聲을 들었고, 子路가 대답하는 말을 들었으나, 또 정확하지 않을 수도 있다고 의심하였기 때문에 다시 子路에게 "이가 바로 魯나라의 孔丘이냐?"고 물은 것이다. 與는 의심되어 확정할 수 없는 것을 표현하는 助詞이다.

〔曰 是也〕 子路가 "이분이 바로 魯나라의 孔丘이다."라고 말한 것이다.

〔曰 是知津矣〕 長沮가 "이미 이가 魯나라의 孔丘라면 이 사람은 자주 천하를 두루 돌아다니니, 스스로 나루터를 알 것이다."라고 말한 것이다. 그러므로 〈나루터를〉 일러주지 않았다.

〔問於桀溺〕 長沮가 나루터를 일러주지 않기 때문에 子路가 다시 桀溺에게 물은 것이다.

〔桀溺曰 子爲誰〕 子路를 알지 못하였기 때문에 물은 것이다.

〔曰 爲仲由〕 子路가 자기의 姓名을 칭해 대답한 것이다.

〔曰 是魯孔丘之徒與〕 桀溺이 이전에 魯나라 孔丘의 門徒 중에 仲由라는 자가 있다는 것을 들었으나, 정확하지 않을 수도 있다고 의심하였기 때문에 다시 "바로 魯나라 孔丘의 門徒이냐?"고 물은 것이다.

〔曰 然〕 然은 더욱 옳음이다. 子路는 자기가 바로 魯나라 孔丘의 門徒라고 말한 것이다.

〔曰 滔滔者天下皆是也 而誰以易之〕 이것은 天下를 두루 돌아다니는 孔子를 비난한 것이다. 滔滔는 〈물이〉 두루 흐르는 모양이다. "孔子는 무엇 때문에 물이 두루 흐르듯이 두루 돌아다님을 일삼는가? 오늘날 天下가 〈가는 곳마다〉 治亂이 같아서 모두 無道한데, 공연히 이곳을 버리고 저곳으로 가니, 누가 〈道로〉써 〈세상을〉 바꾸어 道가 있는 세상으로 만들겠느냐?"고 말한 것이다.

〔且而與其從辟人之士也 豈若從辟世之士哉〕 士는 사람을 피하고 세상을 피하는 법이 있는데, 孔子를 일러 사람을 피하는 법을 따른다고 하고, 長沮와 桀溺 자신들은 세상을 피하는 법을 따른다고 한 것이다. 且而는 모두 語辭이다. 與는 等(비교)과 같다. 이미 天下가 모두 어지러워 변역시킬 수 없다고 말하였으니, 그렇다면 賢者들은 모두 隱居해 세상을 피함이 합당하다. 그리고 또 〈두루 돌아다니는 것을〉 隱居해 세상을 피하는 것과 비교〔等〕하여, 사람을 피하는 법을 따르면 두루 돌아다니는 勞苦가 있고, 세상을 피하는

법을 따르면 安逸한 즐거움이 있다고 한 것은 그 의도가 孔子로 하여금 자기들과 같이하게 하려는 것이었다.

〔耰而不輟〕 耰는 씨앗을 덮음이고, 輟은 멈춤이다. 씨앗 덮는 일을 멈추지 않으며 나루를 일러주지 않은 것이다.

〔子路行以告〕 子路가 長沮와 桀溺의 말을 夫子께 告한 것이다.

〔夫子憮然〕 憮는 失意한 모양이니, 나의 뜻을 알지 못하면서 나를 비난한 것을 이른다.

〔曰 鳥獸不可與同群〕 孔子께서 당신은 隱居해 세상을 피할 수 없다는 뜻을 말씀하신 것이다. 山林에 많은 鳥獸와는 함께 무리 지어 살 수 없다. 만약 山林에 隱居한다면 이것이 바로 〈鳥獸와〉 함께 무리 지어 삶이다.

〔吾非斯人之徒與而誰與〕 與는 서로 親與(친하게 交遊)함을 이르니, 내가 天下 사람들의 무리와 서로 친하게 교유하지 않고 다시 누구와 친하게 교유하겠는가? 나는 본래 이 천하 사람들과 함께 무리 지어 살아야 하니, 어찌 사람을 버리고 鳥獸와 어울려 살 수 있겠느냐는 말이다.

〔天下有道 丘不與易也〕 天下에 道가 있다 해도 나는 모두 〈나의 道를 저들의 道와〉 바꾸지 않을 것이라는 말이니, 이는 나의 道가 크고 저들의 道가 작기 때문이다.

○注'耜廣五寸 二耜爲耦' ○正義曰：此周禮考工記文也. 鄭注云 "古者耜一金, 兩人竝發之. 今之耜歧頭兩金, 象古之耦也." 月令云 "脩耒耜." 鄭注云 "耜者, 耒之金."

○ 注의 〔耜廣五寸 二耜爲耦〕

○ 正義曰：이것은 ≪周禮≫ 〈考工記〉의 글이다. 鄭玄의 注에 "옛날에는 쟁기 끝에 하나의 쇳조각(보습)을 끼워 두 사람이 함께 땅을 일구었다. 지금은 쟁기 끝의 갈라진 곳에 두 개의 쇳조각(보습)을 끼우니, 옛날의 '耦'를 형상한 것이다."라고 하였다. ≪禮記≫ 〈月令〉에 "쟁기와 보습을 수리한다.〔脩耒耜〕"고 하였는데, 鄭玄의 注에 "보습〔耜〕은 쟁기 끝에 끼우는 〈삽 모양의〉 쇳조각이다."라고 하였다.

7. 子路從而後러니 遇丈人以杖荷蓧하야

子路가 〈孔子를〉 隨行하다가 뒤처졌는데, 지팡이에 대바구니를 걸어 메고 가는 丈人(老人)을 만났다.

【注】 包曰 丈人은 老人也라 蓧는 竹器라

包曰 : 丈人은 老人이다. 蓧는 대그릇이다.

子路問曰 子見夫子乎아 **丈人曰 四體不勤**하고 **五穀不分**하니 **孰爲夫子**오하고

子路가 물었다. "노인은 우리 夫子를 보셨습니까?"

丈人이 "四體(四肢)를 勤勞하지 않고 五穀을 〈가꾸는 것도〉 분간하지 못하면서 누구를 夫子라 하〈여 찾〉는가?"라고 대답하고서

【注】 包曰 丈人云 不勤勞四體하고 不分殖五穀하니 誰爲夫子而索之邪아

包曰 : 丈人이 "四體(四肢)를 勤勞하지 않고 五穀 가꾸는 것도 분간하지 못하면서 누구를 夫子라 하여 찾는 것인가?"라고 말한 것이다.

植其杖而芸하니라

그 지팡이를 땅에 꽂아놓고 김을 매었다.

【注】 孔曰 植은 倚也라 除草曰芸이라

孔曰 : 植은 倚(지팡이를 땅에 비스듬히 꽂음)이다. 잡초를 제거하는 것을 芸(김맴)이라 한다.

子路拱而立한대

子路가 손을 포개어 잡고 서 있으니,

【注】 未知所以答이라

대답할 바를 모른 것이다.

止子路宿하야 **殺鷄爲黍而食之**하고 **見其二子焉**이어늘 **明日**에 **子路行以告**한대 **子曰 隱者也**라하시고 **使子路反見之**하시다 **至**하니 **則行矣**러라

子路를 挽留하여 하룻밤 묵어 가게 하고서 닭을 잡고 기장밥을 지어 접대하고, 그 두 아들을 뵙게 하였다. 다음날 子路가 〈孔子가 계신 곳으로〉 와서 그 일을 아

뢰니, 子께서 "隱者이다."라고 하시고서 子路로 하여금 되돌아가서 그를 만나게 하셨다. 〈子路가 그의 집에〉 당도해보니 出行(길을 떠남)하고 집에 없었다.

【注】 孔曰 子路反至其家하니 丈人出行不在하니라

孔曰 : 子路가 되돌아가서 그의 집에 도착해보니 丈人은 出行하고 집에 없었다.

子路曰 不仕無義니

子路가 말하였다. "出仕하지 않는 것은 道義가 없는 것이다.

【注】 鄭曰 留言[1]以語丈人之二子라

1) 留言 : 남을 訪問하여 만나지 못하면 방문한 목적을 말이나 글로 남김이다.

鄭曰 : 〈子路가〉 丈人의 두 아들에게 말을 남겨 〈아버지가 돌아오면 전하게〉 한 것이다.

長幼之節을 不可廢也온 君臣之義를 如之何其廢之리오

長幼의 禮節을 廢棄할 수 없는데, 君臣의 道義를 어찌 폐기하겠는가?

【注】 孔曰 言女知父子相養不可廢하니 反可廢君臣之義邪아

孔曰 : 그대는 父子가 서로 기르는 도리는 폐기할 수 없음을 알면서, 도리어 君臣의 道義는 폐기할 수 있다는 것이냐는 말이다.

欲絜(결)其身하야 而亂大倫이라

자기 몸을 깨끗이 하고자 하여 〈出仕하지 않는다면〉 大倫(君臣의 도리)을 어지럽히는 것이다.

【注】 包曰 倫은 道理也라

包曰 : 倫은 道理이다.

君子之仕也는 行其義也니 道之不行은 已知之矣시니라

君子(孔子)가 出仕하는 것은 그 義(군신의 도의)를 행하는 것이다. 道가 행해지지 않을 것은 이미 알고 계신다."

【注】 包曰 言君子之仕는 所以行君臣之義요 不必自己道得行이니 孔子道不見用은 自已知之시니라

包曰 : 君子가 出仕하는 것은 君臣의 道義를 행하기 위함이지, 자기의 道가 행해지기를 기필해서가 아니니, 孔子께서는 〈당신의〉 道가 쓰임을 받지 못할 것은 스스로 이미 알고 계신다는 말이다.

【疏】 '子路'至'之矣' ○正義曰 : 此章記隱者與子路相譏之語也. '子路從而後 遇丈人以杖荷篠'者, 子路隨從夫子, 行不相及而獨在後, 逢老人以杖擔荷竹器. '子路問曰 子見夫子乎'者, 夫子, 孔子也. '丈人曰 四體不勤 五穀不分 孰爲夫子'者, 丈人責子路云 "不勤勞四體, 不分殖五穀, 誰爲夫子, 而來問我求索之邪." '植其杖而芸'者, 植, 倚立也. 芸, 除草也. 丈人旣責子路, 至於田中, 倚其荷篠之杖而芸其苗. '子路拱而立'者, 子路未知所以答, 故隨至田中, 拱手而立也. '止子路宿 殺鷄爲黍而食之 見其二子焉'者, 丈人留子路宿, 殺鷄爲黍而食之. 丈人知子路賢, 故又以二子見於子路也. '明日子路行以告'者, 旣宿之明日, 子路行去, 遂及夫子, 以丈人所言及鷄黍見子之事告之也. '子曰 隱者也 使子路反見之 至則行矣'〔者〕[1], 夫子言 "此丈人必賢人之隱者也." 使子路反求見之, 欲語以己道. 子路反而至其家 則丈人出行不在也. '子路曰 不仕無義'者, 丈人旣不在, 留言以語丈人之二子, 令其父還則述之. 此下之言, 皆孔子之意. 言父子之道, 天性也, 君臣之義也, 人性, 則皆當有之, 若其不仕, 是無君臣之義也. '長幼之節 不可廢也 君臣之義 如之何其廢之'者, 言女知父子相養, 是知長幼之節不可廢也, 反可廢君臣之義而不仕濁世. 欲淸絜其身, 則亂於君臣之義大道理也. '君子之仕也 行其義也 道之不行 已知之矣'者, 言君子之仕, 非苟利祿而已, 所以行君臣之義, 亦不必自己道得行. 孔子道不見用, 自已知之也.

1) 〔者〕: 저본에는 '者'字가 없으나, 疏의 文例에 의거하여 보충하였다.

經의 〔子路〕에서 〔之矣〕까지

○正義曰 : 이 章은 隱者와 子路가 서로 비난한 말을 기록한 것이다.

〔子路從而後 遇丈人以杖荷篠〕 子路가 夫子를 수행하다가 걸음이 미치지 못하여 혼자

뒤처져 오다가, 지팡이에 대바구니를 걸어 메고 가는 노인을 만난 것이다.

〔子路問曰 子見夫子乎〕 夫子는 孔子이다.

〔丈人曰 四體不勤 五穀不分 孰爲夫子〕 丈人이 "四體를 勤勞하지 않고, 五穀을 가꾸는 것도 분간하지 못하면서 누구를 夫子라 하여, 나에게 와서 묻고 찾는 것이냐?"고 子路를 책망한 것이다.

〔植其杖而芸〕 植은 비스듬히 세워놓은 것이다. 芸은 잡초를 제거함이다. 丈人이 子路를 책망한 뒤에 밭 가운데로 가서 대바구니를 걸어 메었던 지팡이를 비스듬히 세워놓고서 그 苗의 김을 맨 것이다.

〔子路拱而立〕 子路는 대답할 바를 몰랐다. 그러므로 〈丈人을〉 따라 밭 가운데로 가서 손을 포개어 잡고서 서 있은 것이다.

〔止子路宿 殺鷄爲黍而食之 見其二子焉〕 丈人이 子路를 挽留하여 하룻밤을 묵게 하고서 닭을 잡고 기장밥을 지어 접대한 것이다. 丈人은 子路가 賢者임을 알았기 때문에 또 두 아들을 子路에게 뵙게 한 것이다.

〔明日子路行以告〕 하룻밤을 묵은 다음날 子路가 떠나가서 마침내 夫子가 계신 곳에 이르러, 丈人이 한 말과 닭을 잡고 기장밥을 지어 접대한 일과 아들을 뵙게 한 일을 부자께 고한 것이다.

〔子曰 隱者也 使子路反見之 至則行矣〕 夫子께서 "이 丈人은 틀림없이 賢人으로서 隱居하는 사람이다."라고 하시고서, 子路로 하여금 되돌아가서 그를 만나보게 하신 것은 당신의 道를 그에게 말해주고자 하신 것인데, 子路가 되돌아가서 그의 집에 이르러 〈보니〉 丈人은 出行하고 집에 없었다.

〔子路曰 不仕無義〕 丈人이 이미 집에 없으므로 말을 남겨 丈人의 두 아들에 말해주어 그 아버지가 돌아오면 전하게 한 것이다. 이 아래의 말은 모두 孔子의 뜻이다. 父子의 道義는 天性이고, 君臣의 道義는 人性이니, 모두 응당 〈그 道義를〉 갖고 있을 것인데, 만약 出仕하지 않는다면 이는 君臣의 道義가 없는 것이라는 말이다.

〔長幼之節 不可廢也 君臣之義 如之何其廢之〕 그대는 父子가 서로 기르는 도리는 아니, 이는 長幼의 禮節을 廢棄할 수 없음을 안 것이다. 그런데 도리어 君臣의 道義를 廢棄하여 混濁한 세상이라 하여 出仕하지 않아서야 되겠는가? 자기 몸을 청결히 하고자 한다면 큰 도리인 君臣의 道義를 어지럽히는 것이라는 말이다.

〔君子之仕也 行其義也 道之不行 已知之矣〕 '君子가 出仕하는 것은 구차하게 利祿만을 탐하는 것이 아니다. 君臣의 道義를 행하기 위함이지, 또한 자기의 道가 행해지기를

기필해서가 아니니, 孔子께서는 〈당신의〉 道가 쓰임을 받지 못할 것을 스스로 이미 알고 계신다.'는 말이다.

○ 注'蓧 竹器' ○ 正義曰 : 說文作莜, 芸田器也.

○ 注의 〔蓧 竹器〕

○ 正義曰 : ≪說文解字≫에는 '莜'로 되어있는데, 밭에 김을 매는 기구라고 하였다.

8. 逸民은 伯夷, 叔齊, 虞仲, 夷逸, 朱張, 柳下惠, 少連이니라

逸民은 伯夷와 叔齊와 虞仲과 夷逸과 朱張과 柳下惠와 少連이다.

【注】 逸民者는 節行超逸也라 包曰 此七人은 皆逸民之賢者라

逸民은 節操와 행실이 뛰어난 사람이다.

包曰 : 이 일곱 사람은 모두 逸民 중의 賢者이다.

子曰 不降其志하며 不辱其身은 伯夷叔齊與ㄴ저

子께서 말씀하셨다. "그 뜻을 낮추지(굽히지) 않고 그 몸을 욕되게 하지 않은 이는 伯夷와 叔齊일 것이다."

【注】 鄭曰 言其直己之心하야 不入庸君之朝라

鄭曰 : 그들은 자기의 마음을 곧게 행하여, 용렬한 君主의 朝廷에 들어가지 않았음을 말한다.

謂柳下惠少連하사대 降志辱身矣나 言中倫하며 行中慮하니 其斯而已矣니라

柳下惠와 少連을 評하셨다. "뜻을 낮추고 몸을 욕되게 하였으나, 말이 도리에 맞고 행실이 思慮에 맞았으니, 이들은 이와 같았을 뿐이다."

【注】 孔曰 但能言應倫理하고 行應思慮하니 如此而已니라

孔曰 : 단지 말이 倫理에 맞고 행실이 思慮에 맞는 이 정도일 뿐이라는 말이다.

謂虞仲夷逸하사대 隱居放言하고

虞仲과 夷逸을 평하셨다. "숨어 살면서 세상일을 말하지 않고,

【注】 包曰 放은 置也니 不復言世務라

包曰 : 放은 置(버림)이니, 다시 세상일을 말하지 않은 것이다.

身中淸하며 廢中權하니라

몸은 淸潔에 맞았고 廢棄된 것은 權道에 맞았다.

【注】 馬曰 淸은 純潔也라 遭世亂하야 自廢棄以免患이 合於權也라

馬曰 : 淸은 純潔함이다. 어지러운 세상을 만나 스스로 廢棄되어 환난을 면한 것이 權道에 맞은 것이다.

我則異於是하야 無可無不可호라

나는 이들과 달리 可함도 없고 不可함도 없노라."

【注】 馬曰 亦不必進하며 亦不必退하야 唯義所在니라

馬曰 : 나아가기를 기필하지도 않으며 물러나기를 기필하지도 않고서 오직 義가 있는 곳을 따를 뿐이다.

【疏】 '逸民' 至 '不可' ○ 正義曰 : 此章論逸民賢者之行也. '逸民 伯夷叔齊虞仲夷逸朱張柳下惠少連'者, 逸民, 謂民之節行超逸者也. 此七人, 皆逸民之賢者也. '子曰 不降其志 不辱其身 伯夷叔齊與'者, 此下孔子論其逸民之行也. 言其直己之心, 不降志也, 不入庸君之朝, 不辱身也, 惟伯夷·叔齊有此行也. '謂柳下惠少連 降志辱身矣 言中倫 行中慮 其斯而已矣'者, 又論此二人食祿亂朝, 是降志辱身也. 倫, 理也. (中慮也)〔中倫中慮〕[1], 但能言應倫理, 行應思慮, 如此而已. 不以世務嬰心, 故亦謂之逸民. '謂虞仲夷逸 隱居放言 身中淸 廢中權'者, 放, 置也. 淸, 純潔也. 權, 反常合道也. 孔子又論此二人隱遯退居, 放置言語, 不復言其世務, 其身不仕濁世, 應於純潔, 遭世亂, 自廢棄以免患, 應於權也. '我則異於是 無可無不可'者, 孔子言 "我之所行, 則與此逸民異, 亦不必

進, 亦不必退, 唯義所在, 故曰無可無不可也.” 不論朱張之行者, 王弼云 “朱張字子弓, 荀卿以比孔子.” 言其行與孔子同, 故不論也.

1) (中慮也)〔中倫中慮〕: 저본에는 ‘中慮也’로 되어있으나, “이 세 字는 바로 ‘中倫中慮’의 誤記이다.”라고 한 阮元의 校勘記에 의거하여 바로잡았다.

經의 〔逸民〕에서 〔不可〕까지

○ 正義曰 : 이 章은 逸民 중의 賢者들의 행실을 논한 것이다.

〔逸民 伯夷叔齊虞仲夷逸朱張柳下惠少連〕 逸民은 백성으로서 節操와 행실이 뛰어난 사람을 이른다. 이 일곱 사람은 모두 逸民 중의 賢者이다.

〔子曰 不降其志 不辱其身 伯夷叔齊與〕 이 이하는 孔子께서 그 逸民들의 행실을 논하신 것이다. 자기의 마음을 곧게 행하여 뜻을 낮추지 않고, 용렬한 君主의 朝廷에 들어가지 않아 몸을 욕되게 하지 않은 것은 오직 伯夷와 叔齊만이 이러한 행실이 있었다는 말이다.

〔謂柳下惠少連 降志辱身矣 言中倫 行中慮 其斯而已矣〕 또 이 두 사람이 어지러운 朝廷에서 祿을 먹어, 뜻을 낮추고 몸을 욕되게 한 것을 논하셨다. 倫은 理(도리)이다. 中倫과 中慮는 단지 말이 倫理에 맞고 행실이 思慮에 맞는 이 정도일 뿐이다. 〈그러나〉 세상일로 마음을 쓰지 않았기 때문에 이들 또한 逸民이라 한 것이다.

〔謂虞仲夷逸 隱居放言 身中淸 廢中權〕 放은 置(버림)이다. 淸은 純潔함이다. 權은 正常에는 위배되나 道에 부합함이다. 孔子께서 또 이 두 사람이 세상에서 물러나 숨어 살면서 입을 닫고〔放置言語〕 다시 세상일을 말하지 않았으며, 그 몸이 혼탁한 세상에 出仕하지 않은 것은 純潔에 부합하고, 어지러운 세상을 만나 스스로 廢棄되어 환란을 면한 것은 權道에 부합했다고 논하신 것이다.

〔我則異於是 無可無不可〕 孔子께서 “내가 행하는 바는, 이 逸民들과 달라서 나아가기를 기필하지도 않고 물러나기를 기필하지도 않으며, 오직 義가 있는 곳을 따를 뿐이다. 그러므로 ‘無可無不可’라고 한 것이다.”라고 말씀하신 것이다. 朱張의 행실을 논하지 않으신 것에 대해, 王弼은 “朱張은 字가 子弓이다. 荀卿은 이를 孔子에 견주었다.”라고 하였으니, 그 행실이 孔子와 같았기 때문에 논하지 않았다는 말이다.

9. 大(태)師摯適齊하고 亞飯干適楚하고

太師 摯는 齊나라로 가고, 亞飯 干은 楚나라로 가고,

【注】孔曰 亞는 次也니 次飯樂師也라 摯干은 皆名이라

孔曰 : 亞는 次(버금)이니, 次飯의 樂師이다. 摯와 干은 모두 이름이다.

三飯繚適蔡하고 四飯缺適秦하고

三飯 繚는 蔡나라로 가고, 四飯 缺은 秦나라로 가고,

【注】包曰 三飯四飯은 樂章名이니 各異師라 繚缺은 皆名也라

包曰 : 三飯과 四飯은 樂章의 이름이니, 각각 樂師가 다르다. 繚와 缺은 모두 이름이다.

鼓方叔入於河하고

북을 치는 方叔은 河內로 들어가고,

【注】包曰 鼓는 擊鼓者라 方叔은 名이라 入은 謂居其河內라

包曰 : 鼓는 북을 치는 자이다. 方叔은 이름이다. 入은 그가 河內로 〈들어가서〉 산 것을 이른다.

播鼗武入於漢하고

鼗(小鼓)를 흔드는 武는 漢中으로 들어가고,

【注】孔曰 播는 搖也라 武는 名也라

孔曰 : 播는 흔듦이다. 武는 이름이다.

少師陽擊磬襄入於海하니라

少師 陽과 경쇠를 치는 襄은 海邊으로 들어갔다.

【注】孔曰 魯哀公時에 禮壞樂崩하야 樂人皆去하니라 陽襄은 皆名이라

孔曰 : 魯나라 哀公 때에 禮樂이 붕괴되어 樂人들이 모두 떠났다. 陽과 襄은 모두 이름이다.

【疏】'大師'至'於海' ○正義曰：此章記魯哀公時，禮壞樂崩，樂人皆去也．'大師摯適齊'者，太師，樂官之長，名摯，去魯而適齊也．'亞飯干適楚'者，亞，次也．天子諸侯每食奏樂，樂章各異，各有樂師．次飯樂師名干往楚．三飯樂師名繚往蔡，四飯樂師名缺往秦．'鼓方叔入於河'者，擊鼓者名方叔入於河內也．'播鼗武入於漢'者，播，搖也．鼗如鼓而小，有兩耳，持其柄搖之，旁耳還自擊．搖鼗鼓者名武入居於漢中也．'少師陽擊磬襄入於海'者，陽·襄皆名，二人入居於海內也．

經의〔大師〕에서〔於海〕까지

○正義曰：이 章은 魯나라 哀公 때에 禮樂이 붕괴되어 樂人들이 모두 떠난 것을 기록한 것이다.

〔大師摯適齊〕太師는 樂官의 長으로 이름이 摯인데, 魯나라를 떠나 齊나라로 갔다.

〔亞飯干適楚〕亞는 次이다. 天子와 諸侯는 끼니때마다 음악을 연주하는데, 樂章이 각각 다르고, 각각 〈연주하는〉 樂師가 따로 있다. 이름이 干인 次飯樂師는 楚나라로 가고, 이름이 繚인 三飯樂師는 蔡나라로 가고, 이름이 缺인 四飯樂師는 秦나라로 갔다.

〔鼓方叔入於河〕이름이 方叔인 북을 치는 자는 河內로 들어갔다.

〔播鼗武入於漢〕播는 흔듦이다. 鼗는 모양이 북과 같은데 북보다 작다. 양쪽에 귀가 달려 있어 자루를 쥐고서 흔들면 그 귀가 돌아와 제 몸을 친다. 이름이 武인 鼗鼓를 흔드는 자는 漢中으로 들어가 산 것이다.

〔少師陽擊磬襄入於海〕陽과 襄은 모두 이름인데, 두 사람이 海內로 들어가 산 것이다.

10. 周公謂魯公

周公이 魯公에게

【注】孔曰 魯公은 周公之子伯禽이니 封於魯하니라

孔曰：魯公은 周公의 아들 伯禽이니 魯나라에 封해졌다.

曰 君子不施其親[1)]하며

1) 君子不施其親：≪論語集註≫에는 "施는 陸氏(陸德明)의 本에 弛로 되어있다. 弛는 遺棄함이다.〔施 陸氏本作弛 弛 遺棄也〕"라고 하였고, 劉寶楠의 ≪論語正義≫에도 "不施가 ≪經典釋文≫에는 不弛로 되어있다. 施와 弛 두 字는 옛날에 통용한 예가 많다. ≪禮記≫〈坊記〉

에 대한 鄭玄의 注에 '弛는 棄忘과 같다.'고 하였으니, 棄忘으로 이 글을 訓釋하는 것이 가장 타당하다.〔不施 釋文作不弛 施弛二字 古多通用 鄭注坊記云 弛 猶棄忘也 以訓此文最當〕"라고 하였다. 孔注와 邢疏의 說처럼 "다른 사람의 親屬이라 하여 나의 親愛하는 마음을 바꾸지 않아야 한다."로 해석한다 해서 말이 되지 않는 것은 아니나, 施를 弛의 訓으로 풀어 "親屬을 버리지 않아야 한다."로 해석하는 것이 切當함만 못하다.

말하였다. "君子는 그 親愛〈하는 마음〉을 바꾸지 않아야 하며,

【注】 孔曰 施는 易也니 不以他人之親易己之親이라

孔曰 : 施는 易(바꿈)이니, 다른 사람의 親屬이라 하여 나의 親愛〈하는 마음〉을 바꾸지 않음이다.

不使大臣怨乎不以하며

大臣으로 하여금 써주지 않음을 원망하지 않게 해야 하며,

【注】 孔曰 以는 用也니 怨不見聽用이라

孔曰 : 以는 用(씀)이니, 〈그 말을〉 듣고서 채용해주지 않음을 원망하는 것이다.

故舊無大故면 則不棄也하며 無求備於一人이니라

오랜 벗이 중대한 잘못이 없으면 버리지 않아야 하며, 한 사람에게 모든 것을 갖추기를 요구하지 말아야 한다."

【注】 孔曰 大故는 謂惡逆之事라

孔曰 : 大故는 奸惡한 逆亂의 일을 이른다.

【疏】 '周公'至'故舊無大故 則不棄也 無求備於一人' ○ 正義曰 : 此一章記周公戒魯公之語也. '周公謂魯公'者, 魯公, 周公之子伯禽, 封於魯, 將之國, 周公戒之也. '曰 君子不施其親'者, 施, (不)[1]易也. 言君子爲國, 不以他人之親易己之親, 當行博愛廣敬也. '不使大臣怨乎不以'者, 以, 用也. 旣仕爲大臣, 則當聽用之, 不得令大臣怨不見聽用. '故舊無大故 則不棄'者, 大故, 謂惡逆之事也. 故舊, 朋友, 無此惡逆之事, 則不有遺棄

也. '無求備於一人'者, 求, 責也. 任人當隨其才, 無得責備於一人也.

1) (不) : 저본에는 '不'字가 있으나, "孫志祖가 '不'자는 衍文이라고 했다."라고 한 阮元의 校勘記에 의거하여 衍文으로 처리하였다.

經의 〔周公〕에서 〔故舊無大故 則不棄也 無求備於一人〕까지

○ 正義曰 : 이 한 章은 周公이 魯公을 경계한 말을 기록한 것이다.

〔周公謂魯公〕 魯公은 周公의 아들 伯禽이니, 魯나라에 封함을 받고 〈魯나라로〉 갈 때에 周公이 경계한 것이다.

〔曰 君子不施其親〕 施는 易(바꿈)이다. 君子가 나라를 다스리되, 다른 사람의 친속이라 하여, 나의 親愛〈하는 마음〉을 바꾸지 말고, 널리 사랑하고 널리 공경하는 〈도리를〉 행해야 한다는 말이다.

〔不使大臣怨乎不以〕 以는 用(씀)이다. 이미 벼슬하여 大臣이 되었다면 그의 말을 듣고 채용함〔聽用〕이 마땅하니, 大臣으로 하여금 〈그 말을〉 듣고서 채용해주지 않음을 원망하게 해서는 안 된다.

〔故舊無大故 則不棄〕 大故는 간악한 逆亂의 일을 이른다. 故舊는 朋友이니, 이러한 惡逆의 일이 없으면 버리지 않아야 한다.

〔無求備於一人〕 求는 責(요구함)이다. 사람에게 官職을 맡길 적에는 마땅히 그 사람의 재주에 따라 〈맡겨야 하고,〉 한 사람에게 모든 것을 갖추기를 요구하지 말아야 한다.

11. 周有八士하니 伯達, 伯适, 仲突, 仲忽, 叔夜, 叔夏, 季隨, 季騧니라

周나라에 여덟 선비가 있었으니, 伯達, 伯适, 仲突, 仲忽, 叔夜, 叔夏, 季隨, 季騧이다.

【注】 包曰 周時四乳生八子하니 皆爲顯士라 故記之爾라

包曰 : 周나라 때에 네 번의 分娩〔乳〕에 여덟 아들을 낳은 〈사람이 있었는데, 그 아들들이〉 모두 顯士(名士)가 되었다. 그러므로 기록한 것뿐이다.

【疏】 '周有八士 伯達伯适仲突仲忽叔夜叔夏季隨季騧' ○ 正義曰 : 此章記異也. 周時有人四(偏)〔徧〕[1]生子而乳之, 每乳皆二子, 凡八子, 皆爲顯士, 故記之耳. 鄭玄以爲成王時. 劉向·馬融皆以爲宣王時.

1) (偏)〔徧〕: 저본에는 '偏'으로 되어있으나, "본래는 '徧'인데 '偏'으로 잘못되었다."라고 한 阮元의 校勘記에 의거하여 바로잡았다.

經의 〔周有八士 伯達伯适仲突仲忽叔夜叔夏季隨季騧〕

○ 正義曰 : 이 章은 怪異를 기록한 것이다.

周나라 때에, 네 차례 쌍둥이를 낳아 여덟 아들을 둔 사람이 있었는데, 여덟 아들들이 모두 名士가 되었다. 그러므로 기록한 것뿐이다. 鄭玄은 成王 때 사람이라고 하였고, 劉向과 馬融은 모두 宣王 때 사람이라고 하였다.

子張 第十九

【疏】 正義曰 : 此篇記士行·交情·仁人·勉學, 或接聞夫子之語, 或(辨)〔辯〕[1]揚聖師之德, 以其皆弟子所言, 故(善)〔差〕[2]次[3]諸篇之後.

1) (辨)〔辯〕: 저본에는 '辨'으로 되어있으나, "北監本과 毛本에는 '辨'이 '辯'으로 되어있다."라고 한 阮元의 校勘記에 의거하여 '辯'으로 바로잡았다.
2) (善)〔差〕: 저본에는 '善'으로 되어있으나, 淸나라 沈廷芳(1702~1772)의 ≪十三經注疏正字≫에 의거하여 '差'로 바로잡았다.
3) (善)〔差〕次 : 差次는 등급에 따라 차례를 정함이다. 이 篇은 모두 弟子들의 말이어서 그 등급이 낮기 때문에 여러 篇의 뒤에 편차하였다는 말이다.

正義曰 : 이 篇은 士行(士大夫의 操行), 交情(友情), 仁人, 勉學과 혹은 夫子께 들은 말씀이나, 혹은 聖師(孔子)의 德을 변론해 宣揚한 일을 기록한 것이다. 그것이 모두 弟子들이 말한 것이기 때문에 諸篇의 뒤에 編次한 것이다.

1. 子張曰 士見危致命하며

子張이 말하였다. "士(士大夫)가 〈國家의〉 危難을 보면 목숨을 바치며,

【注】 孔曰 致命은 不愛其身이라

孔曰 : 致命은 그 몸을 아끼지 않음이다.

見得思義하며 **祭思敬**하며 **喪思哀**면 **其可已矣**니라

이득을 보면 道義를 생각하며, 제사에는 공경을 생각하며, 상사에는 슬픔을 생각한다면 士라고 할 수 있다."

【疏】 '子張曰 士見危致命 見得思義 祭思敬 喪思哀 其可已矣' ○ 正義曰 : 此章言士行

也. 士者, 有德之稱, 自卿大夫已下皆是. 致命, 謂不愛其身. 子張言 "爲士者, 見君有危難, 不愛其身, 致命以救之, 見得利祿, 思義然後取, 有祭事, 思盡其敬, 有喪事, 當盡其哀, 有此行者, 其可以爲士已矣."

經의 〔子張曰 士見危致命 見得思義 祭思敬 喪思哀 其可已矣〕

○ 正義曰 : 이 章은 士의 操行을 말한 것이다.

士는 德이 있는 자를 일컬으니, 卿·大夫로부터 이하가 모두 士이다. 致命은 자기 몸을 아끼지 않음을 이른다. 子張이 "士가 된 자는 임금의 危難을 보면 그 몸을 아끼지 않고 목숨을 바쳐 임금을 구제하며, 利祿을 얻을 일을 보면 道義를 생각한 뒤에 취하며, 祭事가 있으면 그 공경을 다하기를 생각하며, 喪事가 있으면 그 슬픔을 다해야 한다. 이러한 행실이 있는 자는 士라 할 수 있다."라고 말한 것이다.

2. 子張曰 執德不弘하며 信道不篤이면 焉能爲有며 焉能爲亡(무)리오

子張이 말하였다. "德을 지킴이 크지 못하고(狹小함), 道를 믿음이 독실하지 못하다면 어찌 있음이 되고 어찌 없음이 될 수 있겠는가?"

【注】 孔曰 (君)〔言〕[1)]無所輕重[2)]이라

1) (君)〔言〕: 저본에는 '君'으로 되어있으나, ≪論語集解義疏≫에 의거하여 '言'으로 바로잡았다.

2) 無所輕重 : 不足爲有無와 같은 말로, 있다 하여 도움 될 것도 없고, 없다 하여 해로울 것도 없다는 말이니, 곧 있어도 그만 없어도 그만이라는 뜻이다.

孔曰 : 輕重이 될 것이 없다는 말이다.

【疏】 '子張曰 執德不弘 信道不篤 焉能爲有 焉能爲亡' ○ 正義曰 : 此章言人行之不備者. 弘, 大也. 篤, 厚也. 亡, 無也. 言人執守其德, 不能弘大, 雖信善道, 不能篤厚, 人之若此, 雖存於世, 何能爲有而重, 雖沒於世, 何能爲無而輕. 言於世無所輕重也.

經의 〔子張曰 執德不弘 信道不篤 焉能爲有 焉能爲亡〕

○ 正義曰 : 이 章은 행실이 갖추어지지 않은 자를 말한 것이다.

弘은 大이고, 篤은 厚이다. 亡은 無이다. 사람이 그 德을 지킴이 弘大하지 못하고, 설령〔雖〕 善道를 믿는다 하더라도 〈그 믿음이〉 독실하고 심후하지 못하다면, 이런 사람은

설령 세상에 생존하더라도 어찌 〈살아〉 있다 하여 〈세상을〉 무겁게 할 수 있겠으며, 설령 세상에 죽고 없더라도 어찌 〈죽고〉 없다 하여 〈세상을〉 가벼워지게 할 수 있겠느냐는 말이니, 세상이 무거워지거나 가벼워지는 바가 없음을 말한 것이다.

3. 子夏之門人問交於子張한대

子夏의 門人이 子張에게 벗 사귀는 방법을 물었다.

【注】 孔曰 問與人交接之道라

孔曰 : 사람들과 交接(교분을 맺음)하는 방법을 물은 것이다.

子張曰 子夏云何오 **對曰 子夏曰 可者與之**하고 **其不可者拒之**라하더이다 **子張曰 異乎吾所聞**이로다 **君子尊賢而容衆**하며 **嘉善而矜不能**하나니 **我之大賢與**ㄴ댄 **於人何所不容**이며 **我之不賢與**ㄴ댄 **人將拒我**리니 **如之何其拒人也**리오

子張이 말하였다. "子夏는 무어라고 하더냐?"

〈子夏의 門人이〉 대답하였다. "子夏는 '사귈 만한 자는 사귀고 사귈 만하지 못한 자는 거절하라.'고 하셨습니다."

子張이 말하였다. "내가 들은 바와 다르구나. 君子는 賢者를 존경하고 衆人을 包容하며, 善人을 아름답게 여기고 無能한 자를 가엽게 여긴다. 내가 크게 어질다면 사람들에 대해 누군들 용납하지 못하겠으며, 내가 어질지 못하다면 사람들이 나를 거절하려 할 것인데, 어떻게 사람들을 거절할 수 있겠느냐?"

【注】 包曰 友交當如子夏요 汎交當如子張이라

包曰 : 벗을 사귐에는 子夏의 말처럼 하는 것이 마땅하고, 평범한 交遊에는 子張의 말처럼 하는 것이 마땅하다.

【疏】 '子夏'至'人也' ○正義曰 : 此章論與人結交之道. '子夏之門人 問交於子張'者, 門人, 謂弟子. 問交, 問與人交接之道. '子張曰 子夏云何'者, 子張反問子夏之門人 "汝師嘗說結交之道云何乎." '對曰 子夏曰 可者與之 不可者拒之'者, 子夏弟子對子張述子

夏之言也. 子夏言 "結交之道, 若彼人賢, 可與交者, 卽與之交, 若彼人不賢, 不可與之交者, 則拒之而不交." '子張曰 異乎吾所聞'者, 言己之所聞結交之道, 與子夏所說異也. '君子尊賢而容衆 嘉善而矜不能'者, 此所聞之異者也. 言君子之人, 見彼賢則尊重之, 雖衆多亦容納之. 人有善行者則嘉美之, 不能者則哀矜之. '我之大賢與 於人何所不容 我之不賢與 人將拒我 如之何其拒人也'者, 旣陳其所聞, 又論其不可拒人之事. 誠如子夏所說, 可者與之, 不可者拒之. 設若我之大賢, 則所在見容也. 我若不賢, 則人將拒我, 不與己交, 又何暇拒他人乎. 然二子所言, 各是其見論交之道, 不可相非. 友交當如子夏, 汎交當如子張.

經의 〔子夏〕에서 〔人也〕까지

○ 正義曰 : 이 章은 사람들과 交分을 맺는 방법을 논한 것이다.

〔子夏之門人 問交於子張〕 門人은 弟子를 이른다. 問交는 사람들과 交接하는 방법을 물은 것이다.

〔子張曰 子夏云何〕 子張이 子夏의 門人에게 "너의 스승은 일찍이 교분을 맺는 방법에 대해 무어라고 말하더냐?"라고 反問한 것이다.

〔對曰 子夏曰 可者與之 不可者拒之〕 子夏의 弟子가 子張에게 子夏의 말을 傳한 것이다. 子夏가 "교분을 맺는 방법은, 만약 저 사람이 어질어서 교분을 맺을 만한 자이면 즉시 그와 교분을 맺고, 만약 저 사람이 어질지 못하여 교분을 맺을 만하지 못한 자이면 거절하고 교분을 맺지 말라."고 한 것이다.

〔子張曰 異乎吾所聞〕 자기가 들은 교분을 맺는 방법은 子夏가 말한 것과 다르다는 말이다.

〔君子尊賢而容衆 嘉善而矜不能〕 이것이 〈자기가〉 들은 것과 다른 것이다. 君子는 저 사람의 어짊을 보면 그를 존중하고, 비록 많은 사람이라 하더라도 용납하며, 善行이 있는 사람은 아름답게 여기고 무능한 사람은 가엽게 여긴다는 말이다.

〔我之大賢與 於人何所不容 我之不賢與 人將拒我 如之何其拒人也〕 이미 들은 바를 진술하고서 또 남을 거절할 수 없는 일을 논한 것이다. 진실로 子夏의 말대로라면 교분을 맺을 만한 자와는 교분을 맺고 교분을 맺을 만하지 못한 자는 거절해야 한다. 가령 내가 크게 어질다면 가는 곳마다 용납되겠지만, 내가 어질지 못하다면 사람들이 나를 거절하여 나와 교분을 맺으려 하지 않을 것이니, 어느 겨를에 남을 거절하겠는가? 그러나 두 사람 (子夏와 子張)이 말한 것은 각각 교분을 맺는 방법에 대해 논한 자기의 見解를 옳게

여긴 것이니, 서로 비방해서는 안 된다. 벗을 사귐에는 子夏의 말처럼 하는 것이 마땅하고, 평범한 交遊에는 子張의 말처럼 하는 것이 마땅하다.

4. 子夏曰 雖小道라도 必有可觀者焉이어니와

子夏가 말하였다. "비록 작은 道라 하더라도 반드시 볼 만한 것이 있지만

【注】 小道는 謂異端이라

小道는 異端을 이른다.

致遠恐泥라

久遠한 데 이르면 막힐까 두렵다.

【注】 包曰 泥難不通이라

包曰 : 막히고 어려워 통하지 않는다.

是以君子不爲也니라

그러므로 君子가 배우지 않는다."

【疏】'子夏曰 雖小道 必有可觀者焉 致遠恐泥 是以君子不爲也' ○ 正義曰 : 此章勉人學爲大道正典也. 小道, 謂異端之說, 百家語也. 雖曰小道, 亦必有小理可觀覽者焉, 然致遠經久, 則恐泥難不通, 是以君子不學也.

經의 〔子夏曰 雖小道 必有可觀者焉 致遠恐泥 是以君子不爲也〕

○ 正義曰 : 이 章은 사람들에게 大道와 正典을 배우도록 권면한 것이다.

小道는 異端의 說과 百家의 말을 이른다. 비록 작은 道라 하더라도 반드시 볼 만한 작은 이치가 있다. 그러나 먼 데 이르러 오랜 세월을 거치면 막히고 어려워서 통하지 않을까 두렵다. 그러므로 君子가 배우지 않는다.

5. 子夏曰 日知其所亡(무)하며

子夏가 말하였다. "날마다 자기에게 없는 것(모르는 것)을 알며,

【注】 孔曰 日知其所未聞이라

孔曰 : 날마다 자기가 아직 듣지 못했던 것을 앎이다.

月無忘其所能이면 可謂好學也已矣니라

달마다 자기의 능한 것을 잊지 않으면 배움을 좋아한다고 이를 수 있다."

【疏】 '子夏曰 日知其所亡 月無忘其所能 可謂好學也已矣' ○ 正義曰 : 此章勸學也. 亡, 無也. 舊無聞者當學之, 使日知其所未聞. 舊已能者當溫尋之, 使月無忘(也)〔已〕[1]能, 如此者, 可以謂之好學.

1) (也)〔已〕: 저본에는 '也'로 되어있으나, "北監本과 毛本에는 '也'가 '已'로 되어있다. 아래의 '能'자와 붙여 읽는다."라고 한 阮元의 校勘記에 의거하여 '已'로 바로잡았다.

經의 〔子夏曰 日知其所亡 月無忘其所能 可謂好學也已矣〕

○ 正義曰 : 이 章은 배우기를 권면한 것이다.

亡는 없음이다. 전에 듣지 못했던 것을 배워서 날마다 아직 듣지 못했던 것을 알게 하고, 전에 이미 능한 것을 거듭 익혀서 달마다 이미 능한 것을 잊지 않게 하면, 이와 같이 하는 자는 배움을 좋아한다고 이를 수 있다.

6. 子夏曰 博學而篤志하며

子夏가 말하였다. "널리 배우고서 독실히 기억하며,

【注】 孔曰 廣學而厚識之라

孔曰 : 널리 배우고서 많이 기억함이다.

切問而近思면

간절히 묻고 가까이 생각하면

【注】 切問者는 切問於己所學未悟之事요 近思者는 思己所未能及之事라 汎問所未學하고 遠思所未達이면 則於所習者不精하고 所思者不解라

切問은 내가 배웠으나 아직 깨닫지 못한 일에 대해 간절히 묻는 것이고, 近思는 내가 아직 미칠 수 없는 일을 생각함이다. 아직 배우지 않은 것을 건성으로 묻고〔汎問〕, 아직 도달(미침)하지 못한 일을 멀리 생각하면 익히는 것이 정밀하지 못하고 생각하는 것이 풀리지 않는다.

仁在其中矣니라

仁이 그 가운데에 있을 것이다."

【疏】'子夏曰 博學而篤志 切問而近思 仁在其中矣' ○ 正義曰：此章論好學近於仁[1]也. 博, 廣也. 篤, 厚也. 志, 識也. 言廣學而厚識之, 使不忘. 切問者, 親切問於己所學未悟之事, 不汎濫問之也. 近思者, 思己所未能及之事, 不遠思也. 若汎問所未學, 遠思所未達, 則於所習者不精, 所思者不解. 仁者之性純篤, 今學者既能篤志近思, 故曰仁在其中矣.

1) 好學近於仁：≪中庸≫에 "好學近乎知 力行近乎仁"이란 말이 보인다.

經의〔子夏曰 博學而篤志 切問而近思 仁在其中矣〕

○ 正義曰：이 章은 배움을 좋아하는 것이 仁에 가까움을 논한 것이다.

博은 넓음이고, 篤은 厚(많음)이고, 志는 識(기억)이니, 널리 배우고 많이 기억하여 잊히지 않게 함을 말한다. 切問은 내가 배웠으나 아직 깨닫지 못한 일에 대해 친절히 묻고 건성〔汎濫〕으로 묻지 않음이다. 近思는 내가 아직 미칠 수 없는 일을 생각하고 멀리 생각하지 않음이다. 만약 배우지 않은 것을 건성으로 묻고 아직 미치지 못한 일을 멀리 생각하면 익히는 것이 정밀하지 못하고 생각하는 것이 풀리지 않는다. 仁者의 성품은 순수하고 독실한데, 지금 배우는 자가 이미 많이 기억하고 가까이 생각할 수 있기 때문에 仁이 그 가운데에 있다고 한 것이다.

7. 子夏曰 百工居肆以成其事하고 君子學以致其道니라

子夏가 말하였다. "百工(모든 工人)은 工場〔肆〕에 거처하면서 그 일을 이루고, 君子는 學問을 하여 그 道에 이른다."

【注】包曰 言百工處其肆則事成이 猶君子學以致其道라

包曰 : 百工이 그 공장에 거처하면서 그 일을 이루는 것이 君子가 학문을 하여 그 道에 이르는 것과 같다는 말이다.

【疏】'子夏曰 百工居肆以成其事 君子學以致其道' ○正義曰 : 此章亦勉人學, 擧百工以爲喩也. 審曲面勢, 以飭五材, 以辨民器, 謂之百工. 五材各有工, 言百, 衆言之也. 肆, 謂官府造作之處也. 致, 至也. 言百工處其肆, 則能成其事, 猶君子勤於學, 則能至於道也.

經의 〔子夏曰 百工居肆以成其事 君子學以致其道〕

○正義曰 : 이 章 또한 사람들에게 학문을 하도록 권면하면서 百工을 들어 비유한 것이다.

〈金·木·皮·玉·土 등 五材의〉 曲直과 面勢(方面, 方向)를 살펴 다섯 가지 材料를 다듬어 백성들이 사용하는 器物을 준비하는 자를 百工이라 한다. 다섯 가지 재료마다 각기 工人이 따로 있다. '百'이라 말한 것은 많음을 말한 것이다. 肆는 官府의 〈器物을〉 製造하는 곳을 이른다. 致는 至(이름)이다. 百工이 그 〈기물을 만드는〉 工場에 거처하면 그 일을 이룰 수 있는 것이, 君子가 학문을 부지런히 하면 道에 이를 수 있는 것과 같다는 말이다.

8. 子夏曰 小人之過也必文이니라

子夏가 말하였다. "小人은 허물을 반드시 文飾(숨기고 변명함)한다."

【注】 孔曰 文飾其過하고 不言情實이라

孔曰 : 그 허물을 文飾하고 진실을 말하지 않음이다.

【疏】'子夏曰 小人之過也必文' ○正義曰 : 此章言小人不能改過也. 言小人之有過也, 必文飾其過, 彊爲辭理, 不言情實也.

經의 〔子夏曰 小人之過也必文〕

○正義曰 : 이 章은 小人이 허물을 고치지 않음을 말한 것이다.

小人은 허물이 있으면 반드시 그 허물을 文飾하여 억지로 말을 만들어 〈변명하고〉 진실을 말하지 않는다는 말이다.

9. 子夏曰 君子有三變[1)]하니 望之儼然하고 卽之也溫하고 聽其言也厲니라

1) 君子有三變 : 李充은 "군자는 말이 바르고 몸이 곧아서 덕스러운 용모가 저절로 드러나니, 사람들이 이를 변한다고 하는 것이지, 군자는 변함이 없다.〔君子辭正體直 而德容自然發 人謂之變耳 君子無變也〕"라고 하였다. ≪論語集解義疏≫

子夏가 말하였다. "君子는 〈용모에〉 세 가지 변화가 있으니, 멀리서 바라보면 儼然(엄숙하고 위엄이 있음)하고, 가까이 가서 보면 온화하고, 그 말을 들어보면 嚴正(엄격하고 공정함)하다."

【注】 鄭曰 厲는 嚴正이라

鄭曰 : 厲는 嚴正함이다.

【疏】 '子夏曰 君子有三變 望之儼然 卽之也溫 聽其言也厲' ○ 正義曰 : 此章論君子之德也. 望之, 卽之, 及聽其言也, 有此三者, 變易常人之事也. 厲, 嚴正也. 常人遠望之則多懈惰, 卽近之則顔色猛厲, 聽其言則多佞邪, 唯君子則不然, 人遠望之則正其衣冠, 尊其瞻視, 常儼然也. 就近之則顔色溫和, 及聽其言辭, 則嚴正而無佞邪也.

經의〔子夏曰 君子有三變 望之儼然 卽之也溫 聽其言也厲〕

○ 正義曰 : 이 章은 君子의 德을 논한 것이다.

멀리서 바라보고, 가까이 가보고, 그 말을 들어보면 보통 사람들과 다른 이러한 세 가지(儼然·溫·厲) 일이 있다는 것이다. 厲는 엄격하고 공정함이다. 보통 사람들은 멀리서 바라보면 懈惰(태만)함이 많고, 가까이 가서 보면 顔色이 사납고, 그 말을 들어보면 奸邪함이 많지만, 오직 君子만은 그렇지 않아, 사람들이 멀리서 바라보면 그 衣冠을 단정히 하고 그 瞻視(눈빛)를 尊嚴히 가져 항상 儼然하고, 가까이 가서 보면 안색이 온화하고, 그 말을 들어보면 엄정하여 奸邪함이 없다.

10. 子夏曰 君子信而後勞其民이니 未信則以爲厲己也니라

子夏가 말하였다. "君子는 〈백성에게〉 신임을 받은 뒤에 그 백성을 부릴 것이니, 신임하지 않는데도 〈부리면, 백성들은〉 자기들을 괴롭힌다고 여길 것이다.

【注】 王曰 厲는 猶病也라

王曰 : 厲는 病(괴롭힘)과 같다.

信而後諫이니 未信則以爲謗己也니라

〈임금에게〉 신임을 받은 뒤에 諫할 것이니, 신임하지 않는데도 〈諫하면, 임금은〉 자기를 비방한다고 여길 것이다."

【疏】'子夏曰 君子信而後勞其民 未信則以爲厲己也 信而後諫 未信則以爲謗己也' ○ 正義曰 : 此章論君子使下事上之法也. 厲, 猶病也. 言君子若在上位, 當先示信於民, 然後勞役其民, 則民忘其苦也. 若未嘗(施)〔示〕[1]信而便勞役之, 則民以爲從欲崇侈, 妄加困病於己也. 若爲人臣, 當先盡忠於君, 待君信己, 而後可諫君之失, 若君未信己, 而便稱君過失以諫諍之, 則君以爲謗讟於己也.

1) (施)〔示〕: 저본에는 '施'로 되어있으나, '示'의 誤字인 듯하여, '示'로 바로잡았다.

經의 〔子夏曰 君子信而後勞其民 未信則以爲厲己也 信而後諫 未信則以爲謗己也〕

○ 正義曰 : 이 章은 君子가 아랫사람을 부리고 윗사람을 섬기는 법을 논한 것이다. 厲는 病(괴롭힘)과 같다. '만약 君子가 上位에 있다면 응당 먼저 백성들에게 信義를 보인 뒤에 그 백성들은 勞役시켜야 한다. 그리하면 백성들이 그 勞苦를 잊겠지만, 만약 신의를 보여준 적도 없으면서 즉시 백성을 勞役시킨다면 백성들은 「〈임금이〉 욕심을 부리고 사치를 숭상하여 함부로 자기에게 괴로운 일을 强要〔加〕한다.」고 여길 것이다. 만약 신하가 되었다면 응당 먼저 임금에게 충성을 다하여, 임금이 자기를 신임하기를 기다린 뒤에 임금의 잘못을 諫해야 한다. 만약 임금이 자기를 신임하지 않는데도 임금의 過失을 들어 諫爭한다면 임금은 자기를 비방한다고 여길 것이다.'라는 말이다.

11. 子夏曰 大德不踰閑이어니와

子夏가 말하였다. "大德(大德之人)은 법을 넘지 않지만,

【注】孔曰 閑은 猶法也라

孔曰 : 閑은 法과 같다.

小德出入[1]可也니라

1) 出入 : 法의 테두리를 약간 넘나들고 크게 벗어나지 않음이다.

小德(小德之人)은 〈법을〉 넘나들어도 괜찮다."

【注】孔曰 小德不能不踰法이라 故曰出入可라하니라

孔曰 : 작은 德을 지닌 이는 법을 넘지 않을 수 없기 때문에 넘나들어도 괜찮다고 한 것이다.

【疏】'子夏曰 大德不踰閑 小德出入可也' ○ 正義曰 : 此章論人之德有小大, 而行亦不同也. 閑, 猶法也. 大德之人, 謂上賢也, 所行皆不越法則也. 小有德者, 謂次賢之人, 不能不踰法. 有時踰法而出, 旋能入守其法. 不責其備, 故曰可也.

經의 〔子夏曰 大德不踰閑 小德出入可也〕

○ 正義曰 : 이 章은 사람의 德에 小大가 있어서 행하는 것도 같지 않음을 논한 것이다. 閑은 法과 같다. 大德을 지닌 사람은 上賢을 이르니, 행하는 것이 모두 法則을 넘지 않는다. 德을 조금 지닌 자는 次等의 賢人을 이르니, 법을 넘지 않을 수 없다. 법을 넘어 벗어날 때가 있어도 이내 들어와 그 법을 지킨다. 完備하기를 요구할 수 없기 때문에 '괜찮다.'고 한 것이다.

12. 子游曰 子夏之門人小子가 當洒埽應對進退면 則可矣나 抑末也라 本之則無하니 如之何오

子游가 말하였다. "子夏의 門人小子들은 물 뿌리고 쓸며, 應하고 對하며, 나아가고 물러가는 일을 담당하면 괜찮게 하지만, 이것은 末節일 뿐〔抑〕이라 근본은 없으니 어찌할꼬?"

【注】包曰 言子夏弟子는 但當對賓客脩威儀禮節之事則可어니와 然此但是人之末事耳니 不可無其本이라 故云本之則無하니 如之何오하니라

包曰 : 子夏의 弟子들은 단지 賓客을 對하여 威儀와 禮節을 닦는 일을 담당하면 그런대로 괜찮게 할 뿐이다. 그러나 이것은 사람의 末事일 뿐이니, 그 근본이 없어서는 안 된다. 그러므로 "근본은 없으니 어찌할꼬?"라고 한 것이다.

子夏聞之하고 曰 噫라

子夏가 그 말을 듣고 말하였다. "아!

【注】 孔曰 噫는 心不平之聲이라

孔曰 : 噫는 마음이 불평스러운 소리이다.

言游過矣로다 君子之道에 孰先傳焉하고 孰後倦焉[1]이리오

1) 孰先傳焉 孰後倦焉 : 이 두 句는 '先傳'과 '後倦'으로 나누어 對句로 말한 것인데, 아래의 注에 包氏는 두 '孰'字를 看過하고서 下句를 上句의 承接辭로 풀어, 經旨를 왜곡하였으니 따를 수 없다. 따라서 "그 末을 먼저 〈가르칠 것이라〉 하여 傳하는 것이 아니고, 그 근본을 뒤에 〈가르칠 것이라〉 하여 가르치기를 게을리하는 것도 아니다.〔非以其末爲後而傳之 非以其本爲後而倦教〕"라고 한 ≪論語集註≫의 說을 취해 번역하였다. 근래의 中國 譯書에는 대체로 倦을 教로 訓釋하여, "무엇을 먼저 전하고 무엇을 뒤에 가르치겠는가?"로 번역하였다.

言游(子游)의 말이 틀렸다. 君子의 道 중에 어느 것을 먼저라 하여 전하고, 어느 것을 뒤라 하여 〈가르치기를〉 게을리하겠는가?

【注】 包曰 言先傳業者는 必先厭倦이라 故我門人先教以小事하고 後將教以大道라

包曰 : 먼저 전한 學業은 반드시 먼저 싫증을 느껴 게을리하기 때문에 나는 문인들에게 먼저 小事를 가르치고서 뒤에 大道를 가르칠 것이라는 말이다.

譬諸草木컨대 區以別矣니

草木에 비유하면 종류로 구별할 수 있으니,

【注】 馬曰 言大道與小道殊異하야 譬如草木이면 異類區別이니 言學當以次라

馬曰 : 大道와 小道가 달라서 이를 草木에 비유하면 〈大小의〉 종류가 달라 구별할 수 있는 것과 같다는 말이니, 學問은 次序를 따라야 함을 말한 것이다.

君子之道를 焉可誣[1]也리오

1) 誣 : 劉寶楠의 ≪論語正義≫에 "그 사람이 할 수 없는 것으로 가르치면 속임이 된다.〔教人

以所不能則爲誣也〕"라고 하였다.

君子의 道를 어찌 속여서야 되겠는가?

【注】 馬曰 君子之道를 焉可使誣[1)]완대 言我門人但能洒掃而已오

1) 焉可使誣 : 疏에 "安可便誣罔"으로 되어있으니, '使'가 '便'의 誤字가 아닌지 모르겠다.

馬曰 : 君子의 道를 어찌 속여서야 되겠기에, 나의 門人들은 단지 洒掃에만 능할 뿐이라고 말하는가?

有始有卒者는 其唯聖人乎ㄴ저

始가 있고 終이 있는 것은 아마 오직 聖人뿐일 것이다."

【注】 孔曰 終始如一은 唯聖人耳라

孔曰 : 終始이 한결같은 것은 오직 聖人뿐이다.

【疏】 '子游'至'人乎' ○ 正義曰 : 此章論人學業有先後之法也. '子游曰 子夏之門人小子 當洒掃應對進退 則可矣 抑末也 本之則無 如之何'者, 子游, 言偃也. 門人小子, 謂弟子也. 應, 當也. 抑, 語辭也. 本, 謂先王之道. 言偃有時評論子夏之弟子, 但當對賓客脩威儀禮節之事則可, 然此但是人之末事耳, 不可無其本. 今子夏弟子, 於其本先王之道則無有, 不可奈何, 故云如之何也. '子夏聞之曰 噫'者, 噫, 心不平之聲. 子夏既聞子游之言, 中心不平之, 故曰噫. '言游過矣'者, 謂言偃所說爲過失也. '君子之道 孰先傳焉 孰後倦焉'者, 言君子教人之道, 先傳業者, 必先厭倦, 誰有先傳而後倦者乎. 子夏言 "我之意恐門人聞大道而厭倦, 故先教以小事, 後將教以大道也." '譬諸草木 區以別矣'者, 諸, 之也. 言大道與小道殊異, 譬之草木, 異類區別, 言學當以次也. '君子之道 焉可誣也'者, 言君子之道, 當知學業以次, 安可便誣罔言我門人但能洒掃而已. '有始有卒者 其唯聖人乎'者, 卒, 猶終也. 言人之學道, 靡不有初, 鮮克有終, 能終始如一, 不厭倦者, 其唯聖人耳.

經의 〔子游〕에서 〔人乎〕까지

○ 正義曰 : 이 章은 사람들의 學業에 先後의 법이 있음을 논한 것이다.

〔子游曰 子夏之門人小子 當洒掃應對進退 則可矣 抑末也 本之則無 如之何〕 子游는

言偃이다. 門人小子는 弟子들을 이른다. 應은 當함이다. 抑은 語辭이다. 本은 先王의 道를 이른다. 言偃이 이때에 '子夏의 弟子들은 단지 賓客을 對하여 威儀와 禮節을 닦는 일을 담당하면 괜찮게 할 뿐이다. 그러나 이것은 단지 사람의 末事일 뿐이니 그 근본이 없어서는 안 된다. 그런데 지금 子夏의 弟子들은 그 근본인 先王의 道는 없으니, 어찌할 수 없다.'라고 논평하였다. 이 때문에 '어찌할꼬?'라고 한 것이다.

〔子夏聞之曰 噫〕 噫는 마음이 불평스러운 소리이다. 子夏가 子游의 말을 듣자, 마음이 불평스러웠다. 그러므로 '噫'라 한 것이다.

〔言游過矣〕 言偃이 말한 것을 일러 過失이라 한 것이다.

〔君子之道 孰先傳焉 孰後倦焉〕 君子가 사람을 가르치는 道는 먼저 전한 學業은 반드시 먼저 싫증을 느껴 게을리하는 것이 〈일반적인 事例이니,〉 먼저 전하였는데도 나중에야 게으름을 피울 자가 어디 있겠느냐는 말이다. 子夏는 "나의 생각에는 門人들이 大道를 듣고 싫증을 느껴 게을리할까 두려웠기 때문에 먼저 小事를 가르치고서 뒤에 大道를 가르칠 것이다."라고 말한 것이다.

〔譬諸草木 區以別矣〕 諸는 之이다. 大道와 小道의 다름을 草木에 비유하면 〈大小의〉 종류가 달라 구별할 수 있는 것과 같다는 말이니, 학문은 次序를 따라야 함을 말한 것이다.

〔君子之道 焉可誣也〕 君子의 道는, 마땅히 學業은 次序를 따라야 함을 알아야 하는데, 어찌 대뜸 誣罔(속임)하여 나의 문인들은 단지 洒掃에만 능할 뿐이라고 말할 수 있느냐는 말이다.

〔有始有卒者 其唯聖人乎〕 卒은 終과 같다. 道를 배우는 사람들이 모두 시작은 있으나 끝맺음을 하는 자가 드무니, 시작과 끝을 한결같이 하여 싫증을 느껴 게을리하지 않는 것은 아마도 오직 聖人뿐일 것이라는 말이다.

13. 子夏曰 仕而優則學하고

子夏가 말하였다. "벼슬(官職을 맡아 業務를 처리)하고서 餘力이 있으면 글을 배우고,

【注】 馬曰 行有餘力이어든 則以學文이라

馬曰 : 行하고서 餘力이 있으면 글을 배움이다.

學而優則仕니라

배우고서 여력이 있으면 벼슬할 것이다."

【疏】'子夏曰 仕而優則學, 學而優則仕' ○ 正義曰 : 此章勸學也. 言人之仕官行已職, 而優閒有餘力, 則以學先王之遺文也. 若學而德業優長者, 則當仕進, 以行君臣之義也.

經의 〔子夏曰 仕而優則學 學而優則仕〕

○ 正義曰 : 이 章은 〈先王의 遺文을〉 배우도록 권한 것이다.

사람이 官員이 되어 자기의 職務를 수행하고서 한가하여 餘力이 있으면 先王의 遺文을 배우고, 만약 學問을 하여 德行과 功業이 뛰어난 자라면 出仕하여 君臣의 道義를 행해야 한다는 말이다.

14. 子游曰 喪致乎哀而止니라

子游가 말하였다. "喪事에는 슬픔을 다할 뿐이다."

【注】 孔曰 毁不滅性이라

孔曰 : 〈居喪 중에 지나치게 슬퍼해〉 몸이 毁損되어 滅性(死亡)하는 데에 〈이르지〉 않음이다.

【疏】'子游曰 喪致乎哀而止' ○ 正義曰 : 此章言居喪之禮也. 言人有父母之喪, 當致極哀慼, 不得過毁以至滅性, 滅性則非孝.

經의 〔子游曰 喪致乎哀而止〕

○ 正義曰 : 이 章은 居喪의 禮를 말한 것이다. 사람이 父母의 喪을 당하여, 슬픔을 다하는 것은 마땅하지만, 지나치게 〈슬퍼함으로 인해〉 몸이 毁損되어 滅性(死亡)하는 데 이르러서는 안 되니, 滅性하는 것은 孝가 아니라는 말이다.

○ 注'毁不滅性' ○ 正義曰 : 此孝經文也. 注云 "不食三日, 哀毁過情, 滅性而死, 皆虧孝道, 故聖人制禮施教, 不令至於隕滅."

○ 注의 〔毁不滅性〕

○ 正義曰 : 이것은 ≪孝經≫의 글이다. ≪孝經≫ 注에 "〈처음 喪을 당했을 때에〉 3일 동안 먹지 않고 常情에 지나치게 슬퍼해 몸이 毁損되어 生命이 끊어져 죽는 것은 모두 孝

道를 어김〔虧〕이다. 그러므로 聖人이 禮를 제정하고 가르침을 펴서 隕滅(死亡)하는 데 이르지 않게 한 것이다."라고 하였다.

15. 子游曰 吾友張也는 爲難能也나

子游가 말하였다. "나의 벗 子張은, 〈그처럼 容儀를 갖추기는〉 어렵지만

【注】 包曰 言子張容儀之難及이라

包曰 : 子張의 容儀(준수한 풍채와 대범한 행동거지)에는 미치기 어렵다는 말이다.

然而未仁이니라

그러나 아직 仁하지는 못하다."

【疏】 '子游曰 吾友張也 爲難能也 然而未仁' ○ 正義曰 : 此章論子張材德也. 子游言 "吾同志之友子張, 其容儀爲難能及也, 然而其德未仁."

經의 〔子游曰 吾友張也 爲難能也 然而未仁〕

○ 正義曰 : 이 章은 子張의 才能과 德行을 논한 것이다.

子游가 "나와 뜻이 같은 벗 子張은 그 容儀에는 미치기 어려우나, 그 德이 아직 仁하지는 못하다."라고 말한 것이다.

16. 曾子曰 堂堂乎張也여 難與竝爲仁矣로다

曾子가 말하였다. "堂堂하다 子張이여! 함께 仁을 하기 어렵다."

【注】 鄭曰 言子張容儀盛이나 而於仁道薄也라

鄭曰 : 子張이 容儀는 盛大(대단함)하지만 仁道에는 부족하다는 말이다.

【疏】 '曾子曰 堂堂乎張也 難與竝爲仁矣' ○ 正義曰 : 此章亦論子張材德也. 堂堂, 容儀盛貌. 曾子言 "子張容儀堂堂然盛, 於仁道則薄, 故難與竝爲仁矣."

經의 〔曾子曰 堂堂乎張也 難與竝爲仁矣〕

○ 正義曰 : 이 章도 子張의 才能과 德行을 논한 것이다.

堂堂은 容儀가 성대한 모양이다. 曾子가 "子張이 容儀는 堂堂하여 성대하지만 仁道에는 부족하기 때문에 함께 仁을 하기 어렵다."고 말한 것이다.

17. 曾子曰 吾聞諸夫子하니 人未有自致者也나 必也親喪乎ㄴ저

曾子가 말하였다. "내가 夫子께 들으니, '사람이 〈평소에〉 자기의 정성을 다할 곳이 없으나, 반드시 親喪에는 〈정성을 다하여야 한다.〉'고 하셨다."

【注】 馬曰 言人雖未能自致盡於他事나 至於親喪하야는 必自致盡이라

馬曰 : 사람이 비록 다른 일에는 자기의 정성을 다할 곳이 없으나, 親喪에 이르러서는 반드시 자기의 정성을 다해야 함을 말한 것이다.

【疏】 '曾子曰 吾聞諸夫子 人未有自致者也 必也親喪乎' ○ 正義曰 : 此章論人致誠之事也. 諸, 之也. 曾子言 "我聞之夫子言 '人雖未能自致盡其誠於他事, 至於親喪, 必自致盡也.'"

經의 〔曾子曰 吾聞諸夫子 人未有自致者也 必也親喪乎〕

○ 正義曰 : 이 章은 정성을 다해야 할 일을 논한 것이다.

諸는 之(指示代詞)이다. 曾子가 "내가 夫子의 말씀을 들으니, '사람이 비록 다른 일에는 자기의 정성을 다할 곳이 없으나, 親喪에 이르러서는 반드시 자기의 정성을 다해야 한다.'고 하셨다."라고 말한 것이다.

18. 曾子曰 吾聞諸夫子하니 孟莊子之孝也에 其他可能也어니와 其不改父之臣與父之政은 是難能也니라

曾子가 말하였다. "내가 夫子께 들으니, '孟莊子의 孝行 중에 다른 것은 〈쉽게〉 할 수 있으나, 그가 아버지의 신하와 아버지의 정치를 바꾸지 않은 것은 하기 어렵다.'고 하셨다."

【注】 馬曰 孟莊子는 魯大夫仲孫(連)〔速〕[1]也라 謂在諒陰之中에 父臣及父政이 雖有不善者라도 不忍改也라

1) (連)〔速〕: 저본에는 '連'으로 되어있으나, "'連'은 '速'이 되어야 한다."라고 한 阮元의 校

勘記에 의거하여 '速'으로 바로잡았다. 아래도 같다.

馬曰 : 孟莊子는 魯나라 大夫 仲孫速이다. 그가 諒陰(居喪) 중에 있는 동안, 아버지의 신하와 아버지의 정사에 비록 不善한 것이 있어도 차마 고칠 수 없었던 것을 이른다.

【疏】'曾子曰 吾聞諸夫子 孟莊子之孝也 其他可能也 其不改父之臣與父之政 是難能也' ○ 正義曰 : 此章論魯大夫仲孫(連)〔速〕之孝行也. 言其他哭泣之哀, 齊斬之情, 饘粥之食, 他人可能及之也, 其在諒陰之中, 父臣及父政, 雖有不善者, 不忍改之也, 是他人難能也.

經의〔曾子曰 吾聞諸夫子 孟莊子之孝也 其他可能也 其不改父之臣與父之政 是難能也〕

○ 正義曰 : 이 章은 魯나라 大夫 仲孫速의 孝行을 논한 것이다.

그 밖에 哭하며 눈물을 흘려 슬픔을 드러내고, 齊衰(자최)服이나 斬衰服을 입어 〈어버이의〉 恩情에 보답하고, 〈3년 동안〉 죽을 먹은 것은 다른 사람도 미칠 수 있으나, 그가 居喪 중에 있는 동안, 아버지의 신하와 아버지의 정사에 비록 不善한 것이 있어도 차마 고칠 수 없었던 것은 다른 사람들이 하기 어려운 것이라는 말이다.

19. 孟氏使陽膚爲士師어늘

孟氏가 陽膚를 任命〔使〕하여 士師로 삼자,

【注】 包曰 陽膚는 曾子弟子라 士師는 典獄之官이라

包曰 : 陽膚는 曾子의 弟子이다. 士師는 刑獄을 맡은 벼슬아치이다.

問於曾子한대 **曾子曰 上失其道**하야 **民散久矣**니 **如得其情**이어든 **則哀矜而勿喜**니라

〈陽膚가〉 曾子에게 〈士師로서 해야 할 일을〉 물으니, 曾子가 말하였다. "윗사람이 그 道(治民의 道理)를 잃어서 백성들이 離散한 지 오래이니, 만약 〈犯罪의〉 情況을 알게 되거든 가엾게 여기고 기뻐하지 말아야 한다."

【注】 馬曰 民之離散하야 爲輕漂犯法은 乃上之所爲요 非民之過니 當哀矜之요 勿自喜能得其情이라

馬曰 : 백성들이 離散하여 가벼이 떠돌아다니며 法을 범하는 것은 윗사람이 〈그렇게〉 만든 것이고 백성들의 허물이 아니니, 마땅히 가엾게 여겨야 하고 〈자기가 搜査를 잘해서〉 그 〈범죄의〉 정황을 알아냈다고 기뻐하지 말아야 한다.

【疏】 '孟氏'至'勿喜' ○ 正義曰 : 此章論典獄之法也. '孟氏使陽膚爲士師'者, 陽膚, 曾子弟子. 士師, 典獄之官. '問於曾子'者, 問其師求典獄之法也. '曾子曰 上失其道 民散久矣 如得其情 則哀矜而勿喜'者, 言上失爲君之道, 民人離散, 爲輕易漂掠, 犯於刑法, 亦已久矣, 乃上之失政所爲, 非民之過, 女若求得其情, 當哀矜之, 勿自喜也.

經의 〔孟氏〕에서 〔勿喜〕까지

○ 正義曰 : 이 章은 典獄의 法을 논한 것이다.

〔孟氏使陽膚爲士師〕 陽膚는 曾子의 弟子이다. 士師는 刑獄을 맡은 벼슬아치이다.

〔問於曾子〕 그 스승에게 典獄의 法을 물은 것이다.

〔曾子曰 上失其道 民散久矣 如得其情 則哀矜而勿喜〕 윗사람이 임금의 도리를 잃어 人民들이 뿔뿔이 흩어져서 가벼이 떠돌아다니며 노략질하여 刑法을 범하는 짓을 한 지가 이미 오래이다. 〈그러나 이것은〉 윗사람의 失政이 〈그렇게〉 만든 것이고 백성들의 허물이 아니니, 네가 만약 그 범죄의 정황을 알게 되거든 가엾게 여기고 〈자기가 搜査를 잘해서〉 그 〈범죄의〉 정황을 알아냈다고 기뻐하지 말아야 한다는 말이다.

20. 子貢曰 紂之不善이 不如是之甚也라 是以君子惡居下流하나니 天下之惡皆歸焉이니라

子貢이 말하였다. "紂의 不善이 〈전해오는 말〉처럼 심하지는 않았을 것이다. 그러므로 君子는 下流에 處하기를 싫어하니, 天下의 惡이 모두 그에게로 돌아가기 때문이다."

【注】 孔曰 紂爲不善하야 以喪天下하니 後世憎甚之하야 皆以天下之惡歸之於紂하니라

孔曰 : 紂가 不善을 하여 天下를 잃었으므로 後世 사람들이 그를 매우 미워하여, 모두 천하의 惡을 紂에게로 돌렸다.

【疏】 '子貢曰 紂之不善 不如是之甚也 是以君子惡居下流 天下之惡皆歸焉' ○ 正義曰 :

此章戒人爲惡也. 紂名辛, 字受德, 商末世之王也, 爲惡不道, 周武王所殺. 謚法 "殘義損善曰紂." 言商紂雖爲不善, 以喪天下, 亦不如此之甚也, 乃後人憎甚之耳. 下流者, 謂爲惡行而處人下, 若地形卑下, 則衆流所歸, 人之爲惡處下, 衆惡所歸, 是以君子常爲善, 不爲惡, 惡居下流故也. 紂爲惡行, 居下流, 則人皆以天下之惡歸之於紂也.

經의 〔子貢曰 紂之不善 不如是之甚也 是以君子惡居下流 天下之惡皆歸焉〕

○ 正義曰 : 이 章은 사람이 惡行을 하는 것을 경계한 것이다.

紂는 이름이 辛이고, 字가 受德으로 商나라 마지막 王이다. 惡行을 일삼고 正道를 행하지 않으니, 周나라 武王이 誅殺하였다. 〈謚法〉에 "義人을 잔혹하게 죽이고, 善人을 損傷시킨 것을 紂라 한다."라고 하였다. '商나라 紂가 비록 不善한 짓을 하여 天下를 잃었으나, 〈그 惡行이 전해오는 것〉처럼 심하지는 않았을 것이다. 〈그런데 천하의 악행이 모두 그에게로 돌아간 것은〉 후세 사람들이 그를 매우 미워했기 때문이다. 下流는 惡行을 하여 사람들의 下位에 處함을 이르니, 마치 地形이 낮으면 모든 물이 그곳으로 모이듯이 사람이 악행을 하여 사람들의 下位에 處하면 모든 惡名이 돌아가는 바가 된다. 그러므로 君子가 항상 善行을 하고 惡行을 하지 않는 것은 下流에 處하기를 싫어하기 때문이다. 그런데 紂는 惡行을 하여 下流에 처하였으므로 사람들이 모두 천하의 악행을 紂에게로 돌렸다.'라는 말이다.

21. 子貢曰 君子之過也는 如日月之食焉하야 過也에 人皆見之하고 更(경)也에 人皆仰之니라

子貢이 말하였다. "君子의 허물은 해가 먹히고〔日食〕 달이 먹히는 것〔月食〕과 같아서, 허물이 있으면 사람들이 모두 보고, 고치면 사람들이 모두 우러러본다."

【注】 孔曰 更은 改也라

孔曰 : 更은 고침이다.

【疏】 '子貢曰 君子之過也 如日月之食焉 過也 人皆見之 更也 人皆仰之' ○ 正義曰 : 此章論君子之過, 似日月之食也. 更, 改也. 言君子苟有過也, 則爲衆所知, 如日月正當食時, 則萬物皆觀也. 及其改過之時, 則人皆復仰其德, 如日月明生之後, 則萬物亦皆仰其明.

經의 〔子貢曰 君子之過也 如日月之食焉 過也 人皆見之 更也 人皆仰之〕

○ 正義曰 : 이 章은 君子의 허물은 해가 먹히고 달이 먹히는 것과 같음을 논한 것이다. 更은 고침이다. 君子에게 허물이 있으면 모든 사람이 아는 것은, 마치 日食과 月食 때에 만물이 모두 보는 것과 같고, 君子가 허물을 고친 때에 미쳐서는 사람들이 모두 다시 그 德을 우러러보는 것은, 日食과 月食이 걷히고 밝음이 되살아난 뒤에 만물이 모두 그 밝음을 우러러보는 것과 같다는 말이다.

22. 衛公孫朝

衛나라 公孫朝가

【注】 馬曰 公孫朝는 衛大夫라

馬曰 : 公孫朝는 衛나라 大夫이다.

問於子貢曰 仲尼焉學고 子貢曰 文武之道가 未墜於地하고 在人이라 賢者識(지)其大者하고 不賢者識(지)其小者하야 莫不有文武之道焉하니 夫子焉不學이며

子貢에게 물었다. "仲尼는 어디에서 배웠는가?"

子貢이 말하였다. "文王과 武王의 道가 아직 땅에 떨어지지 않고 사람들에게 있다. 賢한 자들은 그 큰 것을 기억하고, 賢하지 못한 자들은 그 작은 것을 기억하여, 文王과 武王의 道가 있지 않은 곳이 없으니, 夫子께서 어디선들 배우지 않았겠으며,

【注】 孔曰 文武之道가 未墜落於地하야 賢與不賢이 各有所識하니 夫子無所不從學이라

孔曰 : 文王과 武王의 道가 아직 땅에 떨어지지 않아, 賢한 자와 賢하지 못한 자들이 각각 기억하고 있는 바가 있으니, 夫子께서는 찾아가서〔從〕 배우지 않으신 곳이 없다.

而亦何常師之有시리오

또 어찌 일정한 스승이 있었겠는가?"

【注】 孔曰 無所不從學이라 故無常師라

孔曰 : 찾아가서 배우지 않은 곳이 없기 때문에 일정한 스승이 없으셨다.

【疏】 '衛公'至'之有' ○ 正義曰 : 此章論仲尼之德也. '衛公孫朝'者, 衛大夫也. '問於子貢曰 仲尼焉學'者, 問子貢 "仲尼何所從學, 而得成此聖也." 意謂孔子生知, 無師所從學也. '子貢曰 文武之道 未墜於地 在人 賢者識其大者 不賢者識其小者 莫不有文武之道焉 夫子焉不學'者, 焉, 猶安也. 言文武之道, 未墜落於地, 行之在人, 賢與不賢, 各有所識, 夫子皆從而學, 安得不學乎. '而亦何常師之有'者, 言夫子無所不從學, 故無常師.

經의 〔衛公〕에서 〔之有〕까지

○ 正義曰 : 이 章은 仲尼의 德을 논한 것이다.

〔衛公孫朝〕 衛나라 大夫이다.

〔問於子貢曰 仲尼焉學〕 子貢에게 "仲尼는 어디에서 배워서 이러한 聖人되었느냐?"고 물은 것이다. 〈公孫朝는,〉 孔子는 生知이니 찾아가서 배운 스승이 없을 것으로 생각한 것이다.

〔子貢曰 文武之道 未墜於地 在人 賢者識其大者 不賢者識其小者 莫不有文武之道焉 夫子焉不學〕 焉은 安(어찌)과 같다. '文王과 武王의 道가 아직 땅에 떨어지지 않고 사람들에게 행해지고 있어서, 賢한 자와 賢하지 못한 자들이 각각 기억하고 있으니, 夫子께서 모두 찾아가서 배웠다. 어찌 배우지 않았겠느냐.'는 말이다.

〔而亦何常師之有〕 夫子께서는 찾아가서 배우지 않은 곳이 없기 때문에 일정한 스승이 없으셨다는 말이다.

23. 叔孫武叔語大夫於朝

叔孫武叔이 朝廷에서 大夫들에게

【注】 馬曰 魯大夫叔孫州仇라 武는 諡라

馬曰 : 〈叔孫武叔은〉 魯나라 大夫 叔孫州仇이다. 武는 諡이다.

曰 子貢賢於仲尼하니라 **子服景伯以告子貢**한대 **子貢曰 譬之宮牆**컨대 **賜之牆也及肩**이라 **闚見室家之好**어니와 **夫子之牆數仞**이라 **不得其門而入**이면 **不見宗**

廟之美와 **百官之富**니라 **得其門者或寡矣**니

말하였다. "子貢이 仲尼보다 훌륭하다."

子服景伯이 이 말을 子貢에게 告하니, 子貢이 말하였다. "宮室과 담에 비유하면 나의 담은 어깨 높이여서 室家(邸宅)의 좋음을 엿볼 수 있지만, 夫子의 담은 몇 길을 높이여서 그 大門을 찾아 들어가지 않으면 宗廟의 아름다움과 百官의 富盛(풍부하고 성대함)함을 볼 수 없다. 그 대문을 찾은 자가 아마도 적을 것이니,

【注】 包曰 七尺曰仞이라

包曰 : 7尺을 仞(길)이라 한다.

夫子之云이 **不亦宜乎**아

夫子(叔孫武叔)의 말이 당연하지 않은가?"

【注】 包曰 夫子는 謂武叔이라

包曰 : 夫子는 武叔을 이른다.

【疏】 '叔孫'至'宜乎' ○正義曰 : 此章亦明仲尼之德也. '叔孫武叔語大夫於朝曰 子貢賢於仲尼'者, 叔孫武叔, 魯大夫. 有時告語諸大夫於朝中曰"子貢賢才過於仲尼." '子服景伯以告子貢'者, 景伯, 亦魯大夫子服何也. 以武叔之言告之子貢也. '子貢曰 譬之宮牆 賜之牆也及肩 闚見室家之好 夫子之牆數仞 不得其門而入 不見宗廟之美 百官之富'者, 子貢聞武叔之言己賢於仲尼, 此由君子之道不可小知, 故致武叔有此言. 乃爲之擧喩曰"譬如人居之宮, 四圍各有牆, 牆卑則可闚見其在內之美, 猶小人之道可以小知也. 牆高則不可闚見在內之美, 猶君子之道不可小知也. 今賜之牆也纔及人肩, 則人闚見牆內室家之美好, 夫子之牆, 高乃數仞. 七尺曰仞. 若人不得其門而入, 則不見宗廟之美備, 百官之富盛也." '得其門者或寡矣'者, 言夫聖閫非凡可及, 故得其門而入者或少矣. '夫子之云 不亦宜乎'者, 夫子, 謂武叔. 以此論之, 卽武叔云"子貢賢於仲尼." 亦其宜也, 不足怪焉.

經의 〔叔孫〕에서 〔宜乎〕까지

○ 正義曰 : 이 章도 仲尼의 德을 밝힌 것이다.

〔叔孫武叔語大夫於朝曰 子貢賢於仲尼〕 叔孫武叔은 魯나라 大夫이다. 이때 朝廷 안에서 여러 大夫들에게 "子貢의 賢能한 才智가 仲尼보다 지나친다."라고 말한 것이다.

〔子服景伯以告子貢〕 子服景伯은 魯나라 大夫 子服何이다. 叔孫武叔의 말을 子貢에게 告한 것이다.

〔子貢曰 譬之宮牆 賜之牆也及肩 闚見室家之好 夫子之牆數仞 不得其門而入 不見宗廟之美 百官之富〕 子貢은, 자기를 仲尼보다 훌륭하다고 한 叔孫武叔의 말을 듣고서, 이것은 君子의 道는 작은 것으로써 알 수 있는 것이 아니기 때문에 叔孫武叔이 이런 말을 한 것으로 여겨, 비유를 들어, "비유하자면 사람이 사는 집에 사면에 담이 있는 것과 같다. 담이 낮으면 담 안에 있는 〈집의〉 아름다움을 엿볼 수 있으니, 이는 小人의 道는 작은 것으로써 알 수 있는 것과 같고, 담이 높으면 담 안에 있는 〈집의〉 아름다움을 볼 수 없으니, 이는 君子의 道는 작은 것으로써 알 수 없는 것과 같다. 지금 나의 담은 겨우 사람 어깨 높이여서 담 안의 室家의 美好를 엿볼 수 있으나, 夫子의 담은 높이가 몇 길이다. 7尺을 '仞'이라 한다. 만약 사람들이 그 문을 찾아 들어가지 않으면 宗廟의 美備함과 百官의 富盛함을 볼 수 없다."라고 한 것이다.

〔得其門者或寡矣〕 聖人의 문지방은 凡人이 미칠 수 있는 곳이 아니다. 그러므로 그 문을 찾아 들어간 자가 아마도 적을 것이라고 말한 것이다.

〔夫子之云 不亦宜乎〕 夫子는 叔孫武叔을 이른다. 이로써 논하면 "子貢이 仲尼보다 훌륭하다."고 한 叔孫武叔의 말 또한 당연하니, 괴이하게 여길 게 없다.

○ 注'馬曰 魯大夫叔孫州仇 武 諡' ○ 正義曰 : 案世本, 州仇, 公子叔(此)〔牙〕[1]六世孫叔孫不敢子也. 春秋定十年 "秋, 叔孫州仇·仲孫何忌帥師圍郈." 左傳曰 "武叔懿子圍郈." 是知叔孫武叔卽州仇也. 諡法云 "剛强直理曰武."

1) (此)〔牙〕: 저본에는 '此'로 되어있으나, "浦鏜이 '叔此는 叔牙의 잘못이다.'라고 하였다."라고 한 阮元의 校勘記에 의거하여 '牙'로 바로잡았다.

○ 注의 〔馬曰 魯大夫叔孫州仇 武 諡〕

○ 正義曰 : ≪世本≫을 고찰하면 叔孫州仇는 公子叔牙의 6世孫 叔孫不敢의 아들이다. ≪春秋≫ 定公 10년에 "가을에 叔孫州仇와 仲孫何忌가 군대를 거느리고 가서 郈를 포위하였다."라고 하였는데, ≪春秋左氏傳≫에 "武叔懿子가 郈를 포위하였다."라고 하였으니, 이로써 叔孫武叔이 바로 叔孫州仇임을 알 수 있다. 〈諡法〉에 "굳세어 욕심이 없고

도리가 곧은 것을 武라 한다."라고 하였다.

24. **叔孫武叔毁仲尼**어늘 **子貢曰 無以爲也**하라 **仲尼不可毁也**니라 **他人之賢者**는 **丘陵也**니 **猶可踰也**어니와 **仲尼**는 **日月也**니 **無得而踰焉**이라 **人雖欲自絶**이나 **其何傷於日月乎**리오 **多**(지)**見其不知量也**로다

叔孫武叔이 仲尼를 헐뜯으니, 子貢이 말하였다. "그러지 마십시오. 仲尼는 헐뜯을 수 없습니다. 다른 사람의 어짊은 〈비유하자면〉 丘陵과 같으니 오히려 넘을 수 있으나, 仲尼는 日·月과 같으니 넘을 수 없습니다. 사람들이 스스로 〈해와 달을〉 끊으려 한들 어찌 해와 달에 損傷이 되겠습니까? 단지 자기의 力量을 알지 못함을 보일 뿐입니다."

【注】 言人雖自絶棄於日月이나 其何能傷之乎아 適足自見其不知量也니라

사람이 비록 스스로 日·月을 끊어버리려 한들 어찌 日·月을 損傷할 수 있겠는가? 단지 스스로 力量을 알지 못함을 보일 뿐이라는 말이다.

【疏】 '叔孫'至'量也' ○正義曰：此章亦明仲尼〔之德〕[1]也. '叔孫武叔毁仲尼'者, 訾毁孔子之德也. '子貢曰 無以爲也 仲尼不可毁也'者, 言無用爲此毁訾, 夫仲尼之德不可毁也. '他人之賢者 丘陵也 猶可踰也 仲尼 日月也 無得而踰焉'者, 子貢又爲設譬也. 言他人之賢, 譬如丘陵, 雖曰廣顯, 猶可踰越, 至於仲尼之賢, 則如日月〔貞明麗天〕[2], 不可得而踰也. '人雖欲自絶 其何傷於日月乎'者, 言人雖欲毁訾夫日月, 特自絶棄, 於日月其何能傷之乎. 故人雖欲毁仲尼, 亦不能傷仲尼也, 多見其不知量也. 多, 猶適也. (皆化)〔言非〕[3]但不能毁仲尼, 又適足自見其不知量也.

1) 〔之德〕: 저본에는 없으나, "浦鏜이 '尼 아래에 之德 2자가 빠졌다.'라고 하였다."라고 한 阮元의 校勘記에 의거하여 보충하였다.

2) 〔貞明麗天〕: 저본에는 4字의 난이 비어있으나, 四庫全書本에 의거하여 '貞明麗天' 4자를 보충하였다.

3) (皆化)〔言非〕: 저본에는 '皆化'로 되어있는데, "浦鏜이 '皆化는 言非의 잘못이다.'라고 하였다."라고 한 阮元의 校勘記에 의거하여 '言非'로 바로잡았다.

經의 〔叔孫〕에서 〔量也〕까지

○ 正義曰 : 이 章 또한 仲尼의 德을 밝힌 것이다.

〔叔孫武叔毁仲尼〕 孔子의 德을 헐뜯은 것이다.

〔子貢曰 無以爲也 仲尼不可毁也〕 이렇게 헐뜯어봐야 소용없으니, 仲尼의 德은 헐뜯을 수 없다는 말이다.

〔他人之賢者 丘陵也 猶可踰也 仲尼 日月也 無得而踰焉〕 子貢이 또 비유를 든 것이다. 다른 사람의 어짊은 비유하자면 丘陵과 같아서, 비록 광대하게 드러났다 하더라도 오히려 넘을 수 있지만, 仲尼의 어짊으로 말하면 마치 해와 달이 하늘에 걸려〔麗天〕 規律을 지키며 운행하여 항상 밝은 것〔貞明〕과 같아서 넘을 수 없다는 말이다.

〔人雖欲自絶 其何傷於日月乎〕 사람이 비록 해와 달을 헐뜯으며 스스로 끊어버리고자 한들 해와 달에게 무슨 손상이 되겠는가? 그러므로 사람이 비록 仲尼를 헐뜯고자 하여도 仲尼를 손상시킬 수 없고, 단지 자기의 力量을 알지 못함을 보일 뿐이라는 말이다. 多는 適(다만)과 같으니, 비단 仲尼를 헐뜯을 수 없을 뿐만 아니라 또 다만 스스로 역량을 알지 못함을 보일 뿐이라는 말이다.

○ 注'言人'至'量也' ○ 正義曰 : 云'適足自見其不知量也'者, 據此注意, 似訓多爲適, 所以多得爲適者, 古人多祇同音. '多見其不知量', 猶襄二十九年左傳云 "多見疏也." 服虔本作"祇見疏." 解云 "祇, 適也." 晉·宋·杜本皆作多(지). 張衡西京賦云 "炙炰夥, 淸酤多, 皇恩溥, 洪德施." 施與多爲韻. 此類衆矣, 故以多爲適也.

○ 注의 〔言人〕에서 〔量也〕까지

○ 正義曰 : 〔適足自見其不知量也〕 이 注의 뜻에 의거하면 '多'를 '適'으로 訓解한 것 같다. '多'를 '適'으로 풀 수 있는 까닭은, 古人들은 '多'와 '祇'를 同音으로 읽었기 때문이다.

〔多見其不知量〕 ≪春秋左氏傳≫ 襄公 29년에 "다만 疏遠히 여김을 드러낸 것뿐이다." 라고 하였는데, 服虔本에는 '祇見疏'로 되어있고, "祇는 適이다."라고 해석하였다. 晉本・宋本・杜本에는 모두 '多'로 되어있다. 張衡의 〈西京賦〉에 "구운 고기 많고 맑은 술 알맞으며〔多〕 皇上의 恩惠 널리 미치고 크나큰 德 베푸셨네〔施〕."라고 하여, 施와 多를 韻으로 삼았다. 이런 類가 많다. 그러므로 '多'를 '適'으로 訓釋한 것이다.

25. 陳子禽謂子貢曰 子爲恭也요 仲尼豈賢於子乎리오 子貢曰 君子一言以爲知하고 一言以爲不知니 言不可不愼也니라 夫子之不可及也는 猶天之不可

階而升也니라 **夫子之得邦家者**ㄴ댄

陳子禽이 子貢에게 말하였다. "그대가 恭遜(공경해 겸양함)해서이지, 仲尼가 어찌 그대보다 훌륭하겠는가?"

子貢이 말하였다. "君子는 한마디 말로 지혜로움이 되기도 하고, 한마디 말로 지혜롭지 못함이 되기도 하니, 말은 삼가지 않아서는 안 된다. 夫子에게 미칠 수 없는 것은 마치 하늘을 사다리로 오를 수 없는 것과 같다. 夫子께서 邦(諸侯)이나 家(大夫)를 얻는다면,

【注】 孔曰 謂爲諸侯若卿大夫라

孔曰 : 諸侯가 되거나 혹은 卿大夫가 됨을 이른다.

所謂立之斯立하며 **道之斯行**하며 **綏之斯來**하며 **動之斯和**[1])하야 **其生也榮**하고 **其死也哀**리니 **如之何其可及也**리오

1) 動之斯和 : 何晏의 注와 邢昺의 疏에는 '動之'에 대한 해석이 없고, 皇侃의 ≪論語集解義疏≫에는 "動은 백성들을 勞役시킴을 이른다.〔動 謂勞役之也〕"라고 하였고, 劉寶楠의 ≪論語正義≫에는 "動之는 禮樂으로써 감동〔興動〕시킴이다.〔動之者 以禮樂興動之也〕"라고 하였고, ≪論語集註≫에는 "動은 백성을 鼓舞시킴을 이르고, 和는 이른바 '아! 변화하여 이에 화목해졌다.'는 것이다.〔動 謂鼓舞之也 和 所謂於(오)變時雍〕"라고 하였다. 楊伯峻은 "백성을 動員하자, 백성들이 자발적으로 모여와서 一心으로 協力한 것이다.〔動員百姓 百姓自會同心協力〕"라고 하였다. 譯者는 楊氏의 설을 취해 '動員'으로 번역하였다.

이른바 '敎化를 세우면 즉시 〈교화가〉 樹立되고, 백성을 인도하면 〈백성이〉 즉시 행하고, 백성을 편안하게 하면 즉시 먼 데 〈백성이〉 몰려오고, 백성을 動員(使役)하면 즉시 〈백성들이〉 和睦하게 서로 協調하여, 그분이 살아 계시면 영광으로 여기고, 그분이 돌아가시면 슬퍼한다.'는 것이 될 터인데, 그런 분에게 어떻게 미칠 수 있겠는가?"

【注】 孔曰 綏는 安也라 言孔子爲政하야 其立教則無不立하고 道之則莫不興行하고 安之則遠者來至하고 動之則莫不和睦이라 故能生則榮顯하고 死則哀痛이라

孔曰 : 綏는 安이다. 〈만약〉 孔子께서 정치를 하시어 敎化를 세우면 〈교화가〉 수립되지 않음이 없고, 백성을 인도하면 감동하여 행하지 않는 자가 없고, 백성을 편안하게 하면 먼 데 백성들이 몰려오고, 백성을 動員하면 和睦하게 서로 협조하지 않는 자가 없다. 그러므로 살아 계시면 〈백성들이〉 영광으로 여기고 돌아가시면 哀痛해한다는 말이다.

【疏】 '陳子'至'及也' ○ 正義曰 : 此章亦明仲尼之德也. '陳子禽謂子貢曰 子爲恭也 仲尼豈賢於子乎'者, 此子禽必(作)〔非〕陳亢, 當是同其姓字耳.[1] 見其子貢每事稱譽其師, 故謂子貢云 "當是子爲恭孫故也, 其實仲尼才德豈賢於子乎." '子貢曰 君子一言以爲知 一言以爲不知 言不可不愼也'者, 子貢聞子禽之言, 以此言拒而非之也. 言君子出一言是, 則人以爲有知, 出一言非, 則人以爲不知. 知與不知, 旣由一言, 則其言不可不愼也. 今乃云 "仲尼豈賢於子乎." 則是女不愼其言, 是爲不知也. '夫子之不可及也 (如)〔猶〕[2]天之不可階而升也'者, 又爲設譬, 言夫子之德, 不可及也. 他人之賢, 猶(也)〔他〕[3]物之高者, 可設階梯而升上之, 至於仲尼之德, 猶天之高, 不可以階梯而升上之. '夫子之得邦家者 所謂立之斯立 道之斯行 綏之斯來 動之斯和 其生也榮 其死也哀 如之何其可及也'者, 又爲廣言仲尼爲政之德也. 得邦, 謂爲諸侯. 得家, 謂爲卿大夫. 綏, 安也. 言孔子爲政, 其立敎則無不立, 道之則莫不興行, 安之則遠者來至, 動之則民莫不和睦, 故能生則榮顯, 死則哀痛, (故)[4]如之何其可及也.

1) 此子禽必(作)〔非〕陳亢 當是同其姓字耳 : 저본에는 '作'으로 되어있으나, 皇侃의 ≪論語集解義疏≫에 "此子禽必非陳亢 當是同其姓名之子禽也"로 되어있는 것에 의거하여 '非'로 바로잡았다.
2) (如)〔猶〕 : 저본에는 '如'로 되어있으나, "浦鏜이 '如는 經文에 따라 猶가 되어야 한다.'라고 하였다."라고 한 阮元의 校勘記에 의거하여 '猶'로 바로잡았다.
3) (也)〔他〕 : 저본에는 '也'로 되어있으나, 四庫全書本에 의거하여 '他'로 바로잡았다.
4) (故) : 저본에는 있으나, "浦鏜이 '故는 衍文이다.'라고 하였다."라고 한 阮元의 校勘記에 의거하여 衍文으로 처리하였다.

經의 〔陳子〕에서 〔及也〕까지

○ 正義曰 : 이 章도 仲尼의 德을 밝힌 것이다.

〔陳子禽謂子貢曰 子爲恭也 仲尼豈賢於子乎〕 이곳의 子禽은 반드시 陳亢이 아니니, 그 姓名이 같은 子禽으로 생각된다. 子貢이 每事에 그 스승을 칭찬하는 것을 보았기 때문에 〈陳子禽이〉 子貢에게 "이는 그대가 공손하기 때문이지, 사실은 仲尼의 才德이 어찌

그대보다 훌륭하겠느냐?"고 말한 것이다.

〔子貢曰 君子一言以爲知 一言以爲不知 言不可不愼也〕 子貢이 子禽의 말을 듣고서 이 말로써 거절하며 나무란 것이다. 君子가 내는 한마디 말이 옳으면 사람들은 지혜롭다고 여기고, 내는 한마디 말이 그르면 사람들은 지혜롭지 못하다고 여긴다. 지혜로움이 되고 지혜롭지 못함이 되는 것이 한마디 말에서 연유하니 그렇다면 그 말을 삼가지 않아서는 안 된다. 그런데 지금 도리어 "仲尼가 어찌 그대보다 훌륭하겠느냐?"고 하였으니, 이는 그대가 말을 삼가지 않은 것이어서 지혜롭지 못함이 된다는 말이다.

〔夫子之不可及也 猶天之不可階而升也〕 또 비유를 들어 "夫子의 德은 미칠 수 없다. 다른 사람의 어짊은 다른 물건의 높은 것과 같아서 사다리를 놓고서 올라갈 수 있지만, 仲尼의 德으로 말하면 하늘처럼 높아서 사다리로 오를 수 없다."라고 말한 것이다.

〔夫子之得邦家者 所謂立之斯立 道之斯行 綏之斯來 動之斯和 其生也榮 其死也哀 如之何其可及也〕 또 仲尼께서 政治를 하는 德을 推廣(擴大)해 말한 것이다. 得邦은 諸侯가 됨을 이르고, 得家는 卿大夫가 됨을 이른다. 綏는 安(백성의 생활을 안정시킴)이다. 孔子께서 정치하시어, 敎化를 세우면 〈교화가〉 서지 않음이 없고, 백성을 인도하면 감동해 행하지 않는 자가 없고, 백성을 편안하게 하면 먼 데 백성들이 몰려오고, 백성을 動員하면 和睦하지 않는 자가 없다. 그러므로 살아 계시면 〈백성들이〉 영광〔榮顯〕으로 여기고 돌아가시면 애통해할 것이니, 그런 분에게 어찌 미칠 수 있겠느냐고 말한 것이다.

堯曰 第二十

【疏】正義曰：此篇記二帝三王及孔子之語，明天命政化之美，皆是聖人之道，可以垂訓將來，故殿諸篇，非所次也.

正義曰：이 篇은 二帝·三王 및 孔子의 말씀을 기록하여 天命과 政化의 아름다움을 밝힌 것이니, 모두 聖人의 道로 장래에 교훈으로 전할 만한 것이기 때문에 諸篇의 뒤에 놓은 것이지 次序를 정한 것은 아니다.

1. 堯曰 咨 爾舜아 天之歷數在爾躬하니

堯가 〈帝位를 舜에게 禪讓할 때〉 말하였다. "아! 너 舜아! 하늘의 歷數가 너의 몸에 있으니,

【注】歷數[1)]는 謂列次也라

1) 歷數：帝王이 承繼하는 차례를 이른다.

歷數는 列次(차례)를 이른다.

允執其中하라 四海困窮이면 天祿永終하리라

진실로 그 中道를 지키라. 〈그 恩澤이〉 四海의 끝까지 미치면 天祿이 永久하리라."

【注】包曰 允은 信也라 困은 極也라 永은 長也라 言爲政에 信執其中이면 則能窮極四海니 天祿所以長終이라

包曰：允은 信實함이다. 困은 極盡함이다. 永은 長久함이다. 정치를 함에 진실로 그 中正한 道를 지키면 〈恩澤이〉 四海의 끝까지 〈미칠 수〉 있다. 그러므로 天祿(하늘이 너에게 준 福祿)이 長久할 것이라는 말이다.

舜亦以命禹하시다

舜이 〈뒤에 禹에게 禪位할 때에〉도 이 말로써 禹에게 명하였다.

【注】 孔曰 舜亦以堯命己之辭命禹하니라

孔曰 : 舜 또한 堯가 자기에게 명한 말로 禹에게 명한 것이다.

曰 予小子履는 **敢用玄牡**하야 **敢昭告于皇皇后帝**하노니다

〈湯이〉 말하였다. "나 小子 履는 감히 검은 수소를 〈희생으로〉 써서 감히 거룩하신 하느님께 밝게 고하나이다.

【注】 孔曰 履는 殷湯名이라 此伐桀告天之文이라 殷(豕)〔家〕[1]尙白하나 未變夏禮라 故用玄牡라 皇은 大요 后는 君也라 大는 大君이요 帝는 謂天帝也라 墨子引湯誓에 其辭若此하니라

1) (豕)〔家〕: 저본에는 '豕'로 되어있으나, "皇本에는 '豕'가 '家'로 되어있으니, 옳다."라고 한 阮元의 校勘記에 의거하여 '家'로 바로잡았다.

孔曰 : 履는 殷나라 湯의 이름이다. 이것은 夏나라 桀을 치고서 하늘에 告한 글이다. 殷나라는 白色을 숭상하였으나, 아직 夏나라의 禮를 변경하지 않았다. 그러므로 검은 수소를 〈희생으로〉 쓴 것이다. 皇은 大이고, 后는 君(임금)이다. 大는 大君이고 帝는 天帝를 이른다. ≪墨子≫에 인용된 ≪尙書≫ 〈湯誓〉에 그 말이 이와 같다.

有罪不敢赦하고

罪가 있는 자를 감히 용서하지 않았고,

【注】 包曰 順天奉法이요 有罪者不敢擅赦라

包曰 : 하늘의 뜻을 순종해 法을 奉行하였고, 罪가 있는 자를 감히 마음대로 용서하지 않았다.

帝臣不蔽하니 **簡在帝心**하니이다

帝臣(夏桀)의 〈罪過를〉 掩蔽하지 않았으니, 簡擇하는 것이 天帝의 마음에 달렸습

니다.

【注】 言桀居帝臣之位로되 罪過不可隱蔽하니 以其簡在天心故라

帝臣의 지위에 있는 桀의 罪過를 隱蔽하지 않았으니, 이는 〈天子를〉 簡擇하는 것이 天帝의 마음에 달렸기 때문이라는 말이다.

朕躬有罪는 無以萬方이요 萬方有罪는 罪在朕躬하니이다

제 몸에 죄가 있는 것은 萬方과 無關하고, 萬方에 죄가 있는 것은 罪가 제 몸에 있습니다.”

【注】 孔曰 無以萬方은 萬方不與也요 萬方有罪는 我身之過라

孔曰 : 無以萬方은 萬方과 관계가 없다는 말이고, 萬方有罪는 내 몸의 허물이라는 말이다.

周有大賚하야 善人是富하니라

周나라는 〈하늘로부터〉 크게 주심을 받아 善人이 많았다.

【注】 周는 周家라 賚는 賜也라 言周家受天大賜하야 富於善人하니 有亂臣十人[1)]是也라

1) 亂臣十人 : 亂臣은 다스리는 신하이다. 본서의 〈泰伯〉편에 武王이 말하기를 “나는 다스리는(직분을 다하는) 신하 열 사람을 두었다.〔予有亂臣十人〕”라고 한 내용이 보인다. 열 사람은 周公旦·召公奭·太公望·畢公·榮公·太顚·閎夭·散宜生·南宮适 등 아홉 사람이고, 나머지 한 사람은 文母(文王의 妃)를 이른다.

周는 周家(周王朝)이다. 賚는 賜(줌)이다. 周나라는 하늘로부터 크게 내려줌을 받아 善人이 많았다는 말이니, 亂臣 10人이 있었던 것이 이것이다.

雖有周親이나 不如仁人하니라

〈武王이 大衆에게 告戒하였다.〉 “비록 周나라의 親族이 있다 하여도 仁人만 못하다.

【注】孔曰 親而不賢不忠則誅之하니 管蔡是也라 仁人은 謂箕子微子니 來則用之라

孔曰 : 親族이라도 어질지 못하고 충성하지 않으면 誅殺하였으니, 管叔과 蔡叔을 〈誅殺한 것이〉 이것이다. 仁人은 箕子와 微子를 이르니, 〈이들이 周나라로 歸順해〉 오자 등용하였다.

百姓有過는 **在予一人**이니라 **謹權量**하며 **審法度**하며 **脩廢官**하니 **四方之政行焉**이니라

백성에게 허물이 있는 것은 〈허물이〉 나 한 사람에게 있는 것이다." 權衡과 量具와 法度를 신중히 審査하고, 廢棄된 官職을 修復하니 四方에 政令이 行해졌다.

【注】包曰 權은 秤也요 量은 斗斛이라

包曰 : 權은 秤(저울)이고, 量은 斗와 斛이다.

興滅國하며 **繼絶世**하며 **擧逸民**하니 **天下之民歸心焉**하니라 **所重**은 **民食喪祭**러라

멸망한 나라를 復興시키고, 끊어진 代를 이어주고, 隱遁한 賢者〔逸民〕를 등용하니, 천하 백성의 마음이 그에게로 돌아갔다. 重視한 것은 백성과 糧食과 喪禮와 祭祀였다.

【注】孔曰 重民은 國之本也요 重食은 民之命也요 重喪은 所以盡哀요 重祭는 所以致敬이라

孔曰 : 백성을 重視한 것은 나라의 근본이기 때문이고, 양식을 중시한 것은 백성의 생명이기 때문이고, 喪禮를 중시한 것은 슬픔을 다하기 위함이고, 제사를 중시한 것은 공경을 다하기 위함이다.

寬則得衆하고 **信則民任焉**하고 **敏則有功**하고 **公則說**(열)이니라

너그러우면 民衆을 얻고, 信實하면 백성들이 信任하고, 勤敏하면 功績이 있고, 公正하면 〈民衆이〉 기뻐한다.

【注】孔曰 言政敎公平이면 則民說矣라 凡此二帝三王所以治也라 故傳以示後世니라

孔曰 : 政治와 教化가 公平하면 백성들이 기뻐한다는 말이다. 이것은 二帝와 三王이 〈천하를〉 다스리던 방법이다. 그러므로 전하여 후세에 보여주신 것이다.

【疏】'堯曰'至'則說' ○正義曰 : 此章明二帝·三王之道, 凡有五節, 初自'堯曰'至'天祿永終', 記堯命舜之辭也. 二自'舜〔亦〕[1]以命禹'一句, 舜亦以堯命己之辭命禹也. 三自'曰予小子'至'罪在朕躬', 記湯伐桀, 告天之辭也. 四自'周有大賚'至'在予一人', 言周家受天命及伐紂告天之辭也. 五自'謹權量'至'公則說', 此明二帝三王政化之法也. '堯曰咨 爾舜 天之歷數在爾躬'者, 此下是堯命舜以天命之辭也. 咨, 咨嗟也. 爾, 女也. 歷數, 謂列次也. 堯姓伊祁, 名放勛. 舜姓姚, 名重華. 謚法云"翼善傳聖曰堯. 仁義盛明曰舜." 堯子丹朱不肖, 不堪嗣位. 虞舜側微, 堯聞之聰明, 將使嗣位, 故先咨嗟歎而命之, 欲使重其事. 言天位之列次, 當在女身, 故我今命授於女也. '允執其中 四海困窮天祿永終'者, 此堯戒舜以爲君之法也. 允, 信也. 困, 極也, 永, 長也. 言爲政, 信執其中, 則能窮極四海, 天之祿籍[2]所以長終汝身. '舜亦以命禹'者, 舜有子商均, 亦不肖. 禹有治水大功, 故舜禪位與禹, 故亦以堯命己之辭命禹也. '曰 予小子履 敢用玄牡 敢昭告于皇皇后帝'者, 此下湯伐桀告天辭也. 禹受舜禪, 傳位子孫, 至桀無道, 湯有聖德, 應天順人, 擧干戈而伐之, 遂放桀於南巢, 自立爲天子, 而以此辭告天也. 履, 殷湯名. 稱小子, 謙也. 玄牡, 黑牲也. 殷尙白而用黑牲者, 未變夏禮故也. 昭, 明也. 皇, 大也. 后, 君也. 大, 大君. 帝, 謂天帝也. 謂殺牲明告天帝以伐桀之意. '有罪不敢赦'者, 言己順天奉法, 有罪者不敢擅放赦也. '帝臣不蔽 簡在帝心'者, 帝, 天也. 帝臣, 謂桀也. 桀是天子, 天子事天, 猶臣事君, 故謂桀爲帝臣也. 言桀居帝臣之位, 罪過不可隱蔽, 以其簡閱在天心故也. '朕躬有罪 無以萬方 萬方有罪 罪在朕躬'者, 言我身有罪, 無用汝萬方, 萬方不與也. 萬方有罪, 過在我身, 自責化不至也. '周有大賚 善人是富'者, 周, 周家也. 文王·武王居岐周而王天下, 故曰周家. 賚, 賜也. 周家受天大賜, 富於善人, 有亂臣十人是也. '雖有周親 不如仁人 百姓有過 在予一人'者, 此武王誅紂誓衆之辭. 湯亦傳位子孫, 至末孫帝紂無道, 周武王伐而滅之, 而以此辭誓衆. 言雖有周親, 不賢不忠, 則誅之, 若管·蔡是也. 不如有仁德之人, 賢而且忠, 若箕子·微子來則用之也. 百姓, 謂天下衆民也. 言若不教百姓, 使有罪過, 當在我一人之化不至也. '謹權量 審法度 脩廢官 四方之政行焉'者, 此下摠言二帝三王所行政法也. 權, 秤也. 量, 斗斛也. 謹飭之, 使鈞平. 法度, 謂車服旌旂之禮儀也. 審察之, 使貴賤有別, 無僭偪也. 官有廢闕, 復脩

治之, 使無曠也. 如此, 則四方之政化興行焉. '興滅國 繼絶世 擧逸民 天下之民歸心焉'者, 諸侯之國, 爲人非理滅之者, 復興立之. 賢者當世祀, 爲人非理絶之者, 則求其子孫, 使復繼之. 節行超逸之民, 隱居未仕者, 則擧用之. 政化若此, 則天下之民歸心焉, 而不離析也. '所重 民食喪祭'者, 言帝王所重有此四事. 重民, 國之本也. 重食, 民之命也. 重喪, 所以盡哀. 重祭, 所以致敬. '寬則得衆 信則民任焉 敏則有功 公則說'者, 又言帝王之德, 務在寬簡·示信·敏速·公平也. 寬則人所歸附, 故得衆. 信則民聽不惑, 皆爲己任用焉. 敏則事無不成, 故有功. 政敎公平, 則民說. 凡此上事, 二帝三王所以治也, 故傳之以示後世. 此章有二帝三王之事, 錄者採合以成章. 檢大禹謨·湯誥與泰誓·武成, 則此章其文略矣.

1) 〔亦〕: 저본에는 없으나, 經文에 의거하여 보충하였다.
2) 祿籍 : 福祿을 기록한 帳簿인데 곧 福祿의 뜻으로 쓰였다.

經의 〔堯曰〕에서 〔則說〕까지

○ 正義曰 : 이 章은 二帝와 三王의 道에 모두 다섯 節目이 있음을 밝힌 것이다. 첫째 節은 '堯曰'로부터 '天祿永終'까지인데, 堯가 舜에게 명한 말을 기록한 것이고, 둘째 절은 '舜亦以命禹' 한 句인데, 舜 또한 堯가 자기에게 命한 말로 禹에게 명한 것을 〈말한 것이고,〉 셋째 절은 '曰予小子'로부터 '罪在朕躬'까지인데, 湯이 桀을 誅伐하고서 하늘에게 고한 말을 기록한 것이고, 넷째 절은 '周有大賚'로부터 '在予一人'까지인데, 周家가 天命을 받은 것과 紂를 誅伐하고 하늘에게 고한 말을 말한 것이고, 다섯째 절은 '謹權量'으로부터 '公則說'까지인데, 이것은 二帝와 三王이 〈행한〉 政治와 教化의 法을 밝힌 것이다.

〔堯曰 咨 爾舜 天之歷數在爾躬〕 이 이하는 바로 堯가 舜에게 天命으로써 명한 말이다. 咨는 咨嗟(탄식함)이다. 爾는 女(너)이다. 歷數는 列次(차례)를 이른다. 堯는 姓이 伊祁이고, 이름이 放勛이다. 舜은 姓이 姚이고 이름이 重華이다. 〈諡法〉에 "善人을 輔佐하여 聖人에게 〈帝位를〉 傳한 것을 堯라 하고, 仁義가 盛明(크게 밝음)한 것을 舜이라 한다."라고 하였다. 堯의 아들 丹朱가 不肖하여 帝位를 繼承할 만하지 못하니, 堯는 虞舜이 側微(卑賤)하지만 聰明하다는 말을 듣고서, 장차 그에게 帝位를 물려주려 하였다. 그러므로 먼저 탄식하고서 명했으니, 舜으로 하여금 그 일을 중시하게 하고자 한 것이다. 天位(帝位)의 차례가 너의 몸에 있기 때문에 내가 지금 명하여 너에게 물려주는 것이라고 말하였다.

〔允執其中 四海困窮 天祿永終〕 이것은 堯가 舜에게 임금 노릇하는 법으로써 경계한

것이다. 允은 信(진실로)이다. 困은 至極함이고, 永은 長久함이다. '정치를 함에 진실로 그 中正한 道를 지키면 〈恩澤이〉 四海의 끝까지 〈미칠 수〉 있다. 그러므로 하늘의 祿籍(福祿)이 너의 몸에 長久할 것이다.'라는 말이다.

〔舜亦以命禹〕 舜의 아들 商均 또한 不肖하였고, 禹는 洪水를 다스린 큰 공이 있었기 때문에 舜이 帝位를 禹에게 禪讓하였다. 그러므로 舜 또한 堯가 자기에게 명한 말로 禹에게 명한 것이다.

〔曰 予小子履 敢用玄牡 敢昭告于皇皇后帝〕 이 이하는 湯이 桀을 誅伐하고서 하늘에 고한 말이다. 禹는 舜의 禪讓을 받아 〈帝位에 오른 뒤에〉 帝位를 子孫에게 전하였는데, 桀에 이르러 無道하니, 聖人의 德이 있는 湯이 天命과 人心에 順應하여 干戈(군대)를 일으켜 토벌해 마침내 桀을 南巢로 추방하고서 스스로 天子가 되어, 이 말로써 하늘에 고한 것이다. 履는 殷나라 湯의 이름이다. 小子라고 칭한 것은 謙辭이다. 玄牡는 검은 犧牲이다. 殷나라는 白色을 숭상하였는데, 검은 희생을 쓴 것은 아직 夏나라의 禮를 변경하지 않았기 때문이다. 昭는 밝음이고, 皇은 大이고, 后는 君이니, 大는 大君이고, 帝는 天帝를 이른다. 犧牲을 잡아 天帝에게 桀을 토벌한 뜻을 밝게 고한 것을 이른다.

〔有罪不敢赦〕 자기가 하늘의 뜻을 순종해 法을 奉行하였고 罪가 있는 자를 감히 마음대로 용서하지 않았다는 말이다.

〔帝臣不蔽 簡在帝心〕 帝는 天帝이고, 帝臣은 桀을 이른다. 桀은 天子이니, 天子가 하늘을 섬기는 것이 신하가 임금을 섬기는 것과 같기 때문에 桀을 帝臣이라 한 것이다. 帝臣의 지위에 있는 桀의 罪過를 隱蔽하지 않은 것은 〈天子를〉 簡閱(선택)하는 것이 天帝의 마음에 달렸기 때문이라는 말이다.

〔朕躬有罪 無以萬方 萬方有罪 罪在朕躬〕 내 몸에 죄가 있는 것은 너희 萬方 때문이 아니니 萬方과 無關하고, 萬方에 죄가 있는 것은 그 허물이 내 몸에 있다고 말하여, 教化를 지극히 펴지 못했음을 自責한 것이다.

〔周有大賚 善人是富〕 周는 周家이다. 文王과 武王이 岐周에 살면서 王天下(德으로 天下를 統治함)하였다. 그러므로 周家라 한 것이다. 賚는 賜(줌)이다. 周家가 하늘의 大賜를 받아, 善人이 많았으니 亂臣 10人이 있었던 것이 이것이다.

〔雖有周親 不如仁人 百姓有過 在予一人〕 이것은 武王이 紂를 誅伐하고서 대중을 경계(誓衆)한 말이다. 湯 또한 帝位를 子孫에게 전하였는데, 末孫 帝紂에 이르러 無道하니, 周나라 武王이 토벌하여 殷나라를 滅亡시키고서 이 말로써 대중을 경계한 것이다. 周나라와 親誼가 있어도 어질지 못하고 충성하지 않으면 誅殺한다는 말이니, 이를테면

管叔과 蔡叔이 이에 해당한다. 〈이들은〉 仁德이 있는 사람이 어질고도 충성스러운 것만 못하니, 이를테면 箕子와 微子가 歸順해 오자 등용한 것이 〈이에 해당한다.〉 百姓은 天下의 民衆을 이른다. 만약 百姓을 교육하지 않아, 罪過가 있게 한다면 그 〈허물이〉 당연히 나 한 사람의 敎化가 지극하지 못한 데에 있다는 말이다.

〔謹權量 審法度 脩廢官 四方之政行焉〕 이 이하는 二帝·三王이 행한 政法을 總論한 것이다. 權은 秤(저울)이고, 量은 斗와 斛이니, 이것들을 신중히 정돈하여 鈞平(균등)하게 한 것이다. 法度는 車服·旌旂 등의 禮儀를 이른다. 이들을 자세히 살펴 貴賤의 구별을 정해 僭越해 윗사람을 핍박함이 없게 한 것이다. 廢闕한 官職이 있으면 다시 脩治하여 廢棄됨이 없게 한 것이다. 이와 같이 하면 사방에 政治와 敎化가 성대하게 행해진다〈는 말이다.〉

〔興滅國 繼絶世 擧逸民 天下之民歸心焉〕 諸侯의 나라로서 남에게 부당하게 멸망당한 나라는 다시 일으켜 세워주고, 賢者로서 당연히 대대로 제사를 받아야 할 분이 남에게 부당하게 제사가 끊김을 당한 이는 그 子孫을 찾아 다시 그 제사를 잇게 하고, 節操와 品行이 뛰어난 백성으로 隱居하여 出仕하지 않은 자는 등용한다. 정치와 교화가 이와 같으면 천하 백성들이 진심으로 歸服해 離叛하지 않는다.

〔所重 民食喪祭〕 帝王이 중하게 여겨야 할 바가 이 네 가지 일에 있음을 말한 것이다. 백성을 소중히 여기는 것은 나라의 근본이기 때문이고, 양식을 소중히 여기는 것은 백성의 생명이기 때문이고, 喪禮를 소중히 여기는 것은 슬픔을 다하기 위함이고, 제사를 소중히 여기는 것은 공경을 다하기 위함이다.

〔寬則得衆 信則民任焉 敏則有功 公則說〕 또 帝王의 德은 힘쓸 바가 寬簡(너그럽고 대범함)·示信(信實함을 보임)·敏速(민첩)·公平에 있음을 말한 것이다. 너그러우면 사람들이 歸附하기 때문에 民衆을 얻고, 信實하면 백성들이 聽從(順從)하고 의심하지 않아, 모두 나를 任用(信用)하고, 민첩하면 이루지 못할 일이 없기 때문에 功績이 있고, 정치와 교화가 공평하면 백성들이 기뻐한다. 위에 말한 일들은 二帝와 三王이 〈천하를〉 다스리던 방법이다. 그러므로 전하여 후세에 보여주신 것이다. 이 章에 〈실려〉 있는 二帝와 三王의 일은 ≪論語≫를 기록한 자가 〈≪尙書≫에서〉 採集하여 篇章을 만든 것이다. ≪尙書≫의 〈大禹謨〉, 〈湯誥〉, 〈泰誓〉, 〈武成〉篇 등을 點檢해보면 이 章은 그 글들을 節略한 것이다.

○注'歷數 謂列次也' ○正義曰：孔注尙書云"謂天道." 謂天歷運之數. 帝王易姓而興,

故言歷數謂天道. 鄭玄以歷數在汝身, 謂有圖錄之名. 何云列次, 義得兩通.

○ 注의〔歷數 謂列次也〕

○ 正義曰 : ≪尙書≫ 孔安國 注에 "〈歷數는〉 天道를 이른다."라고 하였으니, 天象(日月星辰)이 운행하여 나타내 보이는 한 朝代의 運數를 이른다. 帝王은 易姓(기존의 王朝를 무너뜨리고 새로운 왕조를 세움)하여 일어난다. 그러므로 歷數를 말하여 天道를 일컬은 것이다. 鄭玄은 "歷數가 너의 몸에 있다는 것은 圖錄(未來를 預言한 圖讖書)에 이름이 있음을 이른다."라고 하였고, 何晏은 "列次(차례)이다."라고 하였으니, 이 두 說이 모두 뜻이 통한다.

○ 注'孔曰'至'若此' ○ 正義曰 : 云'履 殷湯名'者, 案世本湯名天乙者. 安國意蓋以湯受命之王, 依殷法, 以乙日生, 名天乙, 至將爲王, 改名履, 故二名也, 亦可. 安國不信世本, 無天乙之名. 皇甫謐巧欲(傳)〔傅〕[1]會云 "以乙日生, 故名履, 字天乙." 又云 "祖乙亦云乙日生, 復名乙." 引易緯孔子所謂天之錫命, 故可同名. 旣以天乙爲字, 何云同名乎. 斯文妄矣. 云'墨子引湯誓 其辭若此'者, 以其尙書湯誓無此文, 而湯誥有之, 又與此小異. 唯墨子引湯誓, 其辭與此正同, 故言之, 所以證此爲伐桀告天之文也.

1) (傳)〔傅〕: 저본에는 '傳'으로 되어있으나, "傅가 傳으로 잘못되었다."라고 한 阮元의 校勘記에 의거하여 '傅'로 바로잡았다.

○ 注의 〔孔曰〕에서 〔若此〕까지

○ 正義曰 : 〔履 殷湯名〕 고찰하건대, ≪世本≫에 湯은 이름이 天乙이라고 하였다. 孔安國은 아마도 '湯은 天命을 받아 王이 된 분이기 때문에 殷나라 法에 따라, 乙日에 出生하였으므로 이름을 天乙이라 하였다가 뒤에 王이 될 때에 이르러 이름을 履로 고쳤다. 그러므로 이름이 두 개라도 괜찮다.'고 생각한 듯하다. 孔安國은 ≪世本≫을 믿지 않았고, 이름이 天乙이라고 한 적이 없는데, 皇甫謐이 교묘하게 傅會하고자 하여, "乙日에 出生하였기 때문에 이름을 履라 하고 字를 天乙이라 한 것이다."라고 하고, 또 "祖乙도 乙日에 出生하였으므로 다시 이름을 乙이라 하였다."라고 하고서 ≪易緯≫의 孔子가 이른바 '하늘이 命을 주었기 때문에 同名을 쓸 수 있다.'는 말을 이끌어 〈전거로 삼았다.〉 그러나 이미 天乙을 字라 하였으니, 어찌 同名이라 할 수 있는가? 이 글은 虛妄하다.

〔墨子引湯誓 其辭若此〕 ≪尙書≫ 〈湯誓〉에는 이 글이 없고 〈湯誥〉에 있는데, 이 글과 조금 다르고, 오직 ≪墨子≫에 인용된 〈湯誓〉의 말만이 이 글과 같다. 그러므로 '墨子引

湯誓 其辭若此'라고 말하여 〈'曰予小子履……皇皇后帝'가〉 桀을 討伐하고서 하늘에 고한 글임을 증명한 것이다.

○ 注'以其簡在天心故' ○ 正義曰：鄭玄云"簡閱在天心, 言天簡閱其善惡也."

○ 注의 〔以其簡在天心故〕

○ 正義曰：鄭玄은 "簡閱하는 것이 하늘의 마음에 있다는 것은 하늘이 桀의 善惡을 簡閱할 것이라는 말이다."라고 하였다.

○ 注'孔(子)〔曰〕[1]' 至'用之' ○ 正義曰：云'親而不賢不忠則誅之 管蔡是也'者, 金縢云"武王既喪, 管叔及其群弟乃流言於國曰 '公將不利於孺子.'" 周公乃致辟管叔于商, 囚蔡叔于郭隣, 所謂殺管叔而殺蔡叔也. 云'仁人 謂箕子微子 來則用之'者, 箕子, 紂之諸父. 書洪範序云"以箕子歸, 作洪範." 宋世家云"微子開者, 殷帝乙之首子而帝紂之庶兄. 周武王克殷, 微子乃持其祭器, 造於軍門, 肉袒面縛, 左牽羊, 右把茅, 膝行而前以告. 於是武王乃釋微子, 復其位. 成王誅武庚, 乃命微子代殷之後於宋." 是言雖有管叔·蔡叔爲周親, 不如箕子·微子之仁人也. 案周書泰誓云"雖有周親, 不如仁人." 是武王往伐紂, 次于河朔, 誓衆之辭也. 孔傳云"周, 至也. 言紂至親雖多, 不如周家之少仁人." 此文與彼正同. 而孔注與此異者, 蓋孔意以彼爲伐紂誓衆之辭, 此汎言周家政治之法, 欲兩通其義, 故不同也.

1) (子)〔曰〕：저본에는 '子'로 되어있으나, "曰이 子로 잘못되었다."라고 한 阮元의 校勘記에 의거하여 '曰'로 바로잡았다.

○ 注의 〔孔曰〕에서 〔用之〕까지

○ 正義曰：〔親而不賢不忠則誅之 管蔡是也〕 ≪尙書≫ 〈金縢〉에 "武王이 죽은 뒤에 管叔이 그 아우들과 함께 나라 안에 '周公이 장차 어린 成王에게 不利한 짓을 할 것이다.'라는 流言을 퍼뜨렸다."라고 하였다. 周公이 이에 管叔을 商에서 致辟(誅殺)하고, 蔡叔을 郭隣에 囚禁하였으니, 이것이 이른바 管叔과 蔡叔을 誅殺하였다는 것이다.

〔仁人 謂箕子微子 來則用之〕 箕子는 紂의 諸父이다. ≪尙書≫ 〈洪範序〉에 "〈武王이〉 箕子를 데리고〔以〕 돌아와서 〈天道를 물으니 箕子가〉 〈洪範〉을 지었다."라고 하였다. ≪史記≫ 〈宋微子世家〉에 "微子開는 殷나라 帝乙의 큰아들이고 帝紂의 庶兄이다. 周나라 武王이 殷나라를 滅하니, 微子는 이에 〈殷나라 宗廟의〉 祭器를 가지고 周나라 〈武王

의〉 軍門으로 가서 옷을 벗어 上體를 드러내고 두 손을 뒤로 모아 結縛하고, 왼쪽의 隨從人에게는 羊을 끌게 하고, 오른쪽 隨從人에게는 띠〔茅〕를 가지게 하고서 무릎으로 걸어 〈武王의〉 앞으로 나아가 〈자기의 뜻을〉 告하니, 이에 武王은 微子의 결박을 풀어주고 그 지위를 회복시켜주었다. 成王이 武庚(紂의 아들)을 誅伐하고는 이에 微子를 宋에 封하여 殷나라의 뒤를 잇게 하였다."라고 하였다. 이것은 管叔과 蔡叔이 비록 周나라의 親族이지만 仁人인 箕子와 微子만 못하였음을 말한 것이다.

고찰하건대, ≪尙書≫ 〈周書 泰誓〉에 말한 "雖有周親 不如仁人"은 武王이 紂를 討伐하기 위해 가서 黃河 북쪽에 주둔하였을 때에 軍衆에게 경계한 말이다. 孔安國의 傳에 "周는 至이니, 紂에게 至親이 비록 많았지만 周家에 仁人이 적은 것만 못하다는 말이다."라고 하였다. 이 글이 저 〈泰誓〉의 글과 똑같은데, 孔安國의 注가 이곳의 注와 다른 것은, 孔安國의 생각에 저 〈泰誓〉의 말은 紂를 토벌할 때에 軍衆에게 경계한 말이고, 이곳은 周나라 政治의 法度를 광범위하게 말한 것으로 여겨, 두 곳에 뜻이 모두 통하게 하고자 하였기 때문에 두 곳의 注文이 같지 않은 듯하다.

○注'權 秤也 量 斗斛' ○正義曰：漢書律曆志云"權者, 銖·兩·斤·鈞·石也. 所以稱物平施, 知輕重也. 本起於黃鍾之重, 一龠容千二百黍, 重十二銖, 兩之爲兩, 二十四銖爲兩, 十六兩爲斤, 三十斤爲鈞, 四鈞爲石, 五權謹矣. 量者, 龠·合·升·斗·斛也, 所以量多少也. 本起於黃鍾之龠, 用度數審其容, 以子穀秬黍中者千有二百實其龠, 合龠爲合, 十合爲升, 十升爲斗, 十斗爲斛, 而五量(加)〔嘉〕[1]矣." 志又云"度者, 分·寸·尺·丈·引也, 所以度長短也, 本起黃鍾之長, 以子穀秬黍中者, 一黍之廣爲一分, 十分爲寸, 十寸爲尺, 十尺爲丈, 十丈爲引, 而五度審矣." 而此不言度者, 從可知也.

1) (加)〔嘉〕: 저본에는 '加'로 되어있으나, "지금 ≪漢書≫ 〈律曆志〉에는 '加'가 '嘉'로 되어있다."라고 한 阮元의 校勘記에 의거하여 '嘉'로 바로잡았다.

○ 注의 〔權 秤也 量 斗斛〕

○ 正義曰 : ≪漢書≫ 〈律曆志〉에 "權은 銖(무게의 단위로, 兩의 24분의 1)·兩(24銖)·斤(10兩)·鈞(30斤)·石(120斤)이니, 물건을 달아 公平하게 施惠하고 輕重(무게)을 아는 것이다. 근본이 黃鍾〈에 들어가는 기장〉의 무게에서 나왔는데, 黃鍾管〔龠〕 하나에 기장〔黍〕 1,200알이 들어가는데 그 무게가 12銖이고, 이를 두 번 하면 兩이 된다. 24銖를 兩으로, 16兩을 斤으로, 30斤을 鈞으로, 4鈞을 石으로 삼아, 5權(銖·兩·斤·鈞·石)을 신

중히 살폈다. 量은 龠・合・升・斗・斛이니, 〈수량의〉 多寡를 되는 것이다. 근본이 黃鍾의 龠(기장 1,200알이 들어가는 피리)에서 나왔는데, 度數에 따라 그 容量을 살펴, 중간 크기의 기장 알곡 1,200개로 그 龠을 채운다. 2龠〔合龠〕을 合으로, 10合을 升으로, 10升을 斗로, 10斗를 斛으로 삼아, 5量(龠・合・升・斗・斛)을 아름답게 꾸몄다."라고 하였다.

〈律曆志〉에 또 "度는 分・寸・尺・丈・引이니, 〈길이의〉 長短을 재는 것이다. 근본이 黃鍾의 길이에서 나왔는데, 중간 크기의 기장 알곡으로 〈分・寸의 단위의 기준을 삼았다.〉 기장 한 알의 너비를 1分으로, 10分을 寸으로, 10寸을 尺으로, 10尺을 丈으로, 10丈을 引으로 삼아, 5度를 살폈다."라고 하였다. 이 章에 度를 말하지 않은 것은 따라서 알 수 있기 때문이다.

2. 子張問〔政〕[1)]於孔子曰 何如라야 斯可以從政矣니잇고 子曰 尊五美하고 屛四惡이면 斯可以從政矣리라

1) 〔政〕: 저본에는 '政'자가 없으나, "'問'字 아래에 皇本과 高麗本에는 '政'字가 있다."고 한 阮元의 校勘記에 의거하여 보충하였다.

子張이 孔子께 政治를 물었다. "어떠하여야 정치에 從事할 수 있습니까?"

子께서 말씀하셨다. "다섯 가지 美事를 尊崇하고 네 가지 惡事를 排除하면 정치에 종사할 수 있을 것이다."

【注】 孔曰 屛은 除也라

孔曰 : 屛은 除(排除)이다.

子張曰 何謂五美니잇고 子曰 君子는 惠而不費하며 勞而不怨하며 欲而不貪하며 泰而不驕하며 威而不猛이니라 子張曰 何謂惠而不費니잇고 子曰 因民之所利而利之니 斯不亦惠而不費乎아

子張이 말하였다. "무엇을 일러 다섯 가지 美事라 합니까?"

子께서 말씀하셨다. "君子는 恩惠를 베풀되 虛費하지 않으며, 〈백성을〉 勤勞시키되 〈백성이〉 원망하지 않으며, 하고자 하되 탐하지 않으며, 태연하되 교만하지 않으며, 威嚴이 있되 사납지 않다."

子張이 말하였다. "무엇을 일러 은혜를 베풀되 허비하지 않는 것이라 합니까?"

子께서 말씀하셨다. "백성들이 이롭게 여기는 바에 따라 그들을 이롭게 하니, 이것이 은혜를 베풀되 허비하지 않는 것이 아니겠느냐?

【注】 王曰 利民在政이니 無費於財라

王曰 : 백성을 이롭게 하는 것은 政治에 달렸으니, 財物을 허비함이 없다.

擇可勞而勞之어니 又誰怨이리오 欲仁而得仁이어니 又焉貪이리오 君子는 無衆寡하고 無小大히 無敢慢하나니

勤勞할 만한 일을 가려서 백성들을 근로시키니, 또 누가 원망하겠느냐? 仁을 하고자 하여 仁을 얻으니, 또 무엇을 탐하겠느냐? 君子는 사람의 衆寡와 勢力의 大小를 막론하고 감히 輕慢(무시)하지 않으니,

【注】 孔曰 言君子不以寡小而慢也라

孔曰 : 君子는 사람이 적거나 세력이 작다 하여 무시하지 않는다는 말이다.

斯不亦泰而不驕乎아 君子는 正其衣冠하며 尊其瞻視[1)]하야 儼然人望而畏之하나니 斯不亦威而不猛乎아 子張曰 何謂四惡이닛고 子曰 不敎而殺을 謂之虐이요 不戒視成을 謂之暴(포)요

1) 尊其瞻視 : ≪漢語大詞典≫에 "瞻視는 觀瞻이니 外觀을 가리킨다."라고 하고서 ≪論語≫의 이 句를 典據로 提示하였다.

이것이 태연하되 교만하지 않음이 아니겠느냐? 君子는 衣冠을 整齊하고 瞻視(外觀)을 존엄하게 지녀, 〈모습이 莊重하고〉 엄숙해 사람들이 바라보고 두려워하니, 이것이 위엄이 있되 사납지 않은 것이 아니겠느냐?"

子張이 말하였다. "무엇을 일러 네 가지 惡事라 합니까?"

子께서 말씀하셨다. "〈평소에〉 敎育하지도 않고서 〈罪를 범하였다고〉 죽이는 것을 '虐'이라 하고, 미리 경계하지도 않고서 成果를 바라는 것을 '暴'라 하고,

【注】 馬曰 不宿戒而責目前成을 爲視成이라

馬曰 : 미리 경계하지도 않고서 목전의 성과를 요구하는 것을 視成(責成)이라 한다.

慢令致期를 謂之賊이요

명령은 느슨하게 내리고서 기한은 각박하게 정하는 것을 '賊'이라 하고,

【注】 孔曰 與民無信而虛刻期라

孔曰 : 백성을 대함에 신의가 없으면서 헛되이 기한만을 정함이다.

猶之與人也로되 出納之吝을 謂之有司니라

사람들에게 주는 것은 마찬가지인데도 出納(支出)에 인색한 것을 有司라 한다."

【注】 孔曰 謂財物俱當與人이로되 而吝嗇於出納하야 惜難之는 此有司之任耳이요 非人君之道라

孔曰 : 財物을 다 같이 사람들에게 주어야 하는데도 出納에 인색하여 아끼고 어려워하는 것은 이는 有司의 임무이지 人君의 道가 아니라는 말이다.

【疏】 '子張'至'有司' ○ 正義曰 : 此章論爲政之理也. '子張問於孔子曰 何如 斯可以從政矣 子曰 尊五美 屛四惡 斯可以從政矣'者, 屛, 除也. 子張問其政術, 孔子答曰 "當尊崇五種美事, 屛除四種惡事, 則可也." '子張曰 何謂五美'者, 未知其目, 故復問之. '子曰 君子惠而不費 勞而不怨 欲而不貪 泰而不驕 威而不猛'者, 此孔子爲述五美之目也. '子張曰 何謂惠而不費'者, 子張雖聞其目, 猶未達其理, 故復問之. '子曰 因民之所利而利之 斯不亦惠而不費乎'者, 此孔子爲說其惠而不費之一美也. 民居五土, 所利不同. 山者利其禽獸, 渚者利其魚鹽, 中原利其五穀. 人君因其所利, 使各居其所安, 不易其利, 則是惠愛利民在政, 且不費於財也. '擇可勞而勞之 且誰怨'者, 孔子知子張未能盡達, 故旣答惠而不費, 不須其問, 卽爲陳其餘者. 此說勞而不怨者也. 擇可勞而勞之, 謂使民以時, 則又誰怨恨哉. '欲仁而得仁 又焉貪'〔者〕[1], 此說欲而不貪也. 言常人之欲, 失在貪財, 我則欲仁, 而仁斯至矣, 又安得爲貪乎. '君子無衆寡 無小大 無敢慢 斯不亦泰而不驕乎'者, 此說泰而不驕也. 常人之情, 敬衆大而慢寡小, 君子則不以寡小而慢之

也, 此不亦是君子安泰而不驕慢乎. '君子正其衣冠 尊其瞻視 儼然人望而畏之 斯不亦威而不猛乎'者, 此說威而不猛也. 言君子常正其衣冠, 尊重其瞻視, 端居儼然, 人則望而畏之, 斯不亦雖有威嚴而不猛厲者乎. '子張曰 何謂四惡'者, 子張未聞四惡之義, 故復問之. '子曰 不教而殺 謂之虐'者, 此下孔子歷答四惡也. 爲政之法, 當先施教令於民, 猶復〔丁〕[2]寧申勅之. 教令旣治, 而民不從, 後乃誅也. 若未嘗教告而卽殺之, 謂之殘虐. '不戒視成 謂之暴'者, 謂不宿戒而責目前成, 謂之卒暴. '慢令致期 謂之賊'者, 謂與民無信, 而虛刻期, 期不至則罪罰之, 謂之賊害. '猶之與人也 出納之吝 謂之有司'者, 謂財物俱當與人, 而人君吝嗇於出納而惜難之, 此有司之任耳, 非人君之道.

1) 〔者〕: 저본에는 '者'字가 없으나, "浦鏜이 '貪 아래에 者가 빠졌다.'라고 하였다."라고 한 阮元의 校勘記에 의거하여 보충하였다.
2) 〔丁〕: 저본에는 '丁'字가 없으나, "寧 위에 丁자가 빠졌다."라고 한 阮元의 校勘記에 의거하여 보충하였다.

經의 〔子張〕에서 〔有司〕까지

○ 正義曰 : 이 章은 정치를 하는 도리를 논한 것이다.

〔子張問於孔子曰 何如 斯可以從政矣 子曰 尊五美 屛四惡 斯可以從政矣〕 屛은 排除함이다. 子張이 治國의 政術(정치의 방법)을 물으니, 孔子께서 "다섯 가지 美事를 尊崇하고 네 가지 惡事를 屛除(排除)하면 〈정치에 종사〉할 수 있다."고 대답하신 것이다.

〔子張曰 何謂五美〕 〈子張이〉 그 조목을 알지 못하였기 때문에 다시 물은 것이다.

〔子曰 君子惠而不費 勞而不怨 欲而不貪 泰而不驕 威而不猛〕 이것은 孔子께서 子張을 위해 다섯 가지 美事의 조목을 말씀해주신 것이다.

〔子張曰 何謂惠而不費〕 子張이 비록 그 조목을 들었으나 오히려 그 이치를 깨닫지 못하였기 때문에 다시 물은 것이다.

〔子曰 因民之所利而利之 斯不亦惠而不費乎〕 이것은 孔子께서 子張을 위해 '惠而不費'라는 하나의 美事를 설명해주신 것이다. 백성들은 〈각각 흩어져〉 五方의 土地에 거주하니, 이익으로 여기는 것이 각기 다르다. 산중에 사는 자들은 〈野生하는〉 禽獸를 이익으로 여기고, 물가에 사는 자들은 魚類와 소금을 이익으로 여기고, 中原에 사는 자들은 五穀을 이익으로 여기니, 人君이 그들이 이익으로 여기는 바에 따라 각각 자기들이 편안한 곳에 살면서 그 이익을 바꾸지 않게 한다면 이것이 바로 백성들을 仁愛〔惠愛〕하고 이롭게 하는 것이 政治에 달린 것이고, 또 財物을 허비하지 않는 것이다.

〔擇可勞而勞之 且誰怨〕 孔子께서 子張이 아직 〈그 이치를〉 다 깨닫지 못한 것을 아셨다. 그러므로 '惠而不費'〈의 이치를〉 대답해주시고서 그가 다시 묻기를 기다리지 않고 즉시 그 나머지까지 일러주신 것이다. 이것은 '勞而不怨'을 설명한 것이다. '擇可勞而勞之'는 백성을 農閑期를 이용해 使役한다면 또 누가 怨恨하겠느냐는 말이다.

〔欲仁而得仁 又焉貪〕 이것은 '欲而不貪'을 설명한 것이다. 보통 사람들의 욕심은 그 잘못이 재물을 탐하는 데에 있지만, 나는 仁을 하고자 하면 仁이 즉시 이르니, 또 어찌 탐욕이 되겠느냐는 말이다.

〔君子無衆寡 無小大 無敢慢 斯不亦泰而不驕乎〕 이것은 '泰而不驕'를 설명한 것이다. 보통 사람들의 마음은 무리가 많거나 세력이 크면 존경하고 무리가 적거나 세력이 작으면 무시하지만, 君子는 무리가 적거나 세력이 작다 하여 무시하지 않으니, 이것이 어찌 君子는 태연하되 교만하지 않은 것이 아니겠느냐는 말이다.

〔君子正其衣冠 尊其瞻視 儼然人望而畏之 斯不亦威而不猛乎〕 이것은 '威而不猛'을 설명한 것이다. 君子는 항상 그 衣冠을 整齊하고, 그 瞻視(모습)를 莊重〔尊重〕하게 지녀, 端居(평소)의 모습이 엄숙하여 사람들이 바라보고 두려워하니, 이것이 비록 위엄이 있으되 사납지 않은 것이 아니겠느냐는 말이다.

〔子張曰 何謂四惡〕 子張이 아직 네 가지 惡事의 뜻을 듣지 못하였기 때문에 다시 물은 것이다.

〔子曰 不教而殺 謂之虐〕 이 이하는 孔子께서 네 가지 惡事를 일일이 대답해주신 것이다. 政治를 하는 법은 먼저 백성들에게 教令을 施行하였어도 오히려 다시 재삼 당부하고 경계하여야 한다. 教令을 내려 이미 다스렸는데도 백성들이 따르지 않은 뒤에 誅殺해야 하는데, 만약 教告(教導)한 적도 없으면서 〈죄를 범하였다고〉 즉시 誅殺한다면 이를 일러 '殘虐'이라 한다.

〔不戒視成 謂之暴〕 미리 경계하지도 않고서 목전의 성과를 요구하는 것을 '卒暴'라 한다는 말이다.

〔慢令致期 謂之賊〕 백성을 대함에 신의가 없으면서 헛되이 기한을 정하여, 기한 안에 이르지 않으면 罪罰(처벌)하는 것을 '賊害'라 한다는 말이다.

〔猶之與人也 出納之吝 謂之有司〕 財物을 다 같이 사람들에게 주어야 하는데도 人君이 出納에 인색하여 아끼고 어려워하는 것은 이는 有司의 임무이지 人君의 道가 아니라는 말이다.

3. 孔子曰 不知命이면 無以爲君子也요

孔子께서 말씀하셨다. "運命을 알지 못하면 君子가 될 수 없고,

【注】孔曰 命은 謂窮達之分이라

孔曰：命은 窮困하느냐 顯達하느냐 하는 天分(하늘이 부여한 運命)을 이른다.

不知禮면 無以立也요 不知言이면 無以知人也니라

禮를 알지 못하면 立身할 수 없고, 말을 알지 못하면 사람을 알 수 없다."

【注】馬曰 聽言則[1]別其是非也라

1) 則：劉寶楠의 ≪論語正義≫에는 '而'로 되어있다.

馬曰：말을 듣고서 그 是非를 분별함이다.

【疏】'孔子曰 不知命 無以爲君子也 不知禮 無以立也 不知言 無以知人也' ○正義曰：此章言君子立身知人也. 命, 謂窮達之分. 言天之賦命, 窮達有時, 當待時而動. 若不知天命而妄動, 則非君子也. 禮者, 恭儉莊敬, 立身之本. 若其不知, 則無以立也. 聽人之言, 當別其是非, 若不能別其是非, 則無以知人之善惡也.

經의 〔孔子曰 不知命 無以爲君子也 不知禮 無以立也 不知言 無以知人也〕

○正義曰：이 章은 君子의 立身(세상에 나아가 제구실을 함)과 知人(사람을 알아봄)을 말한 것이다.

命은 窮達의 天分을 이른다. 하늘이 부여한 運命에는 窮困과 顯達이 때가 있으니, 때를 기다려 움직여야 한다. 만약 天命(하늘이 부여한 운명)을 알지 못하고서 함부로 움직이면 君子가 아니라는 말이다. 禮는 恭遜·儉約·莊嚴·恭敬이니 立身의 근본이다. 만약 禮를 알지 못한다면 立身할 수 없다는 〈말이다.〉 남의 말을 들으면 그 사람의 是非를 구별해야 하는데, 만약 그 시비를 구별할 수 없다면 사람의 善惡을 알 수 없다는 〈말이다.〉

索 引

索引凡例

1. 색인의 대상

본 색인의 대상은 ≪譯註 論語注疏≫(全3冊)의 原文(經, 注, 疏)으로 하였다.

2. 색인의 종류

1) 색인의 종류는 〈綜合索引〉을 비롯하여, 주제별 색인인 〈論語經文索引〉, 〈注疏語句索引〉, 〈人名索引〉으로 구분하여 작성하였다.

2) 〈綜合索引〉에는 ≪論語≫의 經文과 注疏 전체에서 색인어를 추출하였다. 또 주제별 색인인 〈論語經文索引〉, 〈注疏語句索引〉, 〈人名索引〉의 색인어도 편입시켜 종합적으로 참조할 수 있게 하였다.

3) 〈論語經文索引〉은 ≪논어≫ 경문에서 주요 語句, 概念語 등을 색인어로 추출한 뒤, 색인어 뒤 ( ) 안에 ≪논어≫의 篇名과 章 숫자를 부기하였다. 단, '子曰'은 색인어로 추출하지 않았다.

4) 〈注疏語句索引〉에는 注疏의 주요 語句 및 成語를 추출하였고, 색인어가 인용문인 경우 ( ) 안에 출전을 부기하였다.

5) 〈人名索引〉에는 人名과 그 異稱·略稱·別稱 등도 색인어로 추출하였으며, 해당 인명의 發言, 行迹 및 해당 인물에 대한 評價 등을 대표 색인어 아래 종속항목으로 모아 참조할 수 있게 하였다.

3. 색인 작성 방법

1) 색인어는 人名, 書名, 地名, 物名 등의 고유명사와 주요 概念語 및 특수하게 사용된 語彙 등을 중심으로 추출하였다.

2) 색인어의 출처를 밝히기 위해 부가정보를 표기하였다. 經文 색인어의 경우 색인어 뒤

( ) 안에 해당 篇名의 첫 글자와 章 숫자를 표기하였으며, 〈子罕〉, 〈子路〉, 〈子張〉篇은 편명의 뒷 글자를 표기하였다. 注疏 부분에 반복해서 나오는 經文은 색인어로 추출하지 않았다. 注疏에서 뽑은 색인어는 해당 페이지 뒤에 (注)와 (疏)로 표기해 經文과 구분하였다.

예) 經文 색인어 : 學而時習之(學1) 〈學而〉篇 1章
改之爲貴(罕24) 〈子罕〉篇 24章
注疏 색인어 : 家臣 1-265(注)
學爲君子 1-68(疏)

3) 색인어의 변별력을 높이고 내용을 분명히 전달하기 위해 부가정보를 ( ) 안에 표기하였다.

예) 學而後入政(左傳) 乾時(地) 蔡(寶龜)
凱風(詩經) 大府(官名) 距(祭器)

4) 人名의 경우 ( ) 안에 時代와 國名, 기타사항을 부기하여 同名異人을 구분하였다.

예) 簡公(春秋鄭) 伯夷(孤竹國) 女艾(人)
簡公(春秋齊) 伯夷(舜之臣) 賈公彦(唐)

5) 人名의 경우 일반적으로 통용되는 명칭을 대표 색인어로 정하고, 異稱·略稱·別稱 등을 추출하여 대표 색인어와 상호참조하게 하였다.

예) 子路(春秋魯)←季路, 由, 仲由 蘧瑗→蘧伯玉(春秋衛)
管仲(春秋齊)←管氏, 管夷吾 杜預(晉)←杜氏, 杜元凱

6) 天子와 諸侯는 諡號를 대표 색인어로 삼고 ( ) 안에 時代와 國名을 표기하였다. 단 齊景公과 衛靈公은 '國名+諡號' 형태의 빈도수가 높으므로 이를 색인어로 삼았다.

예) 高宗(殷)←武丁 齊景公(春秋齊)←景公 桓公(春秋齊)←齊桓公
武丁→高宗(殷) 景公→齊景公(春秋齊) 齊桓公→桓公(春秋齊)

7) 人名이 2인 이상의 合稱으로 쓰인 경우 색인어를 따로 구분해 뽑았으며, 姓으로만 표시된 경우 성명을 색인어로 추출하였다.

예) 管蔡 : 管叔(周), 蔡叔(周)
鄭 : 鄭玄(漢)

8) 書名 뒤에는 '書'라고 부기하였으며, 異稱은 대표 색인어를 정하여 상호 참조하였다.

단 ≪詩經≫, ≪書經≫, ≪周易≫이 약칭으로 쓰인 경우 完稱으로 색인어를 뽑았다.

예) 經典釋文(書)　　　　　　尙書→書經(書)

孟子(書)　　　　　　'詩曰'의 경우 : 詩經(書)

9) 人名, 書名, 概念語 등의 색인어는 관련된 내용을 종속항목으로 함께 추출하였다.

예) 孔子(春秋魯)←孔丘, 丘, 夫子, 子, 仲尼

—— 蘧伯玉使人於孔子(憲25) 2-333

—— 丘亦恥之(公25) 1-298

詩經(書)

—— 馬融注 1-59(疏)

—— 斯言之玷不可爲也 2-159(注)

—— 召南 唐棣之華 2-94(疏)

樂(八3) 1-161

—— 成性在於學樂 2-27(疏)

—— 成於樂(泰8) 2-27

—— 樂其可知也(八23) 1-215

4. 항목 배열 및 표시

1) 색인어의 배열은 한글 가나다 순서를 따랐으며 두음법칙을 적용하였다.

2) 종속항목에는 대표 색인어와 관련된 주요 내용을 담았다.

3) 색인어의 위치는 '冊數-面數'의 형태로 하고, 冊數와 面數는 아라비아숫자로 표시하였으며, 같은 책에서 面數만 다른 경우에는 冊數는 생략하고 面數만 ','로 이어 표기하였다.

예) 管叔(周) 3-213(注), 214(疏), 219(疏)

4) 색인에 사용한 부호는 다음과 같다.

—— : 종속항목의 표시

→ : 대표 표제어로 가는 표시

← : 대표 표제어로 모아주는 표시

( ) : 색인어의 변별력을 높이고 내용을 분명히 하기 위해 보충한 부가정보

, : 面數와 面數의 구분

綜合索引

【ㄱ】

軻→孟子(戰國鄒) 1-85(疏)
賈公彦(唐)
――― 左傳注 1-257(疏)
賈逵(漢)
―― 左傳注 1-125(疏)
―― 說文解字注 2-296(疏)
可欺也不可罔也(雍26) 1-343
可得而聞也(公13) 1-276
可明言可遵行而後君子名言之 2-253(疏)
可使南面(雍1) 1-304
可使與賓客言也(公8) 1-265
可使爲之宰也(公8) 1-264
可使有勇且知方也(先24) 2-190
可使治其賦也(公8) 1-264
可常行之行 3-22(疏)
嘉善而矜不能(張3) 3-183
家臣
―― 家臣謂家相邑宰之屬 1-161(疏)
―― 家臣專恣 3-103(疏)
―― 家臣之亂 3-101(疏)
―― 家臣之禮 2-74(疏)
―― 家臣稱老 2-307(注)
加我數年五十以學易(述17) 1-374
可也簡(雍2) 1-305
可也未若貧而樂富而好禮者也(學15) 1-101
可言也不可行君子弗言也(禮記) 2-252(疏)
可與共學未可與適道(罕30) 2-91
可與立未可與權(罕30) 2-92
可與言而不與言失人(衛7) 3-26
可與適道未可與立(罕30) 2-91
可謂具臣矣(先22) 2-185
可謂明也已矣(顔6) 2-212
可謂遠也已矣(顔6) 2-212
可謂仁矣(雍22) 1-337
可謂仁之方也已(雍30) 1-349
可謂仁乎(雍30) 1-348
可謂知矣(雍22) 1-336
可謂好學也已(學14) 1-100
可謂好學也已矣(張5) 3-186
可謂孝矣(里20) 1-245
可以觀(陽8) 3-120
可以群(陽8) 3-121
可以寄百里之命(泰6) 2-24
可以無大過矣(述17) 1-374
可以怨(陽8) 3-121
可以爲難矣(憲1) 2-290
可以爲文矣(憲18) 2-327
可以爲師矣(爲11) 1-124
可以託六尺之孤(泰6) 2-23
可以興(陽8) 3-120
可者與之(張3) 3-183
加朝服拖紳(鄕13) 2-142

加之以師旅(先24) 2-189
假借
—— 六書 1-358(疏)
可妻也(公1) 1-251
可行也不可言君子弗行也(禮記) 2-252(疏)
較兩輢上出軾者 2-150(疏)
角
— 四升曰角 1-342(疏)
各於其黨(里7) 1-235
角亢 1-86(疏)
干 3-73(疏)
簡
— 可也簡(雍2) 1-305
— 居簡而行簡無乃大簡乎(雍2) 1-306
— 居敬而行簡以臨其民不亦可乎(雍2) 1-305
— 吾黨之小子狂簡斐然成章(公22) 1-294
侃侃如也(鄕1) 2-95
————(先12) 2-167
鳱鵠 1-192(疏)
簡公(春秋鄭) 2-355(疏)
簡公(春秋齊)
—— 田成子弑簡公 2-226(疏), 329(注)
干祿 1-132
間問之事 2-304(疏)
間色
—— 綠紅碧紫騮黄 3-133(注), 134(疏)
簡閱在天心 3-219(疏)
艮音匏
——— 八音 1-155(疏)
簡在帝心(堯1) 3-211
干侯五十弓 1-192(疏)
羯→孟孝伯(春秋魯) 2-314(疏)
葛帶榛杖喪殺也(禮記) 2-125(疏)
楬豆
—— 夏后氏以楬豆 3-15(疏)
敢問其次(路20) 2-274
敢問死(先11) 2-166
敢問崇德脩慝辨惑(顔21) 2-239
敢昭告于皇皇后帝(堯1) 3-211
坎音革
——— 八音 1-155(疏)
紺者齊服盛色
————— 君子不以紺緅飾 2-118(注), 121(疏)
甲兵之事未之聞也(左傳) 2-79(疏), 3-14(疏)
甲士
—— 周禮賦法 1-82(疏), 267(疏)
剛
— 剛無欲 2-286(注)
— 剛毅木訥近仁(路27) 2-286
— 棖也慾焉得剛(公11) 1-273
— 質直而理者 1-273(疏)
— 好剛不好學其蔽也狂(陽7) 3-118
剛强直理曰武
————— 謚法 1-117(疏), 293(疏), 3-204(疏)
降階之道 2-21(疏)
康公(春秋齊)
—— 遷於海上 2-226(疏)
康成→鄭玄(漢) 1-60(疏)
康叔(周)
—— 康叔之封 2-258(注)
薑辛而不臭 2-132(注), 134(疏)
姜氏→穆姜(春秋齊) 2-314(疏)
康樂(舞) 3-158(疏)
康王(周) 1-156(疏)
剛毅木訥近仁(路27) 2-286
剛者(公11)
—— 剛者無欲不爲曲求 3-119(疏)
—— 吾未見剛者(公11) 1-273
康子→季康子(春秋魯) 2-139(疏), 328(疏)
—— 康子饋藥(鄕10) 2-139

—— 康子曰夫如是奚而不喪(憲19) 2-328
綱者爲大網以横絶流
———————— 釣而不綱 1-385(注)
綱則得魚多
————— 釣而不綱(述27) 1-385(疏)
降志辱身矣(微8) 3-173
江漢(地)
—— 文王典治南國江漢汝墳之諸侯 2-43(疏)
江淮之間一茅三脊
——————— 封禪書 2-319(疏)
江熙(晉)
—— 葉公擧直躬欲毁訾儒教 2-272(疏)
—— 夫子豈實之公山佛肸乎 3-115(疏)
—— 顔淵無怨不可及也 2-307(疏)
—— 子貢不驕猶可能也 2-307(疏)
開→微子(殷) 3-152(疏), 219(疏)
開→閔公(春秋魯) 3-77(疏)
介
— 賓副曰介 2-100(疏)
改過 3-49(疏)
蓋均無貧和無寡安無傾(季1) 3-64
開方之法 1-84(疏)
改步改玉 3-110(疏)
皆不及門也(先2)
————— 鄭曰 皆不及仕進之門而失其所 2-156
介拂闑(禮記) 2-198(疏)
蓋優哉游哉維以卒歲 3-158(疏)
蓋有不知而作之者(述28) 1-387
蓋有之矣我未之見也(里6) 1-233
芥醬 2-132(注), 133(疏)
皆坐子告之曰某在斯某在斯(憲41) 3-58
改之爲貴(罕24) 2-85
皆陳曰戰(左傳) 1-367(疏)
凱風(詩經)
—— 相戒以養 3-122(疏)
蓋縣(地) 2-201(疏)
—— 沂水出蓋縣 2-201(疏)
改火
—— 一年之中鑽火各異木 3-138(注)
鏗→彭祖(殷) 1-352(疏)
更生→劉向(漢) 1-48(疏)
鏗爾舍瑟而作(先24) 2-191
莒(國名)
— 公子小白出奔莒 2-320(注)
距(祭器) 3-15(疏)
居簡而行簡無乃大簡乎(雍2) 1-306
居敬而行簡以臨其民不亦可乎(雍2) 1-305
居官臨民之法 3-51(疏)
居九夷 1-263(疏)
去亂國適治邦
—————— 辟地 2-347(注)
去亂就治
———— 衛靈公篇所論 3-13(疏)
車輪一周爲一規 2-150(疏)
居無求安(學14) 1-99
蘧伯玉(春秋衛)←蘧瑗 2-334(注)
——— 蘧伯玉使人於孔子(憲25) 2-333
——— 君子哉蘧伯玉(衛6) 3-25
——— 君子之行 3-26(疏)
去兵(顔7) 2-214
車服
—— 天子賜侯氏以車服 2-56(疏)
居不容(鄕18) 2-145
去夫人之姓曰吳 1-394(疏)
莒父宰
——— 子夏 2-270, 271(疏)
居士錦帶
———— 紳帶之制 3-23(疏)
去奢從約謂之儉 1-94(疏)
擧事必敬愼 1-79(注)
去殺

—— 不用刑殺也 2-262(注)
去喪無所不佩(鄕5) 2-120
居上不寬(八26) 1-224
居喪之禮 3-195(疏)
擧善而敎不能則勸(爲20) 1-136
居是邦也事其大夫之賢者友其士之仁者(衛9) 3-27
去食(顔7) 2-214
居堊室
——— 父母之喪 3-140(疏)
據於德(述6) 1-355
居於仁者之里 1-225(注)
車輿以行陸 1-126(疏)
居吾語女(陽7) 3-117
擧用善人而敎不能 1-136(注)
擧用賢才使官得其人 2-247(疏)
蘧瑗→蘧伯玉(春秋衛) 2-334(注), 259(注), 260(疏), 3-26(疏)
居位乃是爲政 1-138(注)
擧爾所知爾所不知人其舍諸(路2) 2-247
車人爲車大車崇九尺(周禮) 1-140(疏)
擧逸民(堯1) 3-213
擧一隅不以三隅反則不復也(述8) 1-360
車中不內顧(鄕20) 2-149
居之無倦行之以忠(顔14) 2-231
居之不疑(顔20) 2-237
擧直錯諸枉能使枉者直(顔22) 2-240, 241
擧直錯諸枉則民服(爲19) 1-134
居則曰不吾知也(先24) 2-189
秬鬯(祭酒) 2-43(疏)
居處恭執事敬與人忠(路19) 2-273
居處不安(陽19) 3-138
居必遷坐(鄕6) 2-130
居下流而訕上者(陽22) 3-147
車下李
——— 唐棣 2-94(疏)
擧賢才(路2) 2-247
乾卦(周易)
—— 乾元亨利貞 1-277(疏)
—— 文言 利者義之和也 2-51(疏)
—— 文言 夫大人者與天地合其德 3-90(疏)
—— 文言 同志相求 1-248(疏)
—— 文言 聖人與天地合其德 2-343(疏)
建邦立社 1-206(注), 207(疏), 208(疏)
建四時 1-107(疏)
乾時(地) 2-322(疏)
乾元亨利貞(周易) 1-277(疏)
乾音石
——— 八音 1-155(疏)
建寅之月 1-146(疏)
建寅之月爲正
—————— 夏之時 3-30(疏)
建子之月 1-146(疏)
巾車(周禮)
—— 掌王之五路 3-31(疏)
建丑之月 1-146(疏)
乾侯(地)
—— 昭公死於乾侯 3-74(注), 77(疏)
桀(夏)
— 罪過不可隱蔽 3-214(疏)
桀溺(人) 3-165(疏)
—— 滔滔者天下皆是也而誰以易之(微6) 3-163
—— 問於桀溺(微6) 3-163
—— 是魯孔丘之徒與(微6) 3-163
—— 子爲誰(微6) 3-163
—— 作者七人矣 2-347(注), 348(疏)
—— 長沮桀溺耦而耕(微6) 3-162
—— 從辟世之法 3-164(注), 166(疏)
—— 且而與其從辟人之士也豈若從辟世之士哉(微6) 3-163
乞諸其隣而與之(公24) 1-297

桀紂率天下以暴而民從之(大學) 2-234(疏)
儉不及禮 1-402(注)
儉約無憂患 1-247(注)
儉則固(述36) 1-402
擊磬襄入於海(微9) 3-176
擊磬乎(憲39) 2-350
繳射
—— 弋不射宿 1-385(注), 386(疏)
鄄(地)
— 衣裳之會 2-321(疏)
繭
— 纊爲繭 2-89(疏)
見其與先生竝行也(憲44) 2-363
見其二子焉(微7) 3-169
見幾而作 1-126(疏), 3-115(疏)
見得思義(季10) 2-312(疏), 3-92, 181
見利思義(憲12) 2-309
見冕者與瞽者雖褻必以貌(鄕19) 2-146
見微爲明 3-92(疏)
見不善如探湯(季11) 3-94
見不賢而內自省也(里17) 1-243
見善如不及(季11) 3-94
見小利則大事不成(路17) 2-271
犬羊之鞟(顔8) 2-216
見危授命(憲12) 2-309
見危授命殺身以成仁是必有勇也 2-293(疏)
見危致命(張1) 3-181
犬戎
—— 周幽王爲犬戎所殺 3-74(注), 77(疏)
見義不爲無勇也(爲24) 1-152
見義事則遷意而從之 2-224(疏)
犬以守禦 1-118(注), 119(疏)
畎夷
—— 夷有九種 2-78(疏)
狷者守節無爲 2-277(注), 278(疏)
狷者有所不爲也(路21) 2-277
見齊衰者雖狎必變(鄕19) 2-146
見志不從(里18) 1-243
見之雖少必作過之必趨(罕10) 2-70
見賢思齊焉(里17) 1-242
結繳於矢謂之矰
————— 矰矢 1-386(疏)
結交之道 3-184(疏)
決邃 1-169(疏)
蒹葭(詩經)
—— 所謂伊人 2-306(疏)
謙卦(周易)
—— 彖辭 謙尊而光卑而不可踰 2-238(疏)
謙卑自牧 1-168(疏)
謙尊而光卑而不可踰(周易) 2-236(注), 238(疏)
謙退之志 2-236(注), 237(疏)
敬
— 爲政篇所論 1-105(疏)
— 居敬而行簡以臨其民不亦可乎(雍2) 1-305
— 居處恭執事敬與人忠(路19) 2-273
— 久而敬之(公17) 1-283
— 君子敬而無失與人恭而有禮(顔5) 2-210
— 其事上也敬(公16) 1-281
— 不敬何以別乎(爲7) 1-118
— 不莊以莅之則民不敬(憲32) 3-50
— 事君敬其事而後其食(憲37) 3-56
— 使民敬忠以勸如之何(爲20) 1-135
— 事思敬(季10) 3-92
— 上好禮則民莫敢不敬(路4) 2-253
— 脩己以敬(憲42) 2-359
— 爲禮不敬(八26) 1-224
— 臨之以莊則敬(爲20) 1-136
— 祭思敬(張1) 3-181
— 執事敬(路19) 2-273
— 行篤敬(衛5) 3-21
磬
— 八音 1-155(疏)

硜硜然小人哉(路20) 2-274
景公→齊景公(春秋齊) 2-226(疏), 3-96(疏), 156(疏), 157(疏)
敬鬼神而遠之(雍22) 1-336
敬其事而後其食(憲37) 3-56
卿大夫四佾 1-154(注), 155(疏)
卿大夫之大射 1-192(疏)
卿大夫之禮各下其君二等 2-100(疏)
卿大夫之邑
———— 千室之邑 1-265(注)
卿大夫稱家 1-161(疏), 265(注)
經綸世務
———— 論語 1-45(疏)
耕百畝者徹取十畝以爲賦 2-219(疏)
慶父(春秋魯)
—— 桓公庶者 1-160(疏)
卿士
—— 王之執政者 2-174(疏)
敬事而信(學5) 1-79
敬恕
—— 仁在敬恕 2-207(疏)
敬遜務時敏厥脩乃來(書經) 1-100(疏), 357(疏)
耕也餒在其中矣(憲31) 3-49
耕也未必皆餓 3-50(疏)
更也人皆仰之(張21) 3-200
敬嬴(魯文公妃)
—— 生宣公 3-80(疏)
耕五十畝者貢上五畝 2-219(疏)
景王(周)
—— 除喪而宴樂 2-355(疏)
卿爲上介 2-198(疏)
卿爲上擯(儀禮) 2-198(疏)
敬義立而德不孤(周易) 1-248(疏)
敬以直內義以方外(周易) 1-248(疏)
輕財重祭 2-144(疏)
經典釋文(書) 1-42
敬仲→田完(春秋齊) 2-226(疏), 227(疏)
輕尺璧而重寸陰 1-271(疏)
景倩→荀顗(三國魏) 1-65(疏)
耕七十畝者以七畝助公家 2-219(疏)
景風
—— 八風 1-155(疏)
更火
—— 逸周書月令 3-138(注)
啓→微子(殷) 3-152(疏)
季簡(春秋吳) 2-14(疏)
季康子(春秋魯)←康子, 季孫肥 1-135(注), 136(疏), 137(疏), 318(疏)
——— 康子饋藥 2-139(疏)
——— 季康子問政於孔子(顏17) 2-232
——— 季康子問政於孔子曰(顏19) 2-234
——— 季康子患盜問於孔子(顏18) 2-233
——— 夫如是奚而不喪 2-328(疏)
——— 使民敬忠以勸如之何(爲20) 1-135
——— 如殺無道以就有道何如(顏19) 2-234
——— 欲多殺止姦以成爲有道也 2-235(疏)
——— 諸臣之帥也 2-232(注), 233(疏)
——— 弟子孰爲好學(先6) 2-160
——— 仲由可使從政也與(雍8) 1-317
契契寤歎(詩經) 2-352(疏)
季羔(春秋魯) 1-117(疏)
季悼子(春秋魯) 3-79(疏), 80(疏)
季歷→王季(周) 2-13(注), 14(疏), 43(疏)
季路→子路(春秋魯) 1-300, 301(疏), 2-156, 166, 3-60, 66(疏), 67(疏)
季孟之間(微3) 3-156
雞鳴(戟名)
—— 句孑戟 3-73(疏)
鷄鳴爲朔 1-146(疏)
稽命徵(書) 1-147(疏)
季武子(春秋魯)←季孫 2-314(疏), 3-79(疏), 80(疏)

季文子(春秋魯)←季孫行父 1-291(注), 292(疏), 3-74(注), 79(疏), 80(疏)
——— 季文子三思而後行(公20) 1-291
繫辭(周易)
—— 方以類聚 1-248(疏)
—— 顔氏之子其殆庶幾乎 2-178(疏)
—— 潤之以風雨 2-133(疏)
—— 天下殊塗而同歸百慮而一致 3-19(疏)
—— 有不善未嘗復行 1-309(疏)
—— 知之未嘗復行也 1-309(疏)
季孫→季武子(春秋魯) 2-314(疏)
季孫→季氏(春秋魯) 1-166(疏), 2-173(疏), 3-66(注), 67(疏)
季孫肥→季康子(春秋魯) 1-135(注), 137(疏), 318(疏)
季孫斯→季桓子(春秋魯) 3-157(注), 158(疏)
季孫之憂不在顓臾而在蕭牆之內也(季1) 3-65
季孫行父→季文子(春秋魯) 1-291(注), 292(疏)
季隨(周)
—— 周有八士 3-179
季氏←季孫(春秋魯) 2-188(疏), 3-61(注), 101(注), 109(注), 156(注)
—— 家臣陽虎 3-66(注), 67(疏), 101(注)
—— 季孫之憂不在顓臾而在蕭牆之內也(季1) 3-65
—— 季氏旅於泰山(八6) 1-165
—— 季氏吏孔子 1-189(疏)
—— 季氏富於周公(先16) 2-173
—— 季氏不臣 1-319(注), 320(疏)
—— 季氏使閔子騫爲費宰(雍9) 1-319
—— 季氏將伐顓臾(季1) 3-60
—— 季氏將有事於顓臾(季1) 3-60
—— 季氏宰仲弓(路2) 2-246
—— 季友之後 1-160(疏)
—— 公伯寮愬子路於季孫(憲36) 2-343
—— 公山弗擾爲季氏宰 3-109(注)
—— 三家 1-158(注), 159(疏)
—— 三卿 2-330(疏), 331(疏)
—— 三桓 3-80(注)
—— 信讒恚子路 2-344(注)
—— 冉求爲季氏宰爲之聚斂 3-61(注)
—— 爲上卿最貴 3-156(注)
—— 子路臣季氏 2-188(疏)
—— 專恣征伐之事 3-66(疏)
—— 專執魯政盡征其民 2-173(疏)
季氏→季桓子(春秋魯) 1-154(注), 155(疏), 156(疏)
啓予足啓予手(泰3) 2-17
季騧(周)
—— 周有八士 3-179
稽耀嘉(書) 1-146(疏)
季友(春秋魯)
—— 桓公庶者 1-160(疏)
戒人豫防禍難 3-37(疏)
季子然(春秋魯)
——— 季氏之子弟 2-186(疏)
——— 然則從之者與(先22) 2-185
——— 仲由冉求可謂大臣與(先22) 2-185
季長→馬融(漢) 1-59(疏)
季杼(人) 2-297(疏)
繼絶世(堯1) 3-213
繼周而王者 1-143(疏)
繼周者(爲23) 1-143
契之不明訟之所以生也 2-230(疏)
繫之以姓而弗别(禮記) 1-394(疏)
戒之在得(季7) 3-86
戒之在色(季7) 3-86
戒之在鬪(季7) 3-86
季札(春秋吳)←吳公子 2-260(疏)
季平子(春秋魯) 3-79(疏), 80(疏)
——— 丙申卒于房 3-110(疏)
季夏取桑柘之火 3-138(注), 142(疏)

——————— 改火 3-138(注), 142(疏)
季桓子(春秋魯)←季孫斯, 季氏
——— 季桓子受之三日不朝(微4) 3-157
——— 公山弗擾執季桓子而召孔子 3-109(注)
——— 使定公受齊之女樂 3-157(注), 3-158(疏)
——— 爲陽虎所囚 3-66(注), 67(疏), 74(注), 75(疏), 79(疏), 110(疏)
——— 八佾舞 1-154(注), 155(疏), 156(疏)
觚
— 二升曰觚 1-341(注), 342(疏)
— 觚不觚觚哉觚哉(雍25) 1-341
— 觚哉觚哉(雍25) 1-341
古公(周) 2-43(疏)
考工記(周禮)
——— 戈柲六尺有六寸 3-73(疏)
——— 溝洫之法 2-49(疏)
——— 大車崇九尺 1-140(疏)
——— 二耜爲耦 3-168(疏)
——— 梓人爲侯 1-192(疏)
——— 鄭玄注 古者耜一金 3-168(疏)
——— 鄭玄注 貢法助法 2-219(疏)
——— 鄭玄注 戈 句孑戟 3-73(疏)
——— 鄭玄注 溝洫之法 2-49(疏)
——— 鄭玄注 大車 1-141(疏)
——— 鄭玄注 軹 轂末也 2-100(疏)
——— 畫繪之事雜五色 1-173(疏)
——— 畫繪之事後素功 1-173(疏)
——— 纁緅緇 2-123(疏)
羔裘 2-119, 122(疏), 124(疏)
—— 羔裘玄冠不以弔(鄕5) 2-121
—— 羔裘緇衣以裼之(禮記) 2-125(疏)
故舊無大故則不棄也(微10) 3-178
故舊不遺則民不偸(泰2) 2-16
故君子名之必可言也(路3) 2-249
古今學者不同 2-333(疏)
古論語(書)←古文論語 1-60(疏)
——— 孔安國馬融訓解 1-58
——— 得於孔子舊宅 1-54
——— 有兩子張篇 1-46(疏), 55
故多能鄙事(罕6) 2-63
高蹈塵外 2-347(疏)
鼓鼗
—— 八音 1-155(疏)
高麗
—— 夷有九種 2-78(疏)
姑幕城
——— 公冶長墓 1-252(疏)
考廟 1-198(疏)
古文
—— 科斗書 1-54(疏)
古文論語→古論語(書) 1-54
古文論語訓說(書)
—————— 馬融 1-58(疏)
古文論語訓解(書)
—————— 孔安國 1-58(疏)
古文尙書(書)
———— 得於孔子舊宅 1-58(疏)
古文虞書(書)
———— 得於孔子舊宅 1-58(疏)
古文周書(書)
———— 得於孔子舊宅 1-58(疏)
古文夏書(書)
———— 得於孔子舊宅 1-58(疏)
古文孝經傳(書)
————— 孔安國 1-58(疏)
鼓方叔入於河(微9) 3-176
顧不過轂(禮記) 2-150(疏)
告夫三子(憲21) 2-329
故夫三桓之子孫微矣(季3) 3-80
故不爲也(陽19) 3-138
觚不觚觚哉觚哉(雍25) 1-341

古史闕疑之文 3-45(疏)
固相師之道也(憲41) 3-58
故書曰天王狩於河陽(左傳) 2-316(注), 317(疏)
鼓瑟希鏗爾舍瑟而作(先24) 2-191
高柴→子羔(春秋衛) 2-174(注), 176(疏), 177(疏)
高辛氏之後用黑繒 1-146(疏)
顧野王(梁)←舍人
——— 唐棣一名栘 2-94(疏)
——— 暴 無兵空手搏之 1-365(疏)
高陽氏之後用赤繒 1-146(疏)
告言父祖者入十惡 2-272(疏)
顧炎武(明)
——— 石經考(書) 1-42
古獄以黑索拘攣罪人 1-252(疏)
皐陶(舜之臣)←庭堅 3-21(疏)
—— 舜有臣五人而天下治 2-37(注), 38(疏)
—— 舜有天下選於衆擧皐陶(顔22) 2-241, 242(疏)
—— 顓頊之後 2-39(疏)
皐陶謨(書經)
——— 九德 1-403(疏)
故遠人不服則脩文德以來之(季1) 3-65
皐鼬(地) 1-331(疏)
高而不危所以長守貴也 1-54(疏)
古人之言不妄出口 1-246(注)
古人之學 2-333(疏)
高子(人) 1-70(疏)
瞽者(罕10) 2-69
古者民有三疾(陽14) 3-130
古者什一而藉 2-219(疏)
古者言之不出恥躬之不逮也(里22) 1-246
古者會同皆賦詩見意 3-97(疏)
觚哉觚哉(雍25) 1-341
告諸往而知來者(學15) 1-101
姑曹(春秋吳) 1-117(疏)
高祖(漢) 1-48(疏)
—— 少弟楚元王 1-48(疏)
高宗(殷)←武丁
—— 高宗諒陰三年不言(憲40) 2-353
—— 諒陰三年不言 2-353(注), 354(疏)
—— 諒陰三年心喪也 2-355(疏)
高宗諒陰三年不言(憲40) 2-353
沽酒市脯不食(鄕6) 2-132
孤竹(國名) 1-295(注), 296(疏)
—— 孤竹君二子伯夷叔齊 1-295(注), 3-96(疏)
—— 孤竹城 1-296(疏)
古之狂也肆(陽14) 3-130
古之君子必佩玉(禮記) 2-128(疏)
古之矜也廉(陽14) 3-131
古之大夫束脩之問不出竟(禮記) 1-360(疏)
古之良史於書字有疑則闕之 3-45(疏)
古之遺愛(左傳)
———— 子産 2-304(注), 306(疏)
沽之哉沽之哉(罕13) 2-76
古之學者爲己(憲24) 2-333
古之賢人(述15) 1-369
固天縱之將聖又多能也(罕6) 2-62
苦縣厲鄕曲仁里(地)
———————— 老聃 1-352(疏)
高傒(春秋齊) 2-322(疏)
顧懽(南朝齊)
—— 往謂前日之行 1-389(疏)
斛
— 十斗曰斛 1-313(疏), 3-220(疏)
鵠(射侯)
— 方四尺 1-192(疏)
曲肱而枕之(述16) 1-373
曲鉤衡 1-140(注), 141(疏)
穀梁廢疾(書) 1-60(疏)

曲禮(禮記)
—— 毋側聽 2-205(疏)
—— 凡以弓劒苞苴簞笥問人者 2-138(疏)
—— 視瞻毋回 2-205(疏)
—— 兩手摳衣去齊尺 2-108(疏)
—— 立視五嶲式視馬尾 2-150(疏), 205(疏)
—— 鄭玄注 圓曰簞方曰笥 1-324(疏)
—— 主人延客祭 2-142(疏)
—— 天子穆穆 1-161(疏)
—— 取妻不取同姓 1-393(疏)
—— 賢者狎而敬之 2-148(疏)
鵠毛 1-192(疏)
告朔 1-196(注), 197(疏), 198(疏), 199(疏)
—— 告朔之禮 1-197(疏)
—— 告朔之餼羊(八17) 1-196
告朔之餼羊(八17) 1-196
穀璧 2-111(疏)
曲阜(地)
—— 封周公於曲阜 1-82(疏), 3-71(疏)
穀不熟爲飢 2-194(疏)
曲仁里(地)
——— 老聃 1-352(疏)
轂長半柯 1-141(疏)
鯀(人)
— 禹之父 2-39(疏)
坤卦(周易)
—— 文言 敬義立而德不孤 1-248(疏)
—— 文言 君子敬以直內義以方外 1-248(疏)
崑崙(山)
—— 鳳凰過崑崙 2-68(疏)
袞冕
—— 冕制 3-32(疏)
昆吾(夏)
—— 五伯 2-326(疏)
坤音土
——— 八音 1-155(疏)
困而不學民斯爲下矣(季9) 3-91
困而學之又其次也(季9) 3-91
貢
— 夏后氏五十而貢 2-219(疏)
公車千乘(詩經) 1-82(疏)
共工(官名) 垂 3-21(疏)
空空如也(罕8) 2-66
悾悾而不信(泰16) 2-33
恭寬信敏惠(陽5) 3-112
孔丘→孔子(春秋魯) 3-162, 163
恭近於禮遠恥辱也(學13) 1-97
公旣視朔(左傳) 1-198(疏)
攻其惡無攻人之惡非脩慝與(顔21) 2-239
恭己正南面而已矣(衛4) 3-20
公達→叔齊(孤竹國) 1-295(疏)
公徒三萬(詩經) 1-83(疏)
公明賈(春秋衛) 2-312(疏)
——— 樂然後笑人不厭其笑(憲13) 2-311
——— 夫子時然後言人不厭其言(憲13) 2-311
——— 義然後取人不厭其取(憲13) 2-311
——— 以告者過也(憲13) 2-311
——— 子問公叔文子於公明賈曰(憲13) 2-311
孔文子(春秋衛)←孔圉 1-280(注), 281(疏)
——— 孔文子何以謂之文也(公15) 1-280
——— 訪於仲尼(衛1疏) 2-79(疏), 3-14(疏)
公彌(春秋魯)←公鉏 2-314(疏)
公伯寮(春秋魯)←子周 2-345(疏)
——— 公伯寮其如命何(憲36) 2-344
——— 公伯寮愬子路於季孫(憲36) 2-343
——— 夫子固有惑志於公伯寮(憲36) 2-344
公父文伯(春秋魯)
———— 陽虎囚公父文伯 3-79(疏)
龔奮(漢)
—— 傳魯論 1-46(疏)

恭不合禮非禮也 1-98(注)
公四不視朔(春秋) 1-198(疏)
公山不狃→公山弗擾(春秋魯) 3-109(疏), 110(疏)
公山弗擾(春秋魯)←公山不狃, 子洩
——— 公山弗擾以費畔召子欲往(陽4) 3-109
——— 爲季氏宰 3-109(疏), 110(疏)
——— 以費畔 1-320(疏)
公鉏→公彌(春秋魯) 2-314(疏)
公西赤→公西華 1-266(疏), 268(疏), 310(注), 311(疏), 312(疏)
公西華(春秋魯)←公西赤, 子華, 赤 1-268(疏), 310(注), 311(疏), 312(疏)
——— 可使與賓客言也(公8) 1-265, 266(疏)
——— 求也問聞斯行諸子曰聞斯行之(先20) 2-182
——— 非曰能之願學焉(先24) 2-191
——— 由也問聞斯行諸子曰有父兄在(先20) 2-182
——— 子路曾晳冉有公西華侍坐(先24) 2-189
——— 子華使於齊(雍4) 1-310
——— 才堪爲大相(先24疏) 2-195(疏)
——— 赤也束帶立於朝可使與賓客言也(公8) 1-265
——— 赤也爲之小孰能爲之大(先24) 2-193
——— 赤也何如(公8) 1-265
——— 赤也惑敢問(先20) 2-182
——— 赤爾何如(先24) 2-191, 194(疏)
——— 赤之適齊也乘肥馬衣輕裘(雍4) 1-311
——— 正唯弟子不能學也(述34) 1-399
——— 宗廟之事如會同端章甫願爲小相焉(先24) 2-191
公孫僑→子産(春秋鄭) 1-281(注), 282(疏)
恭孫謹敬之言
——— 巽與之言 2-85(注)
公孫段(春秋鄭) 3-55(疏)
公孫無知(春秋齊) 2-320(注), 322(疏)
公孫拔→公叔文子(春秋衛) 2-311(注), 327(疏)
公孫朝(春秋衛)
——— 仲尼焉學(張22) 3-201
公孫枝(春秋秦)←子桑 1-307(疏), 2-291(疏)
公孫之子以王父字爲氏 1-282(疏), 285(疏)
公孫夏→子西(春秋鄭) 2-306(疏)
公孫揮→子羽(春秋鄭)
——— 善爲辭令 2-302(注), 303(疏)
空手搏虎爲暴虎 1-364(疏)
公叔文子(春秋衛)←公孫拔, 文子拔 2-311(注), 312(疏)
——— 可以謚爲文矣 2-327(疏)
——— 公叔文子之臣大夫僎與文子同升諸公(憲18) 2-327
公叔發(春秋衛) 2-260(疏)
公信→伯夷(孤竹國) 1-295(疏)
孔氏壁中
——— 出古論語 1-46(疏)
孔安國(漢) 1-47, 63(疏)
——— 古文論語訓解 1-58
——— 南子者衛靈公夫人 1-346(疏)
——— 微子 微國名子爵也 3-152(疏)
——— 尙書注 歷數謂天道 3-217(疏)
——— 尙書注 順道吉從逆凶 3-90(疏)
——— 尙書注 讓于虞舜 1-222(疏),
——— 尙書注 羿諸侯名 2-296(疏)
——— 尙書注 殷高宗 2-354(疏)
——— 尙書注 從湯始改正朔 1-147(疏)
——— 尙書注 菁以爲菹茅以縮酒 2-319(疏)
——— 尙書注 孝乎唯孝 1-138(疏)
——— 傳古論語 1-46(疏)
——— 足恭 便僻貌 1-299(疏)
——— 忠信爲周阿黨爲比 3-47(疏)

——— 湯改名履 3-218(疏)
——— 河圖卽八卦 2-68(疏)
——— 學則不固 固 蔽也 1-91(疏)
孔安國傳(書)←書傳 2-41(疏)
公冶長(春秋魯)←子長
——— 子謂公冶長(公1) 1-251
——— 解禽語 1-252(疏)
公羊墨守(書) 1-60(疏)
孔圉→孔文子(春秋衛) 1-280(注), 281(疏)
工欲善其事必先利其器(衛9) 3-27
貢禹(漢)
—— 傳齊論 1-46(疏)
恭惟卑巽 1-98(疏)
工以利器爲用 3-28(注)
恭而無禮則勞(泰2) 2-15
功以不伐爲善 1-328(疏)
恭而安(述38) 1-403
恭仁短折曰哀
———— 謚法 1-135(疏)
孔子(春秋魯)←丘, 孔丘, 仲尼
—— 蘧伯玉使人於孔子(憲25) 2-333
—— 季康子問政於孔子(顔17) 2-232
—— 季康子問政於孔子曰(顔19) 2-234
—— 季康子患盜問於孔子(顔18) 2-233
—— 丘不與易也(微6) 3-165
—— 丘未達不敢嘗(鄕10) 2-139
—— 丘也聞有國有家者不患寡而患不均(季1)
—— 丘也幸苟有過人必知之(述31) 1-391
—— 丘亦耻之(公25) 1-298
—— 丘之禱久矣(述35) 1-401
—— 丘何爲是栖栖者與無乃爲佞乎(憲32) 2-339
—— 孔子感物而歎 2-152(疏)
—— 孔子去衛如曹 3-16(注)
—— 孔子去衛將適陳過匡 2-62(疏)
—— 孔子見瞽者必起 3-58(疏)
—— 孔子輕財重祭之禮 2-144(疏)
—— 孔子過之使子路問津焉(微6) 3-162
—— 孔子教人無所隱惜 1-382(疏)
—— 孔子教人必盡其誠 2-66(疏)
—— 孔子舊宅得古文論語 1-54(疏), 1-58(疏)
—— 孔子勸人進於道德 2-82(疏)
—— 孔子急趨君命 2-143(疏)
—— 孔子樂道而賤不義 1-373(疏)
—— 孔子魯哀公十一年自衛反魯 2-78(疏)
—— 孔子多技藝之由 2-65(疏)
—— 孔子多小藝 2-62(注), 63(疏)
—— 孔子道藝該博 2-53(疏)
—— 孔子讀易之事 韋編三絶 1-375(疏)
—— 孔子沐浴而朝告於哀公曰(憲21) 2-329
—— 孔子無憂懼 1-381(疏)
—— 孔子美周文王有至聖之德 2-39(疏)
—— 孔子閔弟子之失所 2-156(注)
—— 孔子不道無益之語 2-167(疏)
—— 孔子不欺 2-74(疏)
—— 孔子不諂求於鬼神 1-401(疏)
—— 孔子四十七學易 1-113(疏)
—— 孔子傷時無明君 2-68(疏)
—— 孔子生知無師所從學 3-202(疏)
—— 孔子先禮後兵之事 3-14(疏)
—— 孔子所愼之行 1-367(疏)
—— 孔子遜辭遠害之事 3-103(疏)
—— 孔子受君賜食之禮 2-141(疏)
—— 孔子受饋之禮 2-139(疏)
—— 孔子崇仁讓 1-370(注)
—— 孔子乘車之禮 2-150(疏)
—— 孔子時其亡也而往拜之遇諸塗(陽1) 3-102
—— 孔子侍食之禮 2-141(疏)
—— 孔子失所 3-156(疏)
—— 孔子審去就 2-151(疏)
—— 孔子哀有喪尊在位恤不成人 2-70(疏)

—— 孔子阨於陳 3-16(疏)
—— 孔子於鄉黨恂恂如也似不能言者(鄉1) 2-95
—— 孔子言正廢樂之事 2-78(疏)
—— 孔子與之坐而問焉(憲25) 2-333
—— 孔子燕居之時體貌 1-354(疏)
—— 孔子惡無道之事 2-330(疏)
—— 孔子惡邪奪正 3-133(疏)
—— 孔子欲不擇地而治 3-115(疏)
—— 孔子欲不避亂而興周道 3-109(疏)
—— 孔子憂在修身也 1-353(疏)
—— 孔子謂季氏(八1) 1-154
—— 孔子爲政必霸 3-158(疏)
—— 孔子遺人之禮 2-138(疏)
—— 孔子衣服之禮 2-121(疏)
—— 孔子以其兄之子妻之(先5) 2-159
—— 孔子以定十四年去魯 2-78(疏)
—— 孔子自言爲政之道 2-262(疏)
—— 孔子藏德待用 2-76(疏)
—— 孔子適宋 1-381(疏)
—— 孔子適齊 3-157(疏)
—— 孔子適楚 與接輿相遇 3-161(疏)
—— 孔子絶去四事 2-58(疏)
—— 孔子助喪家執事時 1-361(疏)
—— 孔子助祭入太廟 2-144(疏)
—— 孔子存室神之禮 2-137(疏)
—— 孔子從恭儉 2-55(疏)
—— 孔子周流爲隱者所譏 3-165(疏)
—— 孔子重朋友之恩 2-144(疏)
—— 孔子重於正音 1-397(疏)
—— 孔子重人賤畜 2-140(疏)
—— 孔子之謙德 1-399(疏)
—— 孔子之德行 子罕篇所論 2-51(疏)
—— 孔子之爲人 1-377(疏)
—— 孔子知天命 2-61(疏)
—— 孔子疾小人之性與常度反 2-34(疏)
—— 孔子疾時人不純一 2-278(疏)
—— 孔子疾惡 3-137(疏)
—— 孔子疾中國無明君 2-77(疏)
—— 孔子責原壤 2-361(疏)
—— 孔子體貌 1-403(疏)
—— 孔子趨朝之禮容 2-106(疏)
—— 孔子寢息居家之禮 2-145(疏)
—— 孔子歎其衰老 1-355(疏)
—— 孔子佩象環五寸而綦組綬(禮記) 2-128(疏)
—— 孔子痛惜顔淵死 2-164(疏)
—— 孔子退揖巫馬期而進之曰(述31) 1-391
—— 孔子下欲與之言趨而辟之不得與之言(微5) 3-161
—— 孔子行(微3) 3-156
—— 孔子行(微3) 3-157
—— 孔子諱國惡之禮 1-392(疏)
—— 孔子希言難及之事 2-51(注)
—— 歸孔子豚(陽1) 3-101
—— 南宮适問於孔子曰羿善射奡盪舟(憲5) 2-294
—— 達巷黨人曰大哉孔子博學而無所成名(罕2) 2-52
—— 微生畝謂孔子曰(憲32) 2-339
—— 葉公問孔子於子路(述19) 1-376
—— 葉公於孔子曰(路18) 2-271
—— 叔孫武叔毁仲尼(張24) 3-205
—— 夫子憮然曰鳥獸不可與同群(微6) 3-164
—— 夫子門徒三千 2-157(疏)
—— 夫子不答(憲5) 2-294
—— 夫子不爲也(述15) 1-370
—— 夫子聖者與何其多能也(罕6) 2-62
—— 夫子循循然善誘人(罕11) 2-71
—— 夫子矢之曰予所否者天厭之天厭之(雍28) 1-345
—— 夫子哂之(先24) 2-190

—— 夫子焉不學而亦何常師之有(張22) 3-201
—— 夫子溫良恭儉讓以得之(學10) 1-93
—— 夫子莞爾而笑曰割鷄焉用牛刀(陽3) 3-106
—— 夫子喟然歎曰吾與點也(先24) 2-192
—— 夫子爲衛君乎(述15) 鄭曰 爲猶助也 1-369
—— 夫子自道也(憲28) 2-336
—— 夫子之謙德 1-398(疏)
—— 夫子之求之也(學10) 1-93
—— 夫子之道忠恕而已矣(里15) 1-241
—— 夫子之得邦家者(張25) 3-207
—— 夫子之文章可得而聞也(公13) 1-276
—— 夫子之不可及也猶天之不可階而升也(張25) 3-206
—— 夫子至於是邦也必聞其政(學10) 1-93
—— 夫子之言性與天道不可得而聞也(公13) 1-276
—— 夫子之牆數仞(張23) 3-202
—— 夫子責冉求重賦稅 2-173(疏)
—— 夫子何哂由也(先24) 2-192
—— 不如丘之好學也(公28) 1-302
—— 是魯孔丘與(微6) 3-162
—— 是魯孔丘之徒與(微6) 3-163
—— 十室之邑必有忠信如丘者焉(公28) 1-302
—— 陽貨欲見孔子孔子不見(陽1) 3-101
—— 冉有季路見於孔子曰(季1) 3-60
—— 吾無行而不與二三子者是丘也(述24) 1-382
—— 衛靈公問陳於孔子(衛1) 3-13
—— 孺悲欲見孔子孔子辭以疾(陽18) 3-136
—— 由之瑟奚爲於丘之門(先14) 2-170
—— 子擊磬於衛(憲39) 2-350
—— 子見南子(雍28) 1-345
—— 子見南子之事 1-347(疏)
—— 子見齊衰者冕衣裳者與瞽者(罕10) 2-69
—— 子告之曰孟孫問孝於我我對曰無違(爲5) 1-114
—— 子哭之慟(先9) 2-164
—— 子貢賢於仲尼(張23) 3-202
—— 子樂(先12) 2-167
—— 子問公叔文子於公明賈曰(憲13) 2-311
—— 子聞之曰可以爲文矣(憲18) 2-327
—— 子聞之曰大宰知我乎吾少也賤故多能鄙事(罕6) 2-63
—— 子聞之曰成事不說遂事不諫旣往不咎(八21) 1-207
—— 子聞之曰是禮也(八15) 1-187
—— 子聞之曰再斯可矣(公20) 1-291
—— 子聞之謂門弟子曰吾何執執御乎執射乎吾執御矣(罕2) 2-53
—— 子問之自牖執其手曰亡之(雍10) 1-321
—— 子不語怪力亂神(述21) 1-378
—— 子使漆彫開仕(公6) 1-260
—— 子所雅言詩書執禮皆雅言也(述18) 1-375
—— 子食於有喪者之側未嘗飽也(述9) 1-361
—— 子語魯大師樂曰樂其可知也(八23) 1-216
—— 子於是日哭則不歌(述10) 1-362
—— 子言衛靈公之無道也(憲19) 2-328
—— 子如不言則小子何述焉(陽17) 3-135
—— 子與人歌而善必使反之而後和之(述32) 1-397
—— 子說(公6) 1-261
—— 子溫而厲威而不猛恭而安(述38) 1-403
—— 子畏於匡顔淵後(先21) 2-184
—— 子畏於匡曰文王旣沒文不在玆乎(罕5) 2-59
—— 子欲居九夷(罕14) 2-77
—— 子欲善而民善矣(顔19) 2-234

—— 子欲往(陽4) 3-109
—— 子欲往(陽6) 3-113
—— 子云吾不試故藝(罕7) 2-65
—— 子謂公冶長(公1) 1-251
—— 子爲恭也仲尼豈賢於子乎(張25) 3-206
—— 子謂南容(公2) 1-253
—— 子謂伯魚曰女爲周南召南矣乎(陽8) 3-121
—— 子謂韶盡美矣又盡善也(八25) 1-221
—— 子謂顔淵曰惜乎吾見其進也未見其止也(罕21) 2-83
—— 子謂顔淵曰用之則行舍之則藏唯我與爾有是夫(述11) 1-362
—— 子謂冉有曰女弗能救與(八6) 1-165
—— 子謂衛公子荊(路8) 2-259
—— 子謂子貢曰女與回也孰愈(公9) 1-268
—— 子謂子産(公16) 1-281
—— 子謂子賤(公3) 1-255
—— 子謂子夏曰女爲君子儒無爲小人儒(雍13) 1-325
—— 子爲政焉用殺(顔19) 2-234
—— 子謂仲弓曰犁牛之子騂且角(雍6) 1-315
—— 子以四教文行忠信(述25) 1-383
—— 子入太廟每事問(八15) 1-187
—— 子張問仁於孔子(陽5) 3-112
—— 子張問政於孔子曰(堯2) 3-221
—— 子將奚先(路3) 2-248
—— 子在齊聞韶三月不知肉味(述14) 1-367
—— 子在陳曰歸與歸與(公22) 1-294
—— 子在川上曰逝者如斯夫不舍晝夜(罕17) 2-80
—— 子在回何敢死(先21) 2-184
—— 子適衛冉有僕(路9) 2-260
—— 子絶四毋意毋必毋固毋我(罕4) 2-57
—— 子釣而不綱弋不射宿(述27) 1-384
—— 子之武城聞弦歌之聲(陽3) 3-106
—— 子之所愼齋戰疾(述13) 1-366
—— 子之燕居申申如也夭夭如也(述4) 1-354
—— 子之往也如之何(陽6) 3-114
—— 子疾病子路使門人爲臣(罕12) 2-73
—— 子疾病子路請禱(述35) 1-400
—— 子出門人問曰何謂也(里15) 門人曾子弟子也 1-241
—— 子退朝曰傷人乎不問馬(鄕11) 2-139
—— 子罕言利與命與仁(罕1) 2-51
—— 子行三軍則誰與(述11) 1-363
—— 齊景公問政於孔子(顔11) 2-225
—— 齊景公待孔子曰(微3) 3-156
—— 仲尼日月也無得而踰焉(張24) 3-205
—— 仲尼豈賢於子乎(張25) 3-206
—— 仲尼不可毁也(張24) 3-205
—— 仲尼焉學(張22) 3-201
—— 仲尼曰以臣召君不可以訓(左傳) 2-316(注), 317(疏)
—— 仲尼爲政之德 3-208(疏)
—— 仲尼日月也無得而踰焉(張24) 3-205
—— 仲尼著述之謙 1-351(疏)
—— 仲尼祖述堯舜憲章文武 2-202(疏)
—— 仲尼之德 3-202(疏), 203(疏)
—— 仲尼之德不可毁 3-205(疏)
—— 仲尼之德猶天之高 3-208(疏)
—— 楚狂接輿歌而過孔子曰(微5) 3-159
—— 必有忠信如丘者焉(公28) 1-302
—— 或謂孔子曰子奚不爲政(爲21) 1-138
孔子家語(書)
———— 比干於紂親則諸父 3-152(疏)
———— 王肅注 1-61(疏), 2-163(疏)
———— 臧氏有守龜 1-285(疏)
———— 七十二弟子解 公冶長 1-252(疏)
———— 七十二弟子解 琴牢 2-65(疏)
———— 七十二弟子解 南容 1-254(疏)
———— 七十二弟子解 申續 1-274(疏)

——— 七十二弟子解 子羔作子高 2-177(疏)
——— 七十二弟子解 子禽 1-94(疏)
——— 七十二弟子解 子賤 1-256(疏)
公子糾(春秋齊)←糾 2-324(注)
—— 桓公乃殺子糾 2-320(注), 322(疏), 325(疏)
孔子對曰
——— 擧直錯諸枉則民服(爲19) 1-134
——— 苟子之不欲雖賞之不竊(顔18) 2-233
——— 君君臣臣父父子子(顔11) 2-225
——— 君使臣以禮臣事君以忠(八19) 1-204
——— 言不可以若是其幾也(路15) 2-267, 268
——— 有顔回者好學(先6) 2-160
——— 有顔回者好學(雍3) 1-307
——— 子爲政焉用殺(顔19) 2-234
——— 政者正也(顔17) 2-232
——— 俎豆之事則嘗聞之矣(衛1) 3-13
公子發(春秋鄭)←子國
—— 子産之父 1-282(疏)
孔子世家(史記)
——— 孔安國 1-59(疏)
——— 孔子見男子 1-346(疏)
——— 孔子反乎魯 3-157(注)
——— 孔子遂適衛 2-162(疏)
——— 孔子畏匡 2-62(疏), 3-17(注)
——— 孔子爲大司寇 1-189(疏), 315(疏), 3-158(疏)
——— 孔子自楚反乎衛 2-250(疏)
——— 孔子誅少正卯 3-158(疏)
——— 孔子之子伯魚 2-162(疏)
——— 司馬桓魋欲殺孔子 1-381(疏)
公子小白→桓公(春秋齊) 2-320(注)
公子叔牙(春秋魯) 3-204(疏)
公子申→子西(春秋楚) 2-306(疏)
公子郢(春秋衛) 1-372(疏)
孔子曰 1-391, 2-272, 328, 330, 339, 3-60, 74, 79, 81, 83, 85, 86, 87, 91, 92, 94, 102, 103, 112, 151
公子朝(春秋衛) 2-260(疏)
公子之子稱公孫 1-282(疏)
公子荊(春秋衛)
—— 有君子之德 2-259(注), 260(疏)
公綽→孟公綽(春秋魯) 2-308(注)
公將不利於孺子(書經) 3-219(疏)
公田之法十取其一 2-219(疏)
恭則不侮(陽5) 3-112
公則說(堯1) 3-213
公之使
—— 七介 2-100(疏)
公執桓圭(周禮) 2-111(疏)
孔叢子(書)
—— 秬鬯圭瓚 2-43(疏)
公側襲(儀禮) 2-111(疏)
攻乎異端斯害也已矣(爲16) 1-129
共和 1-164(疏)
公會之服 2-119(注), 121(疏)
共侯→韋玄成(漢) 1-51(疏)
公侯伯朝后皆用璋 2-111(疏)
公侯田方百里 3-70(疏)
公侯之國 1-80(疏), 81(疏)
公侯之國迫於大國之間 2-194(疏)
過(國名)
— 澆之國 2-297(疏)
戈(國名)
— 殪之國 2-297(疏)
果敢而窒者(陽22) 3-147
誇功曰伐 1-301(疏), 328(疏), 2-291(疏)
寡君
—— 寡德之君 3-99(疏)

過君表
——— 五馭 1-358(疏)
寡德之君 3-99(疏)
科斗書
——— 倉頡 1-54(疏)
寡小君 1-346(疏), 3-99
過也人皆見之(張21) 3-200
過位色勃如也足躩如也(鄕3) 2-105
過猶不及(先15) 2-172
過而不改是謂過矣(憲29) 3-49
寡人不佞(左傳) 1-259(疏)
果哉末之難矣(憲39) 2-351
過庭 3-97, 98(疏)
瓜祭上環(禮記) 2-136(疏)
過之者俯而就之(禮記) 3-143(疏)
過之必趨(罕10) 2-70
過則勿憚改(學8) 1-91
————(罕25) 2-86
寡乎什一大貉小貉 2-219(疏)
過毁以至滅性 3-195(疏)
霍光(漢)
—— 可委託以幼少之君 2-24(疏)
郭隣(地)
—— 周公囚蔡叔于郭隣 3-219(疏)
郭璞(晉)
—— 爾雅注 亟 亦數也 1-259(疏)
—— 爾雅注 唐棣似白楊 2-94(疏)
—— 爾雅注 徒涉 無舟楫 1-365(疏)
—— 爾雅注 飯餲臭 2-136(疏)
—— 爾雅注 舫 水中簰筏 1-264(疏)
—— 爾雅注 凡草菜可食者通名爲蔬 2-256(疏)
—— 爾雅注 北極 天之中 1-107(疏)
—— 爾雅注 小牆當門中 1-214(疏)
—— 爾雅注 兕 一角青色 3-72(疏)
—— 爾雅注 朽 泥鏝也 1-272(疏)
—— 爾雅注 梲 侏儒柱也 1-286(疏)
—— 爾雅注 敗 臭壞也 餒 肉爛也 2-136(疏)
—— 爾雅注 暴 空手執也 1-365(疏)
鞹
— 皮去毛曰鞹 2-216(注)
貫(地)
— 衣裳之會 2-321(疏)
灌
— 降神酒 1-175, 176(注), 177(疏)
觀過斯知仁矣(里7) 1-235
棺槨衣衾而擧之 1-115(疏)
觀其所由(爲10) 1-123
關內侯(官名) 1-64(疏)
官事不攝焉得儉(八22) 1-210
管籥
—— 八音 1-155(疏)
管叔(周) 3-213(注), 214(疏), 219(疏)
管氏→管仲(春秋齊) 1-210, 211
冠雄鷄 1-131(疏)
管夷吾→管仲(春秋齊) 1-211(注), 2-305(疏), 320(注), 322(疏)
冠者五六人童子六七人(先24) 2-192
關雎(詩經)
—— 序 樂得淑女以配君子 3-123(疏)
—— 王者之風 3-123(疏)
—— 正始之道 3-124(疏)
—— 正樂之首章 2-32(疏)
—— 興后妃之德 1-205(注)
關雎樂而不淫哀而不傷(八20) 1-205
關雎之亂(泰15) 2-32
管仲(春秋齊)←管氏, 管夷吾 1-210, 211
—— 管氏亦樹塞門(八22) 1-210
—— 管氏亦有反坫(八22) 1-210
—— 管氏有三歸(八22) 1-210
—— 管氏而知禮孰不知禮(八22) 1-211
—— 管仲不死曰未仁乎(憲16) 2-320
—— 管仲非仁者與(憲17) 2-323

—— 管仲相桓公霸諸侯一匡天下(憲17) 2-323
—— 管仲之器小哉(八22) 1-209
—— 管仲之力也(憲16) 2-321
—— 管仲之仁 2-321(注), 2-325(疏)
—— 九合諸侯不以兵車 2-300(疏)
—— 當理之人 2-305(疏)
—— 問昭王南征不還 2-318(疏)
—— 奉公子糾出奔魯 2-320(注), 2-322(疏)
—— 不知禮 1-211(注), 212(疏)
—— 於公子糾君臣之義未正成 2-324(注), 325(疏)
—— 奪伯氏駢邑三百飯疏食沒齒無怨言(憲9) 2-304
寬則得衆 1-224(疏)
————(陽5) 3-112
————(堯1) 3-213
匡(地) 2-59
— 子畏於匡(罕5) 2-59
狂簡(公22) 1-294
狂狷(路21) 2-277
狂狷之人 2-278(疏)
光宅天下 1-222(疏)
光祿大夫(官名) 1-64(疏)
廣莫風
——— 八風 1-155(疏)
纊
— 新綿 2-89(疏)
纊爲繭(禮記) 2-89(疏)
狂而不直(泰16) 2-33
匡人拘孔子五日 2-62(疏)
匡人其如予何(罕5) 2-60
匡人誤圍夫子以爲陽虎 2-59(注)
匡人以兵圍孔子 2-61(疏)
匡人之難 3-16(注)
狂者進取(路21) 2-277
狂者進取於善道 2-277(注)
狂者進取於善道知進而不知退 2-278(疏)
狂者進取宜直 2-33(注), 34(疏)
蕢 2-350(注), 351(疏)
— 草器 2-350(注), 351(疏)
槐檀之火 3-138(注), 142(疏)
———— 改火 3-138(注), 142(疏)
槐檀黑故冬用之 3-142(疏)
——————— 改火 3-138(注), 142(疏)
怪力亂神(述21) 1-378
蒯聵(春秋衛)
—— 靈公逐太子蒯聵 1-369(注), 370(疏), 372(疏)
觥
— 五升 1-342(疏)
閎夭(周)
—— 亂臣十人 2-37(注), 38(疏), 40(疏)
教鼓人以金鐸通鼓(周禮) 1-220(疏)
郊內十一使自賦其一 2-219(疏)
驕吝 2-29(疏)
郊廟之事 1-192(疏)
交擯 2-100(疏), 198(疏)
交擯傳命 2-99(疏)
巧笑倩兮(八8) 1-171
————(詩經) 1-173(疏)
巧言亂德(憲26) 3-46
巧言令色 1-299(疏)
巧言令色鮮矣仁(學3) 1-76
———————(陽15) 3-132
巧言令色足恭(公25) 1-298
皦如也繹如也以成(八23) 1-216
郊外九而助一 2-219(疏)
絞衣 2-125(疏)
驕而不泰(路26) 2-285
教以義方 2-261(疏)
教人之法 3-57(疏)

交情
—— 子張篇所論 3-181(疏)
交州記(書)
——— 兕出九德 3-72(疏)
教之(路9) 2-261
教振旅兩司馬執鐸(周禮) 1-221(疏)
郊特牲(禮記)
——— 臺門而旅樹 1-214(疏)
——— 蜡也者索也 2-125(疏)
——— 旅幣無方 2-115(疏)
——— 周人尙臭灌用鬯臭 1-177(疏)
——— 天子不下堂而見諸侯 2-101(疏)
——— 黃衣黃冠而祭息田夫也 2-125(疏)
——— 縮酌用茅 2-319(疏)
教學法 1-128(疏)
教誨之道
———— 與其進也不與其退也 1-388(注), 389(疏)
丘→孔子 1-141, 298, 302, 382, 391, 2-139, 170, 339, 3-63, 165
求→冉有(春秋魯) 1-264, 317, 2-173, 182, 183, 190, 193, 3-60, 62, 63, 65
區
— 四豆爲區 1-312(疏)
溝
— 井間廣四尺深四尺 2-49(疏)
舊穀旣沒(陽19) 3-137
久困則爲非 1-225(注), 227(疏)
九國之師 2-317(疏)
九德 1-403(疏)
舊令尹之政必以告新令尹何如(公19) 1-287
求祿之法 1-133(疏)
九命然後錫以秬鬯圭瓚 2-43(疏)
口無擇言(孝經) 2-180(注), 181(疏), 205(疏)
九伐之法 3-75(疏)
俱不得其死然(憲5) 2-294
九夫 2-219(疏)
九夫爲井
———— 周禮賦法 1-267(疏), 2-49(疏)
廐焚子退朝曰傷人乎不問馬(鄕11) 2-139
龜不盈尺不得爲寶 1-285(疏)
口悱悱 1-360(注), 361(疏)
九思(季10) 3-92
求辭之法 2-100(疏)
求生以害仁(衛8) 3-27
舊絮 2-89(疏)
求善賈而沽諸(罕13) 2-75
求善道而學行之則人知己 1-240(注)
九數 1-358(疏)
具臣(先22) 2-185
區十六升 1-312(疏)
丘十六井
———— 周禮賦法 1-267(疏)
句吳
—— 泰伯奔荊蠻自號句吳 2-14(疏)
龜玉 2-114(疏), 3-66(疏)
龜玉毁於櫝中(季1) 3-62
久要不忘平生之言(憲12) 2-309
苟欲偸生 2-21(疏)
求爲可知也(里14) 1-204
龜爲前列先知也(禮記) 2-115(疏)
苟有過人必知之(述31) 1-391
苟有用我者(路10) 2-262
久矣吾不復夢見周公(述5) 1-354
久矣哉由之行詐也(罕12) 2-73
九儀之賓客 2-198(疏)
久而敬之(公17) 1-283
九夷 1-263(疏), 2-77
區以別矣(張12) 3-192
九而稅一 2-219(疏)
求仁而得仁又何怨(述15) 1-369
苟子之不欲雖賞之不竊(顔18) 2-233

久長處樂則必驕佚 1-227(疏)
口才捷給
———— 佞者 2-188(疏)
荀正其身矣於從政乎何有(路13) 2-264
椇俎(祭器)
—— 殷以椇 3-15(疏)
苟志於仁矣無惡也(里4) 1-228
求之與抑與之與(學10) 1-93
九合諸侯不以兵車(憲16) 2-321
——————— 管仲之仁 2-300(疏)
溝洫(泰21)
—— 田間通水之道 2-46, 47(疏)
溝洫之法 2-49(疏)
句孑戟 3-73(疏)
國家文質禮變 1-143(疏)
國僑→子産(春秋鄭) 1-282(疏)
國君含垢 3-46(疏)
鞠躬如也如不勝(鄕4) 2-109
鞠躬如也如不容(鄕3) 2-105
國馬之輈深四尺有七寸(周禮) 1-141(疏)
國有大故則旅上帝及四望(周禮) 1-166(疏)
國中什一使自賦(孟子) 2-219(疏)
國風之始 周南召南 3-122(注)
國夏(春秋齊) 1-372(疏)
軍
— 萬二千五百人爲軍 2-87(疏), 3-14(注)
群居終日言不及義好行小慧難矣哉(憲16) 3-38
群公稱宮(公羊傳) 1-189(疏)
君君臣臣父父子子(顔11) 2-225
軍旅之事未之學也(衛1) 3-14
君命召不俟駕行矣(鄕14) 2-143
群廟之主 1-176(注), 177(疏)
君夫人(季14) 3-99
君賜生必畜之(鄕12) 2-141
君賜腥必熟而薦之(鄕12) 2-140
君賜食必正席先嘗之(鄕12) 2-140
君使臣臣事君如之何(八19) 1-203
君使臣以禮臣事君以忠(八19) 1-204
君召使擯(鄕2) 2-97
君臣法天 1-144(疏)
君臣父子夫婦 1-144(疏)
君臣相見之禮至屛而加肅敬焉 3-65(注), 67(疏)
君臣之義
———— 學而優則仕 3-195(疏)
君臣之義未正成 2-324(注), 325(疏)
君臣之義如之何其廢之(微7) 3-170
君臣之義人性 3-171(疏)
君曰告夫三子者(憲21) 2-330
君爲臣綱 1-144(疏), 3-124(疏)
君位危則大臣倍小臣竊(禮記) 2-252(疏)
群而不黨(憲21) 3-41
君而知禮孰不知禮(述31) 1-391
君子
—— 君子可逝也不可陷也(雍26) 1-343
—— 君子嘉善而矜不能 2-232(疏)
—— 君子去仁惡乎成名(里5) 1-230
—— 君子居之何陋之有(罕14) 2-77
—— 君子見幾而作 3-115(疏)
—— 君子敬身安體 1-367(疏)
—— 君子敬而無失與人恭而有禮(顔5) 2-210
—— 君子敬以直內義以方外(周易) 1-248(疏)
—— 君子固窮(衛1) 3-16, 19(注)
—— 君子固不當多能 2-63(疏)
—— 君子教人之道 3-193(疏)
—— 君子求諸己(憲20) 3-40
—— 君子矜而不爭群而不黨(憲21) 3-41
—— 君子內省不疚 1-403(疏)
—— 君子訥於言而敏於行 3-135(疏)
—— 君子多乎哉不多也(罕6) 2-63
—— 君子達於德義 2-333(疏)
—— 君子當去亂就治 3-109(疏)

—— 君子當思患而預防之(周易) 3-34(注), 35(疏)
—— 君子當愼其所習 3-105(疏)
—— 君子當賑窮周急 1-311(疏)
—— 君子德行 2-24(疏)
—— 君子道者三我無能焉(憲28) 2-336
—— 君子篤於親則民興於仁(泰2) 2-16
—— 君子名之必可言也(路3) 2-249
—— 君子謀道不謀食(憲31) 3-49
—— 君子務本(學2) 1-75
—— 君子無所爭必也射乎(八7) 1-167
—— 君子無食頃違去仁道 1-231(疏)
—— 君子無終食之間違仁(里5) 1-230
—— 君子無衆寡無小大無敢慢(堯2) 3-222
—— 君子問更端則起 3-118(疏)
—— 君子博學於文 2-232(疏)
—— 君子博學於文約之以禮(雍27) 1-344
—— 君子病無能焉(憲18) 3-39
—— 君子不黨君子亦黨乎(述31) 1-391
—— 君子不重則不威(學8) 1-90
—— 君子忿則思難 2-240(疏)
—— 君子不可小知而可大受也(憲33) 3-52
—— 君子不器(爲12) 1-126
—— 君子不尙勇而上義 3-146(疏)
—— 君子不施其親(微10) 3-177
—— 君子不憂不懼(顔4) 2-209
—— 君子不爲也(張4) 3-185
—— 君子不以紺緅飾(鄕5) 2-118
—— 君子不以紺緅飾 2-124(疏)
—— 君子不以言擧人不以人廢言(憲22) 3-41
—— 君子不入不善之國 3-115(疏)
—— 君子不入也(陽6) 3-113
—— 君子不責備於一人 2-284(注), 284(疏)
—— 君子思不出其位(憲26) 2-335
—— 君子使下事上之法 3-190(疏)
—— 君子殺身以成仁 1-371(疏)
—— 君子三年不爲禮禮必壞(陽19) 3-137
—— 君子三種戒愼之事 3-87(疏)
—— 君子上達小人下達(憲23) 2-332
—— 君子尙勇乎(陽21) 3-146
—— 君子常行忠信 1-128(疏)
—— 君子成人之美不成人之惡(顔15) 2-232
—— 君子所居則化 2-77(注)
—— 君子所貴乎道者三(泰4) 2-19
—— 君子小人各於其類也 1-235(疏)
—— 君子小人敬慢不同 3-89(疏)
—— 君子小人道德深淺不同之事 3-52(疏)
—— 君子小人禮貌不同之事 2-285(疏)
—— 君子小人不同之事 2-284(疏)
—— 君子小人所安不同 1-238(疏)
—— 君子小人所曉達不同 1-242(疏), 2-333(疏)
—— 君子小人心貌不同 1-403(疏)
—— 君子小人爲行 陽貨篇所論 3-101(疏)
—— 君子小人志行不同之事 2-282(疏)
—— 君子雖居濁亂濁亂不能汚 3-114(注), 115(疏)
—— 君子食無求飽居無求安(學14) 1-99
—— 君子信而後勞其民(張10) 3-189
—— 君子心和 2-282(注)
—— 君子野人異者質文不同故也 2-216(疏)
—— 君子於其所不知蓋闕如也(路3) 2-249
—— 君子於其所尊弗敢質(禮記) 2-100(疏)
—— 君子於其言無所苟而已矣(路3) 2-250
—— 君子於玉比德(禮記) 2-76(疏), 128(疏)
—— 君子言事 3-86(疏)
—— 君子亦黨乎(述31) 1-391
—— 君子亦有窮乎(衛1) 3-16
—— 君子亦有惡乎(陽22) 3-147
—— 君子惡居下流(張20) 3-199
—— 君子樂於法制齊民 1-238(疏)
—— 君子欲訥於言而敏於行(里24) 1-247

—— 君子欲訥於言而敏於行 1-260(疏)
—— 君子用人取其善節 3-42(疏)
—— 君子易事不求備於一人 1-73(疏)
—— 君子易事而難說也(路25) 2-284
—— 君子憂道不憂貧(憲31) 3-49
—— 君子爲國當行博愛廣敬 3-178(疏)
—— 君子爲政 2-287(疏)
—— 君子謂行善無怠之君 1-384(疏)
—— 君子儒(雍13) 1-325
—— 君子有過廓然著明 1-342(疏)
—— 君子有九思(季10) 3-92
—— 君子有事不忘本 2-142(疏)
—— 君子有三戒(季7) 3-86
—— 君子有三變(張9) 3-189
—— 君子有三畏(季8) 3-87
—— 君子有時不仁 2-300(疏)
—— 君子喩於義(里16) 1-242
—— 君子有勇而無義爲亂(陽21) 3-146
—— 君子義以爲上(陽21) 3-146
—— 君子義以爲勇 3-148(疏)
—— 君子履道而反貧賤 1-230(注), 231(疏)
—— 君子以文會友以友輔仁(顔24) 2-243
—— 君子利益萬物 2-52(疏)
—— 君子而不仁者有矣夫(憲6) 2-300
—— 君子以作事謀始(周易) 2-230(疏)
—— 君子一言以爲知一言以爲不知(張25) 3-206
—— 君子立身知人 3-226(疏)
—— 君子自縱泰似驕而不驕 2-285(注)
—— 君子者乎(先19) 2-180
—— 君子哉(憲17) 3-38
—— 君子哉蘧伯玉(衛6) 3-25
—— 君子哉若人(公3) 1-255
—— 君子哉若人(憲5) 2-295
—— 君子正其衣冠尊其瞻視(堯2) 3-222
—— 君子貞而不諒(憲36) 3-54
—— 君子尊賢而容衆(張3) 3-183
—— 君子尊賢而容衆 1-87(疏)
—— 君子周急不繼富(雍4) 1-311
—— 君子周而不比(爲14) 1-127
—— 君子周而不比 3-47(疏)
—— 君子之居喪(陽19) 3-138
—— 君子之居喪 3-140(疏)
—— 君子之過也如日月之食焉(張21) 3-200
—— 君子之德 1-126(疏), 3-189(疏)
—— 君子之德風小人之德草(顔19) 2-234
—— 君子之德行 1-127(疏), 351(疏)
—— 君子之道 1-281(疏), 2-336(疏), 360(疏)
—— 君子之道不可小知 3-203(疏)
—— 君子之道孰先傳焉孰後倦焉(張12) 3-192
—— 君子之道焉可誣也(張12) 3-192
—— 君子之名 1-231(疏), 2-334(疏)
—— 君子之仕所以行君臣之義 3-171(注)
—— 君子之仕也行其義也(微7) 3-170
—— 君子之所爭 1-168(注)
—— 君子之於天下也(里10) 1-237
—— 君子之遠其子也(季13) 3-97
—— 君子之人正其道耳言不必小信 3-55(注)
—— 君子之正不苟容 2-90(注)
—— 君子之至於斯也(八24) 1-217
—— 君子之行 1-69(疏), 2-209(疏), 3-39(疏)
—— 君子疾沒世而名不稱焉(憲19) 3-40
—— 君子疾夫舍曰欲之而必爲之辭(季1) 3-63
—— 君子質而已矣(顔8) 2-215
—— 君子執德不移 1-238(疏)
—— 君子責己 3-40(注)
—— 君子體仁 1-225(疏)
—— 君子體仁足以長人(周易) 1-227(疏)
—— 君子恥其言而過其行(憲27) 2-335
—— 君子則曉於仁義 1-242(疏)
—— 君子坦蕩蕩(述37) 1-402
—— 君子泰而不驕(路26) 2-285

—— 君子何患乎無兄弟也(顔5) 2-210
—— 君子學道則愛人(陽3) 3-107
—— 君子學以致其道(張7) 3-187
—— 君子學則祿在其中不當有窮困 3-16(疏)
—— 君子賢人可行不可言作凡人法 2-252(疏)
—— 君子惠而不費(堯2) 3-221
—— 君子和而不同(路23) 2-281
—— 君子懷德(里11) 1-237
—— 君子懷刑(里11) 1-237
—— 躬行君子則吾未之有得(述33) 1-398
—— 其爭也君子(八7) 1-167
—— 魯無君子者斯焉取斯(公3) 1-255
—— 得見君子者斯可矣(述26) 1-383
—— 無以爲君子也(堯3) 3-226
—— 文質彬彬然後君子(雍18) 1-333
—— 不知命無以爲君子也(堯3) 3-226
—— 司馬牛問君子(顔4) 2-209
—— 侍於君子有三愆(季6) 3-85
—— 顔淵篇所論 2-203(疏)
—— 如其禮樂以俟君子(先24) 2-190
—— 有君子之道四焉(公16) 1-281
—— 人不知而不慍不亦君子乎(學1) 1-68
—— 子貢問君子(爲13) 1-127
—— 子路問君子(憲42) 2-359
—— 學而篇所論 1-67(疏)
—— 後進於禮樂君子也(先1) 2-154, 155(疏)
君在踧踖如也與與如也(鄕1) 2-96
君陳(書經)
—— 孝乎惟孝友于兄弟 1-138(疏)
軍陳行列之法 3-13(注)
君取於吳爲同姓謂之吳孟子(述31) 1-391
君薨百官總已以聽於冢宰三年(憲40) 2-353
屈原(戰國楚)
—— 楚辭天問 2-43(疏)
弓劍 2-138(疏)
窮國之君曰羿 2-296(疏)
躬圭 象以人形爲琢飾 2-111(疏)
窮達之分 3-326(注)
窮理盡性以至於命(周易) 1-374(注), 375(疏)
窮石(地)
—— 羿居窮石之地 2-296(疏)
弓二寸以爲侯中(儀禮) 1-192(疏)
躬自厚而薄責於人則遠怨矣(憲14) 3-36
躬行君子則吾未之有得(述33) 1-398
權 反常合道 3-174(疏)
權可知唯不知思耳 2-93(注)
權道反而後至於大順 2-92(注), 93(疏)
圈豚行不擧足齊如流(禮記) 2-114(疏)
勸人守道 2-31(疏)
勸學 1-240(注), 2-30(疏), 34(疏), 84(疏),
3-118(疏)
—— 衛靈公篇所論 3-13(疏)
—— 泰伯篇所論 2-13(疏)
闕黨(黨名) 2-362, 363(疏)
闕黨童子將命(憲44) 2-362
嶡俎(祭器)
—— 夏后氏以嶡 3-15(疏)
鬼
— 未能事人焉能事鬼(先11) 2-166
— 非其鬼而祭之諂也(爲24) 1-151
歸孔子豚(陽1) 3-101
貴德 3-96(疏)
貴禮 2-16(疏), 19(疏)
貴尙文章 2-216(疏)
鬼神
—— 季路問事鬼神(先11) 2-166
—— 菲飮食而致孝乎鬼神(泰21) 2-46
—— 天曰神人曰鬼(先11疏) 2-167(疏)
—— 鬼神之事 子不語怪力亂神 1-379(注)
貴信 2-214(疏)
歸與歸與(公22) 1-294
貴義 3-38(疏)

歸藏易(書)
——— 羿彈十日 2-296(疏)
貴正道而輕小信 3-55(疏)
糾→公子糾(春秋齊)
— 桓公乃殺子糾 2-320(注), 322(疏)
規
— 車輪一周爲一規 2-150(疏)
圭
— 凡圭廣三寸厚半寸 2-111(疏)
闚見室家之好(張23) 3-202
葵丘(地)
—— 衣裳之會 2-321(疏)
圭璧
—— 享禮 2-109(注), 110(疏), 115(疏)
圭以馬
——— 合六幣 2-115(疏)
圭璋 1-177(疏), 3-125(注)
圭璋特(禮記)
——— 二王之後 2-115(疏)
圭瓚 2-43(疏)
圭瓚酌鬯 1-177(疏)
鈞
— 三十斤爲鈞 3-220(疏)
均無寡安無貧 3-67(疏)
均無貧和無寡安無傾(季1) 3-64, 3-67(疏)
均輸
—— 九數 1-358(疏)
均五行 1-107(疏)
均人職(周禮)
——— 凡均力政以歲上下 1-86(疏)
克己
—— 克訓勝也己謂身也 2-206(疏)
—— 約身 2-203(注)
克己復禮爲仁(顔1) 2-203
克己復禮之目 2-204(注), 205(疏)
克伐怨欲不行焉可以爲仁矣(憲1) 2-289
極意敢言 3-130(注), 132(疏)
棘子成(春秋衛) 2-216(疏)
——— 棘子成曰君子質而已矣何以文爲(顔8) 2-215
斤
— 十六兩爲斤 3-220(疏)
謹慤之人宜信 2-34(疏)
近郊十一(周禮) 2-219(疏)
謹權量審法度脩廢官(堯1) 3-213
覲禮 2-100(疏), 111(疏)
覲禮(儀禮)
—— 四享皆束帛加璧 2-115(疏)
—— 庭實唯國所有 2-115(疏)
—— 天子賜侯氏以車服 2-56(疏)
覲禮天子不下堂而見諸侯(禮記) 2-101(疏)
謹而信(學6) 1-87
近者說遠者來(路16) 2-270
近之則不孫遠之則怨(陽23) 3-149
勤學汲汲 2-34(疏)
勤學好問曰文
———— 諡法 1-281(疏)
今纘 2-89(疏)
今女安則爲之(陽19) 3-138
今女畫(雍12) 1-324
錦帶 3-23(疏)
今亡矣夫(憲25) 3-45
今拜乎上泰也(罕3) 2-54
今夫顓臾固而近於費(季1) 3-62
今不取後世必爲子孫憂(季1) 3-63
琴瑟
—— 八音 1-155(疏)
金神則義
——— 五行 1-277(疏)
今也純儉吾從衆(罕3) 2-54
今也則亡(雍3) 1-307
今也或是之亡也(陽14) 3-130

禽語
—— 公冶長 1-252(疏)
今吾於人也聽其言而觀其行(公10) 1-271
今由與求也可謂具臣矣(先22) 2-185
今由與求也相夫子(季1) 3-65
今人澆薄不如古人 3-132(疏)
今人之學 2-333(疏)
今之狂也蕩(陽14) 3-130
今之矜也忿戾(陽14) 3-131
今之成人者何必然(憲12) 2-309
今之從政者殆而(微5) 3-160
今之從政者何如(路20) 2-275
今之學者爲人(憲24) 2-333
今之孝者是謂能養(爲7) 1-118
金鐸 1-220(疏)
金鐸通鼓 1-221(疏)
禽荒 3-84(疏)
及階子曰階也(憲41) 3-58
及其老也血氣既衰戒之在得(季7) 3-86
及其使人也求備焉(路25) 2-284
及其使人也器之(路25) 2-284
及其壯也血氣方剛戒之在鬪(季7) 3-86
及席子曰席也(憲41) 3-58
及徹帥學士而歌徹(周禮) 1-160(疏)
汲冢(地)
—— 得周書於汲冢有月令篇 3-142(疏)
矜名 1-325(注)
矜而不爭群而不黨(憲21) 3-41
矜莊嚴栗 2-19(注), 20(疏)
棄→稷(舜之臣) 2-39(疏), 295(疏), 3-21(疏)
夔(舜之臣)
— 典樂(官名) 3-21(疏)
期可已矣(陽19) 3-137
其可已矣(張1) 3-181
幾諫(里18) 1-243
旣竭吾才(罕11) 2-71
畿內采地之制 2-49(疏)
既得之患失之(陽13) 3-129
既來之則安之(季1) 3-65
器物各守一用 1-126(疏)
其未得之也患得之(陽13) 3-129
其不可者拒之(張3) 3-183
其不改父之臣與父之政是難能也(張18) 3-197
其父析薪其子弗克負荷(左傳) 3-55(疏)
其父攘羊而子證之(路18) 2-272
豈不爾思室是遠而(罕30) 2-92
驥不稱其力稱其德也(憲33) 2-340
其不善者而改之(述22) 1-380
杞不足徵也(八9) 1-174
期悲哀(禮記) 3-143(疏)
既殯食粥
———— 父母之喪 3-140(疏)
其使民也義(公16) 1-281
其事上也敬(公16) 1-281
其事也(路14) 2-265
其斯而已矣(微8) 3-173
其斯之謂與(學15) 1-101
————(季12) 3-95
畿上有封 1-220(疏)
其生也榮其死也哀(張25) 3-207
既庶矣又何加焉(路9) 2-261
其恕乎(憲23) 3-42
其所令反其所好而民不從(大學) 2-234(疏)
己所不欲弗施於人 1-350(疏)
己所不欲勿施於人(顔2) 2-206
————————(憲23) 3-42
杞宋之君 1-175(疏)
沂水
—— 魯城南自有沂水 2-201(疏)
—— 浴乎沂 2-192(注), 194(疏)
其舜也與(衛4) 3-20

其詩謂之王國風 3-77(疏)
其身不正雖令不從(路6) 2-258
其身正不令而行(路6) 2-258
豈若匹夫匹婦之爲諒也(憲17) 2-324
其養民也惠(公16) 1-281
其言似不足者(鄕3) 2-105
其言也訒(顔3) 2-207
其言也訒斯謂之仁已乎(顔3) 2-208
其言之不怍則爲之也難(憲20) 2-329
其餘不足觀也已(泰11) 2-29
其如示諸斯乎(八11) 1-181
起予者商也(八8) 1-172, 2-158(疏)
其餘則日月至焉而已矣(雍7)1-316
其然豈其然乎(憲13) 2-311
淇奥(詩經)
—— 如切如磋如琢如磨 1-102(疏)
旣往不咎(八21) 1-207
旣欲其生又欲其死是惑也(顔10) 2-223
己欲達而達人(雍30) 1-349
己欲立而立人(雍30) 1-349
嗜慾與禮義戰
—————— 克己復禮 2-206(疏)
器用之人 1-256(注), 257(疏)
其愚不可及也(公21) 1-292
期月而已可也(路10) 2-262
其爲人也發憤忘食樂以忘憂(述19) 1-377
其爲人也孝弟而好犯上者鮮矣(學2) 1-74
其爲仁之本與(學2) 1-75
其有文章(泰19) 2-36
器有善惡 1-257(疏)
其有成功也(泰19) 2-36
其唯聖人乎(張12) 3-193
其由也與(罕27) 2-88
————(顔12) 2-227
其猶正牆面而立也與(陽8) 3-121
覬覦之心 2-317(疏)
其猶穿窬之盜也與(陽10) 3-126
期而小祥
———— 父母之喪 3-140(疏)
其以乘壺酒束脩一犬賜人(禮記) 1-360(疏)
旣而曰鄙哉硜硜乎莫己知也斯已而已矣(憲39) 2-350
棄而違之(公19) 1-287
饑而廢事非禮也 1-361(疏)
箕子(殷)←胥餘
—— 箕國名 子爵也 3-151(注), 152(疏)
—— 箕子爲之奴(微1) 3-151
—— 雖有周親不如仁人 3-213(注), 214(疏)
—— 佯狂爲奴 3-153(疏)
—— 作洪範 3-219(疏)
—— 紂之諸父 3-151(注), 152(疏), 219(疏)
器者物象之名 1-126(疏)
其在宗廟朝廷便便言唯謹爾(鄕1)2-95
其爭也君子(八7) 1-167
旣濟(周易)
—— 象辭 君子當思患而預防之 3-35(疏)
其諸異乎人之求之與(學10) 1-93
其終也已(陽24) 3-150
冀州(地)
—— 屬紂王 2-43(疏)
岐周 3-214(疏)
其知可及也(公21) 1-292
其至矣乎(雍29) 1-348
其次辟色(憲37) 2-347
其次辟言(憲37) 2-347
其次辟地(憲37) 2-346
欺天乎(罕12) 2-73
忌則多怨(左傳) 2-291(疏)
其何以行之哉(爲22) 1-140
其行己也恭(公16) 1-281
其或繼周者雖百世可知也(爲23) 1-143
其回也與(罕20) 2-82

吉月
—— 朔日 2-129(疏)
吉月必朝服而朝(鄕5) 2-121
吉凶之報若影之隨形嚮之應聲 3-90(疏)
金克木木色靑 3-134(疏)
琴牢→子牢(春秋衛) 2-65(疏)
金縢(書經)
—— 公將不利於孺子 3-219(疏)
金玉曰貨
———— 財貨 2-170(疏)
金次之見情也(禮記) 2-115(疏)

【ㄴ】

儺
— 驅逐疫鬼 2-137(注)
樂驕樂樂佚遊樂宴樂損矣(季5) 3-83
樂多賢友(季5) 3-83
樂道固窮 1-236(疏)
樂道以忘憂 1-377(疏)
樂道人之善(季5) 3-83
樂道自脩 1-102(疏)
樂得淑女以配君子
———————— 周南召南 3-122(注), 123(疏)
洛書
—— 河圖洛書龜龍銜負而出 2-68(疏)
樂浪
—— 夷有九種 2-78(疏)
樂不至淫 1-205(注)
洛予命(書) 1-147(疏)
樂亦在其中矣(述16) 1-373
樂宴樂(季5) 3-83
樂然後笑人不厭其笑 2-311
樂以忘憂(述19) 1-377
樂而不淫哀而不傷(八20) 1-205
樂佚遊 3-83
樂節禮樂樂道人之善樂多賢友益矣(季5) 3-83
樂天知命
———— 仁者不憂 2-336(疏)
諾吾將仕矣(陽1) 3-103
亂邦不居(泰13) 2-30
亂神
—— 神不由正斯亂神也 1-379(疏)
亂臣十人(泰20) 2-37, 3-212(注), 214(疏)
難與竝爲仁矣(張16) 3-196
亂謂臣弑君子弑父
———————— 亂邦不居 2-30(注), 31(疏)
———————— 子不語怪力亂神 1-378(注), 379(疏)
亂謂逆惡
———— 勇而無禮則亂 2-16(疏)
欒黶(晉)
—— 子見南子者時不獲已 1-347(疏)
難乎免於今之世矣(雍16) 1-330
難乎有恒矣(述26) 1-383
南蒯(春秋魯)
—— 以費畔 1-320(疏)
南宮敬叔→南容(春秋魯) 2-294(注), 295(疏), 296(疏)
南宮括→南容(春秋魯) 1-254(注), 2-294(注), 295(疏)
南宮适→南容(春秋魯) 2-294
南宮适(周)
——— 南宮氏适名 2-40(疏)
——— 亂臣十人 2-37(注), 38(疏)
南宮縚→南容(春秋魯) 1-254(注), 2-296(疏)
南宮閱→南容(春秋魯) 1-254(注)
男女行者別於塗塗不拾遺 3-158(疏)
南蠻 2-211(疏)
南面

—— 謂諸侯也 1-304(疏)
南武陽縣 3-70(疏)
———— 在顓臾 3-70(疏)
南巢(地)
—— 湯放桀於南巢 3-214(疏)
南容(春秋魯)←南宮敬叔, 南宮括, 南宮适, 南宮縚, 子容, 仲孫閱 1-253, 254(注), 2-296(疏)
—— 俱不得其死然(憲5) 2-294
—— 南宮适問於孔子曰羿善射奡盪舟(憲5) 2-294
—— 南宮适出(憲5) 2-295
—— 南容三復白圭(先5) 2-159
—— 愼言 2-159(疏), 160(疏)
—— 禹稷躬稼而有天下(憲5) 2-294
—— 以禹稷比孔子 2-294(疏)
南爲火火色赤 3-134(疏)
南人
—— 南國之人 2-279(疏)
南人有言曰人而無恒不可以作巫醫(路22) 2-278
南子(春秋宋)
—— 衛靈公夫人 1-345(注), 346(疏), 372(疏)
—— 子見南子 1-347(疏)
—— 通宋朝 1-331(疏)
男子立乘 2-147(疏)
男執蒲璧(周禮) 2-111(疏)
納女於人曰妻 1-252(疏)
納言(官名)
—— 龍(人) 3-21(疏)
臘祭 2-125(疏)
囊瓦(春秋楚) 2-306(疏)
乃見鱄設諸焉(左傳) 1-220(疏)
萊蕪(地)
—— 汶水出 1-321(疏)
內府主良貨賄藏在內者 2-170(疏)
乃焚尸俎 1-125(疏)
內省不疚
———— 仁者不憂 2-336(疏)
內省不疚夫何憂何懼(顔4) 2-209
內實窮約而外爲奢泰 1-384(疏)
內有其實則言之不慙 2-329(注)
內自訟者也(公27) 1-302
來者猶可追(微5) 3-160
內作色荒外作禽荒(書經) 3-84(疏)
內則(禮記)
—— 十年出就外傳 1-70(疏)
內(軏)
— 胡以內接軛者 3-73(疏)
魯(國名)
— 魯可使如大道行之時 1-340(注)
— 魯受齊女樂 2-162(疏)
— 魯衛之政兄弟也(路7) 2-258
— 魯人爲長府(先13) 2-168
— 魯一變至於道(雍24) 1-340
— 魯無君子者斯焉取斯(公3) 1-255
— 周公之封 2-258(注)
— 姬姓 1-391(注), 392(疏), 393(疏)
魯公→伯禽(春秋魯) 1-156(疏), 3-177, 178(疏)
魯共王(漢)←劉餘
——— 得古文論語 1-54, 58(疏)
魯公稱世室(公羊傳) 1-189(疏)
魯論語(書) 1-46(疏), 48, 51(疏), 52, 53, 56, 60(疏)
老聃→老子(周) 1-352(疏)
恕當其理不移易 1-307(注)
—————— 顔淵 1-307(注)
路門
—— 路訓大也 3-31(疏)
怒不過分
———— 顔淵 1-307(注), 308(疏), 309(疏)
魯頌(詩經)

—— 籩豆大房 3-15(疏)
—— 駉 曰思無邪 1-109(疏)
—— 閟宮 公徒三萬 1-83(疏)
—— 閟宮 公車千乘 1-82(疏)
魯詩(書) 1-56(疏)
魯語(國語)
—— 昭穆 1-177(疏)
—— 柳下惠 3-36(疏)
—— 忠信爲周 1-128(疏)
老謂五十以上
———— 及其老也血氣既衰 3-87(疏)
老而不死(憲43) 2-361
勞而不怨(堯2) 3-221
————(里18) 1-243
老子(書)
—— 自伐者無功 2-291(疏)
—— 天網恢恢疎而不失 3-90(疏)
老子(周)←老聃, 老彭, 李耳, 伯陽 1-352(疏)
老者安之(公26) 1-301
魯周公世家(史記)
———— 定公 1-204(疏)
路車
—— 路訓大也 3-31(疏)
魯春秋(書)
——— 去夫人之姓曰吳 1-394(疏)
路寢
—— 路訓大也 3-31(疏)
路寢門 1-199(疏)
老彭→老子(周) 1-352(疏), 351, 352(疏)
盧欽(晉) 2-355(疏)
鹿門之關 2-314(疏)
綠是東方間
———— 間色 3-134(疏)
祿在其中矣(爲18) 1-132
————(憲31) 3-49
祿之去公室五世矣(季3) 3-79
論篤是與(先19) 2-180
論語(書)
—— 馬融注 1-59(疏)
—— 門人相與輯而論纂 1-45
—— 王肅注 1-61(疏)
—— 鄭玄注 1-60(疏)
—— 夏侯勝注 1-49(疏)
論語集解(書)←集解 1-41, 42, 62(疏), 63, 65(疏)
論語義說(書) 1-61(疏)
———— 王肅周生烈 1-61(疏)
論語義疏(書)←義疏, 皇疏 1-41, 42, 43
論語注疏(書)←昺疏 1-43
牢→子牢(春秋衛) 2-65(注)
誄
— 禱篇名 1-401(疏)
誄曰禱爾于上下神祇(述35) 1-400
餒在其中矣(憲31) 3-49
穀
— 楚人謂乳穀 1-290(疏)
屢空(先18) 2-175
鏤簋朱紘 2-300(疏)
縲絏之中(公1) 1-251
陋如之何(罕14) 2-77
屢憎於人(公5) 1-258
訥
— 剛毅木訥 2-286(注)
訥於言而敏於行 1-260(疏)
能近取譬可謂仁之方也已(雍30) 1-349
能使枉者直(顏22) 2-240, 241
能惡人(里3) 1-228
能以禮讓爲國乎何有(里13) 1-239
陵暴孔子 1-131(疏)
能行五者於天下爲仁矣(陽5) 3-112
能好人(里3) 1-228
尼谿(地)

—— 景公將以尼谿田封孔子 3-157(疏)
泥鏝 1-272(疏), 273(疏)
犂鉏(春秋齊) 3-158(疏)
匿怨而友其人左丘明恥之丘亦恥之(公25) 1-298

【ㄷ】

多見而識之知之次也(述28) 1-387
多聞闕疑(爲18) 1-132
多聞擇其善者而從之(述28) 1-387
多筭 1-170(疏)
多筭飲少筭 1-168(注)
多識於鳥獸草木之名(陽8) 3-121
多怨(里12) 1-239
多財曰富 1-102(疏)
多乎什一大桀小桀 2-219(疏)
檀弓(禮記)
—— 古之大夫束脩之問不出竟 1-360(疏)
—— 孔子之故人曰原壤 2-362(疏)
—— 先王之制禮也 3-143(疏)
—— 練衣黃裏縓緣 2-124(疏)
—— 奠以素器 2-129(疏)
—— 鄭玄注 南容 2-296(疏)
—— 鄭玄注 孟敬子 2-20(疏)
—— 鄭玄注 南宮縚 1-254(注)
—— 弔於人是日不樂 1-362(疏)
端木賜→子貢(春秋衛) 1-93(注), 94(疏)
斷髮文身
——— 泰伯 2-14(疏)
簞笥 2-138(疏)
端衰喪車皆無等 2-356(疏)
簞食瓢飲不改其樂
———— 顏淵 2-178(疏)
端章甫
——— 諸侯日視朝之服 2-191, 198(疏)
丹朱(人)
—— 堯之子 3-214(疏)
丹漆絲纊竹箭 2-115(疏)
丹穴(山)
—— 鳳凰莫宿丹穴 2-68(疏)
達
— 夫達也者質直而好義(顏20) 2-236
— 子張問士何如斯可謂之達矣(顏20) 2-235
達士之行 2-237(疏)
達巷(黨名)
—— 達巷黨人曰大哉孔子博學而無所成名(罕2) 2-52
澹臺滅明(春秋魯)←子羽(雍14) 1-327(疏)
——— 有澹臺滅明者(雍14) 1-326
湛露 1-293(疏)
答述曰語
——— 論語 1-45, 48(疏)
——— 食不語寢不言 2-134(疏)
唐→堯 2-38(注)
黨
— 相助匿非曰黨 1-391(注), 392(疏)
— 五百家爲黨 2-52(注), 53(疏)
— 五族爲黨 1-315(疏)
堂堂乎張也難與竝爲仁矣(張16) 3-196
堂阜(地) 2-322(疏)
當暑袗絺綌必表而出之(鄉5) 2-119
當灑掃應對進退則可矣(張12) 3-191
唐虞之際於斯爲盛有婦人焉九人而已(泰20) 2-37
當有聖人適周 2-40(疏)
當仁不讓於師(憲35) 3-54
當存大體無見小利也 2-271(疏)
唐棣
—— 其華偏然反而後合 2-92(注), 93(疏)
—— 唐棣之華偏其反而(罕30) 2-92

當學以知義 3-118(疏)
當行仁之事不復讓於師 3-54(疏)
唐侯→堯 2-41(疏)
大車 1-141(疏)
大桀小桀 2-219(疏)
大故
—— 惡逆之事 3-178(疏)
大功以上得相容隱 2-272(疏)
大裘而冕
———— 王之吉服 2-48(疏)
大國三軍(周禮) 1-82(疏), 363(注), 364(疏)
大德不踰閑(張11) 3-190
大德之人 3-191(疏)
大東(詩經)
—— 契契寤歎 2-352(疏)
大輅 3-31(疏)
大輅
—— 昭公僭爲天子之禮樂 3-77(疏)
—— 殷車曰大輅 3-29(注), 30(疏), 31(疏)
大輅越席 3-29(注)
大貉小貉 2-219(疏)
大武(舞) 1-156(疏)
—— 昭公僭爲天子之禮樂 3-77(疏)
—— 六樂 1-358(疏)
對文 1-48(疏)
臺門而旅樹(禮記) 1-214(疏)
大房(祭器) 3-15(疏)
大伯 2-43(疏)
大夫
—— 大夫君 2-74(疏)
—— 大夫大帶(禮記) 3-23(疏)
—— 大夫百乘 1-265(注)
—— 大夫不得造車馬(禮記) 2-134(疏)
—— 大夫三廟(禮記) 1-156(疏)
—— 大夫爲承擯(禮記) 2-198(疏)
—— 大夫爲次介 2-198(疏)
—— 大夫以簾 1-214(疏)
—— 大夫以上冕服悉皆有黻 2-48(疏)
—— 大夫已爲臣故謂家臣爲陪臣 3-75(疏)
—— 大夫赤 黻之色 2-48(疏)
—— 大夫朝服以祭 2-137(疏)
—— 大夫中棖與闑之間(禮記) 2-198(疏)
—— 大夫之冕 3-32(疏)
—— 大夫之席再重 2-137(疏)
—— 大夫之惡 3-101(疏)
—— 大夫之賢者(衛9) 3-27
—— 大夫稱家 1-315(疏), 156(疏)
大府(官名)
—— 爲王治藏之長 2-170(疏)
大夫僎(春秋衛)
——— 公叔文子之家臣 2-327
大賓
—— 公侯之賓 2-206, 207(疏)
對賓客脩威儀禮節之事 3-191(注), 193(疏)
大賓小客 賓客 1-266(疏)
大司寇
——— 孔子 1-189(疏), 2-162(疏), 3-158(疏)
大司徒(官名) 1-51(疏)
大司徒(周禮)
——— 鄭玄注 同師曰朋同志曰友 1-73(疏)
——— 諸公之地封疆方五百里 1-82(疏), 1-84(疏)
——— 五家爲比五比爲閭(雍5疏) 1-315(疏), 3-22(疏)
大射禮(儀禮)
——— 耦進上射在左並行 1-169(疏)
大司馬(周禮)
——— 教振旅兩司馬執鐸 1-221(疏)
大史頒告朔于邦國(周禮) 1-198(疏)
大司樂(樂官) 1-216(疏)
大射 1-192(疏)
大蜡

—— 皮弁素服 2-125(疏)
—— 黃衣狐裘 2-126(疏)
大相 2-193(注), 195(疏)
大韶
—— 六樂 1-358(疏)
大臣
—— 以正道事君 2-186(疏)
大雅(詩經)
—— 抑 白圭之玷尙可磨也 2-160(疏)
—— 抑 斯言之玷不可爲也 2-160(疏)
大畏民志(大學) 2-230(疏)
大禹謨(書經)
——— 堯曰一章略其文 3-215(疏)
——— 惠迪吉從逆凶惟影響 3-90(疏)
大人(季8) 3-87, 88
—— 質直而不放肆 3-91(疏)
大葬(罕12) 2-74, 75(疏)
大哉孔子博學而無所成名(罕2) 2-52
大才難得 2-38(注)
大宰
—— 大夫官名 2-63(疏)
—— 六卿之長 2-64(疏)
大哉問(八4) 1-162
大哉堯之爲君也(泰19) 2-35
大傳(禮記)
—— 雖百世而昏姻不通者周道然也 1-394(疏)
大殿 1-329(疏)
大祭(顔2) 2-206
—— 禘郊之屬 2-207(疏)
大宗伯(周禮)
——— 國有大故則旅上帝及四望 1-166(疏)
——— 子執穀璧男執蒲璧 2-111(疏)
——— 執玉之禮 2-111(疏)
——— 侯執信圭伯執躬圭 2-111(疏)
——— 掌建邦之天神人鬼地示之禮 1-152(疏)
大震 1-329(疏)
大車無輗(爲22) 1-140
大車崇九尺(周禮) 1-140(疏)
大蔡
—— 大龜 1-285(疏), 2-313(注), 314(疏)
大彭(殷)
—— 五伯 2-326(疏)
大夏
—— 昭公僭爲天子之禮樂 3-77(疏)
—— 六樂 1-358(疏)
大學(書)
—— 桀紂率天下以暴而民從之 2-234(疏)
—— 其所令反其所好而民不從 2-234(疏)
—— 無情者不得盡其辭大畏民志 2-230(疏)
—— 百乘之家不畜聚斂之臣 1-267(疏)
—— 堯舜率天下以仁而民從之 2-234(疏)
大漢輿服志(書)
————— 冕制 3-32(疏)
大寒之歲 2-90(注)
大咸
—— 六樂 1-358(疏)
大行人(周禮)
——— 卿大夫之禮各下其君二等 2-100(疏)
——— 廟中將幣三享 2-100(疏)
——— 擯介朝位 2-100(疏)
——— 子執穀璧男執蒲璧五寸 2-111(疏)
——— 掌賓客之禮儀 1-268(疏)
——— 掌使之官 2-303(疏)
——— 諸侯廟中將幣皆三享 2-115(疏)
大饗其王事與(禮記) 2-115(疏)
大祫 1-177(疏)
大濩
—— 六樂 1-358(疏)
大火
—— 心星 1-86(疏)
大侯九十弓 1-192(疏)
宅兆而安措 1-115(疏)

德
— 據於德 1-355
— 巧言亂德(憲26) 3-46
— 君子懷德(里11) 1-237
— 德無常則羞辱承之 2-279(注)
— 德無恒則羞辱承之 2-280(疏)
— 德不可以億中故必有言 2-293(注)
— 德業離無入有而成形器 1-356(疏)
— 德有成形 1-355(注), 357(疏)
— 德輶如毛(詩經) 1-234(疏)
— 德者得也 1-106(疏), 356(疏)
— 德者無爲 1-105(注)
— 德在修行 1-353(疏)
— 德至鳥獸則鳳皇來 2-68(疏)
— 德行無恒自相違錯 2-281(疏)
— 德不孤(周易) 1-248(疏)
— 德不孤必有隣(里25) 1-248
— 德之棄也(陽12) 3-128
— 德之不修(述3) 1-353
— 德之賊也(陽11) 3-127
— 德行顔淵閔子騫冉伯牛仲弓(先2) 2-156
— 道之以德齊之以禮(爲3) 1-111
— 尙德哉若人(憲5) 2-295
— 先事後得非崇德與(顔21) 2-239
— 崇德(顔10) 2-222
— 崇德脩慝辨惑(顔21) 2-239
— 吾未見好德如好色者也(罕18) 2-80
— 吾未見好德如好色者也(憲12) 3-35
— 爲政以德(爲1) 1-105
— 有德者必有言(憲4) 2-293
— 以德報德(憲34) 2-340
— 知德者鮮矣(衛3) 3-19
— 執德不弘(張2) 3-182
德博厚曰文
—————— 諡法 1-292(疏)
禱
— 請於鬼神 1-400(注)
道
— 道高則祿來 3-50(疏)
— 道不同不相爲謀(憲39) 3-57
— 道不可體故志之而已 1-355(注)
— 道不行乘桴浮于海(公7) 1-261
— 道之不行已知之矣(微7) 3-170
— 道爲立身之要 1-332(注)
— 道者無之稱也 1-356(疏)
— 道者通物之名虛無妙用 3-48(疏)
— 道者虛通無擁自然之謂也 1-356(疏)
— 道寂然無體不可爲象 1-356(疏)
— 道之將廢也與命也(憲36) 2-344
— 道之廢行皆由天命 2-344(疏), 345(疏)
— 本立而道生(學2) 1-75
— 士志於道而恥惡衣惡食者(里9) 1-236
— 守死善道(泰13) 2-30
— 信道不篤(張2) 3-182
— 吾道一以貫之(里15) 1-241
— 人能弘道非道弘人(憲28) 3-48
— 任重而道遠(泰7) 2-26
— 朝聞道夕死可矣(里8) 1-235
— 志於道(述6) 1-355
— 何莫由斯道也(雍17) 1-332
鼗
— 如鼓而小有兩耳持其柄搖之 3-177(疏)
韜光晦知 3-26(疏)
陶唐
—— 皆國名 2-41(疏)
陶唐氏→堯 2-41(疏)
道德博厚曰文
—————— 諡法 1-285(疏)
滔滔者天下皆是也而誰以易之(微6) 3-163
圖錄之名
———— 歷數在汝身 3-218(疏)
禱爾于上下神祇(述35) 1-400

蹈仁而死(憲34) 3-53
度人才器而官之 2-284(疏)
悼子(春秋魯) 2-314(疏)
道之斯行(張25) 3-207
道之以德齊之以禮(爲3) 1-111
道之以政(爲3) 1-110
道千乘之國(學5) 1-78
道聽而塗說德之棄也(陽12) 3-128
讀書志(書) 1-43
讀先王典法必正言其音然後義全 1-376(注)
篤信好學(泰13) 2-30
豚
— 豕之小者 3-103(疏)
敦柔潤澤謂之溫 1-94(疏)
同
— 方百里爲同 2-49(疏)
彤弓 1-293(疏)
東屠
—— 夷有九種 2-78(疏)
同禮 2-111(疏)
東里
—— 鄭城中里名 2-302(疏)
東里子產潤色之(憲7) 2-302
東蒙
—— 蒙山在東故曰東蒙 3-66(疏)
東蒙主(季1) 3-61
動無非禮則身無擇行 2-205(疏)
東門襄仲(春秋魯) 3-79(注), 80(疏), 81(疏)
同門曰朋 1-68(注), 1-73(疏)
東方君子之國
—————— 鳳凰出 2-68(疏)
東方朔(漢) 1-54(疏)
東方之夷有九種
——————— 九夷 2-77(注)
同姓不昏 1-391(注), 392(疏), 393(疏)
東首加朝服拖紳(鄕13) 2-142
冬溫夏凊 1-115(疏)
動容貌斯遠暴慢矣(泰4) 2-19
東爲木木色青 3-134(疏)
東夷 2-77(疏), 211(疏)
侗而不愿(泰16) 2-33
同而不和(路23) 2-281
東夷傳(後漢書)
——— 夷有九種 2-78(疏)
童子見門人惑(述29) 1-388
童子六七人(先24) 2-192
童子隅坐無位成人乃有位 2-362(注), 363(疏)
東周(陽4) 3-109
—— 興周道於東方故曰東周 3-109(注)
同中容四都六十四成 2-49(疏)
動之不以禮未善也(憲32) 3-51
動之斯和(張25) 3-207
同志相求(周易) 1-248(注)
同志曰友 1-73(疏)
東遷
—— 周平王 3-74(注), 77(疏)
冬取槐檀之火
—————— 改火 3-138(注), 142(疏)
董巴(三國魏)
—— 大漢輿服志 冕制 3-32(疏)
動必以禮然後善 3-51(注)
冬夏教以詩書(禮記) 1-70(疏)
冬會于溫(左傳) 2-317(疏)
斗
— 十升爲斗 3-220(疏)
豆
— 木豆謂之豆 2-22(疏)
— 四升爲豆 1-312(疏)
斗筲之人何足算也(路20) 2-275
杜氏→杜預(晉) 1-57(疏), 63(疏)
杜預(晉)←杜氏, 杜元凱
—— 卿士 王之執政者也 2-174(疏)

—— 公田之法十取其一 2-219(疏)
—— 箕子爲紂之庶兄 3-152(疏)
—— 魯城南自有沂水 2-201(疏)
—— 杜預傳 諒闇以居心喪終制 2-355(疏)
—— 不奪其所諱亦不爲之定制 1-395(疏)
—— 嘗爲大夫而去故言後也 2-162(疏)
—— 宗廟主 1-208(疏)
—— 左傳注 南子 宋女也 1-331(疏)
—— 左傳注 大路爲玉路 3-31(疏)
—— 左傳注 大蔡 大龜 2-314(疏)
—— 左傳注 明堂與祖廟爲一 1-198(疏)
—— 左傳注 不能勝人 2-291(疏)
—— 左傳注 比周 3-47(疏)
—— 左傳注 四豆爲區區十六升 1-312(疏)
—— 左傳注 小白僖公庶子 2-322(疏)
—— 左傳注 所謂文子三思 1-292(疏)
—— 左傳注 羿有窮君之號 2-296(疏)
—— 左傳注 禹孫大康淫放失國 2-296(疏)
—— 左傳注 雩之言遠也 2-201(疏)
—— 左傳注 于奚 1-189(疏)
—— 左傳注 衛甯武子來聘 1-293(疏)
—— 左傳注 子服景伯名何 2-345(疏)
—— 左傳注 子産見愛有古人之遺風 2-306(疏)
—— 左傳注 子産貞而不諒 3-55(疏)
—— 左傳注 自衛反魯 2-79(疏)
—— 左傳注 臧武仲之知 2-310(疏)
—— 左傳注 在君爲政在臣爲事 2-266(疏)
—— 左傳注 陳楚名司寇爲司敗也 1-393(疏)
—— 左傳注 太皞伏羲 3-70(疏)
—— 左傳注 苞茅 2-319(疏)
—— 左傳注 瑚璉 1-257(疏)
—— 之側孟氏族字反 1-329(疏)
—— 天子八佾八人爲列 1-155(疏)
—— 春秋釋例(書) 1-198(疏)
—— 春秋左氏經傳集解(書) 1-57(疏), 1-63(疏)
杜元凱→杜預(晉) 1-57(疏), 208(疏), 293(疏), 3-31(疏)
杜子春(漢) 1-192(疏)
屯(地)
— 孔子遂行宿乎屯 3-158(疏)
得見君子者斯可矣(述26) 1-383
得見有恒者斯可矣(述26) 1-383
得其門者或寡矣(張23) 3-203
得祿之道 1-132(注), 133(疏)
得位由知守位在仁 3-51(疏)
滕文公→文公(戰國滕) 2-219(疏)
滕薛大夫 2-307

【ㅁ】

麻冕禮也(罕3) 2-54, 3-32(疏)
馬不進也(雍15) 1-328
馬四匹爲駟 3-96(疏)
馬氏→馬融(漢) 1-85(疏)
馬牛皆百匹(左傳) 2-133(疏)
馬融(漢)←季長, 馬氏 1-47, 63(疏), 85(疏), 192(疏)
—— 古文論語訓說 1-58
—— 依周禮解千乘之國 1-78(注), 84(疏)
—— 鄭玄師事馬融 1-60(疏)
—— 注古論語 1-46(疏)
—— 周有八士宣王時人 3-179(疏)
—— 注孝經論語詩易尙書三禮 1-59(疏)
—— 千乘之國謂公侯之國 1-80(疏)
馬以代勞 1-118(注), 119(疏)
磨而不磷(陽6) 3-114
莫己知也斯己而已矣(憲39) 2-350
莫不有文武之道焉(張22) 3-201
莫我知也夫(憲35) 2-341

鏝 1-272(疏), 273(疏)
慢令致期謂之賊(堯2) 3-223
蠻貊無百官制度之費 2-219(疏)
萬舞 1-155(疏)
萬物有生而不育成者 2-84(注)
萬物資始 2-36(疏)
萬方有罪罪在朕躬(堯1) 3-212
滿飾
—— 夷有九種 2-78(疏)
萬二千五百家爲州 3-21(注)
萬二千五百家爲鄕 1-82(疏), 314(注), 315(疏)
萬二千五百人爲軍 1-82(疏), 2-87(疏), 3-14(注)
末介 2-100(疏), 198(疏), 199(疏)
末擯 2-100(疏)
末之也已何必公山氏之之也(陽4) 3-109
亡國之一言 2-269(疏)
杗廇謂之梁 1-286(疏)
罔之生也幸而免(雍19) 1-334
望之儼然(張9) 3-189
每門止一相 2-198(疏)
每事問(八15) 1-187
每事依利而行 1-238(注)
買妾不知其姓則卜之(禮記) 1-393(疏)
盟可尋也亦可寒也 1-125(疏)
孟敬子(春秋魯)←仲孫捷 2-18(注)
——— 孟敬子問之(泰4) 2-18
——— 忽大務小 2-19(注), 20(疏)
孟公綽(春秋魯)←公綽 2-307(注), 308(注)
——— 公綽之不欲(憲12) 2-308
——— 孟公綽爲趙魏老則優(憲11) 2-307
——— 廉如公綽 2-309(疏)
孟武伯(春秋魯)←孟孺子洩, 仲孫彘 1-116(注), 117(疏), 265(疏), 266(疏), 329(疏)
——— 孟敬子之父 2-20(疏)
——— 孟武伯問子路仁乎(公8) 1-264
——— 孟武伯問孝(爲6) 1-116
孟孫→孟懿子(春秋魯) 1-115(疏)
孟孫→孟莊子(春秋魯) 2-314(疏)
孟孫
—— 三卿 2-330(疏)
孟氏
—— 爲下卿不用事 3-156(注)
—— 孟氏使陽膚爲士師(張19) 3-198
孟孺子洩→孟武伯(春秋魯) 1-329(疏)
孟懿子(春秋魯)←孟孫, 仲孫何忌 1-115(疏), 116(疏)
——— 孟孫問孝於我我對曰無違(爲5) 1-114
——— 孟懿子問孝(爲5) 1-114
——— 子 孟武伯(爲6疏) 1-117(疏)
——— 仲孫何忌帥師圍郈 3-204(疏)
孟子(書)
—— 公事畢然後敢治私事 2-219(疏)
—— 方里爲井井九百畝其中爲公田 1-84(疏), 2-219(疏)
—— 食而不愛 豕畜之 1-118(注), 120(疏)
—— 愛而不敬獸畜之 1-118(注), 120(疏)
—— 殷人七十而助 2-219(疏)
—— 周人百畝而徹 2-219(疏)
—— 千乘之國 1-78(注)
—— 天子之制地方千里 1-84(疏)
—— 請野九一而助國中什一使自賦 2-219(疏)
—— 八家皆私百畝同養公田 2-219(疏)
—— 夏后氏五十而貢 2-219(疏)
孟子(戰國鄒)←軻 師孔子之孫子思 1-70(疏), 85(疏)
孟莊子(春秋魯)←孟孫, 仲孫速 2-314(疏), 3-197(注), 198(疏)
——— 孟莊子之孝也其他可能也(張18) 3-197
孟之側→孟之反(春秋魯) 1-328(注), 329(疏)
孟之反(春秋魯)←孟之側
——— 孟之反不伐(雍15) 1-328

盟津(地)
—— 武王東伐至盟津 3-152(疏)
盟會政命之辭 2-302(疏)
盟會之辭 2-301(注)
孟孝伯(春秋魯)←羯, 孝伯 2-21(疏), 314(疏)
孟僖子(春秋魯)←仲孫貜 1-254(注), 2-296(疏)
——— 病不能相禮乃講學之 3-92(疏)
冕
— 卿大夫黑玉珠五旒 3-32(疏)
— 冠之有旒者 3-32(疏)
— 大夫之服 2-69(注), 70(疏)
— 冕旒垂目 3-32(疏)
— 冕服自有尊卑 2-48(疏)
— 三公諸侯青玉珠七旒 3-32(疏)
— 禮冠 3-30(疏), 32(疏)
— 前圓後方朱裏玄上 3-32(疏)
— 天子白玉珠十二旒 3-32(疏)
— 緇布冠 2-54(注), 55(疏), 56(疏)
— 黃帝作冕 3-32(疏)
免於父母之懷(陽19) 3-139
冕衣裳者(罕10) 2-69
勉學
—— 子張篇所論 3-181(疏)
滅性則非孝 3-195(疏)
命
— 政命盟會之辭 2-302(疏)
明
— 述者之謂明 1-351(注)
明君之祿 2-31(疏)
命圭九寸公守之(周禮) 2-111(疏)
命圭七寸謂之躬圭(周禮) 2-111(疏)
命圭七寸謂之信圭(周禮) 2-111(疏)
明達
—— 顔淵篇所論 2-203(疏)
明堂 1-198(疏), 199(疏)
明堂位(禮記)
——— 大輅殷輅也 3-31(疏)
——— 封周公於曲阜 1-82(疏), 3-71(疏)
——— 四代之器 1-257(疏)
——— 祀周公以天子之禮樂 1-156(疏)
——— 俎豆(衛1疏) 3-15(疏)
——— 振木鐸於朝 1-221(疏)
名聞之士 2-237(疏)
名不正則言不順(路3) 2-249
明庶風
——— 春分 1-155(疏)
命書 2-56(疏)
明衣
—— 沐浴衣 2-121(注), 122(疏)
命矣夫(雍10) 1-322
明日遂行(衛1) 3-16
明日子路行以告(微7) 3-169
命者生之極 1-375(疏)
命者天之命
————— 子罕言利與命與仁 2-51(注)
明忠信仁知
————— 衛靈公篇所論 3-13(疏)
鳴和鸞
——— 五馭 1-358(疏)
謀動干戈於邦內(季1) 3-65
貌思恭(季10) 3-92
侮聖人之言(季8) 3-88
謀帥篇(司馬法) 1-329(疏)
毛詩(書)
—— 碩人 1-173(疏)
毛詩譜(書) 1-60(疏)
——— 周太王避狄難 2-43(疏)
謀始在於作制 2-230(疏)
毛詩箋(書) 1-60(疏)
毛詩傳(書) 1-365(疏)
毛詩注(書)
——— 王肅注 1-61(疏)

謀於野則獲於國則否(左傳) 2-301(注), 302(疏), 303(疏)
謀於邑則否(左傳) 2-303(疏)
茅以縮酒 2-319(疏)
莫春者春服既成(先24) 2-192
穆
— 北鄉 1-177(疏)
穆姜(春秋齊)←姜氏 2-314(疏)
穆公(春秋鄭)
—— 孫子 子產 1-282(疏)
穆公(春秋秦)←秦伯
—— 秦伯將納晉惠公 2-291(疏)
木克土土色黃 3-134(疏)
木豈能擇鳥 2-79(疏)
目覩爲視 3-92(疏)
木豆謂之豆 2-22(疏)
木輅
—— 大輅 3-30(疏)
穆陵(地) 2-318(疏)
牧誓(書經)
—— 比爾干也 3-73(疏)
木神則仁
———— 五行 1-277(疏)
沐浴衣
——— 明衣 2-121(注)
沐浴而朝 2-331(疏)
木主 1-177(疏)
木鐸
—— 金鈴木舌 1-219(疏), 220(疏)
—— 施政教時所振 1-218(注), 221(疏)
沒階趨進翼如也(鄕3) 2-106
沒齒無怨言(憲9) 2-304
夢見周公欲行其道 1-354(注), 355(疏)
蒙山 3-61(注)
—— 東蒙 3-66(疏)
—— 顓臾國在蒙山下 3-71(疏)
蒙羽其藝(書經) 3-71(疏)
夢中
—— 雲夢 1-290(疏)
苗而不秀者有矣夫(罕22) 2-83
廟中將幣三享(周禮) 2-100(疏)
無可無不可(微8) 2-58(注), 3-174, 175(疏)
述古而不自作 2-58(注)
無見小利(路17) 2-271
武庚(殷)
—— 成王誅武庚 3-219(疏)
毋固
—— 子絶四(罕4) 2-58
武公(春秋衛)
—— 如切如磋如琢如磨 1-102(疏)
舞交衢
——— 五馭 1-358(疏)
無求備於一人(微10) 3-178
無求生以害仁有殺身以成仁(衛8) 3-27
無求安飽以好學
———————— 學而篇所論 1-67(疏)
無倦(路1) 2-245
無乃爲佞乎(憲32) 2-339
無乃大簡乎(雍2) 1-306
無年則公旬用一日焉(周禮) 1-86(疏)
無寧死於二三子之手乎(罕12) 2-73
舞大武 1-156(疏)
無道則隱(泰13) 2-30
巫馬期(春秋魯)←巫馬施, 施, 子旗 1-391(注), 392(疏), 393(疏), 396(疏)
——— 巫馬期以告(述31) 1-391
巫馬施→巫馬期(春秋魯) 1-393(疏)
無莫也(里10) 1-237
亡而爲有(述26) 1-383
無目之人 3-86(疏)
武(武王樂) 1-221, 223(疏)
— 以武得民心故名 1-222(疏)

務民之義(雍22) 1-336
無事之近臣 1-185(疏)
武事振金鐸 1-221(疏)
舞象 1-70(疏)
武城(地)
── 子游爲武城宰 1-326, 3-106(注), 108(疏)
舞所以節八音而行八風(左傳) 1-155(疏)
無所取材(公7) 1-262
──── 無所取於桴材 1-262, 263(疏)
──── 無所取哉 1-263(疏)
無訟在於謀始 2-230(疏)
無施勞(公26) 1-300
無臣而爲有臣吾誰欺欺天乎(罕12) 2-73
毋我(罕4)
── 子絶四 2-58
毋吾以也(先24) 2-189
無慍色(公19) 1-287
武王(周) 1-198(疏)
── 居岐周而王天下故曰周家 3-214(疏)
── 克殷求太伯仲雍之後 2-14(疏)
── 其德未盡善 1-222(疏)
── 東伐至盟津 3-152(疏)
── 武王克殷(禮記) 1-175(疏)
── 武王曰予有亂臣十人(泰20) 2-37
── 武王周公其達孝矣乎(中庸) 1-357(疏)
── 伐紂 1-147(注), 295(疏), 2-299(疏), 3-96(疏)
── 伐紂誓衆之辭 3-214(疏)
── 封師尙父於齊 2-40(疏)
── 釋微子復其位 3-219(疏)
── 征伐取天下 1-221(注)
── 周公之兄 2-40(疏)
── 治官之臣十人 2-38(疏)
── 泰伯篇所論 2-13(疏)
── 平殷亂 1-296(疏)
無欲速無見小利(路17) 2-271
無勇 1-153(疏)
舞雩(先24) 2-194(疏), 201(疏)
── 浴乎沂風乎舞雩詠而歸(先24) 2-192
── 樊遲從遊於舞雩之下(顔21) 2-238
── 旱暵則舞雩(周禮) 2-201(疏)
毋友不如己者(罕25) 2-86
無友不如己者(學8) 1-91
無爲小人儒(雍13) 1-325
無位曰賤 1-231(疏)
無爲而治者其舜也與(衛4) 3-20
無爲淸靜 1-106(疏)
無爲淸靜而民化之
────── 帝王之道 3-20(疏)
無爲化淸 1-106(疏)
無隱者直也 1-396(疏)
巫醫不能治無恒之人 2-278(注), 280(疏)
毋意(罕4)
── 子絶四 2-57
無以立也(堯3) 3-226
無以萬方(堯1) 3-212
無以爲君子也(堯3) 3-226
無以爲也仲尼不可毁也(張24) 3-205
無以知人也(堯3) 3-226
無逸(書經)
── 高宗諒陰三年不言 2-354(疏)
武子啓(春秋齊) 2-226(疏)
毋自辱焉(顔23) 2-243
舞者八人爲列 1-154(疏)
無適也(里10) 1-237
武丁→高宗(殷) 2-353(注), 354(疏)
無情者不得盡其辭大畏民志(大學) 2-230(疏)
武帝(漢) 1-54(疏)
無舟渡河爲馮河 1-364(疏)
巫主接神除邪 2-279(疏)
無衆寡無小大無敢慢(堯2) 3-222
武仲→臧武仲(春秋魯)

—— 三年而爲二兆 1-285(疏)
無知也(罕8) 2-65
無穿鑿 1-387(疏)
無諂無驕 1-102(疏)
無棣(地) 2-318(疏)
毋勦說(禮記) 3-148(疏)
無惻隱之心 1-361(注)
毋側聽(禮記) 2-205(疏)
毋必(罕4)
—— 子絶四 2-58
無恒之人 2-278(注)
無恒之人易所不占 2-279(注), 280(疏)
繆協(晉) 1-396(疏)
無喜色(公19) 1-287
墨允→伯夷(孤竹國) 1-295(疏)
默而識之(述2) 1-352
———— 顔淵 2-158(疏)
默而識之如愚 1-122(注)
墨子(書)
—— 引湯誓 3-211(注), 218(疏)
墨智→叔齊(孤竹國) 1-295(疏)
聞
— 夫聞也者色取仁而行違(顔20) 2-237
— 在邦必聞在家必聞(顔20) 2-236
文公(春秋魯)←興 1-177(疏), 3-77(疏)
—— 東門襄仲殺文公之子赤而立宣公 3-79(注), 80(疏)
—— 始不視朔 1-196(注), 197(疏), 199(疏), 2-129(疏)
—— 二妃敬嬴生宣公 3-80(疏)
文公(春秋滕)←滕文公
—— 孟子請野九一而助 2-219(疏)
文公(春秋晉)←晉文公
—— 召天子而使諸侯朝之 2-316(注)
—— 五伯 2-326(疏)
—— 晉文公譎而不正(憲15) 2-316
文過飾非
———— 佞者 2-188(疏)
問管仲(憲9) 2-304
文教
—— 木鐸 1-219(疏), 221(疏)
問交(張3)
—— 子夏之門人問交於子張(張3) 3-183
文馬
—— 齊遺文馬於魯君 3-158(疏)
文莫吾猶人也(述33) 1-398
文命→禹(夏)
—— 鯀之子 2-39(疏)
文母→太姒 2-37(注), 38(疏), 40(疏), 3-149(疏)
文武之道未墜於地在人(張22) 3-201
聞夫不義禮當告君 2-330(疏)
文不在玆乎(罕5) 2-60
聞斯二者(季13) 3-97
文事振木鐸 1-221(疏)
聞斯行諸(先20) 2-182
聞斯行之(先20) 2-182
聞韶(述14) 1-367, 369(疏)
問昭王南征不還
———————— 齊桓公 2-316(注), 318(疏)
汶水
—— 出泰山萊蕪西南入濟 1-321(疏)
文勝質則史(雍18) 1-333
聞詩聞禮(季13) 3-97
聞始知終
———— 顔淵 1-269(疏)
文飾其過 3-188(疏)
文身斷髮
———— 泰伯 2-14(疏)
聞樂不樂(陽19) 3-138
問於桀溺(微6) 3-163
問於曾子(張19) 3-198

———— 陽膚(張19) 3-198
文言(周易)
—— 君子體仁足以長人 1-227(疏)
—— 問以辨之 1-100(疏)
—— 夫大人者與天地合其德 3-90(疏)
—— 利者義之和也 1-277(疏), 2-51(疏)
—— 元者善之長也 1-277(疏)
—— 貞者事之幹也 1-277(疏)
—— 亨者嘉之會也 1-277(疏)
文王←伯昌, 西伯, 西伯昌, 昌 1-198(疏)
—— 拘羑里 1-347(疏)
—— 旣卒武王東伐 3-152(疏)
—— 文王居岐周而王天下故曰周家 3-214(疏)
—— 文王旣沒文不在玆乎(罕5) 2-60
—— 文王廟 1-156(疏)
—— 善養老 1-295(疏)
—— 受命 2-299(疏)
—— 遇太公於渭之陽 2-40(疏)
—— 猶以服事殷 2-38(注), 39(疏)
—— 典治南國江漢汝墳之諸侯 2-43(疏)
—— 泰伯篇所論 2-13(疏)
—— 周太王季子 2-13(注), 14(疏)
—— 刑于寡妻至于兄弟以御于家邦 3-124(疏)
文王世子(禮記) 春誦夏弦秋學禮冬讀書 1-70(疏)
問王
—— 齊論篇名 1-46(疏), 55
問爲邦
——— 顔淵問爲邦(衛10) 3-29
問爲仁
——— 子貢問爲仁(衛9) 3-27
文猶質也質猶文也(顔8) 2-216
聞義不能徙(述3) 1-353
聞義事當徙意從之 1-353(疏)
問以辨之(周易) 1-100(疏)
門人不敬子路(先14) 2-170
問人於他邦再拜而送之(鄕9) 2-138
門人欲厚葬之(先10) 2-165
問仁(陽5)
—— 樊遲(路19) 2-273
—— 樊遲(顔22) 2-240
—— 樊遲(雍22) 1-337
—— 司馬牛(顔3) 2-207
—— 顔淵(顔1) 2-203
—— 子張(陽5) 3-112
—— 仲弓(顔2) 2-206
門人厚葬之(先10) 2-165
文逸→周生烈(三國魏) 1-61(疏)
問一得三(季13) 3-97
聞一以知十(公9) 1-268
聞一以知二(公9) 1-268
文子拔→公叔文子(春秋衛) 2-312(疏)
文子三思
———— 季文子 1-292(疏)
問子西(憲9) 2-304
文子須無(春秋齊) 2-226(疏)
問政
—— 季康子(顔17) 2-232
—— 季康子(顔19) 2-234
—— 葉公(路16) 2-270
—— 子貢(顔7) 2-214
—— 子路(路1) 2-245
—— 子張(顔14) 2-231
—— 子張(堯2) 3-221
—— 子夏(路17) 2-270
—— 齊景公(顔11) 2-225
—— 仲弓(路2) 2-246
聞政在乎行德
—————— 學而篇所論 1-67(疏)
文仲→臧文仲(春秋魯)
—— 三年而爲一兆 1-285(疏)
文仲辰→臧文仲(春秋魯) 1-285(疏)

文之以禮樂(憲12) 2-308
問津(微6) 3-162
文質彬彬然後君子(雍18) 1-333
文質三統 1-142(注), 143(疏)
文質以二而復 1-146(疏)
文質再而復 1-146(疏)
文學子游子夏(先2) 2-156
問行(衛5)
—— 子張(衛5) 3-21
文行忠信(述25) 1-383
文獻不足故也(八9) 1-174
聞弦歌之聲(陽3) 3-106
文和→鄭冲(三國魏) 1-64(疏)
問孝
—— 孟武伯(爲6) 1-116
—— 孟懿子(爲5) 1-114
—— 子游(爲7) 1-118
—— 子夏(爲8) 1-120
文侯(春秋魏)←魏文侯
—— 師子夏 1-90(疏)
勿欺也而犯之(憲22) 2-332
物得其所謂之德 1-356(疏)
物得以生謂之德 1-106(疏)
物類相召 1-143(疏)
物有四隅者擧一則三隅從可知 1-361(疏)
物有三變 1-146(疏)
物(射禮) 1-169(疏)
畝
— 廣尺深尺 2-49(疏)
畝百爲夫 1-78(疏)
未可也(路24) 2-282
未可與權(罕30) 2-92
未可與立(罕30) 2-91
未可與適道(罕30) 2-91
微諫 1-243(注)
未見其人也(季11) 3-94
未見其止也(罕21) 2-83
未見蹈仁而死者也(憲34) 3-53
未見顔色而言謂之瞽(季6) 3-85
微管仲吾其被髮左衽矣(憲17) 2-324
麛裘青豻褎絞衣以裼之(禮記) 2-125(疏)
未能事人焉能事鬼(先11) 2-166
美目盼兮(詩經) 1-173(疏)
————(八8) 1-171
未聞好學者也(雍3) 1-307
未嘗飽也(述9) 1-361
微生高(春秋魯) 1-297(注)
——— 孰謂微生高直(公24) 1-297
微生畝(人)
——— 微生畝謂孔子曰(憲32) 2-339
尾生
—— 雖守信而非義 1-99(疏)
未成一簣止吾止也(罕19) 2-81
未信則以爲謗己也(張10) 3-190
未若貧而樂富而好禮者也(學15) 1-101
微言 1-43, 45
麋五十弓 1-192(疏)
未有小人而仁者也(憲6) 2-300
微子(書經)
—— 箕子微子去殷之事 3-152(疏)
—— 沈酗於酒 3-84(疏)
微子(殷)←開, 啓
—— 乃與太師謀遂去 3-153(疏)
—— 微國名子爵也 3-151(注), 152(疏)
—— 微子去之箕子爲之奴比干諫而死(微1) 3-151
—— 雖有周親不如仁人 3-213(注), 214(疏)
—— 紂之庶兄 3-151(注), 152(疏), 219(疏)
未足與議也(里9) 1-236
未之能行唯恐有聞(公14) 1-279
未之思也夫何遠之有(罕30) 2-92
未知生焉知死(先11) 2-166

未知焉得仁(公19) 1-287
槃侯 1-192(疏)
民
— 民可使由之不可使知之(泰9) 2-28
— 民德歸厚 1-92, 2-16(疏)
— 民到于今受其賜(憲17) 2-324
— 民到于今稱之(季12) 3-95
— 民免而無恥(爲3) 1-110
— 民無能名焉(泰19) 2-35
— 民無得而稱焉(泰1) 2-13
— 民無信不立(顔7) 2-214
— 民不可會聚曰離析 3-65(注), 67(疏)
— 民鮮久矣(雍29) 1-348
— 民信之則服命從化 2-214(疏)
— 民安則國富 3-67(疏)
— 民欲去曰崩 3-65(注), 67(疏)
— 民有異心曰分 3-65(注), 67(疏)
— 民從上化 2-233(疏)
— 民之於仁也甚於水火(憲34) 3-53
— 民化君行 2-234(疏)
閔公(春秋魯)←開 1-177(疏), 3-77(疏)
敏德
—— 以爲行本 1-357(疏)
滑孟莊(春秋齊) 2-226(疏)
民不祀非族(左傳) 1-152(疏)
閔損→閔子騫(春秋魯) 1-320(疏)
敏於事而愼於言(學14) 1-100
敏於行(里24) 1-247
敏而好學(公15) 1-280
閔子→閔子騫(春秋魯) 2-167
閔子騫(春秋魯)←閔損, 閔子 1-320(疏)
——— 德行顔淵閔子騫冉伯牛仲弓(先2) 2-156
——— 閔子侍側誾誾如也(先12) 2-167
——— 善爲我辭焉(雍9) 1-319
——— 仍舊貫如之何何必改作(先13) 2-168
——— 孝哉閔子騫(先4) 2-158
敏則有功(陽5) 3-112
————(堯1) 3-213

【ㅂ】

亳(地)
— 殷都 1-208(疏)
博物志(書)
——— 襁織縷之廣八寸長二尺 2-256(疏)
博士(官名) 1-61(疏)
博施於民而能濟衆(雍30) 1-348
博施於民而能濟衆乃謂之仁 1-358(疏)
博我以文(罕11) 2-71
薄於德而厚於色 2-81(注)
薄責於人(憲14) 3-36
博學多聞 1-133(疏)
博學先王之道以潤其身 1-325(疏)
博學於文約之以禮(雍27) 1-344
————————(顔14) 2-231
博學而篤志(張6) 3-186
博學而無所成名(罕2) 2-52
博弈(陽29) 3-145
畔喭
—— 子路之行失於畔喭 2-177(疏)
盤庚(殷)
—— 弟小乙子名武丁 2-354(疏)
—— 遷殷 2-41(疏)
飯疏食(憲9) 2-304
飯疏食飮水(述16) 1-373
反是不思 2-93(注)
飯與膾所尙精細 2-133(疏)
反爵之坫 1-211(注), 214(疏)
反坫
—— 反爵之坫 1-210, 211(注), 212(疏),

214(疏)
盤辟
—— 足躩盤辟貌 2-98(注), 99(疏), 107(疏)
發憤嗜學而忘食 1-377(疏)
發憤忘食(述19) 1-377
發憤而學之者 3-91(疏)
發陽之役 1-117(疏)
勃如戰色(鄉4) 2-109
方(舟) 1-264(疏)
房(地)
— 季平子卒于房 3-110(疏)
防(地)
— 臧武仲以防求爲後於魯 2-310(疏), 313
— 臧武仲致防而奔齊 2-314(疏)
舫 1-264(疏)
邦君樹塞門(八22) 1-210
邦君爲兩君之好有反坫(八22) 1-210
邦君之妻君稱之曰夫人(季14) 3-99
坊記(禮記)
—— 魯春秋去夫人之姓曰吳 1-394(疏)
—— 善則稱君過則稱己則民作忠 1-395(疏)
—— 善則稱親過則稱己則民作孝 1-395(疏)
—— 制國不過千乘 1-82(疏)
方六七十如五六十(先24) 2-190
方里爲井 1-78(疏), 84(疏), 2-46(注)
方里爲井井九百畝(孟子) 1-84(疏), 2-219(疏)
邦無道穀恥也(憲1) 2-289
邦無道免於刑戮(公2) 1-253
———————— 南容 2-159(疏)
邦無道富且貴焉恥也(泰13) 2-31
邦無道如矢(衛6) 3-25
邦無道危行言孫(憲3) 2-292
邦無道則可卷而懷之(衛6) 3-25
邦無道則愚(公21) 1-292
方百里爲同 2-49(疏)
邦分崩離析而不能守也(季1) 3-65
方四尺曰鵠
—————— 射侯 1-192(疏)
方四寸曰質
—————— 射侯 1-192(疏)
方十里爲成 2-49(疏)
方十尺曰侯 1-192(疏)
放於利而行多怨(里12) 1-238
方言(書)
—— 干楯爲一也 3-73(疏)
—— 泭謂之䈶䈶謂之筏 1-264(疏)
方曰簠
——— 簠簋 1-257(疏)
方曰筥
——— 簞筥 1-324(疏)
旁要
—— 九數 1-358(疏)
邦有道穀(憲1) 2-289
邦有道不廢(公2) 1-253
—————— 南容 2-159(疏)
邦有道貧且賤焉恥也(泰13) 2-31
邦有道如矢(衛6) 3-25
邦有道危言危行(憲3) 2-292
邦有道則仕(衛6) 3-25
邦有道則知(公21) 1-292
方以類聚(周易) 1-248(注)
方夷
—— 夷有九種 2-78(疏)
方二尺曰正 1-192(疏)
邦人稱之曰君夫人(季14) 3-99
方田
—— 九數 1-358(疏)
方程
—— 九數 1-358(疏)
放鄭聲遠佞人(衛10) 3-30
房俎(祭器)
—— 周以房俎 3-15(疏)

邦中之版
──── 負版者 2-149(疏)
方八十里出田稅 2-49(疏)
放勛→堯 3-214(疏)
倍文曰諷 2-257(疏)
陪臣 1-166(疏)
── 家臣 3-74(注), 75(疏)
陪臣專恣
──── 陽貨篇所論 3-101(疏)
陪臣祭泰山非禮也 1-165(注)
陪臣執國命三世希不失矣(季2) 3-74
拜而受之曰丘未達不敢嘗(鄉10) 2-139
拜下禮也今拜乎上泰也(罕3) 2-54
伯
─ 殷之州長曰伯 2-43(疏)
百工居肆以成其事(張7) 3-187
白公勝(春秋楚) 2-306(疏)
百官公卿表(漢書)
───── 相國丞相 1-51(疏)
───── 諸侯王高帝初置 1-52(疏)
───── 中壘校尉 1-48(疏)
───── 太子太傅 1-49(疏)
百官總己以聽於冢宰三年(憲40) 2-353
伯适(周)
── 周有八士 3-179
百揆(官名)
── 禹 3-21(疏)
白圭 2-159
白圭之玷尚可磨也(詩經) 2-159(注)
伯禽(春秋魯)←魯公 1-156(疏)
── 七世孫隱公 3-77(疏)
── 周公謂魯公曰(微10) 3-177, 178(疏)
伯達(周)
── 周有八士 3-179
白狼銜鉤 1-147(疏)
百慮而一致(周易) 3-18(注)
百里之國適千乘也 1-78(疏)
百里之命(泰6) 2-24
白面長人 1-147(疏)
伯明氏
─── 寒浞之父 2-296(疏)
百物生焉(陽17) 3-135
伯服(周)
── 褒姒生伯服 3-77(疏)
百姓無患(禮記) 2-252(疏)
百姓不足君孰與足(顔9) 2-217
百姓有過在予一人(堯1) 3-213
百姓足君孰與不足(顔9) 2-217
百乘之家(公8) 1-264
百乘之家不畜聚斂之臣(大學) 1-267(疏)
白是西方正碧是西方間
────────── 正色間色 3-134(疏)
白矢
── 五射 1-358(疏)
百神
── 宗廟之外皆是 1-184(疏)
伯氏瓶(春秋魯) 1-285(疏)
伯陽→老子(周) 1-352(疏)
伯魚(春秋魯)←鯉 2-161(疏), 162(疏)
── 聞斯二者 3-97
── 嘗獨立鯉趨而過庭(季13) 3-96
── 女爲周南召南矣乎(陽8) 3-121, 122(疏)
── 淵才鯉不才雖異 2-162(疏)
── 曰學禮乎對曰未也(季13) 3-97
── 曰學詩乎對曰未也(季13) 3-97
── 鯉也死有棺而無槨(先7) 2-161
── 鯉趨而過庭(季13) 3-97, 98(疏)
── 鯉退而學禮(季13) 3-97
── 鯉退而學詩(季13) 3-97
── 陳亢問於伯魚曰子亦有異聞乎(季13) 3-96
── 子謂伯魚曰女爲周南召南矣乎(陽8)

3-121
—— 他日又獨立鯉趨而過庭(季13) 3-97
白魚 1-147(疏)
白玉 2-128(疏)
白玉爲圭 2-160(疏)
伯牛→冉伯牛(春秋魯) 1-321, 322(疏), 323(疏)
伯夷(孤竹國)←公信, 墨允
—— 孤竹君之子(公23注) 1-295(注)
—— 求仁而得仁 1-371(疏), 370(注)
—— 伯夷叔齊不念舊惡怨是用希(公23) 1-295
—— 伯夷叔齊餓于首陽之下(季12) 3-95
—— 伯夷叔齊何人也(述15) 1-369
—— 殺其身以成其仁 3-27(疏)
—— 隱於首陽山 1-296(疏)
—— 義不食周粟 3-96(疏)
—— 逸民 3-173, 174(疏)
—— 作者七人矣 2-348(疏)
伯夷(舜之臣)
—— 秩宗 3-21(疏)
白夷
—— 夷有九種 2-78(疏)
伯益(舜之臣)
—— 皐陶之子 2-39(疏)
—— 舜有臣五人而天下治 2-37(注), 38(疏)
伯田七十里 3-70(疏)
白繪 1-146(疏)
伯執躬圭(周禮) 2-111(疏)
伯昌→文王(周) 2-43(疏)
伯昌號衰秉鞭作牧
———————— 楚辭天問 2-43(疏)
白虎通(書)
——— 三綱 1-144(疏), 3-124(疏)
——— 五常 1-144(疏)
——— 王者必一質一文 1-146(疏)
——— 學者覺也 1-69(疏)
白華(詩經)
—— 相戒以養 3-122(疏)
樊須→樊遲(春秋齊) 1-114(注), 115(疏), 337(疏), 2-253, 254(疏)
膰俎(祭器) 3-158(疏)
樊遲(春秋齊)←樊須, 子遲 1-114(注), 115(疏), 116(疏), 337(疏)
—— 敢問崇德脩慝辨惑(顔21) 2-239
—— 問脩身之要 2-239(疏)
—— 未曉達知人之意 2-242(疏)
—— 樊遲問仁(路19) 2-273
—— 樊遲問仁(顔22) 2-240
—— 樊遲問仁(雍22) 1-337
—— 樊遲問知(雍22) 1-336
—— 樊遲未達(顔22) 2-240
—— 樊遲御(爲5) 1-114
—— 樊遲從遊於舞雩之下(顔21) 2-238
—— 樊遲請學稼(路4) 2-253
—— 樊遲出(路4) 2-253
—— 樊遲退見子夏曰(顔22) 2-241
—— 小人哉樊須也 2-253
—— 何謂也(爲5) 1-114
—— 學播種之法欲以教民也 2-254(疏)
—— 鄕也吾見於夫子而問知(顔22) 2-241
梲 1-262(注), 263(疏)
筏 1-264(疏)
伐去其功若伐去樹木然 2-291(疏)
伐桀告天之文
——————— 墨子引湯誓 3-218(疏)
伐善
—— 子路 2-89(疏)
伐楚以公義
——————— 齊桓公 2-316(注), 318(疏)
凡啓塞從時(左傳) 1-86(疏)
汎交當如子張 3-183(注), 184(疏)
凡圭廣三寸厚半寸 2-111(疏)
凡均力政以歲上下(周禮) 1-86(疏)

凡起徒役無過家一人(周禮) 1-82(疏)
范甯(晉)
—— 穀梁傳注 衣裳之會 2-321(疏)
凡帶有率無箴功
———————— 紳帶之制 3-23(疏)
凡帶必有佩玉唯喪則否(禮記) 2-128(疏)
凡服必中外之色相稱 2-122(疏)
凡事莫過於實 3-57(注)
犯顔諫爭 1-76(疏), 2-332(注)
汎愛施生 1-227(疏)
汎愛濟衆 2-242(疏)
汎愛衆而親仁(學6) 1-87
范曄(南朝宋)
—— 爲人爲己 2-333(疏)
凡以弓劒苞苴簞笥問人者(禮記) 2-138(疏)
犯而不校(泰5) 2-23
凡人任情喜怒違理 1-307(注), 308(疏)
凡制軍萬有二千五百人爲軍(周禮) 1-82(疏)
凡土功龍見而畢務戒事也(左傳) 1-86(疏)
范獻子(春秋晉) 1-331(疏)
法語之言能無從乎(罕24) 2-85
璧
— 璧帛致之 2-115(疏)
— 璧以帛 合六幣 2-115(疏)
— 璧琮 2-115(疏)
— 璧琮九寸(周禮) 2-111(疏)
— 璧則內有孔外有肉 2-111(疏)
— 諸侯享天子用璧 2-115(疏)
碧是西方間 3-134(疏)
籩
— 竹器如豆者 2-22(疏)
籩豆 2-20(疏), 3-15(疏)
—— 籩豆之事則有司存(泰4) 2-19
—— 籩豆之實 2-115(疏)
—— 籩豆之薦 2-115(疏)
—— 籩盛棗栗 2-22(疏)
辯佞口給不必有德也 2-293(疏)
辨佞之人 3-30(疏)
變隨人心 2-252(疏)
辯揚聖師之德
——————— 子張篇所論 3-181(疏)
辨禮樂之本 3-125(疏)
卞邑(地)
—— 大夫卞莊子 2-308(注)
駢邑(地) 2-304, 305(注)
籩人掌四籩之實(周禮) 2-22(疏)
卞莊子(春秋魯) 2-309(疏)
——— 卞莊子之勇(憲12) 2-308
辨惑(顔10) 2-222
——(顔21) 2-239
別錄(書)
—— 師尙父 2-40(疏)
—— 劉向 1-48(疏)
鷩冕 2-48(疏)
—— 冕制 3-32(疏)
秉
— 十六斛 1-313(疏)
屛
— 謂之樹 1-212(疏), 214(疏)
病間曰久矣哉由之行詐也(罕12) 2-73
屛氣似不息者(鄕3) 2-105
丙吉(漢) 1-50(疏)
兵賦 1-264(注), 267(疏)
屛四惡(堯2) 3-221
昺疏→論語注疏(書) 1-43
病者常居北牖下 2-143(疏)
兵者凶器 2-214(疏)
兵車 1-141(疏)
兵車之會三
——————— 九合諸侯 2-321(疏)
簠簋
—— 瑚璉 1-256(注)

步百爲畝 1-78(疏)
步卒七十二人
———— 周禮賦法 1-267(疏)
轐 1-141(疏)
服虔(漢)
—— 箕子爲紂之庶兄 3-152(疏)
—— 佞 才也 1-259(疏)
—— 大路 木路 3-31(疏)
—— 六八四十八人 1-155(疏)
—— 兵賦 1-267(疏)
—— 祇見疏 祇適也 3-206(疏)
—— 瑚璉 夏曰瑚 1-257(疏)
復其位踧踖如也(鄕3) 2-106
服馬 1-140(疏)
服猛討迷士惑 1-192(疏)
宓不齊→子賤(春秋魯) 1-255(注), 256(疏)
卜商→子夏(春秋衛) 1-88(注), 90(疏)
福善禍淫 3-90(疏)
復再染以黑乃成緇 2-124(疏)
服周之冕(衛10) 3-29
伏羲←太皥 1-146(疏), 3-70(疏)
—— 顓臾 伏羲之後 3-60(注), 66(疏)
本立而道生(學2) 1-75
本之則無如之何(張12) 3-191
鳳德之衰 3-161(疏)
奉常(官名) 1-61(疏)
封禪書(史記)
——— 江淮之間一茅三脊 2-319(疏)
封殷之後於宋(禮記) 1-175(疏)
封人(官名) 1-217
—— 封人掌爲畿封而樹之(周禮) 1-220(疏)
縫齊倍要
———— 深衣之制 2-129(疏)
鳳鳥待聖君乃見 3-160(注), 161(疏)
鳳鳥不至(罕9) 2-68
封周公於曲阜(禮記) 1-82(疏)
封土爲壇 2-240(疏)
封夏后氏之後於杞(禮記) 1-175(疏)
鳳兮鳳兮何德之衰(微5) 3-160
鳳皇來儀(書經) 1-222(疏)
桴 1-262(注), 264(疏)
泭 1-264(疏)
釜
— 六斗四升 1-310(注), 312(疏)
扶卿(漢)
—— 傳魯論 1-46(疏), 56(疏)
夫君子之居喪(陽19) 3-138
富貴在天(顔5) 2-210
夫達也者質直而好義(顔20) 2-236
夫大人者與天地合其德(周易) 3-90(疏)
不圖爲樂之至於斯也(述14) 1-368
不得其門而入不見宗廟之美百官之富(張23) 3-202
不得其死然(先12) 2-168
不得其醬不食(鄕6) 2-131
不得中行而與之(路21) 2-277
腐爛之木 1-271(疏)
符命 1-147(疏)
父母唯其疾之憂(爲6) 1-116
父母在不遠遊遊必有方(里19) 1-244
父母之年不可不知也(里21) 1-246
父母之喪
———— 旣殯食粥 3-140(疏)
父母之喪無貴賤一也(禮記) 2-355(疏)
父沒觀其行(學11) 1-95
夫聞也者色取仁而行違居之不疑(顔20) 2-237
桴栰 1-263(疏)
覆載 2-343(疏), 3-90(疏)
夫婦法人 1-144(疏)
夫婦之愚可以與知(中庸) 3-42(疏)
父死不葬爰及干戈可謂孝乎 1-295(疏)

夫三年之喪天下之通喪也(陽19) 3-139
夫三爲屋 1-78(疏)
夫三子者之言何如(先24) 2-192
扶成人君之德 夫人 3-99(疏)
夫召我者而豈徒哉(陽4) 3-109
膚受之愬(顔6) 2-212
賦詩見意
——— 古者會同 3-97(疏)
扶陽侯→韋賢(漢) 1-51(疏)
富與貴是人之所欲也(里5) 1-229
夫如是(季1) 3-65
夫如是則四方之民襁負其子而至矣(路4) 2-254
夫如是奚其喪(憲19) 2-328
夫如是奚而不喪(憲19) 2-328
膚如凝脂(詩經) 1-173(疏)
夫然後行(衛5) 3-21
父曰昭子曰穆
——— 昭穆 1-177(疏)
附庸
—— 不能五十里者附於諸侯 3-70(疏)
—— 顓臾 3-71(疏)
父爲子綱 1-144(疏), 3-124(疏)
父爲子隱子爲父隱直在其中矣(路18) 2-272
夫爲妻綱 1-144(疏), 3-124(疏)
富有曰苟美矣(路8) 2-259
鳧臾
—— 夷有九種 2-78(疏)
富而可求也(述12) 1-365
富而無驕易(憲10) 2-307
夫人(季14) 3-99
夫人姜氏至自齊 1-394(疏)
夫人不言言必有中(先13) 2-169
婦人謂嫁曰歸 1-210(注), 212(疏), 213(疏)
夫仁者已欲立而立人(雍30) 1-349
夫人自稱曰小童(季14) 3-99
夫人初至必書於冊 1-394(疏)
夫人姬氏至自吳 1-394(疏)
夫子→孔子 1-93, 241, 276, 345, 369, 370, 398(疏), 2-62, 71, 157(疏), 173(疏), 190, 192, 294, 336, 3-106, 164, 201, 202, 206, 207
夫子固有惑志於公伯寮(憲36) 2-344
父子法地 1-144(疏)
夫子時然後言人不厭其言(憲13) 2-311
夫子欲寡其過而未能也(憲25) 2-334
夫子欲之吾二臣者皆不欲也(季1) 3-61
負子之器曰襁 2-254(注)
父子之道天性 3-171(疏)
夫子之云不亦宜乎(張23) 3-203
夫子何爲(憲25) 2-334
桴材 1-262(注), 263(疏)
父在觀其志父沒觀其行(學11) 1-95
不在其位不謀其政(泰14) 2-32
————(憲26) 2-335
富哉言乎(顔22) 2-241
夫前驅啓乘車大震倅車屬焉 1-329(疏)
夫顓臾昔者先王以爲東蒙主(季1) 3-61
不助衛君 1-370(注), 371(疏)
不周風
——— 八風 1-155(疏)
富之(路9) 2-261
不知其仁也(公8) 1-264, 265
不知其仁焉用佞(公5) 1-258
不知禮無以立也(堯3) 3-226
不知命無以爲君子也(堯3) 3-226
不知所以裁之(公22) 1-294
不知言無以知人也(堯3) 3-226
不至焉者跂而及之也(禮記) 3-143(疏)
不知爲不知(爲17) 1-130
父之齒隨行 2-363(疏)
夫執輿者爲誰(微6) 3-162
負版(鄉19) 2-146, 147(注), 149(疏)

夫何憂何懼(顔4) 2-209
夫何遠之有(罕30) 2-92
夫何爲哉恭己正南面而已矣(衛4) 3-20
夫孝者善繼人之志善述人之事者也(中庸) 1-357(疏)
北極謂之北辰 1-106(疏), 107(疏)
北斗七星 1-107(疏)
北方水水色黑 3-134(疏)
北狄 2-211(疏)
北辰居其所而衆星共之(爲1) 1-105
北風雄雉(詩經)
———— 不忮不求何用不臧 2-89(疏)
北杏(地)
—— 衣裳之會 2-321(疏)
分
— 一黍之廣爲一分 3-220(疏)
忿思難(季10) 3-92
焚書而獨存
————— 論語 1-45(疏)
分陰陽 1-107(疏)
奔而殿(雍15) 1-328
糞土之牆 1-271(疏)
糞土之牆不可杇也(公10) 1-270
奔荊蠻
——— 泰伯仲雍 2-14(疏)
黻(祭服) 2-48(疏)
不可徒行也(先7) 2-161
不可得而聞也(公13) 1-276
不可罔也(雍26) 1-343
不可使知之(泰9) 2-28
不可億度人之不信 2-338(疏)
不可與言而與之言失言(衛7) 3-26
不可逆料人之詐 2-338(疏)
不可以久處約(里2) 1-226
不可以無德而廢善言 3-42(注)
不可以爲滕薛大夫(憲11) 2-307
不可以長處樂(里2) 1-226
不可陷也(雍26) 1-343
不敢毁傷
———— 曾子 2-17(注), 18(疏)
不降其志不辱其身伯夷叔齊與(微8) 3-173
不改其樂道之志 1-324(疏)
不見宗廟之美百官之富(張23) 3-202
不敬何以別乎(爲7) 1-118
不繼富(雍4) 1-311
不戒視成謂之暴(堯2) 3-222
不教而殺謂之虐(堯2) 3-222
不求備於一人 1-73(疏)
弗忌(春秋魯) 1-177(疏)
不忮不求何用不臧(罕27) 2-88
不幾乎一言而喪邦乎(路15) 2-268
不幾乎一言而興邦乎(路15) 2-267
不念舊惡怨是用希(公23) 1-295
不能死又相之(憲17) 2-323
不能以禮讓爲國如禮何(里13) 1-239
不能正其身如正人何(路13) 2-264
不多食(鄕6) 2-132
黻冕(泰21)
—— 祭服 2-46, 47(疏)
—— 大夫以上冕服悉皆有黻 2-48(疏)
不保其往也(述29) 1-388
不憤不啓(述8) 1-360
不悱不發(述8) 1-360
不使大臣怨乎不以(微10) 3-178
不仕無義(微7) 3-170
不使不仁者加乎其身(里6) 1-232
不使勝食氣(鄕6) 2-132
不舍晝夜(罕17) 2-80
不善不能改(述3) 1-353
不孫以爲勇者(陽22) 3-148
不宿戒而責目前成 3-224(疏)
不宿肉(鄕6) 2-132

不習而傳之
———— 道聽而塗說 3-128(疏)
不勝者襲說決拾 1-169(疏)
茀矢 1-386(疏)
不時不食(鄕6) 2-131
不食三日哀毁過情滅性而死 3-195(疏)
不惡而嚴以遠小人 2-180(注)
不億不信(憲31) 2-338
不如丘之好學也(公28) 1-302
不與其退也(述29) 1-388
弗如也吾與女弗如也(公9) 1-268
不如仁人(堯1) 3-212
不如諸夏之亡也(八5) 1-164
不如學也(憲30) 3-49
不如鄕人之善者好之其不善者惡之(路24) 2-282
不逆詐不億不信(憲31) 2-338
不曰堅乎磨而不磷(陽6) 3-114
不曰白乎涅而不緇(陽6) 3-114
不曰如之何(憲15) 3-37
不要君(憲14) 2-313
不辱其身(微8) 3-173
不憂不懼斯謂之君子已乎(顔4) 2-209
不尤人(憲35) 2-342
不遠遊遊必有方(里19) 1-244
不怨天不尤人(憲35) 2-342
不違仁 1-230(注)
不爲酒困(罕16) 2-79
不有博弈者乎(陽29) 3-145
不有祝鮀之佞(雍16) 1-330
不淫其色 1-205(注)
不義而富且貴(述16) 1-373
不貳過
——— 顔淵 1-308(疏), 309(疏)
———(雍3) 1-307
不以其道得之不去也(里5) 1-230
不以其道得之不處也(里5) 1-229
不以兵車(憲16) 2-321
———— 管仲之仁 2-300(疏)
不以言擧人不以人廢言(憲22) 3-41
不移易不遷怒
——————— 顔淵 1-307(注), 308(疏)
不以人廢言(憲22) 3-41
不仁者不可以久處約(里2) 1-226
不仁者遠矣(顔22) 2-241
不莊以莅之則民不敬(憲32) 3-50
不傳辭 2-100(疏)
不占而已矣(路22) 2-279
不疾言(鄕20) 2-149
不執圭者未成國也 2-111(疏)
不責備於一人
——————— 君子 2-284(注)
不遷怒
——— 顔淵 1-308(疏), 309(疏)
不遷怒不貳過(雍3) 1-307
不踐迹亦不入於室(先19) 2-180
不撤薑食(鄕6) 2-132
不肖者不得不及(禮記)
———————— 喪之所以三年 3-143(疏)
不恥下問(公15) 1-280
不親指(鄕20) 2-149
不學禮無以立 2-27(疏)
不學詩無以言(季13) 2-27(疏), 3-97
不學而思終卒不得 1-128(注)
不恒其德或承之羞(路22) 2-279
不幸短命死矣今也則亡(雍3) 1-307
不賢者識其小者(張22) 3-201
不協而盟(左傳) 2-198(疏)
不好犯上而好作亂者未之有也(學2) 1-75
不患寡而患不均(季1) 3-63
不患莫己知求爲可知也(里14) 1-204
不患無位患所以立(里14) 1-204

不患貧而患不安(季1) 3-64
不患人之不己知(學16) 1-103
────────(憲30) 2-337
弗皇→惠公(春秋魯) 3-77(疏)
朋友
── 朋友死無所歸曰於我殯(鄕16) 2-144
── 朋友數斯疏矣(里26) 1-249
── 朋友信之(公26) 1-301
── 朋友有通財之義 2-144(疏)
── 朋友以道義切瑳琢磨 2-287(疏)
── 朋友自遠方來不亦樂乎(學1) 1-68
── 朋友切切偲偲(路28) 2-286
── 朋友之饋雖車馬非祭肉不拜(鄕17) 2-144
比
─ 五家爲比 1-315(疏)
費(地)
─ 季氏邑 1-319(注), 320(疏), 3-66(疏)
─ 公山弗擾以費畔(陽4) 3-109, 110(疏)
─ 今夫顓臾固而近於費(季1) 3-62
比干(殷)
── 比干諫而死(微1) 3-151
── 殺其身以成其仁 3-27(疏)
── 爲人臣者不得不以死爭(微1疏) 3-153(疏)
── 紂之諸父(微1疏) 3-151(注), 152(疏)
非敢爲佞也疾固也(憲32) 2-339
秕糠堯舜 1-130(疏)
非公事未嘗至於偃之室也(雍14) 1-326
卑宮室而盡力乎溝洫(泰21) 2-46
比及三年(先24) 2-190
非其鬼而祭之諂也(爲24) 1-151
非道弘人(憲28) 3-48
非禮勿動(顔1) 2-204
非禮勿視(顔1) 2-204
非禮勿言(顔1) 2-204
非禮勿聽(顔1) 2-204
非龍非彲 2-40(疏)
比目之魚 2-319(疏)
鄙夫可與事君也與哉(陽13) 3-129
非夫人之爲慟而誰爲(先9) 2-164
鄙夫之行 3-129(疏)
非不說子之道力不足也(雍12) 1-324
費誓(書經)
── 孔安國注 施乃楯紛 3-73(疏)
卑侍於尊審愼言語之法 3-86(疏)
裨諶(春秋鄭) 2-302(注), 303(疏)
── 謀作盟會之辭 2-301(注)
── 裨諶草創之(憲7) 2-301
非我也夫二三子也(先10) 2-165
譬如北辰居其所而衆星共之(爲1) 1-105
譬如爲山未成一簣止吾止也(罕19) 2-81
譬如平地雖覆一簣進吾往也(罕19) 2-81
斐然成章(公22) 1-294
備豫不虞古之善敎也 1-292(疏)
非吾徒也小子鳴鼓而攻之可也(先16) 2-173
非曰能之願學焉(先24) 2-191
非帷裳必殺之(鄕5) 2-120
菲飮食而致孝乎鬼神(泰21) 2-46
比而不周(爲14) 1-127, 3-47(疏)
非爾所及也(公12) 1-275
比翼之鳥 2-319(疏)
費宰
── 閔子騫 1-319
── 子羔 2-187, 188(疏)
鄙哉硜硜乎(憲39) 2-350
卑在尊旁曰侍 1-301(疏)
卑在尊側曰侍 2-168(疏)
非祭肉不拜(鄕17) 2-144
譬諸草木區以別矣(張12) 3-192
譬之宮牆(張23) 3-202
非天命而偶富
──────── 子貢 2-178(疏)

非虎非熊 2-40(疏)
豳(地)
— 周太王避狄難自豳始遷焉 2-43(疏)
擯
— 君召使擯(鄕2) 2-97
— 擯相 2-198(疏)
— 擯者出請事賓告事畢(儀禮) 2-118(疏)
— 主國之君所使出接賓者 2-98(疏)
— 主副曰擯及行人 2-100(疏)
— 出接賓曰擯 2-198(疏)
賓
— 賓答辭隨其來意 2-100(疏)
— 賓禮 2-99(疏)
— 賓奉束錦以請覿(儀禮) 2-118(疏)
— 賓副曰介 2-100(疏)
— 賓不顧 2-104(疏)
— 賓裼奉束帛加璧享(儀禮) 2-115(疏)
— 賓襲執圭致命(儀禮) 2-111(疏)
— 賓升成拜 2-56(疏)
— 賓退必復命曰賓不顧矣(鄕2) 2-98
彬彬
—— 文質相半之貌 1-333(注)
貧與賤是人之所惡也(里5) 1-230
貧而樂道 2-178(疏)
貧而樂富而好禮(學15) 1-101
貧而無怨難(憲10) 2-307
貧而無諂富而無驕何如(學15) 1-101
聘君用圭(儀禮) 2-111(疏)
聘禮(儀禮)
—— 卿爲上擯大夫爲承擯士爲紹擯 2-198(疏)
—— 旣聘而享用圭璧有庭實(鄕4疏) 2-109(注), 2-110(疏)
—— 凡圭廣三寸厚半寸 2-111(疏)
—— 賓裼奉束帛加璧享 2-115(疏)
—— 賓襲執圭致命 2-111(疏)
—— 擯者出請事賓告事畢 2-118(疏)
—— 聘君用圭聘夫人以璋 2-111(疏)
—— 聘享私覿禮 2-104(疏)
—— 牲生曰餼 1-198(疏)
—— 裼降立 2-125(疏)
—— 十斗曰斛十六斗曰籔十籔曰秉 1-313(疏)
—— 旅擯 2-100(疏)
—— 傳辭 2-100(疏)
聘問隣國之禮容 2-110(疏)
聘夫人以璋(儀禮) 2-111(疏)
聘玉 2-111(疏)
聘義(禮記)
—— 君子於其所尊弗敢質 2-100(疏)
馮河(述11) 1-363
—— 無舟渡河爲馮河 1-364(疏)
聘享 2-104(疏)

【ㅅ】

史
— 文多而質少 1-333(注)
— 掌書之官 3-45(疏)
士
— 士見危致命(張1) 3-181
— 士當志道不求安 2-292(注)
— 士病不明經術 1-49(疏)
— 士不可以不弘毅(泰7) 2-26
— 使於四方不辱君命可謂士矣(路20) 2-274
— 士有謙德則所在必達 2-238(疏)
— 士有辟人辟世之法 3-164(注), 166(疏)
— 士依於德遊於藝(禮記) 1-356(疏)
— 士而懷居不足以爲士矣(憲2) 2-291
— 士者人之有士行者也 1-236(疏)
— 士志於道而恥惡衣惡食者(里9) 1-236
— 士佩瓀玟而縕組綬(禮記) 2-128(疏)
— 士何如斯可謂之達矣(顔20) 2-235

— 士行 2-26(疏), 237(疏), 275(疏), 287(疏), 3-181(疏)
— 有德之稱 2-237(疏), 275(疏), 3-182(疏)
— 子貢問曰何如斯可謂之士矣(路20) 2-274
— 子路問曰何如斯可謂之士矣(路28) 2-286
— 切切偲偲怡怡如也可謂士矣(路28) 2-286
士(官名)
—— 皐陶 2-39(疏), 3-21(疏)
士(身分)
— 士不大射 1-192(疏)
— 士練帶 3-23(疏)
— 士爲末介 2-198(疏)
— 士爲紹擯(儀禮) 2-198(疏)
— 士以帷 1-214(疏)
— 士二佾 1-154(注), 155(疏)
射
— 君子無所爭必也射乎(八7) 1-167
— 射宮 1-192(疏)
— 射禮 1-192(疏), 191(疏)
— 射禮有君子之風 1-168(疏)
— 射所以觀士也 1-192(疏)
— 射所以直己志 1-192(疏)
— 射不主皮(八16) 1-190
— 射有五善焉 1-190(注), 191(疏)
— 射者可以觀德行 1-192(疏)
— 射者大禮 1-192(疏)
— 射者不但以中皮爲善 1-190(注)
— 射爵 1-169(疏)
— 射則爭中 1-169(疏)
— 射策 1-50(疏)
思(虞后) 2-297(疏)
社
— 五土之神 1-207(疏), 208(疏)
祀(祭名)
— 宗廟之事 2-198(疏)
肆
— 官府造作之處 3-188(疏)
賜→子貢(春秋衛) 1-101, 317, 256, 275, 2-175, 178(疏), 337, 3-147, 202
師→子張(春秋陳) 2-171, 175, 176(疏), 172
士匄(春秋晉)
—— 合宜不必守信 1-99(疏)
奢儉俱不得中 1-247(疏)
蛇頸魚尾
———— 鳳凰之象 2-68(疏)
司空(官名) 1-61(疏)
—— 鯀 2-39(疏)
—— 孔子 1-189(疏), 315(疏)
四科 2-157(疏)
—— 宰我處四科 1-271(疏)
士冠禮(儀禮)
——— 主人玄冠朝服緇帶素韠 2-125(疏)
——— 陳服 2-56(疏)
——— 皮弁服素積緇帶素韠 2-129(疏)
司爟掌行火之政令(周禮) 3-142(疏)
師曠(春秋晉) 3-92(疏)
耜廣五寸 2-49(疏)
使驕且吝(泰11) 2-29
史狗(春秋衛)
—— 君子 2-260(疏)
司寇(官名)
—— 孔子 1-313(注), 314(疏), 315(疏)
—— 陳楚名司寇爲司敗 1-393(疏)
四區爲釜 1-312(疏)
四丘爲甸
———— 周禮賦法 1-267(疏)
事君
—— 事君敬其事而後其食(憲37) 3-56
—— 事君能致其身(學7) 1-89
—— 事君相師之儀 衛靈公篇所論 3-13(疏)
—— 事君數斯辱矣(里26) 1-249
—— 事君之道義不可欺 2-332(注)

—— 事君盡禮人以爲諂也(八18) 1-203
—— 子路問事君(憲22) 2-332
賜弓矢然後專征伐 3-75(疏)
思權而不得見者其道遠也 2-92(注), 93(疏)
事鬼神(先11) 2-166
四鈞爲石 3-220(疏)
史記(書)
—— 孔子世家 孔安國 1-59(疏)
—— 孔子世家 孔子見男子 1-346(疏)
—— 孔子世家 孔子反乎魯 3-157(注)
—— 孔子世家 孔子遂適衛 2-162(疏)
—— 孔子世家 孔子畏匡 2-62(疏), 3-17(注)
—— 孔子世家 孔子爲大司寇 1-189(疏), 315(疏), 3-158(疏)
—— 孔子世家 孔子自楚反乎衛 2-250(疏)
—— 孔子世家 孔子之子伯魚 2-162(疏)
—— 孔子世家 司馬桓魋欲殺孔子 1-381(疏)
—— 孔子世家 孔子誅少正卯 3-158(疏)
—— 魯周公世家 周公名旦武王之弟 2-40(疏)
—— 尾生與女子期於梁下 1-99(疏)
—— 兵車之會三乘車之會六 2-321(疏)
—— 吳世家 泰伯仲雍奔荊蠻 2-14(疏)
—— 堯帝嚳之子 2-41(疏)
—— 禹名文命鯀之子 2-39(疏)
—— 有司馬田穰苴善用兵 1-81(疏)
—— 田敬仲完世家 陳氏滅齊 2-226(疏)
—— 仲尼弟子列傳 公伯寮 2-345(疏)
—— 仲尼弟子列傳 公西華 1-268(疏), 1-312(疏)
—— 仲尼弟子列傳 公冶長 1-252(疏)
—— 仲尼弟子列傳 南容 1-254(疏)
—— 仲尼弟子列傳 澹臺滅明 1-327(疏)
—— 仲尼弟子列傳 巫馬期 1-393(疏)
—— 仲尼弟子列傳 樊遲 1-116(疏)
—— 仲尼弟子列傳 司馬牛 2-208(疏)
—— 仲尼弟子列傳 申党 1-274(疏)
—— 仲尼弟子列傳 顔淵 1-123(疏)
—— 仲尼弟子列傳 冉伯牛 1-323(疏)
—— 仲尼弟子列傳 冉有 1-166(疏)
—— 仲尼弟子列傳 原思 1-315(疏)
—— 仲尼弟子列傳 子羔 2-177(疏)
—— 仲尼弟子列傳 子貢 1-94(疏)
—— 仲尼弟子列傳 子路 1-131(疏)
—— 仲尼弟子列傳 子游 1-119(疏)
—— 仲尼弟子列傳 子張 1-133(疏)
—— 仲尼弟子列傳 子夏 1-90(疏)
—— 仲尼弟子列傳 宰我 1-272(疏)
—— 仲尼弟子列傳 仲弓 1-259(疏)
—— 仲尼弟子列傳 曾晳 2-197(疏)
—— 仲尼弟子列傳 漆雕開 1-261(疏)
—— 仲尼弟子列傳 有若 1-76(疏)
—— 仲尼弟子列傳 曾子 1-78(疏)
師己(春秋魯)
—— 夫子則非罪 3-158(疏)
事其大夫之賢者(衛9) 3-27
辭達而已矣(憲40) 3-57
四代之器 1-257(疏)
司徒(官名)
—— 契 2-39(疏), 3-21(疏)
四豆爲區 1-312(疏)
四豆之實 2-22(疏)
四閭爲族(周禮) 1-315(疏), 3-22(疏)
四璉 1-257(疏)
司馬(周禮)
—— 序官 軍旅 3-15(疏)
—— 序官 大國三軍 1-364(疏)
司馬耕→司馬牛(春秋宋) 2-208(疏)
司馬犁→司馬牛(春秋宋) 2-208(注)
司馬法(書)
——— 謀帥篇 夫前驅啓乘車大震倅車屬焉 1-329(疏)
——— 兵車一乘甲士三人步卒七十二人

1-82(疏)
——— 成方十里出革車一乘 1-267(疏)
——— 六尺爲步步百爲畝 1-78(疏)
——— 追論古代兵法 1-81(疏)
司馬牛(春秋宋)←司馬耕, 司馬犂, 子牛 2-208(注)
——— 其言也訒斯謂之仁已乎(顔3) 2-208
——— 不憂不懼斯謂之君子已乎(顔4) 2-209
——— 司馬牛問君子(顔4) 2-209
——— 司馬牛問仁(顔3) 2-207
——— 司馬牛憂曰人皆有兄弟我獨亡(顔5) 2-210
司馬掌征伐(周禮) 1-81(疏)
司馬田穰苴(春秋齊) 1-81(疏)
司馬之官 3-75(疏)
駟馬車 1-140(注), 141(疏)
司馬遷(漢)←太史公
——— 伯夷叔齊孤竹君之二子也 1-295(疏)
——— 封禪書 2-319(疏)
——— 疏陋 2-297(疏)
司馬彪(晉)
——— 莊子注 箕子名胥餘 3-152(疏)
——— 漢書輿服志 冕制 3-32(疏)
司馬桓魋→桓魋(春秋宋) 1-381(疏)
四望 1-166(疏)
師冕見(憲41) 3-58
師冕出(憲41) 3-58
思無邪(爲2) 1-109
使民敬忠勸善之法 1-136(疏)
使民敬忠以勸如之何(爲20) 1-135
斯民也三代之所以直道而行也(憲24) 3-43
使民如承大祭(顔2) 2-206
使民以時(學5) 1-80
———— 擇可勞而勞之 3-223(疏)
使民戰栗(八21) 1-206, 207(疏)
四飯缺適秦(微9) 3-176
四方之民襁負其子而至矣(路4) 2-254
四方之政行焉(堯1) 3-213
四邊之實 2-22(疏)
司服(周禮)
—— 王之吉服 2-48(疏)
事父母幾諫(里18) 1-243
事父母能竭其力(學7) 1-89
事父孝故忠可移於君(孝經) 1-87(疏)
事不可以速成 2-271(注)
駟不及舌(顔8) 2-215
似不能言者(鄕1) 2-95
事不常一 1-219(疏)
事不成則禮樂不興(路3) 2-249
奢不如儉 1-402(注)
斯不亦威而不猛乎(堯2) 3-222
斯不亦泰而不驕乎(堯2) 3-222
斯不亦惠而不費乎(堯2) 3-221
邪辟文過
———— 子張 2-175(注), 176(疏)
事思敬(季10) 3-92
四四十六人 1-155(疏)
士師
—— 典獄之官 3-154(注), 155(疏), 198(注), 199(疏)
師尙父→太公(周) 2-40(疏)
死生有命富貴在天(顔5) 2-210
司書(周禮)
—— 邦中之版土地之圖 2-149(疏)
赦小過(路2) 2-247
泗水
—— 沂水入泗 2-201(疏)
仕受祿之法 1-314(疏)
四術 1-130(疏)
四升曰角 1-342(疏)
四升爲豆 1-312(疏)
四時行焉百物生焉(陽17) 3-135

食饐謂之餲 2-136(疏)
食而不愛豕畜之(孟子) 1-118(注), 120(疏)
師心徇惑 2-58(疏)
四十五十而無聞焉(罕23) 2-84
四十而不惑(爲4) 1-112
師氏(周禮)
—— 掌以三德敎國子 1-357(疏)
四岳(官名) 2-40(疏), 3-21(疏)
四惡(堯2) 3-221, 224(疏)
食饐而餲魚餒而肉敗不食(鄕6) 2-131
史魚(春秋衛)←史鰌 3-24, 25(注), 26(疏)
使於四方不能專對(路5) 2-257
使於四方不辱君命可謂士矣(路20) 2-274
斯言之玷不可爲也(詩經) 2-159(注)
斯焉取斯(公3) 1-255
斯亦不足畏也已(罕23) 2-84
舍曰欲之而必爲之辭(季1) 3-63
邪枉之人 1-134(注)
四乳生八士 3-151(疏), 179(注)
事有程期無欲速成 2-271(疏)
四邑爲丘
———— 周禮賦法 1-267(疏)
射義(禮記)
—— 鄭玄注 射而後有爭 1-169(疏)
司儀(周禮)
—— 交擯 2-100(疏)
—— 旅擯 2-100(疏)
—— 傳辭 2-100(疏)
徙義
—— 見義則徙意而從之 2-223(注)
思義然後取 3-93(疏), 182(疏)
死而無悔者(述11) 1-363
思而不學則殆(爲15) 1-128
仕而優則學(張13) 3-194
死而後已不亦遠乎(泰7) 2-26
舍人(周禮)
—— 鄭玄注 方曰簠圓曰簋 1-257(疏)
舍人→顧野王(梁) 1-365(疏), 2-94(疏)
斯人也而有斯疾也(雍10) 1-322
思者當思其反常 2-93(疏)
使子路問津焉(微6) 3-162
使子路反見之至則行矣(微7) 3-169
師資問答以相發起 2-158(疏)
使者出(憲25) 2-334
死葬之以禮(爲5) 1-114
私覿 2-104(疏)
私覿愉愉如也(鄕4) 2-110
四井爲邑
———— 周禮賦法 1-267(疏)
蜡祭 2-125(疏)
社主 1-208(疏)
司尊彝(周禮)
——— 追享朝享 1-198(疏)
奢則驕佚招禍 1-247(注)
奢則不孫儉則固(述36) 1-402
史之闕文也(憲25) 3-45
師之尙之父之
—————— 師尙父 2-40(疏)
舍之則藏(述11) 1-362, 2-58(注)
司職吏
——— 孔子 1-189(疏)
社稷之臣
———— 顓臾 3-61, 66(疏)
仕進之階路
————— 顔淵篇所論 2-203(疏)
仕進之道 1-260(注)
四體不勤五穀不分孰爲夫子(微7) 3-169
師摯之始關雎之亂(泰15) 2-32
史鰌→史魚(春秋衛) 2-259(注), 260(疏), 3-25(注), 26(疏)
四觶 1-342(疏)
四八三十二人 1-155(疏)

司敗(官名)
—— 陳楚名司寇爲司敗也 1-393(疏)
四匹爲乘 1-290(疏)
四海困窮(堯1) 3-210
四海之內皆兄弟也(顔5) 2-210
四享皆束帛加璧(儀禮) 2-115(疏)
思賢才而無傷善之心焉 1-205(注)
事兄弟故順可移於長(孝經) 1-87(疏)
使乎使乎(憲25) 2-334
士會(春秋晉)
—— 晉侯以黻冕命士會 2-48(疏)
史佚(人)
—— 立言之賢 3-72(疏)
散
— 五升曰散 1-342(疏)
山梁雌雉時哉時哉(鄕21) 2-152
山藪藏疾國君含垢 3-46(疏)
散宜生(周)
——— 亂臣十人 2-37(注), 38(疏)
——— 散氏宜生名 2-40(疏)
山者利其禽獸 3-223(疏)
散齋七日 1-367(疏)
山節
—— 刻鏤柱頭爲斗栱形如山也 1-286(疏)
山節藻梲(公18) 1-284, 2-300(疏)
山川其舍諸(雍6) 1-315
殺鷄爲黍而食之見其二子焉(微7) 3-169
殺身以成仁(衛8) 1-371(疏), 2-293(疏), 3-27
殺妾以殉
———— 魏顆 2-21(疏)
參→曾子(春秋魯) 2-175(注), 176(疏)
三家 1-160(疏), 161(疏)
—— 三家者以雍徹(八2) 1-158
—— 三家之堂(八2) 1-159
三綱
—— 君臣父子夫婦 1-144(疏)
三綱五常 1-142(注), 143(疏), 144(疏)
三綱之首
———— 周南召南 3-122(注), 124(疏)
三愆(季6) 3-85
三戒(季7) 3-86
三軍(述11) 1-363
三軍可奪帥也(罕26) 2-87
三軍之將 1-364(疏)
三歸(八22) 1-210
—— 管仲娶三姓之女 1-212(疏)
—— 三歸之道 1-213(疏)
三年練以緅飾衣
———————— 君子不以紺緅飾 2-119(注), 121(疏), 124(疏)
三年無改於父之道可謂孝矣(學11) 1-95
——————————————(里20) 1-245
三年問(禮記)
——— 夫三年之喪天下之達喪也 3-143(疏)
三年不爲樂樂必崩(陽19) 3-137
三年喪 3-140(疏)
——— 三年喪畢然後王自聽政 2-353(注), 2-354(疏)
——— 三年之喪君不言也 2-354(疏)
——— 三年之喪期已久矣(陽19) 3-137
——— 三年之喪一期爲足 3-140(疏)
——— 三年之喪自天子達(禮記) 2-355(疏)
——— 三年之喪天下之達喪也(禮記) 3-143(疏)
——— 三年之喪天下之通喪也(陽19) 3-139
三年視敬業樂群也(禮記) 1-73(疏)
三年憂(禮記) 3-143(疏)
三年有成(路10) 2-262
三年一祫 1-177(疏)
三年學不至於穀不易得也(泰12) 2-30
三代有五伯 2-326(疏)

三代之所以直道而行也(憲24) 3-43
三德
—— 至德敏德孝德 1-357(疏)
三樂(季5) 3-83
三禮
—— 馬融注 1-59(疏)
—— 鄭玄注 1-60(疏)
三禮圖(書)←禮圖 3-15(疏)
——— 漢禮器制度 冕制 3-32(疏)
三務 1-86(疏)
三飯繚適蔡(微9) 3-176
三飯四飯
———— 樂章名 3-176(注)
三帛 1-146(疏)
三變(張9)
—— 君子有三變 3-189
三夫爲屋 2-49(疏)
三分天下有其二以服事殷(泰20) 2-38
三仕爲令尹無喜色(公19) 1-287
三思而後行(公20) 1-291
三生三死 1-146(疏)
三牲魚腊 2-115(疏)
三世希不失矣(季2) 3-74
三升曰觶 1-342(疏)
三十斤爲鈞 3-220(疏)
三十年曰世 2-263(注), 264(疏)
三十而立(爲4) 1-112
三十二而卒
————— 顔淵 1-308(疏)
三讓之美
———— 泰伯 2-14(疏)
三染謂之纁 2-124(疏)
三王二霸之迹
—————— 憲問篇所論 2-289(疏)
三畏(季8) 3-87
三友(季4) 3-81
三隅(述8) 1-360, 361(疏)
三月不知肉味(述14) 1-367
三月不解(禮記) 3-143(疏)
三月不違仁(雍7) 1-316
三揖三讓 2-198(疏)
三已之無慍色(公19) 1-287
三以天下讓(泰1) 2-13
三仁(微1)
—— 殷有三仁焉(微1) 3-151
三人行必有我師焉(述22) 1-380
三日不怠(禮記) 3-143(疏)
三入爲纁(周禮) 2-123(疏)
三子者出曾晳後(先24) 2-192
三正 1-146(疏)
三疾(陽14)
—— 古者民有三疾 3-130, 132(疏)
參連 1-358(疏)
—— 五射 1-358(疏)
三脊之茅 2-319(疏)
三統 1-142(注), 143(疏), 146(疏)
三享 2-100(疏), 115(疏)
三桓
—— 仲孫叔孫季孫 3-80(注)
—— 三桓之子孫微矣(季3) 3-80
三侯 1-190(注), 192(疏)
三嗅而作(鄉21) 2-152
參侯七十弓 1-192(疏)
商(地)
— 周公乃致辟管叔于商 3-219(疏)
商→子夏(春秋衛) 1-172(疏), 2-158(疏), 171, 172, 210, 211(疏)
喪
— 喪不可三年之義 3-140(疏)
— 喪事不敢不勉(罕16) 2-79
— 喪思哀(張1) 3-181
— 喪與其易也寧戚(八4) 1-162

— 喪主素吉主玄 2-121(注), 129(疏)
— 喪致乎哀而止(張14) 3-195
— 喪必三年爲制 3-143(疏)
嘗(祭名)
— 宗廟之事 2-198(疏)
常→陳成子(春秋齊) 2-226(疏)
相
— 入贊禮曰相 2-198(疏)
相(夏后)
— 羿簒夏后相之位 2-294(注), 295(疏), 296(疏), 297(疏)
觴 1-342(疏)
上介 2-100(疏), 198(疏), 199(疏)
上介拂棖(禮記) 2-198(疏)
商功
—— 九數 1-358(疏)
上公之封地方五百里 3-71(疏)
上敎下曰傳 1-62(疏)
相國(官名) 1-51(疏)
相君之禮 2-198(疏)
商均(人)
—— 舜之子 3-214(疏)
桑根車 3-31(疏)
裳內削幅
———— 喪服之制 2-129(疏)
常德
—— 難乎有恒矣 1-384(疏)
—— 治國脩身之要 2-245(疏)
尙德哉若人(憲5) 2-295
相導樂師之禮 3-59(疏)
嘗獨立鯉趨而過庭(季13) 3-96
尙力取勝而不重德 2-340(疏)
喪服 2-119(注), 121(疏), 124(疏)
—— 喪服之制 2-129(疏)
喪服(儀禮)
—— 爲至親者三年 3-140(疏)
喪服四制(禮記)
———— 三年之喪君不言也 2-354(疏)
———— 始死三日不怠 3-143(疏)
———— 此喪之所以三年 3-143(疏)
上不全尊 2-281(疏)
上擯 2-99(疏), 100(疏), 198(疏), 199(疏)
上射 1-169(疏)
常師 3-201, 202(疏)
相師之禮 3-58(疏)
尙書→書經(書) 1-49(疏), 59(疏), 60(疏), 61(疏), 3-73(疏), 152(疏), 217(疏)
尙書大傳(書)
———— 王者一質一文 1-146(疏)
———— 鄭玄注 1-60(疏)
上失其道民散久矣(張19) 3-198
上如揖下如授(鄕4) 2-109
上曰衣下曰裳 2-108(疏)
相維辟公(八2) 1-159
賞以春夏刑以秋冬 3-90(疏)
翔而後集(鄕21) 2-151
常人師心徇惑 2-58(疏)
常人之欲失在貪財 3-223(疏)
常人之情敬衆大而慢寡小 3-223(疏)
常人行藏不能隨時 2-58(疏)
傷人乎不問馬(鄕11) 2-139
商子游(春秋齊) 1-329(疏)
桑柘之火 3-138(注), 142(疏)
———— 改火 3-142(疏)
相助匿非曰黨 1-391(注), 392(疏)
上知不可使爲惡 3-105(注)
上知聖人不可移之使爲惡 3-105(疏)
上知與下愚不移(陽2) 3-105
上下和同不患寡 3-67(疏)
向巢(春秋宋) 2-212(疏)
向魋→桓魋 2-212(疏)
象形

—— 六書 1-358(疏)
上好禮則民莫敢不敬(路4) 2-253
上好禮則民易使也(憲41) 2-358
上好信則民莫敢不用情(路4) 2-254
上好義則民莫敢不服(路4) 2-253
象環 2-128(疏)
塞門(八22) 1-210
索家
—— 夷有九種 2-78(疏)
色難(爲8) 1-120
色厲而內荏譬諸小人(陽10) 3-126
色勃如也(鄕2) 2-97
色勃如也足躩如也(鄕3) 2-105
色斯擧矣(鄕21) 2-151
———— 其次辟色 2-347(注), 348(疏)
色思溫(季10) 3-92
色惡不食(鄕6) 2-131
色莊者乎(先19) 2-180
色荒 3-84(疏)
笙
— 八音 1-155(疏)
生竇(地)
—— 殺子糾于生竇 2-322(疏)
生事之以禮(爲5) 1-114
牲生曰餼 1-196(注), 197(疏), 198(疏)
生而知之者(述20) 1-378
生而知之者上也(季9) 3-91
生知美行之事 1-89(疏)
恕
— 其恕乎(憲23) 3-42
— 己所欲而施之於人 1-349(注), 350(疏), 3-43(疏)
— 忖己度物 1-241(疏)
書經(書)←尙書
—— 孔安國注 歷數謂天道 3-217(疏)
—— 內作色荒外作禽荒 3-84(疏)
—— 馬融注 1-59(疏)
—— 微子 箕子微子去殷之事 3-152(疏)
—— 微子 沈酗於酒 3-84(疏)
—— 費誓 孔安國注 施乃楯紛 3-73(疏)
—— 汝惟不伐天下莫與汝爭功 2-291(疏)
—— 序 聰明文思光宅天下 1-222(疏)
—— 說命 敬遜務時敏厥脩乃來 1-100(疏)
—— 王肅注 1-61(疏)
—— 惟彼陶唐 2-41(疏)
—— 鄭玄注 1-60(疏)
—— 酒荒於厥邑 3-84(疏)
—— 包匭菁茅 2-319(疏)
—— 夏侯勝注 1-49(疏)
—— 洪範序 以箕子歸作洪範 3-219(疏)
西京賦
——— 炙炮夥淸酤多皇恩溥洪德施 3-206(疏)
庶幾聖道
———— 顔淵 2-175(注), 176(疏), 178(疏)
庶民無射禮 1-192(疏)
西伯→文王(周) 2-38(注), 39(疏), 40(疏), 43(疏), 3-152(疏)
西伯→王季(周) 2-43(疏)
西伯戡黎(書經)
———— 注 文王爲雍州之伯 2-43(疏)
西伯昌→文王(周) 1-295(疏)
西上禮 1-177(疏)
書序
—— 聰明文思光宅天下 1-222(疏)
胥餘→箕子(殷) 3-152(疏)
書云高宗諒陰三年不言何謂也(憲40) 2-353
書云孝乎惟孝友于兄弟施於有政(爲21) 1-138
西爲金金色白 3-134(疏)
西戎 2-211(疏)
庶矣哉(路9) 2-261
西夷

—— 犬戎 3-77(疏)
庶人不議(季2) 3-75
逝者如斯夫(罕17) 2-80
書傳(書)
—— 孔安國 1-58(疏)
—— 文王率諸侯以事紂 2-43(疏)
—— 紂爲淫亂 2-43(疏)
書傳→孔安國傳(書) 2-41(疏)
書傳略說(書)
———— 天有三統物有三變 1-146(疏)
徐州
—— 歸文王 2-43(疏)
鼠晝伏夜動不穴於寢廟(左傳) 2-310(疏)
黍稷之器
———— 瑚璉 1-256(注), 257(疏)
徐趨 2-114(疏)
西河敎授
———— 子夏 1-90(疏)
石
— 四鈞爲石 3-220(疏)
裼降立(儀禮) 2-125(疏)
石經考(書) 1-42
石經論語(書) 1-42
石經儀禮(書) 校監版 1-42
釋詁(爾雅)
—— 亂 治也 2-40(疏)
—— 穆穆 美也 1-161(疏)
—— 鮮 罕也 1-76(疏)
—— 孰 誰也 1-155(疏)
—— 仍 因也 貫 事也 2-170(疏)
—— 徵 成也 1-175(疏)
—— 享 獻也 2-115(疏)
—— 惠 愛也 2-306(疏)
—— 訓 道也 1-58(疏)
—— 希 罕也 2-51(疏)
釋宮(爾雅)
—— 鏝謂之杇 1-272(疏)
—— 屛謂之樹 1-214(疏)
—— 楄謂之椉 1-286(疏)
—— 節者楄也 1-286(疏)
—— 柣謂之閾 2-108(疏)
釋器(爾雅)
—— 木豆謂之豆竹豆謂之籩 2-22(疏)
—— 食饐謂之餲 2-136(疏)
—— 肉倍好謂之壁 2-111(疏)
—— 肉謂之敗魚謂之餒 2-136(疏)
—— 肉好若一謂之環 2-111(疏)
—— 好倍肉謂之瑗 2-111(疏)
席南鄕北鄕以西方爲上 2-137(疏)
席東鄕西鄕以南方爲上 2-137(疏)
石曼姑(春秋衛) 1-369(注), 370(疏), 372(疏)
釋木(爾雅)
—— 唐棣 栘也 2-94(疏)
石門(地)
—— 子路宿於石門(憲38) 2-349
石門晨門(人)
———— 作者七人矣 2-347(注), 348(疏)
錫民爵位曰文
————— 諡法 2-327(疏)
席不正不坐(鄕7) 2-136
釋水(爾雅)
—— 以衣涉水爲厲 2-352(疏)
釋言(爾雅)
—— 匡 正也 2-326(疏)
—— 屢 亟也 1-259(注)
—— 作 爲也 1-368(疏), 2-348(疏)
—— 造 爲也 1-368(疏)
裼衣 2-125(疏)
裼衣之上加朝服 2-122(疏)
碩人(詩經) 1-171(注), 172(疏), 173(疏)
昔者偃也聞諸夫子(陽3) 3-107
昔者吾友嘗從事於斯矣(泰5) 2-23

昔者由也聞諸夫子(陽6) 3-113
釋天(爾雅)
—— 北極謂之北辰 1-107(疏)
—— 蔬不熟爲饉 2-256(疏)
石䵍(春秋衛) 1-117(疏)
石顯(漢) 1-50(疏)
惜乎夫子之說君子也(顔8) 2-215
惜乎吾見其進也未見其止也(罕21) 2-83
釋訓(爾雅)
—— 暴虎 徒搏 馮河 徒涉 1-365(疏)
善居室(路8) 2-259
善繼人之志善述人之事者也(中庸) 1-357(疏)
宣公(春秋魯)←倭
—— 東門襄仲殺文公之子赤而立宣公 3-80(疏)
—— 文公之子 3-77(疏)
—— 稅十二自宣公始 2-219(疏)
—— 政在大夫 3-79(注), 80(疏), 81(疏)
—— 初稅畝 2-219(疏)
船壞而溺
———— 周昭王 2-319(疏)
琁璣玉衡以齊七政(書經) 1-107(疏)
先難而後獲(雍22) 1-337
善佞 1-260(疏)
善道有統 1-129(注), 3-18(疏)
先禮後兵 3-13(疏), 14(疏)
單父宰
—— 子賤 1-256(疏)
善夫(路22) 2-278
善事父母爲孝 2-276(疏)
先事後得非崇德與(顔21) 2-239
善述人之事者也(中庸) 1-357(疏)
善始令終 1-113(疏)
善養老
——— 文王 1-295(疏)
宣王(周)
—— 周有八士 3-179(疏)
先王典法
———— 詩書禮 1-376(疏)
先王之道斯爲美(學12) 1-96
先王之禮 1-175(疏)
先王之遺文 1-345(疏), 3-195(疏)
善爲我辭焉(雍9) 1-319
善柔
—— 面柔和顔悅色以誘人者也 3-82(疏)
先有司赦小過擧賢才(路2) 2-246
善有元事有會 3-18(注)
鮮矣仁(陽15) 3-132
善人敎民七年亦可以卽戎矣(路29) 2-287
善人難得 3-94(疏)
善人善已 2-282(注)
善人善之惡人惡之眞善人 2-283(疏)
善人所行之道 2-180(疏)
善人是富(堯1) 3-212
善人吾不得而見之矣(述26) 1-383
善人爲邦百年亦可以勝殘去殺矣(路11) 2-262
善人爲政之法 2-287(疏)
善人之道 2-180, 181(疏)
先人後已謂之讓 1-94(疏)
善哉問(顔21) 2-239
善之大者莫善施生 1-277(疏)
先之勞之(路1) 2-245
先進
—— 先輩仕進之人 2-155(疏)
先進於禮樂野人也(先1) 2-154
先進與禮樂有古風 2-154(注)
善則稱君過則稱已則民作忠(禮記) 1-395(疏)
善則稱親過則稱已則民作孝(禮記) 1-395(疏)
先行其言而後從之(爲13) 1-127
契(人)
— 司徒 3-21(疏)
— 居商 2-41(疏)

— 舜有臣五人而天下治 2-37(注), 38(疏)
— 帝嚳之子 2-39(疏)
說卦(周易)
—— 窮理盡性以至於命 1-375(疏)
—— 帝出乎震 1-146(疏)
褻裘長短右袂(鄉5) 2-119
褻鬼神之餘 2-133(注)
設兩觀
——— 昭公僭爲天子之禮樂 3-77(疏)
褻慢鬼神之餘 2-134(疏)
說文解字(書)
———— 紺 帛深青揚赤色 2-124(疏)
———— 踞 蹲也 2-362(疏)
———— 繳謂生絲爲繩也 1-386(疏)
———— 蕢 草器 2-352(疏)
———— 櫝 匱也 3-72(疏)
———— 仆 頓也 1-232(疏)
———— 兕如野牛 3-72(疏)
———— 輗 轅前也 1-141(疏)
———— 偃 僵也 1-232(疏)
———— 輗 大車轅端持衡者 1-141(疏)
———— 饐 飯傷熱也 2-136(疏)
———— 羿 帝嚳射官也 2-296(疏)
———— 曰者詞也 1-68(疏)
———— 軏者車轅端持衡者 1-141(疏)
———— 蓧作莜 芸田器也 3-173(疏)
———— 柙 檻也 3-72(疏)
褻服
—— 私居服 2-119(注), 121(疏)
陝(地)
— 周召分陝 2-43(疏)
剡注
—— 五射 1-358(疏)
葉公(春秋楚)←葉縣尹, 子高, 諸梁 1-377(注), 378(疏)
—— 其父攘羊而子證之(路18) 2-272
—— 問爲政之法 2-270(疏)
—— 葉公問孔子於子路(述19) 1-376
—— 葉公問政(路16) 2-270
—— 葉公於孔子曰(路18) 2-271
—— 吾黨有直躬者(路18) 2-271
—— 以證父爲直 2-272(疏)
葉縣尹→葉公 2-270(疏)
攝齊升堂鞠躬如也(鄉3) 2-105
成
— 方十里爲成 2-49(疏)
— 出革車一乘 1-78(疏), 267(疏)
性
— 生之質命人所稟受度也 1-277(疏)
— 人所稟受以生而靜者也 3-105(疏)
— 人之所受以生也(公13疏) 1-276(注), 277(疏)
聖
— 若聖與仁則吾豈敢 1-399
— 作者之謂聖 1-351(注)
騂
— 純赤色 1-316(疏)
成間有洫
———— 溝洫 2-46(注)
成公(春秋魯)←黑肱 3-77(疏), 81(疏)
聖德受禪
———— 舜 1-221(注), 222(疏)
成德有漸 1-351(疏)
性命
—— 天命 1-277(疏)
誠不以富亦祇以異(顔10) 2-223
成事不說(八21) 1-207
性相近也習相遠也(陽2) 3-105
成於樂(泰8) 2-27
聖與仁人行之大者也 1-399(疏)
腥曰餼 1-198(疏)
成王(周)

—— 命微子代殷之後於宋 3-219(疏)
—— 封周公於曲阜 3-71(疏)
—— 賜魯以重祭 1-156(疏)
—— 昭王 成王之孫 2-319(疏)
—— 周有八士 3-179(疏)
聖王治國安不忘危 1-83(疏)
聖人
—— 聖人庶幾之善道 2-178(疏)
—— 聖人受命則鳳鳥至河出圖 2-68(注)
—— 聖人心有七竅 比干 3-153(疏)
—— 聖人與天地合其德(周易) 2-342(注), 343(疏)
—— 聖人吾不得而見之矣(述26) 1-383
—— 聖人作法所以貽訓後世 2-317(疏)
—— 聖人適周 2-40(疏)
—— 聖人制禮施教不令至於隕滅 3-195(疏)
—— 聖人制喪禮爲父母三年 3-140(疏)
—— 聖人之德行 1-351(疏)
—— 聖人之道 3-39(注), 210(疏)
—— 聖人之道深遠人不易知 2-28(疏)
—— 聖人之言深遠不可易知測(季8疏) 3-88(注), 89(疏)
—— 聖人之奧室 2-180(注), 181(疏)
—— 聖人之行 2-150(疏), 154(疏)
—— 生而知之者上也 3-91(疏)
—— 有始有卒者其唯聖人乎(張12) 3-193
成人
—— 成人須禮 1-172(疏)
—— 成人之行 2-309(疏)
—— 子路問成人(憲12) 2-308
—— 亦可以爲成人矣(憲12) 2-309
聖人之言
———— 侮聖人之言(季8) 3-88
———— 深遠不可易知測(季8疏) 3-88(注), 89(疏)
聲子(魯隱公母) 3-77(疏)
成子當(春秋衛) 2-312(疏)
誠哉是言也(路11) 2-263
性靜者多壽考
———— 仁者壽 1-339(注)
成帝(漢) 1-48(疏), 54(疏)
—— 授張侯論 1-46(疏)
成中容一甸 2-49(疏)
聖證論(書) 1-61(疏)
騂且角(雍6) 1-315
盛必有衰 1-219(疏)
性行無恒之人 2-279(疏)
聖賢作法通有諱例 1-395(疏)
性好仁者爲德之最上 1-233(疏)
稅畝 2-219(疏)
稅法 2-218(疏)
世本(書)
—— 公叔文子 2-312(疏)
—— 瓶生文仲辰 1-285(疏)
—— 叔孫州仇 叔孫不敢之子 3-204(疏)
—— 葉公名諸梁楚大夫 1-378(疏)
—— 帝堯爲陶唐氏 2-41(疏)
—— 仲孫貜生南宮縚 1-254(注)
—— 湯名天乙 3-218(疏)
—— 彭祖姓籛名鏗 1-352(疏)
—— 黃帝作冕 3-32(疏)
歲不我與(陽1) 3-102
世尙口才 1-330(疏)
灑掃應對進退(張12) 3-191
世數相生 1-143(疏)
世叔(春秋鄭)←游吉, 子大叔 2-302(注), 303(疏)
—— 世叔討論之(憲7) 2-302
世室 1-189(疏)
世子佩瑜玉而綦組綬(禮記) 2-128(疏)
歲寒然後知松栢之後彫也(罕28) 2-90
韶

― 舜之樂名 1-221, 222(疏), 367, 368(疏), 369(疏), 3-30(疏)
― 韶舞 3-30
― 韶武之樂 1-222(疏)
筲
― 竹器容斗二升 2-275(注), 276(疏)
少康(夏) 2-294(注), 295(疏), 297(疏)
召康公(周) 2-318(疏)
昭公(春秋魯)←裯 1-156(疏), 204(疏), 3-77(疏)
―― 不知禮 1-396(疏)
―― 奔齊 3-75(疏), 157(疏)
―― 昭公知禮乎(述31) 1-391
―― 昭公娶於吳故不書姓(左傳) 1-394(疏)
―― 失政死於乾侯 3-74(注), 77(疏)
―― 政在大夫 3-81(疏)
―― 僭爲天子之禮樂 3-77(疏)
召公(周)←召公奭
―― 亂臣十人 2-37(注), 38(疏)
―― 食邑於召謂之召公 2-40(疏)
―― 周召共和之年 1-164(疏)
―― 周召分陝 2-43(疏)
召公奭→召公(周) 2-37(注), 38(疏), 40(疏)
少廣
―― 九數 1-358(疏)
小國一軍(周禮) 1-82(疏)
小君
―― 君夫人之稱 3-99(注)
蕭伋(漢) 1-50(疏)
召南(詩經)
―― 唐棣之華 2-94(疏)
―― 諸侯之風 3-123(疏)
昭南鄕穆北鄕
―――――― 昭穆 1-177(疏)
小大安寧不傾危 3-67(疏)
素帶 3-23(疏)
小大由之有所不行(學12) 1-96
小德不能不踰法 3-191(注)
小德出入可也(張11) 3-190
小道
―― 異端 3-185(注)
小童(季14) 3-99
少連
―― 逸民 3-173, 174(疏)
―― 作者七人矣 2-348(疏)
召陵(地) 1-331(疏)
蕭望之(漢)←長倩 1-50(疏), 56(疏)
――― 傳魯論 1-46(疏), 48
所名之事必可得而明言 2-250(注)
蕭茅 2-319(疏)
昭穆 1-176(注), 177(疏), 178(疏)
小白→桓公(春秋齊) 2-320(注), 322(疏)
素服以送終(禮記) 2-125(疏)
蕭封人 1-220(疏)
蔬不熟爲饉 2-256(疏)
―――――― 飢饉 2-194(疏)
小不忍則亂大謀(憲26) 3-46
紹擯 2-198(疏), 2-199(疏)
小師(周禮)
―― 徹歌 1-160(疏)
小司徒(周禮)
――― 凡起徒役無過家一人 1-82(疏)
少師陽擊磬襄入於海(微9) 3-176
少筭 1-168(注), 170(疏)
小相(先24) 2-191, 193(注), 195(疏), 199(疏)
小祥 2-124(疏)
―― 父母之喪期而小祥 3-140(疏)
小城曰附庸 3-70(疏)
蕭韶九成鳳皇來儀(書經) 1-222(疏)
所損益可知也(爲23) 1-142, 2-155(疏)
小雅(詩經)
―― 我行其野 誠不以富亦祇以異 2-223(注),

224(疏)
—— 大東 契契寤歎 2-352(疏)
—— 大東 戰戰兢兢如臨深淵如履薄冰 2-18(疏)
所言之事必可得而遵行 2-250(注)
小藝
—— 孔子多小藝 2-62(注), 63(疏)
少翁→韋玄成(漢) 1-51(疏)
昭王(周)
—— 南征不還 2-316(注), 318(疏), 319(疏)
昭王(春秋楚) 3-161(疏)
所謂大臣者以道事君不可則止(先22) 2-185
所謂立之斯立道之斯行(張25) 3-207
所謂伊人(詩經) 2-304(注), 306(疏)
小有德者 3-191(疏)
少有曰苟完矣(路8) 2-259
小乙(殷) 2-354(疏)
少儀(禮記)
—— 其以乘壺酒束脩一犬賜人 1-360(疏)
—— 士依於德遊於藝 1-356(疏)
—— 朝廷曰退 2-266(疏)
素衣麑裘(鄉5) 2-119
———— 在國視朔之服 2-125(疏)
素衣以裼之
————— 麑裘 2-122(疏)
素以爲絢兮(八8) 1-171
小人(爲14) 1-127
—— 小人驕而不泰(路26) 2-285
—— 小人拘忌而實自驕矜 2-285(注)
—— 小人求諸人(憲20) 3-40
—— 小人窮斯濫矣(衛1) 3-16
—— 小人難事而易說也(路25) 2-284
—— 小人達於財利 2-333(疏)
—— 小人同而不和(路23) 2-281
—— 小人厲色援臂 1-168(疏)
—— 小人反是(顔15) 2-232
—— 小人不可大受而可小知也(憲33) 3-52
—— 小人不知天命而不畏也(季8) 3-88
—— 小人不能改過 3-188(疏)
—— 小人不能爲君子之行非小人之過 1-235(注)
—— 小人比而不周(爲14) 1-127
—— 小人比而不周 3-47(疏)
—— 小人性不及仁道 2-300(疏)
—— 小人所嗜好者同然各爭利故曰不和 2-282(注)
—— 小人安安而不能遷 1-238(疏)
—— 小人爲人說媚 2-284(疏)
—— 小人儒(雍13) 1-325
—— 小人唯利是親 1-238(疏)
—— 小人喩於利(里16) 1-242
—— 小人有勇而無義爲盜(陽21) 3-146
—— 小人長戚戚(述37) 1-402
—— 小人哉樊須也(路4) 2-253
—— 小人之過也必文(張8) 3-188
—— 小人之德草(顔19) 2-234
—— 小人之道可以小知 3-203(疏)
—— 小人之道淺近 3-52(注), 53(疏)
—— 小人之行 2-28(疏)
—— 小人責備於一人 2-284(疏)
—— 小人責人 3-40(注)
—— 小人則嫉賢樂禍 2-232(疏)
—— 小人則曉於財利 1-242(疏)
—— 小人學道則易使也(陽3) 3-107
—— 小人好爲咎過 1-403(疏)
—— 小人懷土(里11) 1-237
—— 小人懷惠(里11) 1-238
小子鳴鼓而攻之可也(先16) 2-173
小子何莫學夫詩(陽8) 3-120
小子何述焉(陽17) 3-135
少者懷之(公26) 1-301
蕭牆
—— 屛也 3-66(注)

蕭牆之內 3-65, 67(疏)
小宰職(周禮)
——— 聽閭里以版圖 2-148(疏)
素積 2-129(疏)
少正卯(春秋魯) 3-158(疏)
所重民食喪祭(堯1) 3-213
少之時血氣未定戒之在色(季7) 3-86
小車無軏(爲22) 1-140
少差曰間 2-73(注), 74(疏)
召天子而使諸侯朝之
———————— 晉文公 2-316(注)
素韠 2-125(疏), 129(疏)
小行人(官名)
——— 掌使之官 1-268(疏), 2-303(疏)
小行人(周禮)
——— 鄭玄注 璧琮琥璜 2-111(疏)
——— 合六幣 2-115(疏)
小慧
—— 小小之才知 3-38(注)
少皞以十二月爲正 1-146(疏)
召忽(春秋齊)
—— 奉公子糾出奔魯 2-320(注), 322(疏)
—— 召忽死之(憲16) 2-320
—— 理當授命致死 2-325(疏)
—— 於公子糾君臣之義未正成 2-324(注), 325(疏)
—— 桓公殺糾召忽致死 2-321(疏)
所獲霸王之輔
—————— 太公 2-40(疏)
小孝
—— 事父母能竭其力 1-89(疏)
俗多穿鑿 3-45(注)
束帶立於朝可使與賓客言也(公8) 1-265
粟米
—— 九數 1-358(疏)
束帛 3-125(注)
束帛加璧 2-115(疏)
速數(里26) 1-249(注)
束脩(述7) 1-359
—— 十脡脯 1-360(疏)
束脩之問不出竟(禮記) 1-360(疏)
束脩之問不行竟中 1-360(疏)
巽與之言能無說乎(罕24) 2-85
孫炎(三國魏)
—— 揭衣 褰裳也 衣涉 濡褌也 2-352(疏)
—— 舫 水中爲泭筏也(公7疏) 1-264(疏)
—— 閾 門限也 2-108(疏)
孫邕(三國魏)←宗儒 1-64
巽音木
——— 八音 1-155(疏)
孫以出之(憲17) 3-38
損益之禮 1-143(疏)
孫子兵法(書)
———— 周之興也呂牙在殷 2-40(疏)
損者三樂(季5) 3-83
損者三友(季4) 3-81
巽在牀下 1-98(疏)
孫從王父 1-177(疏)
訟
— 以財貨相告者 2-228(疏)
宋(國名)
— 成王命微子代殷之後於宋 3-219(疏)
宋高哀爲蕭封人(左傳) 1-220(疏)
訟卦(周易)
—— 象傳 天與水違行訟 2-230(疏)
宋畸(漢)
—— 傳齊論 1-46(疏)
宋微子世家(史記)
————— 微子開 3-219(疏), 152(疏)
————— 箕子者紂之親戚也 3-152(疏)
松栢之後彫也(罕28) 2-90
宋不足徵也(八9) 1-174

誦詩三百授之以政不達(路5) 2-257
宋朝(春秋宋)
—— 通南子 1-331(疏)
—— 宋朝之美(雍16) 1-330
宋仲子(漢)
——— 冕 冠之有旒者 3-32(疏)
訟之所以起契之過也 2-230(疏)
宋學 1-43
衰極必盛 1-219(疏)
遂
— 廣二尺深二尺 2-49(疏)
籔
— 十六斗曰籔 1-313(疏)
垂(舜之臣)
— 共工 3-21(疏)
樹果蓏曰圃 2-256(疏)
須句(國名)
—— 風姓 3-70(疏)
守龜 1-283(注), 285(疏)
水克火火色赤 3-134(疏)
脩己 3-39(疏)
—— 脩己安民 2-289(疏)
—— 脩己以敬(憲42) 2-359
—— 脩己以安百姓堯舜其猶病諸(憲42) 2-359
—— 脩己以安人(憲42) 2-359
遂己之諫 1-243(疏), 244(疏)
誰能出不由戶(雍17) 1-332
雖多亦奚以爲(路5) 2-257
首戴(地)
—— 衣裳之會 2-321(疏)
受德→紂 3-200(疏)
脩德 3-40(疏)
殊塗而同歸 1-129(注), 130(疏)
雖得之必失之(憲32) 3-50
雖蠻貊之邦行矣(衛5) 3-21
脩文德以來之(季1) 3-65
雖百世可知也(爲23) 1-143
雖百世而昏姻不通者周道然也(禮記) 1-394(疏)
樹屛 1-211(注)
樹屛以塞門 1-212(疏)
雖覆一簣進吾往也(罕19) 2-81
遂服 2-355(疏)
雖不吾以吾其與聞之(路14) 2-265
遂事不諫(八21) 1-207
守死善道(泰13) 2-30
雖賞之不竊(顔18) 2-233
樹塞門 1-214(疏)
隨世以行己若過水必以濟 2-350(注)
雖小道必有可觀者焉(張4) 3-185
雖蔬食菜羹瓜祭必齊如也(鄕6) 2-133
隨時變通 2-93(疏)
脩飾
—— 增脩使華美 2-302(疏)
修身當先學詩
———————— 興於詩 2-27(注)
脩身之事 2-239(疏)
脩身之要 2-239(疏)
脩身之要道 3-43(疏)
水神則信
———— 五行 1-277(疏)
首陽山
——— 伯夷叔齊 1-296(疏), 3-96(疏)
——— 在河東蒲坂縣華山之北河曲之中 3-95(注)
手如柔荑(詩經) 1-173(疏)
樹五穀曰稼 2-253(注), 254(疏)
雖曰未學吾必謂之學矣(學7) 1-89
雖曰不要君吾不信也(憲14) 2-313
雖欲勿用山川其舍諸(雍6) 1-315
雖欲從之末由也已(罕11) 2-71
雖違衆吾從下(罕3) 2-54

雖有粟吾得而食諸(顔11) 2-225
雖有周親不如仁人(堯1) 3-212
———————— 孔安國尙書注 周 至也 3-219(疏)
酬恩報怨之法 2-341(疏)
秀而不實者有矣夫(罕22) 2-83
誰以易之(微6) 3-163
遂人職(周禮)
——— 五家爲隣五隣爲里 3-22(疏)
受一爵而色洒如也(禮記) 1-354(疏)
水漿不祭(禮記) 2-136(疏)
守藏史
——— 彭祖 1-352(疏)
雖在縲絏之中非其罪也(公1) 1-251
守節至死不離善道
———————— 守死善道 2-31(疏)
雖州里行乎哉(衛5) 3-21
守志不移 2-87(疏)
綏之斯來動之斯和(張25) 3-207
雖之夷狄不可棄也(路19) 2-273
授之以政不達(路5) 2-257
水之浸潤漸以壞物 2-213(疏)
雖執鞭之士吾亦爲之(述12) 1-365
樹菜蔬曰圃 2-253(注), 2-254(疏)
脩慝(顔21) 2-239
脩廢官(堯1) 3-213
授學之法當稱其才識也 1-335(疏)
受享 2-100(疏)
水昏正而栽(左傳) 1-86(疏)
水火吾見蹈而死者矣(憲34) 3-53
誰毁誰譽(憲24) 3-43
宿(國名)
— 風姓 3-70(疏)
宿諾(顔12) 2-228
淑女 1-205(注)
叔達(吳) 2-14(疏)
叔梁紇(春秋魯) 1-187(注), 188(疏), 189(疏)
叔明→邢昺(宋) 1-41
孰不知禮(述31) 1-391
孰不可忍也(八1) 1-154
孰先傳焉孰後倦焉(張12) 3-192
叔孫(春秋魯) 1-158(注), 159(疏)
—— 三卿 2-330(疏)
—— 三桓 3-80(注)
—— 叔牙之後 1-160(疏)
叔孫武叔(春秋魯)←叔孫州仇 3-203(疏), 204(疏)
———— 叔孫武叔語大夫於朝曰子貢賢於仲尼(張23) 3-202
———— 叔孫武叔毁仲尼(張24) 3-205
叔孫不敢(春秋魯) 3-204(疏)
叔孫州仇→叔孫武叔(春秋魯) 3-202(注), 204(疏)
叔牙(春秋魯)
—— 魯桓公庶者 1-160(疏)
叔夜(周)
—— 周有八士 3-179
孰謂微生高直(公24) 1-297
叔齊(孤竹國)←公達, 墨智
—— 孤竹君之子 1-295(注)
—— 古之賢人也 1-369
—— 求仁而得仁 1-370(注), 371(疏)
—— 餓于首陽之下 3-95
—— 殺其身以成其仁 3-27(疏)
—— 隱於首陽山 1-296(疏)
—— 義不食周粟 3-96(疏)
—— 逸民 3-173, 174(疏)
—— 作者七人矣 2-348(疏)
宿鳥 1-385(注)
—— 弋不射宿 1-385(注)
叔仲(春秋魯) 3-81(疏)
叔夏(周) 3-179

── 周有八士(微11) 3-179
叔向(春秋晉)
── 三年之喪雖貴遂服禮也 2-355(疏)
楯 3-73(疏)
舜←有虞氏, 虞, 虞舜, 虞氏, 重華 2-13(疏), 41(疏)
─ 居虞地以虞爲氏 2-42(疏)
─ 恭敬己身正南面嚮明而已 3-20(疏)
─ 其聖德又盡善 1-222(疏)
─ 唐虞之際 2-38(注)
─ 無爲而治 3-21(疏)
─ 上聖之人 1-384(疏)
─ 禪位與禹 3-214(疏)
─ 聖德受禪 1-221(注)
─ 姓姚名重華 3-214(疏)
─ 韶舞 3-30(注)
─ 舜諒闇三年 2-355(疏)
─ 舜亦以命禹(堯1) 3-211
─ 舜禹之有天下也而不與焉(泰18) 2-35
─ 舜有臣五人而天下治(泰20) 2-37
─ 舜有天下選於衆擧皐陶不仁者遠矣(顔22) 2-241
─ 以十一月爲正 1-146(疏)
─ 至德 2-51(疏)
荀卿(戰國趙)
── 以朱張比孔子 3-175(疏)
順吉逆凶天之命也 3-87(注), 89(疏)
淳德不散 1-106(疏)
順道吉從逆凶 3-90(疏)
荀詵(三國魏) 1-65(疏)
恂恂如也似不能言者(鄕1) 2-95
順言以遠害 2-292(注)
荀彧(三國魏) 1-65(疏)
荀顗(三國魏)←景倩 1-64, 65(疏)
舜典(書經)
── 舜任官得人 3-21(疏)
── 禹名文命鯀之子 2-39(疏)
述脩先王之道而不自制作 1-351(疏)
述而不作(述1) 1-351
述者之謂明 1-351(疏)
崇德(顔10) 2-222
崇德脩慝辨惑(顔21) 2-239
倅車 1-329(疏)
襲(服制) 2-111(疏)
習相遠也(陽2) 3-105
習於善則爲君子 3-105(疏)
習於惡則爲小人 3-105(疏)
習以性成 3-105(疏)
升
─ 十合爲升 3-220(疏)
─ 布八十縷爲升 2-56(疏)
乘車 1-141(疏)
── 乘車之輪 2-150(疏)
── 乘車之會 2-321(疏)
勝去嗜慾反復於禮
──────── 克己復禮 2-206(疏)
升車必正立執綏(鄕20) 2-149
升堂
── 子路 2-171(疏), 245(疏)
升堂矣未入於室也(先14) 2-170
乘大輅
─── 昭公僭爲天子之禮樂 3-77(疏)
乘桴浮于海(公7) 1-261, 3-115(疏)
乘肥馬衣輕裘(雍4) 1-311
承擯 2-198(疏), 199(疏)
丞相 1-51(疏)
升成拜 2-56(疏)
承順父母顔色 1-120(注), 121(注)
乘殷之輅(衛10) 3-29
勝者袒決遂執張弓 1-169(疏)
勝殘 2-262(注)
升中於天而鳳皇降(禮記) 2-68(疏)

乘壺酒 1-360(疏)
兕
— 如野牛 3-72(疏)
— 出九德 3-72(疏)
視(春秋魯)
— 魯文公之世子 3-81(疏)
施→巫馬期(春秋魯) 1-391(注)
柴→子羔(春秋衛) 2-174(注)
詩
— 可以令人能引譬連類以爲比興 3-122(疏)
— 不學詩無以言(季13) 3-97
— 小子何莫學夫詩(陽8) 3-120
— 始可與言詩已矣(八8) 1-172
— 詩可以言 3-98(疏)
— 詩可以興(陽8) 3-120
— 詩三百五篇皆言天子諸侯之政 2-257(疏)
— 詩三百一言以蔽之曰思無邪(爲2) 1-108
— 詩云如切如磋如琢如磨(學15) 1-101
— 詩云戰戰兢兢如臨深淵如履薄冰(泰3) 2-17
— 詩有凱風白華相戒以養 3-122(疏)
— 詩有國風雅頌 2-257(疏)
— 詩有君政不善則風刺之 3-122(疏)
— 詩有雅頌君臣之法 3-122(疏)
— 詩有如切如磋 3-122(疏)
— 詩有諸國之風俗盛衰 3-122(疏)
— 詩之爲體皆歸於正 1-109(疏)
— 興於詩(泰8) 2-27
始可與言詩已矣(八8) 1-172
是可忍也孰不可忍也(八1) 1-154
詩經(書)
—— 馬融注 1-59(疏)
—— 白圭之玷尙可磨也 2-159(注)
—— 斯言之玷不可爲也 2-159(注)
—— 召南 唐棣之華 2-94(疏)
—— 小雅我行其野 誠不以富亦祇以異 2-223(注), 224(疏)
—— 元戎十乘以先啓行 1-329(疏)
—— 二月初吉 2-129(疏)
—— 鄭玄注 1-60(疏)
—— 緇衣之宜兮 2-124(疏)
是故惡夫佞者(先23) 2-188
始冠緇布之冠也 2-56(疏)
視其所以(爲10) 1-123
是道也何足以臧(罕27) 2-88
是魯孔丘與(微6) 3-162
是魯孔丘之徒與(微6) 3-163
枲麻 2-89(疏)
是聞也非達也(顔20) 2-236
諡法
—— 剛彊直理曰武 1-117(注), 293(疏), 3-204(疏)
—— 恭仁短折曰哀 1-135(疏)
—— 勤學好問曰文 1-281(疏)
—— 德博厚曰文 1-292(疏)
—— 道德博厚曰文 1-285(疏)
—— 錫民爵位曰文 2-327(疏)
—— 安民大慮曰定 1-204(疏)
—— 安樂撫民曰康 1-137(疏)
—— 溫柔賢善曰懿 1-116(疏)
—— 翼善傳聖曰堯 3-214(疏)
—— 仁義盛明曰舜 3-214(疏)
—— 慈惠愛民曰文 2-312(疏)
—— 殘義損善曰紂 3-200(疏)
—— 治而淸省曰平 1-283(疏)
弑父與君亦不從也(先22) 2-186
時聘 2-304(疏)
視思明(季10) 3-92
施舍薄斂 2-261(疏)
是社稷之臣也何以伐爲(季1) 3-61
視朔 1-196(注), 197(疏), 199(疏)
—— 亦謂之聽朔 1-198(疏)

視朔之服 2-125(疏), 129(疏), 130(疏)
施生 1-277(疏)
詩序
—— 樂得淑女以配君 1-205(注)
—— 周南召南正始之道王化之基 3-123(疏)
詩書執禮皆雅言也(述18) 1-375
施讎(漢) 1-56(疏)
是誰之過與(季1) 3-62
侍食於君君祭先飯(鄕12) 2-141
侍於君子有三愆(季6) 3-85
施於有政(爲21) 1-138
施予之禮 2-183(疏)
時然後言人不厭其言 1-54(疏)
始吾於人也聽其言而信其行(公10) 1-271
豕韋(殷)
—— 五伯 2-326(疏)
是謂棄之(路30) 2-288
是爲賊(憲43) 2-361
時有否泰故用有行藏 2-342(疏)
始有曰苟合矣(路8) 2-259
是以君子不爲也(張4) 3-185
是以君子惡居下流(張20) 3-199
是以謂之文也(公15) 1-280
始作翕如也(八23)
———— 注 五音始奏翕如盛 1-215
時哉時哉(鄕21) 2-152
枲著 2-88(注), 2-89(疏)
視朝 1-199(疏)
是知其不可而爲之者與(憲38) 2-349
是知津矣(微6) 3-162
視瞻毋回(禮記) 2-205(疏)
式
— 車上之橫木 2-147(疏)
息姑→隱公(春秋魯) 3-77(疏)
息卦受臨 1-146(疏)
息卦受復 1-146(疏)
息卦受泰 1-146(疏)
食無求飽居無求安(學14) 1-99
息民
—— 黃衣狐裘(鄕5疏) 2-125(疏), 126(疏)
食夫稻衣夫錦於女安乎(陽19) 3-138
式負版者(鄕19) 2-146
食不語(鄕6) 2-133
食不厭精(鄕6) 2-131
式視馬尾(禮記) 2-150(疏), 205(疏)
飾者領緣也
———— 君子不以紺緅飾 2-121(疏)
食者人命所須 2-214(疏)
食旨不甘(陽19) 3-138
食菜於周謂之周公 2-40(疏)
食貨志(漢書)
——— 龜不盈尺不得爲寶 1-285(疏)
——— 元龜爲蔡 1-285(疏)
——— 井田方一里是爲九夫 2-219(疏)
信
— 民無信不立(顔7) 2-214
— 上好信則民莫敢不用情(路4) 2-254
— 信近於義言可復也(學13) 1-97
— 信道不篤(張2) 3-182
— 信以成之(憲17) 3-38
— 信以行義 2-276(疏)
— 信而好古(述1) 1-351
— 信而後諫(張10) 3-190
— 信而後勞其民(張10) 3-189
— 信者誠也 1-144(疏)
— 信則民任焉(堯1) 3-213
— 信則人任焉(陽5) 3-112
— 與朋友交而不信乎(學4) 1-77
— 爲政篇所論 1-105(疏)
— 人言不欺謂之信(述25疏) 1-383(疏)
— 人而無信不知其可也(爲22) 1-139
— 好信不好學其蔽也賊(陽7) 3-118

信(五行)
— 水神則信(公13疏) 1-277(疏)
紳
— 以帶束腰垂其餘以爲飾 3-23(疏)
辛→紂(殷) 3-200(疏)
申→僖公(春秋魯) 3-77(疏)
新穀既升(陽19) 3-137
臣工之什(詩經) 1-158(注), 160(疏)
愼口忍事 3-46(疏)
信圭
—— 象以人形爲瑑飾 2-111(疏)
神農以十一月爲正 1-146(疏)
身能反禮則爲仁矣 2-203(注)
申党→申棖(春秋魯) 1-274(疏)
紳帶之制 3-23(疏)
新論(書)
—— 古論語與齊魯論不同 1-55(疏)
迅雷風烈必變(鄕19) 2-147
身無鄙行 2-180(注), 181(疏)
身無擇行 2-205(疏)
晨門曰是知其不可而爲之者與(憲38) 2-349
晨門曰奚自(憲38) 2-349
神不歆非類(左傳) 1-152(疏)
臣事君以忠(八19) 1-204
新死之主 1-177(疏)
新序(書)
—— 劉向 1-48(疏)
臣侍君而賜之食則不祭 2-142(疏)
臣弑君子弑父 1-378(注), 379(疏), 2-30(注), 31(疏)
申申如也夭夭如也(述4) 1-354
愼於言(學14) 1-100
愼言 3-135(疏)
愼言躬身 1-246(疏), 247(疏)
愼言其餘(爲18) 1-132
信如君不君臣不臣父不父子不子(顔11) 2-225
臣用紋君用素 2-125(疏)
神謂鬼神之事
———— 子不語怪力亂神 1-379(注)
身有嗜慾當以禮義齊之
———————— 克己復禮 2-206(疏)
愼而無禮則葸(泰2)
———— 注 葸 畏懼之貌 2-15
申繢→申棖(春秋魯) 1-274(疏)
申棖(春秋魯)←申繢, 申党, 棖 1-273, 274(疏)
—— 棖也慾焉得剛(公11) 1-273
—— 或對曰申棖(公11) 1-273
愼終
—— 終謂父母之喪 1-92(疏)
愼終追遠民德歸厚矣(學9) 1-92
愼酒 2-79(疏)
身中時 1-70(疏)
身中淸廢中權(微8) 3-174
新築(地) 1-189(疏)
信乎夫子不言不笑不取乎(憲13) 2-311
申后(幽王妃) 3-77(疏)
申侯(周)
—— 與繒西夷犬戎共攻幽王 3-77(疏)
室是遠而(罕30) 2-92
失信則國不立 2-214(疏)
實若虛(泰5) 2-23
失言(衛7) 3-26
失人(衛7) 3-26
失飪不食(鄕6) 2-131
審曲面勢以飭五材以辨民器謂之百工 3-188(疏)
尋盟 1-125(疏)
審法度(堯1) 3-213
心服曰畏 3-89(疏)
心憤憤 1-360(注), 361(疏)
心喪

—— 高宗諒陰三年 2-355(疏)
—— 三年喪畢然後王自聽政 2-356(疏)
尋釋故者 1-125(注)
心星 1-86(疏)
沈氏
—— 三脊之茅 2-319(疏)
沈約(南朝梁)
—— 冕制(衛10疏) 3-32(疏)
尋繹 2-85(疏), 86(疏)
燖溫 1-125(疏)
甚矣吾衰也(述5) 1-354
深則當厲不當揭 2-351(疏)
深則厲淺則揭(詩經) 2-351(疏)
————(憲39) 2-350
十斗曰斛 1-313(疏)
十斗爲斛 3-220(疏)
十六斛曰秉 1-311(注)
十六斗曰籔 1-313(疏)
十六斗曰庾 1-311(注)
十六兩爲斤 3-220(疏)
十里爲成
———— 溝洫 2-46(注)
十畝內取一 2-219(疏)
十分爲寸 3-220(疏)
十世可知也(爲23) 1-142
十世希不失矣(季2) 3-74
十籔曰秉 1-313(疏)
十升爲斗 3-220(疏)
十室之邑
———— 邑之小者 1-303(疏)
十室之邑必有忠信如丘者焉(公28) 1-302
十惡 2-272(疏)
十五成童舞象(禮記) 1-70(疏)
十外稅一 2-219(疏)
十二牧 3-21(疏)
十二歲王如不巡守則六服盡朝 2-198(疏)
什一而稅謂之徹 2-217(注), 218(疏), 219(疏),
什一而藉 2-219(疏)
什一者天下之中正也 2-219(疏)
十者數之終 1-269(疏)
十丈爲引 3-220(疏)
十脡脯
——— 束脩 1-360(疏)
十尺爲丈 3-220(疏)
十寸爲尺 3-220(疏)
十取其二 2-219(疏)
十合爲升 3-220(疏)

【ㅇ】

我叩其兩端而竭焉(罕8) 2-66
阿黨比周 3-47(注)
阿黨爲比 1-127(注), 128(疏), 3-47(疏)
我待賈者也(罕13) 2-76
我無是也(述28) 1-387
我未見力不足者(里6) 1-233
我未見好仁者惡不仁者(里6) 1-232
亞飯干適楚(微9) 3-175
我不欲人之加諸我也(公12) 1-274
我非生而知之者(述20) 1-378
亞聖
—— 顔淵 1-269(疏)
雅頌各得其所(罕15) 2-78
雅樂 3-30(注), 133
我愛其禮(八17) 1-196
我愛其禮也 2-130(疏)
雅言(述18) 1-375
我欲仁斯仁至矣(述30) 1-234(疏), 390
餓于首陽之下(季12) 3-95
我之大賢與於人何所不容(張3) 3-183
我之不賢與人將拒我(張3) 3-183

我則異於是無可無不可(微8) 3-174
我行其野(詩經)
———— 誠不以富亦祇以異 2-224(疏)
樂(八3) 1-161
— 成性在於學樂 2-27(疏)
— 成於樂(泰8) 2-27
— 樂其可知也(八23) 1-215
— 樂本情性 1-368(疏)
— 樂所以成性 成於樂 2-27(注)
— 樂始作翕如 1-216(疏)
— 樂也者樂其所自成(禮記) 1-223(疏)
— 樂云樂云鍾鼓云乎哉(陽9) 3-125
— 樂爲一代大事 1-223(疏)
— 樂以移風易俗 1-154(疏)
— 樂以和人 3-107(注)
— 樂之所貴者移風易俗 3-125(注)
— 樂則韶舞(衛10) 3-30
— 樂和民聲 1-96(疏)
— 樂和人聲 3-108(疏)
— 樂和人心 3-140(疏)
惡→赤(春秋魯)
— 魯文公之世子 3-81(疏)
樂記(禮記)
—— 韶 繼也 1-222(疏)
—— 五刑不用百姓無患天子不怒 2-252(疏)
—— 禮勝則離 1-175(疏)
惡戾之言 2-19(注), 20(疏)
惡理多怒
———— 今之矜也忿戾 3-131(注), 132(疏)
樂轡(春秋宋) 2-148(疏)
樂師(周禮)
—— 及徹帥學士而歌徹 1-160(疏)
握素 1-170(疏)
堊室
—— 父母之喪居堊室 3-140(疏)
樂緯稽耀嘉(書) 1-146(疏)
惡衣服而致美乎黻冕(泰21) 2-46
樂以移風(孝經) 2-249(注), 252(疏)
惡人惡己 2-282(注)
惡人橫夭則惟其常 1-308(疏)
安見方六七十如五六十而非邦也者(先24) 2-193
安國家定社稷
———— 大節 2-24(注)
顔剋(春秋魯)
—— 爲夫子御至於匡 2-59(注), 62(疏)
顔路(春秋魯)
—— 顔路請子之車以爲之椁(先7) 2-161
安無傾(季1) 3-64
安民大慮曰定
———— 諡法 1-204(疏)
顔師古(唐) 1-48(疏), 64(疏), 65(疏)
安上治民
———— 禮所貴者 3-125(注)
安上治民莫善於禮 3-51(疏)
顔氏之子其殆庶幾乎(周易) 1-309(疏), 2-178(疏)
安樂撫民曰康
———— 諡法 1-137(疏)
顔淵(春秋魯)←顔回, 子淵, 回 1-123(疏), 301(疏), 364(疏)
—— 孔子行藏與顔回同 1-363(注)
—— 德行顔淵閔子騫冉伯牛仲弓(先2) 2-156
—— 聞始知終 1-269(疏)
—— 問治國之禮法 3-30(疏)
—— 博我以文約我以禮(罕11) 2-71
—— 夫子循循然善誘人(罕11) 2-71
—— 貧而樂道 2-178(疏)
—— 三月不違仁 1-317(疏)
—— 庶幾聖道 2-176(疏)
—— 顔淵季路侍(公26) 1-300
—— 顔淵無怨不可及也 2-307(疏)

—— 顔淵問爲邦(衛10) 3-29
—— 顔淵問仁(顔1) 2-203
—— 顔淵貧而門人欲厚葬 2-165(注), 166(疏)
—— 顔淵死(先8) 2-163
—— 顔淵死門人欲厚葬之(先10) 2-165
—— 顔淵死顔路請子之車以爲之槨(先7) 2-161
—— 顔淵死子哭之慟(先9) 2-164
—— 顔淵喟然歎曰(罕11) 2-71
—— 顔淵之德行 2-23(注)
—— 顔回尙未能無過況伯玉乎 2-334(疏)
—— 顔淵後(先21) 2-184
—— 仰之彌高鑽之彌堅(罕11) 2-70
—— 語之而不惰者其回也與(罕20) 2-82, 2-83(疏)
—— 如有所立卓爾雖欲從之末由也已(罕11) 2-71
—— 淵才鯉不才雖異 2-162(疏)
—— 欲罷不能旣竭吾才(罕11) 2-71
—— 願無伐善無施勞(公26) 1-300
—— 唯我與爾有是夫(述11) 1-362
—— 有顔回者好學(先6) 2-160
—— 有顔回者好學(雍3) 1-307
—— 入室 2-171(疏), 245(疏)
—— 子在回何敢死(先21) 2-184
—— 早卒孔子痛惜之 2-84(疏)
—— 瞻之在前忽焉在後(罕11) 2-71
—— 請問其目(顔1) 2-204
—— 好學 1-308(疏), 309(疏)
—— 回雖不敏請事斯語矣(顔1) 2-204, 205(疏)
—— 回也其庶乎屢空(先18) 2-175
—— 回也其心三月不違仁(雍7) 1-316
—— 回也聞一以知十(公9) 1-268
—— 回也不改其樂(雍11) 1-323
—— 回也不愚(爲9) 1-122
—— 回也非助我者也(先3) 2-157, 158(注)
—— 回也視予猶父也(先10) 2-165, 166(疏)
—— 回何敢死(先21) 2-184
顔延之(南朝宋)←顔特進 3-51(疏)
晏嬰→晏平仲(春秋齊) 1-283(注), 3-157(疏)
安邑(地)
—— 夏都 1-208(疏)
安仁 1-226(里2)
晏子→晏平仲(春秋齊) 1-312(疏)
安昌侯→張禹(漢) 1-46(疏), 1-56
顔特進→顔延之(南朝宋) 3-51(疏)
晏平仲(春秋齊)←晏嬰, 晏子 1-283(注)
——— 諫而止景公封孔子 3-157(疏)
——— 晏平仲善與人交(公17) 1-283
——— 齊舊四量豆區釜鍾(雍4疏) 1-312(疏)
晏桓子(春秋齊) 1-283(注)
顔回→顔淵(春秋魯) 1-122(注), 123(疏), 269(疏), 307, 308(疏), 309(疏), 317(疏), 323, 363(疏), 2-83(疏), 84(疏), 158(注), 160, 161(疏), 162(疏), 178(疏), 184(注), 334(疏)
遏密八音 2-355(疏)
訐以爲直者(陽22) 3-148
狎大人(季8) 3-88
仰之彌高(罕11) 2-70, 3-52(疏)
哀公(春秋魯) 1-135(疏), 208(疏)
—— 告夫三子(憲21) 2-329
—— 三桓皆衰 3-80(注)
—— 哀公問社於宰我(八21) 1-206
—— 哀公問於有若曰(顔9) 2-217
—— 哀公問弟子孰爲好學(雍3) 1-307
—— 年饑用不足如之何(顔9) 2-217
—— 禮壞樂崩樂人皆去 3-176(注), 3-177(疏)
—— 二吾猶不足 2-219(疏)
—— 二吾猶不足如之何其徹也(顔9) 2-217
—— 弟子孰爲好學 1-308(疏)
—— 重斂 2-218(疏)

—— 遷怒貳過 1-309(疏), 2-160(疏)
—— 何爲則民服(爲19) 1-134
哀矜而勿喜(張19) 3-198
愛物好與曰仁 3-118(疏)
哀伯達(春秋魯) 1-285(疏)
哀不至傷 1-205(注)
哀喪 2-79(疏)
哀素之心 2-129(疏)
哀窈窕 1-205(注)
哀有喪 2-147(疏)
愛而不敬獸畜之(孟子) 1-118(注), 120(疏)
哀而不傷(八20) 1-205
愛人(顔22) 2-240
愛人謂之仁 3-152(疏)
愛人之人
———— 子産 2-305(疏)
愛之能勿勞乎(憲7) 2-301
愛之欲其生惡之欲其死(顔10) 2-223
哀毁過情滅性而死 3-195(疏)
軛轅前也 1-141(疏)
野九一而助國中什一(孟子) 2-219(疏)
野無遺逸 2-247(疏)
夜半爲朔 1-146(疏)
野人
—— 先進於禮樂野人也(先1) 2-154, 155(疏)
野哉由也(路3) 2-249
龠 3-220(疏)
禴(祭名)
— 宗廟之事 2-198(疏)
若季氏則吾不能(微3) 3-156
若聖與仁則吾豈敢(述34) 1-399
弱水
—— 鳳凰濯羽弱水 2-68(疏)
約身反禮則爲仁矣 2-204(疏)
約我以禮(罕11) 2-71
若敖(春秋楚) 1-290(疏)
若由也不得其死然(先12) 2-168
約而爲泰(述26) 1-383
若臧武仲之知(憲12) 2-308
約之以禮(雍27) 1-344
————(顔14) 2-231
兩
— 二十四銖爲兩 3-220(疏)
釀秬 1-177(疏)
陽穀(地)
—— 衣裳之會 2-321(疏)
襄公(春秋魯)←午, 諸兒 1-204(疏), 3-77(疏)
—— 公孫無知殺襄公 2-320(注), 322(疏)
—— 政在大夫 3-81(疏)
兩觀
—— 昭公僭爲天子之禮樂 3-77(疏)
陽道極則陰道受 1-146(疏)
兩敦 1-257(疏)
陽得陰而成 1-144(疏)
陽膚(春秋魯)
—— 曾子弟子 3-198(注), 199(疏)
梁商(漢) 1-59(疏)
梁上楹謂之梲 1-286(疏)
陽城(地)
—— 姑幕城 公冶長墓 1-252(疏)
兩手摳衣去齊尺(禮記) 2-108(疏)
陽氏
—— 爲季氏家臣 3-74(注)
諒闇
—— 凶廬 2-354(疏)
諒闇以居心喪終制 2-355(疏), 356(疏)
洋洋乎盈耳哉(泰15) 2-32
兩楹之間
———— 反坫 1-211(注), 212(疏), 214(疏)
羊容(人)
—— 問於子思 2-43(疏)
諒陰(憲40) 2-353

—— 禮記作諒闇 2-354(疏)
諒陰之中
———— 孟莊子之孝行 3-197(注), 198(疏)
陽夷
—— 夷有九種 2-78(疏)
襄子盤(春秋齊) 2-226(疏)
兩劑 2-228(疏)
兩造 2-228(疏), 230(疏)
梁州(地)
—— 文王南兼梁荊 2-43(疏)
楊州(地)
—— 歸文王 2-43(疏)
讓則不爭 1-240(疏)
襄尺
—— 五射 1-358(疏)
涼風
—— 八風 1-155(疏)
陽虎→陽貨(春秋魯) 2-59(注), 62(疏), 3-66(注), 67(疏), 74(注), 75(疏), 79(疏), 109(注), 101(注), 103(疏), 110(疏)
陽貨(春秋魯)←陽虎
—— 季氏家臣 3-101(注), 103(疏)
—— 來予與爾言(陽1) 3-102
—— 囚季桓子 3-66(注), 67(疏), 74(注), 75(疏), 79(疏), 110(疏)
—— 陽貨欲見孔子孔子不見(陽1) 3-101
—— 容貌與孔子相似 2-59(注), 62(疏)
—— 日月逝矣歲不我與(陽1) 3-10
—— 執季桓子而召孔子 3-109(注)
—— 出奔齊(季2疏) 3-74(注), 75(疏)
—— 好從事而亟失時可謂知乎(陽1) 3-102
—— 懷其寶而迷其邦可謂仁乎(陽1) 3-102
魚餒而肉敗不食(鄕6) 2-131
———————— 魚敗曰餒 2-131(注), 133(疏), 136(疏)
於事合宜爲義 1-98(疏)
於我殯(鄕16) 2-144
於我如浮雲(述16) 1-373
於予與改是(公10) 1-271
於予與何誅(公10) 1-270
於吾言無所不說(先3) 2-157
禦人以口給屢憎於人(公5) 1-258
於人何所不容(張3) 3-183
於從政乎何有(雍8) 1-317, 318
———————(路13) 2-264
語之而不惰者其回也與(罕20) 2-82
魚敗曰餒 2-131(注), 133(疏), 136(疏)
魚膾非得芥醬則不食 2-133(疏)
抑(詩經)
— 白圭之玷尙可磨也 2-160(疏)
— 斯言之玷不可爲也 2-160(疏)
億度人之不信 2-338(疏)
抑末也本之則無如之何(張12) 3-191
抑亦可以爲次矣(路20) 2-274
抑亦先覺者是賢乎(憲31) 2-338
抑爲之不厭誨人不倦則可謂云爾已矣(述34) 1-399
億則屢中(先18) 2-175
偃→子游(春秋吳) 1-326, 327(疏), 3-107
言
— 言可復也(學13) 1-97
— 言寡尤行寡悔祿在其中矣(爲18) 1-132
— 言及之而不言謂之隱(季6) 3-85
— 言多忌克難哉(左傳) 2-291(疏)
— 言無非禮則口無擇言 2-205(疏)
— 言未及之而言謂之躁(季6) 3-85
— 言不可不愼也(張25) 3-206
— 言不可以若是其幾也(路15) 2-267, 268
— 言不及義好行小慧(憲16) 3-38
— 言不順則事不成(路3) 2-249
— 言不忠信(衛5) 3-21
— 言不必小信 3-55(注)

— 言思忠(季10) 3-92
— 言語宰我子貢(先2) 2-156
— 言語之法 3-57(疏)
— 言欲遲而行欲疾 1-247(注)
— 言中倫行中慮其斯而已矣(微8) 3-173
— 言之得無訒乎(顔3) 2-208
— 言之必可行也(路3) 2-249
— 言忠信(衛5) 3-21
— 言必信行必果硜硜然小人哉(路20) 2-274
— 言必有中(先13) 2-169
— 言必執信 2-276(疏)
焉能繫而不食(陽6) 3-114
焉能事鬼(先11) 2-166
焉能爲亡(張2) 3-182
焉能爲有(張2) 3-182
焉得剛(公11) 1-273
言偃→子游(春秋吳) 1-118(注), 119(疏), 3-193(疏)
焉往而不三黜(微2) 3-154
焉用稼(路4) 2-254
焉用佞(公5) 1-258
言游→子游(春秋吳) 3-192
焉知來者之不如今也(罕23) 2-84
焉知死(先11) 2-166
焉知賢才而擧之(路2) 2-247
言行相副 2-335(疏)
言行相副是君子也 1-127(疏)
言行相違
———— 宰我 1-271(疏)
言行之法 2-292(疏)
闑
— 君門中央有闑 2-106(疏)
— 闑東 2-100(疏), 198(疏)
— 闑西 2-100(疏)
儼然人望而畏之(堯2) 3-222
閭
— 五比爲閭 1-315(疏)
旅
— 五百人爲旅 3-14(注)
旅(祭名) 1-165, 166(疏)
予→宰我(春秋魯) 3-139, 140(疏)
如其禮樂以俟君子(先24) 2-190
與其媚於奧寧媚於竈何謂也(八13) 1-184
與其不孫也寧固(述36) 1-402
如其善而莫之違也不亦善乎(路15) 2-268
女器也(公4) 1-256
如其仁如其仁(憲16) 2-321
與其從辟人之士也豈若從辟世之士哉 3-163
與其進也不與其退也(述29) 1-388
與其絜也不保其往也(述29) 1-388
如得其情則哀矜而勿喜(張19) 3-198
女得人焉耳乎(雍14) 1-326
女弗能救與(八6) 1-165
女安則爲之(陽19) 3-138
女與回也孰愈(公9) 1-268
女媧以十二月爲正 1-146(疏)
女爲君子儒(雍13) 1-325
女爲周南召南矣乎(陽8) 3-121
慮以下人(顔20) 2-236
女奚不曰(述19) 1-377
厲行不隨俗 2-292(注)
如履薄冰(泰3) 2-17
如臨深淵(泰3) 2-17
予無樂乎爲君唯其言而莫予違也(路15) 2-268
與文子同升諸公(憲18) 2-327
與民必誠信 1-79(注)
璵璠(玉名) 3-110(疏)
輿服志(漢書)
——— 冕制 3-32(疏)
予不得視猶子也(先10) 2-165
汝墳(地)

—— 文王典治南國江漢汝墳之諸侯 2-43(疏)
如不可求從吾所好(述12) 1-365
如不善而莫之違也(路15) 2-268
與朋友共敝之而無憾(公26) 1-300
與朋友交言而有信(學7) 1-89
與朋友交而不信乎(學4) 1-77
旅擯 2-100(疏)
予死於道路乎(罕12) 2-74
與師言之道與(憲41) 3-58
廬舍
—— 餘二十畝爲廬舍 2-219(疏)
如斯而已乎(憲42) 2-359
麗山(地)
—— 殺幽王麗山下 3-77(疏)
如殺無道以就有道何如(顔19) 2-234
與上大夫言誾誾如也(鄕1) 2-96
予所否者天厭之天厭之(雍28) 1-345
予小子履敢用玄牡(堯1) 3-211
如淳(三國魏) 1-64(疏)
—— 古論語編次與齊魯論不同 1-55(疏)
呂尙→太公(周) 2-40(疏)
呂氏春秋(書)
———— 仲冬紀 紂之母生微子啓與仲衍 3-152(疏)
呂牙→太公(周) 2-40(疏)
女艾(人) 2-297(疏)
與與如也(鄕1) 2-96
厲王(周)
—— 白圭刺厲王之詩 2-160(疏)
予欲無言(陽17) 3-135
如用之則吾從先進(先1) 2-154
予有亂臣十人(泰20) 2-37
如有博施於民而能濟衆(雍30) 1-348
汝惟不伐天下莫與汝爭功(書經) 2-291(疏)
如有復我者則吾必在汶上矣(雍9) 1-319
如有所立卓爾(罕11) 2-71
如有所譽者其有所試矣(憲24) 3-43
如有王者必世而後仁(路12) 2-263
如有用我者吾其爲東周乎(陽4) 3-109
如有政雖不吾以吾其與聞之(路14) 2-265
如有周公之才之美使驕且吝(泰11) 2-29
與衣狐貉者立而不恥者其由也與(罕27) 2-88
輿人(周禮)
—— 較 兩輢上出軾者 2-150(疏)
與人結交之道 3-184(疏)
與人恭而有禮(顔5) 2-210
與人忠(路19) 2-273
如日月之食焉(張21) 3-200
予一以貫之(衛2) 3-18
女子與小人爲難養也(陽23) 3-149
如切如磋如琢如磨(學15) 1-101
如正人何(路13) 2-264
與之釜(雍4) 1-310
與之粟九百辭(雍5) 1-313
與之粟五秉(雍4) 1-311
如知爲君之難也不幾乎一言而興邦乎(路15) 2-267
與之庾(雍4) 1-310
如之何其拒人也(張3) 3-183
如之何其可及也(張25) 3-207
如之何其聞斯行之(先20) 2-182
如之何其徹也(顔9) 2-217
如之何者吾末如之何也已矣(憲15) 3-37
旅幣無方(禮記) 2-115(疏)
厲鄕曲仁里
————— 老聃 1-352(疏)
如或知爾則何以哉(先24) 2-189
閾
— 門限 2-107(疏), 108(疏)
亦可以弗畔矣夫(雍27) 1-344
——————(顔14) 2-231
亦可以爲成人矣(憲12) 2-309

亦可以卽戎矣(路29) 2-287
亦可醜也亦可喜也(周易) 1-70(疏)
亦各言其子也(先7) 2-161
亦各言其志也(先24) 2-191
逆料人之詐 2-338(疏)
力不足也(雍12) 1-324
力不足者(里6) 1-233, 234(疏)
力不足者中道而廢今女畫(雍12) 1-324
亦不入於室(先19) 2-180
亦不必進亦不必退唯義所在 3-174(注)
逆祀 1-176(注), 177(疏), 178(疏)
易所以占吉凶 2-279(注)
歷數謂天道 3-217(疏), 218(疏)
繹如也以成(八23) 1-216
力役之事 1-190(注), 191(疏)
易緯(書)
—— 天之錫命故可同名 3-218(疏)
易緯通卦驗(書) 1-155(疏)
繹之爲貴(罕24) 2-85
亦祇以異(顔10) 2-223
亦何常師之有(張22) 3-201
璉
— 瑚璉 1-256(注), 257(疏)
練冠 2-124(疏)
練冠縓緣
———— 父母之喪 3-140(疏)
年饑用不足如之何(顔9) 2-217
練帶 3-23(疏)
燕禮
—— 君燕卿大夫之禮 2-56(疏)
—— 尊於東楹之西 1-214(疏)
然明(春秋鄭)
—— 將死而有惑疾 2-21(疏)
瑌玫 2-128(疏)
然非與(衛2) 3-17
年四十而見惡焉其終也已(陽24) 3-150
燕頷雞喙
———— 鳳凰之象 2-68(疏)
然有是言也(陽6) 3-114
練衣黃裏縓緣(禮記) 2-124(疏)
然而未仁(張15) 3-196
兗州(地)
—— 屬紂王 2-43(疏)
年中時 1-70(疏)
練中衣 2-124(疏)
然則管仲知禮乎(八22) 1-210
然則師愈與(先15) 2-172
然則從之者與(先22) 2-185
涅
— 水中黑土 3-115(疏)
列國之諸侯大射 1-192(疏)
列女傳(書)
——— 柳下惠死門人將誄之 3-36(疏)
說命(書經)
—— 敬遜務時敏厥脩乃來(學14疏) 1-100(疏), 357(疏)
說以先民民忘其勞(周易) 2-245(注), 246(疏)
說而不繹從而不改(罕24) 2-85
說之不以道不說也(路25) 2-284
說之雖不以道說也(路25) 2-284
列宿斗正之度 河圖洛書 2-68(疏)
涅而不緇(陽6) 3-114
冉耕→冉伯牛(春秋魯) 1-321(注), 322(疏)
冉求→冉有(春秋魯) 1-165(注), 166(疏), 266(疏), 318(疏), 324, 325(疏), 329(疏), 2-173, 185, 186(疏), 194(疏), 308(注), 309(疏), 3-61(注), 66(疏), 67(疏)
冉伯牛(春秋魯)←伯牛, 冉耕 1-321(注), 322(疏)
——— 德行顔淵閔子騫冉伯牛仲弓(先2) 2-156
——— 伯牛有疾(雍10) 1-321

冉雍→仲弓(春秋魯) 1-259(疏), 304(疏), 306(疏), 316(疏), 2-247(疏)
廉隅
—— 古之矜也廉 3-131(注), 132(疏)
冉有(春秋魯)←求, 冉求, 冉子, 子有 1-165(注), 166(疏), 310, 311(疏), 324, 325(疏), 329(疏), 2-308(注)
—— 可使爲之宰也 1-266(疏)
—— 求君子疾夫舍曰欲之而必爲之辭(季1) 3-63
—— 求無乃爾是過與(季1) 3-60
—— 求也可使從政也與(雍8) 1-317
—— 求也問聞斯行諸(先20) 2-182
—— 求也爲之比及三年可使足民(先24) 2-190
—— 求也千室之邑百乘之家可使爲之宰也(公8) 1-264
—— 求也退故進之(先20) 2-183
—— 求爾何如(先24) 2-190, 194(疏)
—— 求周任有言曰陳力就列不能者止(季1) 3-62
—— 今夫顓臾固而近於費(季1) 3-62
—— 今不取後世必爲子孫憂(季1) 3-63
—— 今由與求也相夫子(季1) 3-65
—— 旣富矣又何加焉(路9) 2-261
—— 旣庶矣又何加焉(路9) 2-261
—— 方六七十如五六十(先24) 2-190
—— 輔相季氏 3-67(疏)
—— 夫子欲之吾二臣者皆不欲也(季1) 3-61
—— 夫子爲衛君乎(述15) 1-369, 371(疏), 1-370(注)
—— 非不說子之道力不足也(雍12) 1-324
—— 臣於季氏 2-265(疏), 266(疏)
—— 於從政乎何有(雍8) 1-318
—— 如其禮樂以俟君子(先24) 2-190
—— 冉求可謂大臣與(先22) 2-185
—— 冉求之藝(憲12) 2-308
—— 冉有季路見於孔子曰(季1) 3-60
—— 冉有問聞斯行諸(先20) 2-182
—— 冉有僕(路9) 2-260
—— 冉有子貢侃侃如也(先12) 2-167
—— 冉子與之粟五秉(雍4) 1-311
—— 冉子爲其母請粟(雍4) 1-310
—— 冉子退朝(路14) 2-264
—— 藝如冉求 2-309(疏)
—— 爲季氏宰爲之聚斂 3-61(注), 66(疏)
—— 唯求則非邦也與(先24) 2-193
—— 有政(路14) 2-265
—— 子路曾晳冉有公西華侍坐(先24) 2-189
—— 政事冉有季路(先2) 2-156
—— 仲由冉求可謂大臣與(先22) 2-185, 186(疏)
染人 2-124(疏)
冉子→冉有(春秋魯) 1-310, 311, 2-265(疏), 266(疏), 264
染纁者三入而成 2-123(疏)
佞 1-258(疏), 259(疏)
— 佞說爲諂 1-102(疏)
— 佞有善惡 1-259(疏)
— 佞人亦能惑人心 3-30(疏)
— 佞人假仁者之色 2-237(注)
— 佞人之短 1-259(疏)
— 佞人殆(衛10) 3-30
— 佞者口才捷給文過飾非 2-188(疏)
潁谷封人(左傳) 1-220(疏)
靈公→衛靈公(春秋衛) 1-331(疏), 345(注), 346(疏), 369(注), 370(疏), 372(疏), 3-14(疏)
榮公(周)
—— 亂臣十人 2-37(注), 38(疏)
—— 榮 國名 2-40(疏)
甯母(地)
—— 衣裳之會 2-321(疏)

甯武子(春秋衛)←甯兪 1-292(注), 293(疏)
——— 甯武子邦有道則知邦無道則愚(公21) 1-292
贏不足
——— 九數 1-358(疏)
逞顔色怡怡如也(鄕3) 2-106
領如蝤蠐(詩經) 1-173(疏)
甯兪→甯武子(春秋衛) 1-292(注), 293(疏)
令尹
—— 子西 2-304(注), 306(疏)
—— 楚臣令尹爲長 1-290(疏)
令尹子文(春秋楚)←子文, 鬥穀於菟 1-286(注), 290(疏)
———— 令尹子文三仕爲令尹無喜色(公19) 1-286
詠而歸(先24) 2-192
潁陰侯→陳群(三國魏) 1-61(疏)
令支(地)
—— 有孤竹城 1-296(疏)
影之隨形嚮之應聲
————————— 吉凶之報 3-90(疏)
詠懷樂道
———— 曾晳 2-202(疏)
輗 1-140, 141(疏)
羿(人)
— 居窮石之地 2-296(疏)
— 善射之號 2-296(疏)
— 先祖世爲先王射官(賈逵) 2-296(疏)
— 收寒浞以爲已相 2-297(疏)
— 羿善射奡盪舟(憲5) 2-294
— 羿焉彈日烏解羽(楚辭天問) 2-296(疏)
— 有窮國之君 2-294(注), 295(疏)
— 有窮君之名號(左傳杜預注) 2-296(疏)
— 帝嚳射官(說文解字) 2-296(疏)
— 諸侯名(尙書孔安國注) 2-296(疏)
— 彈十日(歸藏易) 2-296(疏)
禮
— 管氏而知禮孰不知禮(八22) 1-211
— 克己復禮爲仁(顔1) 2-203
— 動之不以禮未善也(憲32) 3-51
— 博學於文約之以禮(顔14) 2-231
— 不學禮無以立(季13) 3-97
— 不能以禮讓爲國如禮何(里13) 1-239
— 非禮勿視非禮勿聽非禮勿言非禮勿動(顔1) 2-204
— 事君盡禮人以爲諂也(八18) 1-203
— 臣事君以禮(八19) 1-204
— 我愛其禮(八17) 1-196
— 禮可以立 3-98(疏)
— 禮可以安國家定社稷 1-204(疏)
— 禮檢人迹 3-140(疏)
— 禮貴用和 1-96(疏)
— 禮貴會時 1-98(疏)
— 禮文不背誦 1-376(疏)
— 禮尙謙退 1-75(疏)
— 禮所貴者乃貴其安上治民 3-125(注)
— 禮勝則離(禮記) 1-96(疏)
— 禮與其奢也寧儉(八4) 1-162
— 禮云禮云玉帛云乎哉(陽9) 3-124
— 禮以安其情 3-51(疏)
— 禮以安上(孝經) 2-249(注), 252(疏)
— 禮以安上治民 1-154(疏)
— 禮以行之(憲17) 3-38
— 禮者恭儉莊敬 3-97(疏)
— 禮者履也 1-144(疏)
— 禮者所以立身 立於禮 2-27(注)
— 禮者所以治政安君也(禮記) 2-252(疏)
— 禮節民心 1-240(疏)
— 禮節人心 3-108(疏)
— 禮之末節 1-163(疏)
— 禮之本意 1-163(疏)
— 禮之用和爲貴(學12) 1-96

— 禮後乎(八8) 1-171
— 人而不仁如禮何(八3) 1-161
— 立於禮(泰8) 2-27
禮(五行)
— 火神則禮 1-277(疏)
藝
— 遊於藝(述6) 1-356
霓裘 2-119, 122(疏)
禮記(書)
—— 端衰喪車皆無等 2-356(疏)
—— 父母之喪無貴賤一也 2-355(疏)
—— 三年問 夫三年之喪天下之達喪也 3-143(疏)
—— 三年之喪自天子達 2-355(疏)
—— 諒闇 2-354(疏)
—— 子羔作子皐 2-177(疏)
—— 祭統 重周公故以賜魯 1-155(疏)
禮器(禮記)
—— 圭璋特 2-115(疏)
—— 大饗其王事與 2-115(疏)
—— 升中於天而鳳皇降 2-68(疏)
—— 樂也者樂其所自成 1-223(疏)
禮圖→三禮圖(書) 3-15(疏)
藝文志(漢書)
——— 論語 1-45
——— 左丘明 魯太史 1-300(疏)
禮法正道之言
—————— 法語之言 2-85(疏)
禮三正記(書)
———— 質法天文法地 1-146(疏)
隸釋(書) 1-42
禮樂
—— 君子能行禮樂 1-225(疏)
—— 文之以禮樂(憲12) 2-308
—— 先進於禮樂野人也(先1) 2-154
—— 如其禮樂以俟君子(先24) 2-190
—— 禮樂本末陽貨篇所論 3-101(疏)
—— 禮樂不行則刑罰淫濫而不中 2-252(疏)
—— 禮樂不興則刑罰不中(路3) 2-249
—— 禮樂爲用相須乃美 1-96(疏)
—— 禮樂資仁而行也 1-162(疏)
—— 禮樂征伐所出不同 3-75(疏)
—— 禮樂征伐自大夫出五世希不失 3-80(疏)
—— 禮樂征伐自諸侯出(季2) 3-74
—— 禮樂征伐自天子出(季2) 3-74
—— 禮樂之本 3-125(疏)
—— 禮樂之化當以待君子 2-194(疏)
—— 禮樂化導於民 3-108(疏)
—— 因世損益(先1疏) 2-154(注), 155(疏)
—— 後進於禮樂君子也(先1) 2-154
禮樂射馭書數
—————— 六藝 1-358(疏)
禮樂志(漢書)
——— 樂本情性 1-368(疏)
禮讓 1-240(疏)
禮讓爲國(里13) 1-239
禮運(禮記)
—— 君位危則大臣倍小臣竊 2-252(疏)
—— 禮者所以治政安君也 2-252(疏)
—— 政不正則君位危 2-252(疏)
—— 刑肅而俗敝則法無常 2-252(疏)
禮緯稽命徵(書) 1-147(疏)
禮義與信可以敎民也 2-254(疏)
禮義與信足以成德化民 2-255(疏)
禮義忠信爲治民之要 2-254(疏)
豫州(地) 歸文王 2-43(疏)
午→襄公(春秋魯) 3-77(疏)
奧
— 室內西南隅也 1-185(疏)
吳 1-391(注), 392(疏), 393(疏)
姬姓 1-391(注), 392(疏), 393(疏)
奡(人)←澆

— 奡盪舟 1-378(注), 379(疏)
— 奡盪舟(憲5) 2-294
— 陸地行舟 2-294(注), 295(疏), 297(疏)
— 寒浞之子 2-297(疏)
杇 1-272(疏), 273(疏)
五家爲隣(周禮) 1-314(注), 315(疏), 3-21(注), 22(疏)
五家爲比(周禮) 1-315(疏), 3-22(疏)
惡居下流而訕上者(陽22) 3-147
吾見其人矣(季11) 3-94
吾見其進也未見其止也(罕21) 2-83
五經異義(書) 1-60(疏), 342(疏)
五穀不分(微7) 3-169
五穀者黍稷麻麥豆也 2-256(疏)
吾恐季孫之憂不在顓臾而在蕭牆之內也(季1) 3-65
吳公子→季札(春秋吳) 2-260(疏)
惡果敢而窒者(陽22) 3-147
汚君之祿 2-31(疏)
吾其爲東周乎(陽4) 3-109
吾豈匏瓜也哉(陽6) 3-114
五年一禘 1-177(疏)
吾老矣不能用也(微3) 3-156
五黨爲州(周禮) 1-315(疏), 3-22(疏)
吾黨有直躬者(路18) 2-271
吾黨之小子狂簡斐然成章(公22) 1-294
吾黨之直者異於是(路18) 2-272
於菟
—— 楚人謂虎於菟 1-290(疏)
吾道一以貫之(里15) 1-241
吾力猶能肆諸市朝(憲36) 2-344
五禮
—— 吉凶軍賓嘉 1-358(疏)
五鹿充宗(漢)
———— 傳齊論 1-46(疏)
奧李
—— 唐棣 2-94(疏)
五隣爲里(周禮) 1-314(注), 315(疏), 3-21(注), 22(疏)
吾末如之何也已矣(罕24) 2-85
————————(憲15) 3-37
吳孟子(述31)←吳姬 1-391, 392(疏), 394(疏)
五廟 1-198(疏), 199(疏)
吾無隱乎爾(述24) 1-381
吾無行而不與二三子者是丘也(述24) 1-382
吾聞君子不黨君子亦黨乎(述31) 1-391
吾聞其語矣(季11) 3-94
吾聞諸夫子(張17) 3-197
吾聞之也君子周急不繼富(雍4) 1-311
五物詢衆庶 1-192(疏)
五美(堯2) 3-221
吾未見剛者(公11) 1-273
吾未見能見其過而內自訟者也(公27) 1-302
吾未見好德如好色者也(罕18) 2-80
———————————(憲12) 3-35
吾未嘗無誨焉(述7) 1-359
吾未嘗不得見也(八24) 1-217
五美之目 3-223(疏)
五方間色 2-121(疏), 3-134(疏)
———— 綠紅碧紫駵黃(陽16疏) 2-121(疏), 3-134(疏)
五方正色
———— 青赤黃白黑(陽16疏) 3-134(疏)
五百家爲黨 1-314(注), 315(疏), 2-52(注), 53(疏)
五百人爲旅
————— 軍旅 3-14(注)
五伯之霸 2-326(疏)
惡夫佞者(先23) 2-188
吾不知之矣(泰16) 2-33
吾不徒行以爲之槨(先7) 2-161
惡不孫以爲勇者(陽22) 3-148

吾不試故藝(罕7) 2-65
吾不如老農(路4) 2-253
吾不如老圃(路4) 2-253
吾不與也(述11) 1-363
吾不與祭如不祭(八12) 1-183
吾不欲觀之矣(八10) 1-175
惡不仁者(里6) 1-232, 233(疏)
吾非斯人之徒與而誰與(微6) 3-165
五比爲閭(周禮) 1-315(疏), 3-22(疏)
五射
—— 白矢參連剡注襄尺井儀 1-358(疏)
吾斯之未能信(公6) 1-260
五常
—— 仁義禮智信 1-142(注), 143(疏), 144(疏)
—— 五常之性 1-144(疏)
吾嘗終日不食終夜不寢以思無益不如學也(憲30) 3-49
五色備擧
———— 鳳凰之象 2-68(疏)
五世希不失矣(季2) 3-74
吾少也賤故多能鄙事(罕6) 2-63
五嶲 2-150(疏)
吾誰欺欺天乎(罕12) 2-73
五升曰散 1-342(疏)
吾十有五而志于學(爲4) 1-112
五十而貢貢五畝 2-219(疏)
五十而知天命(爲4) 1-112, 374(注), 375(疏)
惡訐以爲直者(陽22) 3-148
五馭 1-358(疏)
吾與女弗如也(公9) 1-268
吾與點也(先24) 2-192
吾與回言終日不違如愚(爲9) 1-122
吾亦欲無加諸人(公12) 1-274
惡徼以爲知者(陽22) 3-147
惡勇而無禮者(陽22) 3-147
吾憂也(述3) 1-353
吾友張也爲難能也(張15) 3-196
吾猶及史之闕文也(憲25) 3-45
吾有知乎哉無知也(罕8) 2-65
五音始奏翕如盛 1-215(注)
五音翕然盛 1-216(疏)
惡利口之覆邦家者(陽16) 3-133
吾以女爲死矣(先21) 2-184
吾以貌取人失之子羽 1-327(疏)
吾二臣者皆不欲也(季1) 3-61
吾已矣夫(罕9) 2-68
吾以子爲異之問(先22) 2-185
吾日三省吾身(學4) 1-77
傲逸爲驕 1-102(疏)
五入爲緅(周禮) 2-123(疏)
吾自衛反魯然後樂正(罕15) 2-78
惡紫之奪朱也(陽16) 3-133
吾將仕矣(陽1) 3-103
惡鄭聲之亂雅樂也(陽16) 3-133
烏曹(人)
—— 作簙 3-145(疏)
五族爲黨(周禮) 1-315(疏), 3-22(疏)
吾從先進(先1) 2-154
吾從周(八14) 1-186
吾從衆(罕3) 2-54
吾從下(罕3) 2-54
五州爲鄕(周禮) 1-315(疏)
吳仲雍→仲雍(周) 2-14(疏)
吾之於人也誰毁誰譽(憲24) 3-43
惡之欲其死(顔10) 2-223
吾執御矣(罕2) 2-52
惡稱人之惡者(陽22) 3-147
吳泰伯→泰伯(周) 2-14(疏)
五土之神 1-207(疏), 208(疏)
吾必在汶上矣(雍9) 1-319
吾何以觀之哉(八26) 1-224
吾何執執御乎執射乎吾執御矣(罕2) 2-53

五刑不用(禮記) 2-252(疏)
嗚呼曾謂泰山不如林放乎(八6) 1-165
烏獲擧千鈞 1-378(注), 379(疏)
五侯九伯 2-318(疏)
吳姬→吳孟子 1-391(注), 392(疏)
玉豆
── 殷玉豆 3-15(疏)
玉路
── 大路爲玉路 3-31(疏)
玉帛
── 禮之厚者 1-360(疏)
玉帛云乎哉(陽9) 3-124
玉府(官名)
── 掌王之金玉玩好 2-170(疏)
屋三爲井 1-78(疏)
玉人(周禮)
── 命圭九寸公守之 2-111(疏)
── 命圭七寸謂之信圭 2-111(疏)
── 璧琮九寸 2-111(疏)
── 璧琮八寸 2-111(疏)
── 瑑圭璋八寸 2-111(疏)
玉藻(禮記)
── 羔裘緇衣以裼之 2-125(疏)
── 古之君子必佩玉 2-128(疏)
── 孔子佩象環五寸而綦組綬) 2-128(疏)
── 瓜祭上環 2-136(疏)
── 纊爲繭縕爲袍 2-89(疏)
── 君入門介拂闑 2-198(疏)
── 君子於玉比德 2-128(疏)
── 圈豚行不擧足齊如流 2-114(疏)
── 大夫大帶 3-23(疏)
── 大夫不得造車馬 2-134(疏)
── 麛裘青豻褎絞衣以裼之 2-125(疏)
── 凡帶必有佩玉唯喪則否 2-128(疏)
── 士佩瓀玟而縕組綬 2-128(疏)
── 世子佩瑜玉而綦組綬 2-128(疏)
── 受一爵而色洒如也 1-354(疏)
── 紳帶之制 3-23(疏)
── 唯水漿不祭 2-136(疏)
── 諸侯朝服以日視朝於內朝 2-125(疏)
── 執龜玉擧前曳踵 2-114(疏)
── 天子聽朔于南門之外 1-198(疏)
── 天子佩白玉而玄組綬 2-128(疏)
── 佩玉有衝牙 2-128(疏)
── 狐裘黃衣以裼之 2-126(疏)
玉戚 1-156(疏)
溫(地)
─ 冬會于溫 2-317(疏)
縕
─ 今纊及舊絮 2-89(疏)
─ 縕爲袍(禮記) 2-89(疏)
─ 縕袍衣之賤者 2-88(疏)
溫故而知新(中庸) 1-125(疏)
溫故而知新可以爲師矣(爲11) 1-124
韞匵而藏諸求(罕13) 2-75
溫燖故食 1-125(疏)
溫柔賢善曰懿
────── 諡法 1-116(疏)
溫而厲(述38) 1-403
蘊含萬理
──── 論語 1-45(疏)
雍→仲弓 1-158, 258(注), 2-207
擁頸
── 句孑戟 3-73(疏)
雍詩 1-159(疏), 161(疏)
雍州(地)
── 歸文王 2-43(疏)
阮諶(漢)
── 三禮圖 冕制 3-32(疏)
梡俎(祭器)
── 有虞氏以梡 3-15(疏)
頑嚚不友是與比周(左傳) 3-47(疏)

曰予小子履敢用玄牡敢昭告于皇皇后帝(堯1) 3-211
王卿(漢)
—— 傳齊論 1-46(疏), 52
王季(周)←季歷, 西伯
—— 帝乙命王季爲西伯 2-43(疏)
—— 周太王季子 2-13(注), 14(疏)
—— 娶太任生昌 2-43(疏)
—— 泰伯以天下三讓於王季 2-13(注), 14(疏)
王考廟 1-198(疏)
王教之端
———— 周南召南 3-122(注), 124(疏)
王國風 3-77(疏)
王畿之內所共多故賦稅重 2-219(疏)
汪踦(春秋魯)
—— 致盡忠節不愛其身 1-89(疏)
王吉(漢)←王陽
—— 傳齊論 1-46(疏), 52, 56(疏)
王德狄人(左傳) 2-341(疏)
枉道而事人何必去父母之邦(微2) 3-154
王立七廟(禮記) 1-198(疏)
王六軍(周禮) 1-82(疏)
王商(漢) 1-56(疏)
王孫賈(春秋衛) 1-185(疏)
——— 與其媚於奧寧媚於竈何謂也(八13) 1-184
——— 王孫賈治軍旅(憲19) 2-328
王肅(三國魏)←子邕 1-47, 61, 63(疏)
—— 孔子家語注 2-163(疏)
—— 箕子爲紂之諸父 3-152(疏)
—— 論語義說 1-42
—— 微子 微國名子爵也 3-152(疏)
—— 虞舜 虞 地也 2-41(疏)
王陽→王吉(漢) 1-56(疏)
王逸(漢)
—— 楚辭天問注 文王爲雍州牧 2-43(疏)
王者
—— 王者功成制禮 3-75(疏)
—— 王者安危在於出令 2-160(疏)
—— 王者之風關雎麟趾之化 3-123(疏)
—— 王者治定作樂 3-75(疏)
—— 王者必一質一文 1-146(疏)
往者不可諫來者猶可追(微5) 3-160
王在焉曰路 3-31(疏)
王制(禮記) 1-84(疏), 85(疏)
—— 附庸 3-70(疏)
—— 用民之力歲不過三日 1-86(疏)
—— 周人玄衣而養老 2-198(疏)
—— 千乘之國 1-78(注)
—— 春秋教以禮樂 1-70(疏)
王之吉服 2-48(疏)
王之大射 1-192(疏)
王弼(三國魏)
—— 老彭 老聃彭祖 1-352(疏)
—— 德行無恒自相違錯 2-281(疏)
—— 無訟在於謀始 2-230(疏)
—— 民之遠於仁甚於水火 3-53(疏)
—— 畔喭 剛猛也 2-177(疏)
—— 存不忘亡旣濟不忘未濟也 3-35(疏)
—— 作者七人矣注 2-348(疏)
—— 志於道 道者無之稱也 1-356(疏)
王化之基
———— 周南召南 3-123(疏)
倭→宣公(春秋魯) 3-77(疏)
倭人
—— 夷有九種 2-78(疏)
畏大人(季8) 3-87
——— 大人卽聖人 3-87(注)
外府主泉藏在外 2-170(疏)
畏聖人之言(季8) 3-88
巍巍乎(泰18) 2-35
巍巍乎其有成功也(泰19) 2-36

巍巍乎唯天爲大唯堯則之(泰19) 2-35
外作禽荒(書經) 3-84(疏)
外傳(書)
—— 稱禹氏曰有夏 2-41(疏)
畏天命畏大人畏聖人之言(季8) 3-87
澆→奡(人) 2-297(疏)
堯←唐, 唐侯, 陶唐氏, 放勛 1-222(疏)
— 唐虞之際 2-38(注)
— 大哉堯之爲君也(泰19) 2-35, 36(疏)
— 法天而行化 2-35(注), 36(疏)
— 四海困窮天祿永終(堯1) 3-210
— 上聖之人 1-384(疏)
— 姓伊祁名放勛 3-214(疏)
— 使羿射九日而落之 2-296(疏)
— 年十六以唐侯升爲天子 2-41(疏)
— 堯戒舜以爲君之法 允執其中 3-214(疏)
— 堯命舜之辭 堯曰篇一章 3-214(疏)
— 堯喪舜諒闇三年 2-355(疏)
— 堯時十日竝出 2-296(疏)
— 允執其中(堯1) 3-210
— 以十二月爲正 1-146(疏)
— 以二女妻舜封之於虞 2-41(疏)
— 咨爾舜天之歷數在爾躬(堯1) 3-210
— 帝嚳之子帝摯之弟 2-41(疏)
— 至德 2-51(疏)
姚
— 舜姓姚 3-214(疏)
要君
—— 臧武仲 2-313(注), 314(疏)
要縫半下
———— 深衣之制 2-129(疏)
遼西(地)
—— 令支有孤竹城 1-296(疏)
堯舜
—— 堯舜交會之間 2-38(注)
—— 堯舜其猶病諸(雍30) 1-348
—— 堯舜其猶病諸(憲42) 2-359
—— 堯舜率天下以仁而民從之(大學) 2-234(疏)
—— 堯舜至聖猶病之以爲難也 1-350(疏)
堯曰 1-55
—— 古論語篇名 1-55
夭夭如也(述4) 1-354
徼以爲知者(陽22) 3-147
要絰不除 3-140(疏)
———— 父母之喪 3-140(疏)
欲居九夷 3-115(疏)
欲訥於言而敏於行(里24) 1-247
欲報之德昊天罔極 3-139(注)
欲速成人者則非求益也 2-363(注)
欲速則不達(路17) 2-271
欲爲論念張文 1-56(疏)
欲爲仁而力不足者 1-233(注)
欲而不貪(堯2) 3-221, 223(疏)
欲仁而得仁又焉貪(堯2) 3-222
欲正他人在先正其身 2-264(疏)
欲罷不能(罕11) 2-71
欲絜其身而亂大倫(微7) 3-170
浴乎沂風乎舞雩詠而歸(先24) 2-192
容
— 射有五善 1-192(疏)
勇
— 勇如卞莊子 2-309(疏)
— 勇而無禮者(陽22) 3-147
— 勇而無禮則亂(泰2) 2-15
— 勇者果敢故不恐懼 勇者不懼 2-91(疏)
— 勇者不懼(罕29) 2-91
— 勇者不懼(憲28) 2-336
— 勇者不必有仁(憲4) 2-293
— 勇者折衝禦侮故不懼 2-336(疏)
— 勇必爲義 1-152(疏)
— 爲政篇所論 1-105(疏)

— 子路曰君子尙勇乎(陽21) 3-146
— 好勇不好學其蔽也亂(陽7) 3-118
龍(舜之臣)
— 納言 3-21(疏)
龍見而雩(左傳) 2-201(疏)
用權之執政 1-185(疏)
庸譚(漢)←庸生 1-56(疏)
—— 傳齊論 1-46(疏), 1-52
龍馬銜甲
———— 河圖洛書 2-68(疏)
龍文龜背
———— 鳳凰之象 2-68(疏)
用民之力歲不過三日(禮記) 1-86(疏)
用不習之民使之攻戰必致破敗 2-288(疏)
用捨隨時 1-363(疏)
庸生→庸譚(漢) 1-46(疏), 52, 56(疏)
龍星
—— 角星亢星 1-86(疏)
用有行藏 2-342(疏)
用之則行(述11) 1-362, 2-58(注)
容包六行 1-192(疏)
虞(官名)
— 益 3-21(疏)
虞→舜 2-38(注)
禹(夏)←文命, 有夏 2-13(疏), 47(疏)
— 鯀之子 2-39(疏)
— 見白面長人 1-147(疏)
— 百揆 3-21(疏)
— 上聖之人 1-384(疏)
— 受舜禪 2-295(疏), 299(疏)
— 舜有臣五人而天下治 2-37(注), 38(疏)
— 外傳稱禹氏曰有夏 2-41(疏)
— 禹吾無間然矣(泰21) 2-45, 47
— 禹稷躬稼而有天下(憲5) 2-294
— 盡力於溝洫 2-294(注), 295(疏), 299(疏)
— 治水大功 3-214(疏)
耦 1-168(疏), 169(疏)
牛車 1-140(注), 141(疏)
又敬不違(里18) 1-243
禹貢(書經) 2-43(疏)
—— 徐州 蒙羽其藝 3-71(疏)
—— 荊州 包匭菁茅 2-319(疏)
虞官(官名)
—— 皐陶 2-39(疏)
友交當如子夏 3-183(注), 184(疏)
友其士之仁者(衛9) 3-27
又多能也(罕6) 2-62
友多聞(季4) 3-81
雩壇 2-240(疏)
友諒(季4) 3-81
遇禮 2-100(疏), 101(疏), 111(疏)
又聞君子之遠其子也(季13) 3-97
牛三頭
——— 周禮賦法 1-267(疏)
友相切磋之道所以輔成己之仁 2-244(注)
虞書(書經)
—— 大禹謨 惠迪吉從逆凶惟影響 3-90(疏)
友善柔(季4) 3-82
又誰怨(堯2) 3-222
羽數
—— 八佾舞 1-155(疏)
虞舜→舜 3-214(疏)
牛十三頭
———— 周禮賦法 1-267(疏)
虞氏→舜 2-42(疏)
遇闇主則當隱遯
————————— 無道則隱 2-31(疏)
又焉貪(堯2) 3-222
牛與羊魚之腥聶而切之爲膾 2-133(疏)
友于兄弟(爲21) 1-138
友以文德合 2-243(注)
耰而不輟(微6) 3-164

牛耳 1-117(疏)
于夷
—— 夷有九種 2-78(疏)
右人右其手
———— 爲擯之禮 2-101(疏)
雩者祈雨之祭名 2-201(疏)
遇丈人以杖荷蓧(微7) 3-168
憂在進賢 1-205(注)
虞仲(周)
—— 逸民 3-173, 174(疏)
—— 作者七人矣 2-348(疏)
—— 周章之弟 2-15(疏)
虞地(地)
—— 河東太陽山西虞地 2-42(疏)
愚直
—— 柴也愚 2-174(注)
友直友諒友多聞益矣(季4) 3-81
右徵角左宮羽(禮記) 2-128(疏)
友便佞(季4) 3-82
友便辟友善柔友便佞損矣(季4) 3-81
郁郁乎文哉吾從周(八14) 1-186
邛(國名) 1-290(疏)
鬱鬯 1-176(注), 177(疏)
鬱金草 1-177(疏)
熊氏
—— 君子賢人可行不可言作凡人法 2-252(疏)
—— 反坫 1-214(疏)
—— 臣用紋君用素(鄕5疏) 2-125(疏)
—— 好犯上 上謂君親 犯謂犯顔諫爭 1-76(疏)
雄雉(詩經)
—— 不忮不求何用不臧 2-89(疏)
熊七十弓 1-192(疏)
熊侯 1-192(疏)
援
— 直刃 3-73(疏)
瑗
— 肉好若一謂之環 2-111(疏)
遠郊二十而三(周禮) 2-219(疏)
元龜爲蔡 1-285(疏)
遠佞人(衛10) 1-260(疏), 3-30
轅端上曲鉤衡 1-140(注), 141(疏)
轅端橫木 1-140(注), 141(疏)
元命包(書) 1-146(疏)
——— 舜之時民樂紹堯業 1-222(疏)
願無伐善無施勞(公26) 1-300
願聞子之志(公26) 1-301
原思(春秋魯)←原憲, 子思, 憲 1-313(注), 314(疏), 315(疏)
—— 克伐怨欲不行焉可以爲仁矣(憲1) 2-289
—— 原思爲之宰(雍5) 1-313
—— 憲問克伐怨欲不行焉可以爲仁矣(憲1) 2-289
—— 憲問恥(憲1) 2-289
怨是用希(公23) 1-295
援神契(書)
——— 德至鳥獸則鳳皇來 2-68(疏)
原壤(春秋魯) 2-361(疏), 362(疏)
—— 原壤夷俟(憲43) 2-360
圓曰簋
——— 簠簋 1-257(疏)
圓曰簞
——— 一簞食一瓢 1-324(疏)
願爲小相焉(先24) 2-191
元爲施生之宗
————— 元者善之長 1-277(疏)
元戎十乘以先啓行(詩經) 1-329(疏)
遠人不服而不能來也(季1) 3-65
遠人不服則脩文德以來之(季1) 3-65
元者善之長也(周易) 1-277(疏)
圓轉無窮
———— 論語 1-45(疏)
遠尊 1-192(疏)

遠主 1-177(疏)
遠之則怨(陽23) 3-149
願車馬衣輕裘與朋友共敝之而無憾(公26) 1-300
遠恥辱也(學13) 1-97
園圃毓草木(周禮) 2-256(疏)
原憲→原思(春秋魯) 1-313(注), 314(疏), 315(疏), 2-289, 290(疏)
元亨利貞(周易) 1-277(疏)
元亨日新之道
———— 天道 1-276(注), 277(疏)
怨乎(述15) 1-369
軏
— 轅端上曲鉤衡 1-140(疏)
月令(禮記)
—— 脩耒耜 3-168(疏)
月令(逸周書) 3-142(疏)
—— 更火 3-138(注)
月無忘其所能(張5) 3-186
越席
—— 結蒲爲席 3-29(注), 31(疏)
魏絳(春秋晉) 1-164(疏)
衛公孫朝問於子貢曰仲尼焉學(張22) 3-201
魏顆(春秋晉)
—— 魏顆父病困命使殺妾以殉 2-21(疏)
衛瓘(漢) 1-303(疏)
爲國以禮其言不讓是故哂之(先24) 2-192
爲國以禮禮貴謙讓 2-193(注), 194(疏)
爲國者擧事必敬愼與民必誠信 1-79(注)
衛君→出公輒(春秋衛) 1-369(注), 370(疏), 371(疏)
爲君難爲臣不易(路15) 2-267
爲君之道 2-269(疏)
衛君輒→出公輒(春秋衛) 2-250(疏)
爲己履而行之 2-333(注)
圍棊 3-145(疏)
爲己者因心以會道 2-333(疏)
爲力不同科 1-190
衛靈公(春秋衛)←靈公 1-331(疏)
——— 問軍陳 3-14(疏)
——— 夫人南子 1-345(注), 346(疏), 372(疏)
——— 衛靈公問陳於孔子(衛1) 3-13
——— 逐太子蒯聵 1-369(注), 370(疏)
——— 子言衛靈公之無道也(憲19) 2-328
爲禮不敬(八26) 1-224
爲禮事在於莊敬 1-224(疏)
謂柳下惠少連(微8) 3-173
委貌
—— 玄冠 2-125(疏)
謂武盡美矣未盡善也(八25) 1-221
魏文侯→文侯(春秋魏) 1-90(疏)
爲邦無所毁譽
———— 衛靈公篇所論 3-13(疏)
危邦不入(泰13) 2-30
爲賓之禮 2-100(疏)
爲擯之禮 2-98(疏), 101(疏)
爲師之法 1-125(疏)
魏舒(晉) 2-355(疏)
爲席之禮 2-137(疏)
爲善常汲汲 3-94(疏)
韋昭(三國吳)
—— 陶唐 皆國名 2-41(疏)
渭水
—— 太公 2-40(疏)
爲臣結交當以禮漸進 1-249(疏)
爲臣不易(路15) 2-267
爲臣事君之道 2-186(疏)
爲臣事君之法 3-56(疏)
危言危行(憲3) 2-292
蔿敖爲宰(左傳) 1-290(疏)
威王(春秋齊)
—— 四世而秦滅之 2-226(疏)

爲外物所感則習以性成 3-105(疏)
謂虞仲夷逸(微8) 3-174
威而不猛 3-224(疏)
————(述38) 1-403
————(堯2) 3-221, 222,
危而不持(季1) 3-62
違仁(里5) 1-230
爲人徒能言之 2-333(注)
爲人謀而不忠乎(學4) 1-77
爲仁由已而由人乎哉(顔1) 2-204
爲人者凴譬以顯物 2-333(疏)
爲仁之道莫尙乎敬 2-206(注), 207(疏)
爲仁之道有五 3-113(疏)
爲仁之法 3-28(疏)
爲政
—— 爲政不須刑殺 2-235(疏)
—— 爲政須遵禮道 1-341(疏)
—— 爲政以德(爲1) 1-105
—— 爲政者當以身先 2-258(疏)
—— 爲政在乎修已 2-233(疏)
—— 爲政之道 1-138(疏), 2-231(注)
—— 爲政之理 3-223(疏)
—— 爲政之法 2-271(疏), 3-224(疏)
—— 爲政之事 2-214(疏)
—— 爲政之善莫若以德 1-106(疏)
—— 爲政之要 1-106(疏)
—— 子奚不爲政(爲21) 1-138
爲政事庸力行務以從四時(左傳) 2-266(疏)
爲之難言之得無訒乎(顔3) 2-208
爲之不厭(述34) 1-399
爲之猶賢乎已(陽29) 3-145
爲至親者三年 3-140(疏)
爲直之理 2-272(疏)
韋編三絶
———— 孔子讀易之事 1-375(疏)
衛風(詩經)
—— 淇奧 如切如磋如琢如磨 1-102(疏)
—— 碩人 巧笑倩兮美目盼兮 1-171(注), 1-172(疏)
—— 匏有苦葉 深則厲淺則揭(憲39疏) 2-351(疏)
爲學之法 1-128(疏)
危行言孫(憲3) 2-292
危行言遜
———— 南容 1-254(疏)
韋賢(漢)←扶陽侯, 長孺, 節侯, 鄒魯大儒 1-51(疏)
—— 傳魯論 1-46(疏), 48
韋玄成(漢)←共侯, 少翁 1-51(疏), 56(疏)
——— 傳魯論 1-46(疏), 48
爲孝必敬 1-118(疏)
衛侯入於夷儀(左傳) 1-220(疏)
逾(度量衡) 1-313(疏)
幽(地)
— 衣裳之會 2-321(疏)
儒
— 博學先王之道以潤其身者 1-325(疏)
庾
— 十六斗曰庾 1-311(注), 313(注)
由→子路(春秋魯) 1-261, 262, 263(疏), 264, 266(疏), 2-73, 74(疏), 88, 168, 170, 171(疏), 175, 176(疏), 182, 183, 190, 192, 227, 228(疏), 245(疏), 249, 3-19, 65, 113, 115(疏), 117
唯卿備百邑(左傳) 1-267(疏)
猶恐失之(泰17) 2-34
唯恐有聞(公14) 1-279
有棺而無槨(先7) 2-161
有教無類(憲38) 3-56
唯求則非邦也與(先24) 2-193
有國有家者不患寡而患不均(季1) 3-63
有君子之道四焉(公16) 1-281

有窮國之君
———— 羿 2-294(注), 295(疏), 296(疏)
有其器而無其位 1-286(疏)
唯其言而莫予違也(路15) 2-268
游吉→世叔(春秋鄭) 2-302(注)
唯女子與小人爲難養也(陽23) 3-149
柔佞 1-273(疏)
有能一日用其力於仁矣乎(里6) 1-233
有澹臺滅明者(雍14) 1-326
劉德(漢) 1-48(疏)
有德有仁者之行 2-293(疏)
有德者必有言(憲4) 2-293
有德則人所慕仰 1-248(疏)
有德必酬之 2-142(疏)
有道則見(泰13) 2-30
由禮貴於用和
———— 學而篇所論 1-67(疏)
有禮則安無禮則危 3-97(疏)
楡柳之火
———— 改火 3-138(注), 142(疏)
楡柳靑故春用之
———— 改火 3-142(疏)
駵黃是中央間 3-134(疏)
羑里(地)
—— 文王拘羑里 1-347(疏)
儒林傳(漢書)
——— 孔子蓋晩而好易 1-375(疏)
有馬者借人乘之(憲25) 3-45
劉文公(周)←劉子 1-331(疏)
有美玉於斯(罕13) 2-75
有民人焉有社稷焉(先23) 2-187
儒服委質 1-131(疏)
有夫婦然後有父子 3-124(疏)
有婦人焉九人而已(泰20) 2-37
有父子然後有君臣 3-124(疏)
有父兄在如之何其聞斯行之(先20) 2-182
有不善當追悔改之 1-353(疏)
有不善未嘗不知(周易) 1-308(疏), 309(疏)
有朋自遠方來不亦樂乎(學1) 1-68
孺悲(春秋魯) 3-137(疏)
—— 孺悲欲見孔子孔子辭以疾(陽18) 3-136
有鄙夫問於我空空如也(罕8) 2-66
有事而會不協而盟(左傳) 2-198(疏)
有事弟子服其勞(爲8) 1-120
有司之任 3-223(注), 224(疏)
有社稷焉(先23) 2-187
有司徹(儀禮)
——— 乃餕尸俎 1-125(疏)
帷裳
—— 無殺縫 2-120(注), 122(疏), 129(疏)
—— 深衣之制 2-129(疏)
有常德之君 1-384(疏)
唯上知與下愚不移(陽2) 3-105
有盛饌必變色而作(鄕19) 2-147
有宋朝之美(雍16) 1-330
唯水漿不祭(禮記) 2-136(疏)
有始有卒者其唯聖人乎(張12) 3-193
有是哉子之迂也奚其正(路3) 2-248
有心哉擊磬乎(憲39) 2-350
唯我與爾有是夫(述11) 1-362
有顔回者好學(雍3) 1-307
————(先6) 2-160
有若→有子(春秋魯) 1-74(注), 76(疏), 2-217, 218(疏)
有若無(泰5) 2-23
遊於藝(述6) 1-356
有言者不必有德(憲4) 2-293, 3-41(注), 42(疏), 46(疏)
劉餘→魯共王(漢) 1-54(疏)
有惡(陽22) 3-147
猶吾大夫崔子也違之(公19) 1-287
瑜玉 2-128(疏)

幽王(周)
—— 爲犬戎所殺 3-74(注)
—— 嬖褒姒生伯服 3-77(疏)
唯堯則之(泰19) 2-35
有勇而無義 3-118(疏)
有虞(國名) 2-297(疏)
有虞氏→舜 2-41(疏)
有虞氏以梡(禮記) 梡俎 3-15(疏)
有虞氏之兩敦(禮記) 1-257(疏)
愉愉如也(鄕4) 2-110
幼而不孫弟(憲43) 2-361
有因而盜曰攘 2-272(注)
唯仁者能好人能惡人(里3) 1-228
有一言而可以終身行之者乎(憲23) 3-42
有子(春秋魯)←有若
—— 恭近於禮遠恥辱也(學13) 1-97
—— 百姓不足君孰與足(顔9) 2-217
—— 先王之道斯爲美(學12) 1-96
—— 小大由之有所不行(學12) 1-96
—— 信近於義言可復也(學13) 1-97
—— 禮之用和爲貴(學12) 1-96
—— 因不失其親亦可宗也(學13) 1-98
—— 知和而和不以禮節之亦不可行也(學12) 1-96
—— 君子務本本立而道生(學2) 1-75
—— 其爲人也孝弟而好犯上者鮮矣(學2) 1-74
—— 其爲仁之本與(學2) 1-75
—— 本立而道生(學2) 1-75
—— 不好犯上而好作亂者未之有也(學2) 1-75
—— 少孔子四十三歲 1-76(疏)
—— 有若對曰盍徹乎(顔9) 2-217
—— 孝弟也者其爲仁之本與(學2) 1-75
劉子→劉文公(周) 1-331(疏)
遺子黃金滿籯不如一經 1-51(疏)
唯赤則非邦也與(先24) 2-193
有政(路14) 2-265
有濟之祀 3-70(疏)
有罪旣刑陳其尸曰肆 2-344(注), 345(疏), 346(疏)
有罪不敢赦帝臣不蔽簡在帝心(堯1) 3-211
有周→周 2-296(疏)
唯酒無量不及亂(鄕6) 2-132
有酒食先生饌(爲8) 1-120
猶之與人也出納之吝謂之有司(堯2) 3-223
唯天爲大萬物資始 2-36(疏)
唯天爲大唯堯則之(泰19) 2-35
猶天之不可階而升也(張25) 3-206
有忠信者則親友之 2-224(疏)
有恥且格(爲3) 1-111
有恥且格之事 3-13(疏)
有慟乎非夫人之爲慟而誰爲(先9) 2-164
劉辟彊(漢) 1-48(疏)
惟彼陶唐(書經) 2-41(疏)
遊必有方(里19) 1-244
有夏→禹(夏) 2-41(疏)
有夏→夏 2-296(疏)
有荷蕢而過孔氏之門者曰(憲39) 2-350
唯何甚(述29) 1-388
柳下惠(春秋魯)←柳下季, 展禽, 獲 3-35(注), 155(疏)
—— 枉道而事人何必去父母之邦(微2) 3-154
—— 柳下是其所食之邑名(憲13疏) 3-36(疏)
—— 柳下惠爲士師三黜(微2) 3-154
—— 逸民(微8) 3-173, 174(疏)
—— 作者七人矣 2-348(疏)
—— 直道而事人焉往而不三黜(微2) 3-154
有恒者(述26) 1-383
劉向(漢)←子政, 更生 1-48
—— 別錄(書) 師尙父 2-40(疏)

── 周有八士宣王時人 3-179(疏)
劉炫(隋) 2-206(疏)
肉
─ 璧則內有孔外有肉 2-111(疏)
六卿
── 周禮 1-290(疏)
六經
── 詩書禮樂易春秋 1-88(疏)
六軍 1-82(疏)
陸機(晉)
── 唐棣奧李也一名雀梅 2-94(疏)
六德 1-192(疏)
陸德明(唐)
─── 經典釋文(書) 1-42
六斗四升曰釜 1-310(注)
六舞 1-192(疏)
肉倍好謂之璧 2-111(疏)
六書 1-358(疏)
肉雖多不使勝食氣(鄕6) 2-132
六遂之長 1-198(疏)
六十而耳順(爲4) 1-113
六樂
── 雲門大咸大韶大夏大濩大武 1-358(疏)
六藝
── 禮樂射馭書數 1-356(注), 358(疏), 376(疏)
六藝之卑 2-53(注)
六藝之射 1-192(疏)
六六三十六人 1-155(疏)
六言六蔽(陽7) 3-117
六言不學而皆蔽塞 3-118(疏)
六人爲三綱 1-144(疏)
六箸十二棊
───── 局戲 3-145(疏)
六尺爲步 1-78(疏), 2-150(疏)
六尺之孤(泰6) 2-23
──── 年十五已下 2-25(疏)
陸通→楚狂接輿(春秋楚) 3-161(疏)
六八四十八人 1-155(疏)
六蔽(陽7) 3-117
──── 六蔽之惡 3-101(疏)
六幣 2-115(疏)
六鄕六遂之長 1-198(疏)
六行 1-192(疏)
六瑚 1-257(疏)
肉好若一謂之環 2-111(疏)
允→桓公(春秋魯) 3-77(疏)
綸(地) 2-297(疏)
潤色
── 增脩使華美 2-302(疏)
閏月不告朔猶朝于廟(春秋) 1-199(疏)
潤之以風雨(周易) 2-133(疏)
允執其中(堯1) 3-210
律曆志(漢書) 3-220(疏)
戎馬四匹
──── 周禮賦法 1-267(疏)
戎馬一匹
──── 周禮賦法 1-267(疏)
殷(國名)
─ 尙白 1-143(疏), 146(疏)
─ 尙白未變夏禮故用玄牡 3-211(注), 214(疏)
─ 有白狼銜鉤 1-147(疏)
─ 有三仁志同行異 3-152(疏)
─ 以十二月爲正 1-143(疏), 146(疏)
─ 殷車曰大輅 3-29(注), 30(疏)
─ 殷禮(爲23) 1-142, 143(疏), 2-155(疏)
─ 殷禮吾能言之宋不足徵也(八9) 1-174
─ 殷輅 3-31(疏)
─ 殷玉豆 3-15(疏)
─ 殷曰璉 1-256(注)
─ 殷以椇(禮記) 3-15(疏)
─ 殷因於夏禮(爲23) 1-142, 2-155(疏)

— 殷人以栢(八21) 1-206, 207(疏)
— 殷人七十而助(孟子) 2-219(疏)
— 殷祭 1-177(疏)
— 殷之輅(衛10) 3-29
— 殷之六瑚(禮記) 1-257(疏)
— 殷之州長曰伯 2-43(疏)
— 殷質法天而爲地正 1-146(疏)
隱居放言身中淸廢中權(微8) 3-174
隱居以求其志(季11) 3-94
隱公(春秋魯)←息姑 專行征伐始於隱公 3-74(注), 77(注)
隱公(春秋邾)←邾隱公 邾隱公來朝子貢觀焉 2-178(疏)
隱匿不盡情實 3-86(疏)
殷本紀(史記)
——— 箕子微子之事 3-152(疏)
殷頫曰同
———— 會同 2-198(疏)
誾誾如也(鄕1) 2-96
————(先12) 2-167
隱逸賢者之行 2-347(疏)
隱者晨門之言 2-349(注)
隱者與子路相識之語 3-171(疏)
隱者荷蕢之言 2-351(疏)
陰道極則陽道受 1-146(疏)
陰得陽而序 1-144(疏)
飮射爵 1-169(疏)
淫聲之哀者
————— 鄭聲 3-133(注)
飮酒之禮 2-137(疏)
揖巫馬期而進之曰(述31) 1-391
揖所與立左右手衣前後襜如也(鄕2) 2-98
揖讓受禪
———— 舜 1-222(疏)
揖讓而升下而飮(八7) 1-167
應進而退
———— 狷者 2-278(疏)
應劭(漢)
—— 漢書注 丞相 1-51(疏)
—— 市朝 2-346(疏)
—— 漢官儀 冕制 3-32(疏)
—— 漢書注 孤竹城 故伯夷國 1-296(疏)
—— 漢書注 侍中 1-64(疏)
衣輕裘(雍4) 1-311
輢轂
—— 在車之兩傍 2-149(注), 150(疏)
宜臼→平王(周) 3-77(疏)
義
— 見得思義(季10) 2-312(疏), 3-92, 181
— 見利思義(憲12) 2-309
— 見義不爲無勇也(爲24) 1-152
— 群居終日言不及義(憲16) 3-38
— 君子義以爲上(陽21) 3-146
— 聞義不能徙(述3) 1-353
— 信近於義言可復也(學13) 1-97
— 義然後取人不厭其取(憲13) 2-311
— 義以方外(周易) 1-248(疏)
— 義以爲質(憲17) 3-38
— 義者宜也 1-144(疏)
— 義之與比(里10) 1-237
義(五行)
— 金神則義 1-277(疏)
儀禮(書)
—— 大射禮 耦進上射在左並行 1-169(疏)
—— 喪服 爲至親者三年 3-140(疏)
—— 王肅注 1-61(疏)
儀封人 1-220(疏)
——— 衛國儀邑典封疆之人 1-218(疏)
——— 作者七人矣 2-347(注), 348(疏)
——— 儀封人請見曰君子之至於斯也吾未嘗不得見也(八24) 1-217
義不食周粟

——— 伯夷叔齊 1-296(疏)
疑思問(季10) 3-92
衣裳之會 2-321(疏)
義疏→論語義疏(書) 1-41, 42
饐餲
—— 臭味變(鄕6疏) 2-131(注), 133(疏), 136(疏)
依於仁(述6) 1-355
衣前後襜如也(鄕2) 2-98
醫主療病 2-279(疏)
疑則闕之 1-132(注), 133(疏)
衣敝縕袍(罕27) 2-88
衣下曰齊
——— 攝齊升堂 2-106(注), 107(疏)
履→湯 3-211(注), 218(疏), 214(疏)
鯉→伯魚(春秋魯) 2-161(注), 162(疏), 3-97, 98(疏)
利見大人(周易) 3-90(疏)
以季孟之間待之(微3) 3-156
二觚 1-342(疏)
以告者過也(憲13) 2-311
以功德受禪
——— 舜禹之有天下也 2-35(疏)
利口之覆邦家(陽16) 3-133
離群而索居(禮記) 1-73(疏)
而今而後吾知免夫小子(泰3) 2-17
伊祁
—— 堯姓 3-214(疏)
以其子妻之(公1) 1-251
以其兄之子妻之(公2) 1-253
二南(詩經)
—— 正始之道 3-123(疏)
二南之美
——— 陽貨篇所論 3-101(疏)
二南之詩
——— 首論夫婦 3-124(疏)
以能問於不能(泰5) 2-23
以多問於寡(泰5) 2-23
異端
—— 可與共學未可與適道 2-91(注), 93(疏)
—— 雖小道必有可觀者焉 3-185(注)
—— 異端不同歸也 1-129(注), 130(疏)
—— 異端之書 1-129(疏), 130(疏)
二代 1-186(疏)
以德報德(憲34) 2-340
以德報怨 2-341(疏)
以德報怨何如(憲34) 2-340
以德爲本學爲末 1-87(疏)
以道事君不可則止(先22) 2-185
伊洛之說 1-43
以禮輔仁則溫而不寬 3-51(疏)
以禮御莊則威而不猛 3-51(疏)
以禮制知則精而不蕩 3-51(疏)
離婁(人) 3-92(疏)
以貌取人失之子羽
———— 澹臺滅明 1-327(疏)
耳聞爲聽 3-92(疏)
以文會友(顔24) 2-243
異邦人稱之亦曰君夫人(季14) 3-99
二伯
—— 帝王使二公治之謂之二伯 2-43(疏)
以不敎民戰是謂棄之(路30) 2-288
二耜爲耦 2-49(疏), 3-162(注), 165(疏), 168(疏)
二三子以我爲隱乎(述24) 1-381
二三子何患於喪乎(八24) 1-218
以釋理言之曰訓解 1-58(疏)
李善(唐)
—— 彭祖名鏗堯臣封於彭城 1-352(疏)
以聲節之曰誦 2-257(疏)
以所克爲間
——— 間色 3-134(疏)

以素喩禮
———— 繪事後素 1-171(注), 172(疏)
李巡(漢)
—— 鏝 一名杇 1-272(疏)
—— 無舟而渡水曰徒涉 1-365(疏)
二升曰觚 1-341(注), 342(疏)
以臣伐君 1-223(疏)
以臣召君不可以訓(左傳) 2-316(注), 317(疏)
以臣弑君可謂仁乎 1-295(疏)
二十四銖爲兩 3-220(疏)
二十而稅二 2-219(疏)
爾雅(書)
—— 釋詁 訓 道也 1-161(疏)
—— 釋詁 亂 治也 2-40(疏)
—— 釋詁 穆穆 美也 1-161(疏)
—— 釋詁 鮮 罕也 1-76(疏)
—— 釋詁 孰 誰也 1-155(疏)
—— 釋詁 仍 因也 貫 事也 2-170(疏)
—— 釋詁 徵 成也 1-175(疏)
—— 釋詁 享 獻也 2-115(疏)
—— 釋詁 惠 愛也 2-306(疏)
—— 釋詁 訓 道也 1-58(疏)
—— 釋詁 希 罕也 2-51(疏)
—— 釋宮 鏝謂之杇 1-272(疏)
—— 釋宮 屛謂之樹 1-214(疏)
—— 釋宮 楄謂之楶 1-286(疏)
—— 釋宮 節者楄也 1-286(疏)
—— 釋宮 柣謂之閾 2-108(疏)
—— 釋器 木豆謂之豆竹豆謂之籩 2-22(疏)
—— 釋器 食饐謂之餲 2-136(疏)
—— 釋器 肉倍好謂之璧 2-111(疏)
—— 釋器 肉謂之敗魚謂之餒 2-136(疏)
—— 釋器 肉好若一謂之環 2-111(疏)
—— 釋器 一染謂之縓 2-124(疏)
—— 釋器 好倍肉謂之瑗 2-111(疏)
—— 釋木 唐棣 移也 2-94(疏)
—— 釋水 以衣涉水爲厲 2-352(疏)
—— 釋獸 兕似牛 3-72(疏)
—— 釋言 匡 正也 2-326(疏)
—— 釋言 屢 亟也 1-259(注)
—— 釋言 舫 泭也 1-264(疏)
—— 釋言 作 爲也 1-368(疏), 2-348(疏)
—— 釋言 造 爲也 1-368(疏)
—— 釋天 北極謂之北辰 1-107(疏)
—— 釋天 蔬不熟爲饉 2-256(疏)
—— 釋訓 暴虎 徒搏 馮河 徒涉 1-365(疏)
—— 冢宰 大宰也 2-355(疏)
以約失之者鮮矣(里23) 1-247
以讓爲仁
———— 伯夷叔齊 1-370(注)
二陽二陰不能繼也 1-146(疏)
以漁釣奸周西伯
———————— 太公 2-40(疏)
以與爾隣里鄕黨乎(雍5) 1-314
以兩劑禁民獄(周禮) 2-228(疏)
以兩造禁民訟(周禮) 2-228(疏)
以禮樂文成 2-308(注), 309(疏)
夷吾→惠公(春秋晉) 2-291(疏)
二吾猶不足如之何其徹也(顔9) 2-217
以吾一日長乎爾毋吾以也(先24) 2-189
以吾從大夫之後不可徒行也(先7) 2-161
以吾從大夫之後不敢不告也(憲21) 2-330
以雍徹(八2) 1-158
二王之後 1-159(疏)
———— 用圭璋 2-115(疏)
———— 享天子圭以馬 2-111(疏)
以友輔仁(顔24) 2-243
犂牛之子騂且角(雍6) 1-315
以遠小人不惡而嚴(周易) 2-181(疏)
二月初吉(詩經) 2-129(疏)
楄謂之楶 1-286(疏)
伊尹(殷) 2-241, 242(疏)

以恩德報德 2-341(疏)
離音絲
——— 八音 1-155(疏)
夷儀(地) 1-220(疏)
以衣涉水爲厲 2-350(注), 351(疏)
已矣乎吾未見能見其過而內自訟者也(公27) 1-302
已矣乎吾未見好德如好色者也(憲12) 3-35
李耳→老子(周) 1-352(疏)
怡怡
—— 和順之貌 2-287(疏)
二二四人 1-155(疏)
怡怡如也(鄕3) 2-106
————(路28) 2-286
已而已而今之從政者殆而(微5) 3-160
利仁(里2) 1-226
里仁爲美(里1) 1-225
夷逸
—— 逸民 3-173, 174(疏)
—— 作者七人矣 2-348(疏)
利者義之和也(周易) 1-277(疏), 2-51(注)
二爵 1-342(疏)
以杖叩其脛(憲43) 2-361
夷狄之有君不如諸夏之亡也(八5) 1-164
以傳述言之曰傳 1-58(疏)
移節度 1-107(疏)
二帝三王所以治 3-215(疏)
二帝三王政化之法
——————— 堯曰篇 3-214(疏)
二帝三王之道 3-214(疏)
二帝三王之語
—————— 堯曰篇所論 3-210(疏)
以諸侯爲伯
————— 文王 2-43(疏)
二祧 1-198(疏)
邇之事父遠之事君(陽8) 3-121
以直道報讐怨 2-341(疏)
以直報怨(憲34) 2-340
李充(晉)
—— 安上治民莫善於禮 3-51(疏)
—— 力不由理斯怪力也 1-379(疏)
二八十六人 1-155(疏)
二霸之事 2-316(疏)
移風易俗
———— 樂以移風 2-252(疏)
———— 樂之所貴者 3-125(注)
移風易俗歸之淳素 2-154(注), 155(疏)
履行仁道未嘗殺人 3-53(疏)
異乎三子者之撰(先24) 2-191
以好色之心好賢則善 1-88(注)
異乎吾所聞(張3) 3-183
二勳
—— 臧文仲臧宣叔 2-313(注), 314(疏)
弋不射宿(述27) 1-384
———— 不夜射栖鳥 1-385(疏)
弋射 1-386(疏)
翼善傳聖曰堯
—————— 諡法 3-214(疏)
翼如也(鄕3) 2-106
益(舜之臣) 3-21(疏)
— 虞(官名) 3-21(疏)
益者三樂損者三樂(季5) 3-83
益者三友損者三友(季4) 3-81
益者與(憲44) 2-362
益稷(書經)
—— 蕭韶九成鳳皇來儀 1-222(疏)
—— 烝民乃粒 2-299(疏)
仁
— 剛毅木訥近仁(路27) 2-286
— 觀過斯知仁矣(里7) 1-235
— 巧言令色鮮矣仁(陽15) 3-132
— 巧言令色鮮矣仁(學3) 1-76

— 求仁而得仁(述15) 1-369
— 苟志於仁矣無惡也(里4) 1-228
— 君子去仁惡乎成名(里5) 1-230
— 君子而不仁者有矣夫(憲6) 2-300
— 克己復禮爲仁(顔1) 2-203
— 克伐怨欲不行焉可以爲仁矣(憲1) 2-289
— 當仁不讓於師(憲35) 3-54
— 民之於仁也甚於水火(憲34) 3-53
— 樊遲問仁(路19) 2-273
— 司馬牛問仁(顔3) 2-207
— 善行之大名也(里1疏) 1-225(疏)
— 我欲仁斯仁至矣(述30) 1-390
— 愛人(顔22) 2-240
— 若聖與仁則吾豈敢(述34) 1-399
— 欲仁而得仁(堯2) 3-222
— 爲仁由己而由人乎哉(顔1) 2-204
— 有能一日用其力於仁矣乎(里6) 1-233
— 依於仁(述6) 1-355
— 仁不須佞 1-258(疏)
— 仁守以靜其失也寬 3-51(疏)
— 仁遠乎哉(述30) 1-390
— 仁而不佞(公5) 1-258
— 人而不仁疾之已甚亂也(泰10) 2-28
— 人而不仁如禮何(八3) 1-161
— 人而不仁如樂何(八3) 1-161
— 仁以安其性 3-51(疏)
— 仁以爲己任不亦重乎(泰7) 2-26
— 仁在敬恕 2-207(疏)
— 仁在其中矣(張6) 3-187
— 仁則吾不知也(憲1) 2-290
— 仁之難成 1-288(疏)
— 仁之爲行學則不固 3-118(疏)
— 仁知之用 1-337(疏)
— 仁行 1-231(疏)
— 仲弓問仁(顔2) 2-206
— 知及之仁不能守之(憲32) 3-50
— 志士仁人無求生以害仁有殺身以成仁(衛8) 3-27
— 好仁不好學其蔽也愚(陽7) 3-117
— 孝弟也者其爲仁之本與(學2) 1-75
仁(五行) 1-277(疏)
— 木神則仁 1-277(疏)
引 3-220(疏)
— 十丈爲引 3-220(疏)
人感自然而生 1-277(疏)
人皆有兄弟我獨亡(顔5) 2-210
人皆懷五常之性 1-144(疏)
人絜己以進(述29) 1-388
人君每月告朔於廟 1-196(注), 197(疏), 198(疏)
人君之道 3-224(疏)
人君之事 1-136(疏)
人鬼 1-152(疏)
人能弘道(憲28) 3-48
人當樂道固窮 1-236(疏)
人當恕己不及物 3-43(疏)
人當有常德 2-224(疏)
人當任命友賢 2-211(疏)
人當行少長之禮 2-363(疏)
仁德 2-290(疏)
仁德之君 2-205(疏)
仁道 1-227(疏), 231(疏), 349(疏), 350(疏)
—— 汎愛濟衆 2-242(疏)
—— 仁道難備 2-300(疏)
—— 仁道不遠行之卽是 1-390(疏)
—— 仁道至大不可全名 1-264(注), 265(疏)
—— 仁道至大非但行之難 2-208(疏)
人名不以國 2-252(疏)
人無遠慮必有近憂(衛11) 3-34
人未有自致者也必也親喪乎(張17) 3-197
因民之所利而利之(堯2) 3-221
人犯而不校 2-341(疏)

人不知而不慍不亦君子乎(學1) 1-68
人不間於其父母昆弟之言(先4) 2-158
人不堪其憂(雍11) 1-323
人不厭其笑(憲13) 2-311
人不厭其言(憲13) 2-311
人不厭其取(憲13) 2-311
因不失其親亦可宗也(學13) 1-98
人非道不立 3-50(疏)
引譬連類 3-120(注), 122(疏)
人生而應八卦之體 1-144(疏)
仁恕 1-235(疏), 232(疏)
仁恕之一言可終身行之 3-43(疏)
人雖欲自絶其何傷於日月乎(張24) 3-205
人神曰鬼 1-152(注)
人心樂好損益之事各有三種 3-84(疏)
人心愛惡當須有常 2-224(疏)
仁愛之人 3-27(疏)
人也奪伯氏駢邑三百飯疏食(憲9) 2-304
人若無言但有其行 3-136(疏)
仁讓 1-370(注)
人言不欺謂之信 1-98(疏), 383(疏)
人焉廋哉人焉廋哉(爲10) 1-124
人曰子未可以去乎(微2) 3-154
寅爲朔 1-146(疏)
仁義禮智信 1-144(疏)
仁義盛明曰舜
———— 諡法 3-214(疏)
仁義順時
———— 敏德 1-357(疏)
人而無信不知其可也(爲22) 1-139
人而無恒不可以作巫醫(路22) 2-278
人而不爲周南召南(陽8) 3-121
人而不仁疾之已甚亂也(泰10) 2-28
人而不仁如禮何(八3) 1-161
人而不仁如樂何(八3) 1-161
人而性行無恒不可以爲巫醫 2-280(疏)
人以正直爲德 1-334(注)
人以酒亂若沈沒於水 3-84(疏)
人以賢友爲助 3-28(注)
仁人
—— 箕子微子 3-213(注)
—— 雖有周親不如仁人(堯1) 3-212
—— 仁人君子不可陷入於井 1-344(疏)
—— 仁人之君 1-349(疏)
—— 仁人墮井 1-344(疏)
—— 志士仁人無求生以害仁有殺身以成仁(衛8) 3-27
—— 子張篇所論 3-181(疏)
—— 學而篇所論 1-67(疏)
仁者 1-227(疏)
—— 見之謂之仁 3-48(疏)
—— 功施於人故可倚 1-356(注)
—— 樂天知命內省不疚故不憂也 2-336(疏)
—— 當拯溺興衰 3-103(疏)
—— 本無貪欲 1-339(疏)
—— 夫仁者己欲立而立人(雍30) 1-349
—— 不以其道得富貴不處 1-230(注)
—— 不以其道得富貴不處 1-231(疏)
—— 愛人以及物 2-52(疏)
—— 唯仁者能好人能惡人(里3) 1-228
—— 仁者其言也訒(顔3) 2-207
—— 仁者其言也訒訥者遲鈍故訥近仁 2-286(疏)
—— 仁者不尙華飾木者質樸故木近仁 2-286(疏)
—— 仁者不憂(罕29) 2-91
—— 仁者不憂(憲28) 2-336
—— 仁者不忍 1-144(疏)
—— 仁者先難而後獲可謂仁矣(雍22) 1-337
—— 仁者壽(雍23) 1-339
—— 仁者雖告之曰井有仁焉其從之也(雍26) 1-342

—— 仁者安仁(里2) 1-226
—— 仁者愛物不知所以裁之則愚 3-117(注)
—— 仁者愛人 3-151(注)
—— 仁者樂山(雍23) 1-338
—— 仁者靜(雍23) 1-339
—— 仁者靜(憲4) 2-293
—— 仁者靜剛無欲亦靜故剛近仁 2-286(疏)
—— 仁者之德行 1-351(疏)
—— 仁者之里 1-225(注), 1-251(疏)
—— 仁者之性 1-339(疏)
—— 仁者之性純篤 3-187(疏)
—— 仁者之所居處謂之里仁 1-225(疏)
—— 仁者之心 1-343(疏)
—— 仁者之用心 1-235(疏)
—— 仁者之行 1-349(注), 350(疏), 2-274(疏)
—— 仁者必有勇 2-184(注)
—— 仁者必有勇毅者果敢故毅近仁 2-286(疏)
—— 仁者行之盛 2-51(注)
—— 知命故無憂患 2-91(疏)
人將拒我(張3) 3-183
麟前鹿後
———— 鳳凰之象 2-68(疏)
仁政
—— 顔淵篇所論 2-203(疏)
—— 治國脩身之要 2-245(疏)
麟趾(詩經) 王者之風 3-123(疏), 124(疏)
人之過也各於其黨(里7) 1-235
人之德有小大而行亦不同 3-191(疏)
人之明德 2-213(疏)
人之變遷本依天道 3-140(疏)
人之不學 3-145(疏)
人之貧乏多所怨恨 2-307(疏)
人之生也直(雍19) 1-334
人之所極唯君與親 1-396(疏)
人之言曰予無樂乎爲君唯其言而莫予違也(路15) 2-268
人之言曰爲君難爲臣不易(路15) 2-267
人之爲事必須先謀 3-57(疏)
人之爲直當自直己 3-148(疏)
人之爲行未必可一 1-389(疏)
因之以饑饉(先24) 2-189
人之將死其言也善(泰4) 2-18, 2-21(疏)
人之才識凡有九等 1-335(疏)
人之才學貴於適用 2-257(疏)
人之僭濫侵官 2-335(疏)
人之學道當輕尺璧而重寸陰 1-271(疏)
人統 1-143(疏), 146(疏), 147(疏)
人稟自然之性 1-277(疏)
人行之不備者 3-182(疏)
仁厚之行 2-16(疏)
一角 1-342(疏)
一匡天下(憲17) 2-323
一簞食一瓢飮在陋巷(雍11) 1-323
一茅三脊 2-319(疏)
———— 封禪書 2-319(疏)
逸民(堯1) 3-213
—— 民之節行超逸者 3-174(疏)
—— 逸民伯夷叔齊虞仲夷逸朱張柳下惠少連(微8) 3-173
一夫百畝以十畝歸公 2-219(疏)
一散 1-342(疏)
一黍之廣爲一分 3-220(疏)
一升曰爵 1-341(注), 342(疏)
日新 1-277(疏)
—— 元亨日新之道 1-277(疏)
一龠容千二百黍 3-220(疏)
一言可以亡國 2-269(疏)
一言不能正興國 2-267(注), 269(疏)
一言而可以興邦有諸(路15) 2-267
一言而喪邦有諸(路15) 2-268
一言以爲知一言以爲不知(張25) 3-206
一言以蔽之曰思無邪(爲2) 1-109

一染謂之縓 2-124(疏)
一隅 1-360, 361(疏)
日月逝矣歲不我與(陽1) 3-102
日月至焉而已矣(雍7) 1-316
一陰一陽之謂道 1-144(疏)
一以貫之(里15) 1-241
―――(衛2) 3-18
一日行克己復禮(顔1) 2-203, 205(疏)
一入曰緅
――― 君子不以紺緅飾 2-118(注), 124(疏)
一者數之始 1-269(疏)
一井之中三屋九夫 2-49(疏)
一朝之忿忘其身以及其親非惑與(顔21) 2-239
逸周書(書)←周書
――― 孔子所刪尙書百篇之餘 3-142(疏)
――― 月令篇有更火之文 3-138(注)
日中時 1-70(疏)
日知其所亡(張5) 3-185
日至而畢(左傳) 1-86(疏)
一質一文 1-146(疏)
一則以懼(里21) 1-246
一則以喜(里21) 1-246
任(國名)
― 風姓 3-70(疏)
臨大節而不可奪也(泰6) 2-24
琳公(人)
―― 互鄕難與言童子見八字通爲一句 1-389(疏)
林放(春秋魯) 1-163(疏), 165, 166(疏)
―― 林放問禮之本(八4) 1-162
臨事而懼好謀而成者也(述11) 1-363
臨喪不哀(八26) 1-224
任重而道遠(泰7) 2-26
任地 2-219(疏)
臨之以莊則敬(爲20) 1-136
入公門鞠躬如也如不容(鄕3) 2-105
立不中門行不履閾(鄕3) 2-105
立視五巂(禮記) 2-150(疏), 205(疏)
立身成德之法 2-27(疏)
立身之才學 1-240(注)
立身必須學禮 2-27(疏)
立身行道唯杖於德 1-357(疏)
入室
―― 顔淵 2-171(疏), 2-245(疏)
立於禮(泰8) 2-27
入曰伯夷叔齊何人也(述15) 1-369
立之斯立道之斯行(張25) 3-207
立則見其參於前也(衛5) 3-21
入贊禮曰相 2-198(疏)
入則事父兄(罕16) 1-87(疏), 2-79
入則孝出則悌(學6) 1-87
入太廟每事問(八15) 1-187
――――(鄕15) 2-143
仍(國名) 2-297(疏)
仍舊貫如之何何必改作(先13) 2-168

【ㅈ】

齊
― 裳下緝 2-108(疏)
― 衣下曰齊(鄕3疏) 2-106(注), 107(疏)
藉
― 古者什一而藉 2-219(疏)
子家駒(春秋魯) 1-156(疏)
――― 諸侯僭於天子 3-77(疏)
子開→子牢(春秋衛) 2-65(疏)
子開→漆彫開(春秋魯) 1-261(疏)
子羔(春秋衛)←高柴, 柴, 子高, 子皐 2-177(疏)
―― 柴也愚(先17) 2-174
―― 性愚直 2-176(疏)
―― 子路使子羔爲費宰(先23) 2-187, 188(疏)

子高→葉公(春秋楚) 1-378(疏)
子高→子羔(春秋衛) 2-177(疏)
子皐→子羔(春秋衛) 2-177(疏)
自古皆有死民無信不立(顔7) 2-214
子穀秬黍中者千有二百實其龠 3-220(疏)
子貢(春秋衛)←端木賜, 賜
—— 敢問其次(路20) 2-274
—— 固天縱之將聖又多能也(罕6) 2-62, 2-63(疏)
—— 孔文子何以謂之文也(公15) 1-280
—— 孔子爲子貢說仁者之行 1-350(疏)
—— 過也人皆見之更也人皆仰之(張21) 3-200
—— 管仲非仁者與(憲17) 2-323
—— 君子野人異者質文不同故也(顔8疏) 2-216(疏)
—— 君子亦有惡乎(陽22) 3-147
—— 君子一言以爲知一言以爲不知(張25) 3-206
—— 君子之過也如日月之食焉(張21) 3-200
—— 今之從政者何如(路20) 2-275
—— 其斯之謂與(學15) 1-101
—— 其生也榮其死也哀(張25) 3-207
—— 其諸異乎人之求之與(學10) 1-93
—— 諾吾將問之(述15) 1-369
—— 得其門者或寡矣(張23) 3-203
—— 莫不有文武之道焉(張22) 3-201
—— 盟可尋也亦可寒也 1-125(疏)
—— 無以爲也仲尼不可毁也(張24) 3-205
—— 文武之道未墜於地在人(張22) 3-201
—— 問士之爲行(路20疏) 2-276(疏)
—— 文猶質也質猶文也(顔8) 2-216
—— 聞一纔知二(公9疏) 1-269(疏)
—— 問何爲莫知己(憲35疏) 2-342(疏)
—— 伯夷叔齊何人也(述15疏) 1-370(疏)
—— 伯夷叔齊何人也(述15疏) 1-371(疏)
—— 不得其門而入不見宗廟之美百官之富(張23) 3-202
—— 夫子多學而識之(衛2疏) 3-18(疏)
—— 夫子焉不學而亦何常師之有(張22) 3-201
—— 夫子溫良恭儉讓以得之(學10) 1-93, 1-94(疏)
—— 夫子自道也(憲28) 2-336
—— 夫子之求之也(學10) 1-93
—— 夫子之得邦家者(張25) 3-207
—— 夫子之文章可得而聞也(公13) 1-276
—— 夫子之不可及也猶天之不可階而升也(張25) 3-206
—— 夫子之云不亦宜乎(張23) 3-203
—— 夫子之牆數仞(張23) 3-202
—— 富志怠於學 1-102(疏)
—— 譬之宮牆(張23) 3-202
—— 非天命而偶富 2-176(注)
—— 貧而無諂富而無驕何如(學15) 1-101
—— 駟不及舌(顔8) 2-215
—— 賜不受命而貨殖焉(先18) 2-175
—— 賜不幸言而中(左傳) 2-178(疏)
—— 賜也可使從政也與(雍8) 1-317
—— 賜也達於從政乎何有(雍8) 1-317
—— 賜也聞一以知二(公9) 1-268
—— 賜也非爾所及也(公12) 1-275
—— 賜也始可與言詩已矣(學15) 1-101
—— 賜也女以予爲多學而識之者與(衛2) 3-17
—— 賜也亦有惡乎(陽22) 3-147
—— 賜也爾愛其羊我愛其禮(八17) 1-196
—— 師也辟(先17) 2-175
—— 賜也何敢望回(公9) 1-268
—— 賜也何如(公4) 1-256, 257(疏)
—— 賜也賢乎哉夫我則不暇(憲29) 2-337
—— 師與商也孰賢(先15) 2-171

—— 賜之牆也及肩闚見室家之好(張23) 3-202
—— 嘗適吳 2-64(疏)
—— 惜乎夫子之說君子也(顔8) 2-215
—— 所謂立之斯立道之斯行(張25) 3-207
—— 綏之斯來動之斯和(張25) 3-207
—— 詩云如切如磋如琢如磨(學15) 1-101
—— 是以君子惡居下流(張20) 3-199
—— 我不欲人之加諸我也吾亦欲無加諸人(公12) 1-274
—— 言管仲非仁之事 2-325(疏)
—— 言不可不愼也(張25) 3-206
—— 言語宰我子貢(先2) 2-156
—— 如有博施於民而能濟衆何如可謂仁乎(雍30) 1-348
—— 如之何其可及也(張25) 3-207
—— 然非與(衛2) 3-17
—— 然則師愈與(先15) 2-172
—— 惡不孫以爲勇者(陽22) 3-148
—— 惡訐以爲直者(陽22) 3-148
—— 惡徼以爲知者(陽22) 3-147
—— 韞匵而藏諸求善賈而沽諸(罕13) 2-75
—— 欲去告朔之餼羊 1-197(疏)
—— 欲觀孔子聖德藏用何如 2-76(疏)
—— 欲爲仁未知其法 3-28(疏)
—— 怨乎(述15) 1-369
—— 有美玉於斯(罕13) 2-75
—— 有一言而可以終身行之者乎(憲23) 3-42
—— 人雖欲自絶其何傷於日月乎(張24) 3-205
—— 子如不言則小子何述焉(陽17) 3-135
—— 子貢侃侃如也(先12) 2-167
—— 子貢問君子(爲13) 1-127
—— 子貢問友(顔23) 2-243
—— 子貢問爲仁(衛9) 3-27
—— 子貢問政(顔7) 2-214
—— 子貢方人(憲29) 2-337
—— 子貢欲去告朔之餼羊(八17) 1-196
—— 子貢不驕猶可能也 2-307(疏)
—— 子貢賢於仲尼(張23) 3-202
—— 財貨是殖(先18疏) 2-178(疏)
—— 紂之不善不如是之甚也(張20) 3-199
—— 仲尼日月也無得而踰焉(張24) 3-205
—— 多見其不知量也(張24) 3-205
—— 天下之惡皆歸焉(張20) 3-199
—— 他人之賢者丘陵也猶可踰也(張24) 3-205
—— 必不得已而去於斯三者何先(顔7) 2-214
—— 必不得已而去於斯二者何先(顔7) 2-214
—— 何如斯可謂之士矣(路20) 2-274
—— 何爲其莫知子也(憲35) 2-341
—— 鄕人皆惡之何如(路24) 2-282
—— 鄕人皆好之何如(路24) 2-282
—— 賢者識其大者不賢者識其小者(張22) 3-201
—— 虎豹之鞟猶犬羊之鞟(顔8) 2-216
—— 桓公殺公子糾不能死又相之(憲17) 2-323
自孔氏(憲38) 2-349
子公羊子 1-70(疏)
子國→公子發(春秋鄭) 1-282(疏)
子弓→朱張(人)
—— 逸民 3-175(疏)
紫宮 1-107(疏)
子禽(春秋陳)←陳亢 1-93(注), 94(疏), 3-208(疏)
—— 求之與抑與之與(學10) 1-93
—— 夫子至於是邦也必聞其政(學10) 1-93
—— 子禽問於子貢曰(學10) 1-93
—— 子亦有異聞乎(季13) 3-96
—— 問一得三聞詩聞禮又聞君子之遠其子也 3-97

── 陳亢問於伯魚曰子亦有異聞乎(季13) 3-96
── 陳亢退而喜曰問一得三(季13) 3-97
子旗→巫馬期(春秋魯) 1-393(疏)
子男田五十里 3-70(疏)
子男朝王用璧 2-111(疏)
子男朝后用琮 2-111(疏)
子男之使 三介 2-100(疏)
子男則擯者三人 2-100(疏)
自大夫出五世希不失矣(季2) 3-74
子良→包咸(漢) 1-56(疏)
子路(春秋魯)←季路, 由, 仲由 1-130(注), 13(注), 346(疏), 347(疏)
── 可使有勇且知方也(先24) 2-190
── 可使治其賦也 1-265(疏), 1-266(疏)
── 加之以師旅因之以饑饉(先24) 2-189
── 敢問死(先11) 2-166
── 見形而不及道 3-115(疏)
── 季路問事鬼神(先11) 2-166
── 季孫信讒恚子路 2-344(注), 345(疏)
── 告請禱求鬼神 1-401(疏)
── 公伯寮愬子路於季孫 2-343
── 果敢有勇 1-263(疏)
── 君臣之義如之何其廢之(微7) 3-170
── 君子尙勇乎(陽21) 3-146
── 君子亦有窮乎(衛1) 3-16
── 君子之仕也行其義也(微7) 3-170
── 今由與求也相夫子(季1) 3-65
── 其由也與(罕27) 2-88
── 道之不行已知之矣(微7) 3-170
── 末之也已何必公山氏之之也(陽4) 3-109
── 問承事神其理何如 2-167(疏)
── 問津 3-166(疏)
── 未之能行唯恐有聞 1-280(注)
── 未知所以答 1-377(疏)
── 輔相季氏 3-67(疏)
── 逢老人以杖擔荷竹器 3-171(疏)
── 夫子可以行矣 3-158(疏)
── 夫子言不哂子路欲爲諸侯之事 2-195(疏)
── 夫子何哂由也(先24) 2-192
── 不知正名之義 2-250(疏)
── 不忮不求 2-89(疏)
── 不仕無義(微7) 3-170
── 使門人爲臣(罕12疏) 2-74(疏)
── 昔者由也聞諸夫子(陽6) 3-113
── 性剛故率爾先三人而對也 2-194(疏)
── 召忽死之管仲不死曰未仁乎(憲16) 2-320
── 升堂 2-245(疏)
── 升堂而未入室 3-115(疏)
── 臣季氏故任擧子羔 2-188(疏)
── 失於畔喭(先18疏) 2-176(疏), 2-177(疏)
── 顔淵季路侍(公26) 1-300, 301(注)
── 野哉由也(路3) 2-249
── 若由也不得其死然(先12) 2-168
── 於從政乎何有 1-318(疏)
── 如斯而已乎(憲42) 2-359
── 冉有季路見於孔子 3-60
── 曰親於其身爲不善者君子不入也(陽6) 3-113
── 欲絜其身而亂大倫(微7) 3-170
── 願聞子之志(公26) 1-301
── 願車馬衣輕裘與朋友共敝之而無憾(公26) 1-300
── 爲季氏臣 3-60(注), 66(疏)
── 爲孔丘(微6) 3-162
── 爲國以禮其言不讓是故哂之 2-193(注)
── 衛君待子而爲政子將奚先(路3) 2-248
── 爲仲由(微6) 3-163, 166(疏)
── 有明斷篤信之德 2-228(疏)
── 有民人焉有社稷焉(先23) 2-187
── 有是哉子之迂也奚其正(路3) 2-248
── 由也兼人故退之(先20) 2-183

—— 由也果於從政乎何有(雍8) 1-317
—— 由也女聞六言六蔽矣乎(陽7) 3-117
—— 由也問聞斯行諸(先20) 2-182
—— 由也喭(先17) 2-175
—— 由也爲之比及三年(先24) 2-190
—— 由也千乘之國可使治其賦也(公8) 1-264
—— 由也好勇過我無所取材(公7) 1-262
—— 由知德者鮮矣(衛3) 3-19
—— 有之誄曰禱爾于上下神祇(述35) 1-400
—— 由之瑟奚爲於丘之門(先14) 2-170, 2-171(疏)
—— 由之行詐也(罕12) 2-73
—— 由誨女知之乎(爲17) 1-130
—— 以己有勇(述11疏) 1-364(疏)
—— 子見夫子乎(微7) 3-169
—— 自孔氏(憲38) 2-349
—— 子路拱而立(微7) 3-169
—— 子路共之三嗅而作(鄕21) 2-152
—— 子路無宿諾(顔12) 2-228
—— 子路問君子(憲42) 2-359
—— 子路問聞斯行諸(先20) 2-182
—— 子路問事君(憲22) 2-332
—— 子路問成人(憲12) 2-308
—— 子路問政(路1) 2-245
—— 子路聞之喜(公7) 1-262
—— 子路不對(述19) 1-376
—— 子路不說(雍28) 1-345
—— 子路不說曰(陽4) 3-109
—— 子路使門人爲臣(罕12) 2-73
—— 子路使子羔爲費宰(先23) 2-187
—— 子路率爾而對曰(先24) 2-190
—— 子路宿於石門(憲38) 2-349
—— 子路慍見曰君子亦有窮乎(衛1) 3-16
—— 子路有聞未之能行唯恐有聞(公14) 1-279
—— 子路仁乎(公8) 1-264
—— 子路終身誦之(罕27) 2-88
—— 子路從而後遇丈人以杖荷蓧(微7) 3-168
—— 子路曾晳冉有公西華侍坐(先24) 2-189
—— 子路之才學分限 2-171(疏)
—— 子路請禱(述35) 1-400
—— 子路行以告(微6) 3-164
—— 子路行行如也(先12) 2-167
—— 子行三軍則誰與(述11) 1-363
—— 長幼之節不可廢也(微7) 3-170
—— 政事冉有季路(先2) 2-156
—— 從我者其由與(公7) 1-261
—— 仲由可使從政也與(雍8) 1-317
—— 仲由冉求可謂大臣與(先22) 2-185, 2-186(疏)
—— 千乘之國可使治其賦也(公8) 1-264
—— 千乘之國攝乎大國之間(先24) 2-189
—— 聽偏言決斷獄訟(顔12疏) 2-229(疏)
—— 片言可以折獄者其由也與(顔12) 2-227, 228(疏)
—— 佛肸以中牟畔子之往也如之何(陽6) 3-114
—— 何如斯可謂之士矣(路28) 2-286
—— 何必讀書然後爲學(先23) 2-187
—— 桓公殺公子糾(憲16) 2-320
子牢(春秋衛)←琴牢, 牢, 子開, 子張 2-65(注)
—— 牢曰子云吾不試故藝(罕7) 2-65
字林(書)
—— 饐 飯傷熱濕也 2-136(疏)
子文→令尹子文(春秋楚) 1-290(疏)
子文→張禹(漢) 1-56(疏)
自伐其功
———— 克伐怨欲 2-290(注)
自伐者無功(老子) 2-291(疏)
子未可以去乎(微2) 3-154
子服景伯(春秋魯)←子服何忌, 子服何 2-343(注), 345(疏), 203(疏)

———— 夫子固有惑志於公伯寮(憲36) 2-343
———— 吾力猶能肆諸市朝(憲36) 2-344
———— 子服景伯以告子貢(張23) 3-202
子服何→子服景伯(春秋魯) 3-203(疏)
子服何忌→子服景伯(春秋魯) 2-343(注), 345(疏)
子思(春秋魯)
—— 孟子師孔子之孫子思 1-85(疏)
—— 羊容問於子思 2-43(疏)
子思→原思(春秋魯) 1-315(疏)
子駟(春秋鄭)
—— 子西之父 2-306(疏)
子産(春秋鄭)←公孫僑 1-281(注), 282(疏), 2-355(疏)
—— 居東里 2-302(注)
—— 古之遺愛也 2-304(注), 306(疏)
—— 愛人之人 2-305(疏)
—— 貞而不諒 3-55(疏)
—— 擇能而使之 2-303(疏)
子桑→公孫枝(春秋秦) 1-307(疏)
子桑伯子(人) 1-304, 305(注), 307(疏)
子生三年然後免於父母之懷(陽19) 3-139
子西(春秋鄭)←公孫夏 2-304, 306(疏)
—— 無足可稱也 2-305(疏)
子西(春秋楚)←公子申 2-306(疏)
—— 臣歸死於司敗也 1-393(疏)
子洩→公山弗擾(春秋魯) 3-109(疏), 110(疏)
子帥以正孰敢不正(顔17) 2-232
紫是北方間 間色 3-134(疏)
子我→宰我(春秋魯) 1-272(疏)
子陽→王吉(漢) 1-52(疏)
子魚→祝鮀(春秋衛) 1-330(注), 331(疏)
子輿→曾子(春秋魯) 1-78(疏)
子亦有異聞乎(季13) 3-96
子淵→顔淵(春秋魯) 1-122(注), 123(疏)
自然天性 1-277(疏)
自然化育
———— 天道 1-276(疏)
子邕→王肅(三國魏) 1-61(疏)
子曰穆
——— 昭穆 1-177(疏)
子容→南容(春秋魯) 1-254(注), 2-296(疏)
子羽(春秋鄭)←公孫揮 2-302(注), 303(疏)
子羽→澹臺滅明(春秋魯) 1-326(注), 327(疏)
子牛→司馬牛(春秋宋) 2-208(疏)
自衛反魯 2-78, 79(疏)
子爲父隱(路18) 2-272
子爲誰(微6) 3-163
子游(春秋吳)←言偃, 偃, 言游 1-118(注), 119(疏), 326, 327(疏), 3-193(疏)
—— 君子學道則愛人小人學道則易使也(陽3) 3-107
—— 武城宰 3-106(注), 108(疏)
—— 文學子游子夏(先2) 2-156
—— 事君數斯辱矣朋友數斯疏矣(里26) 1-249
—— 參分帶下紳居二焉 3-23(疏)
—— 喪致乎哀而止(張14) 3-195
—— 昔者偃也聞諸夫子(陽3) 3-107
—— 抑末也本之則無如之何(張12) 3-191
—— 偃之言是也前言戲之耳(陽3) 3-107
—— 然而未仁(張15) 3-196
—— 吾友張也爲難能也(張15) 3-196
—— 有澹臺滅明者(雍14) 1-326
—— 子游問孝(爲7) 1-118
—— 子游爲武城宰(雍14) 1-326
—— 子夏之門人小子當灑掃應對進退則可矣(張12) 3-191
—— 撰定論語 1-45
—— 噫言游過矣(張12) 3-192
子有→冉求(春秋魯) 1-166(疏)

咨爾舜天之歷數在爾躬(堯1) 3-210
子長→公冶長(春秋魯) 1-252(疏)
子臧→僖伯彄(春秋魯) 1-285(疏)
子張→子牢(春秋衛) 2-65(疏)
子張 古論語篇名 1-46(疏), 55
子張(春秋陳)←顓孫師 1-288(疏), 132(注), 133(疏), 143(疏)
—— 見得思義(張1) 3-181
—— 君子尊賢而容衆嘉善而矜不能(張3) 3-183
—— 問爲仁之道 3-113(疏)
—— 未達諒陰 2-354(疏)
—— 未嘗知相師之禮 3-59(疏)
—— 士見危致命(張1) 3-181
—— 師也過商也不及(先15) 2-171
—— 師也辟(先17) 2-175
—— 師與商也孰賢(先15) 2-171
—— 邪辟文過(先18疏) 2-176(疏)
—— 士何如斯可謂之達矣(顔20) 2-235
—— 書云高宗諒陰三年不言何謂也(憲40) 2-353
—— 十世可知也(爲23) 1-142
—— 我之大賢與於人何所不容(張3) 3-183
—— 我之不賢與人將拒我(張3) 3-183
—— 焉能爲有焉能爲亡(張2) 3-182
—— 與師言之道與(憲41) 3-58
—— 與人結交之道(張3疏) 3-184(疏)
—— 如之何其拒人也(張3) 3-183
—— 然則師愈與(先15) 2-172
—— 令尹子文三仕爲令尹無喜色(公19) 1-286
—— 異乎吾所聞(張3) 3-183
—— 子張問明(顔6) 2-212
—— 子張問善人之道(先19) 2-180
—— 子張問崇德辨惑(顔10) 2-222
—— 子張問仁於孔子(陽5) 3-112
—— 子張問政(顔14) 2-231
—— 子張問政於孔子曰何如斯可以從政矣(堯2) 3-221
—— 子張問行(衛5) 3-21
—— 子張書諸紳(衛5) 3-22
—— 子張容儀之難及 3-196(注)
—— 子張材德 3-196(疏)
—— 子張學干祿(爲18) 1-132
—— 子夏云何(張3) 3-183
—— 在邦必聞在家必聞(顔20) 2-235
—— 祭思敬喪思哀其可已矣(張1) 3-181
—— 執德不弘信道不篤(張2) 3-182
—— 何如斯可以從政矣(堯2) 3-221
—— 何謂四惡(堯2) 3-222
—— 何謂五美(堯2) 3-221
—— 何謂惠而不費(堯2) 3-221
子政→劉向(漢) 1-48(疏)
自諸侯出蓋十世希不失矣(季2) 3-74
子周→公伯寮(春秋魯) 2-345(疏)
子仲(春秋魯) 2-212(疏)
子遲→樊遲(春秋齊) 1-116(疏)
紫之奪朱(陽16) 3-133
子執穀璧(周禮) 2-111(疏)
子賤(春秋魯)←宓不齊 1-255, 256(疏)
齊衰
—— 周親之喪服 2-70(疏)
齊衰者(罕10) 2-69
子沈子 1-70(疏)
子大叔→世叔(春秋鄭) 2-302(疏), 303(疏)
炙炰夥淸酤多皇恩溥洪德施(西京賦) 3-206(疏)
子夏←卜商, 商 1-88(注), 172(注), 121(注), 325
—— 可謂好學也已矣(張5) 3-186
—— 巧笑倩兮美目盼兮素以爲絢兮何謂也(八8) 1-171
—— 君子敬而無失與人恭而有禮(顔5) 2-210

—— 君子信而後勞其民(張10) 3-189
—— 君子有三變(張9) 3-189
—— 君子之道孰先傳焉孰後倦焉(張12) 3-192
—— 君子之道焉可誣也(張12) 3-192
—— 君子何患乎無兄弟也(顔5) 2-210
—— 君子學以致其道(張7) 3-187
—— 起予者商也(先3疏) 2-158(疏)
—— 大德不踰閑(張11) 3-190
—— 望之儼然卽之也溫聽其言也厲(張9) 3-189
—— 文學子游子夏(先2) 2-156
—— 未信則以爲厲己也(張10) 3-189
—— 未信則以爲謗己也(張10) 3-190
—— 博學而篤志切問而近思(張6) 3-186
—— 百工居肆以成其事(張7) 3-187
—— 富哉言乎(顔22) 2-241
—— 譬諸草木區以別矣(張12) 3-192
—— 事君能致其身(學7) 1-89
—— 事父母能竭其力(學7) 1-89
—— 師也過商也不及(先15) 2-171
—— 師與商也孰賢(先15) 2-171
—— 仕而優則學學而優則仕(張13) 3-194
—— 四海之內皆兄弟也(顔5) 2-210
—— 商聞之矣(顔5) 2-210
—— 商聞之矣死生有命富貴在天(顔5) 2-210
—— 少孔子四十四歲(學7疏) 1-90(疏)
—— 小德出入可也(張11) 3-190
—— 小人之過也必文(張8) 3-188
—— 雖小道必有可觀者焉(張4) 3-185
—— 雖曰未學吾必謂之學矣(學7) 1-89
—— 受王季秬鬯圭瓚之錫(泰20疏) 2-43(疏)
—— 舜有天下選於衆擧皐陶不仁者遠矣(顔22) 2-241
—— 是以君子不爲也(張4) 3-185
—— 信而後諫(張10) 3-190
—— 與朋友交言而有信(學7) 1-89
—— 與人結交之道(張3疏) 3-184(疏)
—— 禮後乎(八8) 1-171
—— 月無忘其所能(張5) 3-186
—— 爲魯下邑莒父之宰 2-271(疏)
—— 爲樊遲說擧直錯枉之事 2-242(疏)
—— 有始有卒者其唯聖人乎(張12) 3-193
—— 仁在其中矣(張6) 3-187
—— 日知其所亡(張5) 3-185
—— 子夏問孝(爲8) 1-120
—— 子夏曰吾離群而索居(禮記) 1-73(疏)
—— 子夏爲莒父宰問政(路17) 2-270
—— 子夏之門人問交於子張(張3) 3-183
—— 子夏之門人小子當灑掃應對進退則可矣(張12) 3-191
—— 子夏云何(張3) 3-183
—— 子夏之弟子灑掃應對進退 3-193(疏)
—— 撰定論語 1-45(疏)
—— 致遠恐泥(張4) 3-185
—— 湯有天下選於衆擧伊尹不仁者遠矣(顔22) 2-241
—— 賢賢易色(學7) 1-88
—— 噫言游過矣(張12) 3-192
子行敬子(春秋衛) 1-331(疏)
自行束脩以上吾未嘗無誨焉(述7) 1-359
慈惠愛民曰文
———— 諡法 2-312(疏)
子華→公西華(春秋魯) 1-310(注), 311(疏), 312(疏)
爵
— 一升曰爵 1-341(注), 342(疏)
爵(色)
— 緅今禮俗文作爵 2-124(疏)
— 爵頭色 2-124(疏)
爵祿不從君出始於宣公 3-80(疏)
雀梅

―― 唐棣 2-94(疏)
作不善降之百殃 3-89(疏)
作善降之百祥 3-89(疏)
鵲巢(詩經)
―― 諸侯之風 3-123(疏)
柞楢白故秋用之
―――――― 改火 3-142(疏)
柞楢之火
――― 改火 3-138(注), 142(疏)
作者之謂聖 1-351(疏)
作者七人矣(憲37) 2-347
作虛器(左傳) 1-286(疏)
殘義損善曰紂
――――― 謚法 3-200(疏)
蠶食深宮 1-136(疏)
雜文曰犁
――― 犁牛之子 1-316(疏)
雜學 1-129(疏)
棖→申棖(春秋魯) 1-273
丈
― 十尺爲丈 3-220(疏)
章
― 積句以成章 1-52(疏)
璋
― 公侯伯朝后皆用璋 2-111(疏)
― 璋以皮 2-115(疏)
臧賈(春秋魯) 2-314(疏)
莊姜(春秋衛) 1-172(疏)
長轂一乘
――― 周禮賦法 1-267(疏)
莊公(春秋魯)←周 1-160(疏), 177(疏), 3-77(疏)
長公→夏侯勝(漢) 1-49(疏)
章句
―― 訓解科段之名 1-57(疏)
掌九儀之賓客擯相之禮(周禮) 2-198(疏)
莊莅以威其失也猛 3-51(疏)
牆面
―― 面向牆也 3-122(疏)
將命者
――― 奉命者 3-137(疏)
――― 將命者出戶取瑟而歌使之聞之(陽18) 3-136
臧武仲(春秋魯)←武仲, 臧孫, 臧孫紇, 臧紇 1-285(疏), 2-308(注)
――― 要君之事(憲14疏) 2-313(疏)
――― 爲孟氏所譖出奔邾(憲14疏) 2-310(疏), 313(疏), 314(疏)
――― 臧武仲以防求爲後於魯(憲14) 2-313
――― 知如武仲(憲12疏) 2-309(疏)
長文→陳群(三國魏) 1-61(疏)
臧文仲(春秋魯)←文仲, 文仲辰, 臧孫辰, 臧氏 1-283(注), 285(疏)
――― 立言之賢 3-72(疏)
――― 作虛器 1-286(疏)
――― 臧文仲居蔡(公18) 1-283
――― 臧文仲其竊位者與(憲13) 3-35
――― 知賢而不擧 3-36(疏)
長府 2-168, 169(注), 170(疏)
將死其語偸
―――― 晉趙孟孝伯 2-21(疏)
將死而有惑疾
將死之時其言皆變常 2-21(疏)
――――――― 晉趙孟孝伯晉程鄭 2-21(疏)
臧石(春秋魯) 1-198(疏)
臧宣叔(春秋魯)
――― 娶于鑄 2-314(疏)
臧孫→臧武仲(春秋魯) 2-310(疏), 314(疏)
臧孫辰→臧文仲(春秋魯) 1-283(注), 285(疏)
臧孫紇→臧武仲(春秋魯) 2-308(注), 310(疏), 313(疏)

臧氏→臧文仲(春秋魯) 1-285(疏)
莊氏(人)
—— 夫大人者與天地合其德 3-90(疏)
掌養國子教之六藝(周禮) 1-358(疏)
藏焉脩焉息焉遊焉(禮記) 1-70(疏)
將焉用彼相矣(季1) 3-62
掌王之五路(周禮) 3-31(疏)
張禹(漢)←安昌侯, 子文, 節侯 1-62(疏), 1-208(疏)
—— 張侯論 1-46(疏), 56
臧爲(春秋魯) 2-314(疏)
長孺→韋賢(漢) 1-51(疏)
長幼之節不可廢也(微7) 3-170
長而無述焉(憲43) 2-361
掌以三德教國子(周禮) 1-357(疏)
莊以安其慢 3-51(疏)
丈人曰四體不勤五穀不分孰爲夫子(微7) 3-169
匠人爲溝洫 2-49(疏)
莊子(書)
—— 柳下季 3-36(疏)
莊子白(春秋齊) 2-226(疏)
莊子注(書)
——— 箕子名胥餘 3-152(疏)
藏財貨曰府
———— 長府 2-169(注), 170(疏)
長沮
—— 夫執輿者爲誰(微6) 3-162
—— 是魯孔丘與(微6) 3-162
—— 是知津矣(微6) 3-162
—— 隱者 3-165(疏)
—— 作者七人矣 2-347(注), 348(疏)
—— 從辟世之法 3-164(注), 166(疏)
—— 長沮桀溺耦而耕(微6) 3-162
葬除服諒陰之證 2-355(疏)
將至死不聞世之有道 1-236(注)
長戚戚(述37) 1-402
長倩→蕭望之(漢) 1-50(疏)
張布爲侯
———— 射禮 1-191(疏)
張衡(漢)
—— 西京賦 3-206(疏)
萇弘(周) 1-331(疏)
張華(晉)
—— 公冶長墓在陽城姑幕城 1-252(疏)
張侯論(書) 1-46(疏), 56, 57(疏)
戕毁仁義 1-130(疏)
臧紇→臧武仲(春秋魯) 2-310(疏), 314(疏)
宰
— 楚令尹 1-290(疏)
在家無怨(顔2) 2-206
在家必達(顔20) 2-236
在家必聞(顔20) 2-236, 237
在君爲政在臣爲事
————— 政事 2-266(疏)
才難不其然乎(泰20) 2-37
在內曰說在外曰樂 1-70(疏)
在陋巷(雍11) 1-323
在理則昧造形而悟 1-309(疏)
在邦無怨(顔2) 2-206
在邦必達在家必達(顔20) 2-236
在邦必聞在家必聞(顔20) 2-236
再拜而送之(鄕9) 2-138
才不才亦各言其子也(先7) 2-161
載師(周禮)
—— 凡任地 2-219(疏)
再斯可矣(公20) 1-291
在上君子爲政之德若風 2-235(疏)
在上自正則民化之 2-235(疏)
在心爲德施之爲行
————— 德行 1-357(疏), 383(疏)
宰我(春秋魯)←宰予, 子我 1-270, 272(疏),

271(注)
—— 舊穀旣沒新穀旣升鑽燧改火期可已矣 3-137
—— 君子三年不爲禮禮必壞(陽19) 3-137
—— 使民戰栗 1-207(疏), 208(疏)
—— 三年不爲樂樂必崩(陽19) 3-137
—— 三年之喪期已久矣(陽19) 3-137, 140(疏)
—— 安(陽19) 3-138
—— 言語宰我子貢(先2) 2-156
—— 予也有三年之愛於其父母乎(陽19) 3-139
—— 予之不仁也(陽19) 3-139
—— 以仁者必濟人於患難(雍26疏) 1-343(注), 344(疏)
—— 仁者雖告之曰井有仁焉其從之也(雍26) 1-342
—— 宰我出(陽19) 3-139
—— 宰予晝寢(公10) 1-269
—— 夏后氏以松殷人以栢周人以栗曰使民戰栗(八21) 1-206
宰予→宰我(春秋魯) 1-269, 270, 271(注), 272(疏)
在輿則見其倚於衡也(衛5) 3-21
再染謂之竀 2-124(疏)
再染以黑則爲緅 2-123(疏)
梓人 1-192(疏)
齋戰疾(述13) 1-366
在陳絶糧從者病莫能興(衛1) 3-16
齋必沐浴 2-329(注), 331(疏)
在下小人從化之德如草 2-235(疏)
財貨是殖
———— 子貢 2-175(注), 176(疏), 178(疏)
宰咺(周) 2-355(疏)
著述之謙
———— 述而不作 1-351(注)
渚者利其魚鹽 3-223(疏)
赤(春秋魯)←惡
— 魯文公之世子 3-79(注), 81(疏)
赤→公西華(春秋魯) 1-265, 2-182, 183(疏), 191, 193, 194(疏), 195(疏)
狄
— 周太王避狄難自豳始遷焉 2-43(疏)
賊德
—— 鄕原 3-127(注), 128(疏)
翟方進(漢) 1-54(疏)
賊夫人之子(先23) 2-187
寂然至無則謂之道 1-356(疏)
赤夷
—— 夷有九種 2-78(疏)
赤雀銜書 1-147(疏)
赤繒 1-146(疏)
嫡妻唯娶一姓 1-212(疏)
積學成德 2-84(疏)
縓(色)
— 一染謂之縓 2-124(疏)
田車 1-141(疏)
籛鏗→彭祖(殷) 1-352(疏)
田敬仲完世家(史記) 2-226(疏)
———————— 陳氏滅齊 2-226(疏)
瑑圭 2-111(疏)
展禽→柳下惠(春秋魯) 3-35(注)
甸六十四井
—————— 周禮賦法 1-267(疏)
傳命 2-101(疏)
甸方八里 2-49(疏)
田賦出兵 1-267(疏)
傳不習乎(學4) 1-77
傳擯 2-100(疏)
甸師(周禮)
—— 祭祀共蕭茅 2-319(疏)
傳辭
—— 交擯 2-100(疏)

典瑞(周禮)
—— 朝覲宗遇會同於王 2-111(疏)
田成子→陳成子(春秋齊) 2-226(疏)
顓孫師→子張(春秋陳) 1-132(注), 133(疏)
田氏(春秋齊)
—— 專齊政 3-156(疏)
田氏→陳成子(春秋齊) 1-153(疏)
典樂(官名)
—— 夔 3-21(疏)
前言戲之耳(陽3) 3-107
典獄之法 3-199(疏)
田完(春秋齊)←敬仲, 陳完 2-227(疏)
—— 犇齊 1-369(疏)
—— 諡爲敬仲 2-226(疏)
顓頊(人) 2-39(疏), 41(疏)
顓臾(國名)
—— 季孫之憂不在顓臾(季1) 3-65
—— 今夫顓臾固而近於費(季1) 3-62
—— 伏羲之後風姓之國 3-60(注), 66(疏), 70(疏)
—— 附庸 3-71(疏)
—— 昔者先王以爲東蒙主(季1) 3-61
—— 在蒙山下 3-71(疏)
—— 在泰山南武陽縣東北 3-70(疏)
顚而不扶(季1) 3-62
奠以素器(禮記) 2-129(疏)
戰戰兢兢(泰3) 2-17
轉注
—— 六書 1-358(疏)
箭籌 1-170(疏)
甸稍縣都皆無過十二(周禮) 2-219(疏)
顚沛必於是(里5) 1-230
專行征伐始於隱公 3-74(注), 77(疏)
轉互相訓 2-51(疏)
前侯胡下 2-100(疏)
棁
— 藻棁 1-284(疏)
節
— 山節 1-284(疏)
切問而近思(張6) 3-186
竊比於我老彭(述1) 1-351
節約我以禮節
———— 約我以禮 2-72(疏)
折獄
—— 顔淵篇所論 2-203(疏)
節用而愛人(學5) 1-79
竊位
—— 臧文仲知賢而不擧 3-35(注), 36(疏)
竊位偸安 3-129(疏)
切切偲偲
———— 相切責之貌 2-287(疏)
切切偲偲怡怡如也可謂士矣(路28) 2-286
切磋琢磨 1-89(疏), 101(注), 102(疏)
折衝禦侮
———— 勇者不懼 2-336(疏)
節八音(左傳) 1-155(疏)
折解牲體禮有正數 2-133(疏)
節侯→韋賢(漢) 1-51(疏)
節侯→張禹(漢) 1-56(疏)
點→曾晳(春秋魯) 2-191, 192
接事鬼神宜自絜淨 2-133(疏)
井
— 九夫爲井 2-49(疏)
— 方一里 2-49(疏)
棖
— 門梐 2-106(疏), 198(疏)
檉(地)
— 衣裳之會 2-321(疏)
正(射侯)
— 方二尺 1-192(疏)
政
— 政不在大夫(季2) 3-75

— 政不正則君位危(禮記) 2-252(疏)
— 政先德澤 2-246(疏)
— 政者有所改更匡正 2-265(注)
— 政者正也 2-226(疏), 264(疏)
— 政者正也(顔17) 2-232
— 政在擧賢 2-247(疏)
— 政在大夫 3-80(疏)
— 政在正名 2-250(疏)
— 政之大節 2-289(疏)
— 政逮於大夫四世矣(季3) 3-79
井間有溝
———— 溝洫 2-46(注)
鄭康成→鄭玄(漢) 1-147(疏), 2-348(疏)
庭堅→皐陶(舜之臣) 2-39(疏)
正經善道 1-129(疏), 130(疏)
正鵠 1-168(疏)
定公(春秋魯) 1-135(疏)
—— 君使臣臣事君如之何(八19) 1-203
—— 問爲君之道 2-269(疏)
—— 受齊之女樂 3-157(注), 158(疏)
—— 襄公之子 1-204(疏)
—— 以孔子爲中都宰 1-189(疏)
—— 一言而可以興邦有諸(路15) 2-267
—— 一言而喪邦有諸(路15) 2-268
—— 爵祿不從君出至定公爲五世 3-79(注), 80(疏)
—— 政在大夫(季3疏) 3-81(疏)
政敎均平則不患貧 3-67(疏)
政敎者在於齊正 2-233(疏)
井九百畝(孟子) 2-219(疏)
鄭國大夫之善 2-302(疏)
正國風
——— 周南召南 3-123(疏)
正其衣冠尊其瞻視(堯2) 3-222
正名 2-248, 250(疏)
政命盟會之辭 命 2-302(疏)
正名之義 2-249(注)
征伐取天下
———— 武王德未盡善 1-221(注), 222(疏)
正夫人之名稱
—————— 季氏篇所論 3-60(疏), 99(疏)
鄭司農→鄭衆(漢) 1-192(疏), 2-124(疏), 3-73(疏), 142(疏)
政事冉有季路(先2) 2-156
政事之別 2-265(疏)
正朔 1-147(疏)
正朔三而改 1-146(疏)
正色
—— 靑赤黃白黑 3-134(疏)
鄭聲
—— 亦能惑人心 3-30(疏)
—— 鄭聲淫佞人殆(衛10) 3-30
—— 鄭聲之亂雅樂(陽16) 3-133
定星 1-86(疏)
井稅一夫其田百畝 2-219(疏)
正始之道
———— 周南召南 3-123(疏), 124(疏)
庭實唯國所有(儀禮) 2-115(疏)
井十爲乘 1-78(疏)
井十爲通 1-78(疏)
正樂 1-216(疏)
正樂之音 2-32(疏)
正樂之和 1-205(注)
正樂廢而失節 2-32(注)
正顔色斯近信矣(泰4) 2-19
正月之吉(周禮) 2-129(疏)
鄭衛之聲 3-30(疏)
鄭衛之音 2-32(注)
正由君德 2-252(疏)
井有仁焉其從之也(雍26) 1-342
正唯弟子不能學也(述34) 1-399
井儀

—— 五射 1-358(疏)
貞而不諒(憲36) 3-54
正而不譎(憲15) 2-316
正人之曲曰直 3-118(疏)
貞者事之幹也(周易) 1-277(疏)
正牆面而立(陽8) 3-121
井田 1-78(疏)
—— 采地制井田 2-49(疏)
—— 方一里是爲九夫 2-219(疏)
程鄭(春秋晉)
—— 問降階之道 2-21(疏)
定諸紀 1-107(疏)
鄭衆(漢)←鄭司農 1-192(疏)
—— 改火之說 3-142(疏)
—— 紺緅緇縓竀纁 2-124(疏)
—— 援 直刃也 3-73(疏)
正直之道 3-44(疏)
正直之人 1-134(注)
鄭沖(三國魏)←文和 1-64
正治之法 3-66(疏)
鄭玄(漢)←康成, 鄭康成 1-47, 61(疏), 63(疏)
—— 簡閱在天心 3-219(疏)
—— 公西華 魯人 1-268(疏), 312(疏)
—— 箕子爲紂之諸父 3-152(疏)
—— 論語注 1-46(疏), 60(疏)
—— 論語注 六尺之孤年十五已下 2-25(疏)
—— 論語注 無所取於桴材 1-263(疏)
—— 論語注 微與箕俱在圻內 3-152(疏)
—— 論語注 黻是祭服冕其冠 2-48(疏)
—— 論語注 素衣麑裘視朔之服 2-125(疏)
—— 論語注 辟世辟地辟色辟言者 2-348(疏)
—— 論語注 夏曰瑚 1-257(疏)
—— 歷數在汝身謂有圖錄之名 3-218(疏)
—— 毛詩譜 周太王避狄難 2-43(疏)
—— 毛詩箋 井稅一夫其田百畝 2-219(疏)
—— 巫馬期 魯人 1-393(疏)
—— 辟爲卿士公謂諸侯 1-161(疏)
—— 屛謂之樹 1-214(疏)
—— 尙書注 三帛 1-146(疏)
—— 申棖蓋孔子弟子申續 1-274(疏)
—— 冉伯牛 魯人 1-323(疏)
—— 禮記曲禮注 圓曰簞方曰笥 1-324(疏)
—— 禮記曲禮注 齊謂裳下緝也 2-108(疏)
—— 禮記郊特牲注 灌謂以圭瓚酌鬯 1-177(疏)
—— 禮記郊特牲注 縮去滓也 2-319(疏)
—— 禮記檀弓注 南宮縚 孟僖子之子南宮閱 1-254(疏)
—— 禮記檀弓注 孟敬子武伯之子 2-20(疏)
—— 禮記大學注 無實者多虛誕之辭 2-230(疏)
—— 禮記大學注 百乘之家有采地者也 1-267(疏)
—— 禮記大學注 采地 一同之廣輪也 1-267(疏)
—— 禮記明堂位注 大路 木路也 3-31(疏)
—— 禮記明堂位注 王在焉曰路 3-31(疏)
—— 禮記明堂位注 俎豆 3-15(疏)
—— 禮記射義注 飮射爵者亦揖讓而升降 1-169(疏)
—— 禮記少儀注 三德 至德敏德孝德 1-357(疏)
—— 禮記王制注 附庸國 3-70(疏)
—— 禮記注 曲阜魯地 3-71(疏)
—— 禮記注 逹喪 3-143(疏)
—— 禮記注 耜者耒之金 3-168(疏)
—— 禮記注 徐趨 2-114(疏)
—— 禮記注 誦謂歌樂也弦謂以絲播詩 1-70(疏)
—— 禮記注 諒闇 凶廬 2-354(疏)
—— 禮記注 溫讀如燖溫之溫 1-125(疏)
—— 禮記注 衣有著之異名 2-89(疏)
—— 禮記注 春夏陽也詩樂者聲聲亦陽也 1-70(疏)
—— 雩者吁也吁嗟而請雨也 2-201(疏)
—— 原思 魯人 1-315(疏)
—— 有若 魯人 1-76(疏)

—— 儀禮聘禮注 公旣拜客趨辟 2-104(疏)
—— 儀禮聘禮注 秉十六斛 1-313(疏)
—— 儀禮聘禮注 四享皆束帛加璧 2-115(疏)
—— 儀禮喪服注 布八十縷爲升 2-56(疏)
—— 儀禮燕禮注 升成拜 2-56(疏)
—— 子羔 衛人 2-177(疏)
—— 自古以來皆改正朔 1-147(疏)
—— 子桑伯子 秦大夫 1-307(疏)
—— 宰我 魯人也 1-272(疏)
—— 造次 倉卒也 1-232(疏)
—— 周禮考工記注 古者梠一金 3-168(疏)
—— 周禮考工記注 貢法助法 2-219(疏)
—— 周禮考工記注 句孑戟 3-73(疏)
—— 周禮考工記注 畿內采地之制 2-49(疏)
—— 周禮考工記注 軹 轂末也 2-100(疏)
—— 周禮大司徒注 同師曰朋同志曰友 1-73(疏)
—— 周禮大宗伯注 會同 2-198(疏)
—— 周禮大行人注 介與朝位 2-100(疏)
—— 周禮大行人注 朝正禮不嫌有等也(鄕2疏) 2-100(疏)
—— 周禮弁師注 王之五冕 3-32(疏)
—— 周禮舍人注 方曰簠 圓曰簋 1-257(疏)
—— 周禮小行人注 其玉大小各如其命數 2-111(疏)
—— 周禮小行人注 璧琮琥璜 2-111(疏)
—— 周禮匠人注 是邦國亦異外內之法 2-219(疏)
—— 周禮載師注 什一而稅謂之徹 2-219(疏)
—— 周禮注 畿上有封若今時界也 1-220(疏)
—— 周禮注 答述曰語 1-45
—— 周禮注 籩 竹器如豆者 2-22(疏)
—— 周禮注 士師(微2疏) 3-155(疏)
—— 周禮注 肆猶申也陳也 2-346(疏)
—— 周禮注 天子頒朔于諸侯 1-198(疏)
—— 周禮注 徹者歌雍 1-160(疏)
—— 周禮注 大宰 吳大宰嚭也 2-64(疏)
—— 周禮注 行火 3-142(疏)
—— 周禮注 國有大故則旅上帝及四望 1-166(疏)
—— 周禮注 大車 1-141(疏)
—— 周禮天官注 冢宰 2-355(疏)
—— 周有八士成王時人 3-179(疏)
—— 仲弓 魯人 1-259(注)
—— 蔡 出地因以爲名 1-285(疏)
—— 漆雕開 魯人 1-261(疏)
—— 霸者把也 2-326(疏)
—— 河圖洛書龜龍銜負而出 2-68(疏)
鄭興(漢)
—— 注 蕭茅 2-319(疏)
程姬(漢) 1-54(疏)
—— 魯共王母 1-54(疏)
齊可使如魯 1-340(注)
齊景公(春秋齊)←景公
——— 待孔子以上卿之位 3-156(疏)
——— 問爲國之政 2-226(疏)
——— 民無德而稱焉(季12) 3-95, 3-96(疏)
——— 雖有粟吾得而食諸(顔11) 2-225
——— 信如君不君臣不臣父不父子不子(顔11) 2-225
——— 若季氏則吾不能以季孟之間待之(微3) 3-156
——— 吾老矣不能用也(微3) 3-156
——— 將以尼谿田封孔子 3-157(疏)
——— 齊景公問政於孔子(顔11) 2-225
——— 齊景公有馬千駟死之日民無德而稱焉(季12) 3-95
——— 齊景公待孔子曰若季氏則吾不能以季孟之間待之(微3) 3-156
帝嚳(人) 2-39(疏), 41(疏)
諸公相爲賓 2-198(疏)
諸公之地封疆方五百里(周禮) 1-82(疏)
齊舊四量豆區釜鍾(左傳) 1-312(疏)

制國不過千乘(禮記) 1-82(疏)
齊禁薰物 2-132(注), 134(疏)
諸男之地封疆方百里(周禮) 1-82(疏)
齊論語(書)←齊說 1-52(疏), 53(疏), 56(疏), 60(疏)
—— 別有問王知道二篇 1-46(疏), 55(疏)
諸梁→葉公(春秋楚) 1-377(注), 1-378(疏)
諸伯之地封疆方三百里(周禮) 1-82(疏)
祭法(禮記)
—— 大夫三廟 1-156(疏)
—— 王立七廟 1-198(疏)
祭服備其采章 2-47(疏)
祭服先加明衣次加中衣 2-122(疏)
齊服盛色 2-118(注), 119(注), 121(疏), 2-124(疏)
祭封人 1-220(疏)
祭思敬(張1) 3-181
除喪而宴樂
—— 周景王 2-355(疏)
祭先 2-134(疏), 2-136(疏), 2-142(疏)
齊說→齊論語(書) 1-56
齊詩(書) 1-50(疏)
帝臣不蔽簡在帝心(堯1) 3-211
祭神如神在(八12) 1-183
諸兒→襄公(春秋齊) 2-322(疏)
祭於公不宿肉(鄉6) 2-132
祭如在(八12) 1-182
帝王錄紀興亡之數
—— 河圖洛書 2-68(疏)
帝王易姓而興 3-217(疏)
帝王之德 3-215(疏)
帝王之道貴在無爲淸靜而民化之 3-20(疏)
祭肉不出三日(鄉6) 2-133
帝乙(殷)
—— 命王季爲西伯 2-43(疏)
—— 微子開者殷帝乙之首子 3-219(疏)
濟陰(地)
—— 何晏 1-41(疏)
齊人歸女樂季桓子受之三日不朝孔子行(微4) 3-157
齊人弑其君壬(春秋) 2-330(疏)
齊一變至於魯(雍24) 1-340
諸子百家之書 1-129(疏)
弟子孰爲好學(雍3) 1-307
——(先6) 2-160
弟子入則孝出則悌(學6) 1-87
諸子之地封疆方二百里(周禮) 1-82(疏)
弟子篇→七十二弟子解(孔子家語) 1-252(疏), 254(疏), 256(疏)
弟子縞帶
—— 紳帶之制 3-23(疏)
齊祭飮食居處之事 2-133(疏)
濟濟蹌蹌 2-19(注), 2-20(疏)
祭仲足爲祭封人(左傳) 1-220(疏)
除地爲墠 2-240(疏)
祭之以禮(爲5) 1-114
齊之以刑(爲3) 1-110
帝摯(人) 2-41(疏)
帝出乎震(周易) 1-146(疏)
祭統(禮記)
—— 朱干玉戚以舞大武 1-155(疏)
齊豹見宗魯於公孟(左傳) 1-220(疏)
祭必己親 1-152(疏)
齊必變食(鄉6) 2-130
齊必有明衣布(鄉5) 2-121
諸夏 1-164(疏)
諸夏乂安 2-321(疏)
諸華必叛(左傳) 1-164(疏)
齊桓公→桓公(春秋齊) 2-319(疏), 321(疏), 325(疏)
諸侯
—— 諸侯告朔於太廟 1-199(疏)

―― 諸侯內屛 1-214(疏)
―― 諸侯大夫之行 2-289(疏)
―― 諸侯廟中將幣皆三享(周禮) 2-115(疏)
―― 諸侯封人 1-220(疏)
―― 諸侯不得制作禮樂 3-75(疏)
―― 諸侯使卿大夫相聘 2-100(疏)
―― 諸侯死曰薨 2-354(疏)
―― 諸侯相朝聘 2-115(疏)
―― 諸侯素帶 紳帶之制 3-23(疏)
―― 諸侯所執圭璧 2-111(疏)
―― 諸侯時見曰會 會同 2-191(注), 198(疏)
―― 諸侯王漢高帝初置 1-52(疏)
―― 諸侯爲天子亦斬衰 2-355(疏)
―― 諸侯立五廟(禮記) 1-198(疏)
―― 諸侯六佾 1-154(注), 155(疏)
―― 諸侯衣玄端冠章甫 2-194(疏)
―― 諸侯日視朝之服 端章甫 2-191(注), 198(疏)
―― 諸侯自相爲賓之禮 2-100(疏)
―― 諸侯自作禮樂 3-74(注)
―― 諸侯嫡妾不正稱號不審 3-99(注)
―― 諸侯朝服 天子之燕服 2-198(疏)
―― 諸侯朝服以日視朝 1-199(疏)
―― 諸侯朝服以日視朝於內朝(禮記) 2-125(疏)
―― 諸侯之車 3-31(疏)
―― 諸侯之大射 1-192(疏)
―― 諸侯之冕 3-32(疏)
―― 諸侯之地封疆方四百里(周禮) 1-82(疏)
―― 諸侯之夫人 邦君之妻 3-99(疏)
―― 諸侯之事 2-193(注), 195(疏), 301(注), 302(疏), 303(疏)
―― 諸侯之席三重 2-137(疏)
―― 諸侯之臣爲陪臣 1-166(疏)
―― 諸侯之風鵲巢騶虞之德 3-123(疏)
―― 諸侯之行人 2-304(疏)
―― 諸侯千乘 1-265(注)
―― 諸侯皮弁以聽朔 1-199(疏)
―― 諸侯皮弁聽朔於太廟(禮記) 1-198(疏)
―― 諸侯黃朱 韍之色 2-48(疏)
―― 諸侯會同 2-194(疏)
助
― 殷人七十而助 2-219(疏)
曹(國名)
― 孔子去衛如曹 3-16(注)
祧 1-177(疏)
竈(八13) 1-184
― 飮食之所由 1-185(疏)
趙簡子(春秋晉)
――― 邑宰佛肸 3-113(注), 115(疏)
肇牽車牛遠服賈用(書經) 1-141(疏)
阼階(鄕8) 2-137
祖考廟 1-198(疏), 199(疏)
晁公武(宋)
――― 讀書志(書) 1-43(疏)
朝覲 2-198(疏)
趙岐(漢) 1-120(疏)
―― 孟子注 耕五十畝者貢上五畝 2-219(疏)
俎豆
―― 禮器 3-14(疏)
俎豆之事則嘗聞之矣(衛1) 3-13
條狼氏掌執鞭以趨辟(周禮) 1-366(疏)
朝禮 2-111(疏)
照臨 3-90(疏)
趙孟(春秋晉)
―― 將死其語偸 2-21(疏)
朝廟
―― 以禮祭於宗廟 1-198(疏)
朝聞道夕死可矣(里8) 1-235
―――――― 將至死不聞世之有道 1-235(注)
朝服

—— 先以明衣親身次加中衣 2-122(疏)
—— 十五升布衣而素裳也 2-125(疏)
—— 皮弁服 2-121(注), 122(疏), 129(疏)
祖父之廟 1-178(疏)
覜聘 2-111(疏)
曹爽(三國魏) 1-64(疏), 65(疏)
遭喪之禮 1-292(疏)
弔生不及哀 2-355(疏)
鳥獸不可與同群(微6) 3-165
鳥獸草木之名(陽8) 3-121
遭時制宜 2-276(疏)
澡身浴德
———— 曾晳 2-202(疏)
趙鞅(春秋晉)
—— 納蒯聵於戚城 1-369(注), 370(疏), 372(疏)
弔於人是日不樂(禮記) 1-362(疏)
朝與下大夫言侃侃如也(鄕1) 2-95
趙魏老(憲11) 2-307
祖乙(夏) 3-218(疏)
釣而不綱(述27) 1-384
———— 孔子之仁 1-385(疏)
操以受命如使之容(禮記) 2-138(疏)
朝正 1-198(疏)
朝廷曰退(禮記) 2-265(疏), 266(疏)
曹州(地)
—— 濟陰人何晏 1-41
鳥之將死其鳴也哀(泰4) 2-18
造次
—— 急遽也 1-231(疏)
—— 猶言草次 1-232(疏)
造次必於是(里5) 1-230
釣則得魚少
————— 釣而不綱 1-385(疏)
鳥則擇木木豈能擇鳥 2-79(疏)
藻梲 1-284, 2-300(疏)
—— 畫梁上短柱爲藻文也 1-286(疏)
調風至
——— 八風 1-155(疏)
棗杏赤故夏用之
——————— 改火 3-142(疏)
棗杏之火
———— 改火 3-138(注), 142(疏)
朝享 1-196(注), 197(疏), 2-198(疏)
朝享於五廟 1-199(疏)
曹羲(三國魏) 1-64, 65(疏)
族
— 四閭爲族 1-315(疏)
足恭
—— 便習盤僻其足以爲恭也 1-299(疏)
足躩
—— 盤辟貌 2-99(疏)
足躩如也(鄕2) 2-97
————(鄕3) 2-105
足兵則不軌畏威 2-214(疏)
足食足兵民信之矣(顔7) 2-214
足食則人知禮節 2-214(疏)
足蹜蹜如有循(鄕4) 2-109
足則吾能徵之矣(八9) 1-174
尊其瞻視(堯2) 3-222
存亡繼絶 2-321(疏)
存不忘亡旣濟不忘未濟 3-35(疏)
尊五美屛四惡斯可以從政矣(堯2) 3-221
尊在位恤不成人 2-147(疏)
尊祖愛親守其所以生者也
———————————— 孝德 1-357(疏)
尊賢而容衆(張3) 3-183
琮
— 諸侯享后用琮 2-115(疏)
— 子男朝后用琮 2-111(疏)
— 琮以錦 2-115(疏)
鍾(度量衡)

— 齊舊四量 1-312(疏)
鍾鼓云乎哉(陽9) 3-125
種穀曰稼 2-256(疏)
宗禮 2-111(疏)
宗廟
—— 宗廟祭祀之事 2-194(疏)
—— 宗廟主 1-208(疏)
—— 宗廟之器貴瑚璉 1-256(注), 257(疏)
—— 宗廟之禮當須重愼 1-188(疏)
—— 宗廟之事 2-198(疏)
—— 宗廟之事如會同端章甫願爲小相焉(先24) 2-191
—— 宗廟會同非諸侯而何(先24) 2-193
鍾鎛
—— 八音 1-155(疏)
宗伯 1-177(疏)
種樹菜果則謂之圃 2-256(疏)
終身行仁 2-205(疏)
從我於陳蔡者皆不及門也(先2) 2-156
從我者其由與(公7) 1-261
從吾所好(述12) 1-365
宗儒→孫邕(三國魏) 1-64(疏)
宗有司 1-177(疏)
終日不食終夜不寢以思(憲30) 3-49
終日不違如愚(爲9) 1-122
從者曰子慟矣(先9) 2-164
從者見之(八24) 1-217
從政
—— 古論語篇名 1-55(疏)
宗族稱孝焉(路20) 2-274
從之純如也(八23) 1-215
從辟世之法
———— 長沮桀溺 3-164(注), 166(疏)
從辟人之法
———— 孔子 3-164(注), 166(疏)
左丘明(春秋魯) 1-300(疏)
——— 魯太史 1-298(注)
——— 受春秋經於仲尼者也 1-299(疏)
——— 左丘明恥之丘亦恥之(公25) 1-298
左師
—— 向巢(春秋魯) 2-212(疏)
坐席之禮 2-137(疏)
左氏膏肓(書) 1-60(疏)
左人左其手
———— 爲擯之禮 2-101(疏)
左衽 2-324, 2-325(疏)
罪在朕躬(堯1) 3-212
州
— 五黨爲州 1-315(疏)
邾(國名)
— 臧武仲出奔邾 2-310(疏), 313(注), 314(疏)
鑄(國名)
— 臧宣叔娶于鑄 2-314(疏)
周(國名)←有周 1-143, 2-296(疏)
— 以十一月爲正 1-146(疏)
— 周家受天命及伐紂告天之辭 3-214(疏)
— 周監於二代(八14) 1-186
— 周文法地而爲天正 1-146(疏)
— 周法什一而稅謂之徹 2-217(注), 218(疏), 219(疏)
— 周尙赤 1-146(疏)
— 周時四乳生八子 3-179(注)
— 周有大賚善人是富(堯1) 3-212
— 周有赤雀銜書 1-147(疏)
— 周有八士(微11) 3-179
— 周以房俎(禮記) 3-15(疏)
— 周人百畝而徹(孟子) 2-219(疏)
— 周人尙臭(禮記) 1-177(疏)
— 周因於殷禮 2-155(疏)
— 周因於殷禮(爲23) 1-142
— 周人以栗曰使民戰栗(八21) 1-206
— 周人玄衣而養老(禮記) 2-198(疏)

— 周之德可謂至德也已矣(泰20) 2-38
— 周之冕(衛10) 3-29
— 周之禮文 1-186(疏)
— 周之禮文而備 3-29(注), 30(疏)
— 周之八簋(禮記) 1-257(疏)
— 周之興也呂牙在殷 2-40(疏)
— 周獻豆 3-15(疏)
紂(殷)←受德 1-295(疏), 3-200(疏)
— 吾聞聖人心有七竅 3-153(疏)
— 淫亂 2-38(注), 39(疏), 43(疏)
— 周武王伐而滅紂 3-214(疏)
— 紂之母生微子啓與仲衍 3-152(疏)
— 紂之父欲立微子啓爲太子 3-152(疏)
— 紂之不善不如是之甚也(張20) 3-199
裯→昭公(春秋魯) 3-77(疏)
周→莊公(春秋魯) 3-77(疏)
輈 1-141(疏)
朱干玉戚以舞大武(禮記) 1-156(疏)
朱干玉戚以舞大夏
———————— 昭公僭爲天子之禮樂
3-77(疏)
酒誥(書經)
—— 肇牽車牛遠服賈用 1-141(疏)
周公(周)←周公旦 1-154(注)
—— 可委託以幼少之君 2-24(疏)
—— 故舊無大故則不棄也(微10) 3-178
—— 久矣吾不復夢見周公(述5) 1-354
—— 君子不施其親(微10) 3-177
—— 魯一變至於道 1-340(注)
—— 亂臣十人 2-37(注), 38(疏)
—— 魯周公之封 2-258(注)
—— 無求備於一人(微10) 3-178
—— 不使大臣怨乎不以(微10) 3-178
—— 成王封周公於曲阜 1-82(疏), 3-71(疏)
—— 受王者禮樂 1-156(疏)
—— 食菜於周謂之周公 2-40(疏)
—— 如有周公之才之美(泰11) 2-29
—— 周公戒魯公之語 3-151(疏), 178(疏)
—— 周公乃致辟管叔于商 3-219(疏)
—— 周公廟 1-187(注), 188(疏), 189(疏)
—— 周公囚蔡叔于郭隣 3-219(疏)
—— 周公謂魯公曰君子不施其親(微10)
3-177
—— 周公之才之美(泰11) 2-29
—— 周公之後魯姬姓 1-393(疏)
—— 周公稱太廟(公羊傳) 1-189(疏)
—— 周召共和之年 1-164(疏)
—— 周召分陜 2-43(疏)
—— 天子之宰卿士 2-173(注)
周公旦→周公 2-29, 37(注), 38(疏), 40(疏)
黈纊塞耳不任視聽 3-29(注), 30(疏), 32(疏)
朱紘 2-300(疏)
主君是公則擯者五人 2-100(疏)
主君有闕是輔相者之過 3-66(疏)
周南(詩經)
—— 關雎 1-205(注), 2-32(疏)
—— 王者之風(陽8疏) 3-123(疏)
周南召南
———— 國風之始 3-122(注)
———— 三綱之首王教之端 3-121, 122(注)
周禮(書)
—— 距 3-15(疏)
—— 巾車 掌王之五路 3-31(疏)
—— 考工記 二耜爲耦 3-168(疏)
—— 教鼓人以金鐸通鼓 1-220(疏)
—— 均人職 凡均力政以歲上下 1-86(疏)
—— 大司徒 諸公之地封疆方五百里 1-82(疏)
—— 大司徒 千乘之國 1-84(疏)
—— 大司徒職 五家爲比 3-22(疏)
—— 大司馬序官 凡制軍 1-82(疏)
—— 大史頒告朔于邦國 1-160(疏), 1-198(疏)
—— 大司樂 1-216(疏)

—— 大宰六卿之長 2-64(疏)
—— 大宰職 園圃毓草木 2-256(疏)
—— 大宗伯 國有大故則旅上帝及四望 1-166(疏)
—— 大宗伯之職掌建邦之天神 1-152(疏)
—— 大行人小行人之職 1-268(疏)
—— 弁師 王之五冕 3-32(疏)
—— 保氏 掌養國子教之六藝 1-358(疏)
—— 封人掌爲畿封而樹之 1-220(疏)
—— 賦法 1-267(疏)
—— 司爟掌行火之政令 3-142(疏)
—— 司馬序官 軍旅 3-15(疏)
—— 司馬掌征伐 1-81(疏)
—— 司服 王之吉服 2-48(疏)
—— 師氏 掌以三德教國子 1-357(疏)
—— 舍人 鄭玄注 1-257(疏)
—— 敍官 乃立天官冢宰 2-355(疏)
—— 小師 徹歌 1-160(疏)
—— 小宰職 聽閭里以版圖 2-148(疏)
—— 樂師 及徹帥學士而歌徹 1-160(疏)
—— 六卿 1-290(疏)
—— 載師 凡任地 2-219(疏)
—— 甸師 祭祀共蕭茅 2-319(疏)
—— 正月之吉 2-129(疏)
—— 朝享 1-198(疏)
—— 周公致太平之書 1-85(疏)
—— 天官 大府玉府內府外府 2-170(疏)
—— 天官 大宰之職掌建邦之六典 2-355(疏)
—— 天官 籩人掌四籩之實 2-22(疏)
—— 天官 醢人掌四豆之實 2-22(疏)
—— 天官司裘職 王大射 1-192(疏)
—— 千乘之國 1-78(注)
—— 秋官 條狼氏掌執鞭以趨辟 1-366(疏)
—— 秋官大司寇職 以兩造禁民訟 2-228(疏)
—— 秋官司儀職 掌九儀之賓客擯相之禮 2-198(疏)
—— 秋官有大行人小行人 2-303(疏)
—— 春官大宗伯職 會同 2-198(疏)
—— 八命作牧 2-43(疏)
—— 鄉大夫職 射有五善焉 1-191(疏)
—— 鄉大夫職 國中自七尺以及六十 2-25(疏)
周禮注(書)
———— 答述曰語 1-45
———— 倍文曰諷以聲節之曰誦 2-257(疏)
———— 種穀曰稼 2-256(疏)
州伯 2-43(疏)
周本紀(史記)
——— 季歷娶太任生昌 2-43(疏)
——— 幽王三年嬖褒姒生伯服 3-77(疏)
主副曰擯及行人 2-100(疏)
酒不自作未必精絜
———————— 脯不自作不知何物之肉 2-133(疏)
周生烈(三國魏)←文逸 1-41, 47, 63(疏)
——— 作論語義說 1-61
周書(書經)
—— 君陳 孝乎惟孝友于兄弟 1-138(疏)
—— 無逸 高宗諒陰三年不言 2-354(疏)
—— 泰誓 雖有周親不如仁人 3-219(疏)
周書→逸周書(書) 3-138(注), 142(疏)
周頌(詩經)
—— 臣工之什 1-158(注), 160(疏)
朱是南方正紅是南方間 3-134(疏)
周氏(漢) 1-41, 47, 208(疏)
—— 論語注 1-46(疏), 56, 57(疏), 62(疏)
周易(書)
—— 乾卦 乾元亨利貞 1-277(疏)
—— 乾卦文言 同志相求 1-248(疏)
—— 乾卦文言 聖人與天地合其德 2-343(疏)
—— 謙卦彖辭 謙尊而光卑而不可踰 2-238(疏)
—— 繫辭 方以類聚 1-248(疏)

—— 繫辭 顔氏之子其殆庶幾乎 2-178(疏), 1-309(疏)
—— 繫辭 潤之以風雨 2-133(疏)
—— 繫辭 天下殊塗而同歸百慮而一致 1-130(疏), 3-19(疏)
—— 繫辭傳下 有不善未嘗復行 1-309(疏)
—— 繫辭傳下 知之未嘗復行也 1-309(疏)
—— 坤卦文言 敬義立而德不孤 1-248(疏)
—— 坤卦文言 君子敬以直內義以方外 1-248(疏)
—— 窮理盡性以至於命 1-374(注)
—— 旣濟象辭 君子當思患而預防之 3-35(疏)
—— 遯卦象辭 以遠小人不惡而嚴 2-181(疏)
—— 利見大人 3-90(疏)
—— 馬融注 1-59(疏)
—— 文言 君子體仁足以長人 1-227(疏)
—— 文言 利者義之和也 1-277(疏)
—— 文言 問以辨之 1-100(疏)
—— 文言 元者善之長也 1-277(疏)
—— 文言 貞者事之幹也 1-277(疏)
—— 文言 亨者嘉之會也 1-277(疏)
—— 說卦 帝出乎震 1-146(疏)
—— 訟卦象傳 天與水違行訟 2-230(疏)
—— 亦可醜也亦可喜也 1-70(疏)
—— 鄭玄注 1-60(疏)
—— 兌卦彖辭 說以先民民忘其勞 2-245(注), 246(疏)
—— 恒卦 不恒其德或承之羞 2-279(注), 280(疏), 281(疏)
主友之規
———— 學而篇所論 1-67(疏)
邾隱公→隱公(春秋邾) 2-178(疏)
周而不比(爲14) 1-127, 3-47(疏)
主人延客祭(禮記) 2-142(疏)
主人傳辭出入人
———————— 將命者 3-137(疏)
主人玄冠朝服緇帶素韠(儀禮) 2-125(疏)
周任(周)
—— 古之良史 3-66(疏)
—— 立言之賢 3-72(疏)
—— 周任有言曰陳力就列不能者止(季1) 3-62
周章(吳) 2-14(疏)
朱張(人)←子弓
—— 逸民 3-173, 175(疏)
—— 作者七人矣 2-348(疏)
舟楫以濟川 1-126(疏)
主忠信(學8) 1-91
———(罕25) 2-86
主忠信徙義崇德也(顔10) 2-222
晝寢
—— 宰我 1-269, 1-271(疏)
主皮 1-191(疏)
—— 射有五善 1-190(注), 192(疏)
柱下史
——— 彭祖 1-352(疏)
周桓公言於王曰(左傳) 3-77(疏)
酒荒於厥邑 3-84(疏)
竹豆謂之籩 2-22(疏)
雋 1-192(疏)
䳄
— 謂之鵠 1-192(疏)
仲康(夏) 2-296(疏)
仲弓(春秋魯)←冉雍, 雍 1-315, 306(疏), 316(疏)
—— 可使南面 1-304(疏)
—— 居敬而行簡以臨其民不亦可乎(雍2) 1-305
—— 德行顔淵閔子騫冉伯牛仲弓(先2) 2-156
—— 焉知賢才而擧之(路2) 2-247
—— 雍雖不敏請事斯語矣(顔2) 2-207
—— 雍也可使南面(雍1) 1-304

―― 雍也仁而不佞(公5) 1-258
―― 爲季氏家宰(路2疏) 2-247(疏)
―― 仁而不佞(公5疏) 1-258(注), 1-259(疏)
―― 仲弓問仁(顔2) 2-206
―― 仲弓問子桑伯子(雍2) 1-304
―― 仲弓爲季氏宰問政(路2) 2-246
―― 撰定論語 1-45
中宮太極星 1-107(疏)
中年則公旬用二日焉(周禮) 1-86(疏)
仲尼→孔子 1-351(疏), 2-202(疏), 316(注), 317(疏), 3-201, 202(疏), 203(疏), 205, 206, 208(疏)
中道而廢(雍12) 1-324
中都宰
――― 孔子 1-315(疏), 189(疏)
仲突(周)
―― 周有八士 3-179
仲冬紀(呂氏春秋)
――― 紂之母生微子啓與仲衍 3-152(疏)
仲梁懷(春秋魯)
――― 改步改玉 3-110(疏)
中牟(地)
―― 佛肸以中牟畔(陽6) 3-114
重民
―― 國之本也 3-213(注), 215(疏)
衆頫曰同
―――― 會同 2-191(注)
中不在體 2-281(疏)
重喪
―― 所以盡哀 3-213(注), 215(疏)
仲孫 1-158(注), 159(疏)
―― 改其氏稱孟氏 3-80(疏)
―― 慶父之後 1-160(疏)
―― 三桓 3-80(注)
仲孫速→孟莊子(春秋魯) 3-197(注), 198(疏)
仲孫閱→南容(春秋魯) 2-296(疏)
仲孫捷→孟敬子(春秋魯) 2-18(注)
仲孫彘→孟武伯(春秋魯) 1-116(注), 117(注)
仲孫何忌→孟懿子(春秋魯) 1-114(注), 115(疏), 116(疏), 3-204(疏)
仲孫貜→孟僖子(春秋魯) 1-254(注)
仲叔圉(春秋衛)
――― 仲叔圉治賓客(憲19) 2-328
仲叔于奚(春秋衛) 1-189(疏)
重食
―― 民之命也 3-213(注), 215(疏)
中心無隱謂之忠
―――――― 文行忠信 1-383(疏)
中央土土色黄 3-134(疏)
仲衍(殷)
―― 微子之弟 3-152(疏)
衆惡之必察焉(憲27) 3-46
仲雍(周)←吳仲雍
―― 周太王次子 2-13(注), 14(疏)
中庸(書)
―― 溫故而知新 1-125(疏)
―― 天命之謂性 1-277(疏)
中庸之德
―――― 雍也篇所論 1-304(疏)
中庸之爲德也(雍29) 1-348
中庸之爲德也其至矣乎 1-357(疏)
中原利其五穀 3-223(疏)
仲由→子路 1-130(注), 131(疏), 317, 2-88(疏), 89(疏), 185, 186(疏), 250(疏), 3-163, 166(疏)
中衣 2-122(疏)
中人
―― 其性可上可下 3-105(疏)
―― 中人以上可以語上 3-27(疏)
―― 中人以上可以語上也(雍21) 1-335
―― 中人以下不可以語上 3-27(疏)
―― 中人以下不可以語上也(雍21) 1-335
―― 中人之制 2-150(疏)

重人賤畜 2-140(疏)
仲子之宮 1-155(疏)
重祭
—— 所以致敬 3-213(注), 215(疏)
衆仲(春秋魯) 1-155(疏)
中行
—— 行能得其中者 2-277, 278(疏)
—— 治國脩身之要 2-245(疏)
衆好之必察焉(憲27) 3-46
仲忽(周)
—— 周有八士 3-179
重華→舜 3-214(疏)
中和
—— 中庸之德 1-348(疏)
中和之德 1-357(疏)
中候(書)
—— 龍馬銜甲赤文綠色 2-68(疏)
中興書目(書) 1-43
卽之也溫(張9) 3-189
烝(祭名)
— 宗廟之事 2-198(疏)
繒(國名)
— 中侯與繒西夷犬戎共攻幽王 3-77(疏)
烝民乃粒(書經) 2-295(疏), 299(疏)
曾參→曾子(春秋魯) 1-78(疏)
曾晳(春秋魯)←曾蔵, 曾點, 點 2-197(疏)
—— 浴乎沂風乎舞雩詠而歸(先24) 2-192
—— 冠者五六人童子六七人(先24) 2-192
—— 獨能知時 2-202(疏)
—— 莫春者春服既成(先24) 2-192
—— 夫三子者之言何如(先24) 2-192
—— 夫子何哂由也(先24) 2-192
—— 吾與點也(先24) 2-192
—— 唯求則非邦也與(先24) 2-193
—— 異乎三子者之撰(先24) 2-191
—— 子路曾晳冉有公西華侍坐(先24) 2-189
—— 點爾何如(先24) 2-191, 194(疏)
矰矢 1-386(疏)
曾是以爲孝乎(爲8) 1-121
鄫衍之役 1-117(疏)
曾謂泰山不如林放乎(八6) 1-165
曾由與求之問(先22) 2-185
曾子→參, 曾參, 子輿
—— 可以寄百里之命(泰6) 2-24
—— 可以託六尺之孤(泰6) 2-23
—— 啓予足啓予手(泰3) 2-17
—— 君子思不出其位(憲26) 2-335
—— 君子所貴乎道者三(泰4) 2-19
—— 君子以文會友以友輔仁(顔24) 2-243
—— 君子人與君子人也(泰6) 2-24
—— 其不改父之臣與父之政是難能也(張18) 3-197
—— 堂堂乎張也難與竝爲仁矣(張16) 3-196
—— 動容貌斯遠暴慢矣(泰4) 2-19
—— 臨大節而不可奪也(泰6) 2-24
—— 孟莊子之孝也其他可能也(張18) 3-197
—— 籩豆之事則有司存(泰4) 2-19
—— 父曾晳 1-77(注)
—— 夫子之道忠恕而已矣(里15) 1-241
—— 士不可以不弘毅任重而道遠(泰7) 2-26
—— 死而後已不亦遠乎(泰7) 2-26
—— 參也魯(先17) 2-175
—— 參乎吾道一以貫之(里15) 1-241
—— 上失其道民散久矣(張19) 3-198
—— 昔者吾友嘗從事於斯矣(泰5) 2-23
—— 省身愼行之事 1-78(疏)
—— 性遲鈍 2-176(疏)
—— 詩云戰戰兢兢如臨深淵如履薄冰(泰3) 2-17
—— 愼終追遠民德歸厚矣(學9) 1-92
—— 如得其情則哀矜而勿喜(張19) 3-198
—— 與朋友交而不信乎(學4) 1-77

—— 吾聞諸夫子(張17) 3-197
—— 吾日三省吾身(學4) 1-77
—— 欲戒孟敬子 2-20(疏)
—— 爲人謀而不忠乎(學4) 1-77
—— 唯(里15) 1-241
—— 有母之喪水漿不入於口七日 2-252(疏)
—— 有若無實若虛犯而不校(泰5) 2-23
—— 而今而後吾知免夫小子(泰3) 2-17
—— 以能問於不能以多問於寡(泰5) 2-23
—— 人未有自致者也必也親喪乎(張17) 3-197
—— 仁以爲己任不亦重乎(泰7) 2-26
—— 人之將死其言也善(泰4) 2-18
—— 作孝經 1-78(疏)
—— 傳不習乎(學4) 1-77
—— 正顏色斯近信矣(泰4) 2-19
—— 鳥之將死其鳴也哀(泰4) 2-18
—— 曾子有疾孟敬子問之(泰4) 2-18
—— 曾子有疾召門弟子曰啓予足啓予手(泰3) 2-17
—— 曾子之孝不敢毁傷也 2-18(疏)
—— 出辭氣斯遠鄙倍矣(泰4) 2-19
曾點→曾晳 2-189(注), 194(疏), 197(疏)
曾蒧→曾晳 2-197(疏)
曾參→曾子(春秋魯) 1-77(注), 2-189(注)
知
— 子曰知人(顔22) 2-240
— 知及以得其失也蕩 3-51(疏)
— 知及之仁能守之(憲32) 3-50
— 知及之仁能守之莊以莅之(憲32) 3-51
— 知及之仁不能守之(憲32) 3-50
— 好知不好學其蔽也蕩(陽7) 3-117
知(五行)
— 土神則知 1-277(疏)
軹
— 轂末也 1-141(疏), 2-100(疏)
志强學廣 1-113(疏)
至堅者磨之而不薄 3-114(注)
地官(周禮)
—— 小司徒 凡起徒役無過家一人 1-82(疏)
—— 遂人職 五家爲隣五隣爲里 1-315(疏)
知其說者之於天下也其如示諸斯乎(八11) 1-181
指其掌(八11) 1-181
多見其不知量也(張24) 3-205
———— 訓多爲適 3-206(疏)
至德
—— 文王 2-43(疏)
—— 以爲道本 1-357(疏)
—— 周之德可謂至德也已矣(泰20) 2-38
—— 泰伯 2-13
知德者鮮矣(衛3) 3-19
至道深遠 2-178(疏)
知道
—— 齊論篇名 1-46(疏), 55
地圖
—— 版圖 2-149(疏)
知禮(述31) 1-391
知柳下惠之賢而不與立也(憲13) 3-35
地理志(書)
——— 汶水出泰山萊蕪 1-321(疏)
地里志(漢書)
——— 遼西令支有孤竹城 1-296(疏)
——— 幽王淫褒姒滅宗周 3-77(疏)
——— 顓臾國在蒙山下 3-71(疏)
知命之年 1-374(注), 375(疏)
至命之書 1-374(注), 375(疏)
至白者染之於涅而不黑 3-114(注)
志士君子之道
———— 衛靈公篇所論 3-13(疏)
指事
—— 六書 1-358(疏)

志士仁人無求生以害仁有殺身以成仁(衛8) 3-27
之三子告不可(憲21) 2-330
志善之士 3-27(疏)
知松栢之後彫也(罕28) 2-90
地示之禮 1-152(疏)
知我者其天乎(憲35) 2-342
至於犬馬皆能有養(爲7) 1-118
志於道(述6) 1-355
知於庶幾之道 2-178(疏)
至於親喪必自致盡 3-197(疏)
至於他邦則曰猶吾大夫崔子也違之(公19) 1-287
知愚
—— 陽貨篇所論 3-101(疏)
知以通其變 3-51(疏)
知人(顔22) 2-240
——(堯3) 3-226
—— 知人之法 1-124(疏)
—— 知人之事 3-47(疏)
—— 知人則哲 2-337(疏)
知仁之功 1-339(疏)
知仁之性 1-339(疏)
知仁之用 1-339(疏)
之一邦則又曰猶吾大夫崔子也違之(公19) 1-287
知者
—— 知者見之謂之知 3-48(疏)
—— 知者動(雍23) 1-338
—— 知者樂(雍23) 1-339
—— 知者明於事故不惑 2-336(疏)
—— 知者明於事故不惑亂 2-91(疏)
—— 知者不失人亦不失言(衛7) 3-26
—— 知者不惑(罕29) 2-91
—— 知者不惑(憲28) 2-336
—— 知者役用才知成功得志 1-339(疏)
—— 知者樂水(雍23) 1-338
—— 知者利仁(里2) 1-226
—— 知者之性 1-339(疏)
—— 智者知也 1-144(疏)
止子路宿殺鷄爲黍而食之見其二子焉(微7) 3-169
砥柱
—— 鳳凰飮砥柱 2-68(疏)
知之未嘗復行
———— 顔淵 1-308(疏)
知之未嘗復行也(周易) 1-309(疏)
知之爲知之不知爲不知(爲17) 1-130
知之者不如好之者(雍20) 1-334
知之次也(述28) 1-387
知進而不知退
———— 狂者 2-278(疏)
知恥
—— 憲問篇所論 2-289(疏)
至親之喪欲以期斷
—————— 宰我 3-140(疏)
地統 1-143(疏), 146(疏)
地形卑下則衆流所歸 3-200(疏)
知和而和不以禮節之亦不可行也(學12) 1-96
直
— 直道而事人焉往而不三黜(微2) 3-154
— 直而無禮則絞(泰2) 2-15
— 直而不肆 3-88(注), 89(疏)
— 直者不應委曲 1-297(疏)
— 直在其中矣(路18) 2-272
— 直哉史魚(衛6) 3-24
— 好直不好學其蔽也絞(陽7) 3-118
稷(舜之臣)←棄, 后稷
— 舜有臣五人而天下治 2-37(注), 38(疏)
— 帝嚳之子 2-39(疏)
— 周自后稷封爲王者之後 2-43(疏)
— 周之始祖 2-295(疏)

— 播百穀 2-294(注), 299(疏)
— 后十五世至文王受命 2-295(疏), 299(疏)
— 后稷 3-21(疏)
直躬者(路18) 2-271
直言曰言
———— 答述曰語 1-48(疏)
———— 食不語寢不言 2-134(疏)
軫 1-141(疏)
陳(國名)
— 舜之後 1-369(疏)
— 在陳絶糧 3-16
陳群(三國魏)←潁陰侯, 長文 1-47, 1-63(疏)
—— 作論語義說 1-61
賑窮周急 1-311(疏)
振旅 1-221(疏)
盡力於溝洫 2-294(注), 295(疏), 299(疏)
陳力就列不能者止(季1) 3-62
盡力乎溝洫(泰21) 2-46
振木鐸於朝(禮記) 1-221(疏)
晉文公→文公(春秋晉) 2-326(疏)
陳文子(春秋齊) 1-288(注)
——— 陳文子有馬十乘棄而違之(公19) 1-287
盡美矣未盡善也(八25) 1-221
盡美矣又盡善也(八25) 1-221
秦伯→穆公(春秋秦) 2-291(疏)
陳服 2-56(疏)
陳司敗(春秋陳) 1-396(疏)
——— 君而知禮孰不知禮(述31) 1-391
——— 君取於吳爲同姓謂之吳孟子(述31) 1-391
——— 昭公知禮乎(述31) 1-391
——— 吾聞君子不黨君子亦黨乎(述31) 1-391
晉書(書) 2-355(疏)
陳成子(春秋齊)←常, 田成子, 田氏, 陳恒
——— 弒簡公 1-153(疏), 2-226(疏), 330(疏)
——— 陳成子弒簡公(憲21) 2-329
——— 陳恒弒其君請討之(憲21) 2-329
螓首蛾眉(詩經) 1-173(疏)
陳完→田完(春秋陳) 1-369(疏)
震音竹
——— 八音 1-155(疏)
陳子禽(人)
——— 非陳亢 3-208(疏)
——— 子爲恭也仲尼豈賢於子乎(張25) 3-206
——— 陳子禽謂子貢曰子爲恭也仲尼豈賢於子乎(張25) 3-206
晉灼(晉) 1-64(疏)
眞知 1-131(注)
陳楚名司寇爲司敗也 1-393(疏)
進取於大道 1-294(注)
秦風蒹葭(詩經) 2-306(疏)
陳亢→子禽(春秋陳) 1-93(注), 94(疏), 3-208(疏)
陳恒→陳成子(春秋齊) 2-329(注), 330(疏)
陳桓子(春秋齊)
——— 滅齊 2-225(注), 226(疏)
晉侯召王以諸侯見(左傳) 2-317(疏)
質(射侯)
— 方四寸 1-192(疏)
疾固也(憲32) 2-339
疾君視之東首加朝服拖紳(鄕13) 2-142
質勝文則野(雍18) 1-332
疾甚曰病 2-73(注), 74(疏)
柣謂之閾 2-108(疏)
質猶文也(顔8) 2-216
秩宗(官名) 3-21(疏)
質直寡欲 1-273(疏)
質直而好義(顔20) 2-236
疾貪惡忮害之詩

——————— 不忮不求何用不臧 2-88(注), 89(疏)
斟灌(人) 2-297(疏)
朕躬有罪無以萬方(堯1) 3-212
斟鄩(人) 2-297(疏)
執龜玉擧前曳踵(禮記) 2-114(疏)
執圭鞠躬如也如不勝(鄕4) 2-109
執圭行聘 2-110(疏)
執德不弘(張2) 3-182
執事敬(路19) 2-273
執射乎(罕2) 2-53
執御乎(罕2) 2-53
執玉之禮 2-111(疏)
執牛耳 1-117(疏)
執張弓 1-169(疏)
執持君之圭 2-109(注), 110(疏)
集解→論語集解(書) 1-47(疏)

【ㅊ】

次介 2-198(疏), 199(疏)
差分
—— 九數 1-358(疏)
次擯 2-100(疏)
且予與其死於臣之手也(罕12) 2-73
且予縱不得大葬(罕12) 2-74
且爾言過矣(季1) 3-62
且而與其從辟人之士也豈若從辟世之士哉(微6) 3-163
且在邦域之中矣(季1) 3-61
且知方也(先24) 2-190
鑽木出火謂之燧 3-140(疏)
鑽燧 3-140(疏)
鑽燧改火(陽19) 3-137
鑽之彌堅(罕11) 2-70, 3-52(疏)
察其所安(爲10) 1-124
察言觀行 1-271(注)
察言觀行然後擧之 3-42(疏)
察言而觀色慮以下人(顔20) 2-236
譖愬之言 2-213(疏)
譖人之言 2-212(注), 213(疏)
斬衰 2-70(疏)
—— 諸侯爲天子亦斬衰 2-355(疏)
斬衰三年 3-140(疏)
昌→文王(周) 2-13(注), 14(疏)
閶闔風
——— 八風 1-155(疏)
倉頡(人)
—— 科斗書 1-54(疏)
蒼頡篇(書)
——— 食臭敗也 2-136(疏)
蔡(國名) 2-318(疏)
蔡(寶龜)
— 國君之守龜 1-283(注), 285(疏)
蔡謨(晉) 1-347(疏)
采薇
—— 伯夷叔齊 1-296(疏)
采薇而食
———— 伯夷叔齊 3-96(疏)
蔡叔(周) 1-283(注), 3-213(注), 214(疏)
—— 周公囚蔡叔于郭隣 3-219(疏)
蔡邕(漢)
—— 石經論語 1-42
采邑之宰 1-315(疏)
蔡義(漢) 1-51(疏)
采地 1-267(疏)
采地制井田 2-49(疏)
采地之制 2-49(疏)
策其馬曰非敢後也馬不進也(雍15) 1-328
責己而不責人 1-103(疏)
責備於一人 2-284(疏), 3-179(疏)

責苞茅之貢不入 齊桓公 2-316(注), 318(疏)
處群萃而不自異 2-58(注)
尺
— 十寸爲尺 3-220(疏)
戚城(地) 1-369(注), 370(疏), 372(疏)
蹐地局天 2-250(疏)
天
— 天固縱大聖之德 2-63(注)
— 天能利益庶物 2-51(疏)
— 天能以中正之氣成就萬物 1-277(疏)
— 天道元亨日新之道 1-276(注), 1-277(疏)
— 天道恢疏 3-89(疏)
— 天祿永終(堯1) 3-210
— 天網恢恢疎而不失 3-90(疏)
— 天本無心 1-277(疏)
— 天本無體亦無言語之命 2-52(疏)
— 天喪予天喪予(先8) 2-163
— 天生德於予(述23) 1-381
— 天與水違行訟(周易) 2-230(疏)
— 天厭之(雍28) 1-345
— 天有三生三死 1-146(疏)
— 天有三統 1-146(疏)
— 天將以夫子爲木鐸(八24) 1-218
— 天縱之將聖(罕6) 2-62
— 天之歷數在爾躬(堯1) 3-210
— 天之利 2-52(疏)
— 天之未喪斯文也(罕5) 2-60
— 天之賦命窮達有時當待時而動 3-226(疏)
— 天之四德 1-277(疏)
— 天之錫命故可同名 3-218(疏)
— 天之自然之道 1-277(疏)
— 天之將喪斯文也(罕5) 2-60
— 天之體性生養萬物 1-277(疏)
— 天何言哉(陽17) 3-135
天官(周禮)
—— 大宰 大宰之職掌建邦之六典 2-355(疏)
—— 籩人 籩人掌四籩之實 2-22(疏)
—— 司裘 司裘職王大射 1-192(疏)
—— 醢人 醢人掌四豆之實 2-22(疏)
遷怒貳過
———— 哀公(春秋魯) 2-160(疏)
天老(黃帝臣) 2-68(疏)
天命
—— 小人不知天命而不畏也(季8) 3-88
—— 畏天命(季8) 3-87
—— 天命無不報 3-90(疏)
—— 天命謂天所命生人者也 1-277(疏)
—— 天命政化之美 3-210(疏)
—— 天命之性 1-276(疏)
—— 天命之謂性(中庸) 1-277(疏)
天問(楚辭)
—— 伯昌號衰秉鞭作牧 2-43(疏)
—— 羿焉彈日烏解羽 2-296(疏)
天文志(漢書)
——— 中宮太極星 1-107(疏)
賤不義而貴有德 2-295(注)
天鄙
—— 夷有九種 2-78(疏)
天性仁者汎愛施生 1-227(疏)
千乘之國 1-82(疏)
———— 公侯之國 1-80(疏), 81(疏), 2-194(疏)
———— 百里之國 1-78(疏), 80(疏), 84(疏)
———— 千乘之國可使治其賦也(公8) 1-264
———— 千乘之國攝乎大國之間(先24) 2-189
千乘之賦 1-78(疏), 81(疏)
天神 1-152(疏)
千室之邑
———— 卿大夫之邑 1-264, 265(注), 267(疏)
天曰神人曰鬼 2-167(疏)
天王狩於河陽(左傳) 2-316(注), 317(疏)

穿窬之盜(陽10) 3-126
天乙→湯(夏) 3-218(疏)
天子
—— 天子告朔 1-198(疏), 199(疏)
—— 天子穆穆(禮記) 1-161(疏)
—— 天子穆穆(八2) 1-159
—— 天子頒朔于諸侯 1-198(疏)
—— 天子封人職典封疆 1-220(疏)
—— 天子不怒(禮記) 2-252(疏)
—— 天子不下堂而見諸侯(禮記) 2-101(疏)
—— 天子賜侯氏以車服(儀禮) 2-56(疏)
—— 天子三侯 1-190(注), 192(疏)
—— 天子喪事 2-355(疏)
—— 天子素帶 紳帶之制 3-23(疏)
—— 天子純朱 黻之色 2-48(疏)
—— 天子外屏 1-214(疏)
—— 天子諸侯居喪之禮 2-354(疏)
—— 天子諸侯莫得而臣 2-347(疏)
—— 天子諸侯每食奏樂樂章各異 3-177(疏)
—— 天子朝廟之禮 1-198(疏)
—— 天子之車 3-31(疏)
—— 天子之冕 3-32(疏)
—— 天子之席五重 2-137(疏)
—— 天子之樂 1-156(疏)
—— 天子之燕服 2-198(疏)
—— 天子聽朔于南門之外(禮記) 1-198(疏)
—— 天子春夏受朝宗則無迎法 2-100(疏)
—— 天子八佾 1-154(注), 1-155(疏)
—— 天子佩白玉而玄組綬(禮記) 2-128(疏)
—— 天子皮弁以日視朝 1-199(疏)
—— 天子玄冕以視朔 1-199(疏)
天子居喪
———— 既葬而除諒闇以終之 2-355(疏)
———— 心喪之禮終於三年 2-356(疏)
———— 衣服之制同於凡人 2-356(疏)
天地閉則賢人隱 2-347(疏)
穿鑿妄作篇籍者 1-387(疏)
淺則揭(詩經) 2-351(疏)
———(憲39) 2-350
淺則當揭而不當厲 2-351(疏)
天統 1-146(疏)
天下
—— 天下歸仁焉(顔1) 2-203
—— 天下無道政在大夫 季氏篇所論 3-60(疏)
—— 天下無道則禮樂征伐自諸侯出(季2) 3-74
—— 天下殊塗而同歸(周易) 3-18(注)
—— 天下有道丘不與易也(微6) 3-165
—— 天下有道則禮樂征伐自天子出(季2) 3-74
—— 天下有道則庶人不議(季2) 3-75
—— 天下有道則政不在大夫(季2) 3-75
—— 天下有道則見(泰13) 2-30
—— 天下宗周 1-296(疏)
—— 天下之無道也久矣(八24) 1-218
—— 天下之民歸心焉(堯1) 3-213
—— 天下之惡皆歸焉(張20) 3-199
—— 天下之惡歸之於紂 3-199(注)
—— 天下之通法 徹法 2-217(注), 218(疏), 219(疏)
—— 天下之通喪也(陽19) 3-139
徹
— 周法什一而稅謂之徹 2-217(注), 218(疏), 219(疏)
— 周人百畝而徹 2-219(疏)
— 天下之通法 2-217(注), 218(疏), 219(疏)
徹歌(周禮) 1-160(疏)
徹者歌雍 1-160(疏)
綴之以食而弗殊(禮記) 1-394(疏)
瞻之在前(罕11) 2-71
輒→出公輒(春秋衛) 1-369(注), 370(注), 372(疏), 2-250(疏)
捷→孟敬子(春秋魯) 2-20(疏)
請孔子之車賣以作槨 2-161(注)

青纊
—— 冕制 3-32(疏)
聽其言也厲(張9) 3-189
聽其言而觀其行(公10) 1-271
聽其言而信其行(公10) 1-271
淸明風
——— 八風 1-155(疏)
菁茅 2-319(疏)
請問其目(顏1) 2-204
請事斯語矣(顏1) 2-204
—————(顏2) 2-207
聽思聰(季10) 3-92
聽朔 1-198(疏), 199(疏)
聽訟吾猶人也必也使無訟乎(顏13) 2-229
聽訟必須兩辭以定是非 2-227(注), 228(疏)
靑是東方正綠是東方間 3-134(疏)
聽言信行 1-271(注)
聽言則別其是非 3-226(注)
聽閭里以版圖(周禮) 2-148(疏)
聽遠爲聰 3-92(疏)
淸矣(公19) 1-287
菁以爲菹 2-319(疏)
請益(雍4) 1-310
——(路1) 2-245
聽人訟地者以版圖決之 2-149(疏)
靑紫 1-49(疏)
靑州(地)
—— 屬紂王 2-43(疏)
請學爲圃(路4) 2-253
靑犴 2-125(疏)
栘
— 唐棣 2-92(注), 94(疏)
禘(祭名)
— 禘自旣灌而往者吾不欲觀之矣(八10) 1-175
— 禘祭 五年大祭之名 1-176(注)
— 禘之禮 1-181(疏)
— 禘之說(八11) 1-180
— 禘祫 2-198(疏)
— 禘祫之禮 1-176(注), 1-177(疏)
體在乎恒而分無所定 2-281(疏)
體包仁道 1-227(疏)
椒(人) 2-297(疏)
楚官多以尹爲名皆取其正直也 1-290(疏)
楚狂接輿(春秋楚)←陸通 3-161(疏)
———— 鳳兮鳳兮何德之衰(微5) 3-159
———— 往者不可諫來者猶可追(微5) 3-160
———— 已而已而今之從政者殆而(微5) 3-160
———— 作者七人矣 2-347(注), 348(疏)
———— 楚狂接輿歌而過孔子曰(微5) 3-159
楚辭(書)
—— 天問 伯昌號衰秉鞭作牧 2-43(疏)
—— 天問 羿焉彈日烏解羽 2-296(疏)
草上之風必偃(顏19) 2-234
初稅畝 2-219(疏)
草野以創制之
—————— 草創之 2-302(疏)
楚元王(漢) 1-48(疏)
楚人謂乳穀
————— 鬥穀於菟 1-290(疏)
楚人謂虎於菟
—————— 鬥穀於菟 1-290(疏)
譙周(蜀漢)
—— 悅深而樂淺也 1-70(疏)
草次
—— 造次 1-232(疏)
寸
— 十分爲寸 3-220(疏)
聰明文思
———— 堯之爲君 1-222(疏), 2-36(疏)
冢宰

── 天官卿 2-353(注), 354(疏), 355(疏)
崔靈恩(南朝梁) 1-352(疏)
崔子(春秋齊)←崔杼 1-288(注), 290(疏)
── 崔子弑齊君(公19) 1-287
崔杼→崔子(春秋齊) 1-287, 288(疏), 290(疏)
緅
─ 今禮俗文作爵 2-124(疏)
─ 五入爲緅 2-123(疏)
─ 一入曰緅 2-118(注)
─ 緅者三年練以緅飾衣 2-119(注), 121(疏), 124(疏)
秋官(周禮)
── 大司寇職 以兩劑禁民獄 2-228(疏)
── 條狼氏 條狼氏掌執鞭以趨辟 1-366(疏)
── 鄉士職 協日刑殺肆之三日 2-346(疏)
鄒魯大儒→韋賢(漢) 1-51(疏)
騶虞(詩經) 3-124(疏)
── 諸侯之風 3-123(疏)
追遠
── 遠謂親終旣葬日月已遠 1-92(疏)
追遠者祭盡其敬 1-92(注)
鄹人
── 叔梁紇 1-188(疏)
鄹人之子 1-187, 189(疏)
鄹子(書)
── 改火之說 3-142(疏)
趨進翼如也(鄕2) 2-98
──────(鄕3) 2-106
秋取柞楢之火
─────── 改火 3-138(注), 142(疏)
趨辟
── 趨而辟行人 1-366(疏)
追享
── 宗廟之事 2-198(疏)
追享朝享(周禮) 1-198(疏)
逐禽左
─── 五馭 1-358(疏)
逐水曲
─── 五馭 1-358(疏)
柷敔
── 八音 1-155(疏)
縮酌用茅(禮記) 2-319(疏)
踧踖如也(鄕1) 2-96
─────(鄕3) 2-106
縮酒 2-318(疏)
祝鮀(春秋衛)←子魚 1-330(注), 331(疏)
── 善佞 1-260(疏)
── 祝鮀之佞(雍16) 1-330
── 祝鮀治宗廟(憲19) 2-328
春官(周禮)
── 女巫 旱暵則舞雩 2-201(疏)
── 大宗伯 會同 2-198(疏)
春誦夏弦秋學禮冬讀書(禮記) 1-70(疏)
春秋(書)
── 文公4年 衛侯使甯兪來聘 1-293(疏)
── 文公6年 季孫行父如晉 1-291(疏)
── 文公6年 閏月不告朔猶朝于廟 1-199(疏)
── 哀公12年 夏五月甲辰孟子卒 1-394(疏)
── 哀公14年 齊人弑其君壬 2-330(疏)
── 定公10年 叔孫州仇仲孫何忌帥師圍郈 3-204(疏)
── 定公4年 會于召陵盟于皐鼬 1-331(疏)
春秋穀梁傳(書)
───── 古者什一而藉 2-219(疏)
───── 束脩之問不行竟中 1-360(疏)
───── 衣裳之會十有一 2-321(疏)
春秋公羊傳(書)
───── 古者什一而藉 2-219(疏)
───── 文公13年 周公稱太廟魯公稱世室 1-188(疏)
───── 文公2年 大祫者何合祭也 1-177(疏)

———— 文公6年 猶者可止之辭也 1-199(疏)
———— 昭公25年 昭公謂子家駒曰 1-156(疏)
———— 昭公25年 僭爲天子之禮樂 3-77(疏)
———— 隱公22年 婦人謂嫁曰歸 1-213(疏)
———— 子沈子曰 1-70(疏)
春秋教以禮樂(禮記) 1-70(疏)
春秋釋例(書)
———— 朝廟朝正告朔視朔 1-198(疏)
春秋少陽篇(書)
———— 伯夷姓墨名允字公信 1-295(疏)
春秋緯元命包(書) 1-146(疏)
春秋左氏經傳集解(書) 1-57(疏), 63(疏)
春秋左氏傳(書)
———— 公孫枝字子桑 1-307(疏)
———— 寡人不佞 1-259(注)
———— 乃見鱄設諸焉 1-220(疏)
———— 大輅越席昭其儉也 3-29(注), 31(疏)
———— 杜預注 羿有窮君之號 2-296(疏)
———— 武叔懿子圍郈 3-204(疏)
———— 文公10年 臣歸死於司敗也 1-393(疏)
———— 文公18年 頑嚚不友是與比周 3-47(疏)
———— 文公18年 仲殺惡及視而立宣公 3-80(疏)
———— 文公2年 作虛器 1-286(疏)
———— 文公4年 衛甯武子來聘 1-293(疏)
———— 文公6年 季文子將聘於晉 1-291(疏)
———— 閔公元年 諸夏中國 1-164(疏)
———— 宣公12年 蔿敖爲宰 1-290(疏)
———— 宣公15年 魏顆父病困命使殺妾以殉 2-21(疏)
———— 宣公16年 晉侯以黻冕命士會 2-48(疏)
———— 宣公4年 初若敖娶於䢵生鬥伯比 1-290(疏)
———— 成公2年 新築人仲叔于奚 1-189(疏)
———— 成公2年 五伯之霸也 2-326(疏)
———— 昭公20年 古之遺愛也(憲9疏) 2-306(疏)
———— 昭公20年 齊豹見宗魯於公孟 1-220(疏)
———— 昭公25年 爲政事庸力行務以從四時 2-266(疏)
———— 昭公3年 齊舊四量 1-312(疏)
———— 昭公3年 有事而會不協而盟 2-198(疏)
———— 昭公7年 孟僖子爲介 3-92(疏)
———— 昭公7年 孟僖子將卒 1-254(注)
———— 昭公7年 子産爲豐施 3-55(疏)
———— 宋高哀爲蕭封人 1-220(疏)
———— 宋華弱與樂轡少相狎 2-148(疏)
———— 神不歆非類 1-152(疏)
———— 晏平仲 1-283(疏)
———— 哀公11年 孔文子訪於仲尼 3-14(疏)
———— 哀公11年 孟孺子洩帥右師冉求帥左師 1-329(疏)
———— 哀公11年 衛孔文子訪於仲尼 2-79(疏)
———— 哀公12年 公會吳于橐皐 2-64(疏)
———— 哀公12年昭 公娶於吳故不書姓 1-394(疏)
———— 哀公13年 子服景伯 2-345(疏)

——— 哀公17年 公會齊侯於蒙 1-117(疏)
——— 哀公24年 晉師乃還餼臧石牛 1-198(疏)
——— 哀公2年 夏衛靈公卒 1-372(疏)
——— 哀公元年 昔有過澆殺斟灌 2-297(疏)
——— 襄公23年 臧武仲出奔邾 2-310(疏)
——— 襄公23年 齊侯伐衛大殿 1-329(疏)
——— 襄公24年 臧武仲出奔邾 2-314(疏)
——— 襄公25年 衛侯入於夷儀 1-220(疏)
——— 襄公25年 崔子作亂 1-290(疏)
——— 襄公29年 多見疏也 3-206(疏)
——— 襄公29年 吳公子札來聘 2-260(疏)
——— 襄公2年 馬牛皆百匹 2-133(疏)
——— 襄公31年 謀於野則獲於國則否 2-302(疏)
——— 襄公4年 諸華必叛 1-164(疏)
——— 襄公4年 后羿自鉏遷於窮石 2-296(疏)
——— 襄公元年 敗鄭徒兵於洧上 2-163(疏)
——— 然則德我乎 2-341(疏)
——— 葉公名諸梁楚大夫 1-378(疏)
——— 潁谷封人 1-220(疏)
——— 王德狄人 2-341(疏)
——— 唯卿備百邑 1-267(疏)
——— 隱公4年 敝邑以賦與陳蔡從 1-267(疏)
——— 隱公5年 天子八佾 1-155(疏)
——— 隱公6年 我周之東遷晉鄭焉依 3-77(疏)
——— 子產 穆公之孫 1-282(疏)
——— 莊公11年 皆陳曰戰 1-367(疏)
——— 莊公29年 凡土功龍見而畢務戒事也 1-86(疏)
——— 定公14年 蒯聵謀殺靈公夫人南子 1-372(疏)
——— 定公14年 衛侯爲夫人南子召宋朝 1-331(疏)
——— 定公15年 邾隱公來朝子貢觀焉 2-178(疏)
——— 定公4年 祝鮀 1-331(疏)
——— 定公5年 陽虎囚季桓子 3-110(疏)
——— 定公5年 陽虎囚季桓子及公父文伯 3-79(疏)
——— 注 水昏正而栽 1-86(疏)
——— 注 日至而畢 1-86(疏)
——— 注 火見而致用 1-86(疏)
——— 學而後入政 1-105(疏)
——— 桓公11年 祭仲足爲祭封人 1-220(疏)
——— 桓公5年 龍見而雩 2-201(疏)
——— 僖公21年 任宿須句顓臾風姓也 3-70(疏)
——— 僖公25年 凡啓塞從時 1-86(疏)
——— 僖公28年 冬會于溫 2-317(疏)
——— 僖公33年 餼牽竭矣 1-198(疏)
——— 姬公4年 齊侯以諸侯之師侵蔡 2-318(疏)
——— 僖公5年 公旣視朔 1-198(疏)
——— 僖公9年 言多忌克難哉 2-291(疏)
——— 僖公元年 諱國惡禮也 1-395(疏)
春秋之世別有周公 2-29(疏)
春取楡柳之火
——— 改火 3-138(注), 142(疏)
出降一等逞顔色怡怡如也(鄕3) 2-106

出公輒(春秋衛)←衛君, 衛君輒, 輒 1-369(注), 370(疏), 371(疏), 372(疏), 2-250(疏)
——— 衛君待子而爲政子將奚先(路3) 2-248
出門如見大賓(顔2) 2-206
出辭氣斯遠鄙倍矣(泰4) 2-19
出三日不食之矣(鄕6) 2-133
出曰夫子不爲也(述15) 1-370
出曰二三子何患於喪乎(八24) 1-218
出接賓曰擯 2-198(疏)
出就外傅(禮記) 1-70(疏)
出則事公卿(罕16) 1-87(疏), 2-79
忠
— 居之無倦行之以忠(顔14) 2-231
— 臣事君以忠(八19) 1-204
— 爲人謀而不忠乎(學4) 1-77
— 中心無隱謂之忠 1-383(疏)
— 忠焉能勿誨乎(憲7) 2-301
— 忠謂盡中心也 1-241(疏)
— 忠矣(公19) 1-287
— 忠則直也 2-272(疏)
— 孝慈則忠(爲20) 1-136
忠告而善道之不可則止(顔23) 2-243
忠恕而已矣(里15) 1-241
忠順 2-79(疏)
忠信
—— 主忠信(罕25) 2-86
—— 忠信改過 2-86(疏)
—— 忠信爲周 1-127(注), 128(疏), 3-47(疏)
—— 必有忠信如丘者焉(公28) 1-302
—— 忠信者 2-87(疏)
—— 學而篇所論 1-67(疏)
衝牙
—— 佩玉有衝牙 2-128(疏)
忠愛之心 2-301(疏)
充耳
—— 冕制 3-32(疏)
忠孝仁義 1-130(疏)
聚斂而附益之(先16) 2-173
毳冕
—— 冕制 2-48(疏), 3-32(疏)
就賓求辭 2-100(疏)
臭惡不食(鄕6) 2-131
取怨之道 1-239(注)
就有道而正焉(學14) 1-100
臭陰達於淵泉(禮記) 1-177(疏)
取妻不取同姓(禮記) 1-393(疏)
惻隱之心 1-361(注)
側聽則非禮 2-205(疏)
緇 2-123(疏)
— 七入爲緇 2-123(疏)
觶
— 三升曰觶 1-342(疏)
絺綌
—— 葛布 2-119(注)
—— 精曰絺麤曰綌 2-122(疏)
治骨曰切 1-102(疏)
治國使民服之法 1-134(疏)
治國脩身之要
———— 子路篇所論 2-245(疏)
治國以禮義爲本 3-14(疏)
治國者必須禮讓也 1-240(疏)
治國在於任材 2-328(疏)
治國之禮法 3-30(疏)
治國之政 2-226(疏)
恥躬之不逮也(里22) 1-246
植其杖而芸(微7) 3-169
治大國之法 1-80(疏)
緇帶 2-125(疏), 129(疏)
穉孟夷(春秋齊) 2-226(疏)
値明君則當出仕
———— 天下有道則見 2-31(疏)
致命

—— 謂不愛其身 3-182(疏)
致美
—— 禹 2-47(疏)
致美乎黻冕(泰21) 2-46
治民事神 2-187(注), 188(疏)
治民之道 3-107(疏)
治民之法 2-261(疏)
致富之道 2-178(疏)
治象曰瑳 1-102(疏)
治石曰磨 1-102(疏)
治小而用大道 3-107(注), 108(疏)
齒如瓠犀(詩經) 1-173(疏)
治玉曰琢 1-102(疏)
恥辱 2-290(疏)
致遠恐泥(張4) 3-185
緇衣(禮記)
—— 可言也不可行君子弗言也 2-252(疏)
—— 可行也不可言君子弗行也 2-252(疏)
緇衣羔裘
———— 朝服 2-119, 124(疏), 125(疏)
緇衣以裼之
————— 羔裘 2-122(疏)
緇衣之宜兮(詩經) 2-124(疏)
治而淸省曰平 1-283(注)
致齋三日 1-367(疏)
緇布冠
——— 冕 2-54(注), 55(疏), 56(疏)
緇布冠缺項 2-56(疏)
致孝
—— 禹 2-47(疏)
致孝乎鬼神(泰21) 2-46
親臨死喪當致其哀 1-224(疏)
親於其身爲不善者君子不入也(陽6) 3-113
親而不賢不忠則誅之 3-213(注)
七經孟子考文(書) 1-42
七錄(書) 1-61(疏)
漆林之征二十而五(周禮) 2-219(疏)
七廟 1-198(疏)
七十二弟子篇→七十二弟子解(孔子家語)
1-94(疏), 2-65(疏)
七十二弟子解(孔子家語)←弟子篇,
七十二弟子篇
————— 子禽 1-94(疏)
————— 琴牢 衛人 2-65(疏)
————— 公冶長 1-252(疏)
————— 南容 1-254(疏)
————— 子賤 1-256(疏)
七十而助助七畝 2-219(疏)
七十而從心所欲不踰矩(爲4) 1-113
七入爲緇(周禮) 2-123(疏)
漆彫開(春秋魯)←子開 1-261(疏)
——— 子使漆彫開仕(公6) 1-260
漆彫平(人) 1-285(疏)
七尺曰仞 3-203(注)
七尺爲二十
———— 六尺之孤 2-25(疏)
枕流漱石 2-347(疏)
沈湎冒色敢行暴虐(書經) 2-43(疏)
寢不尸(鄕18) 2-145
寢不言(鄕6) 2-133
浸潤之譖膚受之愬不行焉(顔6) 2-212
寢衣(鄕5) 2-120
寢苫枕塊
———— 君子之居喪 3-140(疏)
沈荒淫瀆
———— 宴樂 3-83(注)
沈酗於酒(書經) 3-84(疏)
稱其德也(憲33) 2-340
稱師曰子 1-301(疏)
稱諸異邦曰寡小君(季14) 3-99

【ㅌ】

他人之賢者丘陵也猶可踰也(張24) 3-205
他日又獨立鯉趨而過庭(季13) 3-97
槖皐(地) 1-125(疏), 2-64(疏)
度才而官之 2-284(注)
濁世然後知君子之正不苟容 2-90(注)
坦蕩蕩(述37) 1-402
奪伯氏駢邑三百飯疏食(憲9) 2-304
貪利而行仁 1-228(疏)
湯(殷)←履, 天乙
— 簡在帝心(堯1) 3-211
— 孔安國 湯改名履 3-218(疏)
— 放桀於南巢 3-214(疏)
— 上聖之人 1-384(疏)
— 世本 湯名天乙 3-218(疏)
— 予小子履敢用玄牡敢昭告于皇皇后帝 3-211
— 有聖德應天順人 3-214(疏)
— 有罪不敢赦(堯1) 3-211
— 以商爲國號 2-41(疏)
— 帝臣不蔽(堯1) 3-211
— 湯觀於洛沈璧而黑龜與之書 1-147(疏)
— 湯伐桀告天之辭 3-214(疏)
湯誥(書經)
—— 伐桀告天之文 3-218(疏)
—— 堯曰篇一章略其文 3-215(疏)
湯誓(書經)
—— 墨子引湯誓 3-211(注), 218(疏)
蕩蕩乎民無能名焉(泰19) 2-35
太康(年號)
—— 得周書於汲冢 3-142(疏)
太康(夏)
—— 淫放失國 2-296(疏)
太公(周)←師尙父, 呂尙, 呂牙, 太公望 1-295(疏)
—— 以漁釣奸周西伯(泰20疏) 2-40(疏)
—— 亂臣十人 2-37(注), 38(疏)
—— 齊一變至於魯 1-340(注)
太公望→太公(周) 2-37(注), 38(疏), 40(疏)
太公和(春秋齊) 2-226(疏)
兌卦彖辭(周易)
———— 說以先民民忘其勞 2-246(疏)
太極星 1-107(疏)
大師
—— 樂官名 1-215, 216(疏)
太師
—— 樂官之長 3-177(疏)
—— 太公(周) 2-40(疏)
大師摯適齊(微9) 3-175
大叔(衛)
—— 孔文子之將攻大叔也 3-14(疏)
太廟 1-187, 188(疏), 189(疏), 198(疏), 199(疏), 2-143
—— 周公廟 188(疏), 189(疏), 198(疏), 199(疏)
泰伯(周)←吳泰伯, 太伯
—— 以天下三讓於王季(泰1疏) 2-13(注), 2-14(疏)
—— 讓位之德 2-13(疏), 15(疏)
—— 至德 2-51(疏)
—— 泰伯其可謂至德也已矣(泰1) 2-13
—— 泰伯之後 吳姬姓 1-393(疏)
太伯→泰伯(周) 2-14(疏)
太姒(周)←文母
—— 亂臣十人 2-37(注), 38(疏)
—— 文王之后武王之母 2-40(疏)
太史公→司馬遷(漢) 1-295(疏), 2-319(疏)
泰山
—— 萊蕪汶水出 1-321(疏)
—— 泰山南武陽縣在顓臾 3-70(疏)
—— 泰山不如林放乎(八6) 1-165

—— 泰山之神 1-165(注), 166(疏)
泰山蒙陰縣條(漢書地理志)
———— 蒙山在西南 3-71(疏)
太常(官名) 1-61(疏)
泰誓(書經)
—— 雖有周親不如仁人 3-219(疏)
—— 武王伐紂而白魚入於王舟 1-147(疏)
—— 堯曰篇一章略其文 3-215(疏)
—— 沈湎冒色敢行暴虐 2-43(疏)
太王(周)
—— 長者泰伯 2-13(注), 14(疏)
—— 避狄難自豳始遷焉 2-43(疏)
兑音金
——— 八音 1-155(疏)
泰而不驕(路26) 2-285
————(堯2) 3-221, 222
泰一 1-107(疏)
太任(周)
—— 季歷娶太任生昌 2-43(疏)
太子太傅 1-49(疏)
太宰
—— 六卿之長 1-290(疏)
大宰問於子貢曰夫子聖者與何其多能也(罕6) 2-62
太宰嚭(春秋吳) 1-125(疏), 2-64(疏)
大宰知我乎(罕6) 2-63
大宰職(周禮)
——— 園圃毓草木 2-256(疏)
太顚(周)
—— 亂臣十人 2-37(注), 38(疏), 40(疏)
太祖東鄕 1-177(疏)
太皞→伏羲 3-70(疏)
擇可勞而勞之又誰怨(堯2) 3-222
擇其善者而從之(述22) 1-380
擇不處仁焉得知(里1) 1-225
竀(色) 2-124(疏)
— 再染謂之竀 2-124(疏)
土克水水色黑 3-134(疏)
土神則知 1-277(疏)
土有三王 1-146(疏)
土地之圖
———— 負版 2-149(疏)
通卦驗(書) 1-155(疏)
通達之士 2-237(疏)
通喪
—— 爲父母三年 3-140(疏)
通十爲成 1-78(疏)
通財之義 2-144(注)
退而省其私亦足以發(爲9) 1-122
退而以鄕射之禮五物詢衆庶(周禮) 1-192(疏)
退朝
—— 還私遠君爲退朝 2-266(疏)
鬥穀於菟→令尹子文(春秋楚) 1-286(注), 290(疏)
鬥伯比(春秋楚) 1-290(疏)
特立不群 3-47(注)
特牲饋食禮(儀禮)
————— 二爵二觚四觶一角一散 1-342(疏)
特羊 1-198(疏)
特牛 1-198(疏)

【ㅍ】

播鼗武入於漢(微9) 3-176
罷朝 2-266(疏)
版圖
—— 版戶籍 圖地圖 2-149(疏)
八家皆私百畝同養公田(孟子) 2-219(疏)
八卦
—— 河圖 2-68(注)
八卦之體 1-144(疏)

八卦之風 1-155(疏)
八簋 1-257(疏)
八命作牧(周禮) 2-43(疏)
八柄 1-198(疏)
八音
—— 金石土革絲木匏竹 1-155(疏)
八人爲列 1-154(注)
八佾舞
——— 季桓子 1-155(疏)
八佾舞於庭(八1) 1-154
八佾以舞大武
————— 昭公僭爲天子之禮樂 3-77(疏)
八佾以舞大夏(禮記) 1-156(疏)
八八六十四人 1-154(注), 155(疏)
八風 1-155(疏)
佩豭豚 1-131(疏)
𥜥筏 1-264(疏)
佩玉有衝牙(禮記) 2-128(疏)
霸王之輔 太公 2-40(疏)
敗鄭徒兵於洧上(左傳) 2-163(疏)
霸諸侯(憲17) 2-323, 326(疏)
彭城(地)
—— 彭祖封於彭城 1-352(疏)
彭祖(殷)←鏗, 老彭, 籛鏗 1-352(疏)
篇
— 積章而成 1-52(疏)
偏其反而(罕30) 2-92
便佞
—— 佞而復辯 3-82(疏)
片言可以折獄者其由也與(顔12) 2-227
便便言唯謹爾(鄕1) 2-95
便辟
—— 巧辟人之所忌以求容媚 3-81(注)
平叔→何晏(三國魏) 1-65(疏)
平王(周)←宜臼
—— 東居洛邑 3-77(疏)
—— 東遷 3-74(注)
敝邑以賦與陳蔡從(左傳) 1-267(疏)
廢中權(微8) 3-174
袍
— 纊爲繭縕爲袍 2-89(疏)
袍繭 2-122(疏)
包匭菁茅(書經) 2-319(疏)
苞茅 2-319(疏)
苞茅之貢 2-316(注), 318(疏)
布帛曰財 2-170(疏)
蒲璧 2-111(疏)
褒姒(人)
—— 生伯服 3-77(疏)
鮑叔牙(春秋齊)
——— 公子小白之傅 2-322(疏)
——— 奉公子小白出奔莒 2-320(注)
飽食終日無所用心難矣哉(陽29) 3-145
包氏→包咸(漢) 1-56, 57(疏), 62(疏), 85(疏)
匏有苦葉(詩經)
———— 深則厲淺則揭 2-351(疏)
飽而忘哀亦非禮 1-361(疏)
苞苴 2-138(疏)
蒲坂縣
——— 首陽山 3-95(注)
包咸(漢)←子良, 包氏 1-41, 47, 63(疏), 85(疏), 208(疏)
—— 論語注 1-46(疏), 56, 57(疏), 62(疏)
—— 依孟子解千乘之國 1-78(注), 84(疏)
—— 出蔡地因以爲名 1-285(疏)
—— 瑚璉 夏曰瑚 1-257(疏)
暴虎
—— 空手搏虎爲暴虎 1-364(疏)
暴虎馮河死而無悔者(述11) 1-363
暴虎馮河之勇不必有仁 2-293(疏)
表記(禮記)
—— 仁者安仁知者利仁 1-227(疏)

豹五十弓 1-192(疏)
豹侯 1-192(疏)
馮簡子(春秋鄭)
——— 能斷大事 2-303(疏)
豐年則公旬用三日焉(周禮) 1-86(疏)
風馬牛不相及 2-318(疏)
豐上之觶 1-169(疏)
風姓之國 3-60(注), 66(疏), 70(疏)
———— 顓臾 3-60(注), 66(疏), 70(疏)
豐施(春秋鄭) 3-55(疏)
風移俗易先入樂聲 2-252(疏)
風夷 2-78(疏)
—— 夷有九種 2-78(疏)
豐點(春秋魯) 2-314(疏)
豐鎬(地)
—— 周都 1-208(疏)
風乎舞雩(先24) 2-192
皮去毛曰鞟 2-216(注)
辟公
—— 諸侯及二王之後 1-159, 161(疏)
皮馬相間可也 2-115(疏)
被髮左衽 2-324, 325(疏)
皮弁 1-198(疏)
—— 以白鹿皮爲冠 2-129(疏)
—— 皮弁服 2-121(注), 122(疏), 129(疏)
—— 皮弁服素積緇帶素韠(儀禮) 2-129(疏)
—— 皮弁素服 大蜡 2-125(疏)
—— 皮弁時或素衣 2-125(疏)
—— 皮弁以日視朝 1-199(疏)
—— 皮弁以聽朔 1-199(疏)
皮膚受塵漸成垢穢 2-213(疏)
彼婦之口可以出走 3-158(疏)
彼婦之謁可以死敗 3-158(疏)
辟色
—— 柳下惠少連 2- 348(疏)
辟世
—— 伯夷叔齊虞仲 , 348(疏)
辟世之法 3-166(疏)
辟世之士(微6) 3-163
辟言
—— 荷蕢楚狂接輿 2-347, 348(疏)
辟人之法 3-166(疏)
辟人之士(微6) 3-163
彼哉彼哉(憲9) 2-304
辟地
—— 荷蓧長沮桀溺 2-346, 2-348(疏)
皮侯 1-192(疏)
韠(服式)
— 蔽膝 2-48(疏)
畢公(周)
—— 亂臣十人 2-37(注), 38(疏),
—— 文王庶子 2-40(疏)
必不得已而去於斯三者何先(顔7) 2-214
必不得已而去於斯二者何先(顔7) 2-214
匹夫 庶人賤但夫婦相匹配而已 2-87(疏)
匹夫不可奪志也(罕26) 2-87
匹夫匹婦
———— 唯夫婦相匹而已 2-325(疏)
必使反之而後和之(述32) 1-397
必三十年仁政乃成 2-263(注), 264(疏)
必先利其器(衛9) 3-27
必世而後仁(路12) 2-263
必熟而薦之(鄕12) 2-140
必也狂狷乎(路21) 2-277
必也臨事而懼好謀而成者也(述11) 1-363
必也使無訟乎(顔13) 2-229
必也射乎(八7) 1-167
必也聖乎(雍30) 1-348
必也正名乎(路3) 2-248
必也親喪乎(張17) 3-197
必有近憂(衛11) 3-34
必有隣(里25) 1-248

必有忠信如丘者焉(公28) 1-302
必有寢衣長一身有半(鄕5) 2-120
必正席先嘗之(鄕12) 2-140
必齊如也(鄕6) 2-133
佛肹(春秋晉)
—— 以中牟畔 3-115(疏)
—— 佛肹召子欲往(陽6) 3-113
—— 佛肹以中牟畔子之往也如之何(陽6) 3-114
乏財曰貧 1-102(疏), 231(疏)

【ㅎ】

夏←有夏 2-296(疏)
— 尙文 1-143(疏)
— 尙黑 1-143(疏), 146(疏)
— 以建寅之月爲正 3-30(疏)
— 以十三月爲正 1-143(疏), 146(疏)
— 夏曰瑚 瑚璉 1-256(注), 257(疏)
— 夏有玄圭 1-147(疏)
— 夏之時(衛10) 3-29
— 夏取棗杏之火 改火 3-138(注), 142(疏)
河曲之中 3-95(注)
夏官(周禮)
—— 司弓矢 矰矢茀矢用諸弋射 1-386(疏)
荷蕢
—— 蕢 草器 2-350(疏)
—— 作者七人矣 2-347(注), 2-348(疏)
何忌→孟懿子(春秋魯) 1-254(注)
何其多能也(罕6) 2-62
何器也(公4) 1-256
河圖
—— 八卦 2-68(注)
—— 河圖洛書龜龍銜負而出(罕9疏) 2-68(疏)
河東太陽山
———— 虞地 2-42(疏)
河東蒲坂縣 3-95(注), 96(疏)
夏禮 1-142, 143(疏), 155(疏)
—— 殷家尙白未變夏禮故用玄牡 3-211(注)
夏禮吾能言之杞不足徵也(八9) 1-174
下流(張20) 3-199
—— 爲惡行而處人下 3-200(疏)
何莫由斯道也(雍17) 1-332
何莫學夫詩(陽8) 3-120
下拜然後升成禮 2-54(注), 55(疏), 57(疏)
夏本紀(史記)
——— 仲康崩子相立 2-297(疏)
下不全卑 2-281(疏)
河不出圖(罕9) 2-68
下邳(地)
—— 沂水出蓋縣南至下邳入泗 2-201(疏)
何事於仁(雍30) 1-348
何傷於日月乎(張24) 3-205
何傷乎亦各言其志也(先24) 2-191
下承上曰受 1-62(疏)
何氏→何晏(三國魏) 1-42, 57(疏)
何晏(三國魏)←平叔, 何氏 1-42, 48(疏), 57(疏), 63(疏), 64, 65(疏)
—— 論語集解(書) 1-41, 47
—— 屢空 一說 2-178
—— 歷數 列次 3-218(疏)
—— 鄕原之鄕 向也 3-128(疏)
何晏也(路14) 2-265
河陽(地)
—— 天王狩於河陽 2-316(注), 317(疏)
何如其知也(公18) 1-284
何如斯可謂之士矣(路20) 2-274
————————(路28) 2-286
何如斯可以從政矣(堯2) 3-221
夏五月甲辰孟子卒(春秋) 1-394(疏)
何用不臧(罕27) 2-88

下愚不可使强賢 3-105(注)
下愚之民
———— 困而不學民斯爲下矣 3-91(疏)
下愚之人不可移之使强賢 3-105(疏)
何爲其莫知子也(憲35) 2-341
何爲其然也(雍26) 1-343
何謂四惡(堯2) 3-222
何謂五美(堯2) 3-221
何爲則民服(爲19) 1-134
何謂惠而不費(堯2) 3-221
何有於我哉(述2) 1-352
————(罕16) 2-79
荷恩爲德 2-341(疏)
夏殷周三代之令王所以得稱直道而行也 3-44(疏)
夏殷之禮 1-175(疏)
何以文爲(顔8) 2-215
何以伐爲(季1) 3-61
何以報德(憲34) 2-340
何哉爾所謂達者(顔20) 2-235
荷蓧丈人
———— 作者七人矣 2-347(注), 348(疏)
荷蓧之杖 3-171(疏)
夏之御寇(春秋齊) 1-329(疏)
何進(三國魏) 1-65(疏)
何必改作(先13) 2-168
何必去父母之邦(微2) 3-154
何必高宗(憲40) 2-353
何必公山氏之之也(陽4) 3-109
何必讀書然後爲學(先23) 2-187
下學而上達(憲35) 2-342
下學人事上知天命
———————— 下學而上達 2-342(注)
何咸(三國魏) 1-65(疏)
夏侯建(漢) 1-56(疏)
——— 傳魯論 1-46(疏)
夏侯勝(漢)←長公 1-50(疏), 56(疏), 62(疏)
——— 傳魯論 1-46, 48
——— 注尙書論語 1-49(疏)
夏后氏五十而貢(孟子) 2-219(疏)
夏后氏以楬豆 3-15(疏)
夏后氏以嶡(禮記)
————— 嶡俎 3-15(疏)
夏后氏以松(八21)
————— 社木 1-206
夏后氏之四璉(禮記) 1-257(疏)
何休(漢)
—— 公羊傳注 多取於民比於桀 2-219(疏)
—— 公羊傳注 升謂西上禮 1-177(疏)
—— 公羊傳注 子曰之意 1-70(疏)
—— 婦人生以父母爲家 1-213(疏)
—— 宰 三公之職號尊名也 2-174(疏)
—— 宗廟主 1-208(疏)
—— 左氏膏肓(書) 1-60(疏)
—— 僭 齊也 下效上之辭 1-156(疏)
—— 八佾 八八六十四人 1-155(疏)
學經不明不如親耕 1-49(疏)
學記(禮記)
—— 發然後禁則扞格而不勝 1-70(疏)
—— 三年視敬業樂群也 1-73(疏)
—— 藏焉脩焉息焉遊焉 1-70(疏)
學無常師 1-380(疏)
學不尋思其義 1-128(注)
學先王之道以致博聞强識 1-91(疏)
學須講習 1-353(疏)
學詩禮然後樂以成之 2-27(疏)
學詩詩有益之理 3-122(疏)
學詩乎(季13) 3-97
學也祿在其中矣(憲31) 3-49
學也未必皆得祿 3-50(疏)
學如不及猶恐失之(泰17) 2-34
學易 1-374(疏)

學爲君子 1-68(疏)
學爲大道正典 3-185(注)
學而不思則罔(爲15) 1-128
學而不厭(述2) 1-352
學而時習之不亦說乎(學1) 1-67
學而優則仕(張13) 3-194
學而知之者次也(季9) 3-91
學而後入政(左傳) 1-105(疏)
學者之志樂道忘飢 1-100(疏)
學之不講(述3) 1-353
學之不厭 1-399(疏)
學則不固(學8) 1-90
韓康伯(晉)
——— 在理則昧造形而悟顔子之分也 1-309(疏)
漢官儀(書)
——— 冕制 3-32(疏)
漢禮器制度(三禮道)
————— 冕制 3-32(疏)
旱麓(詩經)
—— 毛傳 九命然後錫以秬鬯圭瓚 2-43(疏)
漢濱之人以膠膠船 2-319(疏)
漢書(書)
—— 律曆志 權者銖兩斤鈞石也 3-220(疏)
—— 百官公卿表 中壘校尉 1-48(疏)
—— 食貨志 龜不盈尺不得爲寶 1-285(疏)
—— 食貨志 元龜爲蔡 1-285(疏)
—— 食貨志 井田方一里是爲九夫 2-219(疏)
—— 輿服志 冕制 3-32(疏)
—— 藝文志 論語 1-45
—— 藝文志 左丘明魯太史 1-300(疏)
—— 儒林傳 孔子蓋晚而好易 1-375(疏)
—— 天文志 中宮太極星 1-107(疏)
韓宣子(春秋晉) 3-55(疏)
韓詩(書) 1-342(疏)
漢祭天乘殷之路 3-31(疏)
寒浞(人)
—— 伯明氏之讒子弟(憲5疏) 2-296(疏)
—— 生奡 2-294(注), 2-295(疏)
—— 因羿室生澆及豷 2-297(疏)
漢學 1-43
旱暵則舞雩(周禮) 2-201(疏)
割鷄焉用牛刀(陽3) 3-107
割不正不食(鄕6) 2-131
含章內映 1-73(疏)
合(度量衡)
— 合龠爲合 3-220(疏)
盍各言爾志(公26) 1-300
合六幣(周禮) 2-115(疏)
合食於太祖 1-176(注), 177(疏)
合龠爲合 3-220(疏)
盍往歸焉 1-295(疏)
合祭 1-177(疏)
盍徹乎(顔9) 2-217
恒卦(周易)
—— 不恒其德或承之羞 2-279(注), 280(疏), 281(疏)
行行如也(先12) 2-167
解禽語 1-252(疏)
諧聲
—— 六書 1-358(疏)
醢人掌四豆之實(周禮) 2-22(疏)
奚自(憲38) 2-349
奚取於三家之堂(八2) 1-159
行
— 子張問行(衛5) 3-21
行寡悔祿在其中矣(爲18) 1-132
行己有恥(路20) 2-274
行道以化之 2-339(疏)
行篤敬(衛5) 3-21
行不篤敬(衛5) 3-21
行不履閾(鄕3) 2-105

行不犯物謂之良 1-94(疏)
行不由徑(雍14) 1-326
行善由已 2-205(疏)
行善在已不在人也 2-204(注)
行謂德行
———— 文行忠信 1-383(疏)
行有餘力則以學文(學6) 1-87
———————— 仕而優則學 3-194(注)
行義以達其道(季11) 3-94
行人(官名) 1-293(疏)
—— 公西赤 1-265(注), 266(疏)
—— 掌使之官 2-302(注), 304(疏)
—— 主副曰擯及行人 2-100(疏)
—— 行人子羽脩飾之(憲7) 2-302
行仁甚易 1-234(疏)
行仁之急 3-54(疏)
行藏不忤於物 1-363(疏)
行遵大道不由小徑
———————— 澹臺滅明 1-327(疏)
行之以忠(顔14) 2-231
行八風(左傳) 1-155(疏)
行必果(路20) 2-274
行夏之時(衛10) 3-29
鄕
— 五州爲鄕 1-315(疏)
鄕黨稱弟焉(路20) 2-274
鄕大夫(周禮)
——— 國中自七尺以及六十 2-25(疏)
鄕大夫之禮 鄕飮酒 1-214(疏)
享禮有容色(鄕4) 2-109
鄕士
—— 鄭玄 士 察也 3-155(疏)
鄕射記(儀禮)
——— 弓二寸以爲侯中 1-192(疏)
——— 箭籌八十長尺有握握素 1-170(疏)
鄕射之禮 1-192(疏)
鄕也吾見於夫子而問知(顔22) 2-241
享玉 2-111(疏)
鄕原德之賊也(陽11) 3-127
鄕飮酒
——— 尊於房戶間 1-214(疏)
鄕人皆惡之何如(路24) 2-282
鄕人皆好之何如(路24) 2-282
鄕人儺朝服而立於阼階(鄕8) 2-137
鄕人飮酒杖者出斯出矣(鄕7) 2-136
鄕人飮酒之禮主於老者 2-137(疏)
鄕人之善者好之其不善者惡之(路24) 2-282
許愼(漢)
—— 五經異義(書) 1-60(疏)
虛心
—— 顔淵 2-176(注)
虛而爲盈(述26) 1-383
憲→原思(春秋魯) 2-289, 290(疏)
獻公(春秋衛)
—— 子成子當 2-312(疏)
獻豆
—— 周獻豆 3-15(疏)
獻酢之禮 1-211(注), 212(疏), 214(疏)
洫
— 成間廣八尺深八尺 2-46(注), 49(疏)
弈
— 圍棊謂之弈 3-145(疏)
革命 1-143(疏)
弦歌 3-108(疏)
弦歌之聲(陽3) 3-106
顯考廟 1-198(疏), 199(疏)
玄冠
—— 委貌 2-125(疏)
玄圭 1-147(疏)
玄端 2-191(注), 194(疏)
—— 正幅染之玄色 2-198(疏)
玄菟

—— 夷有九種 2-78(疏)
玄冕
—— 冕制 2-48(疏), 3-32(疏)
玄冕以視朔 1-199(疏)
玄牡
—— 黑牲 3-211(注), 214(疏)
玄色者在緅緇之間 2-124(疏)
玄衣
—— 玄端 2-198(疏)
玄夷
—— 夷有九種 2-78(疏)
賢人
—— 學而知之者次也 3-91(疏)
賢人君子之風
———— 泰伯篇所論 2-13(疏)
賢人之德行 1-351(疏)
賢人之行
——— 先進編所論 2-154(疏)
賢者不得過(禮記)
———— 喪之所以三年 3-143(疏)
賢者識其大者(張22) 3-201
賢者狎而敬之(禮記) 2-148(疏)
賢者辟世(憲37) 2-346
賢才無遺 2-247(疏)
賢哉回也(雍11) 1-323
賢賢易色(學7) 1-88
血氣既衰戒之在得(季7) 3-86
血氣未定戒之在色(季7) 3-86
血氣方剛戒之在鬪(季7) 3-86
協日刑殺肆之三日(周禮) 2-346(疏)
衡
— 車軛 2-100(疏)
— 轅端上曲鉤衡者 1-141(疏)
— 衡軛 2-149(注), 150(疏)
荊蠻
—— 泰伯仲雍奔荊蠻 2-14(疏)
荊蠻之豪
——— 葉公 2-273(疏)
刑罰不中則民無所錯手足(路3) 2-249
邢昺(宋)←叔明 1-45(疏)
形服而心不化 2-86(疏)
刑肅而俗敝則法無常(禮記) 2-252(疏)
刑于寡妻至于兄弟以御于家邦 3-124(疏)
刑淫賞善不失毫分 3-90(疏)
刑以秋冬 3-90(疏)
亨者嘉之會也(周易) 1-277(疏)
兄弟怡怡(路28) 2-286
兄弟天倫當相友恭 2-287(疏)
荊州(地)
—— 文王南兼梁荊 2-43(疏)
—— 包匭菁茅 2-319(疏)
兄之齒鴈行 2-363(疏)
惠公(春秋魯)←弗皇 1-177(疏), 2-355(疏), 3-77(疏)
惠公(春秋晉)←夷吾
—— 秦伯將納晉惠公 2-291(疏)
惠而不費(堯2) 3-221
惠人也(憲9) 2-304
惠迪吉從逆凶惟影響(書經) 3-90(疏)
惠則足以使人(陽5) 3-112
好
— 璧孔謂之好 2-111(疏)
胡(戟) 3-73(疏)
好剛不好學其蔽也狂(陽7) 3-118
好古敏以求之者也(述20) 1-378
狐裘(鄉5) 2-119, 122(疏)
—— 狐裘黃衣以裼之(禮記) 2-126(疏)
虎九十弓 1-192(疏)
胡簋之事則嘗學之矣(左傳) 2-79(疏), 3-14(疏)
縞帶 3-23(疏)
好德如好色者(憲12) 3-35

好德如好色者也(罕18) 2-80
瑚璉(公4) 1-256
—— 黍稷之器 1-257(疏)
狐貉
—— 裘之貴者 2-88(疏)
狐貉之厚以居(鄕5) 2-120
互文 3-28(疏)
好倍肉謂之瑗
———— 玉 2-111(疏)
好色不好賢 1-89(疏)
好色而不好德 3-35(疏)
好色之心 1-88(注)
虎兕 3-66(疏)
虎兕出於柙(季1) 3-62
好信不好學其蔽也賊(陽7) 3-118
好惡不可不察 3-47(注)
好勇不好學其蔽也亂(陽7) 3-118
好勇之人患疾已貧者必將爲逆亂 2-28(疏)
好勇疾貧亂也(泰10) 2-28
琥以繡
——— 子男相享 2-111(疏)
——— 合六幣 2-115(疏)
好仁不好學其蔽也愚(陽7) 3-117
好仁者 1-233(疏)
好仁者無以尙之(里6) 1-232
戶籍
—— 版圖 2-149(疏)
好從事而亟失時可謂知乎(陽1) 3-102
好知不好學其蔽也蕩(陽7)3-117
好之者不如樂之者(雍20) 1-334
好直不好學其蔽也絞(陽7) 3-118
昊天罔極 3-139(注)
虎豹之鞟猶犬羊之鞟(顔8) 2-216
胡下 2-100(疏)
好學
—— 季康子問弟子孰爲好學(先6) 2-160
—— 近於仁 3-187(疏)
—— 篤信好學(泰13) 2-30
—— 敏而好學(公15) 1-280
—— 不如丘之好學也(公28) 1-302
—— 不好學 3-117, 118
—— 顔淵 1-308(疏), 309(疏)
—— 日知其所亡月無忘其所能(張5) 3-186
—— 弟子孰爲好學(雍3) 1-307
—— 好學之事 1-100(疏)
好行小慧(憲16) 3-38
互鄕
—— 鄕名 1-389(疏)
互鄕難與言童子見門人惑(述29) 1-388
琥璜 2-115(疏)
虎侯 1-192(疏)
或乞醯焉乞諸其隣而與之(公24) 1-297
或對曰申棖(公11) 1-273
或問子產(憲9) 2-304
或問之曰益者與(憲44) 2-362
或問禘之說(八11) 1-180
或承之羞(路22) 2-279
或曰管仲儉乎(八22) 1-209
或曰陋如之何(罕14) 2-77
或曰孰謂鄹人之子知禮乎(八15) 1-187
或曰雍也仁而不佞(公5) 1-258
或曰以德報怨何如(憲34) 2-340
或謂孔子曰子奚不爲政(爲21) 1-138
渾敦 3-47(疏)
昏定晨省 1-115(疏)
忽焉在後(罕11) 2-71
弘恭(漢) 1-50(疏)
洪範序(書經)
——— 以箕子歸作洪範 3-219(疏)
紅是南方間 3-134(疏)
紅紫不以爲褻服(鄕5) 2-119
和

— 射有五善 1-192(疏)
火見而致用(左傳) 1-86(疏)
和光同塵 2-58(疏)
火克金金色白 3-134(疏)
和無寡(季1) 3-64
華山之北 3-95(注)
和頌
—— 射有五善 1-190(注)
火神則禮 1-277(疏)
華弱(春秋宋) 2-148(疏)
和容
—— 射有五善 1-190(注), 192(疏)
和而不同(路23) 2-281
和載六德 1-192(疏)
和從不逆謂之恭 1-94(疏)
和志
—— 射有五善 1-190(注)
華夏
—— 禮儀之大文章之華 1-164(疏)
畫繪之事雜五色(周禮) 1-173(疏)
畫繪之事後素功(周禮) 1-173(疏)
桓公(春秋齊)←公子小白, 小白, 允, 齊桓公 3-77(疏)
—— 九合諸侯 2-321(疏)
—— 使魯殺公子糾 2-325(疏)
—— 五伯 2-326(疏)
—— 自莒先入 2-320(注)
—— 適子莊公 1-160(疏)
—— 齊桓公正而不譎(憲15) 2-316
—— 責楚不貢苞茅 2-319(疏)
—— 桓公九合諸侯不以兵車(憲16) 2-321
—— 桓公殺公子糾(憲16) 2-320
—— 桓公殺公子糾不能死又相之(憲17) 2-323
—— 僖公庶子 2-322(疏)
桓圭
—— 雙植謂之桓 2-111(疏)
患其不能也(憲30) 2-337
患得之
——— 注 楚俗言 3-129(注)
患不知人也(學16) 1-103
桓司馬→桓魋(春秋宋) 2-212(疏)
患所以立(里14) 1-204
環
— 肉好若一謂之環 2-111(疏)
桓子無宇(春秋齊) 2-226(疏)
桓魋(春秋宋)←司馬桓魋, 向魋, 桓司馬
—— 司馬牛之兄 2-209(注), 2-210(注), 2-211(疏)
—— 宋桓魋之寵害於公 2-212(疏)
—— 欲殺孔子 1-381(疏)
—— 桓魋其如予何(述23) 1-381
煥乎其有文章(泰19) 2-36
皇侃(梁)←皇氏 1-43
—— 論語義疏(書) 1-41, 1-42
—— 犯上 上謂君親犯謂犯顔諫爭 1-76(疏)
—— 凡學有三時 1-70(疏)
—— 注 正色間色 3-134(疏)
皇考廟 1-198(疏), 199(疏)
皇甫謐(晉)
——— 王季賜九命爲西長 2-43(疏)
——— 虞 今河東太陽山西虞地 2-41(疏)
——— 湯以乙日生故名履字天乙 3-218(疏)
皇司馬
——— 子仲(春秋魯) 2-212(疏)
皇疏→論語義疏(書) 1-42, 1-43
黃是中央正 3-134(疏)
皇氏→皇侃(梁) 1-70(疏)
皇氏(人) 2-125(疏)
黃魚 1-147(疏)
黃衣以裼之 2-122(疏)
黃衣狐裘(鄉5) 2-119

――――― 大蜡息民之祭服 2-125(疏), 126(疏)
黃衣黃冠而祭息田夫也(禮記) 2-125(疏)
黃夷
―― 夷有九種 2-78(疏)
璜以黼
――― 子男相享 2-111(疏)
――― 合六幣 2-115(疏)
黃帝以十三月爲正 1-146(疏)
黃帝作冕 3-32(疏)
黃鍾之龠
――――― 量者本起於黃鍾之龠 3-220(疏)
黃鍾之長
――――― 度者本起黃鍾之長 3-220(疏)
黃鍾之重
――――― 權者本起於黃鍾之重 3-220(疏)
回→顔淵 1-268, 316, 2-176(疏), 82, 175, 184, 204, 157, 158(注), 165, 166(疏), 245(疏), 205(疏)
膾
― 聶而切之爲膾 2-133(疏)
澮
― 同間廣二尋深二仞 2-49(疏)
懷其寶而迷其邦可謂仁乎(陽1) 3-102
淮南子(書)
――― 伯牛癩 1-323(疏)
――― 堯時十日竝出 2-296(疏)
誨女知之乎(爲17) 1-130
懷德(里11) 1-237
懷道深遠 2-175(注), 176(疏), 178(疏)
會同(先24) 2-191, 193
會禮 2-111(疏)
膾不厭細(鄕6) 2-131
繪事後素(八8) 1-171
――――― 以素喩禮 1-172(疏)
會意
―― 六書 1-358(疏)
誨人不倦 1-359(注)
―――――(述2) 1-352
―――――(述34) 1-399
誨人之法 1-361(疏)
懷土(里11) 1-237
懷刑
―― 君子樂於法制齊民 1-238(疏)
懷惠
―― 小人唯利是親安於恩惠 1-238(疏)
獲罪於天無所禱也(八13) 1-184
孝
― 今之孝者是謂能養(爲7) 1-118
― 孟武伯問孝(爲6) 1-116
― 孟孫問孝於我我對曰無違(爲5) 1-114
― 三年無改於父之道可謂孝矣(里20) 1-245
― 爲政篇所論 1-105(疏)
― 子游問孝(爲7) 1-118
― 子夏問孝(爲8) 1-120
― 孝哉閔子騫(先4) 2-158
― 孝必須敬 1-120(疏)
― 孝必以禮 1-115(疏)
― 孝乎惟孝(爲21) 1-138
孝經(書)
―― 口無擇言 2-181(疏)
―― 得於孔子舊宅 1-54(疏)
―― 禮以安上樂以移風 2-252(疏)
―― 馬融注 1-59(疏)
―― 事父孝故忠可移於君 1-87(疏)
―― 鄭玄注 1-60(疏)
―― 曾子作孝經 1-78(疏)
―― 毁不滅性 3-195(疏)
孝經說(書)
――― 性者生之質命 1-277(疏)
孝公(春秋魯) 1-285(疏)
孝德
―― 以知逆惡 1-357(疏)

孝伯→孟孝伯(春秋魯) 2-21(疏)
孝子當知父母之年 1-246(疏)
孝子在喪哀慕猶若父存 1-95(注)
孝子之行 1-95(疏)
孝慈則忠(爲20) 1-136
孝慈則忠忠則直也 2-272(疏)
孝弟
—— 治國脩身之要 2-245(疏)
—— 學而篇所論 1-67(疏)
孝悌 2-79(疏)
孝弟也者其爲仁之本與(學2) 1-75
孝弟之人 1-75(注)
孝弟之行 1-75(疏)
郈(地)
— 叔孫州仇帥師圍郈 3-204(疏)
侯道 1-192(疏)
朽木不可雕也(公10) 1-270
后緡
—— 夏后相之妃 2-297(疏)
侯(射侯)
— 方十尺 1-192(疏)
侯伯之使
———— 五介 2-100(疏)
侯伯則擯者四人 2-100(疏)
後死者不得與於斯文也(罕5) 2-60
後生可畏(罕23) 2-84
後世必爲子孫憂(季1) 3-63
侯氏
—— 天子賜侯氏以車服 2-56(疏)
厚於誠信而好學問
———————— 篤信好學 2-31(疏)
侯中 1-192(疏)
后稷(官名)
—— 稷 2-39(疏), 3-21(疏)
后稷→稷(舜之臣) 2-43(疏), 295(疏)
後進
—— 後輩仕進之人 2-155(疏)
後進於禮樂君子也(先1) 2-154
後進與禮樂俱得時之中 2-154(注), 155(疏)
侯執信圭(周禮) 2-111(疏)
后倉(漢) 1-50(疏)
纁
— 三染謂之纁 2-124(疏)
— 三入爲纁 2-123(疏)
塤
— 八音 1-155(疏)
訓解
—— 道其義釋其理 1-58(疏)
毁廟之主 1-176(注), 177(疏)
毁不滅性(孝經) 3-195(注)
諱國惡禮也(左傳) 1-392(疏), 394(疏), 395(疏)
諱國惡之禮 1-181(疏), 396(疏)
諱例 1-395(疏)
諱惡者禮也 1-396(疏)
豣羔豚者弗飾賈 3-158(疏)
譎而不正(憲15) 2-316
凶服
—— 送死之衣物 2-147(注)
凶服者式之(鄕19) 2-146
凶主素吉主玄 2-122(疏)
黑肱→成公(春秋魯) 3-77(疏)
黑龜 1-147(疏)
黑是北方正紫是北方間 3-134(疏)
黑羊裘 2-122(疏)
黑繒 1-146(疏)
興→文公(春秋魯) 3-77(疏)
興國之一言 2-269(疏)
興滅國繼絶世擧逸民(堯1) 3-213
興舞
—— 射有五善 1-192(疏)
興武
—— 射有五善 1-190(注)

興於詩(泰8) 2-27
興周道於東方 3-110(疏)
豨(人)
— 寒浞之子 2-297(疏)
餼牽竭矣(左傳) 1-198(疏)
僖公(春秋魯)←申 1-176(注), 177(疏), 181(疏),
3-77(疏)
僖公(春秋齊)
—— 庶子齊桓公 2-322(疏)
喜怒違理 1-307(注), 308(疏)
噫斗筲之人何足算也(路20) 2-275
希冕
—— 冕制 2-48(疏), 3-32(疏)
僖伯彄(春秋魯)←子臧 1-285(疏)
姬姓
—— 魯吳俱姬姓 1-391(注), 392(疏), 393(疏)
餼羊(八17) 1-196
噫言游過矣(張12) 3-192
僖子乞(春秋齊) 2-226(疏)
餼臧石牛(左傳) 1-198(疏)
噫天喪予天喪予(先8) 2-163

論語經文索引

【ㄱ】

可欺也不可罔也(雍26) 1-343
可得而聞也(公13) 1-276
可使南面(雍1) 1-304
可使與賓客言也(公8) 1-265
可使爲之宰也(公8) 1-264
可使有勇且知方也(先24) 2-190
可使治其賦也(公8) 1-264
嘉善而矜不能(張3) 3-183
加我數年五十以學易(述17) 1-374
可也簡(雍2) 1-305
可也未若貧而樂富而好禮者也(學15) 1-101
可與共學未可與適道(罕30) 2-91
可與立未可與權(罕30) 2-92
可與言而不與言失人(衛7) 3-26
可與適道未可與立(罕30) 2-91
可謂具臣矣(先22) 2-185
可謂明也已矣(顔6) 2-212
可謂遠也已矣(顔6) 2-212
可謂仁矣(雍22) 1-337
可謂仁之方也已(雍30) 1-349
可謂仁乎(雍30) 1-348
可謂知矣(雍22) 1-336
可謂好學也已(學14) 1-100
可謂好學也已矣(張5) 3-186
可謂孝矣(里20) 1-245
可以觀(陽8) 3-120
可以群(陽8) 3-121
可以寄百里之命(泰6) 2-24
可以無大過矣(述17) 1-374
可以怨(陽8) 3-121
可以爲難矣(憲1) 2-290
可以爲文矣(憲18) 2-327
可以爲師矣(爲11) 1-124
可以託六尺之孤(泰6) 2-23
可以興(陽8) 3-120
可者與之(張3) 3-183
加朝服拖紳(鄕13) 2-142
加之以師旅(先24) 2-189
可妻也(公1) 1-251
各於其黨(里7) 1-235
侃侃如也(鄕1) 2-95
————(先12) 2-167
簡在帝心(堯1) 3-211
敢問其次(路20) 2-274
敢問死(先11) 2-166
敢問崇德脩慝辨惑(顔21) 2-239
敢昭告于皇皇后帝(堯1) 3-211
剛毅木訥近仁(路27) 2-286
康子饋藥(鄕10) 2-139
康子曰夫如是奚而不喪(憲19) 2-328
降志辱身矣(微8) 3-173
蓋均無貧和無寡安無傾(季1) 3-64

皆不及門也(先2) 2-156
蓋有不知而作之者(述28) 1-387
蓋有之矣我未之見也(里6) 1-233
皆坐子告之曰某在斯某在斯(憲41) 3-58
改之爲貴(罕24) 2-85
鏗爾舍瑟而作(先24) 2-191
居簡而行簡無乃大簡乎(雍2) 1-306
居敬而行簡以臨其民不亦可乎(雍2) 1-305
居無求安(學14) 1-99
蘧伯玉使人於孔子(憲25) 2-333
居不容(鄕18) 2-145
去喪無所不佩(鄕5) 2-120
居上不寬(八26) 1-224
擧善而教不能則勸(爲20) 1-136
居是邦也事其大夫之賢者友其士之仁者(衛9) 3-27
去食(顔7) 2-214
據於德(述6) 1-355
居吾語女(陽7) 3-117
擧爾所知爾所不知人其舍諸(路2) 2-247
擧逸民(堯1) 3-213
擧一隅不以三隅反則不復也(述8) 1-360
車中不內顧(鄕20) 2-149
居之無倦行之以忠(顔14) 2-231
居之不疑(顔20) 2-237
擧直錯諸枉能使枉者直(顔22) 2-240, 2-241
擧直錯諸枉則民服(爲19) 1-134
居則曰不吾知也(先24) 2-189
居處恭執事敬與人忠(路19) 2-273
居處不安(陽19) 3-138
居必遷坐(鄕6) 2-130
居下流而訕上者(陽22) 3-147
擧賢才(路2) 2-247
乞諸其隣而與之(公24) 1-297
儉則固(述36) 1-402
擊磬襄入於海(微9) 3-176
擊磬乎(憲39) 2-350
見其與先生竝行也(憲44) 2-363
見其二子焉(微7) 3-169
見得思義(季10) 3-92, 3-181
見利思義(憲12) 2-309
見冕者與瞽者雖褻必以貌(鄕19) 2-146
見不善如探湯(季11) 3-94
見不賢而內自省也(里17) 1-243
見善如不及(季11) 3-94
見小利則大事不成(路17) 2-271
犬羊之鞟(顔8) 2-216
見危授命(憲12) 2-309
見危致命(張1) 3-181
見義不爲無勇也(爲24) 1-152
狷者有所不爲也(路21) 2-277
見齊衰者雖狎必變(鄕19) 2-146
見志不從(里18) 1-243
見之雖少必作過之必趨(罕10) 2-70
見賢思齊焉(里17) 1-242
硜硜然小人哉(路20) 2-274
敬鬼神而遠之(雍22) 1-336
敬其事而後其食(憲37) 3-56
敬事而信(學5) 1-79
耕也餒在其中矣(憲31) 3-49
更也人皆仰之(張21) 3-200
季康子問政於孔子(顔17) 2-232
季康子問政於孔子曰(顔19) 2-234
季康子患盜問於孔子(顔18) 2-233
季路問事鬼神(先11) 2-166
季孟之間(微3) 3-156
季文子三思而後行(公20) 1-291
季孫之憂不在顓臾而在蕭牆之內也(季1) 3-65
季氏旅於泰山(八6) 1-165
季氏富於周公(先16) 2-173
季氏使閔子騫爲費宰(雍9) 1-319
季氏將伐顓臾(季1) 3-60

季氏將有事於顓臾(季1) 3-60
啓予足啓予手(泰3) 2-17
繼絶世(堯1) 3-213
繼周者(爲23) 1-143
戒之在得(季7) 3-86
戒之在色(季7) 3-86
戒之在鬪(季7) 3-86
季桓子受之三日不朝(微4) 3-157
故舊無大故則不棄也(微10) 3-178
故舊不遺則民不偸(泰2) 2-16
羔裘玄冠不以弔(鄉5) 2-121
故君子名之必可言也(路3) 2-249
故多能鄙事(罕6) 2-63
鼓方叔入於河(微9) 3-176
告夫三子(憲21) 2-329
故夫三桓之子孫微矣(季3) 3-80
故不爲也(陽19) 3-138
觚不觚觚哉觚哉(雍25) 1-341
固相師之道也(憲41) 3-58
鼓瑟希鏗爾舍瑟而作(先24) 2-191
故遠人不服則脩文德以來之(季1) 3-65
古者民有三疾(陽14) 3-130
古者言之不出恥躬之不逮也(里22) 1-246
觚哉觚哉(雍25) 1-341
告諸往而知來者(學15) 1-101
高宗諒陰三年不言(憲40) 2-353
沽酒市脯不食(鄉6) 2-132
古之狂也肆(陽14) 3-130
古之矜也廉(陽14) 3-131
沽之哉沽之哉(罕13) 2-76
古之學者爲己(憲24) 2-333
古之賢人(述15) 1-369
固天縱之將聖又多能也(罕6) 2-62
曲肱而枕之(述16) 1-373
告朔之餼羊(八17) 1-196
困而不學民斯爲下矣(季9) 3-91
困而學之又其次也(季9) 3-91
空空如也(罕8) 2-66
悾悾而不信(泰16) 2-33
恭寬信敏惠(陽5) 3-112
恭近於禮遠恥辱也(學13) 1-97
攻其惡無攻人之惡非脩慝與(顔21) 2-239
恭己正南面而已矣(衛4) 3-20
孔文子何以謂之文也(公15) 1-280
公伯寮其如命何(憲36) 2-344
公伯寮愬子路於季孫(憲36) 2-343
公山弗擾以費畔召子欲往(陽4) 3-109
公叔文子之臣大夫僎與文子同升諸公(憲18) 2-327
工欲善其事必先利其器(衛9) 3-27
恭而無禮則勞(泰2) 2-15
恭而安(述38) 1-403
孔子過之使子路問津焉(微6) 3-162
孔子沐浴而朝告於哀公曰(憲21) 2-329
孔子不見(陽1) 3-101
孔子辭以疾(陽18) 3-136
孔子時其亡也而往拜之遇諸塗(陽1) 3-102
孔子於鄕黨恂恂如也似不能言者(鄕1) 2-95
孔子與之坐而問焉(憲25) 2-333
孔子謂季氏(八1) 1-154
孔子以其兄之子妻之(先5) 2-159
孔子退揖巫馬期而進之曰(述31) 1-391
孔子下欲與之言趨而辟之不得與之言(微5) 3-161
孔子行(微3) 3-156
———(微4) 3-157
公綽之不欲(憲12) 2-308
恭則不侮(陽5) 3-112
公則說(堯1) 3-213
攻乎異端斯害也已矣(爲16) 1-129
果敢而窒者(陽22) 3-147
過也人皆見之(張21) 3-200

過位色勃如也足躩如也(鄕3) 2-105
過猶不及(先15) 2-172
過而不改是謂過矣(憲29) 3-49
果哉末之難矣(憲39) 2-351
過之必趨(罕10) 2-70
過則勿憚改(學8) 1-91
────(罕25) 2-86
觀過斯知仁矣(里7) 1-235
觀其所由(爲10) 1-123
官事不攝焉得儉(八22) 1-210
管氏亦樹塞門(八22) 1-210
管氏亦有反坫(八22) 1-210
管氏有三歸(八22) 1-210
管氏而知禮孰不知禮(八22) 1-211
冠者五六人童子六七人(先24) 2-192
關雎樂而不淫哀而不傷(八20) 1-205
關雎之亂(泰15) 2-32
管仲不死曰未仁乎(憲16) 2-320
管仲非仁者與(憲17) 2-323
管仲相桓公霸諸侯一匡天下(憲17) 2-323
管仲之器小哉(八22) 1-209
管仲之力也(憲16) 2-321
寬則得衆(陽5) 3-112
───(堯1) 3-213
狂而不直(泰16) 2-33
匡人其如予何(罕5) 2-60
狂者進取(路21) 2-277
怪力亂神(述21) 1-378
巧笑倩兮(八8) 1-171
巧言亂德(憲26) 3-46
巧言令色鮮矣仁(學3) 1-76
──────(陽15) 3-132
巧言令色足恭(公25) 1-298
皦如也繹如也以成(八23) 1-216
驕而不泰(路26) 2-285
敎之(路9) 2-261
舊穀旣沒(陽19) 3-137
求君子疾夫舍曰欲之而必爲之辭(季1) 3-63
舊令尹之政必以告新令尹何如(公19) 1-287
丘未達不敢嘗(鄕10) 2-139
俱不得其死然(憲5) 2-294
丘不與易也(微6) 3-165
廐焚子退朝曰傷人乎不問馬(鄕11) 2-139
九思(季10) 3-92
求生以害仁(衛8) 3-27
求善賈而沽諸(罕13) 2-75
具臣(先22) 2-185
求也可使從政也與(雍8) 1-317
求也問聞斯行諸子曰聞斯行之(先20) 2-182
丘也聞有國有家者不患寡而患不均(季1) 3-63
求也藝於從政乎何有(雍8) 1-317
求也爲之比及三年可使足民(先24) 2-190
求也千室之邑百乘之家可使爲之宰也(公8) 1-264
求也退故進之(先20) 2-183
求也何如(公8) 1-264
丘也幸苟有過人必知之(述31) 1-391
丘亦恥之(公25) 1-298
龜玉毁於櫝中(季1) 3-62
久要不忘平生之言(憲12) 2-309
求爲可知也(里14) 1-204
苟有過人必知之(述31) 1-391
苟有用我者(路10) 2-262
久矣吾不復夢見周公(述5) 1-354
久矣哉由之行詐也(罕12) 2-73
久而敬之(公17) 1-283
區以別矣(張12) 3-192
九夷(罕14) 2-77
求爾何如(先24) 2-190
求仁而得仁又何怨(述15) 1-369
苟子之不欲雖賞之不竊(顔18) 2-233
苟正其身矣於從政乎何有(路13) 2-264

求周任有言曰陳力就列不能者止(季1) 3-62
丘之禱久矣(述35) 1-401
苟志於仁矣無惡也(里4) 1-228
求之與抑與之與(學10) 1-93
丘何爲是栖栖者與無乃爲佞乎(憲32) 2-339
九合諸侯不以兵車(憲16) 2-321
鞠躬如也如不勝(鄉4) 2-109
鞠躬如也如不容(鄉3) 2-105
群居終日言不及義好行小慧難矣哉(憲16) 3-38
君君臣臣父父子子(顔11) 2-225
軍旅之事未之學也(衛1) 3-14
君命召不俟駕行矣(鄉14) 2-143
君夫人(季14) 3-99
君賜生必畜之(鄉12) 2-141
君賜腥必熟而薦之(鄉12) 2-140
君賜食必正席先嘗之(鄉12) 2-140
君使臣臣事君如之何(八19) 1-203
君使臣以禮臣事君以忠(八19) 1-204
君召使擯(鄉2) 2-97
君臣之義如之何其廢之(微7) 3-170
君曰告夫三子者(憲21) 2-330
群而不黨(憲21) 3-41
君而知禮孰不知禮(述31) 1-391
君子可逝也不可陷也(雍26) 1-343
君子去仁惡乎成名(里5) 1-230
君子居之何陋之有(罕14) 2-77
君子敬而無失與人恭而有禮(顔5) 2-210
君子固窮(衛1) 3-16
君子求諸己(憲20) 3-40
君子矜而不爭群而不黨(憲21) 3-41
君子多乎哉不多也(罕6) 2-63
君子道者三我無能焉(憲28) 2-336
君子篤於親則民興於仁(泰2) 2-16
君子名之必可言也(路3) 2-249
君子謀道不謀食(憲31) 3-49
君子務本(學2) 1-75
君子無所爭必也射乎(八7) 1-167
君子無終食之間違仁(里5) 1-230
君子無衆寡無小大無敢慢(堯2) 3-222
君子博學於文約之以禮(雍27) 1-344
君子病無能焉(憲18) 3-39
君子不可小知而可大受也(憲33) 3-52
君子不施其親(微10) 3-177
君子不憂不懼(顔4) 2-209
君子不以紺緅飾(鄉5) 2-118
君子不以言擧人不以人廢言(憲22) 3-41
君子不入也(陽6) 3-113
君子不器(爲12) 1-126
君子不重則不威(學8) 1-90
君子思不出其位(憲26) 2-335
君子三年不爲禮禮必壞(陽19) 3-137
君子上達小人下達(憲23) 2-332
君子尙勇乎(陽21) 3-146
君子成人之美不成人之惡(顔15) 2-232
君子所貴乎道者三(泰4) 2-19
君子食無求飽居無求安(學14) 1-99
君子信而後勞其民(張10) 3-189
君子於其所不知蓋闕如也(路3) 2-249
君子於其言無所苟而已矣(路3) 2-250
君子亦黨乎(述31) 1-391
君子亦有窮乎(衛1) 3-16
君子亦有惡乎(陽22) 3-147
君子惡居下流(張20) 3-199
君子欲訥於言而敏於行(里24) 1-247
君子憂道不憂貧(憲31) 3-49
君子儒(雍13) 1-325
君子有九思(季10) 3-92
君子有三戒(季7) 3-86
君子有三變(張9) 3-189
君子有三畏(季8) 3-87
君子喩於義(里16) 1-242
君子有勇而無義爲亂(陽21) 3-146

君子義以爲上(陽21) 3-146
君子以文會友以友輔仁(顔24) 2-243
君子而不仁者有矣夫(憲6) 2-300
君子易事而難說也(路25) 2-284
君子人與君子人也(泰6) 2-24
君子一言以爲知一言以爲不知(張25) 3-206
君子者乎(先19) 2-180
君子哉(憲17) 3-38
君子哉蘧伯玉(衛6) 3-25
君子哉若人(公3) 1-255
―――――(憲5) 2-295
君子正其衣冠尊其瞻視(堯2) 3-222
君子貞而不諒(憲36) 3-54
君子尊賢而容衆(張3) 3-183
君子周急不繼富(雍4) 1-311
君子周而不比(爲14) 1-127
君子之居喪(陽19) 3-138
君子之過也如日月之食焉(張21) 3-200
君子之德風小人之德草(顔19) 2-234
君子之道孰先傳焉孰後倦焉(張12) 3-192
君子之道焉可誣也(張12) 3-192
君子之仕也行其義也(微7) 3-170
君子之於天下也(里10) 1-237
君子之遠其子也(季13) 3-97
君子之至於斯也(八24) 1-217
君子疾沒世而名不稱焉(憲19) 3-40
君子疾夫舍曰欲之而必爲之辭(季1) 3-63
君子質而已矣(顔8) 2-215
君子恥其言而過其行(憲27) 2-335
君子坦蕩蕩(述37) 1-402
君子泰而不驕(路26) 2-285
君子何患乎無兄弟也(顔5) 2-210
君子學道則愛人(陽3) 3-107
君子學以致其道(張7) 3-187
君子惠而不費(堯2) 3-221
君子和而不同(路23) 2-281
君子懷德(里11) 1-237
君子懷刑(里11) 1-237
君在踧踖如也與與如也(鄕1) 2-96
君取於吳爲同姓謂之吳孟子(述31) 1-391
君薨百官總已以聽於冢宰三年(憲40) 2-353
躬自厚而薄責於人則遠怨矣(憲14) 3-36
躬行君子則吾未之有得(述33) 1-398
闕黨童子將命(憲44) 2-362
歸孔子豚(陽1) 3-101
歸與歸與(公22) 1-294
闚見室家之好(張23) 3-202
均無貧和無寡安無傾(季1) 3-64
克己復禮爲仁(顔1) 2-203
克伐怨欲不行焉可以爲仁矣(憲1) 2-289
棘子成曰君子質而已矣何以文爲(顔8) 2-215
謹權量審法度脩廢官(堯1) 3-213
謹而信(學6) 1-87
近者說遠者來(路16) 2-270
近之則不孫遠之則怨(陽23) 3-149
今女安則爲之(陽19) 3-138
今女畫(雍12) 1-324
今亡矣夫(憲25) 3-45
今拜乎上泰也(罕3) 2-54
今夫顓臾固而近於費(季1) 3-62
今不取後世必爲子孫憂(季1) 3-63
今也純儉吾從衆(罕3) 2-54
今也則亡(雍3) 1-307
今也或是之亡也(陽14) 3-130
今吾於人也聽其言而觀其行(公10) 1-271
今由與求也可謂具臣矣(先22) 2-185
今由與求也相夫子(季1) 3-65
今之狂也蕩(陽14) 3-130
今之矜也忿戾(陽14) 3-131
今之成人者何必然(憲12) 2-309
今之從政者殆而(微5) 3-160
今之從政者何如(路20) 2-275

今之學者爲人(憲24) 2-333
今之孝者是謂能養(爲7) 1-118
及階子曰階也(憲41) 3-58
及其老也血氣旣衰戒之在得(季7) 3-86
及其使人也求備焉(路25) 2-284
及其使人也器之(路25) 2-284
及其壯也血氣方剛戒之在鬪(季7) 3-86
及席子曰席也(憲41) 3-58
矜而不爭群而不黨(憲21) 3-41
期可已矣(陽19) 3-137
其可已矣(張1) 3-181
幾諫(里18) 1-243
旣竭吾才(罕11) 2-71
旣得之患失之(陽13) 3-129
旣來之則安之(季1) 3-65
其未得之也患得之(陽13) 3-129
其不可者拒之(張3) 3-183
其不改父之臣與父之政是難能也(張18) 3-197
其父攘羊而子證之(路18) 2-272
豈不爾思室是遠而(罕30) 2-92
驥不稱其力稱其德也(憲33) 2-340
其不善者而改之(述22) 1-380
杞不足徵也(八9) 1-174
其使民也義(公16) 1-281
其事上也敬(公16) 1-281
其事也(路14) 2-265
其斯而已矣(微8) 3-173
其斯之謂與(學15) 1-101
―――――(季12) 3-95
其生也榮其死也哀(張25) 3-207
旣庶矣又何加焉(路9) 2-261
其恕乎(憲23) 3-42
己所不欲勿施於人(顏2) 2-206
――――――――(憲23) 3-42
其舜也與(衛4) 3-20
其身不正雖令不從(路6) 2-258
其身正不令而行(路6) 2-258
豈若匹夫匹婦之爲諒也(憲17) 2-324
其養民也惠(公16) 1-281
其言似不足者(鄕3) 2-105
其言也訒(顏3) 2-207
其言也訒斯謂之仁已乎(顏3) 2-208
其言之不怍則爲之也難(憲20) 2-329
其餘不足觀也已(泰11) 2-29
其如示諸斯乎(八11) 1-181
起予者商也(八8) 1-172
其餘則日月至焉而已矣(雍7)1-316
其然豈其然乎(憲13) 2-311
旣往不咎(八21) 1-207
旣欲其生又欲其死是惑也(顏10) 2-223
己欲達而達人(雍30) 1-349
己欲立而立人(雍30) 1-349
其愚不可及也(公21) 1-292
期月而已可也(路10) 2-262
其爲人也發憤忘食樂以忘憂(述19) 1-377
其爲人也孝弟而好犯上者鮮矣(學2) 1-74
其爲仁之本與(學2) 1-75
其有文章(泰19) 2-36
其有成功也(泰19) 2-36
其唯聖人乎(張12) 3-193
其由也與(罕27) 2-88
―――――(顏12) 2-227
其猶正牆面而立也與(陽8) 3-121
其猶穿窬之盜也與(陽10) 3-126
旣而曰鄙哉硜硜乎莫己知也斯己而已矣(憲39) 2-350
棄而違之(公19) 1-287
箕子爲之奴(微1) 3-151
其在宗廟朝廷便便言唯謹爾(鄕1)2-95
其爭也君子(八7) 1-167
其諸異乎人之求之與(學10) 1-93
其終也已(陽24) 3-150

其知可及也(公21) 1-292
其至矣乎(雍29) 1-348
其次辟色(憲37) 2-347
其次辟言(憲37) 2-347
其次辟地(憲37) 2-346
欺天乎(罕12) 2-73
其何以行之哉(爲22) 1-140
其行己也恭(公16) 1-281
其或繼周者雖百世可知也(爲23) 1-143
其回也與(罕20) 2-82
吉月必朝服而朝(鄕5) 2-121

【ㄴ】

樂驕樂樂佚遊樂宴樂損矣(季5) 3-83
樂多賢友(季5) 3-83
樂道人之善(季5) 3-83
樂亦在其中矣(述16) 1-373
樂宴樂(季5) 3-83
樂然後笑人不厭其笑 2-311
樂以忘憂(述19) 1-377
樂而不淫哀而不傷(八20) 1-205
樂佚遊 3-83
樂節禮樂樂道人之善樂多賢友益矣(季5) 3-83
諾吾將仕矣(陽1) 3-103
亂邦不居(泰13) 2-30
亂臣十人(泰20) 2-37
難與竝爲仁矣(張16) 3-196
難乎免於今之世矣(雍16) 1-330
難乎有恒矣(述26) 1-383
南宮适問於孔子曰羿善射奡盪舟(憲5) 2-294
南宮适出(憲5) 2-295
南容三復白圭(先5) 2-159
南人有言曰人而無恒不可以作巫醫(路22) 2-278
內省不疚夫何憂何懼(顔4) 2-209
內自訟者也(公27) 1-302
來者猶可追(微5) 3-160
魯無君子者斯焉取斯(公3) 1-255
魯衛之政兄弟也(路7) 2-258
老而不死(憲43) 2-361
勞而不怨(里18) 1-243
————(堯2) 3-221
魯人爲長府(先13) 2-168
魯一變至於道(雍24) 1-340
老者安之(公26) 1-301
祿在其中矣(爲18) 1-132
————(憲31) 3-49
祿之去公室五世矣(季3) 3-79
論篤是與(先19) 2-180
誄曰禱爾于上下神祇(述35) 1-400
牢曰子云吾不試故藝(罕7) 2-65
餒在其中矣(憲31) 3-49
屢空(先18) 2-175
縲絏之中(公1) 1-251
陋如之何(罕14) 2-77
屢憎於人(公5) 1-258
能近取譬可謂仁之方也已(雍30) 1-349
能使枉者直(顔22) 2-240, 2-241
能惡人(里3) 1-228
能以禮讓爲國乎何有(里13) 1-239
能行五者於天下爲仁矣(陽5) 3-112
能好人(里3) 1-228
匿怨而友其人左丘明恥之丘亦恥之(公25) 1-298

【ㄷ】

多見而識之知之次也(述28) 1-387
多聞闕疑(爲18) 1-132

多聞擇其善者而從之(述28) 1-387
多識於鳥獸草木之名(陽8) 3-121
多怨(里12) 1-239
達巷黨人曰大哉孔子博學而無所成名(罕2) 2-52
堂堂乎張也難與竝爲仁矣(張16) 3-196
當暑袗絺綌必表而出之(鄕5) 2-119
當灑掃應對進退則可矣(張12) 3-191
唐虞之際於斯爲盛有婦人焉九人而已(泰20) 2-37
當仁不讓於師(憲35) 3-54
唐棣之華偏其反而(罕30) 2-92
大德不踰閑(張11) 3-190
大夫之賢者(衛9) 3-27
大哉孔子博學而無所成名(罕2) 2-52
大哉問(八4) 1-162
大哉堯之爲君也(泰19) 2-35
大車無輗(爲22) 1-140
德不孤必有隣(里25) 1-248
德之棄也(陽12) 3-128
德之不修(述3) 1-353
德之賊也(陽11) 3-127
德行顔淵閔子騫冉伯牛仲弓(先2) 2-156
滔滔者天下皆是也而誰以易之(微6) 3-163
道不同不相爲謀(憲39) 3-57
道不行乘桴浮于海(公7) 1-261
禱爾于上下神祇(述35) 1-400
蹈仁而死(憲34) 3-53
道之不行已知之矣(微7) 3-170
道之斯行(張25) 3-207
道之以德齊之以禮(爲3) 1-111
道之以政(爲3) 1-110
道之將廢也與命也(憲36) 2-344
道千乘之國(學5) 1-78
道聽而塗說德之棄也(陽12) 3-128
篤信好學(泰13) 2-30
東里子產潤色之(憲7) 2-302
東首加朝服拖紳(鄕13) 2-142
動容貌斯遠暴慢矣(泰4) 2-19
侗而不愿(泰16) 2-33
同而不和(路23) 2-281
童子見門人惑(述29) 1-388
童子六七人(先24) 2-192
動之不以禮未善也(憲32) 3-51
動之斯和(張25) 3-207
斗筲之人何足算也(路20) 2-275
得見君子者斯可矣(述26) 1-383
得見有恒者斯可矣(述26) 1-383
得其門者或寡矣(張23) 3-203
麻冕禮也(罕3) 2-54
馬不進也(雍15) 1-328
磨而不磷(陽6) 3-114
莫己知也斯已而已矣(憲39) 2-350
莫不有文武之道焉(張22) 3-201
莫我知也夫(憲35) 2-341
慢令致期謂之賊(堯2) 3-223
萬方有罪罪在朕躬(堯1) 3-212
末之也已何必公山氏之之也(陽4) 3-109
罔之生也幸而免(雍19) 1-334
望之儼然(張9) 3-189
每事問(八15) 1-187
———(鄕15) 2-143
孟敬子問之(泰4) 2-18
孟公綽爲趙魏老則優(憲11) 2-307
孟武伯問子路仁乎(公8) 1-264
孟武伯問孝(爲6) 1-116
孟孫問孝於我我對曰無違(爲5) 1-114
孟氏使陽膚爲士師(張19) 3-198
孟懿子問孝(爲5) 1-114
孟莊子之孝也其他可能也(張18) 3-197
孟之反不伐(雍15) 1-328
免於父母之懷(陽19) 3-139

冕衣裳者(罕10) 2-69
名不正則言不順(路3) 2-249
命矣夫(雍10) 1-322
明日遂行(衛1) 3-16
明日子路行以告(微7) 3-169
謀動干戈於邦內(季1) 3-65
貌思恭(季10) 3-92
侮聖人之言(季8) 3-88
莫春者春服旣成(先24) 2-192
沒階趨進翼如也(鄕3) 2-106
沒齒無怨言(憲9) 2-304
苗而不秀者有矣夫(罕22) 2-83
無可無不可(微8) 3-174
無見小利(路17) 2-271
毋固(罕4) 2-58
無求備於一人(微10) 3-178
無求生以害仁有殺身以成仁(衛8) 3-27
無倦(路1) 2-245
無乃爲佞乎(憲32) 2-339
無乃大簡乎(雍2) 1-306
無寧死於二三子之手乎(罕12) 2-73
無道則隱(泰13) 2-30
巫馬期以告(述31) 1-391
無莫也(里10) 1-237
亡而爲有(述26) 1-383
務民之義(雍22) 1-336
無所取材(公7)
無施勞(公26) 1-300
無臣而爲有臣吾誰欺欺天乎(罕12) 2-73
毋我(罕4) 2-58
毋吾以也(先24) 2-189
無慍色(公19) 1-287
武王曰予有亂臣十人(泰20) 2-37
無欲速無見小利(路17) 2-271
毋友不如己者(罕25) 2-86
無友不如己者(學8) 1-91
舞雩之下(顔21) 2-238
無爲小人儒(雍13) 1-325
無爲而治者其舜也與(衛4) 3-20
毋意(罕4) 2-57
無以立也(堯3) 3-226
無以萬方(堯1) 3-212
無以爲君子也(堯3) 3-226
無以爲也仲尼不可毁也(張24) 3-205
無以知人也(堯3) 3-226
毋自辱焉(顔23) 2-243
無適也(里10) 1-237
無衆寡無小大無敢慢(堯2) 3-222
無知也(罕8) 2-65
毋必(罕4) 2-58
無喜色(公19) 1-287
默而識之(述2) 1-352
問管仲(憲9) 2-304
文莫吾猶人也(述33) 1-398
文武之道未墜於地在人(張22) 3-201
文不在玆乎(罕5) 2-60
聞斯二者(季13) 3-97
聞斯行諸(先20) 2-182
聞斯行之(先20) 2-182
聞韶(述14) 1-367
文勝質則史(雍18) 1-333
聞詩聞禮(季13) 3-97
聞樂不樂(陽19) 3-138
問於桀溺(微6) 3-163
問於曾子(張19) 3-198
文王旣沒文不在玆乎(罕5) 2-60
文猶質也質猶文也(顔8) 2-216
聞義不能徙(述3) 1-353
門人不敬子路(先14) 2-170
問人於他邦再拜而送之(鄕9) 2-138
門人欲厚葬之(先10) 2-165
門人厚葬之(先10) 2-165

問一得三(季13) 3-97
聞一以知十(公9) 1-268
聞一以知二(公9) 1-268
問子西(憲9) 2-304
文之以禮樂(憲12) 2-308
問津(微6) 3-162
文質彬彬然後君子(雍18) 1-333
文學子游子夏(先2) 2-156
文行忠信(述25) 1-383
文獻不足故也(八9) 1-174
聞弦歌之聲(陽3) 3-106
勿欺也而犯之(憲22) 2-332
未可也(路24) 2-282
未可與權(罕30) 2-92
未可與立(罕30) 2-91
未可與適道(罕30) 2-91
未見其人也(季11) 3-94
未見其止也(罕21) 2-83
未見蹈仁而死者也(憲34) 3-53
未見顔色而言謂之瞽(季6) 3-85
微管仲吾其被髮左衽矣(憲17) 2-324
未能事人焉能事鬼(先11) 2-166
美目盼兮(八8) 1-171
未聞好學者也(雍3) 1-307
未嘗飽也(述9) 1-361
微生畝謂孔子曰(憲32) 2-339
未成一簣止吾止也(罕19) 2-81
未信則以爲謗己也(張10) 3-190
未若貧而樂富而好禮者也(學15) 1-101
未有小人而仁者也(憲6) 2-300
微子去之箕子爲之奴比干諫而死(微1) 3-151
未足與議也(里9) 1-236
未之能行唯恐有聞(公14) 1-279
未之思也夫何遠之有(罕30) 2-92
未知生焉知死(先11) 2-166
未知焉得仁(公19) 1-287
民可使由之不可使知之(泰9) 2-28
民德歸厚矣(學9) 1-92
民到于今受其賜(憲17) 2-324
民到于今稱之(季12) 3-95
民免而無恥(爲3) 1-110
民無能名焉(泰19) 2-35
民無得而稱焉(泰1) 2-13
民無信不立(顔7) 2-214
民鮮久矣(雍29) 1-348
敏於事而愼於言(學14) 1-100
敏於行(里24) 1-247
敏而好學(公15) 1-280
閔子侍側誾誾如也(先12) 2-167
民之於仁也甚於水火(憲34) 3-53
敏則有功(陽5) 3-112
────(堯1) 3-213

【ㅂ】

博施於民而能濟衆(雍30) 1-348
博我以文(罕11) 2-71
薄責於人(憲14) 3-36
博學於文約之以禮(雍27) 1-344
──────────(顔14) 2-231
博學而篤志(張6) 3-186
博學而無所成名(罕2) 2-52
博弈(陽29) 3-145
飯疏食(憲9) 2-304
飯疏食飮水(述16) 1-373
發憤忘食(述19) 1-377
勃如戰色(鄕4) 2-109
邦君樹塞門(八22) 1-210
邦君爲兩君之好有反坫(八22) 1-210
邦君之妻君稱之曰夫人(季14) 3-99
方六七十如五六十(先24) 2-190

邦無道穀恥也(憲1) 2-289
邦無道免於刑戮(公2) 1-253
邦無道富且貴焉恥也(泰13) 2-31
邦無道如矢(衛6) 3-25
邦無道危行言孫(憲3) 2-292
邦無道則可卷而懷之(衛6) 3-25
邦無道則愚(公21) 1-292
邦分崩離析而不能守也(季1) 3-65
放於利而行多怨(里12) 1-238
邦有道穀(憲1) 2-289
邦有道不廢(公2) 1-253
邦有道貧且賤焉恥也(泰13) 2-31
邦有道如矢(衛6) 3-25
邦有道危言危行(憲3) 2-292
邦有道則仕(衛6) 3-25
邦有道則知(公21 1-292
邦人稱之曰君夫人(季14) 3-99
放鄭聲遠佞人(衛10) 3-30
陪臣執國命三世希不失矣(季2) 3-74
拜而受之曰丘未達不敢嘗(鄕10) 2-139
拜下禮也今拜乎上泰也(罕3) 2-54
百工居肆以成其事(張7) 3-187
百官總己以聽於冢宰三年(憲40) 2-353
伯适(周) 3-179
白圭(先5) 2-159
伯達(周) 3-179
百里之命(泰6) 2-24
百物生焉(陽17) 3-135
百姓不足君孰與足(顔9) 2-217
百姓有過在予一人(堯1) 3-213
百姓足君孰與不足(顔9) 2-217
百乘之家(公8) 1-264
伯牛有疾(雍10) 1-321
伯夷叔齊不念舊惡怨是用希(公23) 1-295
伯夷叔齊餓于首陽之下(季12) 3-95
伯夷叔齊何人也(述15) 1-369
樊遲問仁(雍22) 1-337
————(顔22) 2-240
————(路19) 2-273
樊遲問知(雍22) 1-336
樊遲未達(顔22) 2-240
樊遲御(爲5) 1-114
樊遲從遊於舞雩之下(顔21) 2-238
樊遲請學稼(路4) 2-253
樊遲出(路4) 2-253
樊遲退見子夏曰(顔22) 2-241
汎愛衆而親仁(學6) 1-87
犯而不校(泰5) 2-23
法語之言能無從乎(罕24) 2-85
籩豆之事則有司存(泰4) 2-19
卞莊子之勇(憲12) 2-308
辨惑(顔10) 2-222
——(顔21) 2-239
病間曰久矣哉由之行詐也(罕12) 2-73
屛氣似不息者(鄕3) 2-105
屛四惡(堯2) 3-221
復其位踧踖如也(鄕3) 2-106
服周之冕(衛10) 3-29
本立而道生(學2) 1-75
本之則無如之何(張12) 3-191
鳳鳥不至(罕9) 2-68
鳳兮鳳兮何德之衰(微5) 3-160
夫君子之居喪(陽19) 3-138
富貴在天(顔5) 2-210
夫達也者質直而好義(顔20) 2-236
不圖爲樂之至於斯也(述14) 1-368
不得其門而入不見宗廟之美百官之富(張23) 3-202
不得其死然(先12) 2-168
不得其醬不食(鄕6) 2-131
不得中行而與之(路21) 2-277
父母唯其疾之憂(爲6) 1-116

父母在不遠遊遊必有方(里19) 1-244
父母之年不可不知也(里21) 1-246
父沒觀其行(學11) 1-95
夫聞也者色取仁而行違居之不疑(顔20) 2-237
夫三年之喪天下之通喪也(陽19) 3-139
夫三子者之言何如(先24) 2-192
夫召我者而豈徒哉(陽4) 3-109
膚受之愬(顔6) 2-212
富與貴是人之所欲也(里5) 1-229
夫如是(季1) 3-65
夫如是則四方之民襁負其子而至矣(路4) 2-254
夫如是奚其喪(憲19) 2-328
夫如是奚而不喪(憲19) 2-328
夫然後行(衛5) 3-21
父爲子隱子爲父隱直在其中矣(路18) 2-272
富有日苟美矣(路8) 2-259
富而可求也(述12) 1-365
富而無驕易(憲10) 2-307
夫人不言言必有中(先13) 2-169
夫仁者己欲立而立人(雍30) 1-349
夫人自稱曰小童(季14) 3-99
夫子固有惑志於公伯寮(憲36) 2-344
夫子憮然曰鳥獸不可與同群(微6) 3-164
夫子不答(憲5) 2-294
夫子不爲也(述15) 1-370
夫子聖者與何其多能也(罕6) 2-62
夫子循循然善誘人(罕11) 2-71
夫子時然後言人不厭其言(憲13) 2-311
夫子矢之曰予所否者天厭之天厭之(雍28) 1-345
夫子哂之(先24) 2-190
夫子焉不學而亦何常師之有(張22) 3-201
夫子溫良恭儉讓以得之(學10) 1-93
夫子莞爾而笑曰割鷄焉用牛刀(陽3) 3-106
夫子欲寡其過而未能也(憲25) 2-334
夫子欲之吾二臣者皆不欲也(季1) 3-61
夫子喟然歎曰吾與點也(先24) 2-192
夫子爲衛君乎(述15) 1-369
夫子自道也(憲28) 2-336
夫子之求之也(學10) 1-93
夫子之道忠恕而已矣(里15) 1-241
夫子之得邦家者(張25) 3-207
夫子之文章可得而聞也(公13) 1-276
夫子之不可及也猶天之不可階而升也(張25) 3-206
夫子至於是邦也必聞其政(學10) 1-93
夫子之言性與天道不可得而聞也(公13) 1-276
夫子之云不亦宜乎(張23) 3-203
夫子之牆數仞(張23) 3-202
夫子何哂由也(先24) 2-192
夫子何爲(憲25) 2-334
父在觀其志父沒觀其行(學11) 1-95
不在其位不謀其政(泰14) 2-32
————(憲26) 2-335
富哉言乎(顔22) 2-241
夫顓臾昔者先王以爲東蒙主(季1) 3-61
富之(路9) 2-261
不知其仁也(公8) 1-264, 1-265
不知其仁焉用佞(公5) 1-258
不知禮無以立也(堯3) 3-226
不知命無以爲君子也(堯3) 3-226
不知所以裁之(公22) 1-294
不知言無以知人也(堯3) 3-226
不知爲不知(爲17) 1-130
夫執輿者爲誰(微6) 3-162
負版(鄉19) 2-146
夫何憂何懼(顔4) 2-209
夫何遠之有(罕30) 2-92
夫何爲哉恭己正南面而已矣(衛4) 3-20

北辰居其所而衆星共之(爲1) 1-105
忿思難(季10) 3-92
奔而殿(雍15) 1-328
糞土之牆不可杇也(公10) 1-270
不可徒行也(先7) 2-161
不可得而聞也(公13) 1-276
不可罔也(雍26) 1-343
不可使知之(泰9) 2-28
不可與言而與之言失言(衛7) 3-26
不可以久處約(里2) 1-226
不可以爲滕薛大夫(憲11) 2-307
不可以長處樂(里2) 1-226
不可陷也(雍26) 1-343
不降其志不辱其身伯夷叔齊與(微8) 3-173
不見宗廟之美百官之富(張23) 3-202
不敬何以別乎(爲7) 1-118
不繼富(雍4) 1-311
不戒視成謂之暴(堯2) 3-222
不教而殺謂之虐(堯2) 3-222
不忮不求何用不臧(罕27) 2-88
不幾乎一言而喪邦乎(路15) 2-268
不幾乎一言而興邦乎(路15) 2-267
不念舊惡怨是用希(公23) 1-295
不能死又相之(憲17) 2-323
不能以禮讓爲國如禮何(里13) 1-239
不能正其身如正人何(路13) 2-264
不多食(鄕6) 2-132
不保其往也(述29) 1-388
不憤不啓(述8) 1-360
不悱不發(述8) 1-360
不使大臣怨乎不以(微10) 3-178
不仕無義(微7) 3-170
不使不仁者加乎其身(里6) 1-232
不使勝食氣(鄕6) 2-132
不舍晝夜(罕17) 2-80
不善不能改(述3) 1-353
不孫以爲勇者(陽22) 3-148
不宿肉(鄕6) 2-132
不時不食(鄕6) 2-131
不億不信(憲31) 2-338
不如丘之好學也(公28) 1-302
不與其退也(述29) 1-388
弗如也吾與女弗如也(公9) 1-268
不如仁人(堯1) 3-212
不如諸夏之亡也(八5) 1-164
不如學也(憲30) 3-49
不如鄕人之善者好之其不善者惡之(路24) 2-282
不逆詐不億不信(憲31) 2-338
不曰堅乎磨而不磷(陽6) 3-114
不曰白乎涅而不緇(陽6) 3-114
不曰如之何(憲15) 3-37
不要君(憲14) 2-313
不辱其身(微8) 3-173
不憂不懼斯謂之君子已乎(顔4) 2-209
不尤人(憲35) 2-342
不遠遊遊必有方(里19) 1-244
不怨天不尤人(憲35) 2-342
不爲酒困(罕16) 2-79
不有博弈者乎(陽29) 3-145
不有祝鮀之佞(雍16) 1-330
不義而富且貴(述16) 1-373
不貳過(雍3) 1-307
不以其道得之不去也(里5) 1-230
不以其道得之不處也(里5) 1-229
不以兵車(憲16) 2-321
不以言擧人不以人廢言(憲22) 3-41
不以人廢言(憲22) 3-41
不仁者不可以久處約(里2) 1-226
不仁者遠矣(顔22) 2-241
不莊以莅之則民不敬(憲32) 3-50
不占而已矣(路22) 2-279

不疾言(鄕20) 2-149
不遷怒不貳過(雍3) 1-307
不踐迹亦不入於室(先19) 2-180
不撤薑食(鄕6) 2-132
不恥下問(公15) 1-280
不親指(鄕20) 2-149
不學詩無以言(季13) 3-97
不恒其德或承之羞(路22) 2-279
不幸短命死矣今也則亡(雍3) 1-307
不賢者識其小者(張22) 3-201
不好犯上而好作亂者未之有也(學2) 1-75
不患寡而患不均(季1) 3-63
不患莫己知求爲可知也(里14) 1-204
不患無位患所以立(里14) 1-204
不患貧而患不安(季1) 3-64
不患人之不己知(學16) 1-103
——————(憲30) 2-337
朋友死無所歸曰於我殯(鄕16) 2-144
朋友數斯疏矣(里26) 1-249
朋友信之(公26) 1-301
朋友自遠方來不亦樂乎(學1) 1-68
朋友切切偲偲(路28) 2-286
朋友之饋雖車馬非祭肉不拜(鄕17) 2-144
比干諫而死(微1) 3-151
非敢爲佞也疾固也(憲32) 2-339
非公事未嘗至於偃之室也(雍14) 1-326
卑宮室而盡力乎溝洫(泰21) 2-46
比及三年(先24) 2-190
非其鬼而祭之諂也(爲24) 1-151
非道弘人(衛28) 3-48
非禮勿動(顔1) 2-204
非禮勿視(顔1) 2-204
非禮勿言(顔1) 2-204
非禮勿聽(顔1) 2-204
鄙夫可與事君也與哉(陽13) 3-129
非夫人之爲慟而誰爲(先9) 2-164
非不說子之道力不足也(雍12) 1-324
裨諶草創之(憲7) 2-301
非我也夫二三子也(先10) 2-165
譬如北辰居其所而衆星共之(爲1) 1-105
譬如爲山未成一簣止吾止也(罕19) 2-81
譬如平地雖覆一簣進吾往也(罕19) 2-81
斐然成章(公22) 1-294
非吾徒也小子鳴鼓而攻之可也(先16) 2-173
非曰能之願學焉(先24) 2-191
非帷裳必殺之(鄕5) 2-120
菲飮食而致孝乎鬼神(泰21) 2-46
比而不周(爲14) 1-127
非爾所及也(公12) 1-275
鄙哉硜硜乎(憲39) 2-350
非祭肉不拜(鄕17) 2-144
譬諸草木區以別矣(張12) 3-192
譬之宮牆(張23) 3-202
貧與賤是人之所惡也(里5) 1-230
貧而樂富而好禮(學15) 1-101
貧而無怨難(憲10) 2-307
貧而無諂富而無驕何如(學15) 1-101
賓退必復命曰賓不顧矣(鄕2) 2-98

【ㅅ】

士見危致命(張1) 3-181
使驕且吝(泰11) 2-29
事君敬其事而後其食(衛37) 3-56
事君能致其身(學7) 1-89
事君數斯辱矣(里26) 1-249
事君盡禮人以爲諂也(八18) 1-203
事鬼神(先11) 2-166
事其大夫之賢者(衛9) 3-27
辭達而已矣(衛40) 3-57
司馬牛問君子(顔4) 2-209

司馬牛問仁(顔3) 2-207
司馬牛憂曰人皆有兄弟我獨亡(顔5) 2-210
師冕見(憲41) 3-58
師冕出(憲41) 3-58
思無邪(爲2) 1-109
使民敬忠以勸如之何(爲20) 1-135
斯民也三代之所以直道而行也(憲24) 3-43
使民如承大祭(顔2) 2-206
使民以時(學5) 1-80
使民戰栗(八21) 1-206
四飯缺適秦(微9) 3-176
四方之民襁負其子而至矣(路4) 2-254
四方之政行焉(堯1) 3-213
事父母幾諫(里18) 1-243
事父母能竭其力(學7) 1-89
士不可以不弘毅(泰7) 2-26
駟不及舌(顔8) 2-215
似不能言者(鄕1) 2-95
事不成則禮樂不興(路3) 2-249
賜不受命而貨殖焉(先18) 2-175
斯不亦威而不猛乎(堯2) 3-222
斯不亦泰而不驕乎(堯2) 3-222
斯不亦惠而不費乎(堯2) 3-221
射不主皮(八16) 1-190
事思敬(季10) 3-92
死生有命富貴在天(顔5) 2-210
赦小過(路2) 2-247
四時行焉百物生焉(陽17) 3-135
四十五十而無聞焉(罕23) 2-84
四十而不惑(爲4) 1-112
四惡(堯2) 3-221
사食饐而餲魚餒而肉敗不食(鄕6) 2-131
賜也可使從政也與(雍8) 1-317
師也過商也不及(先15) 2-171
賜也達於從政乎何有(雍8) 1-317
賜也聞一以知二(公9) 1-268
賜也非爾所及也(公12) 1-275
賜也始可與言詩已矣(學15) 1-101
賜也女以予爲多學而識之者與(衛2) 3-17
賜也亦有惡乎(陽22) 3-147
賜也爾愛其羊我愛其禮(八17) 1-196
師也辟(先17) 2-175
賜也何敢望回(公9) 1-268
賜也何如(公4) 1-256
賜也賢乎哉夫我則不暇(憲29) 2-337
使於四方不能專對(路5) 2-257
使於四方不辱君命可謂士矣(路20) 2-274
斯焉取斯(公3) 1-255
師與商也孰賢(先15) 2-171
斯亦不足畏也已(罕23) 2-84
舍曰欲之而必爲之辭(季1) 3-63
死而無悔者(述11) 1-363
思而不學則殆(爲15) 1-128
仕而優則學(張13) 3-194
士而懷居不足以爲士矣(憲2) 2-291
死而後已不亦遠乎(泰7) 2-26
斯人也而有斯疾也(雍10) 1-322
使子路問津焉(微6) 3-162
使子路反見之至則行矣(微7) 3-169
使者出(憲25) 2-334
死葬之以禮(爲5) 1-114
私覿愉愉如也(鄕4) 2-110
奢則不孫儉則固(述36) 1-402
史之闕文也(憲25) 3-45
士志於道而恥惡衣惡食者(里9) 1-236
士之仁者(衛9) 3-27
賜之牆也及肩闚見室家之好(張23) 3-202
舍之則藏(述11) 1-362
四體不勤五穀不分孰爲夫子(微7) 3-169
師摯之始關雎之亂(泰15) 2-32
士何如斯可謂之達矣(顔20) 2-235
四海困窮(堯1) 3-210

四海之內皆兄弟也(顔5) 2-210
使乎使乎(憲25) 2-334
山梁雌雉時哉時哉(鄉21) 2-152
山節藻棁(公18) 1-284
山川其舍諸(雍6) 1-315
殺鷄爲黍而食之見其二子焉(微7) 3-169
殺身以成仁(衛8) 3-27
三家者以雍徹(八2) 1-158
三家之堂(八2) 1-159
三愆(季6) 3-85
三戒(季7) 3-86
三軍(述11) 1-363
三軍可奪帥也(罕26) 2-87
三歸(八22) 1-210
三年無改於父之道可謂孝矣(學11) 1-95
――――――――――――(里20) 1-245
三年不爲樂樂必崩(陽19) 3-137
三年有成(路10) 2-262
三年之喪期已久矣(陽19) 3-137
三年之喪天下之通喪也(陽19) 3-139
三年學不至於穀不易得也(泰12) 2-30
三代之所以直道而行也(憲24) 3-43
三飯繚適蔡(微9) 3-176
三變(張9) 3-189
三分天下有其二以服事殷(泰20) 2-38
三仕爲令尹無喜色(公19) 1-287
三思而後行(公20) 1-291
三世希不失矣(季2) 3-74
三十而立(爲4) 1-112
三樂(季5) 3-83
參也魯(先17) 2-175
三畏(季8) 3-87
三友(季4) 3-81
三隅(述8) 1-360
三月不知肉味(述14) 1-367
三月不違仁(雍7) 1-316
三已之無慍色(公19) 1-287
三以天下讓(泰1) 2-13
三仁(微1) 3-151
三人行必有我師焉(述22) 1-380
三子者出曾皙後(先24) 2-192
三疾(陽14) 3-130
參乎吾道一以貫之(里15) 1-241
三桓之子孫微矣(季3) 3-80
三嗅而作(鄉21) 2-152
尙德哉若人(憲5) 2-295
嘗獨立鯉趨而過庭(季13) 3-96
商聞之矣死生有命富貴在天(顔5) 2-210
喪事不敢不勉(罕16) 2-79
喪思哀(張1) 3-181
常師(張22) 3-201
上失其道民散久矣(張19) 3-198
商也不及(先15) 2-171
喪與其易也寧戚(八4) 1-162
上如揖下如授(鄉4) 2-109
相維辟公(八2) 1-159
翔而後集(鄉21) 2-151
傷人乎不問馬(鄉11) 2-139
上知與下愚不移(陽2) 3-105
喪致乎哀而止(張14) 3-195
上好禮則民莫敢不敬(路4) 2-253
上好禮則民易使也(憲41) 2-358
上好信則民莫敢不用情(路4) 2-254
上好義則民莫敢不服(路4) 2-253
塞門(八22) 1-210
色難(爲8) 1-120
色厲而內荏譬諸小人(陽10) 3-126
色勃如也(鄉2) 2-97
色勃如也足躩如也(鄉3) 2-105
色斯擧矣(鄉21) 2-151
色思溫(季10) 3-92
色惡不食(鄉6) 2-131

色莊者乎(先19) 2-180
生事之以禮(爲5) 1-114
生而知之者(述20) 1-378
生而知之者上也(季9) 3-91
書云高宗諒陰三年不言何謂也(憲40) 2-353
書云孝乎惟孝友于兄弟施於有政(爲21) 1-138
庶矣哉(路9) 2-261
庶人不議(季2) 3-75
逝者如斯夫(罕17) 2-80
席不正不坐(鄕7) 2-136
昔者偃也聞諸夫子(陽3) 3-107
昔者吾友嘗從事於斯矣(泰5) 2-23
昔者由也聞諸夫子(陽6) 3-113
惜乎夫子之說君子也(顔8) 2-215
惜乎吾見其進也未見其止也(罕21) 2-83
善居室(路8) 2-259
先難而後獲(雍22) 1-337
善夫(路22) 2-278
先事後得非崇德與(顔21) 2-239
先王之道斯爲美(學12) 1-96
善爲我辭焉(雍9) 1-319
先有司赦小過擧賢才(路2) 2-246
鮮矣仁(陽15) 3-132
善人敎民七年亦可以卽戎矣(路29) 2-287
善人是富(堯1) 3-212
善人吾不得而見之矣(述26) 1-383
善人爲邦百年亦可以勝殘去殺矣(路11) 2-262
善哉問(顔21) 2-239
先之勞之(路1) 2-245
先進於禮樂野人也(先1) 2-154
先行其言而後從之(爲13) 1-127
褻裘長短右袂(鄕5) 2-119
葉公問孔子於子路(述19) 1-376
葉公問政(路16) 2-270
葉公於孔子曰(路18) 2-271
攝齊升堂鞠躬如也(鄕3) 2-105
誠不以富亦祇以異(顔10) 2-223
成事不說(八21) 1-207
性相近也習相遠也(陽2) 3-105
成於樂(泰8) 2-27
聖人吾不得而見之矣(述26) 1-383
聖人之言(季8) 3-88
誠哉是言也(路11) 2-263
騂且角(雍6) 1-315
歲不我與(陽1) 3-102
灑掃應對進退(張12) 3-191
世叔討論之(憲7) 2-302
歲寒然後知松栢之後彫也(罕28) 2-90
昭公知禮乎(述31) 1-391
小大由之有所不行(學12) 1-96
小德出入可也(張11) 3-190
小童(季14) 3-99
少連(微8) 3-173
韶舞(衛10) 3-30
小不忍則亂大謀(憲26) 3-46
少師陽擊磬襄入於海(微9) 3-176
所損益可知也(爲23) 1-142
所謂大臣者以道事君不可則止(先22) 2-185
所謂立之斯立道之斯行(張25) 3-207
少有曰苟完矣(路8) 2-259
素衣麑裘(鄕5) 2-119
素以爲絢兮(八8) 1-171
小人驕而不泰(路26) 2-285
小人求諸人(憲20) 3-40
小人窮斯濫矣(衛1) 3-16
小人難事而易說也(路25) 2-284
小人同而不和(路23) 2-281
小人反是(顔15) 2-232
小人不知天命而不畏也(季8) 3-88
小人不可大受而可小知也(憲33) 3-52

小人比而不周(爲14) 1-127
小人儒(雍13) 1-325
小人喩於利(里16) 1-242
小人有勇而無義爲盜(陽21) 3-146
小人長戚戚(述37) 1-402
小人哉樊須也(路4) 2-253
小人之過也必文(張8) 3-188
小人之德草(顔19) 2-234
小人學道則易使也(陽3) 3-107
小人懷土(里11) 1-237
小人懷惠(里11) 1-238
小子鳴鼓而攻之可也(先16) 2-173
小子何莫學夫詩(陽8) 3-120
小子何述焉(陽17) 3-135
少者懷之(公26) 1-301
蕭牆之內(季1) 3-65
所重民食喪祭(堯1) 3-213
少之時血氣未定戒之在色(季7) 3-86
小車無軏(爲22) 1-140
召忽死之(憲16) 2-320
束帶立於朝可使與賓客言也(公8) 1-265
束脩(述7) 1-359
巽與之言能無說乎(罕24) 2-85
孫以出之(憲17) 3-38
損者三樂(季5) 3-83
損者三友(季4) 3-81
松柏之後彫也(罕28) 2-90
宋不足徵也(八9) 1-174
誦詩三百授之以政不達(路5) 2-257
宋朝之美(雍16) 1-330
脩己以敬(憲42) 2-359
脩己以安百姓堯舜其猶病諸(憲42) 2-359
脩己以安人(憲42) 2-359
誰能出不由戶(雍17) 1-332
雖多亦奚以爲(路5) 2-257
雖得之必失之(憲32) 3-50
雖蠻貊之邦行矣(衛5) 3-21
脩文德以來之(季1) 3-65
雖百世可知也(爲23) 1-143
雖覆一簣進吾往也(罕19) 2-81
雖不吾以吾其與聞之(路14) 2-265
遂事不諫(八21) 1-207
守死善道(泰13) 2-30
雖賞之不竊(顔18) 2-233
雖小道必有可觀者焉(張4) 3-185
雖蔬食菜羹瓜祭必齊如也(鄕6) 2-133
雖曰未學吾必謂之學矣(學7) 1-89
雖曰不要君吾不信也(憲14) 2-313
雖欲勿用山川其舍諸(雍6) 1-315
雖欲從之末由也已(罕11) 2-71
雖違衆吾從下(罕3) 2-54
雖有粟吾得而食諸(顔11) 2-225
雖有周親不如仁人(堯1) 3-212
秀而不實者有矣夫(罕22) 2-83
誰以易之(微6) 3-163
雖在縲絏之中非其罪也(公1) 1-251
雖州里行乎哉(衛5) 3-21
綏之斯來動之斯和(張25) 3-207
雖之夷狄不可棄也(路19) 2-273
授之以政不達(路5) 2-257
雖執鞭之士吾亦爲之(述12) 1-365
脩慝(顔21) 2-239
脩廢官(堯1) 3-213
水火吾見蹈而死者矣(憲34) 3-53
誰毁誰譽(憲24) 3-43
宿諾(顔12) 2-228
孰不知禮(述31) 1-391
孰不可忍也(八1) 1-154
孰先傳焉孰後倦焉(張12) 3-192
叔孫武叔語大夫於朝曰子貢賢於仲尼(張23) 3-202
叔孫武叔毁仲尼(張24) 3-205

叔夜(微11) 3-179
孰謂微生高直(公24) 1-297
叔夏(微11) 3-179
恂恂如也似不能言者(鄕1) 2-95
舜亦以命禹(堯1) 3-211
舜禹之有天下也而不與焉(泰18) 2-35
舜有臣五人而天下治(泰20) 2-37
舜有天下選於衆擧皐陶不仁者遠矣(顔22) 2-241
述而不作(述1) 1-351
崇德(顔10) 2-222
崇德脩慝辨惑(顔21) 2-239
習相遠也(陽2) 3-105
升車必正立執綏(鄕20) 2-149
升堂矣未入於室也(先14) 2-170
乘桴浮于海(公7) 1-261
乘肥馬衣輕裘(雍4) 1-311
乘殷之輅(衛10) 3-29
始可與言詩已矣(八8) 1-172
詩可以興(陽8) 3-120
是可忍也孰不可忍也(八1) 1-154
是故惡夫佞者(先23) 2-188
視其所以(爲10) 1-123
是道也何足以臧(罕27) 2-88
是魯孔丘與(微6) 3-162
是魯孔丘之徒與(微6) 3-163
是聞也非達也(顔20) 2-236
弑父與君亦不從也(先22) 2-186
視思明(季10) 3-92
是社稷之臣也何以伐爲(季1) 3-61
詩三百一言以蔽之曰思無邪(爲2) 1-108
詩書執禮皆雅言也(述18) 1-375
是誰之過與(季1) 3-62
侍食於君君祭先飯(鄕12) 2-141
柴也愚(先17) 2-174
侍於君子有三愆(季6) 3-85
施於有政(爲21) 1-138
始吾於人也聽其言而信其行(公10) 1-271
詩云如切如磋如琢如磨(學15) 1-101
詩云戰戰兢兢如臨深淵如履薄冰(泰3) 2-17
是謂棄之(路30) 2-288
是爲賊(憲43) 2-361
始有曰苟合矣(路8) 2-259
是以君子不爲也(張4) 3-185
是以君子惡居下流(張20) 3-199
是以謂之文也(公15) 1-280
始作翕如也(八23) 1-215
時哉時哉(鄕21) 2-152
是知其不可而爲之者與(憲38) 2-349
是知津矣(微6) 3-162
食無求飽居無求安(學14) 1-99
食夫稻衣夫錦於女安乎(陽19) 3-138
式負版者(鄕19) 2-146
食不語(鄕6) 2-133
食不厭精(鄕6) 2-131
食旨不甘(陽19) 3-138
新穀旣升(陽19) 3-137
信近於義言可復也(學13) 1-97
信道不篤(張2) 3-182
迅雷風烈必變(鄕19) 2-147
晨門曰奚自(憲38) 2-349
臣事君以忠(八19) 1-204
申申如也夭夭如也(述4) 1-354
愼於言(學14) 1-100
愼言其餘(爲18) 1-132
信如君不君臣不臣父不父子不子(顔11) 2-225
愼而無禮則葸(泰2) 2-15
信以成之(憲17) 3-38
信而好古(述1) 1-351
信而後諫(張10) 3-190
信而後勞其民(張10) 3-189

愼終追遠民德歸厚矣(學9) 1-92
身中淸廢中權(微8) 3-174
信則民任焉(堯1) 3-213
信則人任焉(陽5) 3-112
信乎夫子不言不笑不取乎(憲13) 2-311
室是遠而(罕30) 2-92
實若虛(泰5) 2-23
失言(衛7) 3-26
失人(衛7) 3-26
失飪不食(鄕6) 2-131
審法度(堯1) 3-213
甚矣吾衰也(述5) 1-354
深則厲淺則揭(憲39) 2-350
十世可知也(爲23) 1-142
十世希不失矣(季2) 3-74
十室之邑必有忠信如丘者焉(公28) 1-302

【ㅇ】

我叩其兩端而竭焉(罕8) 2-66
我待賈者也(罕13) 2-76
我無是也(述28) 1-387
我未見力不足者(里6) 1-233
我未見好仁者惡不仁者(里6) 1-232
亞飯干適楚(微9) 3-175
我不欲人之加諸我也(公12) 1-274
我非生而知之者(述20) 1-378
雅頌各得其所(罕15) 2-78
我愛其禮(八17) 1-196
雅言(述18) 1-375
我欲仁斯仁至矣(述30) 1-390
餓于首陽之下(季12) 3-95
我之大賢與於人何所不容(張3) 3-183
我之不賢與人將拒我(張3) 3-183
我則異於是無可無不可(微8) 3-174
樂其可知也(八23) 1-215
樂云樂云鍾鼓云乎哉(陽9) 3-125
惡衣服而致美乎黻冕(泰21) 2-46
樂則韶舞(衛10) 3-30
安見方六七十如五六十而非邦也者(先24) 2-193
顔路請子之車以爲之椁(先7) 2-161
安無傾(季1) 3-64
顔淵季路侍(公26) 1-300
顔淵問爲邦(衛10) 3-29
顔淵問仁(顔1) 2-203
顔淵死(先8) 2-163
顔淵死子哭之慟(先9) 2-164
顔淵死門人欲厚葬之(先10) 2-165
顔淵死顔路請子之車以爲之椁(先7) 2-161
顔淵喟然歎曰(罕11) 2-71
顔淵後(先21) 2-184
安仁 1-226(里2)
晏平仲善與人交(公17) 1-283
訐以爲直者(陽22) 3-148
狎大人(季8) 3-88
仰之彌高(罕11) 2-70
哀公問社於宰我(八21) 1-206
哀公問於有若曰(顔9) 2-217
哀公問弟子孰爲好學(雍3) 1-307
哀矜而勿喜(張19) 3-198
哀而不傷(八20) 1-205
愛人(顔22) 2-240
愛之能勿勞乎(憲7) 2-301
愛之欲其生惡之欲其死(顔10) 2-223
野人 2-154
野哉由也(路3) 2-249
若季氏則吾不能(微3) 3-156
若聖與仁則吾豈敢(述34) 1-399
約我以禮(罕11) 2-71
若由也不得其死然(先12) 2-168

約而爲泰(述26) 1-383
若臧武仲之知(憲12) 2-308
約之以禮(雍27) 1-344
———(顔14) 2-231
洋洋乎盈耳哉(泰15) 2-32
諒陰 2-353
陽貨欲見孔子孔子不見(陽1) 3-101
魚餒而肉敗不食(鄕6) 2-131
於我殯(鄕16) 2-144
於我如浮雲(述16) 1-373
於予與改是(公10) 1-271
於予與何誅(公10) 1-270
於吾言無所不說(先3) 2-157
禦人以口給屢憎於人(公5) 1-258
於人何所不容(張3) 3-183
於從政乎何有(雍8) 1-317, 318
————(路13) 2-264
語之而不惰者其回也與(罕20) 2-82
抑末也本之則無如之何(張12) 3-191
抑亦可以爲次矣(路20) 2-274
抑亦先覺者是賢乎(憲31) 2-338
抑爲之不厭誨人不倦則可謂云爾已矣(述34) 1-399
億則屢中(先18) 2-175
言可復也(學13) 1-97
言寡尤行寡悔祿在其中矣(爲18) 1-132
言及之而不言謂之隱(季6) 3-85
焉能繫而不食(陽6) 3-114
焉能事鬼(先11) 2-166
焉能爲亡(張2) 3-182
焉能爲有(張2) 3-182
焉得剛(公11) 1-273
言未及之而言謂之躁(季6) 3-85
言不可不愼也(張25) 3-206
言不可以若是其幾也(路15) 2-267, 2-268
言不及義好行小慧(衛16) 3-38
言不順則事不成(路3) 2-249
言不忠信(衛5) 3-21
言思忠(季10) 3-92
言語宰我子貢(先2) 2-156
焉往而不三黜(微2) 3-154
焉用稼(路4) 2-254
焉用佞(公5) 1-258
言中倫行中慮其斯而已矣(微8) 3-173
言之得無訒乎(顔3) 2-208
焉知來者之不如今也(罕23) 2-84
焉知死(先11) 2-166
偃之言是也前言戲之耳(陽3) 3-107
言之必可行也(路3) 2-249
焉知賢才而擧之(路2) 2-247
言忠信(衛5) 3-21
言必信行必果硜硜然小人哉(路20) 2-274
言必有中(先13) 2-169
儼然人望而畏之(堯2) 3-222
如其禮樂以俟君子(先24) 2-190
與其媚於奧寧媚於竈何謂也(八13) 1-184
與其不孫也寧固(述36) 1-402
如其善而莫之違也不亦善乎(路15) 2-268
女器也(公4) 1-256
如其仁如其仁(憲16) 2-321
與其從辟人之士也豈若從辟世之士哉(微6) 3-163
與其進也不與其退也(述29) 1-388
與其絜也不保其往也(述29) 1-388
如得其情則哀矜而勿喜(張19) 3-198
女得人焉耳乎(雍14) 1-326
女弗能救與(八6) 1-165
女安則爲之(陽19) 3-138
女與回也孰愈(公9) 1-268
女爲君子儒(雍13) 1-325
女爲周南召南矣乎(陽8) 3-121
慮以下人(顔20) 2-236

女奚不曰(述19) 1-377
如履薄冰(泰3) 2-17
如臨深淵(泰3) 2-17
予無樂乎爲君唯其言而莫予違也(路15) 2-268
與文子同升諸公(憲18) 2-327
予不得視猶子也(先10) 2-165
如不善而莫之違也(路15) 2-268
如不可求從吾所好(述12) 1-365
與朋友共敝之而無憾(公26) 1-300
與朋友交言而有信(學7) 1-89
與朋友交而不信乎(學4) 1-77
予死於道路乎(罕12) 2-74
與師言之道與(憲41) 3-58
如斯而已乎(憲42) 2-359
如殺無道以就有道何如(顏19) 2-234
與上大夫言誾誾如也(鄕1) 2-96
予所否者天厭之天厭之(雍28) 1-345
予小子履敢用玄牡(堯1) 3-211
予也有三年之愛於其父母乎(陽19) 3-139
與與如也(鄕1) 2-96
予欲無言(陽17) 3-135
如用之則吾從先進(先1) 2-154
予有亂臣十人(泰20) 2-37
如有博施於民而能濟衆(雍30) 1-348
如有復我者則吾必在汶上矣(雍9) 1-319
如有所立卓爾(罕11) 2-71
如有所譽者其有所試矣(憲24) 3-43
如有王者必世而後仁(路12) 2-263
如有用我者吾其爲東周乎(陽4) 3-109
如有政雖不吾以吾其與聞之(路14) 2-265
如有周公之才之美使驕且吝(泰11) 2-29
與衣狐貉者立而不恥者其由也與(罕27) 2-88
與人恭而有禮(顏5) 2-210
與人忠(路19) 2-273
如日月之食焉(張21) 3-200
予一以貫之(衛2) 3-18
女子與小人爲難養也(陽23) 3-149
如切如磋如琢如磨(學15) 1-101
如正人何(路13) 2-264
與之釜(雍4) 1-310
予之不仁也(陽19) 3-139
與之粟九百辭(雍5) 1-313
與之粟五秉(雍4) 1-311
如知爲君之難也不幾乎一言而興邦乎(路15) 2-267
與之庾(雍4) 1-310
如之何其拒人也(張3) 3-183
如之何其可及也(張25) 3-207
如之何其聞斯行之(先20) 2-182
如之何其徹也(顏9) 2-217
如之何者吾末如之何也已矣(憲15) 3-37
如或知爾則何以哉(先24) 2-189
亦可以弗畔矣夫(雍27) 1-344
————(顏14) 2-231
亦可以爲成人矣(憲12) 2-309
亦可以卽戎矣(路29) 2-287
亦各言其子也(先7) 2-161
亦各言其志也(先24) 2-191
力不足也(雍12) 1-324
力不足者(里6) 1-233
力不足者中道而廢今女畫(雍12) 1-324
亦不入於室(先19) 2-180
繹如也以成(八23) 1-216
繹之爲貴(罕24) 2-85
亦祇以異(顏10) 2-223
亦何常師之有(張22) 3-201
年饑用不足如之何(顏9) 2-217
然非與(衛2) 3-17
年四十而見惡焉其終也已(陽24) 3-150
然有是言也(陽6) 3-114
然而未仁(張15) 3-196

然則管仲知禮乎(八22) 1-210
然則師愈與(先15) 2-172
然則從之者與(先22) 2-185
說而不繹從而不改(罕24) 2-85
說之不以道不說也(路25) 2-284
說之雖不以道說也(路25) 2-284
涅而不緇(陽6) 3-114
冉求可謂大臣與(先22) 2-185
冉求之藝(憲12) 2-308
冉有季路見於孔子曰(季1) 3-60
冉有問聞斯行諸(先20) 2-182
冉有僕(路9) 2-260
冉有子貢侃侃如也(先12) 2-167
冉子與之粟五秉(雍4) 1-311
冉子爲其母請粟(雍4) 1-310
冉子退朝(路14) 2-264
甯武子邦有道則知邦無道則愚(公21) 1-292
逞顏色怡怡如也(鄕3) 2-106
令尹子文三仕爲令尹無喜色(公19) 1-286
詠而歸(先24) 2-192
佞人殆(衛10) 3-30
羿善射奡盪舟(憲5) 2-294
禮樂不興則刑罰不中(路3) 2-249
禮樂征伐自諸侯出(季2) 3-74
禮樂征伐自天子出(季2) 3-74
禮讓爲國(里13) 1-239
禮與其奢也寧儉(八4) 1-162
禮云禮云玉帛云乎哉(陽9) 3-124
禮以行之(憲17) 3-38
禮之用和爲貴(學12) 1-96
禮後乎(八8) 1-171
惡居下流而訕上者(陽22) 3-147
吾見其人矣(季11) 3-94
吾見其進也未見其止也(罕21) 2-83
五穀不分(微7) 3-169
吾恐季孫之憂不在顓臾而在蕭牆之內也(季1) 3-65
惡果敢而窒者(陽22) 3-147
吾其爲東周乎(陽4) 3-109
吾豈匏瓜也哉(陽6) 3-114
吾黨有直躬者(路18) 2-271
吾黨之小子狂簡斐然成章(公22) 1-294
吾黨之直者異於是(路18) 2-272
吾道一以貫之(里15) 1-241
吾力猶能肆諸市朝(憲36) 2-344
吾老矣不能用也(微3) 3-156
惡利口之覆邦家者(陽16) 3-133
吾末如之何也已矣(罕24) 2-85
————————(憲15) 3-37
吾無隱乎爾(述24) 1-381
吾無行而不與二三子者是丘也(述24) 1-382
吾聞君子不黨君子亦黨乎(述31) 1-391
吾聞其語矣(季11) 3-94
吾聞諸夫子(張17) 3-197
吾聞之也君子周急不繼富(雍4) 1-311
五美(堯2) 3-221
吾未見剛者(公11) 1-273
吾未見能見其過而內自訟者也(公27) 1-302
吾未見好德如好色者也(罕18) 2-80
——————————(憲12) 3-35
吾未嘗無誨焉(述7) 1-359
吾未嘗不得見也(八24) 1-217
惡夫佞者(先23) 2-188
吾不知之矣(泰16) 2-33
吾不徒行以爲之椁(先7) 2-161
惡不孫以爲勇者(陽22) 3-148
吾不試故藝(罕7) 2-65
吾不如老農(路4) 2-253
吾不如老圃(路4) 2-253
吾不與也(述11) 1-363
吾不與祭如不祭(八12) 1-183
吾不欲觀之矣(八10) 1-175

惡不仁者(里6) 1-232
吾非斯人之徒與而誰與(微6) 3-165
吾斯之未能信(公6) 1-260
吾嘗終日不食終夜不寢以思無益不如學也(憲30) 3-49
五世希不失矣(季2) 3-74
吾少也賤故多能鄙事(罕6) 2-63
吾誰欺欺天乎(罕12) 2-73
吾十有五而志于學(爲4) 1-112
五十而知天命(爲4) 1-112
惡訐以爲直者(陽22) 3-148
吾與女弗如也(公9) 1-268
吾與點也(先24) 2-192
吾與回言終日不違如愚(爲9) 1-122
吾亦欲無加諸人(公12) 1-274
惡徼以爲知者(陽22) 3-147
惡勇而無禮者(陽22) 3-147
吾憂也(述3) 1-353
吾友張也爲難能也(張15) 3-196
吾猶及史之闕文也(憲25) 3-45
吾有知乎哉無知也(罕8) 2-65
吾以女爲死矣(先21) 2-184
吾二臣者皆不欲也(季1) 3-61
吾已矣夫(罕9) 2-68
吾以子爲異之問(先22) 2-185
吾日三省吾身(學4) 1-77
吾自衛反魯然後樂正(罕15) 2-78
惡紫之奪朱也(陽16) 3-133
吾將仕矣(陽1) 3-103
惡鄭聲之亂雅樂也(陽16) 3-133
吾從先進(先1) 2-154
吾從周(八14) 1-186
吾從衆(罕3) 2-54
吾從下(罕3) 2-54
吾之於人也誰毁誰譽(憲24) 3-43
惡之欲其死(顔10) 2-223
吾執御矣(罕2) 2-52
惡稱人之惡者(陽22) 3-147
奡盪舟(憲5) 2-294
吾必在汶上矣(雍9) 1-319
吾何以觀之哉(八26) 1-224
吾何執執御乎執射乎吾執御矣(罕2) 2-53
嗚呼曾謂泰山不如林放乎(八6) 1-165
玉帛云乎哉(陽9) 3-124
溫故而知新可以爲師矣(爲11) 1-124
韞匵而藏諸求(罕13) 2-75
溫而厲(述38) 1-403
雍雖不敏請事斯語矣(顔2) 2-207
雍也可使南面(雍1) 1-304
雍也仁而不佞(公5) 1-258
曰予小子履敢用玄牡敢昭告于皇皇后帝(堯1) 3-211
枉道而事人何必去父母之邦(微2) 3-154
王孫賈治軍旅(憲19) 2-328
往者不可諫來者猶可追(微5) 3-160
畏大人(季8) 3-87
畏聖人之言(季8) 3-88
巍巍乎(泰18) 2-35
巍巍乎其有成功也(泰19) 2-36
巍巍乎唯天爲大唯堯則之(泰19) 2-35
畏天命畏大人畏聖人之言(季8) 3-87
堯舜其猶病諸(雍30) 1-348
——————(憲42) 2-359
夭夭如也(述4) 1-354
徼以爲知者(陽22) 3-147
欲訥於言而敏於行(里24) 1-247
欲速則不達(路17) 2-271
欲而不貪(堯2) 3-221
欲仁而得仁又焉貪(堯2) 3-222
欲罷不能(罕11) 2-71
欲絜其身而亂大倫(微7) 3-170
浴乎沂風乎舞雩詠而歸(先24) 2-192

勇而無禮者(陽22) 3-147
勇而無禮則亂(泰2) 2-15
勇者不懼(罕29) 2-91
————(憲28) 2-336
勇者不必有仁(憲4) 2-293
用之則行(述11) 1-362
又敬不違(里18) 1-243
友其士之仁者(衛9) 3-27
又多能也(罕6) 2-62
友多聞(季4) 3-81
友諒(季4) 3-81
又聞君子之遠其子也(季13) 3-97
友善柔(季4) 3-82
又誰怨(堯2) 3-222
又焉貪(堯2) 3-222
禹吾無間然矣(泰21) 2-45, 2-47
友于兄弟(爲21) 1-138
耰而不輟(微6) 3-164
遇丈人以杖荷蓧(微7) 3-168
禹稷躬稼而有天下(憲5) 2-294
友直友諒友多聞益矣(季4) 3-81
友便佞(季4) 3-82
友便辟友善柔友便佞損矣(季4) 3-81
郁郁乎文哉吾從周(八14) 1-186
遠佞人(衛10) 3-30
願無伐善無施勞(公26) 1-300
願聞子之志(公26) 1-301
原思爲之宰(雍5) 1-313
怨是用希(公23) 1-295
原壤夷俟(憲43) 2-360
願爲小相焉(先24) 2-191
遠人不服而不能來也(季1) 3-65
遠人不服則脩文德以來之(季1) 3-65
遠之則怨(陽23) 3-149
願車馬衣輕裘與朋友共敝之而無憾(公26) 1-300
遠恥辱也(學13) 1-97
怨乎(述15) 1-369
月無忘其所能(張5) 3-186
衛公孫朝問於子貢曰仲尼焉學(張22) 3-201
爲國以禮其言不讓是故哂之(先24) 2-192
爲君難爲臣不易(路15) 2-267
衛君待子而爲政子將奚先(路3) 2-248
爲力不同科(八16) 1-190
衛靈公問陳於孔子(衛1) 3-13
爲禮不敬(八26) 1-224
謂柳下惠少連(微8) 3-173
謂武盡美矣未盡善也(八25) 1-221
危邦不入(泰13) 2-30
爲臣不易(路15) 2-267
危言危行(憲3) 2-292
謂虞仲夷逸(微8) 3-174
危而不持(季1) 3-62
違仁(里5) 1-230
爲人謀而不忠乎(學4) 1-77
爲仁由己而由人乎哉(顔1) 2-204
爲政以德(爲1) 1-105
爲之難言之得無訒乎(顔3) 2-208
爲之不厭(述34) 1-399
爲之猶賢乎已(陽29) 3-145
危行言孫(憲3) 2-292
猶恐失之(泰17) 2-34
唯恐有聞(公14) 1-279
有棺而無槨(先7) 2-161
有敎無類(憲38) 3-56
唯求則非邦也與(先24) 2-193
有國有家者不患寡而患不均(季1) 3-63
有君子之道四焉(公16) 1-281
唯其言而莫予違也(路15) 2-268
唯女子與小人爲難養也(陽23) 3-149
有能一日用其力於仁矣乎(里6) 1-233
有澹臺滅明者(雍14) 1-326

有德者必有言(憲4) 2-293
有道則見(泰13) 2-30
有馬者借人乘之(憲25) 3-45
有美玉於斯(罕13) 2-75
有民人焉有社稷焉(先23) 2-187
有婦人焉九人而已(泰20) 2-37
有父兄在如之何其聞斯行之(先20) 2-182
有朋自遠方來不亦樂乎(學1) 1-68
有鄙夫問於我空空如也(罕8) 2-66
孺悲欲見孔子孔子辭以疾(陽18) 3-136
有事弟子服其勞(爲8) 1-120
有社稷焉(先23) 2-187
唯上知與下愚不移(陽2) 3-105
有盛饌必變色而作(鄕19) 2-147
有始有卒者其唯聖人乎(張12) 3-193
有是哉子之迂也奚其正(路3) 2-248
有心哉擊磬乎(憲39) 2-350
唯我與爾有是夫(述11) 1-362
有顔回者好學(雍3) 1-307
————(先6) 2-160
由也兼人故退之(先20) 2-183
由也果於從政乎何有(雍8) 1-317
由也問聞斯行諸子曰有父兄在(先20) 2-182
由也喭(先17) 2-175
由也女聞六言六蔽矣乎(陽7) 3-117
由也爲之(先24) 2-190
由也千乘之國可使治其賦也(公8) 1-264
由也好勇過我(公7) 1-262
有若對曰盍徹乎(顔9) 2-217
有若無(泰5) 2-23
遊於藝(述6) 1-356
有言者不必有德(憲4) 2-293
有惡(陽22) 3-147
猶吾大夫崔子也違之(公19) 1-287
唯堯則之(泰19) 2-35
愉愉如也(鄕4) 2-110
幼而不孫弟(憲43) 2-361
唯仁者能好人能惡人(里3) 1-228
有一言而可以終身行之者乎(憲23) 3-42
唯赤則非邦也與(先24) 2-193
有政(路14) 2-265
有罪不敢赦帝臣不蔽簡在帝心(堯1) 3-211
唯酒無量不及亂(鄕6) 2-132
有酒食先生饌(爲8) 1-120
由知德者鮮矣(衛3) 3-19
由之瑟奚爲於丘之門(先14) 2-170
猶之與人也出納之吝謂之有司(堯2) 3-223
由之行詐也(罕12) 2-73
唯天爲大唯堯則之(泰19) 2-35
猶天之不可階而升也(張25) 3-206
有恥且格(爲3) 1-111
有慟乎非夫人之爲慟而誰爲(先9) 2-164
遊必有方(里19) 1-244
有荷蕢而過孔氏之門者曰(憲39) 2-350
唯何甚(述29) 1-388
柳下惠爲士師三黜(微2) 3-154
有恒者(述26) 1-383
由誨女知之乎(爲17) 1-130
肉雖多不使勝食氣(鄕6) 2-132
六十而耳順(爲4) 1-113
六言六蔽(陽7) 3-117
六尺之孤(泰6) 2-23
六蔽(陽7) 3-117
允執其中(堯1) 3-210
隱居放言身中淸廢中權(微8) 3-174
隱居以求其志(季11) 3-94
殷禮吾能言之宋不足徵也(八9) 1-174
誾誾如也(鄕1) 2-96
————(先12) 2-167
殷因於夏禮(爲23) 1-142
殷人以栢(八21) 1-206
殷之輅(衛10) 3-29

揖巫馬期而進之曰(述31) 1-391
揖所與立左右手衣前後襜如也(鄕2) 2-98
揖讓而升下而飮(八7) 1-167
衣輕裘(雍4) 1-311
儀封人請見曰君子之至於斯也吾未嘗不得見也
(八24) 1-217
疑思問(季10) 3-92
依於仁(述6) 1-355
義然後取人不厭其取(憲13) 2-311
義以爲質(憲17) 3-38
衣前後襜如也(鄕2) 2-98
義之與比(里10) 1-237
衣敝縕袍(罕27) 2-88
以季孟之間待之(微3) 3-156
以告者過也(憲13) 2-311
而求也爲之聚斂而附益之(先16) 2-173
利口之覆邦家(陽16) 3-133
而今而後吾知免夫小子(泰3) 2-17
以其子妻之(公1) 1-251
以其兄之子妻之(公2) 1-253
以能問於不能(泰5) 2-23
以多問於寡(泰5) 2-23
以德報德(憲34) 2-340
以德報怨何如(憲34) 2-340
以道事君不可則止(先22) 2-185
而謀動干戈於邦內(季1) 3-65
以文會友(顔24) 2-243
異邦人稱之亦曰君夫人(季14) 3-99
以不敎民戰是謂棄之(路30) 2-288
二三子以我爲隱乎(述24) 1-381
二三子何患於喪乎(八24) 1-218
鯉也死有棺而無槨(先7) 2-161
以約失之者鮮矣(里23) 1-247
以與爾隣里鄕黨乎(雍5) 1-314
二吾猶不足如之何其徹也(顔9) 2-217
以吾一日長乎爾毋吾以也(先24) 2-189
以吾從大夫之後不可徒行也(先7) 2-161
以吾從大夫之後不敢不告也(憲21) 2-330
以雍徹(八2) 1-158
以友輔仁(顔24) 2-243
犁牛之子騂且角(雍6) 1-315
而有宋朝之美(雍16) 1-330
已矣乎吾未見能見其過而內自訟者也(公27)
1-302
已矣乎吾未見好德如好色者也(憲12) 3-35
怡怡如也(鄕3) 2-106
―――――(路28) 2-286
已而已而今之從政者殆而(微5) 3-160
利仁(里2) 1-226
里仁爲美(里1) 1-225
以杖叩其脛(憲43) 2-361
夷狄之有君不如諸夏之亡也(八5) 1-164
邇之事父遠之事君(陽8) 3-121
以直報怨(憲34) 2-340
鯉趨而過庭(季13) 3-97
異乎三子者之撰(先24) 2-191
異乎吾所聞(張3) 3-183
弋不射宿(述27) 1-384
翼如也(鄕3) 2-106
益者三樂損者三樂(季5) 3-83
益者三友損者三友(季4) 3-81
益者與(憲44) 2-362
人皆有兄弟我獨亡(顔5) 2-210
人絜己以進(述29) 1-388
人能弘道(憲28) 3-48
人無遠慮必有近憂(衛11) 3-34
人未有自致者也必也親喪乎(張17) 3-197
因民之所利而利之(堯2) 3-221
人不知而不慍不亦君子乎(學1) 1-68
人不間於其父母昆弟之言(先4) 2-158
人不堪其憂(雍11) 1-323
人不厭其笑(憲13) 2-311

人不厭其言(憲13) 2-311
人不厭其取(憲13) 2-311
因不失其親亦可宗也(學13) 1-98
人雖欲自絶其何傷於日月乎(張24) 3-205
人也奪伯氏駢邑三百飯疏食(憲9) 2-304
人焉廋哉人焉廋哉(爲10) 1-124
人曰子未可以去乎(微2) 3-154
仁遠乎哉(述30) 1-390
仁矣乎(公19) 1-287
人而無信不知其可也(爲22) 1-139
人而無恒不可以作巫醫(路22) 2-278
仁而不佞(公5) 1-258
人而不爲周南召南(陽8) 3-121
人而不仁疾之已甚亂也(泰10) 2-28
人而不仁如禮何(八3) 1-161
人而不仁如樂何(八3) 1-161
仁以爲己任不亦重乎(泰7) 2-26
仁者其言也訒(顔3) 2-207
仁者己欲立而立人(雍30) 1-349
仁者不憂(罕29) 2-91
————(憲28) 2-336
仁者先難而後獲可謂仁矣(雍22) 1-337
仁者壽(雍23) 1-339
仁者雖告之曰井有仁焉其從之也(雍26) 1-342
仁者安仁(里2) 1-226
仁者樂山(雍23) 1-338
仁者靜(雍23) 1-339
———(憲4) 2-293
人將拒我(張3) 3-183
仁在其中矣(張6) 3-187
人之過也各於其黨(里7) 1-235
人之生也直(雍19) 1-334
人之言曰予無樂乎爲君唯其言而莫予違也(路15) 2-268
人之言曰爲君難爲臣不易(路15) 2-267
因之以饑饉(先24) 2-189
人之將死其言也善(泰4) 2-18
仁則吾不知也(憲1) 2-290
一匡天下(憲17) 2-323
一簞食一瓢飮在陋巷(雍11) 1-323
逸民伯夷叔齊虞仲夷逸朱張柳下惠少連(微8) 3-173
一言而可以興邦有諸(路15) 2-267
一言而喪邦有諸(路15) 2-268
一言以爲知一言以爲不知(張25) 3-206
一言以蔽之曰思無邪(爲2) 1-109
日月逝矣歲不我與(陽1) 3-102
日月至焉而已矣(雍7) 1-316
一以貫之(里15) 1-241
————(衛2) 3-18
一日行克己復禮(顔1) 2-203
一朝之忿忘其身以及其親非惑與(顔21) 2-239
日知其所亡(張5) 3-185
一則以懼(里21) 1-246
一則以喜(里21) 1-246
臨大節而不可奪也(泰6) 2-24
林放問禮之本(八4) 1-162
臨事而懼好謀而成者也(述11) 1-363
臨喪不哀(八26) 1-224
任重而道遠(泰7) 2-26
臨之以莊則敬(爲20) 1-136
入公門鞠躬如也如不容(鄕3) 2-105
立不中門行不履閾(鄕3) 2-105
立於禮(泰8) 2-27
入曰伯夷叔齊何人也(述15) 1-369
立之斯立道之斯行(張25) 3-207
立則見其參於前也(衛5) 3-21
入則事父兄(罕16) 2-79
入則孝出則悌(學6) 1-87
入太廟每事問(八15) 1-187

――――――(鄕15) 2-143
仍舊貫如之何何必改作(先13) 2-168

【ㅈ】

子擊磬於衛(憲39) 2-350
子見南子(雍28) 1-345
子見夫子乎(微7) 3-169
子見齊衰者冕衣裳者與瞽者(罕10) 2-69
自古皆有死民無信不立(顔7) 2-214
子告之曰孟孫問孝於我我對曰無違(爲5) 1-114
子哭之慟(先9) 2-164
子貢侃侃如也(先12) 2-167
子貢問君子(爲13) 1-127
子貢問友(顔23) 2-243
子貢問爲仁(衛9) 3-27
子貢問政(顔7) 2-214
子貢方人(憲29) 2-337
子貢欲去告朔之餼羊(八17) 1-196
子貢賢於仲尼(張23) 3-202
自孔氏(憲38) 2-349
子禽問於子貢曰(學10) 1-93
自大夫出五世希不失矣(季2) 3-74
子樂(先12) 2-167
子路拱而立(微7) 3-169
子路共之三嗅而作(鄕21) 2-152
子路無宿諾(顔12) 2-228
子路問君子(憲42) 2-359
子路問聞斯行諸(先20) 2-182
子路問事君(憲22) 2-332
子路問成人(憲12) 2-308
子路問政(路1) 2-245
子路聞之喜(公7) 1-262
子路不對(述19) 1-376
子路不說(雍28) 1-345
子路不說曰(陽4) 3-109
子路使門人爲臣(罕12) 2-73
子路使子羔爲費宰(先23) 2-187
子路率爾而對曰(先24) 2-190
子路宿於石門(憲38) 2-349
子路慍見曰君子亦有窮乎(衛1) 3-16
子路有聞未之能行唯恐有聞(公14) 1-279
子路仁乎(公8) 1-264
子路終身誦之(罕27) 2-88
子路從而後遇丈人以杖荷蓧(微7) 3-168
子路曾皙冉有公西華侍坐(先24) 2-189
子路請禱(述35) 1-400
子路行以告(微6) 3-164
子路行行如也(先12) 2-167
子問公叔文子於公明賈曰(憲13) 2-311
子聞之曰可以爲文矣(憲18) 2-327
子聞之曰大宰知我乎吾少也賤故多能鄙事(罕6) 2-63
子聞之曰成事不說遂事不諫旣往不咎(八21) 1-207
子聞之曰是禮也(八15) 1-187
子聞之曰再斯可矣(公20) 1-291
子聞之謂門弟子曰吾何執執御乎執射乎吾執御矣(罕2) 2-53
子問之自牖執其手曰亡之(雍10) 1-321
子未可以去乎(微2) 3-154
子服景伯以告子貢(張23) 3-202
子不語怪力亂神(述21) 1-378
子使漆彫開仕(公6) 1-260
子生三年然後免於父母之懷(陽19) 3-139
子所雅言詩書執禮皆雅言也(述18) 1-375
子帥以正孰敢不正(顔17) 2-232
子食於有喪者之側未嘗飽也(述9) 1-361
子語魯大師樂曰樂其可知也(八23) 1-216
子於是日哭則不歌(述10) 1-362
子言衛靈公之無道也(憲19) 2-328

子如不言則小子何述焉(陽17) 3-135
子與人歌而善必使反之而後和之(述32) 1-397
子亦有異聞乎(季13) 3-96
子說(公6) 1-261
子溫而厲威而不猛恭而安(述38) 1-403
子畏於匡顔淵後(先21) 2-184
子畏於匡曰文王旣沒文不在玆乎(罕5) 2-59
子欲居九夷(罕14) 2-77
子欲善而民善矣(顔19) 2-234
子欲往(陽4) 3-109
———(陽6) 3-113
子云吾不試故藝(罕7) 2-65
子謂公冶長(公1) 1-251
子爲恭也仲尼豈賢於子乎(張25) 3-206
子謂南容(公2) 1-253
子謂伯魚曰女爲周南召南矣乎(陽8) 3-121
子爲父隱(路18) 2-272
子謂韶盡美矣又盡善也(八25) 1-221
子爲誰(微6) 3-163
子謂顔淵曰惜乎吾見其進也未見其止也(罕21) 2-83
子謂顔淵曰用之則行舍之則藏唯我與爾有是夫(述11) 1-362
子謂冉有曰女弗能救與(八6) 1-165
子謂衛公子荊(路8) 2-259
子謂子貢曰女與回也孰愈(公9) 1-268
子謂子産(公16) 1-281
子謂子賤(公3) 1-255
子謂子夏曰女爲君子儒無爲小人儒(雍13) 1-325
子爲政焉用殺(顔19) 2-234
子謂仲弓曰犁牛之子騂且角(雍6) 1-315
子游問孝(爲7) 1-118
子游爲武城宰(雍14) 1-326
子以四教文行忠信(述25) 1-383
咨爾舜天之歷數在爾躬(堯1) 3-210
子入太廟每事問(八15) 1-187
子張問明(顔6) 2-212
子張問善人之道(先19) 2-180
子張問崇德辨惑(顔10) 2-222
子張問仁於孔子(陽5) 3-112
子張問政(顔14) 2-231
子張問政於孔子曰何如斯可以從政矣(堯2) 3-221
子張問行(衛5) 3-21
子張書諸紳(衛5) 3-22
子張學干祿(爲18) 1-132
子將奚先(路3) 2-248
子在齊聞韶三月不知肉味(述14) 1-367
子在陳曰歸與歸與(公22) 1-294
子在川上曰逝者如斯夫不舍晝夜(罕17) 2-80
子在回何敢死(先21) 2-184
子適衛冉有僕(路9) 2-260
子絶四毋意毋必毋固毋我(罕4) 2-57
自諸侯出蓋十世希不失矣(季2) 3-74
子釣而不綱弋不射宿(述27) 1-384
子之武城聞弦歌之聲(陽3) 3-106
子之所愼齋戰疾(述13) 1-366
子之燕居申申如也夭夭如也(述4) 1-354
子之往也如之何(陽6) 3-114
紫之奪朱(陽16) 3-133
子疾病子路使門人爲臣(罕12) 2-73
子疾病子路請禱(述35) 1-400
齊衰者(罕10) 2-69
子出門人問曰何謂也(里15) 1-241
子退朝曰傷人乎不問馬(鄕11) 2-139
子夏問孝(爲8) 1-120
子夏爲莒父宰問政(路17) 2-270
子夏之門人問交於子張(張3) 3-183
子夏之門人小子當灑掃應對進退則可矣(張12) 3-191

子罕言利與命與仁(罕1) 2-51
子行三軍則誰與(述11) 1-363
自行束脩以上吾未嘗無誨焉(述7) 1-359
子華使於齊(雍4) 1-310
作者七人矣(憲37) 2-347
將命者出戶取瑟而歌使之聞之(陽18) 3-136
臧武仲以防求爲後於魯(憲14) 2-313
臧文仲居蔡(公18) 1-283
臧文仲其竊位者與(憲13) 3-35
棖也慾焉得剛(公11) 1-273
將焉用彼相矣(季1) 3-62
長幼之節不可廢也(微7) 3-170
長而無述焉(憲43) 2-361
丈人曰四體不勤五穀不分孰爲夫子(微7) 3-169
長沮桀溺耦而耕(微6) 3-162
長戚戚(述37) 1-402
在家無怨(顔2) 2-206
在家必達(顔20) 2-236
在家必聞(顔20) 2-236, 237
才難不其然乎(泰20) 2-37
在陋巷(雍11) 1-323
在邦無怨(顔2) 2-206
在邦必達在家必達(顔20) 2-236
在邦必聞在家必聞(顔20) 2-236
再拜而送之(鄕9) 2-138
才不才亦各言其子也(先7) 2-161
再斯可矣(公20) 1-291
宰我出(陽19) 3-139
宰予晝寢(公10) 1-269
在輿則見其倚於衡也(衛5) 3-21
齋戰疾(述13) 1-366
在陳絶糧從者病莫能興(衛1) 3-16
賊夫人之子(先23) 2-187
赤也束帶立於朝可使與賓客言也(公8) 1-265
赤也爲之小孰能爲之大(先24) 2-193
赤也何如(公8) 1-265
赤也惑敢問(先20) 2-182
赤爾何如(先24) 2-191
赤之適齊也乘肥馬衣輕裘(雍4) 1-311
傳不習乎(學4) 1-77
前言戱之耳(陽3) 3-107
顚而不扶(季1) 3-62
戰戰兢兢(泰3) 2-17
顚沛必於是(里5) 1-230
切問而近思(張6) 3-186
竊比於我老彭(述1) 1-351
節用而愛人(學5) 1-79
切切偲偲怡怡如也可謂士矣(路28) 2-286
點爾何如(先24) 2-191
正其衣冠尊其瞻視(堯2) 3-222
政不在大夫(季2) 3-75
政事冉有季路(先2) 2-156
鄭聲淫佞人殆(衛10) 3-30
鄭聲之亂雅樂(陽16) 3-133
正顔色斯近信矣(泰4) 2-19
井有仁焉其從之也(雍26) 1-342
正唯弟子不能學也(述34) 1-399
貞而不諒(憲36) 3-54
正而不譎(憲15) 2-316
政者正也(顔17) 2-232
正牆面而立(陽8) 3-121
政逮於大夫四世矣(季3) 3-79
齊景公問政於孔子(顔11) 2-225
齊景公有馬千駟死之日民無德而稱焉(季12) 3-95
齊景公待孔子曰若季氏則吾不能以季孟之間待之(微3) 3-156
祭思敬(張1) 3-181
帝臣不蔽簡在帝心(堯1) 3-211
祭神如神在(八12) 1-183
祭於公不宿肉(鄕6) 2-132

祭如在(八12) 1-182
祭肉不出三日(鄕6) 2-133
齊人歸女樂季桓子受之三日不朝孔子行(微4) 3-157
齊一變至於魯(雍24) 1-340
弟子孰爲好學(雍3) 1-307
——————(先6) 2-160
弟子入則孝出則悌(學6) 1-87
祭之以禮(爲5) 1-114
齊之以刑(爲3) 1-110
齊必變食(鄕6) 2-130
齊必有明衣布(鄕5) 2-121
齊桓公正而不譎(憲15) 2-316
阼階(鄕8) 2-137
俎豆之事則嘗聞之矣(衛1) 3-13
朝聞道夕死可矣(里8) 1-235
鳥獸不可與同群(微6) 3-165
鳥獸草木之名(陽8) 3-121
朝與下大夫言侃侃如也(鄕1) 2-95
釣而不綱(述27) 1-384
鳥之將死其鳴也哀(泰4) 2-18
造次必於是(里5) 1-230
足恭 1-298
足躩如也(鄕2) 2-97
————(鄕3) 2-105
足食足兵民信之矣(顔7) 2-214
足蹜蹜如有循(鄕4) 2-109
足則吾能徵之矣(八9) 1-174
尊其瞻視(堯2) 3-222
尊五美屛四惡斯可以從政矣(堯2) 3-221
尊賢而容衆(張3) 3-183
鍾鼓云乎哉(陽9) 3-125
宗廟之事如會同端章甫願爲小相焉(先24) 2-191
宗廟會同非諸侯而何(先24) 2-193
從我於陳蔡者皆不及門也(先2) 2-156
從我者其由與(公7) 1-261
從吾所好(述12) 1-365
終日不食終夜不寢以思(憲30) 3-49
終日不違如愚(爲9) 1-122
從者曰子慟矣(先9) 2-164
從者見之(八24) 1-217
宗族稱孝焉(路20) 2-274
從之純如也(八23) 1-215
左丘明恥之丘亦恥之(公25) 1-298
左衽 2-324, 2-325(疏)
罪在朕躬(堯1) 3-212
周監於二代(八14) 1-186
周公謂魯公曰君子不施其親(微10) 3-177
周公之才之美(泰11) 2-29
周有大賚善人是富(堯1) 3-212
周有八士(微11) 3-179
周而不比(爲14) 1-127
周因於殷禮(爲23)1-142
周人以栗曰使民戰栗(八21) 1-206
周任有言曰陳力就列不能者止(季1) 3-62
周之德可謂至德也已矣(泰20) 2-38
周之冕(衛10) 3-29
紂之不善不如是之甚也(張20) 3-199
主忠信(學8) 1-91
———(罕25) 2-86
主忠信徙義崇德也(顔10) 2-222
仲弓問仁(顔2) 2-206
仲弓問子桑伯子(雍2) 1-304
仲弓爲季氏宰問政(路2) 2-246
仲尼豈賢於子乎(張25) 3-206
仲尼不可毁也(張24) 3-205
仲尼焉學(張22) 3-201
仲尼日月也無得而踰焉(張24) 3-205
中道而廢(雍12) 1-324
仲叔圉治賓客(憲19) 2-328
衆惡之必察焉(憲27) 3-46

中庸之爲德也(雍29) 1-348
仲由可使從政也與(雍8) 1-317
仲由冉求可謂大臣與(先22) 2-185
中人以上可以語上也(雍21) 1-335
中人以下不可以語上也(雍21) 1-335
衆好之必察焉(憲27) 3-46
卽之也溫(張9) 3-189
曾是以爲孝乎(爲8) 1-121
曾謂泰山不如林放乎(八6) 1-165
曾由與求之問(先22) 2-185
曾子有疾孟敬子問之(泰4) 2-18
曾子有疾召門弟子曰啓予足啓予手(泰3) 2-17
知及之仁能守之(憲32) 3-50
知及之仁能守之莊以莅之(憲32) 3-51
知及之仁不能守之(憲32) 3-50
知其說者之於天下也其如示諸斯乎(八11) 1-181
指其掌(八11) 1-181
多見其不知量也(張24) 3-205
知德者鮮矣(衛3) 3-19
知禮(述31) 1-391
知柳下惠之賢而不與立也(憲13) 3-35
志士仁人無求生以害仁有殺身以成仁(衛8) 3-27
之三子告不可(憲21) 2-330
知松栢之後彫也(罕28) 2-90
知我者其天乎(憲35) 2-342
至於犬馬皆能有養(爲7) 1-118
志於道(述6) 1-355
至於他邦則曰猶吾大夫崔子也違之(公19) 1-287
知人(顔22) 2-240
——(堯3) 3-226
之一邦則又曰猶吾大夫崔子也違之(公19) 1-287
知者動(雍23) 1-338
止子路宿殺鷄爲黍而食之見其二子焉(微7) 3-169
知者利仁(里2) 1-226
知者不失人亦不失言(衛7) 3-26
知者不惑(罕29) 2-91
————(憲28) 2-336
知者樂(雍23) 1-339
知者樂水(雍23) 1-338
知之爲知之不知爲不知(爲17) 1-130
知之者不如好之者(雍20) 1-334
知之次也(述28) 1-387
知和而和不以禮節之亦不可行也(學12) 1-96
直躬者(路18) 2-271
直道而事人焉往而不三黜(微2) 3-154
直而無禮則絞(泰2) 2-15
直在其中矣(路18) 2-272
直哉史魚(衛6) 3-24
陳力就列不能者止(季1) 3-62
盡力乎溝洫(泰21) 2-46
晉文公譎而不正(憲15) 2-316
陳文子有馬十乘棄而違之(公19) 1-287
盡美矣未盡善也(八25) 1-221
盡美矣又盡善也(八25) 1-221
陳成子弑簡公(憲21) 2-329
陳子禽謂子貢曰子爲恭也仲尼豈賢於子乎(張25) 3-206
陳亢問於伯魚曰子亦有異聞乎(季13) 3-96
陳恒弑其君請討之(憲21) 2-329
陳亢退而喜曰問一得三聞詩聞禮又聞君子之遠其子也 3-97
疾固也(憲32) 2-339
疾君視之東首加朝服拖紳(鄕13) 2-142
質勝文則野(雍18) 1-332
質猶文也(顔8) 2-216
質直而好義(顔20) 2-236
朕躬有罪無以萬方(堯1) 3-212

執圭鞠躬如也如不勝(鄕4) 2-109
執德不弘(張2) 3-182
執事敬(路19) 2-273
執射乎(罕2) 2-53
執御乎(罕2) 2-53

【ㅊ】

且予與其死於臣之手也(罕12) 2-73
且予縱不得大葬(罕12) 2-74
且爾言過矣(季1) 3-62
且而與其從辟人之士也豈若從辟世之士哉(微6) 3-163
且在邦域之中矣(季1) 3-61
且知方也(先24) 2-190
鑽燧改火(陽19) 3-137
鑽之彌堅(罕11) 2-70
察其所安(爲10) 1-124
察言而觀色慮以下人(顔20) 2-236
策其馬曰非敢後也馬不進也(雍15) 1-328
天祿永終(堯1) 3-210
天喪予天喪予(先8) 2-163
天生德於予(述23) 1-381
千乘之國可使治其賦也(公8) 1-264
千乘之國攝乎大國之間(先24) 2-189
天厭之(雍28) 1-345
穿窬之盜(陽10) 3-126
天子穆穆(八2) 1-159
天將以夫子爲木鐸(八24) 1-218
天縱之將聖(罕6) 2-62
天之歷數在爾躬(堯1) 3-210
天之未喪斯文也(罕5) 2-60
天之將喪斯文也(罕5) 2-60
淺則揭(憲39) 2-350
天下歸仁焉(顔1) 2-203
天下無道則禮樂征伐自諸侯出(季2) 3-74
天何言哉(陽17) 3-135
天下有道丘不與易也(微6) 3-165
天下有道則禮樂征伐自天子出(季2) 3-74
天下有道則庶人不議(季2) 3-75
天下有道則政不在大夫(季2) 3-75
天下有道則見(泰13) 2-30
天下之無道也久矣(八24) 1-218
天下之民歸心焉(堯1) 3-213
天下之惡皆歸焉(張20) 3-199
天下之通喪也(陽19) 3-139
瞻之在前(罕11) 2-71
聽其言也厲(張9) 3-189
聽其言而觀其行(公10) 1-271
聽其言而信其行(公10) 1-271
請問其目(顔1) 2-204
請事斯語矣(顔1) 2-204
――――(顔2) 2-207
聽思聰(季10) 3-92
聽訟吾猶人也必也使無訟乎(顔13) 2-229
清矣(公19) 1-287
請益(雍4) 1-310
――(路1) 2-245
請學爲圃(路4) 2-253
禘自旣灌而往者吾不欲觀之矣(八10) 1-175
禘之說(八11) 1-180
楚狂接輿歌而過孔子曰(微5) 3-159
草上之風必偃(顔19) 2-234
崔子弑齊君(公19) 1-287
鄹人之子(八15) 1-187
趨進翼如也(鄕2) 2-98
――――(鄕3) 2-106
踧踖如也(鄕1) 2-96
――――(鄕3) 2-106
祝鮀之佞(雍16) 1-330
祝鮀治宗廟(憲19) 2-328

出降一等逞顔色怡怡如也(鄕3) 2-106
出門如見大賓(顔2) 2-206
出辭氣斯遠鄙倍矣(泰4) 2-19
出三日不食之矣(鄕6) 2-133
出曰夫子不爲也(述15) 1-370
出曰二三子何患於喪乎(八24) 1-218
出則事公卿(罕16) 2-79
忠告而善道之不可則止(顔23) 2-243
忠恕而已矣(里15) 1-241
忠焉能勿誨乎(憲7) 2-301
忠矣(公19) 1-287
聚斂而附益之(先16) 2-173
臭惡不食(鄕6) 2-131
就有道而正焉(學14) 1-100
耻躬之不逮也(里22) 1-246
植其杖而芸(微7) 3-169
致美乎黻冕(泰21) 2-46
致遠恐泥(張4) 3-185
緇衣羔裘(鄕5) 2-119
致孝乎鬼神(泰21) 2-46
親於其身爲不善者君子不入也(陽6) 3-113
七十而從心所欲不踰矩(爲4) 1-113
寢不尸(鄕18) 2-145
寢不言(鄕6) 2-133
浸潤之譖膚受之愬不行焉(顔6) 2-212
寢衣(鄕5) 2-120
稱其德也(憲33) 2-340
稱諸異邦曰寡小君(季14) 3-99

【ㅌ】

他人之賢者丘陵也猶可踰也(張24) 3-205
他日又獨立鯉趨而過庭(季13) 3-97
坦蕩蕩(述37) 1-402
奪伯氏騈邑三百飯疏食(憲9) 2-304
蕩蕩乎民無能名焉(泰19) 2-35
大師摯適齊(微9) 3-175
泰伯其可謂至德也已矣(泰1) 2-13
泰山不如林放乎(八6) 1-165
泰而不驕(路26) 2-285
――――(堯2) 3-221, 3-222
大宰問於子貢曰夫子聖者與何其多能也(罕6) 2-62
大宰知我乎(罕6) 2-63
擇可勞而勞之又誰怨(堯2) 3-222
擇其善者而從之(述22) 1-380
擇不處仁焉得知(里1) 1-225
退而省其私亦足以發(爲9) 1-122

【ㅍ】

播鼗武入於漢(微9) 3-176
八佾舞於庭(八1) 1-154
霸諸侯(憲17) 2-323
偏其反而(罕30) 2-92
片言可以折獄者其由也與(顔12) 2-227
便便言唯謹爾(鄕1) 2-95
廢中權(微8) 3-174
飽食終日無所用心難矣哉(陽29) 3-145
暴虎馮河死而無悔者(述11) 1-363
風乎舞雩(先24) 2-192
被髮左衽(憲17) 2-324
辟世之士(微6) 3-163
辟人之士(微6) 3-163
彼哉彼哉(憲9) 2-304
必不得已而去於斯三者何先(顔7) 2-214
必不得已而去於斯二者何先(顔7) 2-214
匹夫不可奪志也(罕26) 2-87
必使反之而後和之(述32) 1-397
必先利其器(衛9) 3-27

必世而後仁(路12) 2-263
必熟而薦之(鄉12) 2-140
必也狂狷乎(路21) 2-277
必也臨事而懼好謀而成者也(述11) 1-363
必也使無訟乎(顔13) 2-229
必也射乎(八7) 1-167
必也聖乎(雍30) 1-348
必也正名乎(路3) 2-248
必也親喪乎(張17) 3-197
必有近憂(衛11) 3-34
必有隣(里25) 1-248
必有忠信如丘者焉(公28) 1-302
必有寢衣長一身有半(鄉5) 2-120
必正席先嘗之(鄉12) 2-140
必齊如也(鄉6) 2-133
佛肸召子欲往(陽6) 3-113
佛肸以中牟畔子之往也如之何(陽6) 3-114

【ㅎ】

何其多能也(罕6) 2-62
何器也(公4) 1-256
夏禮吾能言之杞不足徵也(八9) 1-174
何莫由斯道也(雍17) 1-332
何莫學夫詩(陽8) 3-120
河不出圖(罕9) 2-68
何事於仁(雍30) 1-348
何傷於日月乎(張24) 3-205
何傷乎亦各言其志也(先24) 2-191
何晏也(路14) 2-265
何如其知也(公18) 1-284
何如斯可謂之士矣(路20) 2-274
——————(路28) 2-286
何如斯可以從政矣(堯2) 3-221
何用不臧(罕27) 2-88
何爲其莫知子也(憲35) 2-341
何爲其然也(雍26) 1-343
何謂四惡(堯2) 3-222
何謂五美(堯2) 3-221
何爲則民服(爲19) 1-134
何謂惠而不費(堯2) 3-221
何有於我哉(述2) 1-352
——————(罕16) 2-79
何以文爲(顔8) 2-215
何以伐爲(季1) 3-61
何以報德(憲34) 2-340
何哉爾所謂達者(顔20) 2-235
夏之時(衛10) 3-29
何必改作(先13) 2-168
何必去父母之邦(微2) 3-154
何必高宗(憲40) 2-353
何必公山氏之之也(陽4) 3-109
何必讀書然後爲學(先23) 2-187
下學而上達(憲35) 2-342
夏后氏以松(八21) 1-206
學詩乎(季13) 3-97
學也祿在其中矣(憲31) 3-49
學如不及猶恐失之(泰17) 2-34
學而不思則罔(爲15) 1-128
學而不厭(述2) 1-352
學而時習之不亦說乎(學1) 1-67
學而優則仕(張13) 3-194
學而知之者次也(季9) 3-91
學之不講(述3) 1-353
學則不固(學8) 1-90
割鷄焉用牛刀(陽3) 3-107
割不正不食(鄉6) 2-131
盍各言爾志(公26) 1-300
盍徹乎(顔9) 2-217
行行如也(先12) 2-167
奚自(憲38) 2-349

奚取於三家之堂(八2) 1-159
行寡悔祿在其中矣(爲18) 1-132
行己有恥(路20) 2-274
行篤敬(衛5) 3-21
行不篤敬(衛5) 3-21
行不履閾(鄕3) 2-105
行不由徑(雍14) 1-326
行有餘力則以學文(學6) 1-87
行義以達其道(季11) 3-94
行人子羽脩飾之(憲7) 2-302
行之以忠(顔14) 2-231
行必果(路20) 2-274
行夏之時(衛10) 3-29
鄕黨稱弟焉(路20) 2-274
享禮有容色(鄕4) 2-109
鄕也吾見於夫子而問知(顔22) 2-241
鄕原德之賊也(陽11) 3-127
鄕人皆惡之何如(路24) 2-282
鄕人皆好之何如(路24) 2-282
鄕人儺朝服而立於阼階(鄕8) 2-137
鄕人飮酒杖者出斯出矣(鄕7) 2-136
鄕人之善者好之其不善者惡之(路24) 2-282
虛而爲盈(述26) 1-383
憲問克伐怨欲不行焉可以爲仁矣(憲1) 2-289
憲問恥(憲1) 2-289
弦歌之聲(陽3) 3-106
賢者識其大者(張22) 3-201
賢者辟世(憲37) 2-346
賢哉回也(雍11) 1-323
賢賢易色(學7) 1-88
血氣既衰戒之在得(季7) 3-86
血氣未定戒之在色(季7) 3-86
血氣方剛戒之在鬪(季7) 3-86
刑罰不中則民無所錯手足(路3) 2-249
兄弟怡怡(路28) 2-286
惠而不費(堯2) 3-221
惠人也(憲9) 2-304
惠則足以使人(陽5) 3-112
好剛不好學其蔽也狂(陽7) 3-118
好古敏以求之者也(述20) 1-378
狐裘(鄕5) 2-119
好德如好色者(憲12) 3-35
好德如好色者也(罕18) 2-80
瑚璉也(公4) 1-256
狐貉之厚以居(鄕5) 2-120
虎兕出於柙(季1) 3-62
好信不好學其蔽也賊(陽7) 3-118
好勇不好學其蔽也亂(陽7) 3-118
好勇疾貧亂也(泰10) 2-28
好仁不好學其蔽也愚(陽7) 3-117
好仁者無以尙之(里6) 1-232
好從事而亟失時可謂知乎(陽1) 3-102
好知不好學其蔽也蕩(陽7)3-117
好之者不如樂之者(雍20) 1-334
好直不好學其蔽也絞(陽7) 3-118
虎豹之鞟猶犬羊之鞟(顔8) 2-216
好行小慧(憲16) 3-38
互鄕難與言童子見門人惑(述29) 1-388
或乞醯焉乞諸其隣而與之(公24) 1-297
或對曰申棖(公11) 1-273
或問子産(憲9) 2-304
或問之曰益者與(憲44) 2-362
或問禘之說(八11) 1-180
或承之羞(路22) 2-279
或曰管仲儉乎(八22) 1-209
或曰陋如之何(罕14) 2-77
或曰孰謂鄹人之子知禮乎(八15) 1-187
或曰雍也仁而不佞(公5) 1-258
或曰以德報怨何如(憲34) 2-340
或謂孔子曰子奚不爲政(爲21) 1-138
忽焉在後(罕11) 2-71
紅紫不以爲褻服(鄕5) 2-119

和無寡(季1) 3-64
和而不同(路23) 2-281
桓公九合諸侯不以兵車(憲16) 2-321
桓公殺公子糾(憲16) 2-320
桓公殺公子糾不能死又相之(憲17) 2-323
患其不能也(憲30) 2-337
患不知人也(學16) 1-103
患所以立(里14) 1-204
桓魋其如予何(述23) 1-381
煥乎其有文章(泰19) 2-36
黃衣狐裘(鄕5) 2-119
懷其寶而迷其邦可謂仁乎(陽1) 3-102
誨女知之乎(爲17) 1-130
懷德(里11) 1-237
會同(先24) 2-191, 2-193
膾不厭細(鄕6) 2-131
回雖不敏請事斯語矣(顔1) 2-204
回也其庶乎屢空(先18) 2-175
回也其心三月不違仁(雍7) 1-316
回也聞一以知十(公9) 1-268
回也不改其樂(雍11) 1-323
回也不愚(爲9) 1-122
回也非助我者也(先3) 2-157
回也視予猶父也(先10) 2-165
誨人不倦(述2) 1-352
————(述34) 1-399
懷土(里11) 1-237
回何敢死(先21) 2-184
懷土(里11) 1-237
獲罪於天無所禱也(八13) 1-184
孝慈則忠(爲20) 1-136
孝哉閔子騫(先4) 2-158
孝弟也者其爲仁之本與(學2) 1-75
孝乎惟孝(爲21) 1-138
朽木不可雕也(公10) 1-270
後死者不得與於斯文也(罕5) 2-60
後生可畏(罕23) 2-84
後世必爲子孫憂(季1) 3-63
後進於禮樂君子也(先1) 2-154
譎而不正(憲15) 2-316
凶服者式之(鄕19) 2-146
興滅國繼絶世擧逸民(堯1) 3-213
興於詩(泰8) 2-27
噫斗筲之人何足算也(路20) 2-275
餼羊(八17) 1-196
噫言游過矣(張12) 3-192
噫天喪予天喪予(先8) 2-163

注疏語句索引

【ㄱ】

可常行之行 3-22(疏)
家臣謂家相邑宰之屬 1-161(疏)
家臣專恣 3-103(疏)
家臣之亂 3-101(疏)
家臣之禮 2-74(疏)
家臣稱老 2-307(注)
可言也不可行君子弗言也(禮記) 2-252(疏)
可行也不可言君子弗行也(禮記) 2-252(疏)
干侯五十弓 1-192(疏)
葛帶榛杖喪殺也(禮記) 2-125(疏)
紺者齊服盛色 2-118(注), 121(疏)
甲兵之事未之聞也(左傳) 2-79(疏), 3-14(疏)
剛無欲 2-286(注)
剛强直理曰武 1-117(疏), 293(疏), 3-204(疏)
剛者無欲不爲曲求 3-119(疏)
綱則得魚多 1-385(疏)
開方之法 1-84(疏)
改步改玉 3-110(疏)
蓋優哉游哉維以卒歲 3-158(疏)
皆陳曰戰(左傳) 1-367(疏)
居官臨民之法 3-51(疏)
去亂就治
———— 衛靈公篇所論 3-13(疏)
車輪一周爲一規 2-150(疏)
居士錦帶 3-23(疏)
去奢從約謂之儉 1-94(疏)
擧事必敬愼 1-79(注)
居喪之禮 3-195(疏)
居堊室 3-140(疏)
居於仁者之里 1-225(注)
擧用善人而敎不能 1-136(注)
擧用賢才使官得其人 2-247(疏)
車人爲車大車崇九尺(周禮) 1-140(疏)
建邦立社 1-206(注), 207(疏), 208(疏)
建四時 1-107(疏)
乾元亨利貞(周易) 1-277(疏)
建寅之月 1-146(疏)
建寅之月爲正 夏之時 3-30(疏)
建子之月 1-146(疏)
建丑之月 1-146(疏)
桀紂率天下以暴而民從之(大學) 2-234(疏)
儉不及禮 1-402(注)
儉約無憂患 1-247(注)
見幾而作 1-126(疏), 3-115(疏)
見微爲明 3-92(疏)
見危授命殺身以成仁是必有勇也 2-293(疏)
見義事則遷意而從之 2-224(疏)
狷者守節無爲 2-277(注), 278(疏)
結交之道 3-184(疏)
謙卑自牧 1-168(疏)
謙尊而光卑而不可踰(周易) 2-236(注), 238(疏)
謙退之志 2-236(注), 237(疏)

卿大夫四佾 1-154(注), 155(疏)
卿大夫之大射 1-192(疏)
卿大夫之禮各下其君二等 2-100(疏)
卿大夫稱家 1-161(疏), 265(注)
耕百畝者徹取十畝以爲賦 2-219(疏)
敬遜務時敏厥脩乃來(書經) 1-100(疏), 357(疏)
耕也未必皆餓 3-50(疏)
耕五十畝者貢上五畝 2-219(疏)
敬義立而德不孤(周易) 1-248(疏)
敬以直內義以方外(周易) 1-248(疏)
輕尺璧而重寸陰 1-271(疏)
耕七十畝者以七畝助公家 2-219(疏)
契契寤歎(詩經) 2-352(疏)
鷄鳴爲朔 1-146(疏)
季氏不臣 1-319(注), 320(疏)
季氏專恣征伐之事 3-66(疏)
戒人豫防禍難 3-37(疏)
繼周而王者 1-143(疏)
契之不明訟之所以生也 2-230(疏)
繫之以姓而弗別(禮記) 1-394(疏)
羔裘緇衣以裼之(禮記) 2-125(疏)
高蹈塵外 2-347(疏)
顧不過轂(禮記) 2-150(疏)
古史闕疑之文 3-45(疏)
故書曰天王狩於河陽(左傳) 2-316(注), 317(疏)
高辛氏之後用黑繒 1-146(疏)
高陽氏之後用赤繒 1-146(疏)
古獄以黑索拘攣罪人 1-252(疏)
高而不危所以長守貴也 1-54(疏)
古人之言不妄出口 1-246(注)
古人之學 2-333(疏)
古者什一而藉 2-219(疏)
古者會同皆賦詩見意 3-97(疏)
古之君子必佩玉(禮記) 2-128(疏)
古之大夫束脩之問不出竟(禮記) 1-360(疏)
古之良史於書字有疑則闕之 3-45(疏)
古之遺愛(左傳) 2-304(注), 306(疏)
穀不熟爲飢 2-194(疏)
告朔之禮 1-197(疏)
公車千乘(詩經) 1-82(疏)
公旣視朔(左傳) 1-198(疏)
恭不合禮非禮也 1-98(注)
恭孫謹敬之言 2-85(注)
空手搏虎爲暴虎 1-364(疏)
恭惟卑巽 1-98(疏)
工以利器爲用 3-28(注)
功以不伐爲善 1-328(疏)
恭仁短折曰哀 1-135(疏)
孔子輕財重祭之禮 2-144(疏)
孔子教人無所隱惜 1-382(疏)
孔子教人必盡其誠 2-66(疏)
孔子樂道而賤不義 1-373(疏)
孔子多小藝 2-62(注), 2-63(疏)
孔子讀易之事 1-375(疏)
孔子不道無益之語 2-167(疏)
孔子不欺 2-74(疏)
孔子不諂求於鬼神 1-401(疏)
孔子四十七學易 1-113(疏)
孔子生知無師所從學 3-202(疏)
孔子受饋之禮 2-139(疏)
孔子失所 3-156(疏)
孔子阨於陳 3-16(疏)
孔子燕居之時體貌 1-354(疏)
孔子惡無道之事 2-330(疏)
孔子惡邪奪正 3-133(疏)
孔子憂在修身也 1-353(疏)
孔子爲政必霸 3-158(疏)
孔子遺人之禮 2-138(疏)
孔子衣服之禮 2-121(疏)
孔子藏德待用 2-76(疏)
孔子絶去四事 2-58(疏)
孔子助祭入太廟 2-144(疏)

孔子從恭儉 2-55(疏)
孔子周流爲隱者所譏 3-165(疏)
孔子重朋友之恩 2-144(疏)
孔子重於正音 1-397(疏)
孔子重人賤畜 2-140(疏)
孔子之謙德 1-399(疏)
孔子知天命 2-61(疏)
孔子疾中國無明君 2-77(疏)
孔子體貌 1-403(疏)
孔子趨朝之禮容 2-106(疏)
孔子寢息居家之禮 2-145(疏)
孔子歎其衰老 1-355(疏)
孔子佩象環五寸而綦組綬(禮記) 2-128(疏)
孔子諱國惡之禮 1-392(疏)
孔子希言難及之事 2-51(注)
公將不利於孺子(書經) 3-219(疏)
公田之法十取其一 2-219(疏)
公執桓圭(周禮) 2-111(疏)
公會之服 2-119(注), 2-121(疏)
公侯伯朝后皆用璋 2-111(疏)
公侯之國迫於大國之間 2-194(疏)
誇功曰伐 1-301(疏), 328(疏), 2-291(疏)
寡德之君 3-99(疏)
科斗書 倉頡 1-54(疏)
寡人不佞(左傳) 1-259(疏)
過庭 3-98(疏)
瓜祭上環(禮記) 2-136(疏)
過之者俯而就之(禮記) 3-143(疏)
過毁以至滅性 3-195(疏)
管仲之仁 2-321(注), 325(疏)
狂狷之人 2-278(疏)
光宅天下 1-222(疏)
匡人之難 3-16(注)
狂者進取於善道 2-277(注)
槐檀之火 3-138(注), 3-142(疏)
敎鼓人以金鐸通鼓(周禮) 1-220(疏)
郊內十一使自賦其一 2-219(疏)
郊廟之事 1-192(疏)
交擯 2-100(疏), 198(疏)
交擯傳命 2-99(疏)
郊外九而助一 2-219(疏)
敎以義方 2-261(疏)
敎人之法 3-57(疏)
敎振旅兩司馬執鐸(周禮) 1-221(疏)
敎誨之道 1-388(注), 389(疏)
久困則爲非 1-225(注), 227(疏)
九命然後錫以秬鬯圭瓚 2-43(疏)
口無擇言(孝經) 2-180(注), 181(疏), 205(疏)
九伐之法 3-75(疏)
九夫爲井 周禮賦法 1-267(疏), 2-49(疏)
龜不盈尺不得爲寶 1-285(疏)
求辭之法 2-100(疏)
苟欲偸生 2-21(疏)
龜爲前列先知也(禮記) 2-115(疏)
九而稅一 2-219(疏)
溝洫之法 2-49(疏)
國家文質禮變 1-143(疏)
國馬之輈深四尺有七寸(周禮) 1-141(疏)
國有大故則旅上帝及四望(周禮) 1-166(疏)
國中什一使自賦(孟子) 2-219(疏)
國風之始 3-122(注)
群公稱宮(公羊傳) 1-189(疏)
君臣法天 1-144(疏)
君臣父子夫婦 1-144(疏)
君臣相見之禮至屛而加肅敬焉 3-65(注), 67(疏)
君臣之義 3-195(疏)
君臣之義人性 3-171(疏)
君爲臣綱 3-124(疏), 1-144(疏)
君位危則大臣倍小臣竊(禮記) 2-252(疏)
君子嘉善而矜不能 2-232(疏)
君子見幾而作 3-115(疏)
君子敬以直內義以方外(周易) 1-248(疏)

君子內省不疚 1-403(疏)
君子訥於言而敏於行 3-135(疏)
君子達於德義 2-333(疏)
君子當思患而預防之(周易) 3-34(注), 35(疏)
君子無食頃違去仁道 1-231(疏)
君子博學於文 2-232(疏)
君子忿則思難 2-240(疏)
君子不尙勇而上義 3-146(疏)
君子不責備於一人 2-284(注), 284(疏)
君子殺身以成仁 1-371(疏)
君子常行忠信 1-128(疏)
君子心和 2-282(注)
君子於其所尊弗敢質(禮記) 2-100(疏)
君子於玉比德(禮記) 2-76(疏), 128(疏)
君子欲訥於言而敏於行 1-260(疏)
君子易事不求備於一人 1-73(疏)
君子謂行善無怠之君 1-384(疏)
君子有過廓然著明 1-342(疏)
君子有事不忘本 2-142(疏)
君子義以爲勇 3-148(疏)
君子履道而反貧賤 1-230(注), 231(疏)
君子利益萬物 2-52(疏)
君子以作事謀始(周易) 2-230(疏)
君子之居喪 3-140(疏)
君子之道不可小知 3-203(疏)
君子之名 1-231(疏), 2-334(疏)
君子之仕所以行君臣之義 3-171(注)
君子之所爭 1-168(注)
君子執德不移 1-238(疏)
君子責己 3-40(注)
君子體仁足以長人(周易) 1-227(疏)
窮達之分 3-326(注)
窮理盡性以至於命(周易) 1-374(注), 375(疏)
弓二寸以爲侯中(儀禮) 1-192(疏)
權可知唯不知思耳 2-93(注)
圈豚行不擧足齊如流(禮記) 2-114(疏)
均無寡安無貧 3-67(疏)
謹慤之人宜信 2-34(疏)
近郊十一(周禮) 2-219(疏)
覲禮天子不下堂而見諸侯(禮記) 2-101(疏)
勤學好問曰文 1-281(疏)
今人之學 2-333(疏)
及徹帥學士而歌徹(周禮) 1-160(疏)
其父析薪其子弗克負荷(左傳) 3-55(疏)
其所令反其所好而民不從(大學) 2-234(疏)
己所不欲弗施於人 1-350(疏)
嗜慾與禮義戰 2-206(疏)
器用之人 1-256(注), 1-257(疏)
器有善惡 1-257(疏)
其以乘壺酒束脩一犬賜人(禮記) 1-360(疏)
饑而廢事非禮也 1-361(疏)
吉凶之報若影之隨形嚮之應聲 3-90(疏)
金次之見情也(禮記) 2-115(疏)

【ㄴ】

樂道固窮 1-236(疏)
樂道以忘憂 1-377(疏)
樂不至淫 1-205(注)
樂天知命
———— 仁者不憂 2-336(疏)
男女行者別於塗塗不拾遺 3-158(疏)
男執蒲璧(周禮) 2-111(疏)
納女於人曰妻 1-252(疏)
乃見鱄設諸焉(左傳) 1-220(疏)
內實窮約而外爲奢泰 1-384(疏)
內有其實則言之不慙 2-329(注)
內作色荒外作禽荒(書經) 3-84(疏)
怒當其理不移易 1-307(注)
怒不過分 1-307(注), 308(疏), 309(疏)
鹿門之關 2-314(疏)

【ㄷ】

多乎什一大桀小桀 2-219(疏)
斷髮文身 2-14(疏)
簞食瓢飮不改其樂 2-178(疏)
達士之行 2-237(疏)
答述曰語 1-45, 48(疏)
當存大體無見小利也 2-271(疏)
當學以知義 3-118(疏)
當行仁之事不復讓於師 3-54(疏)
大國三軍(周禮) 1-82(疏), 363(注), 364(疏)
大德之人 3-191(疏)
大輅越席 3-29(注)
大貉小貉 2-219(疏)
臺門而旅樹(禮記) 1-214(疏)
對賓客脩威儀禮節之事 3-191(注), 193(疏)
大賓小客 1-266(疏)
大史頒告朔于邦國(周禮) 1-198(疏)
大畏民志(大學) 2-230(疏)
大才難得 2-38(注)
大饗其王事與(禮記) 2-115(疏)
宅兆而安措 1-115(疏)
德無恒則羞辱承之 2-280(疏)
德有成形 1-355(注), 357(疏)
德輶如毛 1-234(疏)
德者得也 1-106(疏), 356(疏)
德者無爲 1-105(注)
德在修行 1-353(疏)
德至鳥獸則鳳皇來 2-68(疏)
德不孤(周易) 1-248(疏)
道高則祿來 3-50(疏)
道不可體故志之而已 1-355(注)
道爲立身之要 1-332(注)
道者虛通無擁自然之謂也 1-356(疏)
道寂然無體不可爲象 1-356(疏)
道之廢行皆由天命 2-344(疏), 345(疏)
韜光晦知 3-26(疏)
道德博厚曰文 1-285(疏)
讀先王典法必正言其音然後義全 1-376(注)
敦柔潤澤謂之溫 1-94(疏)
動無非禮則身無擇行 2-205(疏)
同門曰朋 1-68(注), 73(疏)
同姓不昏 1-391(注), 392(疏), 393(疏)
冬溫夏凊 1-115(疏)
童子隅坐無位成人乃有位 2-362(注), 363(疏)
同志相求(周易) 1-248(注)
同志曰友 1-73(疏)
冬取槐檀之火 3-138(注), 142(疏)
動必以禮然後善 3-51(注)
冬夏教以詩書(禮記) 1-70(疏)
冬會于溫(左傳) 2-317(疏)
得祿之道 1-132(注), 133(疏)
得位由知守位在仁 3-51(疏)

【ㅁ】

馬四匹爲駟 3-96(疏)
馬牛皆百匹(左傳) 2-133(疏)
馬以代勞 1-118(注), 119(疏)
蠻貉無百官制度之費 2-219(疏)
萬舞 1-155(疏)
萬物有生而不育成者 2-84(注)
萬物資始 2-36(疏)
萬二千五百家爲州 3-21(注)
萬二千五百家爲鄕 1-82(疏), 314(注), 315(疏)
萬二千五百人爲軍 1-82(疏), 2-87(疏), 3-14(注)
亡國之一言 2-269(疏)
每事依利而行 1-238(注)
買妾不知其姓則卜之(禮記) 1-393(疏)
盟會之辭 2-301(注)

滅性則非孝 3-195(疏)
明君之祿 2-31(疏)
命圭九寸公守之(周禮) 2-111(疏)
命圭七寸謂之躬圭(周禮) 2-111(疏)
命圭七寸謂之信圭(周禮) 2-111(疏)
名聞之士 2-237(疏)
明庶風 1-155(疏)
命者生之極 1-375(疏)
命者天之命 2-51(注)
謀始在於作制 2-230(疏)
謀於野則獲於國則否(左傳) 2-301(注), 302(疏), 303(疏)
謀於邑則否(左傳) 2-303(疏)
木豈能擇鳥 2-79(疏)
夢見周公欲行其道 1-354(注), 355(疏)
蒙羽其藝(書經) 3-71(疏)
廟中將幣三享(周禮) 2-100(疏)
無可無不可 2-58(注), 3-175(疏),
述古而不自作 2-58(注)
無年則公旬用一日焉(周禮) 1-86(疏)
無事之近臣 1-185(疏)
武事振金鐸 1-221(疏)
舞所以節八音而行八風(左傳) 1-155(疏)
無訟在於謀始 2-230(疏)
無位曰賤 1-231(疏)
無爲淸靜 1-106(疏)
無爲淸靜而民化之 3-20(疏)
無爲化淸 1-106(疏)
無隱者直也 1-396(疏)
巫醫不能治無恒之人 2-278(注), 280(疏)
舞者八人爲列 1-154(疏)
無情者不得盡其辭大畏民志(大學) 2-230(疏)
毋側聽(禮記) 2-205(疏)
無恒之人易所不占 2-279(注), 280(疏)
默而識之如愚 1-122(注)
文過飾非 2-188(疏)
聞夫不義禮當告君 2-330(疏)
文事振木鐸 1-221(疏)
聞始知終 1-269(疏)
文飾其過 3-188(疏)
文身斷髮 2-14(疏)
文王居岐周而王天下故曰周家 3-214(疏)
聞義事當徙意從之 1-353(疏)
問以辨之(周易) 1-100(疏)
聞政在乎行德 1-67(疏)
文質三統 1-142(注), 143(疏)
文質以二而復 1-146(疏)
文質再而復 1-146(疏)
物得其所謂之德 1-356(疏)
物得以生謂之德 1-106(疏)
物有四隅者擧一則三隅從可知 1-361(疏)
物有三變 1-146(疏)
麛裘靑豻褎絞衣以裼之(禮記) 2-125(疏)
民不可會聚曰離析 3-65(注), 67(疏)
民信之則服命從化 2-214(疏)
民安則國富 3-67(疏)
民欲去曰崩 3-65(注), 67(疏)
民有異心曰分 3-65(注), 67(疏)
民從上化 2-233(疏)
民化君行 2-234(疏)
敏德 1-357(疏)
民不祀非族(左傳) 1-152(疏)

【ㅂ】

博施於民而能濟衆乃謂之仁 1-358(疏)
薄於德而厚於色 2-81(注)
博學多聞 1-133(疏)
博學先王之道以潤其身 1-325(疏)
發憤嗜學而忘食 1-377(疏)
發憤而學之者 3-91(疏)

方里爲井 1-78(疏), 84(疏), 2-46(注)
方里爲井井九百畝(孟子) 1-84(疏), 2-219(疏)
方百里爲同 2-49(疏)
方四尺曰鵠
———— 射侯 1-192(疏)
方四寸曰質
———— 射侯 1-192(疏)
方十里爲成 2-49(疏)
方十尺曰侯 1-192(疏)
方以類聚(周易) 1-248(注)
方二尺曰正 1-192(疏)
陪臣專恣 3-101(疏)
陪臣祭泰山非禮也 1-165(注)
白圭之玷尙可磨也(詩經) 2-159(注)
白狼銜鉤 1-147(疏)
百慮而一致(周易) 3-18(注)
百里之國適千乘也 1-78(疏)
白面長人 1-147(疏)
百姓無患(禮記) 2-252(疏)
百乘之家不畜聚斂之臣(大學) 1-267(疏)
白玉爲圭 2-160(疏)
伯執躬圭(周禮) 2-111(疏)
伯昌號衰秉鞭作牧 2-43(疏)
伐去其功若伐去樹木然 2-291(疏)
凡啓塞從時(左傳) 1-86(疏)
汎交當如子張 3-183(注), 184(疏)
凡圭廣三寸厚半寸 2-111(疏)
凡均力政以歲上下(周禮) 1-86(疏)
凡起徒役無過家一人(周禮) 1-82(疏)
凡帶必有佩玉唯喪則否(禮記) 2-128(疏)
凡服必中外之色相稱 2-122(疏)
凡事莫過於實 3-57(注)
犯顔諫爭 1-76(疏), 2-332(注)
汎愛施生 1-227(疏)
汎愛濟衆 2-242(疏)
凡以弓劍苞苴簞笥問人者(禮記) 2-138(疏)
凡制軍萬有二千五百人爲軍(周禮) 1-82(疏)
凡土功龍見而畢務戒事也(左傳) 1-86(疏)
籩人掌四籩之實(周禮) 2-22(疏)
病者常居北牖下 2-143(疏)
兵者凶器 2-214(疏)
步百爲畝 1-78(疏)
服猛討迷士惑 1-192(疏)
福善禍淫 3-90(疏)
復再染以黑乃成緇 2-124(疏)
鳳德之衰 3-161(疏)
封殷之後於宋(禮記) 1-175(疏)
縫齊倍要 2-129(疏)
鳳鳥待聖君乃見 3-160(注), 161(疏)
封周公於曲阜(禮記) 1-82(疏)
封土爲壇 2-240(疏)
封夏后氏之後於杞(禮記) 1-175(疏)
鳳皇來儀(書經) 1-222(疏)
夫大人者與天地合其德(周易) 3-90(疏)
腐爛之木 1-271(疏)
父母之喪 3-140(疏)
父母之喪無貴賤一也(禮記) 2-355(疏)
夫婦法人 1-144(疏)
夫婦之愚可以與知(中庸) 3-42(疏)
夫三爲屋 1-78(疏)
扶成人君之德 3-99(疏)
賦詩見意
———— 古者會同 3-97(疏)
膚如凝脂(詩經) 1-173(疏)
父曰昭子曰穆 1-177(疏)
父爲子綱 1-144(疏), 3-124(疏)
夫爲妻綱 1-144(疏), 3-124(疏)
婦人謂嫁曰歸 1-210(注), 212(疏), 213(疏)
夫人初至必書於冊 1-394(疏)
父子法地 1-144(疏)
負子之器曰襁 2-254(注)
父子之道天性 3-171(疏)

夫前驅啓乘車大震倅車屬焉 1-329(疏)
不至焉者跂而及之也(禮記) 3-143(疏)
夫孝者善繼人之志善述人之事者也(中庸) 1-357(疏)
北極謂之北辰 1-106(疏), 107(疏)
北斗七星 1-107(疏)
北風雄雉(詩經) 2-89(疏)
不可逆料人之詐 2-338(疏)
不可以無德而廢善言 3-42(注)
不敢毁傷 2-17(注), 18(疏)
不改其樂道之志 1-324(疏)
不求備於一人 1-73(疏)
不宿戒而責目前成 3-224(疏)
不習而傳之 3-128(疏)
不食三日哀毁過情滅性而死 3-195(疏)
不惡而嚴以遠小人 2-180(注)
不違仁 1-230(注)
不淫其色 1-205(注)
不移易不遷怒 1-307(注), 308(疏)
不執圭者未成國也 2-111(疏)
不責備於一人 2-284(注)
不肖者不得不及(禮記) 3-143(疏)
不學禮無以立 2-27(疏)
不學而思終卒不得 1-128(注)
不協而盟(左傳) 2-198(疏)
朋友有通財之義 2-144(疏)
朋友以道義切磋琢磨 2-287(疏)
非龍非彲 2-40(疏)
比目之魚 2-319(疏)
鄙夫之行 3-129(疏)
備豫不虞古之善教也 1-292(疏)
比翼之鳥 2-319(疏)
卑在尊旁曰侍 1-301(疏)
卑在尊側曰侍 2-168(疏)
非天命而偶富 2-178(疏)
非虎非熊 2-40(疏)
貧而樂道 2-178(疏)
聘君用圭(儀禮) 2-111(疏)
聘夫人以璋(儀禮) 2-111(疏)

【ㅅ】

士當志道不求安 2-292(注)
士病不明經術 1-49(疏)
士有謙德則所在必達 2-238(疏)
士有辟人辟世之法 3-164(注), 166(疏)
士依於德遊於藝(禮記) 1-356(疏)
士者人之有士行者也 1-236(疏)
士佩瓀玟而縕組綬(禮記) 2-128(疏)
射禮有君子之風 1-168(疏)
射所以觀士也 1-192(疏)
射所以直己志 1-192(疏)
射有五善焉 1-190(注), 191(疏)
射者可以觀德行 1-192(疏)
射者大禮 1-192(疏)
射者不但以中皮爲善 1-190(注)
射爵 1-169(疏)
射則爭中 1-169(疏)
射策 1-50(疏)
奢儉俱不得中 1-247(疏)
蛇頸魚尾 2-68(疏)
司爟掌行火之政令(周禮) 3-142(疏)
四區爲釜 1-312(疏)
四丘爲甸 1-267(疏)
事君之道義不可欺 2-332(注)
賜弓矢然後專征伐 3-75(疏)
思權而不得見者其道遠也 2-92(注), 93(疏)
四鈞爲石 3-220(疏)
四代之器 1-257(疏)
四豆爲區 1-312(疏)
四豆之實 2-22(疏)

四閭爲族(周禮) 1-315(疏), 3-22(疏)
四璉 1-257(疏)
使民敬忠勸善之法 1-136(疏)
四邊之實 2-22(疏)
事父孝故忠可移於君(孝經) 1-87(疏)
事不可以速成 2-271(注)
事不常一 1-219(疏)
奢不如儉 1-402(注)
仕受祿之法 1-314(疏)
四升曰角 1-342(疏)
四升爲豆 1-312(疏)
食饐謂之餲 2-136(疏)
食而不愛豕畜之(孟子) 1-118(注), 120(疏)
師心徇惑 2-58(疏)
斯言之玷不可爲也(詩經) 2-159(注)
邪枉之人 1-134(注)
四乳生八士 3-151(疏), 179(注)
事有程期無欲速成 2-271(疏)
四邑爲丘 1-267(疏)
見義則徙意而從之 2-223(注)
思義然後取 3-93(疏), 182(疏)
思者當思其反常 2-93(疏)
四井爲邑 1-267(疏)
奢則驕佚招禍 1-247(注)
社稷之臣 3-61, 66(疏)
仕進之道 1-260(注)
四匹爲乘 1-290(疏)
四享皆束帛加璧(儀禮) 2-115(疏)
思賢才而無傷善之心焉 1-205(注)
事兄弟故順可移於長(孝經) 1-87(疏)
山藪藏疾國君含垢 3-46(疏)
山者利其禽獸 3-223(疏)
三綱五常 1-142(注), 143(疏), 144(疏)
三綱之首 3-122(注), 124(疏)
三軍之將 1-364(疏)
三年問(禮記) 3-143(疏)
三年喪畢然後王自聽政 2-353(注), 354(疏)
三年之喪君不言也 2-354(疏)
三年之喪自天子達(禮記) 2-355(疏)
三年之喪天下之達喪也(禮記) 3-143(疏)
三年視敬業樂群也(禮記) 1-73(疏)
三年憂(禮記) 3-143(疏)
三年一祫 1-177(疏)
三代有五伯 2-326(疏)
三飯四飯 3-176(注)
三夫爲屋 2-49(疏)
三生三死 1-146(疏)
三牲魚腊 2-115(疏)
三升曰觶 1-342(疏)
三十斤爲鈞 3-220(疏)
三十年曰世 2-263(注), 264(疏)
三讓之美 2-14(疏)
三染謂之纁 2-124(疏)
三王二霸之迹 2-289(疏)
三月不解(禮記) 3-143(疏)
三揖三讓 2-198(疏)
三日不怠(禮記) 3-143(疏)
三入爲纁(周禮) 2-123(疏)
三脊之茅 2-319(疏)
參侯七十弓 1-192(疏)
喪主素吉主玄 2-121(注), 129(疏)
喪必三年爲制 3-143(疏)
上介拂棖(禮記) 2-198(疏)
上公之封地方五百里 3-71(疏)
上教下曰傳 1-62(疏)
相導樂師之禮 3-59(疏)
尙力取勝而不重德 2-340(疏)
相師之禮 3-58(疏)
上曰衣下曰裳 2-108(疏)
賞以春夏刑以秋冬 3-90(疏)
常人師心徇惑 2-58(疏)
常人之欲失在貪財 3-223(疏)

常人之情敬衆大而慢寡小 3-223(疏)
常人行藏不能隨時 2-58(疏)
相助匿非曰黨 1-391(注), 392(疏)
上知不可使爲惡 3-105(注)
上知聖人不可移之使爲惡 3-105(疏)
上下和同不患寡 3-67(疏)
牲生曰餼 1-196(注), 197(疏), 198(疏)
生知美行之事 1-89(疏)
庶幾聖道 2-175(注), 176(疏), 178(疏)
庶民無射禮 1-192(疏)
鼠晝伏夜動不穴於寢廟(左傳) 2-310(疏)
黍稷之器 1-256(注), 257(疏)
裼降立(儀禮) 2-125(疏)
席南鄕北鄕以西方爲上 2-137(疏)
席東鄕西鄕以南方爲上 2-137(疏)
錫民爵位曰文 2-327(疏)
裼衣之上加朝服 2-122(疏)
善繼人之志善述人之事者也(中庸) 1-357(疏)
琁璣玉衡以齊七政(書經) 1-107(疏)
善道有統 1-129(注), 3-18(疏)
先禮後兵 3-13(疏), 14(疏)
善事父母爲孝 2-276(疏)
善述人之事者也(中庸) 1-357(疏)
善始令終 1-113(疏)
先王之禮 1-175(疏)
先王之遺文 1-345(疏), 3-195(疏)
善有元事有會 3-18(注)
善人難得 3-94(疏)
善人善己 2-282(注)
善人善之惡人惡之眞善人 2-283(疏)
善人所行之道 2-180(疏)
善人爲政之法 2-287(疏)
善人之道 2-180, 181(疏)
先人後己謂之讓 1-94(疏)
善之大者莫善施生 1-277(疏)
先進與禮樂有古風 2-154(注)
善則稱君過則稱己則民作忠(禮記) 1-395(疏)
善則稱親過則稱己則民作孝(禮記) 1-395(疏)
褻慢鬼神之餘 2-134(疏)
成德有漸 1-351(疏)
聖與仁人行之大者也 1-399(疏)
聖王治國安不忘危 1-83(疏)
聖人庶幾之善道 2-178(疏)
聖人受命則鳳鳥至河出圖 2-68(注)
聖人與天地合其德(周易) 2-342(注), 343(疏)
聖人作法所以貽訓後世 2-317(疏)
聖人制禮施教不令至於隕滅 3-195(疏)
聖人制喪禮爲父母三年 3-140(疏)
聖人之道深遠人不易知 2-28(疏)
聖人之奧室 2-180(注), 2-181(疏)
聖人之行 2-150(疏), 2-154(疏)
生而知之者上也 3-91(疏)
成人須禮 1-172(疏)
成人之行 2-309(疏)
性靜者多壽考 1-339(注)
成中容一甸 2-49(疏)
盛必有衰 1-219(疏)
性行無恒之人 2-279(疏)
聖賢作法通有諱例 1-395(疏)
性好仁者爲德之最上 1-233(疏)
世子佩瑜玉而綦組綬(禮記) 2-128(疏)
昭南鄕穆北鄕 1-177(疏)
小大安寧不傾危 3-67(疏)
小德不能不踰法 3-191(注)
素服以送終(禮記) 2-125(疏)
小城曰附庸 3-70(疏)
蕭韶九成鳳皇來儀(書經) 1-222(疏)
所言之事必可得而遵行 2-250(注)
素衣以裼之 2-122(疏)
小人拘忌而實自驕矜 2-285(注)
小人達於財利 2-333(疏)
小人厲色援臂 1-168(疏)

小人不能改過 3-188(疏)
小人不能爲君子之行非小人之過 1-235(注)
小人比而不周 3-47(疏)
小人性不及仁道 2-300(疏)
小人所嗜好者同然各爭利故曰不和 2-282(注)
小人安安而不能遷 1-238(疏)
小人爲人說媚 2-284(疏)
小人唯利是親 1-238(疏)
小人之道可以小知 3-203(疏)
小人之道淺近 3-52(注), 3-53(疏)
小人之行 2-28(疏)
小人責備於一人 2-284(疏)
小人責人 3-40(注)
小人則嫉賢樂禍 2-232(疏)
小人則曉於財利 1-242(疏)
小人好爲咎過 1-403(疏)
所獲霸王之輔 2-40(疏)
俗多穿鑿 3-45(注)
束脩之問不出竟(禮記) 1-360(疏)
束脩之問不行竟中 1-360(疏)
損益之禮 1-143(疏)
巽在牀下 1-98(疏)
宋高哀爲蕭封人(左傳) 1-220(疏)
訟之所以起契之過也 2-230(疏)
宋學 1-43
衰極必盛 1-219(疏)
殊塗而同歸 1-129(注), 130(疏)
雖百世而昏姻不通者周道然也(禮記) 1-394(疏)
樹屛以塞門 1-212(疏)
樹塞門 1-214(疏)
隨世以行已若過水必以濟 2-350(注)
隨時變通 2-93(疏)
修身當先學詩 2-27(注)
脩身之事 2-239(疏)
脩身之要 2-239(疏)
脩身之要道 3-43(疏)
手如柔荑(詩經) 1-173(疏)
樹五穀曰稼 2-253(注), 254(疏)
酬恩報怨之法 2-341(疏)
受一爵而色洒如也(禮記) 1-354(疏)
水漿不祭(禮記) 2-136(疏)
守節至死不離善道 2-31(疏)
守志不移 2-87(疏)
水之浸潤漸以壞物 2-213(疏)
樹菜蔬曰圃 2-253(注), 2-254(疏)
授學之法當稱其才識也 1-335(疏)
水昏正而栽(左傳) 1-86(疏)
順吉逆凶天之命也 3-87(注), 89(疏)
淳德不散 1-106(疏)
順道吉從逆凶 3-90(疏)
順言以遠害 2-292(注)
述脩先王之道而不自制作 1-351(疏)
述者之謂明 1-351(疏)
習於善則爲君子 3-105(疏)
習於惡則爲小人 3-105(疏)
習以性成 3-105(疏)
勝去嗜慾反復於禮 2-206(疏)
承順父母顔色 1-120(注), 121(注)
勝者袒決遂執張弓 1-169(疏)
升中於天而鳳皇降(禮記) 2-68(疏)
詩可以言 3-98(疏)
詩三百五篇皆言天子諸侯之政 2-257(疏)
詩有凱風白華相戒以養 3-122(疏)
詩有國風雅頌 2-257(疏)
詩有君政不善則風刺之 3-122(疏)
詩有雅頌君臣之法 3-122(疏)
詩有如切如磋 3-122(疏)
詩有諸國之風俗盛衰 3-122(疏)
詩之爲體皆歸於正 1-109(疏)
始冠緇布之冠也 2-56(疏)
施舍薄斂 2-261(疏)

視朔 1-196(注), 197(疏), 199(疏)
視朔之服 2-125(疏), 129(疏), 130(疏)
施予之禮 2-183(疏)
時然後言人不厭其言 1-54(疏)
時有否泰故用有行藏 2-342(疏)
視瞻毋回(禮記) 2-205(疏)
息卦受臨 1-146(疏)
息卦受復 1-146(疏)
息卦受泰 1-146(疏)
式視馬尾(禮記) 2-150(疏), 205(疏)
食者人命所須 2-214(疏)
食菜於周謂之周公 2-40(疏)
信以行義 2-276(疏)
信者誠也 1-144(疏)
臣工之什(詩經) 1-158(注), 160(疏)
愼口忍事 3-46(疏)
神農以十一月爲正 1-146(疏)
身能反禮則爲仁矣 2-203(注)
紳帶之制 3-23(疏)
身無鄙行 2-180(注), 181(疏)
身無擇行 2-205(疏)
神不歆非類(左傳) 1-152(疏)
新死之主 1-177(疏)
臣侍君而賜之食則不祭 2-142(疏)
臣弑君子弑父 1-378(注), 379(疏), 2-30(注), 31(疏)
愼言躬身 1-246(疏), 247(疏)
臣用紋君用素 2-125(疏)
身有嗜慾當以禮義齊之 2-206(疏)
愼酒 2-79(疏)
身中時 1-70(疏)
失信則國不立 2-214(疏)
審曲面勢以飭五材以辨民器謂之百工 3-188(疏)
心服曰畏 3-89(疏)
深則當厲不當揭 2-351(疏)
十斗曰斛 1-313(疏)
十斗爲斛 3-220(疏)
十六斛曰秉 1-311(注)
十六斗曰籔 1-313(疏)
十六斗曰庾 1-311(注)
十六兩爲斤 3-220(疏)
十里爲成 2-46(注)
十畝內取一 2-219(疏)
十分爲寸 3-220(疏)
十籔曰秉 1-313(疏)
十升爲斗 3-220(疏)
十室之邑 邑之小者 1-303(疏)
十五成童舞象(禮記) 1-70(疏)
十外稅一 2-219(疏)
什一而稅謂之徹 2-217(注), 218(疏), 219(疏),
什一而藉 2-219(疏)
什一者天下之中正也 2-219(疏)
十者數之終 1-269(疏)
十丈爲引 3-220(疏)
十脡脯 1-360(疏)
十尺爲丈 3-220(疏)
十寸爲尺 3-220(疏)
十取其二 2-219(疏)
十合爲升 3-220(疏)

【ㅇ】

阿黨比周 3-47(注)
阿黨爲比 1-127(注), 128(疏), 3-47(疏)
樂本情性 1-368(疏)
樂所以成性
———— 成於樂 2-27(注)
樂始作翕如 1-216(疏)
樂也者樂其所自成(禮記) 1-223(疏)
樂爲一代大事 1-223(疏)

樂以移風易俗 1-154(疏)
樂以和人 3-107(注)
樂之所貴者移風易俗 3-125(注)
樂和民聲 1-96(疏)
樂和人聲 3-108(疏)
樂和人心 3-140(疏)
惡戾之言 2-19(注), 20(疏)
惡理多怒 3-131(注), 132(疏)
樂緯稽耀嘉(書) 1-146(疏)
樂以移風(孝經) 2-249(注), 252(疏)
安國家定社稷 2-24(注)
安民大慮曰定 1-204(疏)
安上治民 3-125(注)
安上治民莫善於禮 3-51(疏)
顔氏之子其殆庶幾乎(周易) 1-309(疏), 2-178(疏)
安樂撫民曰康 1-137(疏)
愛物好與曰仁 3-118(疏)
哀不至傷 1-205(注)
哀素之心 2-129(疏)
哀窈窕 1-205(注)
哀有喪 2-147(疏)
愛而不敬獸畜之(孟子) 1-118(注), 120(疏)
愛人謂之仁 3-152(疏)
愛人之人 2-305(疏)
哀毁過情滅性而死 3-195(疏)
野九一而助國中什一(孟子) 2-219(疏)
野無遺逸 2-247(疏)
夜半爲朔 1-146(疏)
約身反禮則爲仁矣 2-204(疏)
陽道極則陰道受 1-146(疏)
陽得陰而成 1-144(疏)
梁上楹謂之棁 1-286(疏)
兩手摳衣去齊尺(禮記) 2-108(疏)
諒闇以居心喪終制 2-355(疏), 356(疏)
兩楹之間 1-211(注), 212(疏), 214(疏)
諒陰之中 3-197(注), -198(疏)
讓則不爭 1-240(疏)
於事合宜爲義 1-98(疏)
魚敗曰餒 2-131(注), 133(疏), 136(疏)
魚膾非得芥醬則不食 2-133(疏)
言行相副 2-335(疏)
言行相副是君子也 1-127(疏)
言行相違 1-271(疏)
言行之法 2-292(疏)
女媧以十二月爲正 1-146(疏)
厲行不隨俗 2-292(注)
與民必誠信 1-79(注)
汝惟不伐天下莫與汝爭功(書經) 2-291(疏)
與人結交之道 3-184(疏)
旅幣無方(禮記) 2-115(疏)
亦可醜也亦可喜也(周易) 1-70(疏)
逆料人之詐 2-338(疏)
亦不必進亦不必退唯義所在 3-174(注)
易所以占吉凶 2-279(注)
歷數謂天道 3-217(疏), 218(疏)
力役之事 1-190(注), 191(疏)
燕頷雞喙 2-68(疏)
練衣黃裏縓緣(禮記) 2-124(疏)
列國之諸侯大射 1-192(疏)
說以先民民忘其勞(周易) 2-245(注), 246(疏)
列宿斗正之度 2-68(疏)
染纁者三入而成 2-123(疏)
佞說爲諂 1-102(疏)
佞有善惡 1-259(疏)
佞人亦能惑人心 3-30(疏)
佞人假仁者之色 2-237(注)
佞者口才捷給文過飾非 2-188(疏)
領如蝤蠐(詩經) 1-173(疏)
影之隨形嚮之應聲 3-90(疏)
詠懷樂道 2-202(疏)
禮可以立 3-98(疏)

禮可以安國家定社稷 1-204(疏)
禮貴用和 1-96(疏)
禮文不背誦 1-376(疏)
禮尙謙退 1-75(疏)
禮所貴者乃貴其安上治民 3-125(注)
禮勝則離(禮記) 1-96(疏)
禮以安其情 3-51(疏)
禮以安上(孝經) 2-249(注), 252(疏)
禮以安上治民 1-154(疏)
禮者恭儉莊敬 3-97(疏)
禮者所以立身 2-27(注)
禮者所以治政安君也(禮記) 2-252(疏)
禮節民心 1-240(疏)
禮節人心 3-108(疏)
禮法正道之言 2-85(疏)
禮樂不行則刑罰淫濫而不中 2-252(疏)
禮樂爲用相須乃美 1-96(疏)
禮樂資仁而行也 1-162(疏)
禮樂征伐所出不同 3-75(疏)
禮樂之化當以待君子 2-194(疏)
禮樂化導於民 3-108(疏)
禮義與信足以成德化民 2-255(疏)
禮義忠信爲治民之要 2-254(疏)
五家爲隣(周禮) 1-314(注), 315(疏), 3-21(注), 22(疏)
五家爲比(周禮) 1-315(疏), 3-22(疏)
五穀者黍稷麻麥豆也 2-256(疏)
汚君之祿 2-31(疏)
五年一禘 1-177(疏)
五黨爲州(周禮) 1-315(疏), 3-22(疏)
五隣爲里(周禮) 1-314(注), 315(疏), 3-21(注), 22(疏)
五物詢衆庶 1-192(疏)
五美之目 3-223(疏)
五百家爲黨 1-314(注), 315(疏), 2-52(注), 53(疏)
五百人爲旅 3-14(注)
五伯之霸 2-326(疏)
五比爲閭(周禮) 1-315(疏), 3-22(疏)
五色備擧 2-68(疏)
五升曰散 1-342(疏)
五十而貢貢五畝 2-219(疏)
五音始奏翕如盛 1-215(注)
五音翕然盛 1-216(疏)
五入爲緅(周禮) 2-123(疏)
五族爲黨(周禮) 1-315(疏), 3-22(疏)
五州爲鄕(周禮) 1-315(疏)
五土之神 1-207(疏), 1-208(疏)
五刑不用(禮記) 2-252(疏)
烏獲擧千鈞 1-378(注), 379(疏)
五侯九伯 2-318(疏)
屋三爲井 1-78(疏)
溫故而知新(中庸) 1-125(疏)
溫柔賢善曰懿 1-116(疏)
頑嚚不友是與比周(左傳) 3-47(疏)
王敎之端 3-122(注), 124(疏)
王畿之內所共多故賦稅重 2-219(疏)
王德狄人(左傳) 2-341(疏)
王立七廟(禮記) 1-198(疏)
王六軍(周禮) 1-82(疏)
王者功成制禮 3-75(疏)
王者安危在於出令 2-160(疏)
王者之風關雎麟趾之化 3-123(疏)
王者治定作樂 3-75(疏)
王者必一質一文 1-146(疏)
王在焉曰路 3-31(疏)
王之吉服 2-48(疏)
王之大射 1-192(疏)
外作禽荒(書經) 3-84(疏)
堯時十日竝出 2-296(疏)
要縫半下 2-129(疏)
堯舜率天下以仁而民從之(大學) 2-234(疏)

要絰不除 3-140(疏)
欲居九夷 3-115(疏)
欲報之德昊天罔極 3-139(注)
欲速成人者則非求益也 2-363(注)
欲爲論念張文 1-56(疏)
欲爲仁而力不足者 1-233(注)
欲正他人在先正其身 2-264(疏)
勇者果敢故不恐懼 2-91(疏)
勇者折衝禦侮故不懼 2-336(疏)
龍見而雩(左傳) 2-201(疏)
用權之執政 1-185(疏)
龍馬銜甲 2-68(疏)
龍文龜背 2-68(疏)
用民之力歲不過三日(禮記) 1-86(疏)
用有行藏 2-342(疏)
容包六行 1-192(疏)
牛三頭 1-267(疏)
友相切磋之道所以輔成己之仁 2-244(注)
牛十三頭 1-267(疏)
牛與羊魚之腥聶而切之爲膾 2-133(疏)
友以文德合 2-243(注)
牛耳 1-117(疏)
右人右其手 2-101(疏)
雩者祈雨之祭名 2-201(疏)
右徵角左宮羽(禮記) 2-128(疏)
熊侯 1-192(疏)
遠郊二十而三(周禮) 2-219(疏)
元龜爲蔡 1-285(疏)
元爲施生之宗 1-277(疏)
元戎十乘以先啓行(詩經) 1-329(疏)
元者善之長也(周易) 1-277(疏)
園圃毓草木(周禮) 2-256(疏)
元亨利貞(周易) 1-277(疏)
元亨日新之道 1-276(注), 277(疏)
爲國以禮禮貴謙讓 2-193(注), 194(疏)
爲國者擧事必敬愼與民必誠信 1-79(注)
爲君之道 2-269(疏)
爲己履而行之 2-333(注)
爲己者因心以會道 2-333(疏)
爲禮事在於莊敬 1-224(疏)
爲賓之禮 2-100(疏)
爲擯之禮 2-98(疏), 2-101(疏)
爲師之法 1-125(疏)
爲席之禮 2-137(疏)
爲善常汲汲 3-94(疏)
爲臣結交當以禮漸進 1-249(疏)
爲臣事君之道 2-186(疏)
爲臣事君之法 3-56(疏)
蔿敖爲宰(左傳) 1-290(疏)
爲外物所感則習以性成 3-105(疏)
爲人者凴譽以顯物 2-333(疏)
爲仁之道莫尙乎敬 2-206(注), 207(疏)
爲仁之道有五 3-113(疏)
爲仁之法 3-28(疏)
爲政不須刑殺 2-235(疏)
爲政須遵禮道 1-341(疏)
爲政者當以身先 2-258(疏)
爲政在乎修己 2-233(疏)
爲政之道 1-138(疏), 2-231(注)
爲政之理 3-223(疏)
爲政之法 2-271(疏), 3-224(疏)
爲政之事 2-214(疏)
爲政之善莫若以德 1-106(疏)
爲政之要 1-106(疏)
爲政事庸力行務以從四時(左傳) 2-266(疏)
爲至親者三年 3-140(疏)
爲直之理 2-272(疏)
韋編三絶 1-375(疏)
爲學之法 1-128(疏)
危行言遜 1-254(疏)
爲孝必敬 1-118(疏)
衛侯入於夷儀(左傳) 1-220(疏)

唯卿備百邑(左傳) 1-267(疏)
有其器而無其位 1-286(疏)
有德則人所慕仰 1-248(疏)
有德必酬之 2-142(疏)
由禮貴於用和 1-67(疏)
有禮則安無禮則危 3-97(疏)
儒服委質 1-131(疏)
有夫婦然後有父子 3-124(疏)
有父子然後有君臣 3-124(疏)
有不善當追悔改之 1-353(疏)
有不善未嘗不知(周易) 1-308(疏), 309(疏)
有事而會不協而盟(左傳) 2-198(疏)
有司之任 3-223(注), 3-224(疏)
有常德之君 1-384(疏)
唯水漿不祭(禮記) 2-136(疏)
有勇而無義 3-118(疏)
有虞氏以梡(禮記) 3-15(疏)
有虞氏之兩敦(禮記) 1-257(疏)
有因而盜曰攘 2-272(注)
遺子黃金滿籯不如一經 1-51(疏)
有濟之祀 3-70(疏)
有罪旣刑陳其尸曰肆 2-344(注), 345(疏), 346(疏)
唯天爲大萬物資始 2-36(疏)
有忠信者則親友之 2-224(疏)
有恥且格之事 3-13(疏)
惟彼陶唐(書經) 2-41(疏)
六斗四升曰釜 1-310(注)
肉倍好謂之璧 2-111(疏)
六遂之長 1-198(疏)
六樂 1-358(疏)
六藝 356(注), 1-358(疏), -376(疏)
六藝之卑 2-53(注)
六藝之射 1-192(疏)
六言不學而皆蔽塞 3-118(疏)
六人爲三綱 1-144(疏)
六箸十二棊 3-145(疏)
六尺爲步 1-78(疏), 2-150(疏)
六鄕六遂之長 1-198(疏)
肉好若一謂之環 2-111(疏)
閏月不告朔猶朝于廟(春秋) 1-199(疏)
潤之以風雨(周易) 2-133(疏)
戎馬四匹 1-267(疏)
戎馬一匹 1-267(疏)
殷車曰大輅 3-29(注), 30(疏)
殷禮 1-142, 143(疏), 2-155(疏)
殷頫曰同 2-198(疏)
殷以椇(禮記) 3-15(疏)
殷人七十而助(孟子) 2-219(疏)
殷之六瑚(禮記) 1-257(疏)
殷之州長曰伯 2-43(疏)
殷質法天而爲地正 1-146(疏)
陰道極則陽道受 1-146(疏)
陰得陽而序 1-144(疏)
飮射爵 1-169(疏)
淫聲之哀者 3-133(注)
飮酒之禮 2-137(疏)
揖讓受禪 1-222(疏)
義不食周粟 1-296(疏)
衣裳之會 2-321(疏)
義以方外(周易) 1-248(疏)
義者宜也 1-144(疏)
疑則闕之 1-132(注), 133(疏)
衣下曰齊 2-106(注), 107(疏)
利見大人(周易) 3-90(疏)
離群而索居(禮記) 1-73(疏)
二南之美 3-101(疏)
二南之詩 3-124(疏)
異端雖小道必有可觀者焉 3-185(注)
異端之書 1-129(疏), 1-130(疏)
以德報怨 2-341(疏)
以德爲本學爲末 1-87(疏)

伊洛之說 1-43
以禮輔仁則溫而不寬 3-51(疏)
以禮御莊則威而不猛 3-51(疏)
以禮制知則精而不蕩 3-51(疏)
二耜爲耦 2-49(疏), 3-162(注), 165(疏), 168(疏)
以釋理言之曰訓解 1-58(疏)
以聲節之曰誦 2-257(疏)
二升曰觚 1-341(注), 342(疏)
以臣伐君 1-223(疏)
以臣召君不可以訓(左傳) 2-316(注), 317(疏)
以臣弑君可謂仁乎 1-295(疏)
二十四銖爲兩 3-220(疏)
二十而稅二 2-219(疏)
以讓爲仁 1-370(注)
二陽二陰不能繼也 1-146(疏)
以兩劑禁民獄(周禮) 2-228(疏)
以兩造禁民訟(周禮) 2-228(疏)
以禮樂文成 2-308(注), 309(疏)
二王之後 1-159(疏)
二王之後用圭璋 2-115(疏)
二王之後享天子圭以馬 2-111(疏)
以遠小人不惡而嚴(周易) 2-181(疏)
二月初吉(詩經) 2-129(疏)
梱謂之椉 1-286(疏)
以恩德報德 2-341(疏)
以衣涉水爲厲 2-350(注), 351(疏)
利者義之和也(周易) 1-277(疏), 2-51(注)
以傳述言之曰傳 1-58(疏)
二帝三王之道 3-214(疏)
二帝三王之語 3-210(疏)
以直道報讐怨 2-341(疏)
二霸之事 2-316(疏)
移風易俗樂之所貴者 3-125(注)
移風易俗歸之淳素 2-154(注), 155(疏)
履行仁道未嘗殺人 3-53(疏)
以好色之心好賢則善 1-88(注)
翼善傳聖曰堯 3-214(疏)
人感自然而生 1-277(疏)
人皆懷五常之性 1-144(疏)
人君每月告朔於廟 1-196(注), 197(疏), 198(疏)
人君之道 3-224(疏)
人君之事 1-136(疏)
人當恕己不及物 3-43(疏)
人當樂道固窮 1-236(疏)
人當有常德 2-224(疏)
人當任命友賢 2-211(疏)
人當行少長之禮 2-363(疏)
仁道難備 2-300(疏)
仁道不遠行之卽是 1-390(疏)
仁道至大不可全名 1-264(注), 265(疏)
仁道至大非但行之難 2-208(疏)
仁不須佞 1-258(疏)
人非道不立 3-50(疏)
引譬連類 3-120(注), 3-122(疏)
仁恕之一言可終身行之 3-43(疏)
仁守以靜其失也寬 3-51(疏)
人心愛惡當須有常 2-224(疏)
仁愛之人 3-27(疏)
人言不欺謂之信 1-98(疏), 383(疏)
寅爲朔 1-146(疏)
仁義禮智信 1-144(疏)
仁義盛明曰舜 3-214(疏)
仁義順時 1-357(疏)
仁以安其性 3-51(疏)
人以正直爲德 1-334(注)
人以酒亂若沈沒於水 3-84(疏)
人以賢友爲助 3-28(注)
仁人之君 1-349(疏)
仁人墮井 1-344(疏)
仁者本無貪欲 1-339(疏)

仁者不忍 1-144(疏)
仁者愛物不知所以裁之則愚 3-117(注)
仁者愛人 3-151(注)
仁者愛人以及物 2-52(疏)
仁者之性 1-339(疏)
仁者之所居處謂之里仁 1-225(疏)
仁者之心 1-343(疏)
仁者之行 1-349(注), 350(疏), 2-274(疏)
仁者必有勇 2-184(注)
仁者行之盛 2-51(注)
仁在敬恕 2-207(疏)
仁之難成 1-288(疏)
人之德有小大而行亦不同 3-191(疏)
人之明德 2-213(疏)
人之變遷本依天道 3-140(疏)
人之貧乏多所怨恨 2-307(疏)
人之所極唯君與親 1-396(疏)
人之爲事必須先謀 3-57(疏)
人之爲直當自直己 3-148(疏)
仁之爲行學則不固 3-118(疏)
人之才識凡有九等 1-335(疏)
人之才學貴於適用 2-257(疏)
仁知之用 1-337(疏)
人之學道當輕尺璧而重寸陰 1-271(疏)
人統 1-143(疏), 146(疏), 147(疏)
人稟自然之性 1-277(疏)
仁厚之行 2-16(疏)
一夫百畝以十畝歸公 2-219(疏)
一黍之廣爲一分 3-220(疏)
一升曰爵 1-341(注), 342(疏)
一龠容千二百黍 3-220(疏)
一言可以亡國 2-269(疏)
一言不能正興國 2-267(注), 269(疏)
一染謂之縓 2-124(疏)
一陰一陽之謂道 1-144(疏)
一入曰緅 2-118(注), 124(疏)
一者數之始 1-269(疏)
一井之中三屋九夫 2-49(疏)
日至而畢(左傳) 1-86(疏)
一質一文 1-146(疏)
任地 2-219(疏)
立視五巂(禮記) 2-150(疏), 205(疏)
立身成德之法 2-27(疏)
立身之才學 1-240(注)
立身必須學禮 2-27(疏)
立身行道唯杖於德 1-357(疏)
入室 2-171(疏), 245(疏)
入贊禮曰相 2-198(疏)

【ㅈ】

自伐其功 2-290(注)
自伐者無功(老子) 2-291(疏)
自然天性 1-277(疏)
自然化育 1-276(疏)
子曰穆 1-177(疏)
子執穀璧(周禮) 2-111(疏)
慈惠愛民曰文 2-312(疏)
作不善降之百殃 3-89(疏)
作善降之百祥 3-89(疏)
柞楢之火 3-138(注), 142(疏)
作者之謂聖 1-351(疏)
作虛器(左傳) 1-286(疏)
殘義損善曰紂 3-200(疏)
蠶食深宮 1-136(疏)
雜文曰犁 1-316(疏)
章句 1-57(疏)
掌九儀之賓客擯相之禮(周禮) 2-198(疏)
莊莅以威其失也猛 3-51(疏)
將死其語偸 2-21(疏)
將死而有惑疾 2-21(疏)

將死之時其言皆變常 2-21(疏)
掌養國子教之六藝(周禮) 1-358(疏)
藏焉脩焉息焉遊焉(禮記) 1-70(疏)
掌王之五路(周禮) 3-31(疏)
掌以三德教國子(周禮) 1-357(疏)
莊以安其慢 3-51(疏)
匠人爲溝洫 2-49(疏)
藏財貨曰府 2-169(注), 170(疏)
葬除服諒陰之證 2-355(疏)
將至死不聞世之有道 1-236(注)
張布爲侯 1-191(疏)
戕毁仁義 1-130(疏)
在君爲政在臣爲事 2-266(疏)
在內曰說在外曰樂 1-70(疏)
在理則昧造形而悟 1-309(疏)
在上君子爲政之德若風 2-235(疏)
在上自正則民化之 2-235(疏)
在心爲德施之爲行 1-357(疏), 383(疏)
再染謂之竀 2-124(疏)
再染以黑則爲緅 2-123(疏)
齋必沐浴 2-329(注), 331(疏)
在下小人從化之德如草 2-235(疏)
著述之謙 1-351(注)
渚者利其魚鹽 3-223(疏)
寂然至無則謂之道 1-356(疏)
赤雀銜書 1-147(疏)
嫡妻唯娶一姓 1-212(疏)
積學成德 2-84(疏)
甸六十四井 1-267(疏)
甸方八里 2-49(疏)
田賦出兵 1-267(疏)
傳擯 2-100(疏)
傳辭 2-100(疏)
典獄之法 3-199(疏)
奠以素器(禮記) 2-129(疏)
甸稍縣都皆無過十二(周禮) 2-219(疏)
轉互相訓 2-51(疏)
節約我以禮節
———— 約我以禮 2-72(疏)
竊位偸安 3-129(疏)
切切偲偲 2-287(疏)
切磋琢磨 1-89(疏), 101(注), 102(疏)
折衝禦侮 2-336(疏)
節八音(左傳) 1-155(疏)
折解牲體禮有正數 2-133(疏)
接事鬼神宜自絜淨 2-133(疏)
井間有溝 2-46(注)
正經善道 1-129(疏), 130(疏)
政教均平則不患貧 3-67(疏)
政教者在於齊正 2-233(疏)
井九百畝(孟子) 2-219(疏)
鄭國大夫之善 2-302(疏)
正名之義 2-249(注)
政不正則君位危(禮記) 2-252(疏)
正朔三而改 1-146(疏)
政先德澤 2-246(疏)
井稅一夫其田百畝 2-219(疏)
正始之道 3-123(疏), 124(疏)
庭實唯國所有(儀禮) 2-115(疏)
井十爲乘 1-78(疏)
井十爲通 1-78(疏)
正樂之音 2-32(疏)
正樂之和 1-205(注)
正樂廢而失節 2-32(注)
正月之吉(周禮) 2-129(疏)
鄭衛之聲 3-30(疏)
鄭衛之音 2-32(注)
貞者事之幹也(周易) 1-277(疏)
政者有所改更匡正 2-265(注)
政者正也 2-226(疏), 264(疏)
政在擧賢 2-247(疏)
政在大夫 3-80(疏)

政在正名 2-250(疏)
政之大節 2-289(疏)
正直之道 3-44(疏)
正直之人 1-134(注)
正治之法 3-66(疏)
齊可使如魯 1-340(注)
諸公之地封疆方五百里(周禮) 1-82(疏)
齊舊四量豆區釜鍾(左傳) 1-312(疏)
制國不過千乘(禮記) 1-82(疏)
諸男之地封疆方百里(周禮) 1-82(疏)
諸伯之地封疆方三百里(周禮) 1-82(疏)
祭服備其采章 2-47(疏)
祭服先加明衣次加中衣 2-122(疏)
齊服盛色 2-118(注), 119(注), 121(疏), 124(疏)
帝王錄紀興亡之數 2-68(疏)
帝王易姓而興 3-217(疏)
帝王之德 3-215(疏)
帝王之道貴在無爲淸靜而民化之 3-20(疏)
齊人弑其君壬(春秋) 2-330(疏)
諸子百家之書 1-129(疏)
諸子之地封疆方二百里(周禮) 1-82(疏)
齊祭飮食居處之事 2-133(疏)
濟濟蹌蹌 2-19(注), 20(疏)
祭仲足爲祭封人(左傳) 1-220(疏)
除地爲墠 2-240(疏)
帝出乎震(周易) 1-146(疏)
齊豹見宗魯於公孟(左傳) 1-220(疏)
祭必己親 1-152(疏)
諸夏乂安 2-321(疏)
諸華必叛(左傳) 1-164(疏)
諸侯告朔於太廟 1-199(疏)
諸侯內屛 1-214(疏)
諸侯六佾 1-154(注), 155(疏)
諸侯立五廟(禮記) 1-198(疏)
諸侯廟中將幣皆三享(周禮) 2-115(疏)
諸侯不得制作禮樂 3-75(疏)
諸侯使卿大夫相聘 2-100(疏)
諸侯死曰薨 2-354(疏)
諸侯所執圭璧 2-111(疏)
諸侯時見曰會 2-191(注), 198(疏)
諸侯王漢高帝初置 1-52(疏)
諸侯爲天子亦斬衰 2-355(疏)
諸侯日視朝之服 2-191(注), 198(疏)
諸侯自相爲賓之禮 2-100(疏)
諸侯自作禮樂 3-74(注)
諸侯朝服以日視朝於內朝(禮記) 2-125(疏)
諸侯之大射 1-192(疏)
諸侯之冕 3-32(疏)
諸侯之夫人 3-99(疏)
諸侯之席三重 2-137(疏)
諸侯之臣爲陪臣 1-166(疏)
諸侯之地封疆方四百里(周禮) 1-82(疏)
諸侯之車 3-31(疏)
諸侯之行人 2-304(疏)
諸侯千乘 1-265(注)
諸侯皮弁以聽朔 1-199(疏)
諸侯皮弁聽朔於太廟(禮記) 1-198(疏)
諸侯會同 2-194(疏)
肇牽車牛遠服賈用(書經) 1-141(疏)
條狼氏掌執鞭以趨辟(周禮) 1-366(疏)
遭喪之禮 1-292(疏)
弔生不及哀 2-355(疏)
遭時制宜 2-276(疏)
弔於人是日不樂(禮記) 1-362(疏)
操以受命如使之容(禮記) 2-138(疏)
朝廷曰退(禮記) 2-265(疏), 266(疏)
鳥則擇木木豈能擇鳥 2-79(疏)
棗杏之火 3-138(注), 142(疏)
朝享於五廟 1-199(疏)
足兵則不軌畏威 2-214(疏)
足食則人知禮節 2-214(疏)

存亡繼絶 2-321(疏)
存不忘亡旣濟不忘未濟 3-35(疏)
尊在位恤不成人 2-147(疏)
尊祖愛親守其所以生者也 孝德 1-357(疏)
宗廟之禮當須重愼 1-188(疏)
種樹菜果則謂之圃 2-256(疏)
終身行仁 2-205(疏)
從辟世之法 3-164(注), 166(疏)
從辟人之法 3-164(注), 166(疏)
坐席之禮 2-137(疏)
左人左其手 2-101(疏)
朱干玉戚以舞大武(禮記) 1-156(疏)
周公戒魯公之語 3-151(疏), 178(疏)
周公之後魯姬姓 1-393(疏)
周公稱太廟(公羊傳) 1-189(疏)
黈纊塞耳不任視聽 3-29(注), 30(疏), 32(疏)
主君是公則擯者五人 2-100(疏)
主君有闕是輔相者之過 3-66(疏)
周文法地而爲天正 1-146(疏)
周法什一而稅謂之徹 2-217(注), 218(疏), 219(疏)
主副曰擯及行人 2-100(疏)
酒不自作未必精絜 2-133(疏)
周尙赤 1-146(疏)
周召共和之年 1-164(疏)
周召分陝 2-43(疏)
周有赤雀銜書 1-147(疏)
周以房俎(禮記) 3-15(疏)
周人百畝而徹(孟子) 2-219(疏)
周人尙臭(禮記) 1-177(疏)
周因於殷禮 2-155(疏)
主人延客祭(禮記) 2-142(疏)
主人傳辭出入人 將命者 3-137(疏)
主人玄冠朝服緇帶素韠(儀禮) 2-125(疏)
周人玄衣而養老(禮記) 2-198(疏)
舟楫以濟川 1-126(疏)
周之禮文而備 3-29(注), 30(疏)
周之八簋(禮記) 1-257(疏)
周之興也呂牙在殷 2-40(疏)
酒荒於厥邑 3-84(疏)
竹豆謂之籩 2-22(疏)
中年則公旬用二日焉(周禮) 1-86(疏)
仲尼曰以臣召君不可以訓(左傳) 2-316(注), 317(疏)
仲尼爲政之德 3-208(疏)
仲尼著述之謙 1-351(疏)
仲尼之德不可毁 3-205(疏)
仲尼之德猶天之高 3-208(疏)
衆頬曰同 2-191(注)
中不在體 2-281(疏)
中心無隱謂之忠 1-383(疏)
中庸之德 1-304(疏)
中庸之爲德也其至矣乎 1-357(疏)
中原利其五穀 3-223(疏)
中人以上可以語上 3-27(疏)
中人以下不可以語上 3-27(疏)
重人賤畜 2-140(疏)
中和之德 1-357(疏)
烝民乃粒(書經) 2-295(疏), 299(疏)
志强學廣 1-113(疏)
至堅者磨之而不薄 3-114(注)
至道深遠 2-178(疏)
知命之年 1-374(注), 375(疏)
至命之書 1-374(注), 375(疏)
至白者染之於涅而不黑 3-114(注)
志善之士 3-27(疏)
地示之禮 1-152(疏)
至於親喪必自致盡 3-197(疏)
知以通其變 3-51(疏)
知仁之功 1-339(疏)
知人之法 1-124(疏)
知人之事 3-47(疏)

知仁之性 1-339(疏)
知仁之用 1-339(疏)
知人則哲 2-337(疏)
知者見之謂之知 3-48(疏)
知者明於事故不惑 2-336(疏)
知者明於事故不惑亂 2-91(疏)
知者役用才知成功得志 1-339(疏)
知者之性 1-339(疏)
智者知也 1-144(疏)
知之未嘗復行也(周易) 1-309(疏)
知進而不知退 2-278(疏)
地形卑下則衆流所歸 3-200(疏)
直言曰言 1-48(疏)
直而不肆 3-88(注), 89(疏)
賑窮周急 1-311(疏)
振木鐸於朝(禮記) 1-221(疏)
螓首蛾眉(詩經) 1-173(疏)
進取於大道 1-294(注)
疾甚曰病 2-73(注), 74(疏)
質直寡欲 1-273(疏)
執龜玉擧前曳踵(禮記) 2-114(疏)
執圭行聘 2-110(疏)
執玉之禮 2-111(疏)
執牛耳 1-117(疏)
執張弓 1-169(疏)
執持君之圭 2-109(注), 110(疏)

【ㅊ】

鑽木出火謂之燧 3-140(疏)
察言觀行 1-271(注)
察言觀行然後擧之 3-42(疏)
譖愬之言 2-213(疏)
譖人之言 2-212(注), 213(疏)
斬衰三年 3-140(疏)
采薇而食 3-96(疏)
采地制井田 2-49(疏)
采地之制 2-49(疏)
責己而不責人 1-103(疏)
責備於一人 2-284(疏), 3-179(疏)
處群萃而不自異 2-58(注)
蹐地局天 2-250(疏)
天固縱大聖之德 2-63(注)
遷怒貳過 2-160(疏)
天能利益庶物 2-51(疏)
天能以中正之氣成就萬物 1-277(疏)
天道元亨日新之道 1-276(注), 277(疏)
天道恢疏 3-89(疏)
天網恢恢疎而不失 3-90(疏)
天命無不報 3-90(疏)
天命謂天所命生人者也 1-277(疏)
天命政化之美 3-210(疏)
天命之性 1-276(疏)
天命之謂性(中庸) 1-277(疏)
天本無心 1-277(疏)
天本無體亦無言語之命 2-52(疏)
賤不義而貴有德 2-295(注)
天性仁者汎愛施生 1-227(疏)
千乘之國 1-82(疏)
千乘之賦 1-78(疏), 1-81(疏)
千室之邑 1-265(注), 267(疏)
天與水違行訟(周易) 2-230(疏)
天曰神人曰鬼 2-167(疏)
天王狩於河陽(左傳) 2-316(注), 317(疏)
天有三生三死 1-146(疏)
天有三統 1-146(疏)
天子居喪 2-355(疏), 356(疏)
天子告朔 1-198(疏), 199(疏)
天子穆穆(禮記) 1-161(疏)
天子頒朔于諸侯 1-198(疏)
天子封人職典封疆 1-220(疏)

天子不怒(禮記) 2-252(疏)
天子不下堂而見諸侯(禮記) 2-101(疏)
天子賜侯氏以車服(儀禮) 2-56(疏)
天子三侯 1-190(注), 192(疏)
天子喪事 2-355(疏)
天子素帶 3-23(疏)
天子外屛 1-214(疏)
天子諸侯莫得而臣 2-347(疏)
天子諸侯每食奏樂 3-177(疏)
天子朝廟之禮 1-198(疏)
天子之車 3-31(疏)
天子之冕 3-32(疏)
天子之席五重 2-137(疏)
天子之樂 1-156(疏)
天子之燕服 2-198(疏)
天子聽朔于南門之外(禮記) 1-198(疏)
天子春夏受朝宗則無迎法 2-100(疏)
天子八佾 1-154(注), 155(疏)
天子佩白玉而玄組綬(禮記) 2-128(疏)
天子皮弁以日視朝 1-199(疏)
天子玄冕以視朔 1-199(疏)
淺則當揭而不當厲 2-351(疏)
天之賦命窮達有時當待時而動 3-226(疏)
天之四德 1-277(疏)
天之錫命故可同名 3-218(疏)
天之自然之道 1-277(疏)
天之體性生養萬物 1-277(疏)
天地閉則賢人隱 2-347(疏)
穿鑿妄作篇籍者 1-387(疏)
天下無道政在大夫 3-60(疏)
天下殊塗而同歸(周易) 3-18(注)
天下宗周 1-296(疏)
天下之惡歸之於紂 3-199(注)
天下之通法 2-217(注), 218(疏), 219(疏)
綴之以食而弗殊(禮記) 1-394(疏)
聽訟必須兩辭以定是非 2-227(注), 228(疏)
聽言信行 1-271(注)
聽言則別其是非 3-226(注)
聽閭里以版圖(周禮) 2-148(疏)
聽遠爲聰 3-92(疏)
聽人訟地者以版圖決之 2-149(疏)
禘之禮 1-181(疏)
禘祫之禮 1-176(注), 177(疏)
體在乎恒而分無所定 2-281(疏)
體包仁道 1-227(疏)
初稅畝 2-219(疏)
聰明文思 1-222(疏), 2-36(疏)
追遠者祭盡其敬 1-92(注)
秋取柞楢之火 3-138(注), 142(疏)
追享朝享(周禮) 1-198(疏)
縮酌用茅(禮記) 2-319(疏)
春誦夏弦秋學禮冬讀書(禮記) 1-70(疏)
春秋敎以禮樂(禮記) 1-70(疏)
春秋之世別有周公 2-29(疏)
春取楡柳之火 3-138(注), 142(疏)
出接賓曰擯 2-198(疏)
出就外傅(禮記) 1-70(疏)
忠信改過 2-86(疏)
忠信爲周 1-127(注), 128(疏), 3-47(疏)
忠謂盡中心也 1-241(疏)
忠則直也 2-272(疏)
忠愛之心 2-301(疏)
忠孝仁義 1-130(疏)
就賓求辭 2-100(疏)
取恕之道 1-239(注)
臭陰達於淵泉(禮記) 1-177(疏)
取妻不取同姓(禮記) 1-393(疏)
惻隱之心 1-361(注)
側聽則非禮 2-205(疏)
治骨曰切 1-102(疏)
治國使民服之法 1-134(疏)
治國脩身之要 2-245(疏)

治國以禮義爲本 3-14(疏)
治國者必須禮讓也 1-240(疏)
治國在於任材 2-328(疏)
治國之禮法 3-30(疏)
治國之政 2-226(疏)
治大國之法 1-80(疏)
治民事神 2-187(注), 188(疏)
治民之道 3-107(疏)
治民之法 2-261(疏)
致富之道 2-178(疏)
治象曰瑳 1-102(疏)
治石曰磨 1-102(疏)
齒如瓠犀(詩經) 1-173(疏)
治玉曰琢 1-102(疏)
緇衣羔裘 2-124(疏), 125(疏)
緇衣以裼之 2-122(疏)
緇衣之宜兮(詩經) 2-124(疏)
治而淸省曰平 1-283(注)
致齋三日 1-367(疏)
親臨死喪當致其哀 1-224(疏)
親而不賢不忠則誅之 3-213(注)
漆林之征二十而五(周禮) 2-219(疏)
七十而助助七畝 2-219(疏)
七入爲緇(周禮) 2-123(疏)
七尺曰仞 3-203(注)
枕流漱石 2-347(疏)
沈湎冒色敢行暴虐(書經) 2-43(疏)
寢苫枕塊 3-140(疏)
沈荒淫瀆 3-83(注)
沈酗於酒(書經) 3-84(疏)
稱師曰子 1-301(疏)

【ㅌ】

濁世然後知君子之正不苟容 2-90(注)
貪利而行仁 1-228(疏)
湯觀於洛沈璧而黑龜與之書 1-147(疏)
湯伐桀告天之辭 3-214(疏)
太祖東鄕 1-177(疏)
土有三王 1-146(疏)
土地之圖 2-149(疏)
通達之士 2-237(疏)
通十爲成 1-78(疏)
通財之義 2-144(注)
退而以鄕射之禮五物詢衆庶(周禮) 1-192(疏)
特立不群 3-47(注)

【ㅍ】

八家皆私百畝同養公田(孟子) 2-219(疏)
八卦之體 1-144(疏)
八卦之風 1-155(疏)
八命作牧(周禮) 2-43(疏)
八人爲列 1-154(注)
八佾以舞大夏(禮記) 1-156(疏)
佩玉有衝牙(禮記) 2-128(疏)
霸王之輔 2-40(疏)
敗鄭徒兵於洧上(左傳) 2-163(疏)
敝邑以賦與陳蔡從(左傳) 1-267(疏)
包匭菁茅(書經) 2-319(疏)
苞茅之貢 2-316(注), 318(疏)
布帛曰財 2-170(疏)
飽而忘哀亦非禮 1-361(疏)
暴虎馮河之勇不必有仁 2-293(疏)
豹五十弓 1-192(疏)
豐年則公旬用三日焉(周禮) 1-86(疏)
風馬牛不相及 2-318(疏)
豐上之觶 1-169(疏)
風移俗易先入樂聲 2-252(疏)
皮去毛曰鞹 2-216(注)

皮馬相間可也 2-115(疏)
被髮左衽 2-325(疏)
皮弁服素積緇帶素韠(儀禮) 2-129(疏)
皮弁時或素衣 2-125(疏)
皮弁以日視朝 1-199(疏)
皮弁以聽朔 1-199(疏)
皮膚受塵漸成垢穢 2-213(疏)
彼婦之口可以出走 3-158(疏)
彼婦之謁可以死敗 3-158(疏)
辟世之法 3-166(疏)
辟人之法 3-166(疏)
匹夫匹婦 2-325(疏)
必三十年仁政乃成 2-263(注), 264(疏)
乏財曰貧 1-102(疏), 231(疏)

【ㅎ】

夏取棗杏之火 3-138(注), 3-142(疏)
下拜然後升成禮 2-54(注), 55(疏), 57(疏)
下不全卑 2-281(疏)
下承上曰受 1-62(疏)
下愚不可使强賢 3-105(注)
下愚之民 3-91(疏)
下愚之人不可移之使强賢 3-105(疏)
荷恩爲德 2-341(疏)
夏殷之禮 1-175(疏)
下學人事上知天命 2-342(注)
夏后氏五十而貢(孟子) 2-219(疏)
夏后氏以楬豆 3-15(疏)
夏后氏以㔶(禮記) 3-15(疏)
夏后氏之四璉(禮記) 1-257(疏)
學經不明不如親耕 1-49(疏)
學無常師 1-380(疏)
學不尋思其義 1-128(注)
學先王之道以致博聞强識 1-91(疏)
學須講習 1-353(疏)
學詩禮然後樂以成之 2-27(疏)
學詩詩有益之理 3-122(疏)
學也未必皆得祿 3-50(疏)
學爲君子 1-68(疏)
學爲大道正典 3-185(注)
學而後入政(左傳) 1-105(疏)
學者之志樂道忘飢 1-100(疏)
漢濱之人以膠膠船 2-319(疏)
漢祭天乘殷之路 3-31(疏)
旱暵則舞雩(周禮) 2-201(疏)
含章內映 1-73(疏)
合六幣(周禮) 2-115(疏)
合食於太祖 1-176(注), 177(疏)
合龠爲合 3-220(疏)
盍往歸焉
———— 伯夷叔齊 1-295(疏)
醢人掌四豆之實(周禮) 2-22(疏)
行道以化之 2-339(疏)
行不犯物謂之良 1-94(疏)
行善由己 2-205(疏)
行善在己不在人也 2-204(注)
行仁甚易 1-234(疏)
行仁之急 3-54(疏)
行藏不忤於物 1-363(疏)
行八風(左傳) 1-155(疏)
鄕大夫之禮 1-214(疏)
鄕射之禮 1-192(疏)
鄕飮酒 1-214(疏)
鄕人飮酒之禮主於老者 2-137(疏)
獻酢之禮 1-211(注), 212(疏), 214(疏)
革命 1-143(疏)
弦歌 3-108(疏)
玄冕以視朔 1-199(疏)
玄色者在緅緇之間 2-124(疏)
賢人君子之風 2-13(疏)

賢人之德行 1-351(疏)
賢人之行 2-154(疏)
賢者不得過(禮記) 3-143(疏)
賢者狎而敬之(禮記) 2-148(疏)
賢才無遺 2-247(疏)
協日刑殺肆之三日(周禮) 2-346(疏)
荊蠻之豪 2-273(疏)
形服而心不化 2-86(疏)
刑肅而俗敝則法無常(禮記) 2-252(疏)
刑于寡妻至于兄弟以御于家邦 3-124(疏)
刑淫賞善不失毫分 3-90(疏)
刑以秋冬 3-90(疏)
亨者嘉之會也(周易) 1-277(疏)
兄弟天倫當相友恭 2-287(疏)
兄之齒鴈行 2-363(疏)
惠迪吉從逆凶惟影響(書經) 3-90(疏)
虎九十弓 1-192(疏)
胡簋之事則嘗學之矣(左傳) 2-79(疏), 3-14(疏)
好倍肉謂之瑗 2-111(疏)
好色不好賢 1-89(疏)
好色而不好德 3-35(疏)
好色之心 1-88(注)
好惡不可不察 3-47(注)
好勇之人患疾己貧者必將爲逆亂 2-28(疏)
昊天罔極 3-139(注)
昏定晨省 1-115(疏)
紅是南方間 3-134(疏)
火見而致用(左傳) 1-86(疏)
和光同塵 2-58(疏)
和載六德 1-192(疏)
和從不逆謂之恭 1-94(疏)
畫繪之事雜五色(周禮) 1-173(疏)
畫繪之事後素功(周禮) 1-173(疏)
患得之 3-129(注)
黃衣以裼之 2-122(疏)
黃衣黃冠而祭息田夫也(禮記) 2-125(疏)
黃帝以十三月爲正 1-146(疏)
黃帝作冕 3-32(疏)
黃鍾之龠 3-220(疏)
黃鍾之長 3-220(疏)
黃鍾之重 3-220(疏)
懷道深遠 2-175(注), 176(疏), 178(疏)
誨人之法 1-361(疏)
孝必須敬 1-120(疏)
孝必以禮 1-115(疏)
孝子當知父母之年 1-246(疏)
孝子在喪哀慕猶若父存 1-95(注)
孝子之行 1-95(疏)
孝慈則忠忠則直也 2-272(疏)
孝弟之人 1-75(注)
孝弟之行 1-75(疏)
侯伯之使 2-100(疏)
侯伯則擯者四人 2-100(疏)
厚於誠信而好學問 2-31(疏)
後進與禮樂俱得時之中 2-154(注), 155(疏)
侯執信圭(周禮) 2-111(疏)
毁廟之主 1-176(注), 177(疏)
毁不滅性(孝經) 3-195(注)
諱國惡禮也(左傳) 1-392(疏), 394(疏), 395(疏)
諱國惡之禮 1-181(疏), 1-396(疏)
諱惡者禮也 1-396(疏)
粥羔豚者弗飾賈 3-158(疏)
凶主素吉主玄 2-122(疏)
興國之一言 2-269(疏)
興周道於東方 3-110(疏)
餼牽竭矣(左傳) 1-198(疏)
喜怒違理 1-307(注), 1-308(疏)
餼臧石牛(左傳) 1-198(疏)

人名索引

【ㄱ】

軻→孟子(戰國鄒) 1-85(疏)
賈公彦(唐)
——— 左傳注 1-257(疏)
賈逵(漢)
—— 左傳注 1-125(疏)
—— 說文解字注 2-296(疏)
簡公(春秋鄭) 2-355(疏)
簡公(春秋齊)
—— 田成子弑簡公 2-226(疏), 329(注)
羯→孟孝伯(春秋魯) 2-314(疏)
康公(春秋齊)
—— 遷於海上 2-226(疏)
康成→鄭玄(漢) 1-60(疏)
康叔(周)
—— 康叔之封 2-258(注)
姜氏→穆姜(春秋齊) 2-314(疏)
康子→季康子(春秋魯) 2-139(疏), 328(疏)
—— 康子饋藥(鄕10) 2-139
—— 康子曰夫如是奚而不喪(憲19) 2-328
江熙(晉)
—— 葉公擧直躬欲毁訾儒教 2-272(疏)
—— 夫子豈實之公山佛肸乎 3-115(疏)
—— 顔淵無怨不可及也 2-307(疏)
—— 子貢不驕猶可能也 2-307(疏)
開→微子(殷) 3-152(疏), 219(疏)
開→閔公(春秋魯) 3-77(疏)
鏗→彭祖(殷) 1-352(疏)
更生→劉向(漢) 1-48(疏)
蘧伯玉(春秋衛)←蘧瑗 2-334(注)
——— 蘧伯玉使人於孔子(憲25) 2-333
——— 君子哉蘧伯玉(衛6) 3-25
——— 君子之行 3-26(疏)
蘧瑗→蘧伯玉(春秋衛) 2-334(注), 259(注), 260(疏), 3-26(疏),
桀(夏)
— 罪過不可隱蔽 3-214(疏)
桀溺(人) 3-165(疏)
—— 滔滔者天下皆是也而誰以易之(微6) 3-163
—— 問於桀溺(微6) 3-163
—— 是魯孔丘之徒與(微6) 3-163
—— 子爲誰(微6) 3-163
—— 作者七人矣 2-347(注), 348(疏)
—— 長沮桀溺耦而耕(微6) 3-162
—— 從辟世之法 3-164(注), 166(疏)
—— 且而與其從辟人之士也豈若從辟世之士哉(微6) 3-163
景公→齊景公(春秋齊) 2-226(疏), 3-96(疏), 156(疏), 157(疏)
慶父(春秋魯)
—— 桓公庶者 1-160(疏)
敬嬴(魯文公妃)

—— 生宣公 3-80(疏)
景王(周)
—— 除喪而宴樂 2-355(疏)
敬仲→田完(春秋齊) 2-226(疏), 227(疏)
景倩→荀顗(三國魏) 1-65(疏)
啓→微子(殷) 3-152(疏)
季簡(春秋吳) 2-14(疏)
季康子(春秋魯)←康子, 季孫肥 1-135(注), 136(疏), 137(疏), 318(疏)
——— 康子饋藥 2-139(疏)
——— 季康子問政於孔子(顔17) 2-232
——— 季康子問政於孔子曰(顔19) 2-234
——— 季康子患盜問於孔子(顔18) 2-233
——— 夫如是奚而不喪 2-328(疏)
——— 使民敬忠以勸如之何(爲20) 1-135
——— 如殺無道以就有道何如(顔19) 2-234
——— 欲多殺止姦以成爲有道也 2-235(疏)
——— 諸臣之帥也 2-232(注), 233(疏)
——— 弟子孰爲好學(先6) 2-160
——— 仲由可使從政也與(雍8) 1-317
季羔(春秋魯) 1-117(疏)
季悼子(春秋魯) 3-79(疏), 80(疏)
季歷→王季(周) 2-13(注), 14(疏), 43(疏)
季路→子路(春秋魯) 1-300, 301(疏), 2-156, 166, 3-60, 66(疏), 67(疏)
季武子(春秋魯)←季孫 2-314(疏), 3-79(疏), 80(疏)
季文子(春秋魯)←季孫行父 1-291(注), 292(疏), 3-74(注), 79(疏), 80(疏)
——— 季文子三思而後行(公20) 1-291
季孫→季武子(春秋魯) 2-314(疏)
季孫→季氏(春秋魯) 1-166(疏), 2-173(疏), 3-66(注), 67(疏)
季孫肥→季康子(春秋魯) 1-135(注), 1-137(疏), 318(疏)
季孫斯→季桓子(春秋魯) 3-157(注), 158(疏)
季孫行父→季文子(春秋魯) 1-291(注), 292(疏)
季隨(周)
—— 周有八士 3-179
季氏←季孫(春秋魯) 2-188(疏), 3-61(注), 101(注), 109(注), 156(注)
—— 家臣陽虎 3-66(注), 67(疏), 101(注)
—— 季孫之憂不在顓臾而在蕭牆之內也(季1) 3-65
—— 季氏旅於泰山(八6) 1-165
—— 季氏吏孔子 1-189(疏)
—— 季氏富於周公(先16) 2-173
—— 季氏不臣 1-319(注), 1-320(疏)
—— 季氏使閔子騫爲費宰(雍9) 1-319
—— 季氏將伐顓臾(季1) 3-60
—— 季氏將有事於顓臾(季1) 3-60
—— 季氏宰仲弓(路2) 2-246
—— 季友之後 1-160(疏)
—— 公伯寮愬子路於季孫(憲36) 2-343
—— 公山弗擾爲季氏宰 3-109(注)
—— 三家 1-158(注), 159(疏)
—— 三卿 2-330(疏), 331(疏)
—— 三桓 3-80(注)
—— 信讒恚子路 2-344(注)
—— 冉求爲季氏宰爲之聚斂 3-61(注)
—— 爲上卿最貴 3-156(注)
—— 子路臣季氏 2-188(疏)
—— 專恣征伐之事 3-66(疏)
—— 專執魯政盡征其民 2-173(疏)
季氏→季桓子(春秋魯) 1-154(注), 155(疏), 156(疏)
季騧(周)
—— 周有八士 3-179
季友(春秋魯)
—— 桓公庶者 1-160(疏)
季子然(春秋魯)

——— 季氏之子弟 2-186(疏)
——— 然則從之者與(先22) 2-185
——— 仲由冉求可謂大臣與(先22) 2-185
季長→馬融(漢) 1-59(疏)
季杼(人) 2-297(疏)
季札(春秋吳)←吳公子 2-260(疏)
季平子(春秋魯) 3-79(疏), 80(疏)
——— 丙申卒于房 3-110(疏)
季桓子(春秋魯)←季孫斯, 季氏
——— 季桓子受之三日不朝(微4) 3-157
——— 公山弗擾執季桓子而召孔子 3-109(注)
——— 使定公受齊之女樂 3-157(注), 158(疏)
——— 爲陽虎所囚 3-66(注), 3-67(疏), 74(注), 75(疏), 79(疏), 110(疏)
——— 八佾舞 1-154(注), 155(疏), 156(疏)
古公(周) 2-43(疏)
高柴→子羔(春秋衛) 2-174(注), 176(疏), 2-177(疏)
顧野王(梁)←舍人
——— 唐棣一名栘 2-94(疏)
——— 暴 無兵空手搏之 1-365(疏)
顧炎武(明)
——— 石經考(書) 1-42
皐陶(舜臣)←庭堅 3-21(疏)
—— 舜有臣五人而天下治 2-37(注), 38(疏)
—— 舜有天下選於衆擧皐陶(顔22) 2-241, 242(疏)
—— 顓頊之後 2-39(疏)
高子(人) 1-70(疏)
姑曹(春秋吳) 1-117(疏)
高祖(漢)
—— 少弟楚元王 1-48(疏)
高宗(殷)←武丁
—— 高宗諒陰三年不言(憲40) 2-353
—— 諒陰三年不言 2-353(注), 354(疏)
—— 諒陰三年心喪也 2-355(疏)
高傒(春秋齊) 2-322(疏)
顧懽(南朝齊)
—— 往謂前日之行 1-389(疏)
鯀(人)
— 禹之父 2-39(疏)
昆吾(夏)
—— 五伯 2-326(疏)
孔丘→孔子 3-162, 163
公達→叔齊(孤竹國) 1-295(疏)
公明賈(春秋衛) 2-312(疏)
——— 樂然後笑人不厭其笑(憲13) 2-311
——— 夫子時然後言人不厭其言(憲13) 2-311
——— 義然後取人不厭其取(憲13) 2-311
——— 以告者過也(憲13) 2-311
——— 子問公叔文子於公明賈曰(憲13) 2-311
孔文子(春秋衛)←孔圉 1-280(注), 281(疏)
——— 孔文子何以謂之文也(公15) 1-280
——— 訪於仲尼(衛1疏) 2-79(疏), 3-14(疏)
公彌(春秋魯)←公鉏 2-314(疏)
公伯寮(春秋魯)←子周 2-345(疏)
——— 公伯寮其如命何(憲36) 2-344
——— 公伯寮愬子路於季孫(憲36) 2-343
——— 夫子固有惑志於公伯寮(憲36) 2-344
公父文伯(春秋魯)
———— 陽虎囚公父文伯 3-79(疏)
龔奮(漢)
—— 傳魯論 1-46(疏)
公山不狃→公山弗擾(春秋魯) 3-109(疏), 110(疏)
公山弗擾(春秋魯)←公山不狃, 子洩
———— 公山弗擾以費畔召子欲往(陽4) 3-109
———— 爲季氏宰 3-109(疏), 3-110(疏)
———— 以費畔 1-320(疏)

公鉏→公彌(春秋魯) 2-314(疏)
公西赤→公西華 1-266(疏), 268(疏), 310(注), 311(疏), 312(疏)
公西華(春秋魯)←公西赤, 子華, 赤 1-268(疏), 310(注), 311(疏), 312(疏)
—— 可使與賓客言也(公8) 1-265, 266(疏)
—— 求也問聞斯行諸子曰聞斯行之(先20) 2-182
—— 非曰能之願學焉(先24) 2-191
—— 由也問聞斯行諸子曰有父兄在(先20) 2-182
—— 子路曾晳冉有公西華侍坐(先24) 2-189
—— 子華使於齊(雍4) 1-310
—— 才堪爲大相 2-195(疏)
—— 赤也束帶立於朝可使與賓客言也(公8) 1-265
—— 赤也爲之小孰能爲之大(先24) 2-193
—— 赤也何如(公8) 1-265
—— 赤也惑敢問(先20) 2-182
—— 赤爾何如(先24) 2-191, 194(疏)
—— 赤之適齊也乘肥馬衣輕裘(雍4) 1-311
—— 正唯弟子不能學也(述34) 1-399
—— 宗廟之事如會同端章甫願爲小相焉(先24) 2-191
公孫僑→子産(春秋鄭) 1-281(注), 282(疏)
公孫段(春秋鄭) 3-55(疏)
公孫無知(春秋齊) 2-320(注), 322(疏)
公孫拔→公叔文子(春秋衛) 2-311(注), 327(疏)
公孫朝(春秋衛)
—— 仲尼焉學(張22) 3-201
公孫枝(春秋秦)←子桑 1-307(疏), 2-291(疏)
公孫之子以王父字爲氏 1-282(疏), 285(疏)
公孫夏→子西(春秋鄭) 2-306(疏)
公孫揮→子羽(春秋鄭)
—— 善爲辭令 2-302(注), 303(疏)
公叔文子(春秋衛)←公孫拔, 文子拔 2-311(注), 312(疏)
—— 可以諡爲文矣 2-327(疏)
—— 公叔文子之臣大夫僎與文子同升諸公(憲18) 2-327
公叔發(春秋衛) 2-260(疏)
公信→伯夷(孤竹國) 1-295(疏)
孔安國(漢) 1-47, 63(疏)
—— 古文論語訓解 1-58
—— 南子者衛靈公夫人 1-346(疏)
—— 微子 微國名子爵也 3-152(疏)
—— 尙書注 歷數謂天道 3-217(疏)
—— 尙書注 順道吉從逆凶 3-90(疏)
—— 尙書注 讓于虞舜 1-222(疏),
—— 尙書注 羿諸侯名 2-296(疏)
—— 尙書注 殷高宗 2-354(疏)
—— 尙書注 從湯始改正朔 1-147(疏)
—— 尙書注 菁以爲菹茅以縮酒 2-319(疏)
—— 尙書注 孝乎唯孝 1-138(疏)
—— 傳古論語 1-46(疏)
—— 足恭 便僻貌 1-299(疏)
—— 忠信爲周阿黨爲比 3-47(疏)
—— 湯改名履 3-218(疏)
—— 河圖卽八卦 2-68(疏)
—— 學則不固 固 蔽也 1-91(疏)
公冶長(春秋魯)←子長
—— 子謂公冶長(公1) 1-251
—— 解禽語 1-252(疏)
孔圉→孔文子(春秋衛) 1-280(注), 281(疏)
貢禹(漢)
—— 傳齊論 1-46(疏)
孔子←丘, 孔丘, 仲尼
—— 蘧伯玉使人於孔子(憲25) 2-333
—— 季康子問政於孔子(顔17) 2-232
—— 季康子問政於孔子曰(顔19) 2-234
—— 季康子患盜問於孔子(顔18) 2-233

—— 丘不與易也(微6) 3-165
—— 丘未達不敢嘗(鄕10) 2-139
—— 丘也聞有國有家者不患寡而患不均(季1)
—— 丘也幸苟有過人必知之(述31) 1-391
—— 丘亦恥之(公25) 1-298
—— 丘之禱久矣(述35) 1-401
—— 丘何爲是栖栖者與無乃爲佞乎(憲32) 2-339
—— 孔子感物而歎 2-152(疏)
—— 孔子去衛如曹 3-16(注)
—— 孔子去衛將適陳過匡 2-62(疏)
—— 孔子見瞽者必起 3-58(疏)
—— 孔子輕財重祭之禮 2-144(疏)
—— 孔子過之使子路問津焉(微6) 3-162
—— 孔子敎人無所隱惜 1-382(疏)
—— 孔子敎人必盡其誠 2-66(疏)
—— 孔子舊宅得古文論語 1-54(疏), 1-58(疏)
—— 孔子勸人進於道德 2-82(疏)
—— 孔子急趨君命 2-143(疏)
—— 孔子樂道而賤不義 1-373(疏)
—— 孔子魯哀公十一年自衛反魯 2-78(疏)
—— 孔子多技藝之由 2-65(疏)
—— 孔子多小藝 2-62(注), 63(疏)
—— 孔子道藝該博 2-53(疏)
—— 孔子讀易之事 韋編三絶 1-375(疏)
—— 孔子沐浴而朝告於哀公曰(憲21) 2-329
—— 孔子無憂懼 1-381(疏)
—— 孔子美周文王有至聖之德 2-39(疏)
—— 孔子閔弟子之失所 2-156(注)
—— 孔子不道無益之語 2-167(疏)
—— 孔子不欺 2-74(疏)
—— 孔子不諂求於鬼神 1-401(疏)
—— 孔子四十七學易 1-113(疏)
—— 孔子傷時無明君 2-68(疏)
—— 孔子生知無師所從學 3-202(疏)
—— 孔子先禮後兵之事 3-14(疏)
—— 孔子所愼之行 1-367(疏)
—— 孔子遜辭遠害之事 3-103(疏)
—— 孔子受君賜食之禮 2-141(疏)
—— 孔子受饋之禮 2-139(疏)
—— 孔子崇仁讓 1-370(注)
—— 孔子乘車之禮 2-150(疏)
—— 孔子時其亡也而往拜之遇諸塗(陽1) 3-102
—— 孔子侍食之禮 2-141(疏)
—— 孔子失所 3-156(疏)
—— 孔子審去就 2-151(疏)
—— 孔子哀有喪尊在位恤不成人 2-70(疏)
—— 孔子阨於陳 3-16(疏)
—— 孔子於鄕黨恂恂如也似不能言者(鄕1) 2-95
—— 孔子言正廢樂之事 2-78(疏)
—— 孔子與之坐而問焉(憲25) 2-333
—— 孔子燕居之時體貌 1-354(疏)
—— 孔子惡無道之事 2-330(疏)
—— 孔子惡邪奪正 3-133(疏)
—— 孔子欲不擇地而治 3-115(疏)
—— 孔子欲不避亂而興周道 3-109(疏)
—— 孔子憂在修身也 1-353(疏)
—— 孔子謂季氏(八1) 1-154
—— 孔子爲政必霸 3-158(疏)
—— 孔子遺人之禮 2-138(疏)
—— 孔子衣服之禮 2-121(疏)
—— 孔子以其兄之子妻之(先5) 2-159
—— 孔子以定十四年去魯 2-78(疏)
—— 孔子自言爲政之道 2-262(疏)
—— 孔子藏德待用 2-76(疏)
—— 孔子適宋 1-381(疏)
—— 孔子適齊 3-157(疏)
—— 孔子適楚 與接輿相遇 3-161(疏)
—— 孔子絶去四事 2-58(疏)
—— 孔子助喪家執事時 1-361(疏)

—— 孔子助祭入太廟 2-144(疏)
—— 孔子存室神之禮 2-137(疏)
—— 孔子從恭儉 2-55(疏)
—— 孔子周流爲隱者所譏 3-165(疏)
—— 孔子重朋友之恩 2-144(疏)
—— 孔子重於正音 1-397(疏)
—— 孔子重人賤畜 2-140(疏)
—— 孔子之謙德 1-399(疏)
—— 孔子之德行 子罕篇所論 2-51(疏)
—— 孔子之爲人 1-377(疏)
—— 孔子知天命 2-61(疏)
—— 孔子疾小人之性與常度反 2-34(疏)
—— 孔子疾時人不純一 2-278(疏)
—— 孔子疾惡 3-137(疏)
—— 孔子疾中國無明君 2-77(疏)
—— 孔子責原壤 2-361(疏)
—— 孔子體貌 1-403(疏)
—— 孔子趨朝之禮容 2-106(疏)
—— 孔子寢息居家之禮 2-145(疏)
—— 孔子歎其衰老 1-355(疏)
—— 孔子佩象環五寸而綦組綬(禮記) 2-128(疏)
—— 孔子痛惜顔淵死 2-164(疏)
—— 孔子退揖巫馬期而進之曰(述31) 1-391
—— 孔子下欲與之言趨而辟之不得與之言(微5) 3-161
—— 孔子行(微3) 3-156
—— 孔子行(微3) 3-157
—— 孔子諱國惡之禮 1-392(疏)
—— 孔子希言難及之事 2-51(注)
—— 歸孔子豚(陽1) 3-101
—— 南宮适問於孔子曰羿善射奡盪舟(憲5) 2-294
—— 達巷黨人曰大哉孔子博學而無所成名(罕2) 2-52
—— 微生畝謂孔子曰(憲32) 2-339
—— 葉公問孔子於子路(述19) 1-376
—— 葉公於孔子曰(路18) 2-271
—— 叔孫武叔毁仲尼(張24) 3-205
—— 夫子憮然曰鳥獸不可與同群(微6) 3-164
—— 夫子門徒三千 2-157(疏)
—— 夫子不答(憲5) 2-294
—— 夫子不爲也(述15) 1-370
—— 夫子聖者與何其多能也(罕6) 2-62
—— 夫子循循然善誘人(罕11) 2-71
—— 夫子矢之曰予所否者天厭之天厭之(雍28) 1-345
—— 夫子哂之(先24) 2-190
—— 夫子焉不學而亦何常師之有(張22) 3-201
—— 夫子溫良恭儉讓以得之(學10) 1-93
—— 夫子莞爾而笑曰割鷄焉用牛刀(陽3) 3-106
—— 夫子喟然歎曰吾與點也(先24) 2-192
—— 夫子爲衛君乎(述15) 鄭曰 爲猶助也 1-369
—— 夫子自道也(憲28) 2-336
—— 夫子之謙德 1-398(疏)
—— 夫子之求之也(學10) 1-93
—— 夫子之道忠恕而已矣(里15) 1-241
—— 夫子之得邦家者(張25) 3-207
—— 夫子之文章可得而聞也(公13) 1-276
—— 夫子之不可及也猶天之不可階而升也(張25) 3-206
—— 夫子至於是邦也必聞其政(學10) 1-93
—— 夫子之言性與天道不可得而聞也(公13) 1-276
—— 夫子之牆數仞(張23) 3-202
—— 夫子責冉求重賦稅 2-173(疏)
—— 夫子何哂由也(先24) 2-192
—— 不如丘之好學也(公28) 1-302
—— 是魯孔丘與(微6) 3-162

—— 是魯孔丘之徒與(微6) 3-163
—— 十室之邑必有忠信如丘者焉(公28) 1-302
—— 陽貨欲見孔子孔子不見(陽1) 3-101
—— 冉有季路見於孔子曰(季1) 3-60
—— 吾無行而不與二三子者是丘也(述24) 1-382
—— 衛靈公問陳於孔子(衛1) 3-13
—— 孺悲欲見孔子孔子辭以疾(陽18) 3-136
—— 由之瑟奚爲於丘之門(先14) 2-170
—— 子擊磬於衛(憲39) 2-350
—— 子見南子(雍28) 1-345
—— 子見南子之事 1-347(疏)
—— 子見齊衰者冕衣裳者與瞽者(罕10) 2-69
—— 子告之曰孟孫問孝於我我對曰無違(爲5) 1-114
—— 子哭之慟(先9) 2-164
—— 子貢賢於仲尼(張23) 3-202
—— 子樂(先12) 2-167
—— 子問公叔文子於公明賈曰(憲13) 2-311
—— 子聞之曰可以爲文矣(憲18) 2-327
—— 子聞之曰大宰知我乎吾少也賤故多能鄙事(罕6) 2-63
—— 子聞之曰成事不說遂事不諫旣往不咎(八21) 1-207
—— 子聞之曰是禮也(八15) 1-187
—— 子聞之曰再斯可矣(公20) 1-291
—— 子聞之謂門弟子曰吾何執執御乎執射乎吾執御矣(罕2) 2-53
—— 子問之自牖執其手曰亡之(雍10) 1-321
—— 子不語怪力亂神(述21) 1-378
—— 子使漆彫開仕(公6) 1-260
—— 子所雅言詩書執禮皆雅言也(述18) 1-375
—— 子食於有喪者之側未嘗飽也(述9) 1-361
—— 子語魯大師樂曰樂其可知也(八23) 1-216
—— 子於是日哭則不歌(述10) 1-362
—— 子言衛靈公之無道也(憲19) 2-328
—— 子如不言則小子何述焉(陽17) 3-135
—— 子與人歌而善必使反之而後和之(述32) 1-397
—— 子說(公6) 1-261
—— 子溫而厲威而不猛恭而安(述38) 1-403
—— 子畏於匡顏淵後(先21) 2-184
—— 子畏於匡曰文王旣沒文不在玆乎(罕5) 2-59
—— 子欲居九夷(罕14) 2-77
—— 子欲善而民善矣(顏19) 2-234
—— 子欲往(陽4) 3-109
—— 子欲往(陽6) 3-113
—— 子云吾不試故藝(罕7) 2-65
—— 子謂公冶長(公1) 1-251
—— 子爲恭也仲尼豈賢於子乎(張25) 3-206
—— 子謂南容(公2) 1-253
—— 子謂伯魚曰女爲周南召南矣乎(陽8) 3-121
—— 子謂韶盡美矣又盡善也(八25) 1-221
—— 子謂顏淵曰惜乎吾見其進也未見其止也(罕21) 2-83
—— 子謂顏淵曰用之則行舍之則藏唯我與爾有是夫(述11) 1-362
—— 子謂冉有曰女弗能救與(八6) 1-165
—— 子謂衛公子荊(路8) 2-259
—— 子謂子貢曰女與回也孰愈(公9) 1-268
—— 子謂子產(公16) 1-281
—— 子謂子賤(公3) 1-255
—— 子謂子夏曰女爲君子儒無爲小人儒(雍13) 1-325
—— 子爲政焉用殺(顏19) 2-234
—— 子謂仲弓曰犁牛之子騂且角(雍6) 1-315
—— 子以四教文行忠信(述25) 1-383

—— 子入太廟每事問(八15) 1-187
—— 子張問仁於孔子(陽5) 3-112
—— 子張問政於孔子曰(堯2) 3-221
—— 子將奚先(路3) 2-248
—— 子在齊聞韶三月不知肉味(述14) 1-367
—— 子在陳曰歸與歸與(公22) 1-294
—— 子在川上曰逝者如斯夫不舍晝夜(罕17) 2-80
—— 子在回何敢死(先21) 2-184
—— 子適衛冉有僕(路9) 2-260
—— 子絶四毋意毋必毋固毋我(罕4) 2-57
—— 子釣而不綱弋不射宿(述27) 1-384
—— 子之武城聞弦歌之聲(陽3) 3-106
—— 子之所愼齋戰疾(述13) 1-366
—— 子之燕居申申如也夭夭如也(述4) 1-354
—— 子之往也如之何(陽6) 3-114
—— 子疾病子路使門人爲臣(罕12) 2-73
—— 子疾病子路請禱(述35) 1-400
—— 子出門人問曰何謂也(里15) 門人曾子弟子也 1-241
—— 子退朝曰傷人乎不問馬(鄕11) 2-139
—— 子罕言利與命與仁(罕1) 2-51
—— 子行三軍則誰與(述11) 1-363
—— 齊景公問政於孔子(顔11) 2-225
—— 齊景公待孔子曰(微3) 3-156
—— 仲尼日月也無得而踰焉(張24) 3-205
—— 仲尼豈賢於子乎(張25) 3-206
—— 仲尼不可毁也(張24) 3-205
—— 仲尼焉學(張22) 3-201
—— 仲尼曰以臣召君不可以訓(左傳) 2-316(注), 317(疏)
—— 仲尼爲政之德 3-208(疏)
—— 仲尼日月也無得而踰焉(張24) 3-205
—— 仲尼著述之謙 1-351(疏)
—— 仲尼祖述堯舜憲章文武 2-202(疏)
—— 仲尼之德 3-202(疏), 3-203(疏)
—— 仲尼之德不可毁 3-205(疏)
—— 仲尼之德猶天之高 3-208(疏)
—— 楚狂接輿歌而過孔子曰(微5) 3-159
—— 必有忠信如丘者焉(公28) 1-302
—— 或謂孔子曰子奚不爲政(爲21) 1-138
公子糾(春秋齊)←糾 2-324(注)
——— 桓公乃殺子糾 2-320(注), 322(疏), 325(疏)
公子發(春秋鄭)←子國 子産之父 1-282(疏)
公子小白→桓公(春秋齊) 2-320(注)
公子叔牙(春秋魯) 3-204(疏)
公子申→子西(春秋楚) 2-306(疏)
公子郢(春秋衛) 1-372(疏)
孔子曰 1-391, 2-272, 328, 330, 339, 3-60, 74, 79, 81, 83, 85, 86, 87, 91, 92, 94, 102, 103, 112, 151
公子朝(春秋衛) 2-260(疏)
公子荊(春秋衛)
——— 有君子之德 2-259(注), 260(疏)
公綽→孟公綽(春秋魯) 2-308(注)
霍光(漢)
—— 可委託以幼少之君 2-24(疏)
郭璞(晉)
—— 爾雅注 亟 亦數也 1-259(疏)
—— 爾雅注 唐棣似白楊 2-94(疏)
—— 爾雅注 徒涉 無舟楫 1-365(疏)
—— 爾雅注 飯饐臭 2-136(疏)
—— 爾雅注 舫 水中簰筏 1-264(疏)
—— 爾雅注 凡草菜可食者通名爲蔬 2-256(疏)
—— 爾雅注 北極 天之中 1-107(疏)
—— 爾雅注 小牆當門中 1-214(疏)
—— 爾雅注 兕 一角青色 3-72(疏)
—— 爾雅注 杇 泥鏝也 1-272(疏)
—— 爾雅注 梲 侏儒柱也 1-286(疏)
—— 爾雅注 敗 臭壞也 餒 肉爛也 2-136(疏)

—— 爾雅注 暴 空手執也 1-365(疏)
管叔(周) 3-213(注), 214(疏), 219(疏)
管氏→管仲(春秋齊) 1-210, 211
管夷吾→管仲(春秋齊) 1-211(注), 2-305(疏), 320(注), 322(疏)
管仲(春秋齊)←管氏, 管夷吾 1-210, 211
—— 管氏亦樹塞門(八22) 1-210
—— 管氏亦有反坫(八22) 1-210
—— 管氏有三歸(八22) 1-210
—— 管氏而知禮孰不知禮(八22) 1-211
—— 管仲不死曰未仁乎(憲16) 2-320
—— 管仲非仁者與(憲17) 2-323
—— 管仲相桓公霸諸侯一匡天下(憲17) 2-323
—— 管仲之器小哉(八22) 1-209
—— 管仲之力也(憲16) 2-321
—— 管仲之仁 2-321(注), 325(疏)
—— 九合諸侯不以兵車 2-300(疏)
—— 當理之人 2-305(疏)
—— 問昭王南征不還 2-318(疏)
—— 奉公子糾出奔魯 2-320(注), 322(疏)
—— 不知禮 1-211(注), 212(疏)
—— 於公子糾君臣之義未正成 2-324(注), 325(疏)
—— 奪伯氏駢邑三百飯疏食沒齒無怨言(憲9) 2-304
蒯聵(春秋衛)
—— 靈公逐太子蒯聵 1-369(注), 370(疏), 372(疏)
閎夭(周)
—— 亂臣十人 2-37(注), 38(疏), 40(疏)
丘→孔子 1-298, 302, 382, 391, 401, 2-139, 170, 339, 3-63, 165
求→冉有(春秋魯) 1-264, 317, 2-173, 182, 183, 190, 193, 3-60, 62, 63, 65
國僑→子産(春秋鄭) 1-282(疏)
國夏(春秋齊) 1-372(疏)
屈原(戰國楚)
—— 楚辭天問 2-43(疏)
糾→公子糾(春秋齊)
— 桓公乃殺子糾 2-320(注), 322(疏)
棘子成(春秋衛) 2-216(疏)
——— 棘子成曰君子質而已矣何以文爲(顔8) 2-215
棄→稷(舜臣) 2-39(疏), 295(疏), 3-21(疏)
夔(舜臣)
— 典樂(官名) 3-21(疏)
箕子(殷)←胥餘
—— 箕國名 子爵也 3-151(注), 152(疏)
—— 箕子爲之奴(微1) 3-151
—— 雖有周親不如仁人 3-213(注), 214(疏)
—— 佯狂爲奴 3-153(疏)
—— 作洪範 3-219(疏)
—— 紂之諸父 3-151(注), 152(疏), 219(疏)
琴牢→子牢(春秋衛) 2-65(疏)

【ㄴ】

欒肇(晉)
—— 子見南子者時不獲已 1-347(疏)
南蒯(春秋魯)
—— 以費畔 1-320(疏)
南宮敬叔→南容(春秋魯) 2-294(注), 295(疏), 296(疏)
南宮括→南容(春秋魯) 1-254(注), 2-294(注), 295(疏)
南宮适→南容(春秋魯) 2-294
南宮适(周)
——— 南宮氏适名 2-40(疏)
——— 亂臣十人 2-37(注), 38(疏)
南宮縚→南容(春秋魯) 1-254(注), 2-296(疏)

南宮閱→南容(春秋魯) 1-254(注)
南容(春秋魯)←南宮敬叔, 南宮括, 南宮适, 南宮縚, 子容, 仲孫閱 1-253, 254(注), 2-296(疏)
—— 俱不得其死然(憲5) 2-294
—— 南宮适問於孔子曰羿善射奡盪舟(憲5) 2-294
—— 南宮适出(憲5) 2-295
—— 南容三復白圭(先5) 2-159
—— 愼言 2-159(疏), 160(疏)
—— 禹稷躬稼而有天下(憲5) 2-294
—— 以禹稷比孔子 2-294(疏)
南子(春秋宋)
—— 衛靈公夫人 1-345(注), 346(疏), 372(疏)
—— 子見南子 1-347(疏)
—— 通宋朝 1-331(疏)
囊瓦(春秋楚) 2-306(疏)
魯公→伯禽(春秋魯) 1-156(疏), 3-177, 178(疏)
魯共王(漢)←劉餘
——— 得古文論語 1-54, 58(疏)
老聃→老子(周) 1-352(疏)
老子(周)←老聃, 老彭, 李耳, 伯陽 1-352(疏)
老彭→老子(周) 1-352(疏), 351, 352(疏)
盧欽(晉) 2-355(疏)
牢→子牢(春秋衛) 2-65(注)
犁鉏(春秋齊) 3-158(疏)

【ㄷ】

端木賜→子貢(春秋衛) 1-93(注), 94(疏)
丹朱(人)
—— 堯之子 3-214(疏)
澹臺滅明(春秋魯)←子羽(雍14) 1-327(疏)
———— 有澹臺滅明者(雍14) 1-326
唐→堯 2-38(注)
唐侯→堯 2-41(疏)
大夫僎(春秋衛)
——— 公叔文子之家臣 2-327
陶唐氏→堯 2-41(疏)
東門襄仲(春秋魯) 3-79(注), 80(疏), 81(疏)
東方朔(漢) 1-54(疏)
董巴(三國魏)
—— 大漢輿服志 冕制 3-32(疏)
杜氏→杜預(晉) 1-57(疏), 63(疏)
杜預(晉)←杜氏, 杜元凱
—— 卿士 王之執政者也 2-174(疏)
—— 公田之法十取其一 2-219(疏)
—— 箕子爲紂之庶兄 3-152(疏)
—— 魯城南自有沂水 2-201(疏)
—— 杜預傳 諒闇以居心喪終制 2-355(疏)
—— 不奪其所諱亦不爲之定制 1-395(疏)
—— 嘗爲大夫而去故言後也 2-162(疏)
—— 宗廟主 1-208(疏)
—— 左傳注 南子 宋女也 1-331(疏)
—— 左傳注 大路爲玉路 3-31(疏)
—— 左傳注 大蔡 大龜 2-314(疏)
—— 左傳注 明堂與祖廟爲一 1-198(疏)
—— 左傳注 不能勝人 2-291(疏)
—— 左傳注 比周 3-47(疏)
—— 左傳注 四豆爲區區十六升 1-312(疏)
—— 左傳注 小白僖公庶子 2-322(疏)
—— 左傳注 所謂文子三思 1-292(疏)
—— 左傳注 羿有窮君之號 2-296(疏)
—— 左傳注 禹孫大康淫放失國 2-296(疏)
—— 左傳注 雩之言遠也 2-201(疏)
—— 左傳注 于奚 1-189(疏)
—— 左傳注 衛甯武子來聘 1-293(疏)
—— 左傳注 子服景伯名何 2-345(疏)
—— 左傳注 子産見愛有古人之遺風 2-306(疏)
—— 左傳注 子産貞而不諒 3-55(疏)

—— 左傳注 自衛反魯 2-79(疏)
—— 左傳注 臧武仲之知 2-310(疏)
—— 左傳注 在君爲政在臣爲事 2-266(疏)
—— 左傳注 陳楚名司寇爲司敗也 1-393(疏)
—— 左傳注 太皞伏羲 3-70(疏)
—— 左傳注 苞茅 2-319(疏)
—— 左傳注 瑚璉 1-257(疏)
—— 之側孟氏族字反 1-329(疏)
—— 天子八佾八人爲列 1-155(疏)
—— 春秋釋例(書) 1-198(疏)
—— 春秋左氏經傳集解(書) 1-57(疏), 63(疏)
杜元凱→杜預(晉) 1-57(疏), 208(疏), 293(疏), 3-31(疏)
杜子春(漢) 1-192(疏)
滕文公→文公(戰國滕) 2-219(疏)

【ㅁ】

馬氏→馬融(漢) 1-85(疏)
馬融(漢)←季長, 馬氏 1-47, 63(疏), 85(疏), 192(疏)
—— 古文論語訓說 1-58
—— 依周禮解千乘之國 1-78(注), 84(疏)
—— 鄭玄師事馬融 1-60(疏)
—— 注古論語 1-46(疏)
—— 周有八士宣王時人 3-179(疏)
—— 注孝經論語詩易尙書三禮 1-59(疏)
—— 千乘之國謂公侯之國 1-80(疏)
孟敬子(春秋魯)←仲孫捷 2-18(注)
——— 孟敬子問之(泰4) 2-18
——— 忽大務小 2-19(注), 20(疏)
孟公綽(春秋魯)←公綽 2-307(注), 308(注)
——— 公綽之不欲(憲12) 2-308
——— 孟公綽爲趙魏老則優(憲11) 2-307
——— 廉如公綽 2-309(疏)
孟武伯(春秋魯)←孟孺子洩, 仲孫彘 1-116(注), 117(疏), 265(疏), 266(疏), 329(疏)
——— 孟敬子之父 2-20(疏)
——— 孟武伯問子路仁乎(公8) 1-264
——— 孟武伯問孝(爲6) 1-116
孟孫→孟懿子(春秋魯) 1-115(疏)
孟孫→孟莊子(春秋魯) 2-314(疏)
孟孫
—— 三卿 2-330(疏)
孟氏
—— 爲下卿不用事 3-156(注)
—— 孟氏使陽膚爲士師(張19) 3-198
孟孺子洩→孟武伯(春秋魯) 1-329(疏)
孟懿子(春秋魯)←孟孫, 仲孫何忌 1-115(疏), 116(疏)
——— 孟孫問孝於我我對曰無違(爲5) 1-114
——— 孟懿子問孝(爲5) 1-114
——— 子 孟武伯(爲6疏) 1-117(疏)
——— 仲孫何忌帥師圍郈 3-204(疏)
孟子(戰國鄒)←軻 師孔子之孫子思 1-70(疏), 85(疏)
孟莊子(春秋魯)←孟孫, 仲孫速 2-314(疏), 3-197(注), 198(疏)
——— 孟莊子之孝也其他可能也(張18) 3-197
孟之側→孟之反(春秋魯) 1-328(注), 329(疏)
孟之反(春秋魯)←孟之側
——— 孟之反不伐(雍15) 1-328
孟孝伯(春秋魯)←羯, 孝伯 2-21(疏), 314(疏)
孟僖子(春秋魯)←仲孫貜 1-254(注), 2-296(疏)
——— 病不能相禮乃講學之 3-92(疏)
穆姜(春秋齊)←姜氏 2-314(疏)
穆公(春秋鄭)
—— 孫子 子産 1-282(疏)
穆公(春秋秦)←秦伯
—— 秦伯將納晉惠公 2-291(疏)

武庚(殷)
—— 成王誅武庚 3-219(疏)
武公(春秋衛)
—— 如切如磋如琢如磨 1-102(疏)
巫馬期(春秋魯)←巫馬施, 施, 子旗 1-391(注), 392(疏), 393(疏), 396(疏)
——— 巫馬期以告(述31) 1-391
巫馬施→巫馬期(春秋魯) 1-393(疏)
武王(周) 1-198(疏)
—— 居岐周而王天下故曰周家 3-214(疏)
—— 克殷求太伯仲雍之後 2-14(疏)
—— 其德未盡善 1-222(疏)
—— 東伐至盟津 3-152(疏)
—— 武王克殷(禮記) 1-175(疏)
—— 武王曰予有亂臣十人(泰20) 2-37
—— 武王周公其達孝矣乎(中庸) 1-357(疏)
—— 伐紂 1-147(注), 295(疏), 2-299(疏), 3-96(疏)
—— 伐紂誓衆之辭 3-214(疏)
—— 封師尙父於齊 2-40(疏)
—— 釋微子復其位 3-219(疏)
—— 征伐取天下 1-221(注)
—— 周公之兄 2-40(疏)
—— 治官之臣十人 2-38(疏)
—— 泰伯篇所論 2-13(疏)
—— 平殷亂 1-296(疏)
武子啓(春秋齊) 2-226(疏)
武丁→高宗(殷) 2-353(注), 354(疏)
武帝(漢) 1-54(疏)
武仲→臧武仲(春秋魯)
—— 三年而爲二兆 1-285(疏)
繆協(晉) 1-396(疏)
墨允→伯夷(孤竹國) 1-295(疏)
墨智→叔齊(孤竹國) 1-295(疏)
文公(春秋魯)←興 1-177(疏), 3-77(疏)
—— 東門襄仲殺文公之子赤而立宣公 3-79(注), 80(疏)
—— 始不視朔 1-196(注), 197(疏), 199(疏), 2-129(疏)
—— 二妃敬嬴生宣公 3-80(疏)
文公(春秋滕)←滕文公
—— 孟子請野九一而助 2-219(疏)
文公(春秋晉)←晉文公
—— 召天子而使諸侯朝之 2-316(注)
—— 五伯 2-326(疏)
—— 晉文公譎而不正(憲15) 2-316
文命→禹(夏)
—— 鯀之子 2-39(疏)
文母→太姒 2-37(注), 38(疏), 40(疏), 3-149(疏)
文王←伯昌, 西伯, 西伯昌, 昌 1-198(疏)
—— 拘羑里 1-347(疏)
—— 旣卒武王東伐 3-152(疏)
—— 文王居岐周而王天下故曰周家 3-214(疏)
—— 文王旣沒文不在玆乎(罕5) 2-60
—— 文王廟 1-156(疏)
—— 善養老 1-295(疏)
—— 受命 2-299(疏)
—— 遇太公於渭之陽 2-40(疏)
—— 猶以服事殷 2-38(注), 39(疏)
—— 典治南國江漢汝墳之諸侯 2-43(疏)
—— 泰伯篇所論 2-13(疏)
—— 周太王季子 2-13(注), 14(疏)
—— 刑于寡妻至于兄弟以御于家邦 3-124(疏)
文逸→周生烈(三國魏) 1-61(疏)
文子拔→公叔文子(春秋衛) 2-312(疏)
文子須無(春秋齊) 2-226(疏)
文仲→臧文仲(春秋魯)
—— 三年而爲一兆 1-285(疏)
文仲辰→臧文仲(春秋魯) 1-285(疏)
文和→鄭沖(三國魏) 1-64(疏)
文侯(春秋魏)←魏文侯

—— 師子夏 1-90(疏)
微生高(春秋魯) 1-297(注)
——— 孰謂微生高直(公24) 1-297
微生畝(人)
——— 微生畝謂孔子曰(憲32) 2-339
尾生(人)
—— 雖守信而非義 1-99(疏)
微子(殷)←開, 啓
—— 乃與太師謀遂去 3-153(疏)
—— 微國名子爵也 3-151(注), 152(疏)
—— 微子去之箕子爲之奴比干諫而死(微1) 3-151
—— 雖有周親不如仁人 3-213(注), 214(疏)
—— 紂之庶兄 3-151(注), 152(疏), 219(疏)
閔公(春秋魯)←開 1-177(疏), 3-77(疏)
滑孟莊(春秋齊) 2-226(疏)
閔損→閔子騫(春秋魯) 1-320(疏)
閔子→閔子騫(春秋魯) 2-167
閔子騫(春秋魯)←閔損, 閔子 1-320(疏)
——— 德行顔淵閔子騫冉伯牛仲弓(先2) 2-156
——— 閔子侍側誾誾如也(先12) 2-167
——— 善爲我辭焉(雍9) 1-319
——— 仍舊貫如之何何必改作(先13) 2-168
——— 孝哉閔子騫(先4) 2-158

【ㅂ】

盤庚(殷)
—— 弟小乙子名武丁 2-354(疏)
—— 遷殷 2-41(疏)
放勛→堯 3-214(疏)
白公勝(春秋楚) 2-306(疏)
伯适(周)
—— 周有八士 3-179
伯禽(春秋魯)←魯公 1-156(疏)
—— 七世孫隱公 3-77(疏)
—— 周公謂魯公曰(微10) 3-177, 178(疏)
伯達(周)
—— 周有八士 3-179
伯服(周)
—— 褒姒生伯服 3-77(疏)
伯氏瓶(春秋魯) 1-285(疏)
伯陽→老子(周) 1-352(疏)
伯魚(春秋魯)←鯉 2-161(疏), 162(疏),
—— 聞斯二者 3-97
—— 嘗獨立鯉趨而過庭(季13) 3-96
—— 女爲周南召南矣乎(陽8) 3-121, 122(疏)
—— 淵才鯉不才雖異 2-162(疏)
—— 曰學禮乎對曰未也(季13) 3-97
—— 曰學詩乎對曰未也(季13) 3-97
—— 鯉也死有棺而無槨(先7) 2-161
—— 鯉趨而過庭(季13) 3-97, 98(疏)
—— 鯉退而學禮(季13) 3-97
—— 鯉退而學詩(季13) 3-97
—— 陳亢問於伯魚曰子亦有異聞乎(季13) 3-96
—— 子謂伯魚曰女爲周南召南矣乎(陽8) 3-121
—— 他日又獨立鯉趨而過庭(季13) 3-97
伯牛→冉伯牛(春秋魯) 1-321, 322(疏), 323(疏)
伯夷(孤竹國)←公信, 墨允
—— 孤竹君之子(公23注) 1-295(注)
—— 求仁而得仁 1-371(疏), 370(注)
—— 伯夷叔齊不念舊惡怨是用希(公23) 1-295
—— 伯夷叔齊餓于首陽之下(季12) 3-95
—— 伯夷叔齊何人也(述15) 1-369
—— 殺其身以成其仁 3-27(疏)
—— 隱於首陽山 1-296(疏)

—— 義不食周粟 3-96(疏)
—— 逸民 3-173, 3-174(疏)
—— 作者七人矣 2-348(疏)
伯夷(舜臣)
—— 秩宗 3-21(疏)
伯益(舜臣)
—— 皐陶之子 2-39(疏)
—— 舜有臣五人而天下治 2-37(注), 2-38(疏)
伯昌→文王(周) 2-43(疏)
樊須→樊遲(春秋齊) 1-114(注), 115(疏), 337(疏), 2-253, 254(疏)
樊遲(春秋齊)←樊須, 子遲 1-114(注), 115(疏), 116(疏), 337(疏)
—— 敢問崇德脩慝辨惑(顔21) 2-239
—— 問脩身之要 2-239(疏)
—— 未曉達知人之意 2-242(疏)
—— 樊遲問仁(路19) 2-273
—— 樊遲問仁(顔22) 2-240
—— 樊遲問仁(雍22) 1-337
—— 樊遲問知(雍22) 1-336
—— 樊遲未達(顔22) 2-240
—— 樊遲御(爲5) 1-114
—— 樊遲從遊於舞雩之下(顔21) 2-238
—— 樊遲請學稼(路4) 2-253
—— 樊遲出(路4) 2-253
—— 樊遲退見子夏曰(顔22) 2-241
—— 小人哉樊須也 2-253
—— 何謂也(爲5) 1-114
—— 學播種之法欲以敎民也 2-254(疏)
—— 鄕也吾見於夫子而問知(顔22) 2-241
范甯(晉)
—— 穀梁傳注 衣裳之會 2-321(疏)
范曄(南朝宋)
—— 爲人爲己 2-333(疏)
卞莊子(春秋魯) 2-309(疏)
——— 卞莊子之勇(憲12) 2-308
丙吉(漢) 1-50(疏)
服虔(漢)
—— 箕子爲紂之庶兄 3-152(疏)
—— 佞 才也 1-259(疏)
—— 大路 木路 3-31(疏)
—— 六八四十八人 1-155(疏)
—— 兵賦 1-267(疏)
—— 祗見疏 祗適也 3-206(疏)
—— 瑚璉 夏曰瑚 1-257(疏)
宓不齊→子賤(春秋魯) 1-255(注), 256(疏)
卜商→子夏(春秋衛) 1-88(注), 90(疏)
伏羲←太皥 1-146(疏), 3-70(疏)
—— 顓臾 伏羲之後 3-60(注), 66(疏)
扶陽侯→韋賢(漢) 1-51(疏)
夫子→孔子 1-93, 241, 276, 345, 369, 370, 398(疏), 2-62, 71, 157(疏), 173(疏), 190, 192, 294, 336, 3-106, 164, 3-201, 202, 206, 207
弗忌(春秋魯) 1-177(疏)
弗皇→惠公(春秋魯) 3-77(疏)
比干(殷)
—— 比干諫而死(微1) 3-151
—— 殺其身以成其仁 3-27(疏)
—— 爲人臣者不得不以死爭(微1疏) 3-153(疏)
—— 紂之諸父(微1疏) 3-151(注), 152(疏)
裨諶(春秋鄭) 2-302(注), 2-303(疏)
—— 謀作盟會之辭 2-301(注)
—— 裨諶草創之(憲7) 2-301

【ㅅ】

思(虞后) 2-297(疏)
賜→子貢(春秋衛) 1-101, 317, 256, 275, 2-175, 178(疏), 337, 3-147, 202
師→子張(春秋陳) 2-171, 172, 175, 176(疏)

士匄(春秋晉)
—— 合宜不必守信 1-99(疏)
師曠(春秋晉) 3-92(疏)
史狗(春秋衛)
—— 君子 2-260(疏)
師已(春秋魯)
—— 夫子則非罪 3-158(疏)
司馬耕→司馬牛(春秋宋) 2-208(疏)
司馬犁→司馬牛(春秋宋) 2-208(注)
司馬牛(春秋宋)←司馬耕, 司馬犁, 子牛 2-208(注)
——— 其言也訒斯謂之仁已乎(顔3) 2-208
——— 不憂不懼斯謂之君子已乎(顔4) 2-209
——— 司馬牛問君子(顔4) 2-209
——— 司馬牛問仁(顔3) 2-207
——— 司馬牛憂曰人皆有兄弟我獨亡(顔5) 2-210
司馬田穰苴(春秋齊) 1-81(疏)
司馬遷(漢)←太史公
——— 伯夷叔齊孤竹君之二子也 1-295(疏)
——— 封禪書 2-319(疏)
——— 疏陋 2-297(疏)
司馬彪(晉)
——— 莊子注 箕子名胥餘 3-152(疏)
——— 漢書輿服志 冕制 3-32(疏)
司馬桓魋→桓魋(春秋宋) 1-381(疏)
師尙父→太公(周) 2-40(疏)
舍人→顧野王(梁) 1-365(疏), 2-94(疏)
師摯(春秋魯) 2-32
史鰌→史魚(春秋衛) 2-259(注), 260(疏), 3-25(注), 26(疏)
士會(春秋晉)
—— 晉侯以黻冕命士會 2-48(疏)
史佚(人)
—— 立言之賢 3-72(疏)
散宜生(周)
——— 亂臣十人 2-37(注), 38(疏)
——— 散氏宜生名 2-40(疏)
參→曾子(春秋魯) 2-175(注), 176(疏)
三飯繚(春秋魯) 3-176
商→子夏(春秋衛) 1-172(疏), 2-158(疏), 171, 172, 210, 211(疏)
常→陳成子(春秋齊) 2-226(疏)
相(夏后)
— 羿簒夏后相之位 2-294(注), 295(疏), 296(疏), 297(疏)
商均(人)
—— 舜之子 3-214(疏)
商子游(春秋齊) 1-329(疏)
向巢(春秋宋) 2-212(疏)
向魋→桓魋 2-212(疏)
西伯→文王(周) 2-38(注), 39(疏), 40(疏), 43(疏), 3-152(疏)
西伯→王季(周) 2-43(疏)
西伯昌→文王(周) 1-295(疏)
胥餘→箕子(殷)
—— 莊子注 箕子名胥餘 3-152(疏)
石曼姑(春秋衛) 1-369(注), 370(疏), 372(疏)
石門晨門(人)
———— 作者七人矣 2-347(注), 348(疏)
石魋(春秋衛) 1-117(疏)
石顯(漢) 1-50(疏)
宣公(春秋魯)←倭
—— 東門襄仲殺文公之子赤而立宣公 3-80(疏)
—— 文公之子 3-77(疏)
—— 稅十二自宣公始 2-219(疏)
—— 政在大夫 3-79(注), 80(疏), 81(疏)
—— 初稅畝 2-219(疏)
宣王(周)
—— 周有八士 3-179(疏)
契(人)
— 司徒 3-21(疏)

— 居商 2-41(疏)
— 舜有臣五人而天下治 2-37(注), 38(疏)
— 帝嚳之子 2-39(疏)
葉公(春秋楚)←葉縣尹, 子高, 諸梁 1-377(注), 378(疏)
—— 其父攘羊而子證之(路18) 2-272
—— 問爲政之法 2-270(疏)
—— 葉公問孔子於子路(述19) 1-376
—— 葉公問政(路16) 2-270
—— 葉公於孔子曰(路18) 2-271
—— 吾黨有直躬者(路18) 2-271
—— 以證父爲直 2-272(疏)
葉縣尹→葉公 2-270(疏)
成公(春秋魯)←黑肱 3-77(疏), 81(疏)
成王(周)
—— 命微子代殷之後於宋 3-219(疏)
—— 封周公於曲阜 3-71(疏)
—— 賜魯以重祭 1-156(疏)
—— 昭王 成王之孫 2-319(疏)
—— 周有八士 3-179(疏)
聲子(魯隱公母) 3-77(疏)
成子當(春秋衛) 2-312(疏)
成帝(漢) 1-48(疏), 1-54(疏)
—— 授張侯論 1-46(疏)
世叔(春秋鄭)←游吉, 子大叔 2-302(注), 303(疏)
—— 世叔討論之(憲7) 2-302
少康(夏) 2-294(注), 295(疏), 297(疏)
召康公(周) 2-318(疏)
昭公(春秋魯)←裯 1-156(疏), 204(疏), 3-77(疏)
—— 不知禮 1-396(疏)
—— 奔齊 3-75(疏), 157(疏)
—— 昭公知禮乎(述31) 1-391
—— 昭公娶於吳故不書姓(左傳) 1-394(疏)
—— 失政死於乾侯 3-74(注), 77(疏)
—— 政在大夫 3-81(疏)
—— 僭爲天子之禮樂 3-77(疏)
召公(周)←召公奭
—— 亂臣十人 2-37(注), 38(疏)
—— 食邑於召謂之召公 2-40(疏)
—— 周召共和之年 1-164(疏)
—— 周召分陝 2-43(疏)
召公奭→召公(周) 2-37(注), 38(疏), 40(疏)
蕭伋(漢) 1-50(疏)
少連
—— 逸民 3-173, 174(疏)
—— 作者七人矣 2-348(疏)
蕭望之(漢)←長倩 1-50(疏), 56(疏)
——— 傳魯論 1-46(疏), 48
小白→桓公(春秋齊) 2-320(注), 322(疏)
少翁→韋玄成(漢) 1-51(疏)
昭王(周)
—— 南征不還 2-316(注), 318(疏), 319(疏)
昭王(春秋楚) 3-161(疏)
小乙(殷) 2-354(疏)
少正卯(春秋魯) 3-158(疏)
召忽(春秋齊)
—— 奉公子糾出奔魯 2-320(注), 322(疏)
—— 召忽死之(憲16) 2-320
—— 理當授命致死 2-325(疏)
—— 於公子糾君臣之義未正成 2-324(注), 325(疏)
—— 桓公殺糾召忽致死 2-321(疏)
孫炎(三國魏)
—— 揭衣 褰裳也 衣涉 濡褌也 2-352(疏)
—— 舫 水中爲泭筏也(公7疏) 1-264(疏)
—— 閾 門限也 2-108(疏)
孫邕(三國魏)←宗儒 1-64
宋畸(漢)
—— 傳齊論 1-46(疏)
宋朝(春秋宋)

—— 通南子 1-331(疏)
—— 宋朝之美(雍16) 1-330
宋仲子(漢)
——— 冕 冠之有旒者 3-32(疏)
垂(舜臣)
— 共工 3-21(疏)
叔達(吳) 2-14(疏)
叔梁紇(春秋魯) 1-187(注), 188(疏), 189(疏)
叔明→邢昺(宋) 1-41
叔孫(春秋魯) 1-158(注), 159(疏)
—— 三卿 2-330(疏)
—— 三桓 3-80(注)
—— 叔牙之後 1-160(疏)
叔孫武叔(春秋魯)←叔孫州仇 3-203(疏), 3-204(疏)
———— 叔孫武叔語大夫於朝曰子貢賢於仲尼(張23) 3-202
———— 叔孫武叔毁仲尼(張24) 3-205
叔孫不敢(春秋魯) 3-204(疏)
叔孫州仇→叔孫武叔(春秋魯) 3-202(注), 204(疏)
叔牙(春秋魯)
—— 魯桓公庶者 1-160(疏)
叔夜(周)
—— 周有八士 3-179
叔齊(孤竹國)←公達, 墨智
—— 孤竹君之子 1-295(注)
—— 古之賢人也(述15) 1-369
—— 求仁而得仁 1-370(注), 371(疏)
—— 餓于首陽之下(季16) 3-95
—— 殺其身以成其仁 3-27(疏)
—— 隱於首陽山 1-296(疏)
—— 義不食周粟 3-96(疏)
—— 逸民(微8) 3-173, 174(疏)
—— 作者七人矣 2-348(疏)
叔仲(春秋魯) 3-81(疏)
叔夏(周)
—— 周有八士 3-179
叔向(春秋晉)
—— 三年之喪雖貴遂服禮也 2-355(疏)
舜←有虞氏, 虞, 虞舜, 虞氏, 重華 2-13(疏), 41(疏)
— 居虞地以虞爲氏 2-42(疏)
— 恭敬己身正南面嚮明而已 3-20(疏)
— 其聖德又盡善 1-222(疏)
— 唐虞之際 2-38(注)
— 無爲而治 3-21(疏)
— 上聖之人 1-384(疏)
— 禪位與禹 3-214(疏)
— 聖德受禪 1-221(注)
— 姓姚名重華 3-214(疏)
— 韶舞 3-30(注)
— 舜諒闇三年 2-355(疏)
— 舜亦以命禹(堯1) 3-211
— 舜禹之有天下也而不與焉(泰18) 2-35
— 舜有臣五人而天下治(泰20) 2-37
— 舜有天下選於衆擧皐陶不仁者遠矣(顔22) 2-241
— 以十一月爲正 1-146(疏)
— 至德 2-51(疏)
荀卿(戰國趙)
—— 以朱張比孔子 3-175(疏)
荀詵(三國魏) 1-65(疏)
荀彧(三國魏) 1-65(疏)
荀顗(三國魏)←景倩 1-64, 65(疏)
䄟(春秋魯)
— 魯文公之世子 3-81(疏)
施→巫馬期(春秋魯) 1-391(注)
柴→子羔(春秋衛) 2-174(注)
施讎(漢) 1-56(疏)
豕韋(殷)
—— 五伯 2-326(疏)

息姑→隱公(春秋魯) 3-77(疏)
辛→紂(殷) 3-200(疏)
申→僖公(春秋魯) 3-77(疏)
申党→申棖(春秋魯) 1-274(疏)
申績→申棖(春秋魯) 1-274(疏)
申棖(春秋魯)←申績, 申党, 棖 1-273, 274(疏)
—— 棖也慾焉得剛(公11) 1-273
—— 或對曰申棖(公11) 1-273
申后(幽王妃) 3-77(疏)
申侯(周)
—— 與繒西夷犬戎共攻幽王 3-77(疏)
沈約(南朝梁)
—— 冕制(衛10疏) 3-32(疏)

【ㅇ】

惡→赤(春秋魯)
— 魯文公之世子 3-81(疏)
樂轡(春秋宋) 2-148(疏)
顏剋(春秋魯)
—— 爲夫子御至於匡 2-59(注), 62(疏)
顏路(春秋魯) 2-161
顏師古(唐) 1-48(疏), 64(疏), 65(疏)
顏淵(春秋魯)←顏回, 子淵, 回 1-123(疏), 301(疏), 364(疏)
—— 孔子行藏與顏回同 1-363(注)
—— 德行顏淵閔子騫冉伯牛仲弓(先2) 2-156
—— 聞始知終 1-269(疏)
—— 問治國之禮法 3-30(疏)
—— 博我以文約我以禮(罕11) 2-71
—— 夫子循循然善誘人(罕11) 2-71
—— 貧而樂道 2-178(疏)
—— 三月不違仁 1-317(疏)
—— 庶幾聖道 2-176(疏)
—— 顏淵季路侍(公26) 1-300
—— 顏淵無怨不可及也 2-307(疏)
—— 顏淵問爲邦(衛10) 3-29
—— 顏淵問仁(顏1) 2-203
—— 顏淵貧而門人欲厚葬 2-165(注), 166(疏)
—— 顏淵死(先8) 2-163
—— 顏淵死門人欲厚葬之(先10) 2-165
—— 顏淵死顏路請子之車以爲之椁(先7) 2-161
—— 顏淵死子哭之慟(先9) 2-164
—— 顏淵喟然歎曰(罕11) 2-71
—— 顏淵之德行 2-23(注)
—— 顏回尙未能無過況伯玉乎 2-334(疏)
—— 顏淵後(先21) 2-184
—— 仰之彌高鑽之彌堅(罕11) 2-70
—— 語之而不惰者其回也與(罕20) 2-82, 83(疏)
—— 如有所立卓爾雖欲從之末由也已(罕11) 2-71
—— 淵才鯉不才雖異 2-162(疏)
—— 欲罷不能旣竭吾才(罕11) 2-71
—— 願無伐善無施勞(公26) 1-300
—— 唯我與爾有是夫(述11) 1-362
—— 有顏回者好學(先6) 2-160
—— 有顏回者好學(雍3) 1-307
—— 入室 2-171(疏), 245(疏)
—— 子在回何敢死(先21) 2-184
—— 早卒孔子痛惜之 2-84(疏)
—— 瞻之在前忽焉在後(罕11) 2-71
—— 請問其目(顏1) 2-204
—— 好學 1-308(疏), 1-309(疏)
—— 回雖不敏請事斯語矣(顏1) 2-204, 205(疏)
—— 回也其庶乎屢空(先18) 2-175
—— 回也其心三月不違仁(雍7) 1-316
—— 回也聞一以知十(公9) 1-268
—— 回也不改其樂(雍11) 1-323

—— 回也不愚(爲9) 1-122
—— 回也非助我者也(先3) 2-157, 158(注)
—— 回也視予猶父也(先10) 2-165, 166(疏)
—— 回何敢死(先21) 2-184
顔延之(南朝宋)←顔特進 3-51(疏)
晏嬰→晏平仲(春秋齊) 1-283(注), 3-157(疏)
晏子→晏平仲(春秋齊) 1-312(疏)
安昌侯→張禹(漢) 1-46(疏), 1-56
顔特進→顔延之(南朝宋) 3-51(疏)
晏平仲(春秋齊)←晏嬰, 晏子 1-283(注)
——— 諫而止景公封孔子 3-157(疏)
——— 晏平仲善與人交(公17) 1-283
——— 齊舊四量豆區釜鍾 1-312(疏)
晏桓子(春秋齊) 1-283(注)
顔回→顔淵(春秋魯) 1-122(注), 123(疏), 269(疏), 307, 308(疏), 309(疏), 317(疏), 323, 363(疏), 2-83(疏), 84(疏), 158(注), 160, 161(疏), 162(疏), 178(疏), 184(注), 334(疏)
哀公(春秋魯) 1-135(疏), 208(疏)
—— 告夫三子(憲21) 2-329
—— 三桓皆衰 3-80(注)
—— 哀公問社於宰我(八21) 1-206
—— 哀公問於有若曰(顔9) 2-217
—— 哀公問弟子孰爲好學(雍3) 1-307
—— 年饑用不足如之何(顔9) 2-217
—— 禮壞樂崩樂人皆去 3-176(注), 177(疏)
—— 二吾猶不足 2-219(疏)
—— 二吾猶不足如之何其徹也(顔9) 2-217
—— 弟子孰爲好學 1-308(疏)
—— 重斂 2-218(疏)
—— 遷怒貳過 1-309(疏), 2-160(疏)
—— 何爲則民服(爲19) 1-134
哀伯達(春秋魯) 1-285(疏)
襄公(春秋魯)←午, 諸兒 1-204(疏), 3-77(疏)
—— 公孫無知殺襄公 2-320(注), 2-322(疏)
—— 政在大夫 3-81(疏)
陽膚(春秋魯)
—— 曾子弟子 3-198(注), 199(疏)
梁商(漢) 1-59(疏)
羊容(人)
—— 問於子思 2-43(疏)
襄子盤(春秋齊) 2-226(疏)
陽虎→陽貨(春秋魯) 2-59(注), 62(疏), 3-66(注), 67(疏), 74(注), 75(疏), 79(疏), 109(注), 101(注), 103(疏), 110(疏)
陽貨(春秋魯)←陽虎
—— 季氏家臣 3-101(注), 103(疏)
—— 來予與爾言(陽1) 3-102
—— 囚季桓子 3-66(注), 67(疏), 74(注), 75(疏), 79(疏), 110(疏)
—— 陽貨欲見孔子孔子不見(陽1) 3-101
—— 容貌與孔子相似 2-59(注), 62(疏)
—— 日月逝矣歲不我與(陽1) 3-10
—— 執季桓子而召孔子 3-109(注)
—— 出奔齊(季2疏) 3-74(注), 75(疏)
—— 好從事而亟失時可謂知乎(陽1) 3-102
—— 懷其寶而迷其邦可謂仁乎(陽1) 3-102
偃→子游(春秋吳) 1-326, 327(疏), 3-107
言偃→子游(春秋吳) 1-118(注), 119(疏), 3-193(疏)
言游→子游(春秋吳) 3-192
予→宰我(春秋魯) 3-139, 140(疏)
如淳(三國魏) 1-64(疏)
—— 古論語編次與齊魯論不同 1-55(疏)
呂尙→太公(周) 2-40(疏)
呂牙→太公(周) 2-40(疏)
女艾(人) 2-297(疏)
厲王(周)
—— 白圭刺厲王之詩 2-160(疏)
然明(春秋鄭)
—— 將死而有惑疾 2-21(疏)
冉耕→冉伯牛(春秋魯) 1-321(注), 322(疏),

322(疏)
冉求→冉有(春秋魯) 1-165(注), 166(疏), 266(疏), 318(疏), 324, 325(疏), 329(疏), 2-173, 185, 186(疏), 194(疏), 308(注), 309(疏), 3-61(注), 66(疏), 67(疏)
冉伯牛(春秋魯)←伯牛, 冉耕 1-321(注), 322(疏)
—— 德行顔淵閔子騫冉伯牛仲弓(先2) 2-156
—— 伯牛有疾(雍10) 1-321
冉雍→仲弓(春秋魯) 1-259(疏), 304(疏), 306(疏), 316(疏), 2-247(疏)
冉有(春秋魯)←求, 冉求, 冉子, 子有 1-165(注), 166(疏), 310, 311(疏), 324, 325(疏), 329(疏), 2-308(注)
—— 可使爲之宰也 1-266(疏)
—— 求君子疾夫舍曰欲之而必爲之辭(季1) 3-63
—— 求無乃爾是過與(季1) 3-60
—— 求也可使從政也與(雍8) 1-317
—— 求也問聞斯行諸(先20) 2-182
—— 求也爲之比及三年可使足民(先24) 2-190
—— 求也千室之邑百乘之家可使爲之宰也(公8) 1-264
—— 求也退故進之(先20) 2-183
—— 求爾何如(先24) 2-190, 194(疏)
—— 求周任有言曰陳力就列不能者止(季1) 3-62
—— 今夫顓臾固而近於費(季1) 3-62
—— 今不取後世必爲子孫憂(季1) 3-63
—— 今由與求也相夫子(季1) 3-65
—— 既富矣又何加焉(路9) 2-261
—— 既庶矣又何加焉(路9) 2-261
—— 方六七十如五六十(先24) 2-190
—— 輔相季氏 3-67(疏)
—— 夫子欲之吾二臣者皆不欲也(季1) 3-61
—— 夫子爲衛君乎(述15) 1-369, 371(疏), 370(注)
—— 非不說子之道力不足也(雍12) 1-324
—— 臣於季氏 2-265(疏), 266(疏)
—— 於從政乎何有(雍8) 1-318
—— 如其禮樂以俟君子(先24) 2-190
—— 冉求可謂大臣與(先22) 2-185
—— 冉求之藝(憲12) 2-308
—— 冉有季路見於孔子曰(季1) 3-60
—— 冉有問聞斯行諸(先20) 2-182
—— 冉有僕(路9) 2-260
—— 冉有子貢侃侃如也(先12) 2-167
—— 冉子與之粟五秉(雍4) 1-311
—— 冉子爲其母請粟(雍4) 1-310
—— 冉子退朝(路14) 2-264
—— 藝如冉求 2-309(疏)
—— 爲季氏宰爲之聚斂 3-61(注), 66(疏)
—— 唯求則非邦也與(先24) 2-193
—— 有政(路14) 2-265
—— 子路曾皙冉有公西華侍坐(先24) 2-189
—— 政事冉有季路(先2) 2-156
—— 仲由冉求可謂大臣與(先22) 2-185, 186(疏)
冉子→冉有(春秋魯) 1-310, 311, 2-265(疏), 266(疏), 264
潁谷封人(人) 1-220(疏)
靈公→衛靈公(春秋衛) 1-331(疏), 345(注), 346(疏), 369(注), 370(疏), 372(疏), 3-14(疏)
榮公(周)
—— 亂臣十人 2-37(注), 38(疏)
—— 榮 國名 2-40(疏)
甯武子(春秋衛)←甯俞 1-292(注), 293(疏)
—— 甯武子邦有道則知邦無道則愚(公21) 1-292
甯俞→甯武子(春秋衛) 1-292(注), 293(疏)

令尹子文(春秋楚)←子文, 鬥穀於菟 1-286(注), 290(疏)
———— 令尹子文三仕爲令尹無喜色(公19) 1-286
潁陰侯→陳群(三國魏) 1-61(疏)
羿(人)
— 居窮石之地 2-296(疏)
— 善射之號 2-296(疏)
— 先祖世爲先王射官(賈逵) 2-296(疏)
— 收寒浞以爲已相 2-297(疏)
— 羿善射奡盪舟(憲5) 2-294
— 羿焉彈日烏解羽(楚辭天問) 2-296(疏)
— 有窮國之君 2-294(注), 295(疏)
— 有窮君之名號(左傳杜預注) 2-296(疏)
— 帝嚳射官(說文解字) 2-296(疏)
— 諸侯名(尙書孔安國注) 2-296(疏)
— 彈十日(歸藏易) 2-296(疏)
午→襄公(春秋魯) 3-77(疏)
奡(人)←澆
— 奡盪舟 1-378(注), 379(疏)
— 奡盪舟(憲5) 2-294
— 陸地行舟 2-294(注), 295(疏), 297(疏)
— 寒浞之子 2-297(疏)
吳公子→季札(春秋吳) 2-260(疏)
五鹿充宗(漢)
———— 傳齊論 1-46(疏)
吳孟子(述31)←吳姬 1-391, 392(疏), 394(疏)
烏曹(人)
—— 作簙 3-145(疏)
吳仲雍→仲雍(周) 2-14(疏)
吳泰伯→泰伯(周) 2-14(疏)
吳姬→吳孟子 1-391(注), 392(疏)
雍→仲弓 1-158, 258(注), 2-207
阮諶(漢)
—— 三禮圖 冕制 3-32(疏)
王卿(漢)
—— 傳齊論 1-46(疏), 52
王季(周)←季歷, 西伯
—— 帝乙命王季爲西伯 2-43(疏)
—— 周太王季子 2-13(注), 14(疏)
—— 娶太任生昌 2-43(疏)
—— 泰伯以天下三讓於王季 2-13(注), 14(疏)
汪踦(春秋魯)
—— 致盡忠節不愛其身 1-89(疏)
王吉(漢)←王陽
—— 傳齊論 1-46(疏), 52, 56(疏)
王商(漢) 1-56(疏)
王孫賈(春秋衛) 1-185(疏)
——— 與其媚於奧寧媚於竈何謂也(八13) 1-184
——— 王孫賈治軍旅(憲19) 2-328
王肅(三國魏)←子邕 1-47, 61, 63(疏)
—— 孔子家語注 2-163(疏)
—— 箕子爲紂之諸父 3-152(疏)
—— 論語義說 1-42
—— 微子 微國名子爵也 3-152(疏)
—— 虞舜 虞 地也 2-41(疏)
王陽→王吉(漢) 1-56(疏)
王逸(漢)
—— 楚辭天問注 文王爲雍州牧 2-43(疏)
王弼(三國魏)
—— 老彭 老聃彭祖 1-352(疏)
—— 德行無恒自相違錯 2-281(疏)
—— 無訟在於謀始 2-230(疏)
—— 民之遠於仁甚於水火 3-53(疏)
—— 畔喭 剛猛也 2-177(疏)
—— 存不忘亡旣濟不忘未濟也 3-35(疏)
—— 作者七人矣注 2-348(疏)
—— 志於道 道者無之稱也 1-356(疏)
倭→宣公(春秋魯) 3-77(疏)
澆→奡(人) 2-297(疏)
堯←唐, 唐侯, 陶唐氏, 放勛 1-222(疏)

— 唐虞之際 2-38(注)
— 大哉堯之爲君也(泰19) 2-35, 36(疏)
— 法天而行化 2-35(注), 2-36(疏)
— 四海困窮天祿永終(堯1) 3-210
— 上聖之人 1-384(疏)
— 姓伊祁名放勛 3-214(疏)
— 使羿射九日而落之 2-296(疏)
— 年十六以唐侯升爲天子 2-41(疏)
— 堯戒舜以爲君之法 允執其中 3-214(疏)
— 堯命舜之辭 堯曰篇一章 3-214(疏)
— 堯喪舜諒闇三年 2-355(疏)
— 堯時十日竝出 2-296(疏)
— 允執其中(堯1) 3-210
— 以十二月爲正 1-146(疏)
— 以二女妻舜封之於虞 2-41(疏)
— 咨爾舜天之歷數在爾躬(堯1) 3-210
— 帝嚳之子帝摯之弟 2-41(疏)
— 至德 2-51(疏)
堯舜
—— 堯舜交會之間 2-38(注)
—— 堯舜其猶病諸(雍30) 1-348
—— 堯舜其猶病諸(憲42) 2-359
—— 堯舜率天下以仁而民從之(大學) 2-234(疏)
—— 堯舜至聖猶病之以爲難也 1-350(疏)
龍(舜臣)
— 納言 3-21(疏)
庸譚(漢)←庸生 1-56(疏)
—— 傳齊論 1-46(疏), 52
庸生→庸譚(漢) 1-46(疏), 52, 56(疏)
虞→舜 2-38(注)
禹(夏)←文命, 有夏 2-13(疏), 47(疏)
— 鯀之子 2-39(疏)
— 見白面長人 1-147(疏)
— 百揆 3-21(疏)
— 上聖之人 1-384(疏)
— 受舜禪 2-295(疏), 299(疏)
— 舜有臣五人而天下治 2-37(注), 38(疏)
— 外傳稱禹氏曰有夏 2-41(疏)
— 禹吾無間然矣(泰21) 2-45, 47
— 禹稷躬稼而有天下(憲5) 2-294
— 盡力於溝洫 2-294(注), 295(疏), 299(疏)
— 治水大功 3-214(疏)
虞舜→舜 3-214(疏)
虞氏→舜 2-42(疏)
虞仲(周)
—— 逸民 3-173, 174(疏)
—— 作者七人矣 2-348(疏)
—— 周章之弟 2-15(疏)
熊氏
—— 君子賢人可行不可言作凡人法 2-252(疏)
—— 反坫 1-214(疏)
—— 臣用紋君用素 2-125(疏)
—— 好犯上 上謂君親 犯謂犯顔諫爭 1-76(疏)
原思(春秋魯)←原憲, 子思, 憲 1-313(注), 314(疏), 315(疏)
—— 克伐怨欲不行焉可以爲仁矣(憲1) 2-289
—— 原思爲之宰(雍5) 1-313
—— 憲問克伐怨欲不行焉可以爲仁矣(憲1) 2-289
—— 憲問恥(憲1) 2-289
原壤(春秋魯) 2-361(疏), 362(疏)
—— 原壤夷俟(憲43) 2-360
原憲→原思(春秋魯) 1-313(注), 314(疏), 315(疏), 2-289, 290(疏)
魏絳(春秋晉) 1-164(疏)
魏顆(春秋晉)
—— 魏顆父病困命使殺妾以殉 2-21(疏)
衛瓘(漢) 1-303(疏)
衛君→出公輒(春秋衛) 1-369(注), 370(疏), 371(疏)
衛君輒→出公輒(春秋衛) 2-250(疏)

衛靈公(春秋衛)←靈公 1-331(疏)
——— 問軍陳 3-14(疏)
——— 夫人南子 1-345(注), 346(疏), 372(疏)
——— 衛靈公問陳於孔子(衛1) 3-13
——— 逐太子蒯聵 1-369(注), 370(疏)
——— 子言衛靈公之無道也(憲19) 2-328
魏文侯→文侯(春秋魏) 1-90(疏)
魏舒(晉) 2-355(疏)
韋昭(三國吳)
—— 陶唐 皆國名 2-41(疏)
威王(春秋齊)
—— 四世而秦滅之 2-226(疏)
韋賢(漢)←扶陽侯, 長孺, 節侯, 鄒魯大儒 1-51(疏)
—— 傳魯論 1-46(疏), 48
韋玄成(漢)←共侯, 少翁 1-51(疏), 56(疏)
——— 傳魯論 1-46(疏), 48
由→子路(春秋魯) 1-261, 262, 263(疏), 264, 266(疏), 2-73, 74(疏), 88, 168, 170, 171(疏), 175, 176(疏), 182, 183, 190, 192, 227, 228(疏), 245(疏), 249, 3-19, 65, 113, 115(疏), 117
游吉→世叔(春秋鄭) 2-302(注)
劉德(漢) 1-48(疏)
劉文公(周)←劉子 1-331(疏)
孺悲(春秋魯) 3-137(疏)
—— 孺悲欲見孔子孔子辭以疾(陽18) 3-136
有若→有子(春秋魯) 1-74(注), 76(疏), 2-217, 218(疏)
劉餘→魯共王(漢) 1-54(疏)
幽王(周)
—— 爲犬戎所殺 3-74(注)
—— 嬖褒姒生伯服 3-77(疏)
有虞氏→舜 2-41(疏)
有子(春秋魯)←有若
—— 恭近於禮遠恥辱也(學13) 1-97
—— 百姓不足君孰與足(顔9) 2-217
—— 先王之道斯爲美(學12) 1-96
—— 小大由之有所不行(學12) 1-96
—— 信近於義言可復也(學13) 1-97
—— 禮之用和爲貴(學12) 1-96
—— 因不失其親亦可宗也(學13) 1-98
—— 知和而和不以禮節之亦不可行也(學12) 1-96
—— 君子務本本立而道生(學2) 1-75
—— 其爲人也孝弟而好犯上者鮮矣(學2) 1-74
—— 其爲仁之本與(學2) 1-75
—— 本立而道生(學2) 1-75
—— 不好犯上而好作亂者未之有也(學2) 1-75
—— 少孔子四十三歲 1-76(疏)
—— 有若對曰盍徹乎(顔9) 2-217
—— 孝弟也者其爲仁之本與(學2) 1-75
劉子→劉文公(周) 1-331(疏)
劉辟彊(漢) 1-48(疏)
有夏→禹(夏) 2-41(疏)
柳下惠(春秋魯)←柳下季, 展禽, 獲 3-35(注), 155(疏)
——— 枉道而事人何必去父母之邦(微2) 3-154
——— 柳下是其所食之邑名(憲13疏) 3-36(疏)
——— 柳下惠爲士師三黜(微2) 3-154
——— 逸民(微8) 3-173, 174(疏)
——— 作者七人矣 2-348(疏)
——— 直道而事人焉往而不三黜(微2) 3-154
劉向(漢)←子政, 更生 1-48
—— 別錄(書) 師尙父 2-40(疏)
—— 周有八士宣王時人 3-179(疏)
劉炫(隋)
—— 克己 克訓勝己謂身 2-206(疏)

陸機(晉)
—— 唐棣奧李也一名雀梅 2-94(疏)
陸德明(唐)
——— 經典釋文(書) 1-42
陸通→楚狂接輿(春秋楚) 3-161(疏)
允→桓公(春秋魯) 3-77(疏)
隱公(春秋魯)←息姑
—— 專行征伐始於隱公 3-74(注), 77(注)
隱公(春秋邾)←邾隱公
—— 邾隱公來朝子貢觀焉 2-178(疏)
應劭(漢)
—— 漢書注 丞相 1-51(疏)
—— 市朝 2-346(疏)
—— 漢官儀 冕制 3-32(疏)
—— 漢書注 孤竹城 故伯夷國 1-296(疏)
—— 漢書注 侍中 1-64(疏)
宜臼→平王(周) 3-77(疏)
儀封人 1-220(疏)
——— 衛國儀邑典封疆之人 1-218(疏)
——— 作者七人矣 2-347(注), 348(疏)
——— 儀封人請見曰君子之至於斯也吾未嘗不得見也(八24) 1-217
鯉→伯魚(春秋魯) 2-161(注), 162(疏), 3-97, 98(疏)
離婁(人) 3-92(疏)
李善(唐)
—— 彭祖名鏗堯臣封於彭城 1-352(疏)
李巡(漢)
—— 鏝 一名杇 1-272(疏)
—— 無舟而渡水曰徒涉 1-365(疏)
夷吾→惠公(春秋晉) 2-291(疏)
伊尹(殷) 2-241, 242(疏)
李耳→老子(周) 1-352(疏)
夷逸
—— 逸民 3-173, 174(疏)
—— 作者七人矣 2-348(疏)
李充(晉)
—— 安上治民莫善於禮 3-51(疏)
—— 力不由理斯怪力也 1-379(疏)
益(舜臣)
— 虞(官名) 3-21(疏)
琳公(人)
—— 互鄉難與言童子見八字通爲一句 1-389(疏)
林放(春秋魯) 1-163(疏), 165, 166(疏)
—— 林放問禮之本(八4) 1-162

【ㅈ】

子家駒(春秋魯) 1-156(疏)
——— 諸侯僭於天子 3-77(疏)
子開→子牢(春秋衛) 2-65(疏)
子開→漆彫開(春秋魯) 1-261(疏)
子羔(春秋衛)←高柴, 柴, 子高, 子皐 2-177(疏)
—— 柴也愚(先17) 2-174
—— 性愚直 2-176(疏)
—— 子路使子羔爲費宰(先23) 2-187, 188(疏)
子高→葉公(春秋楚) 1-378(疏)
子高→子羔(春秋衛) 2-177(疏)
子皐→子羔(春秋衛) 2-177(疏)
子貢(春秋衛)←端木賜, 賜
—— 敢問其次(路20) 2-274
—— 固天縱之將聖又多能也(罕6) 2-62, 63(疏)
—— 孔文子何以謂之文也(公15) 1-280
—— 孔子爲子貢說仁者之行 1-350(疏)
—— 過也人皆見之更也人皆仰之(張21) 3-200
—— 管仲非仁者與(憲17) 2-323

—— 君子野人異者質文不同故也(顔8疏) 2-216(疏)
—— 君子亦有惡乎(陽22) 3-147
—— 君子一言以爲知一言以爲不知(張25) 3-206
—— 君子之過也如日月之食焉(張21) 3-200
—— 今之從政者何如(路20) 2-275
—— 其斯之謂與(學15) 1-101
—— 其生也榮其死也哀(張25) 3-207
—— 其諸異乎人之求之與(學10) 1-93
—— 諾吾將問之(述15) 1-369
—— 得其門者或寡矣(張23) 3-203
—— 莫不有文武之道焉(張22) 3-201
—— 盟可尋也亦可寒也 1-125(疏)
—— 無以爲也仲尼不可毁也(張24) 3-205
—— 文武之道未墜於地在人(張22) 3-201
—— 問士之爲行 2-276(疏)
—— 文猶質也質猶文也(顔8) 2-216
—— 聞一纔知二 1-269(疏)
—— 問何爲莫知己 2-342(疏)
—— 伯夷叔齊何人也 1-370(疏)
—— 伯夷叔齊何人也 1-371(疏)
—— 不得其門而入不見宗廟之美百官之富(張23) 3-202
—— 夫子多學而識之 3-18(疏)
—— 夫子焉不學而亦何常師之有(張22) 3-201
—— 夫子溫良恭儉讓以得之(學10) 1-93, 94(疏)
—— 夫子自道也(憲28) 2-336
—— 夫子之求之也(學10) 1-93
—— 夫子之得邦家者(張25) 3-207
—— 夫子之文章可得而聞也(公13) 1-276
—— 夫子之不可及也猶天之不可階而升也(張25) 3-206
—— 夫子之云不亦宜乎(張23) 3-203
—— 夫子之牆數仞(張23) 3-202
—— 富志怠於學 1-102(疏)
—— 譬之宮牆(張23) 3-202
—— 非天命而偶富 2-176(注)
—— 貧而無諂富而無驕何如(學15) 1-101
—— 駟不及舌(顔8) 2-215
—— 賜不受命而貨殖焉(先18) 2-175
—— 賜不幸言而中(左傳) 2-178(疏)
—— 賜也可使從政也與(雍8) 1-317
—— 賜也達於從政乎何有(雍8) 1-317
—— 賜也聞一以知二(公9) 1-268
—— 賜也非爾所及也(公12) 1-275
—— 賜也始可與言詩已矣(學15) 1-101
—— 賜也女以予爲多學而識之者與(衛2) 3-17
—— 賜也亦有惡乎(陽22) 3-147
—— 賜也爾愛其羊我愛其禮(八17) 1-196
—— 師也辟(先17) 2-175
—— 賜也何敢望回(公9) 1-268
—— 賜也何如(公4) 1-256, 257(疏)
—— 賜也賢乎哉夫我則不暇(憲29) 2-337
—— 師與商也孰賢(先15) 2-171
—— 賜之牆也及肩闚見室家之好(張23) 3-202
—— 嘗適吳 2-64(疏)
—— 惜乎夫子之說君子也(顔8) 2-215
—— 所謂立之斯立道之斯行(張25) 3-207
—— 綏之斯來動之斯和(張25) 3-207
—— 詩云如切如磋如琢如磨(學15) 1-101
—— 是以君子惡居下流(張20) 3-199
—— 我不欲人之加諸我也吾亦欲無加諸人(公12) 1-274
—— 言管仲非仁之事 2-325(疏)
—— 言不可不愼也(張25) 3-206
—— 言語宰我子貢(先2) 2-156
—— 如有博施於民而能濟衆何如可謂仁乎

(雍30) 1-348
—— 如之何其可及也(張25) 3-207
—— 然非與(衛2) 3-17
—— 然則師愈與(先15) 2-172
—— 惡不孫以爲勇者(陽22) 3-148
—— 惡訐以爲直者(陽22) 3-148
—— 惡徼以爲知者(陽22) 3-147
—— 韞匵而藏諸求善賈而沽諸(罕13) 2-75
—— 欲去告朔之餼羊 1-197(疏)
—— 欲觀孔子聖德藏用何如 2-76(疏)
—— 欲爲仁未知其法 3-28(疏)
—— 怨乎(述15) 1-369
—— 有美玉於斯(罕13) 2-75
—— 有一言而可以終身行之者乎(憲23) 3-42
—— 人雖欲自絶其何傷於日月乎(張24) 3-205
—— 子如不言則小子何述焉(陽17) 3-135
—— 子貢侃侃如也(先12) 2-167
—— 子貢問君子(爲13) 1-127
—— 子貢問友(顔23) 2-243
—— 子貢問爲仁(衛9) 3-27
—— 子貢問政(顔7) 2-214
—— 子貢方人(憲29) 2-337
—— 子貢欲去告朔之餼羊(八17) 1-196
—— 子貢不驕猶可能也 2-307(疏)
—— 子貢賢於仲尼(張23) 3-202
—— 財貨是殖 2-178(疏)
—— 紂之不善不如是之甚也(張20) 3-199
—— 仲尼日月也無得而踰焉(張24) 3-205
—— 多見其不知量也(張24) 3-205
—— 天下之惡皆歸焉(張20) 3-199
—— 他人之賢者丘陵也猶可踰也(張24) 3-205
—— 必不得已而去於斯三者何先(顔7) 2-214
—— 必不得已而去於斯二者何先(顔7) 2-214
—— 何如斯可謂之士矣(路20) 2-274
—— 何爲其莫知子也(憲35) 2-341
—— 鄕人皆惡之何如(路24) 2-282
—— 鄕人皆好之何如(路24) 2-282
—— 賢者識其大者不賢者識其小者(張22) 3-201
—— 虎豹之鞟猶犬羊之鞟(顔8) 2-216
—— 桓公殺公子糾不能死又相之(憲17) 2-323
子國→公子發(春秋鄭) 1-282(疏)
子弓→朱張(人)
—— 逸民 3-175(疏)
子禽(春秋陳)←陳亢 1-93(注), 94(疏), 3-208(疏)
—— 求之與抑與之與(學10) 1-93
—— 夫子至於是邦也必聞其政(學10) 1-93
—— 子禽問於子貢曰(學10) 1-93
—— 子亦有異聞乎(季13) 3-96
—— 問一得三聞詩聞禮又聞君子之遠其子也 3-97
—— 陳亢問於伯魚曰子亦有異聞乎(季13) 3-96
—— 陳亢退而喜曰問一得三(季13) 3-97
子旗→巫馬期(春秋魯) 1-393(疏)
子良→包咸(漢) 1-56(疏)
子路(春秋魯)←季路, 由, 仲由 1-130(注), 13(注), 346(疏), 347(疏)
—— 可使有勇且知方也(先24) 2-190
—— 可使治其賦也 1-265(疏), 266(疏)
—— 加之以師旅因之以饑饉(先24) 2-189
—— 敢問死(先11) 2-166
—— 見形而不及道 3-115(疏)
—— 季路問事鬼神(先11) 2-166
—— 季孫信讒恚子路 2-344(注), 345(疏)
—— 告請禱求鬼神 1-401(疏)
—— 公伯寮愬子路於季孫 2-343
—— 果敢有勇 1-263(疏)

—— 君臣之義如之何其廢之(微7) 3-170
—— 君子尙勇乎(陽21) 3-146
—— 君子亦有窮乎(衛1) 3-16
—— 君子之仕也行其義也(微7) 3-170
—— 今由與求也相夫子(季1) 3-65
—— 其由也與(罕27) 2-88
—— 道之不行已知之矣(微7) 3-170
—— 末之也已何必公山氏之之也(陽4) 3-109
—— 問承事神其理何如 2-167(疏)
—— 問津 3-166(疏)
—— 未之能行唯恐有聞 1-280(注)
—— 未知所以答 1-377(疏)
—— 輔相季氏 3-67(疏)
—— 逢老人以杖擔荷竹器 3-171(疏)
—— 夫子可以行矣 3-158(疏)
—— 夫子言不哂子路欲爲諸侯之事 2-195(疏)
—— 夫子何哂由也(先24) 2-192
—— 不知正名之義 2-250(疏)
—— 不忮不求 2-89(疏)
—— 不仕無義(微7) 3-170
—— 使門人爲臣 2-74(疏)
—— 昔者由也聞諸夫子(陽6) 3-113
—— 性剛故率爾先三人而對也 2-194(疏)
—— 召忽死之管仲不死曰未仁乎(憲16) 2-320
—— 升堂 2-245(疏)
—— 升堂而未入室 3-115(疏)
—— 臣季氏故任擧子羔 2-188(疏)
—— 失於畔喭 2-176(疏), 2-177(疏)
—— 顔淵季路侍(公26) 1-300, 301(注)
—— 野哉由也(路3) 2-249
—— 若由也不得其死然(先12) 2-168
—— 於從政乎何有 1-318(疏)
—— 如斯而已乎(憲42) 2-359
—— 冉有季路見於孔子 3-60
—— 曰親於其身爲不善者君子不入也(陽6) 3-113
—— 欲絜其身而亂大倫(微7) 3-170
—— 願聞子之志(公26) 1-301
—— 願車馬衣輕裘與朋友共敝之而無憾(公26) 1-300
—— 爲季氏臣 3-60(注), 66(疏)
—— 爲孔丘(微6) 3-162
—— 爲國以禮其言不讓是故哂之 2-193(注)
—— 衛君待子而爲政子將奚先(路3) 2-248
—— 爲仲由(微6) 3-163, 166(疏)
—— 有明斷篤信之德 2-228(疏)
—— 有民人焉有社稷焉(先23) 2-187
—— 有是哉子之迂也奚其正(路3) 2-248
—— 由也兼人故退之(先20) 2-183
—— 由也果於從政乎何有(雍8) 1-317
—— 由也女聞六言六蔽矣乎(陽7) 3-117
—— 由也問聞斯行諸(先20) 2-182
—— 由也喭(先17) 2-175
—— 由也爲之比及三年(先24) 2-190
—— 由也千乘之國可使治其賦也(公8) 1-264
—— 由也好勇過我無所取材(公7) 1-262
—— 由知德者鮮矣(衛3) 3-19
—— 有之誄曰禱爾于上下神祇(述35) 1-400
—— 由之瑟奚爲於丘之門(先14) 2-170, 2-171(疏)
—— 由之行詐也(罕12) 2-73
—— 由誨女知之乎(爲17) 1-130
—— 以己有勇 1-364(疏)
—— 子見夫子乎(微7) 3-169
—— 自孔氏(憲38) 2-349
—— 子路拱而立(微7) 3-169
—— 子路共之三嗅而作(鄕21) 2-152
—— 子路無宿諾(顔12) 2-228
—— 子路問君子(憲42) 2-359
—— 子路問聞斯行諸(先20) 2-182

—— 子路問事君(憲22) 2-332
—— 子路問成人(憲12) 2-308
—— 子路問政(路1) 2-245
—— 子路聞之喜(公7) 1-262
—— 子路不對(述19) 1-376
—— 子路不說(雍28) 1-345
—— 子路不說曰(陽4) 3-109
—— 子路使門人爲臣(罕12) 2-73
—— 子路使子羔爲費宰(先23) 2-187
—— 子路率爾而對曰(先24) 2-190
—— 子路宿於石門(憲38) 2-349
—— 子路慍見曰君子亦有窮乎(衛1) 3-16
—— 子路有聞未之能行唯恐有聞(公14) 1-279
—— 子路仁乎(公8) 1-264
—— 子路終身誦之(罕27) 2-88
—— 子路從而後遇丈人以杖荷蓧(微7) 3-168
—— 子路曾晳冉有公西華侍坐(先24) 2-189
—— 子路之才學分限 2-171(疏)
—— 子路請禱(述35) 1-400
—— 子路行以告(微6) 3-164
—— 子路行行如也(先12) 2-167
—— 子行三軍則誰與(述11) 1-363
—— 長幼之節不可廢也(微7) 3-170
—— 政事冉有季路(先2) 2-156
—— 從我者其由與(公7) 1-261
—— 仲由可使從政也與(雍8) 1-317
—— 仲由冉求可謂大臣與(先22) 2-185, 186(疏)
—— 千乘之國可使治其賦也(公8) 1-264
—— 千乘之國攝乎大國之間(先24) 2-189
—— 聽偏言決斷獄訟 2-229(疏)
—— 片言可以折獄者其由也與(顔12) 2-227, 228(疏)
—— 佛肹以中牟畔子之往也如之何(陽6) 3-114
—— 何如斯可謂之士矣(路28) 2-286
—— 何必讀書然後爲學(先23) 2-187
—— 桓公殺公子糾(憲16) 2-320
子牢(春秋衛)←琴牢, 牢, 子開, 子張 2-65(注)
—— 牢曰子云吾不試故藝(罕7) 2-65
子文→令尹子文(春秋楚) 1-290(疏)
子文→張禹(漢) 1-56(疏)
子服景伯(春秋魯)←子服何忌, 子服何 2-343(注), 345(疏), 3-203(疏)
———— 夫子固有惑志於公伯寮(憲36) 2-343
———— 吾力猶能肆諸市朝(憲36) 2-344
———— 子服景伯以告子貢(張23) 3-202
子服何→子服景伯(春秋魯) 3-203(疏)
子服何忌→子服景伯(春秋魯) 2-343(注), 345(疏)
子思(春秋魯)
—— 孟子師孔子之孫子思 1-85(疏)
—— 羊容問於子思 2-43(疏)
子思→原思(春秋魯) 1-315(疏)
子駟(春秋鄭)
—— 子西之父 2-306(疏)
子産(春秋鄭)←公孫僑 1-281(注), 282(疏), 2-355(疏)
—— 居東里 2-302(注)
—— 古之遺愛也 2-304(注), 306(疏)
—— 愛人之人 2-305(疏)
—— 貞而不諒 3-55(疏)
—— 擇能而使之 2-303(疏)
子桑→公孫枝(春秋秦) 1-307(疏)
子桑伯子(人) 1-304, 305(注), 307(疏)
子西(春秋鄭)←公孫夏 2-304, 306(疏)
—— 無足可稱也 2-305(疏)
子西(春秋楚)←公子申 2-306(疏)
—— 臣歸死於司敗也 1-393(疏)

子洩→公山弗擾(春秋魯) 3-109(疏), 110(疏)
子我→宰我(春秋魯) 1-272(疏)
子陽→王吉(漢) 1-52(疏)
子魚→祝鮀(春秋衛) 1-330(注), 331(疏)
子輿→曾子(春秋魯) 1-78(疏)
子淵→顏淵(春秋魯) 1-122(注), 123(疏)
子邕→王肅(三國魏) 1-61(疏)
子容→南容(春秋魯) 1-254(注), 2-296(疏)
子羽(春秋鄭)←公孫揮 2-302(注), 303(疏)
子羽→澹臺滅明(春秋魯) 1-326(注), 327(疏)
子牛→司馬牛(春秋宋) 2-208(疏)
子游(春秋吳)←言偃, 偃, 言游 1-118(注), 119(疏), 326, 327(疏), 3-193(疏)
―― 君子學道則愛人小人學道則易使也(陽3) 3-107
―― 武城宰 3-106(注), 108(疏)
―― 文學子游子夏(先2) 2-156
―― 事君數斯辱矣朋友數斯疏矣(里26) 1-249
―― 參分帶下紳居二焉 3-23(疏)
―― 喪致乎哀而止(張14) 3-195
―― 昔者偃也聞諸夫子(陽3) 3-107
―― 抑末也本之則無如之何(張12) 3-191
―― 偃之言是也前言戲之耳(陽3) 3-107
―― 然而未仁(張15) 3-196
―― 吾友張也爲難能也(張15) 3-196
―― 有澹臺滅明者(雍14) 1-326
―― 子游問孝(爲7) 1-118
―― 子游爲武城宰(雍14) 1-326
―― 子夏之門人小子當灑掃應對進退則可矣(張12) 3-191
―― 撰定論語 1-45(疏)
―― 噫言游過矣(張12) 3-192
子有→冉求(春秋魯) 1-166(疏)
子長→公冶長(春秋魯) 1-252(疏)
子臧→僖伯彄(春秋魯) 1-285(疏)
子張→子牢(春秋衛) 2-65(疏)
子張(春秋陳)←顓孫師 1-288(疏), 132(注), 133(疏), 143(疏)
―― 見得思義(張1) 3-181
―― 君子尊賢而容衆嘉善而矜不能(張3) 3-183
―― 問爲仁之道 3-113(疏)
―― 未達諒陰 2-354(疏)
―― 未嘗知相師之禮 3-59(疏)
―― 士見危致命(張1) 3-181
―― 師也過商也不及(先15) 2-171
―― 師也辟(先17) 2-175
―― 師與商也孰賢(先15) 2-171
―― 邪辟文過 2-176(疏)
―― 士何如斯可謂之達矣(顏20) 2-235
―― 書云高宗諒陰三年不言何謂也(憲40) 2-353
―― 十世可知也(爲23) 1-142
―― 我之大賢與於人何所不容(張3) 3-183
―― 我之不賢與人將拒我(張3) 3-183
―― 焉能爲有焉能爲亡(張2) 3-182
―― 與師言之道與(憲41) 3-58
―― 與人結交之道 3-184(疏)
―― 如之何其拒人也(張3) 3-183
―― 然則師愈與(先15) 2-172
―― 令尹子文三仕爲令尹無喜色(公19) 1-286
―― 異乎吾所聞(張3) 3-183
―― 子張問明(顏6) 2-212
―― 子張問善人之道(先19) 2-180
―― 子張問崇德辨惑(顏10) 2-222
―― 子張問仁於孔子(陽5) 3-112
―― 子張問政(顏14) 2-231
―― 子張問政於孔子曰何如斯可以從政矣(堯2) 3-221
―― 子張問行(衛5) 3-21

—— 子張書諸紳(衛5) 3-22
—— 子張容儀之難及 3-196(注)
—— 子張材德 3-196(疏)
—— 子張學干祿(爲18) 1-132
—— 子夏云何(張3) 3-183
—— 在邦必聞在家必聞(顔20) 2-235
—— 祭思敬喪思哀其可已矣(張1) 3-181
—— 執德不弘信道不篤(張2) 3-182
—— 何如斯可以從政矣(堯2) 3-221
—— 何謂四惡(堯2) 3-222
—— 何謂五美(堯2) 3-221
—— 何謂惠而不費(堯2) 3-221
子政→劉向(漢) 1-48(疏)
子周→公伯寮(春秋魯) 2-345(疏)
子仲(春秋魯) 2-212(疏)
子遲→樊遲(春秋齊) 1-116(疏)
子賤(春秋魯)←宓不齊 1-255, 256(疏)
子大叔→世叔(春秋鄭) 2-302(疏), 303(疏)
子夏←卜商, 商 1-88(注), 172(注), 121(注), 325
—— 可謂好學也已矣(張5) 3-186
—— 巧笑倩兮美目盼兮素以爲絢兮何謂也(八8) 1-171
—— 君子敬而無失與人恭而有禮(顔5) 2-210
—— 君子信而後勞其民(張10) 3-189
—— 君子有三變(張9) 3-189
—— 君子之道孰先傳焉孰後倦焉(張12) 3-192
—— 君子之道焉可誣也(張12) 3-192
—— 君子何患乎無兄弟也(顔5) 2-210
—— 君子學以致其道(張7) 3-187
—— 起予者商也(先3疏) 2-158(疏)
—— 大德不踰閑(張11) 3-190
—— 望之儼然卽之也溫聽其言也厲(張9) 3-189
—— 文學子游子夏(先2) 2-156
—— 未信則以爲厲己也(張10) 3-189
—— 未信則以爲謗己也(張10) 3-190
—— 博學而篤志切問而近思(張6) 3-186
—— 百工居肆以成其事(張7) 3-187
—— 富哉言乎(顔22) 2-241
—— 譬諸草木區以別矣(張12) 3-192
—— 事君能致其身(學7) 1-89
—— 事父母能竭其力(學7) 1-89
—— 師也過商也不及(先15) 2-171
—— 師與商也孰賢(先15) 2-171
—— 仕而優則學學而優則仕(張13) 3-194
—— 四海之內皆兄弟也(顔5) 2-210
—— 商聞之矣(顔5) 2-210
—— 商聞之矣死生有命富貴在天(顔5) 2-210
—— 少孔子四十四歲 1-90(疏)
—— 小德出入可也(張11) 3-190
—— 小人之過也必文(張8) 3-188
—— 雖小道必有可觀者焉(張4) 3-185
—— 雖曰未學吾必謂之學矣(學7) 1-89
—— 受王季秬鬯圭瓚之錫 2-43(疏)
—— 舜有天下選於衆擧皐陶不仁者遠矣(顔22) 2-241
—— 是以君子不爲也(張4) 3-185
—— 信而後諫(張10) 3-190
—— 與朋友交言而有信(學7) 1-89
—— 與人結交之道 3-184(疏)
—— 禮後乎(八8) 1-171
—— 月無忘其所能(張5) 3-186
—— 爲魯下邑莒父之宰 2-271(疏)
—— 爲樊遲說擧直錯枉之事 2-242(疏)
—— 有始有卒者其唯聖人乎(張12) 3-193
—— 仁在其中矣(張6) 3-187
—— 日知其所亡(張5) 3-185
—— 子夏問孝(爲8) 1-120
—— 子夏曰吾離群而索居(禮記) 1-73(疏)
—— 子夏爲莒父宰問政(路17) 2-270

—— 子夏之門人問交於子張(張3) 3-183
—— 子夏之門人小子當灑掃應對進退則可矣(張12) 3-191
—— 子夏云何(張3) 3-183
—— 子夏之弟子灑掃應對進退 3-193(疏)
—— 撰定論語 1-45
—— 致遠恐泥(張4) 3-185
—— 湯有天下選於衆擧伊尹不仁者遠矣(顔22) 2-241
—— 賢賢易色(學7) 1-88
—— 噫言游過矣(張12) 3-192
子行敬子(春秋衛) 1-331(疏)
子華→公西華(春秋魯) 1-310(注), 311(疏), 312(疏)
棖→申棖(春秋魯) 1-273
臧賈(春秋魯) 2-314(疏)
莊姜(春秋衛) 1-172(疏)
莊公(春秋魯)←周 1-160(疏), 177(疏), 3-77(疏)
長公→夏侯勝(漢) 1-49(疏)
臧武仲(春秋魯)←武仲, 臧孫, 臧孫紇, 臧紇 1-285(疏), 2-308(注)
——— 要君之事(憲14疏) 2-313(疏)
——— 爲孟氏所譖出奔邾(憲14疏) 2-310(疏), 313(疏), 314(疏)
——— 臧武仲以防求爲後於魯(憲14) 2-313
——— 知如武仲(憲12疏) 2-309(疏)
長文→陳群(三國魏) 1-61(疏)
臧文仲(春秋魯)←文仲辰, 臧孫辰, 臧氏 1-283(注), 285(疏)
——— 立言之賢 3-72(疏)
——— 作虛器 1-286(疏)
——— 臧文仲居蔡(公18) 1-283
——— 臧文仲其竊位者與(憲13) 3-35
——— 知賢而不擧 3-36(疏)
臧石(春秋魯) 1-198(疏)
臧宣叔(春秋魯)
——— 娶于鑄 2-314(疏)
臧孫→臧武仲(春秋魯) 2-310(疏), 314(疏)
臧孫辰→臧文仲(春秋魯) 1-283(注), 285(疏)
臧孫紇→臧武仲(春秋魯) 2-308(注), 310(疏), 313(疏)
臧氏→臧文仲(春秋魯) 1-285(疏)
莊氏(人)
—— 夫大人者與天地合其德 3-90(疏)
張禹(漢)←安昌侯, 子文, 節侯 1-62(疏), 208(疏)
—— 張侯論 1-46(疏), 56
臧爲(春秋魯) 2-314(疏)
長孺→韋賢(漢) 1-51(疏)
莊子白(春秋齊) 2-226(疏)
長沮
—— 夫執輿者爲誰(微6) 3-162
—— 是魯孔丘與(微6) 3-162
—— 是知津矣(微6) 3-162
—— 隱者 3-165(疏)
—— 作者七人矣 2-347(注), 348(疏)
—— 從辟世之法 3-164(注), 166(疏)
—— 長沮桀溺耦而耕(微6) 3-162
長倩→蕭望之(漢) 1-50(疏)
張衡(漢)
—— 西京賦 3-206(疏)
萇弘(周) 1-331(疏)
張華(晉)
—— 公冶長墓在陽城姑幕城 1-252(疏)
臧紇→臧武仲(春秋魯) 2-310(疏), 314(疏)
宰我(春秋魯)←宰予, 子我 1-270, 272(疏), 271(注)
—— 舊穀既沒新穀既升鑽燧改火期可已矣 3-137
—— 君子三年不爲禮禮必壞(陽19) 3-137
—— 使民戰栗 1-207(疏), 208(疏)

—— 三年不爲樂樂必崩(陽19) 3-137
—— 三年之喪期已久矣(陽19) 3-137, 3-140(疏)
—— 安(陽19) 3-138
—— 言語宰我子貢(先2) 2-156
—— 予也有三年之愛於其父母乎(陽19) 3-139
—— 予之不仁也(陽19) 3-139
—— 以仁者必濟人於患難 1-343(注), 344(疏)
—— 仁者雖告之曰井有仁焉其從之也(雍26) 1-342
—— 宰我出(陽19) 3-139
—— 宰予晝寢(公10) 1-269
—— 夏后氏以松殷人以栢周人以栗曰使民戰栗(八21) 1-206
宰予→宰我(春秋魯) 1-269, 270, 271(注), 272(疏)
宰咺(周) 2-355(疏)
赤(春秋魯)←惡
— 魯文公之世子 3-79(注), 81(疏)
赤→公西華(春秋魯) 1-265, 2-182, 183(疏), 191, 193, 194(疏), 195(疏)
翟方進(漢) 1-54(疏)
籛鏗→彭祖(殷) 1-352(疏)
展禽→柳下惠(春秋魯) 3-35(注)
田成子→陳成子(春秋齊) 2-226(疏)
顓孫師→子張(春秋陳) 1-132(注), 133(疏)
田氏(春秋齊)
—— 專齊政 3-156(疏)
田氏→陳成子(春秋齊) 1-153(疏)
田完(春秋齊)←敬仲, 陳完 2-227(疏)
—— 犇齊 1-369(疏)
—— 諡爲敬仲 2-226(疏)
顓頊(人) 2-39(疏), 41(疏)
節侯→韋賢(漢) 1-51(疏)
節侯→張禹(漢) 1-56(疏)
點→曾晳(春秋魯) 2-191, 192
鄭康成→鄭玄(漢) 1-147(疏), 2-348(疏)
庭堅→皐陶(舜臣) 2-39(疏)
定公(春秋魯) 1-135(疏)
—— 君使臣臣事君如之何(八19) 1-203
—— 問爲君之道 2-269(疏)
—— 受齊之女樂 3-157(注), 158(疏)
—— 襄公之子 1-204(疏)
—— 以孔子爲中都宰 1-189(疏)
—— 一言而可以興邦有諸(路15) 2-267
—— 一言而喪邦有諸(路15) 2-268
—— 爵祿不從君出至定公爲五世 3-79(注), 80(疏)
—— 政在大夫(季3疏) 3-81(疏)
鄭司農→鄭衆(漢) 1-192(疏), 2-124(疏), 3-73(疏), 142(疏)
程鄭(春秋晉)
—— 問降階之道 2-21(疏)
鄭衆(漢)←鄭司農 1-192(疏)
—— 改火之說 3-142(疏)
—— 紺緅緇縓窺纁 2-124(疏)
—— 捘 直刃也 3-73(疏)
鄭沖(三國魏)←文和 1-64
鄭玄(漢)←康成, 鄭康成 1-47, 61(疏), 63(疏)
—— 簡閱在天心 3-219(疏)
—— 公西華 魯人 1-268(疏), 312(疏)
—— 箕子爲紂之諸父 3-152(疏)
—— 論語注 1-46(疏), 60(疏)
—— 論語注 六尺之孤年十五已下 2-25(疏)
—— 論語注 無所取於桴材 1-263(疏)
—— 論語注 微與箕俱在圻內 3-152(疏)
—— 論語注 黻是祭服冕其冠 2-48(疏)
—— 論語注 素衣麑裘視朔之服 2-125(疏)
—— 論語注 辟世辟地辟色辟言者 2-348(疏)
—— 論語注 夏曰瑚 1-257(疏)
—— 歷數在汝身謂有圖錄之名 3-218(疏)

—— 毛詩譜 周太王避狄難 2-43(疏)
—— 毛詩箋 井稅一夫其田百畝 2-219(疏)
—— 巫馬期 魯人 1-393(疏)
—— 辟爲卿士公謂諸侯 1-161(疏)
—— 屛謂之樹 1-214(疏)
—— 尙書注 三帛 1-146(疏)
—— 申棖蓋孔子弟子申績 1-274(疏)
—— 冉伯牛 魯人 1-323(疏)
—— 禮記曲禮注 圓曰簞方曰笥 1-324(疏)
—— 禮記曲禮注 齊謂裳下緝也 2-108(疏)
—— 禮記郊特牲注 灌謂以圭瓚酌鬯 1-177(疏)
—— 禮記郊特牲注 縮去滓也 2-319(疏)
—— 禮記檀弓注 南宮縚 孟僖子之子南宮閱 1-254(疏)
—— 禮記檀弓注 孟敬子武伯之子 2-20(疏)
—— 禮記大學注 無實者多虛誕之辭 2-230(疏)
—— 禮記大學注 百乘之家有采地者也 1-267(疏)
—— 禮記大學注 采地 一同之廣輪也 1-267(疏)
—— 禮記明堂位注 大路 木路也 3-31(疏)
—— 禮記明堂位注 王在焉曰路 3-31(疏)
—— 禮記明堂位注 俎豆 3-15(疏)
—— 禮記射義注 飮射爵者亦揖讓而升降 1-169(疏)
—— 禮記少儀注 三德 至德敏德孝德 1-357(疏)
—— 禮記王制注 附庸國 3-70(疏)
—— 禮記注 曲阜魯地 3-71(疏)
—— 禮記注 達喪 3-143(疏)
—— 禮記注 耜者耒之金 3-168(疏)
—— 禮記注 徐趨 2-114(疏)
—— 禮記注 誦謂歌樂也弦謂以絲播詩 1-70(疏)
—— 禮記注 諒闇 凶廬 2-354(疏)
—— 禮記注 溫讀如燖溫之溫 1-125(疏)
—— 禮記注 衣有著之異名 2-89(疏)
—— 禮記注 春夏陽也詩樂者聲聲亦陽也 1-70(疏)
—— 雩者吁也吁嗟而請雨也 2-201(疏)
—— 原思 魯人 1-315(疏)
—— 有若 魯人 1-76(疏)
—— 儀禮聘禮注 公旣拜客趨辟 2-104(疏)
—— 儀禮聘禮注 秉十六斛 1-313(疏)
—— 儀禮聘禮注 四享皆束帛加璧 2-115(疏)
—— 儀禮喪服注 布八十縷爲升 2-56(疏)
—— 儀禮燕禮注 升成拜 2-56(疏)
—— 子羔 衛人 2-177(疏)
—— 自古以來皆改正朔 1-147(疏)
—— 子桑伯子 秦大夫 1-307(疏)
—— 宰我 魯人也 1-272(疏)
—— 造次 倉卒也 1-232(疏)
—— 周禮考工記注 古者耜一金 3-168(疏)
—— 周禮考工記注 貢法助法 2-219(疏)
—— 周禮考工記注 句孑戟 3-73(疏)
—— 周禮考工記注 畿內采地之制 2-49(疏)
—— 周禮考工記注 軹 轂末也 2-100(疏)
—— 周禮大司徒注 同師曰朋同志曰友 1-73(疏)
—— 周禮大宗伯注 會同 2-198(疏)
—— 周禮大行人注 介與朝位 2-100(疏)
—— 周禮大行人注 朝正禮不嫌有等也 2-100(疏)
—— 周禮弁師注 王之五冕 3-32(疏)
—— 周禮舍人注 方曰簠 圓曰簋 1-257(疏)
—— 周禮小行人注 其玉大小各如其命數 2-111(疏)
—— 周禮小行人注 璧琮琥璜 2-111(疏)
—— 周禮匠人注 是邦國亦異外內之法 2-219(疏)
—— 周禮載師注 什一而稅謂之徹 2-219(疏)

—— 周禮注 畿上有封若今時界也 1-220(疏)
—— 周禮注 答述曰語 1-45
—— 周禮注 籩 竹器如豆者 2-22(疏)
—— 周禮注 士師 3-155(疏)
—— 周禮注 肆猶申也陳也 2-346(疏)
—— 周禮注 天子頒朔于諸侯 1-198(疏)
—— 周禮注 徹者歌雍 1-160(疏)
—— 周禮注 大宰 吳大宰嚭也 2-64(疏)
—— 周禮注 行火 3-142(疏)
—— 周禮注 國有大故則旅上帝及四望 1-166(疏)
—— 周禮注 大車 1-141(疏)
—— 周禮天官注 冢宰 2-355(疏)
—— 周有八士成王時人 3-179(疏)
—— 仲弓 魯人 1-259(注)
—— 蔡 出地因以爲名 1-285(疏)
—— 漆雕開 魯人 1-261(疏)
—— 霸者把也 2-326(疏)
—— 河圖洛書龜龍銜負而出 2-68(疏)
鄭興(漢)
—— 注 蕭茅 2-319(疏)
程姬(漢)
—— 魯共王母 1-54(疏)
齊景公(春秋齊)←景公
——— 待孔子以上卿之位 3-156(疏)
——— 問爲國之政 2-226(疏)
——— 民無德而稱焉(季12) 3-95, 96(疏)
——— 雖有粟吾得而食諸(顔11) 2-225
——— 信如君不君臣不臣父不父子不子(顔11) 2-225
——— 若季氏則吾不能以季孟之間待之(微3) 3-156
——— 吾老矣不能用也(微3) 3-156
——— 將以尼谿田封孔子 3-157(疏)
——— 齊景公問政於孔子(顔11) 2-225
——— 齊景公有馬千駟死之日民無德而稱焉(季12) 3-95
——— 齊景公待孔子曰若季氏則吾不能以季孟之間待之(微3) 3-156
帝嚳(人) 2-39(疏), 41(疏)
諸梁→葉公(春秋楚) 1-377(注), 378(疏)
諸兒→襄公(春秋齊) 2-322(疏)
帝乙(殷)
—— 命王季爲西伯 2-43(疏)
—— 微子開者殷帝乙之首子 3-219(疏)
帝摯(人) 2-41(疏)
齊桓公→桓公(春秋齊) 2-319(疏), 321(疏), 325(疏)
趙簡子(春秋晉)
——— 邑宰佛肸 3-113(注), 3-115(疏)
晁公武(宋)
——— 讀書志(書) 1-43
趙岐(漢) 1-120(疏)
—— 孟子注 耕五十畝者貢上五畝 2-219(疏)
趙孟(春秋晉)
—— 將死其語偸 2-21(疏)
曹爽(三國魏) 1-64(疏), 65(疏)
趙鞅(春秋晉)
納蒯聵於戚城 1-369(注), 370(疏), 372(疏)
祖乙(夏) 3-218(疏)
曹羲(三國魏) 1-64, 65(疏)
宗儒→孫邕(三國魏) 1-64(疏)
左丘明(春秋魯) 1-300(疏)
——— 魯太史 1-298(注)
——— 受春秋經於仲尼者也 1-299(疏)
——— 左丘明恥之丘亦恥之(公25) 1-298
左師
—— 向巢(春秋魯) 2-212(疏)
紂(殷)←受德 1-295(疏), 3-200(疏)
— 吾聞聖人心有七竅 3-153(疏)
— 淫亂 2-38(注), 39(疏), 43(疏)
— 周武王伐而滅紂 3-214(疏)

— 紂之母生微子啓與仲衍 3-152(疏)
— 紂之父欲立微子啓爲太子 3-152(疏)
— 紂之不善不如是之甚也(張20) 3-199
裯→昭公(春秋魯) 3-77(疏)
周→莊公(春秋魯) 3-77(疏)
周公(周)←周公旦 1-154(注)
—— 可委託以幼少之君 2-24(疏)
—— 故舊無大故則不棄也(微10) 3-178
—— 久矣吾不復夢見周公(述5) 1-354
—— 君子不施其親(微10) 3-177
—— 魯一變至於道 1-340(注)
—— 亂臣十人 2-37(注), 38(疏)
—— 魯周公之封 2-258(注)
—— 無求備於一人(微10) 3-178
—— 不使大臣怨乎不以(微10) 3-178
—— 成王封周公於曲阜 1-82(疏), 3-71(疏)
—— 受王者禮樂 1-156(疏)
—— 食菜於周謂之周公 2-40(疏)
—— 如有周公之才之美(泰11) 2-29
—— 周公戒魯公之語 3-151(疏), 178(疏)
—— 周公乃致辟管叔于商 3-219(疏)
—— 周公廟 1-187(注), 188(疏), 189(疏)
—— 周公囚蔡叔于郭隣 3-219(疏)
—— 周公謂魯公曰君子不施其親(微10) 3-177
—— 周公之才之美(泰11) 2-29
—— 周公之後魯姬姓 1-393(疏)
—— 周公稱太廟(公羊傳) 1-189(疏)
—— 周召共和之年 1-164(疏)
—— 周召分陝 2-43(疏)
—— 天子之宰卿士 2-173(注)
周公旦→周公 2-29, 37(注), 38(疏), 40(疏)
周生烈(三國魏)←文逸 1-41, 47(疏), 63(疏)
——— 作論語義說 1-61
周氏(漢) 1-41, 47(疏), 208(疏)
—— 論語注 1-46(疏), 56, 57(疏), 62(疏)
邾隱公→隱公(春秋邾) 2-178(疏)
周任(周)
—— 古之良史 3-66(疏)
—— 立言之賢 3-72(疏)
—— 周任有言曰陳力就列不能者止(季1) 3-62
周章(吳) 2-14(疏)
朱張(人)←子弓
——— 逸民 3-173, 175(疏)
——— 作者七人矣 2-348(疏)
仲康(夏) 2-296(疏)
仲弓(春秋魯)←冉雍, 雍 1-315, 306(疏), 316(疏)
—— 可使南面 1-304(疏)
—— 居敬而行簡以臨其民不亦可乎(雍2) 1-305
—— 德行顔淵閔子騫冉伯牛仲弓(先2) 2-156
—— 焉知賢才而擧之(路2) 2-247
—— 雍雖不敏請事斯語矣(顔2) 2-207
—— 雍也可使南面(雍1) 1-304
—— 雍也仁而不佞(公5) 1-258
—— 爲季氏家宰 2-247(疏)
—— 仁而不佞 1-258(注), 259(疏)
—— 仲弓問仁(顔2) 2-206
—— 仲弓問子桑伯子(雍2) 1-304
—— 仲弓爲季氏宰問政(路2) 2-246
—— 撰定論語 1-45
仲尼→孔子 1-351(疏), 2-202(疏), 316(注), 317(疏), 3-201, 202(疏), 203(疏), 205, 206, 208(疏)
仲突(周)
—— 周有八士 3-179
仲梁懷(春秋魯)
——— 改步改玉 3-110(疏)
仲孫 1-158(注), 159(疏)
—— 改其氏稱孟氏 3-80(疏)

—— 慶父之後 1-160(疏)
—— 三桓 3-80(注)
仲孫速→孟莊子(春秋魯) 3-197(注), 198(疏)
仲孫閱→南容(春秋魯) 2-296(疏)
仲孫捷→孟敬子(春秋魯) 2-18(注)
仲孫彘→孟武伯(春秋魯) 1-116(注), 117(注)
仲孫何忌→孟懿子(春秋魯) 1-114(注), 115(疏), 116(疏), 3-204(疏)
仲孫貜→孟僖子(春秋魯) 1-254(注)
仲叔圉(春秋衛)
——— 仲叔圉治賓客(憲19) 2-328
仲叔于奚(春秋衛) 1-189(疏)
仲衍(殷) 微子之弟 3-152(疏)
仲雍(周)←吳仲雍
—— 周太王次子 2-13(注), 14(疏)
仲由→子路 1-130(注), 131(疏), 317, 2-88(疏), 89(疏), 185, 186(疏), 250(疏), 3-163, 166(疏)
衆仲(春秋魯) 1-155(疏)
仲忽(周)
—— 周有八士 3-179
重華→舜 3-214(疏)
曾參→曾子(春秋魯) 1-78(疏)
曾晳(春秋魯)←曾蒧, 曾點, 點 2-197(疏)
—— 浴乎沂風乎舞雩詠而歸(先24) 2-192
—— 冠者五六人童子六七人(先24) 2-192
—— 獨能知時 2-202(疏)
—— 莫春者春服旣成(先24) 2-192
—— 夫三子者之言何如(先24) 2-192
—— 夫子何哂由也(先24) 2-192
—— 吾與點也(先24) 2-192
—— 唯求則非邦也與(先24) 2-193
—— 異乎三子者之撰(先24) 2-191
—— 子路曾晳冉有公西華侍坐(先24) 2-189
—— 點爾何如(先24) 2-191, 194(疏)
曾子→參, 曾參, 子輿
—— 可以寄百里之命(泰6) 2-24
—— 可以託六尺之孤(泰6) 2-23
—— 啓予足啓予手(泰3) 2-17
—— 君子思不出其位(憲26) 2-335
—— 君子所貴乎道者三(泰4) 2-19
—— 君子以文會友以友輔仁(顔24) 2-243
—— 君子人與君子人也(泰6) 2-24
—— 其不改父之臣與父之政是難能也(張18) 3-197
—— 堂堂乎張也難與竝爲仁矣(張16) 3-196
—— 動容貌斯遠暴慢矣(泰4) 2-19
—— 臨大節而不可奪也(泰6) 2-24
—— 孟莊子之孝也其他可能也(張18) 3-197
—— 籩豆之事則有司存(泰4) 2-19
—— 父曾晳 1-77(注)
—— 夫子之道忠恕而已矣(里15) 1-241
—— 士不可以不弘毅任重而道遠(泰7) 2-26
—— 死而後已不亦遠乎(泰7) 2-26
—— 參也魯(先17) 2-175
—— 參乎吾道一以貫之(里15) 1-241
—— 上失其道民散久矣(張19) 3-198
—— 昔者吾友嘗從事於斯矣(泰5) 2-23
—— 省身愼行之事 1-78(疏)
—— 性遲鈍 2-176(疏)
—— 詩云戰戰兢兢如臨深淵如履薄冰(泰3) 2-17
—— 愼終追遠民德歸厚矣(學9) 1-92
—— 如得其情則哀矜而勿喜(張19) 3-198
—— 與朋友交而不信乎(學4) 1-77
—— 吾聞諸夫子(張17) 3-197
—— 吾日三省吾身(學4) 1-77
—— 欲戒孟敬子 2-20(疏)
—— 爲人謀而不忠乎(學4) 1-77
—— 唯(里15) 1-241
—— 有母之喪水漿不入於口七日 2-252(疏)
—— 有若無實若虛犯而不校(泰5) 2-23

—— 而今而後吾知免夫小子(泰3) 2-17
—— 以能問於不能以多問於寡(泰5) 2-23
—— 人未有自致者也必也親喪乎(張17) 3-197
—— 仁以爲己任不亦重乎(泰7) 2-26
—— 人之將死其言也善(泰4) 2-18
—— 作孝經 1-78(疏)
—— 傳不習乎(學4) 1-77
—— 正顔色斯近信矣(泰4) 2-19
—— 鳥之將死其鳴也哀(泰4) 2-18
—— 曾子有疾孟敬子問之(泰4) 2-18
—— 曾子有疾召門弟子曰啓予足啓予手(泰3) 2-17
—— 曾子之孝不敢毁傷也 2-18(疏)
—— 出辭氣斯遠鄙倍矣(泰4) 2-19
曾點→曾晳 2-189(注), 194(疏), 197(疏)
曾蒧→曾晳 2-197(疏)
曾參→曾子(春秋魯) 1-77(注), 2-189(注)
至德
—— 文王 2-43(疏)
—— 以爲道本 1-357(疏)
—— 周之德可謂至德也已矣(泰20) 2-38
—— 泰伯 2-13
稷(舜臣)←棄, 后稷
— 舜有臣五人而天下治 2-37(注), 38(疏)
— 帝嚳之子 2-39(疏)
— 周自后稷封爲王者之後 2-43(疏)
— 周之始祖 2-295(疏)
— 播百穀 2-294(注), 299(疏)
— 后十五世至文王受命 2-295(疏), 299(疏)
— 后稷 3-21(疏)
陳群(三國魏)←潁陰侯, 長文 1-47, 63(疏)
—— 作論語義說 1-61
晉文公→文公(春秋晉) 2-326(疏)
陳文子(春秋齊) 1-288(注)
——— 陳文子有馬十乘棄而違之(公19) 1-287
秦伯→穆公(春秋秦) 2-291(疏)
陳司敗(春秋陳) 1-396(疏)
——— 君而知禮孰不知禮(述31) 1-391
——— 君取於吳爲同姓謂之吳孟子(述31) 1-391
——— 昭公知禮乎(述31) 1-391
——— 吾聞君子不黨君子亦黨乎(述31) 1-391
陳成子(春秋齊)←常, 田成子, 田氏, 陳恒
——— 弑簡公 1-153(疏), 2-226(疏), 330(疏)
——— 陳成子弑簡公(憲21) 2-329
——— 陳恒弑其君請討之(憲21) 2-329
陳完→田完(春秋陳) 1-369(疏)
陳子禽(人)
——— 非陳亢 3-208(疏)
——— 子爲恭也仲尼豈賢於子乎(張25) 3-206
——— 陳子禽謂子貢曰子爲恭也仲尼豈賢於子乎(張25) 3-206
晉灼(晉) 1-64(疏)
陳亢→子禽(春秋陳) 1-93(注), 94(疏), 3-208(疏)
陳恒→陳成子(春秋齊) 2-329(注), 330(疏)
陳桓子(春秋齊)
——— 滅齊 2-225(注), 226(疏)
斟灌(人) 2-297(疏)
斟鄩(人) 2-297(疏)

【ㅊ】

昌→文王(周) 2-13(注), 14(疏)
倉頡(人)
—— 科斗書 1-54(疏)
蔡謨(晉) 1-347(疏)

蔡叔(周) 1-283(注), 3-214(疏)
—— 周公囚蔡叔于郭隣 3-219(疏)
蔡邕(漢)
—— 石經論語 1-42
蔡義(漢) 1-51(疏)
天老(黃帝臣) 2-68(疏)
天乙→湯(夏) 3-218(疏)
輒→出公輒(春秋衛) 1-369(注), 370(注), 372(疏), 2-250(疏)
捷→孟敬子(春秋魯) 2-20(疏)
椒(人) 2-297(疏)
楚狂接輿(春秋楚)←陸通 3-161(疏)
———— 鳳兮鳳兮何德之衰(微5) 3-159
———— 往者不可諫來者猶可追(微5) 3-160
———— 已而已而今之從政者殆而(微5) 3-160
———— 作者七人矣 2-347(注), 2-348(疏)
———— 楚狂接輿歌而過孔子曰(微5) 3-159
楚元王(漢) 1-48(疏)
譙周(蜀漢)
—— 悅深而樂淺也 1-70(疏)
崔靈恩(南朝梁) 1-352(疏)
崔子(春秋齊)←崔杼 1-288(注), 290(疏)
—— 崔子弑齊君(公19) 1-287
崔杼→崔子(春秋齊) 1-287, 288(疏), 290(疏)
鄒魯大儒→韋賢(漢) 1-51(疏)
祝鮀(春秋衛)←子魚 1-330(注), 331(疏)
—— 善佞 1-260(疏)
—— 祝鮀之佞(雍16) 1-330
—— 祝鮀治宗廟(憲19) 2-328
出公輒(春秋衛)←衛君, 衛君輒, 輒 1-369(注), 370(疏), 371(疏), 372(疏), 2-250(疏)
——— 衛君待子而爲政子將奚先(路3) 2-248
稺孟夷(春秋齊) 2-226(疏)
漆彫開(春秋魯)←子開 1-261(疏)
——— 子使漆彫開仕(公6) 1-260
漆彫平(人) 1-285(疏)

【E】

湯(殷)←履, 天乙
— 簡在帝心(堯1) 3-211
— 孔安國 湯改名履 3-218(疏)
— 放桀於南巢 3-214(疏)
— 上聖之人 1-384(疏)
— 世本 湯名天乙 3-218(疏)
— 予小子履敢用玄牡敢昭告于皇皇后帝 3-211
— 有聖德應天順人 3-214(疏)
— 有罪不敢赦(堯1) 3-211
— 以商爲國號 2-41(疏)
— 帝臣不蔽(堯1) 3-211
— 湯觀於洛沈璧而黑龜與之書 1-147(疏)
— 湯伐桀告天之辭 3-214(疏)
太公(周)←師尙父, 呂尙, 呂牙, 太公望 1-295(疏)
—— 以漁釣奸周西伯 2-40(疏)
—— 亂臣十人 2-37(注), 38(疏)
—— 齊一變至於魯 1-340(注)
太公望→太公(周) 2-37(注), 38(疏), 40(疏)
太公和(春秋齊) 2-226(疏)
大叔(衛)
—— 孔文子之將攻大叔也 3-14(疏)
泰伯(周)←吳泰伯, 太伯
—— 以天下三讓於王季 2-13(注), 14(疏)
—— 讓位之德 2-13(疏), 15(疏)
—— 至德 2-51(疏)
—— 泰伯其可謂至德也已矣(泰1) 2-13
—— 泰伯之後 吳姬姓 1-393(疏)
太伯→泰伯(周) 2-14(疏)
太姒(周)←文母

—— 亂臣十人 2-37(注), 38(疏)
—— 文王之后武王之母 2-40(疏)
太史公→司馬遷(漢) 1-295(疏), 2-319(疏)
太王(周)
—— 長者泰伯 2-13(注), 14(疏)
—— 避狄難自豳始遷焉 2-43(疏)
太任(周)
—— 季歷娶太任生昌 2-43(疏)
太宰嚭(春秋吳) 1-125(疏), 2-64(疏)
太顚(周)
—— 亂臣十人 2-37(注), 38(疏), 40(疏)
太皥→伏羲 3-70(疏)
鬥穀於菟→令尹子文(春秋楚) 1-286(注), 290(疏)
鬥伯比(春秋楚) 1-290(疏)
播鼗武(春秋魯) 3-176
彭祖(殷)←鏗, 老彭, 籛鏗 1-352(疏)
平叔→何晏(三國魏) 1-65(疏)
平王(周)←宜臼
—— 東居洛邑 3-77(疏)
—— 東遷 3-74(注)
褒姒(人)
—— 生伯服 3-77(疏)
鮑叔牙(春秋齊)
——— 公子小白之傅 2-322(疏)
——— 奉公子小白出奔莒 2-320(注)
包氏→包咸(漢) 1-56, 57(疏), 62(疏), 85(疏)
包咸(漢)←子良, 包氏 1-41, 47, 63(疏), 85(疏), 208(疏)
—— 論語注 1-46(疏), 56, 57(疏), 62(疏)
—— 依孟子解千乘之國 1-78(注), 84(疏)
—— 出蔡地因以爲名 1-285(疏)
—— 瑚璉 夏曰瑚 1-257(疏)
馮簡子(春秋鄭)
——— 能斷大事 2-303(疏)
豐施(春秋鄭) 3-55(疏)
豐點(春秋魯) 2-314(疏)
畢公(周)
—— 亂臣十人 2-37(注), 38(疏),
—— 文王庶子 2-40(疏)
佛肸(春秋晉)
—— 以中牟畔 3-115(疏)
—— 佛肸召子欲往(陽6) 3-113
—— 佛肸以中牟畔子之往也如之何(陽6) 3-114

【ㅎ】

何忌→孟懿子(春秋魯) 1-254(注)
何氏→何晏(三國魏) 1-42, 57(疏)
何晏(三國魏)←平叔, 何氏 1-42, 48(疏), 57(疏), 63(疏), 64, 65(疏)
—— 論語集解(書) 1-41, 47
—— 屢空 一說 2-178
—— 歷數 列次 3-218(疏)
—— 鄕原之鄕 向也 3-128(疏)
夏之御寇(春秋齊) 1-329(疏)
何進(三國魏) 1-65(疏)
何咸(三國魏) 1-65(疏)
夏侯建(漢) 1-56(疏)
——— 傳魯論 1-46(疏)
夏侯勝(漢)←長公 1-50(疏), 56(疏), 62(疏)
——— 傳魯論 1-46(疏), 48
——— 注尙書論語 1-49(疏)
何休(漢)
—— 公羊傳注 多取於民比於桀 2-219(疏)
—— 公羊傳注 升謂西上禮 1-177(疏)
—— 公羊傳注 子曰之意 1-70(疏)
—— 婦人生以父母爲家 1-213(疏)
—— 宰 三公之職號尊名也 2-174(疏)
—— 宗廟主 1-208(疏)

—— 左氏膏肓(書) 1-60(疏)
—— 僭 齊也 下效上之辭 1-156(疏)
—— 八佾 八八六十四人 1-155(疏)
韓康伯(晉)
——— 在理則味造形而悟顔子之分也 1-309(疏)
韓宣子(春秋晉) 3-55(疏)
寒浞(人)
—— 伯明氏之讒子弟(憲5疏) 2-296(疏)
—— 生奡 2-294(注), 295(疏)
—— 因羿室生澆及豷 2-297(疏)
許愼(漢)
—— 五經異義(書) 1-60(疏)
憲→原思(春秋魯) 2-289, 290(疏)
獻公(春秋衛)
—— 子成子當 2-312(疏)
邢昺(宋)←叔明 1-45
—— 論語正義(書) 1-41, 42
惠公(春秋魯)←弗皇 1-177(疏), 2-355(疏), 3-77(疏)
惠公(春秋晉)←夷吾
—— 秦伯將納晉惠公 2-291(疏)
弘恭(漢) 1-50(疏)
華弱(春秋宋) 2-148(疏)
桓公(春秋齊)←公子小白, 小白, 允, 齊桓公 3-77(疏)
—— 九合諸侯 2-321(疏)
—— 使魯殺公子糾 2-325(疏)
—— 五伯 2-326(疏)
—— 自莒先入 2-320(注)
—— 適子莊公 1-160(疏)
—— 齊桓公正而不譎(憲15) 2-316
—— 責楚不貢苞茅 2-319(疏)
—— 桓公九合諸侯不以兵車(憲16) 2-321
—— 桓公殺公子糾(憲16) 2-320
—— 桓公殺公子糾不能死又相之(憲17) 2-323
—— 僖公庶子 2-322(疏)
桓司馬→桓魋(春秋宋) 2-212(疏)
桓子無宇(春秋齊) 2-226(疏)
桓魋(春秋宋)←司馬桓魋, 向魋, 桓司馬
—— 司馬牛之兄 2-209(注), 210(注), 211(疏)
—— 宋桓魋之寵害於公 2-212(疏)
—— 欲殺孔子 1-381(疏)
—— 桓魋其如予何(述23) 1-381
皇侃(梁)←皇氏 1-43
—— 論語義疏(書) 1-41, 42
—— 犯上 上謂君親犯謂犯顔諫爭 1-76(疏)
—— 凡學有三時 1-70(疏)
—— 注 正色間色 3-134(疏)
皇甫謐(晉)
——— 王季賜九命爲西長 2-43(疏)
——— 虞 今河東太陽山西虞地 2-41(疏)
——— 湯以乙日生故名履字天乙 3-218(疏)
皇司馬
——— 子仲(春秋魯) 2-212(疏)
皇氏→皇侃(梁) 1-70(疏)
皇氏(人) 2-125(疏)
回→顔淵 1-268, 316, 2-82, 175, 176(疏), 184, 204, 157, 158(注), 165, 166(疏), 245(疏), 205(疏)
孝公(春秋魯) 1-285(疏)
孝伯→孟孝伯(春秋魯) 2-21(疏)
后稷→稷(舜臣) 2-43(疏), 295(疏)
后倉(漢) 1-50(疏)
黑肱→成公(春秋魯) 3-77(疏)
興→文公(春秋魯) 3-77(疏)
興於詩(泰8) 2-27
豷(人)
— 寒浞之子 2-297(疏)
僖公(春秋魯)←申 1-176(注), 177(疏),

譯註者 略歷

鄭太鉉

慶北 尙州 化北 出生
止山 林聖武 先生과 鳳西 吳禹善 先生 師事
民族文化推進會 國譯硏修院 卒業
國譯部長, 國譯硏修院 敎授
韓國古典飜譯院 부설 고전번역교육원 名譽漢學敎授(現)
傳統文化硏究會 理事 겸 副會長(現)
국민훈장 모란장 受賞

論文 및 譯書

〈栗谷의 改革思想〉
譯書 ≪春秋左氏傳≫ ≪唐宋八大家文抄 韓愈≫
≪孝經大義≫ ≪同春堂集≫
共譯 ≪五洲衍文長箋散稿≫ ≪星湖僿說≫ ≪宋子大全≫
≪茶山詩文集≫ ≪陽村集≫ ≪高峯集≫ ≪寒水齋集≫
≪朝鮮王朝實錄≫ 등 多數

十三經注疏
譯註 論語注疏 3 附 索引　　　　정가 44,000원

2015년 11월 10일 초판 발행
2025년 04월 30일 초판 4쇄

譯　註　鄭太鉉
編　輯　東洋古典飜譯編輯委員會

發行人　金　炫

發行處　社團法人 傳統文化硏究會
서울 종로구 삼봉로 81 두산위브파빌리온 1332호
전화 : (02)762-8401　전송 : (02)747-0083
전자우편 : juntong@juntong.or.kr
홈페이지 : juntong.or.kr
사이버書院 : hm.cyberseodang.or.kr
온라인서점 : book.cyberseodang.or.kr

등록 : 1989. 7. 3. 제1-936호
총판 : 한국출판협동조합(070-7119-1750)

ISBN 979-11-5794-076-9 94140
978-89-91720-93-0(세트)

※ 이 책은 2015년도 교육부 고전문헌 국역지원사업 지원비에 의해 초판 간행.

전통문화연구회 도서목록

범례 : 毛詩正義 1~8〔全15〕- 전체 15책 계획, 현재 1~8책만 간행된 경우.
별도 표시 없는 경우는 완간.

新編 基礎漢文教材

新編 四字小學·推句 고전교육연구실 編譯 11,000원
新編 啓蒙篇·童蒙先習 고전교육연구실 編譯 11,000원
新編 明心寶鑑 李祉坤·元周用 譯註 15,000원
新編 擊蒙要訣 咸賢贊 譯註 12,000원
新編 註解千字文 李忠九 譯註 12,000원
新編 原文으로 읽는 故事成語 元周用 編譯 15,000원
新編 唐音註解選 權卿相 譯註 22,000원

漢文讀解捷徑시리즈

(개정판) 漢文독해기본패턴 고전교육연구실 著 20,000원
논어독해 첫걸음 고전교육연구실 著 17,000원
맹자독해 첫걸음 근간
한문독해첩경 -文學篇 朴相水·李和春 외 著 17,000원
한문독해첩경 -史學篇 朴相水·李和春 외 著 17,000원
한문독해첩경 -哲學篇 朴相水·李和春 외 著 17,000원

五書五經讀本

論語集註 上·下 鄭太鉉 譯註 合 49,000원
孟子集註 上·下 田炳秀 外 譯註 合 60,000원
大學·中庸集註 李光虎 外 譯註 15,000원
小學集註 上·下 李忠九 外 譯註 合 50,000원
詩經集傳 上·中·下 朴小東 譯註 合 90,000원
書經集傳 上·中·下 金東柱 譯註 合 90,000원
周易傳義 元·亨·利·貞 崔英辰 外 譯註 合 120,000원
詳說 古文眞寶大全後集 上·下 李相夏 外 譯註 合 64,000원
春秋左氏傳 上·中·下 許鎬九 外 譯註 合 109,000원
禮記 上·中·下 成百曉 外 譯註 合 90,000원

東洋古典國譯叢書

大學·中庸集註 -개정증보판 成百曉 譯註 12,000원
論語集註 -개정증보판 成百曉 譯註 30,000원
孟子集註 -개정증보판 成百曉 譯註 30,000원
詩經集傳 上·下 成百曉 譯註 合 70,000원
書經集傳 上·下 成百曉 譯註 合 66,000원
周易傳義 上·下 成百曉 譯註 合 80,000원
小學集註 成百曉 譯註 30,000원
古文眞寶 後集 成百曉 譯註 32,000원

東洋古典譯註叢書

〈經部〉

〔十三經注疏〕

周易正義 1~4 成百曉 外 譯註 合 147,000원
尙書正義 1~7 金東柱 譯註 合 241,000원
毛詩正義 1~8〔全15〕 朴小東 外 譯註 合 288,000원
禮記正義 1~3, 中庸·大學 李光虎 外 譯註 合 117,000원
論語注疏 1~3 鄭太鉉 外 譯註 合 117,000원
孟子注疏 1~4〔全5〕 崔彩基 外 譯註 合 124,000원
孝經注疏 鄭太鉉 外 譯註 35,000원
周禮注疏 1~4〔全15〕 金容天 外 譯註 合 129,000원
春秋左傳正義 1~2〔全18〕 許鎬九 外 譯註 合 59,000원
春秋公羊傳注疏 1〔全7〕 宋基采 外 譯註 合 37,000원

春秋左氏傳 1~8 鄭太鉉 譯註 合 255,000원
禮記集說大全 1~6〔全10〕 辛承云 外 譯註 合 206,000원
東萊博議 1~5 鄭太鉉 外 譯註 合 172,000원
韓詩外傳 1~2 許敬震 外 譯註 合 65,000원
說文解字注 1~5〔全20〕 李忠九 外 譯註 合 172,000원

〈史部〉

思政殿訓義 資治通鑑綱目 1~23〔全39〕 辛承云 外 譯註 合 710,000원
通鑑節要 1~9 成百曉 譯註 合 316,000원
唐陸宣公奏議 1~2 沈慶昊 外 譯註 合 88,000원
貞觀政要集論 1~4 李忠九 外 譯註 合 109,000원
列女傳補注 1~2 崔秉準 外 譯註 合 68,000원
歷代君鑑 1~4 洪起殷 外 譯註 合 140,000원

〈子部〉

孔子家語 1~2 許敬震 外 譯註 合 79,000원
管子 1~4〔全5〕 李錫明 外 譯註 合 130,000원
近思錄集解 1~3 成百曉 譯註 合 106,000원
老子道德經注 金是天 譯註 30,000원
大學衍義 1~5〔全7〕 辛承云 外 譯註 合 148,000원
墨子閒詁 1~7 李相夏 外 譯註 合 267,000원
說苑 1~2 許鎬九 譯註 合 50,000원
世說新語補 1~5 金鎭玉 外 譯註 合 181,000원
荀子集解 1~7 宋基采 譯註 合 238,000원
心經附註 成百曉 譯註 38,000원
顔氏家訓 1~2 鄭在書 外 譯註 合 59,000원
揚子法言 1〔全2〕 朴勝珠 譯註 24,000원

列子鬳齋口義	崔秉準·孔勤植·權憲俊 共譯	40,000원
二程全書 1~6〔全8〕	崔錫起·外 譯註	合 220,000원
莊子 1~4	安炳周·田好根 共譯	合 143,000원
政經·牧民心鑑	洪起殷·全百燦 譯註	27,000원
韓非子集解 1~5	許鎬九 外 譯註	合 202,000원

〔武經七書直解〕

孫武子直解·吳子直解	成百曉 外 譯註	45,000원
六韜直解·三略直解	成百曉 外 譯註	26,000원
尉繚子直解·李衛公問對直解	成百曉 外 譯註	26,000원
司馬法直解	成百曉 外 譯註	26,000원

〈集部〉

古文眞寶 前集	成百曉 譯註	30,000원
唐詩三百首 1~3	宋載卲 外 譯註	合 127,000원

〔唐宋八大家文抄〕

韓愈 1~3	鄭太鉉 譯註	合 78,000원
柳宗元 1~2	宋基采 譯註	合 44,000원
歐陽脩 1~7	李相夏 譯註	合 220,000원
王安石 1~2	申用浩 外 共譯	合 45,000원
曾鞏	宋基采 譯註	25,000원
蘇洵	李章佑 外 譯註	25,000원
蘇軾 1~5	成百曉 譯註	合 110,000원
蘇轍 1~3	金東柱 譯註	合 64,000원

〔明淸八大家文鈔〕

1 歸有光·方苞	李相夏 外 譯註	35,000원
2 劉大櫆·姚鼐	李相夏 外 譯註	35,000원
3 梅曾亮·曾國藩	李相夏 外 譯註	38,000원
4 張裕釗·吳汝綸	李相夏 外 譯註	50,000원

東洋古典新譯

당시선	송재소·최경렬·김영죽 편역	24,000원
손자병법	성백효 역주	14,000원
장자	안병주·전호근·김형석 역주	13,000원
고문진보 후집	신용호 번역	28,000원
노자도덕경	김시천 역주	15,000원
고문진보 전집 上·下	신용호 번역	各 22,000원

신식 비문척독	박상수 번역	25,000원
쉽게 배우는 안씨가훈	김창진 편역	23,000원

동양문화총서

동양사상 해설과 원전	정규훈 外 저	22,000원
화합의 길 《중용》 읽기	금장태 저	20,000원
호설과 시장	신용호 저	20,000원
어느 노학자의 젊은 시절	심재기 저	22,000원

문화문고

경전으로 본 세계종교 그리스도교	이정배 편저	10,000원
〃 도교	이강수 편역	13,000원
〃 천도교	윤석산 외 편저	10,000원
〃 힌두교	길희성 편역	10,000원
〃 유교	이기동 편저	10,000원
〃 불교	김용표 편저	22,000원
〃 이슬람	김영경 편역	13,000원
논어·대학·중용	조수익·박승주 공역	13,000원
맹자	조수익·박승주 공역	10,000원
소학	박승주·조수익 공역	10,000원
십구사략 1~2	정광호 저	合 24,000원
무경칠서 손자병법·오자병법	성백효 역	13,000원
〃 육도·삼략	성백효 역	10,000원
〃 사마법·울료자·이위공문대	성백효 역	10,000원
당시선	송재소·최경렬·김영죽 편역	10,000원
한문문법	이상진 저	13,000원
한자한문전통교재	조수익·이성민 공역	13,000원
士小節 선비 집안의 작은 예절	이동희 편역	13,000원
儒學이란 무엇인가	이동희 저	18,000원
동아시아의 유교와 전통문화	이동희 저	13,000원
현대인, 동양고전에서 길을 찾다	이동희 저	10,000원
100자에 담긴 한자문화 이야기	김경수 저	12,000원
우리 설화 1~2	김동주 편역	合 20,000원
대한민국 국무총리	이재원 저	10,000원
백운거사 이규보의 문학인생	신용호 저	14,000원